中国年鉴精品工程
High Quality Project of China's YearBook

2020

天津市北辰年鉴

TIANJINSHI BEICHEN NIANJIAN

天津市北辰区人民政府 主办
北辰区地方志编修委员会办公室 编

方志出版社
Publishing House of Local Records

图书在版编目(CIP)数据

天津市北辰年鉴. 2020 / 北辰区地方志编修委员会办公室编 .-- 北京 ：方志出版社 .2020 . 9
ISBN 978-7-5144-4357-8

Ⅰ. ①天… Ⅱ. ①北… Ⅲ. ①北辰区—2020—年鉴
Ⅳ. ①Z522.13
中国版本图书馆CIP数据核字(2020)第188525号

天津市北辰年鉴(2020)

编　　者：北辰区地方志编修委员会办公室
责任编辑：顾　洁
出 版 者：方志出版社
地址　北京市朝阳区潘家园东里9号(国家方志馆4号)
邮编　100021
网址　http：//www.fzph.org
发　　行：方志出版社图书经销中心
电话(010) 67110500
经　　销：各地新华书店
印　　刷：天津市兴德印刷有限公司
开　　本：889×1194　　1/16
印　　张：22
字　　数：727千
版　　次：2020年9月第1版　　2020年9月第1次印刷
印　　数：001～700册
ISBN　978-7-5144-4357-8　　定价：180.00元

北辰区地方志编修委员会

主 任 委 员：王宝雨

副主任委员：陈　健　李洪东　裘　地　马希荣

李书秀　郭献军

委　　　员：范荀禹　苗永贵　高文申　李顺利　杨　安

沈纯来　穆怀增　张　凯　李　静　王振卫

庞铁强　张德军　徐继清　吴佩立　郑丽莉

张振海　李国春　周再明　张忠利　丁庆兰

郭万超　刘彦森　许　艳　马金凤　段玉环

闫　林

办公室主任：王春玲

《天津市北辰年鉴》编辑人员

主　　编：刘振义　王春玲

副 主 编：高　昶　许文艳　赵　昕

责任编辑：刘秋香　庄倩倩　赵　菁

校　　对：付晓丽　安　勇　张龙伟　郭雅丽　周　持

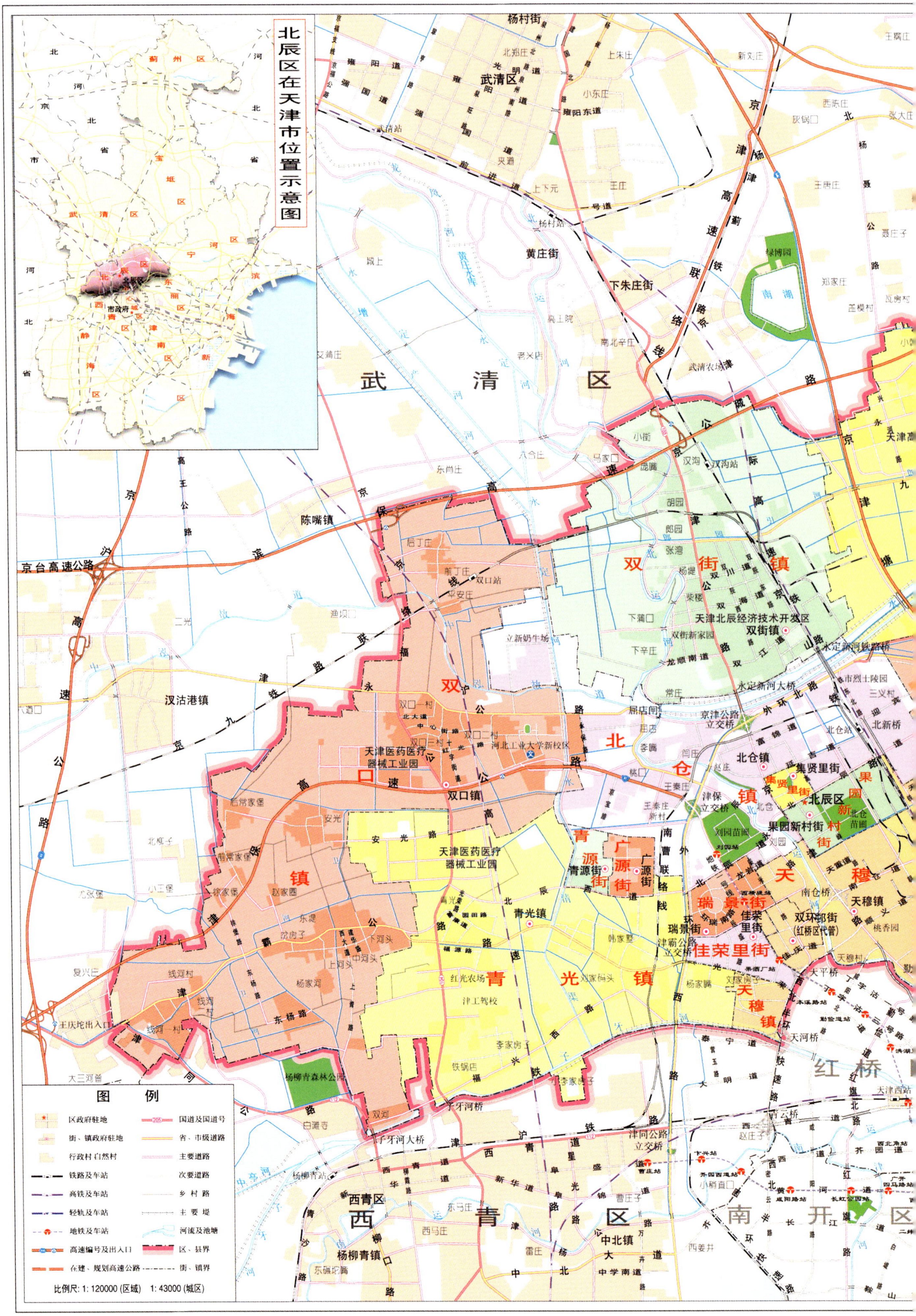

审图号：津S（2020）003

天津市北辰区地图

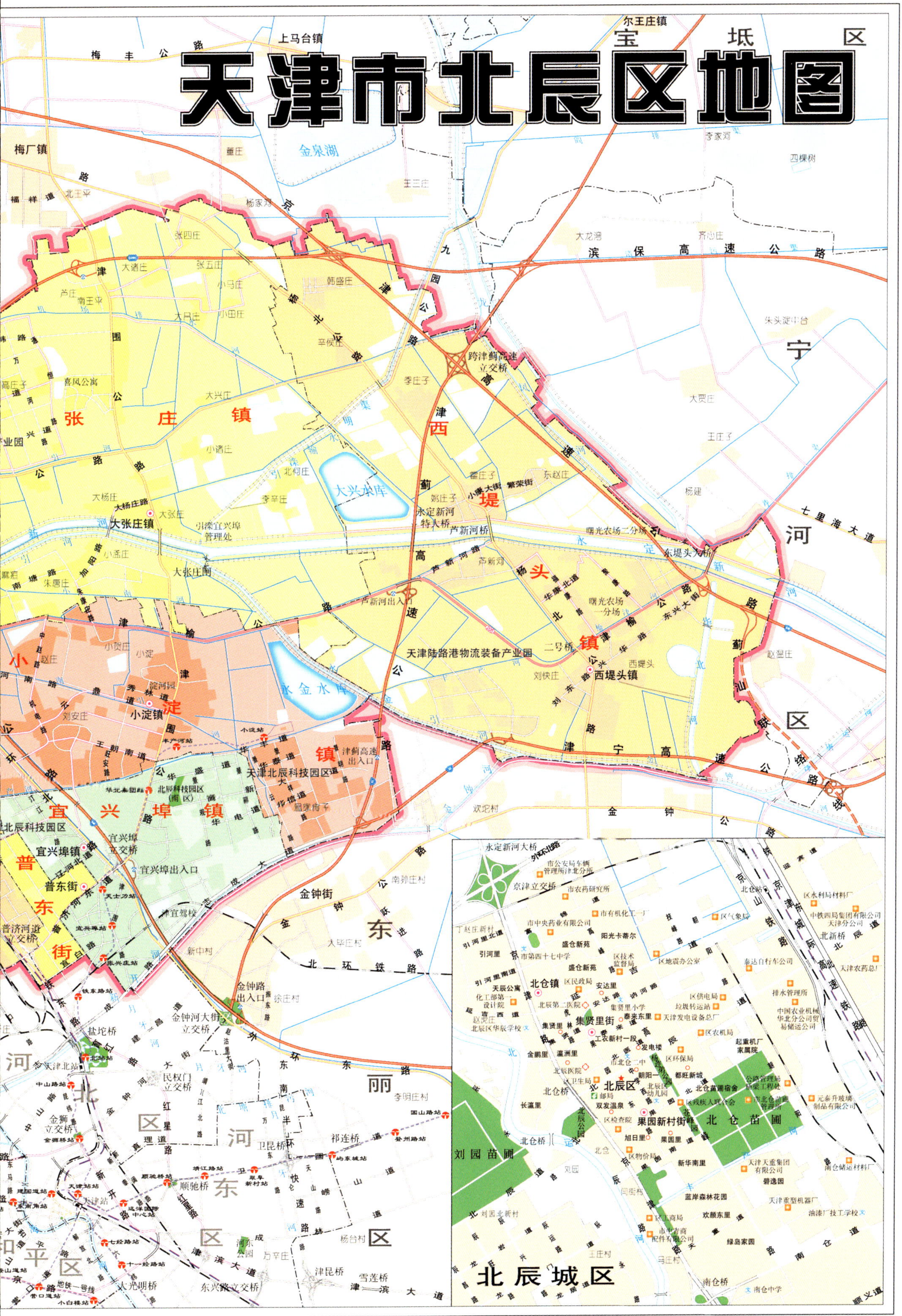

行政界线仅供参考，不作法律依据。

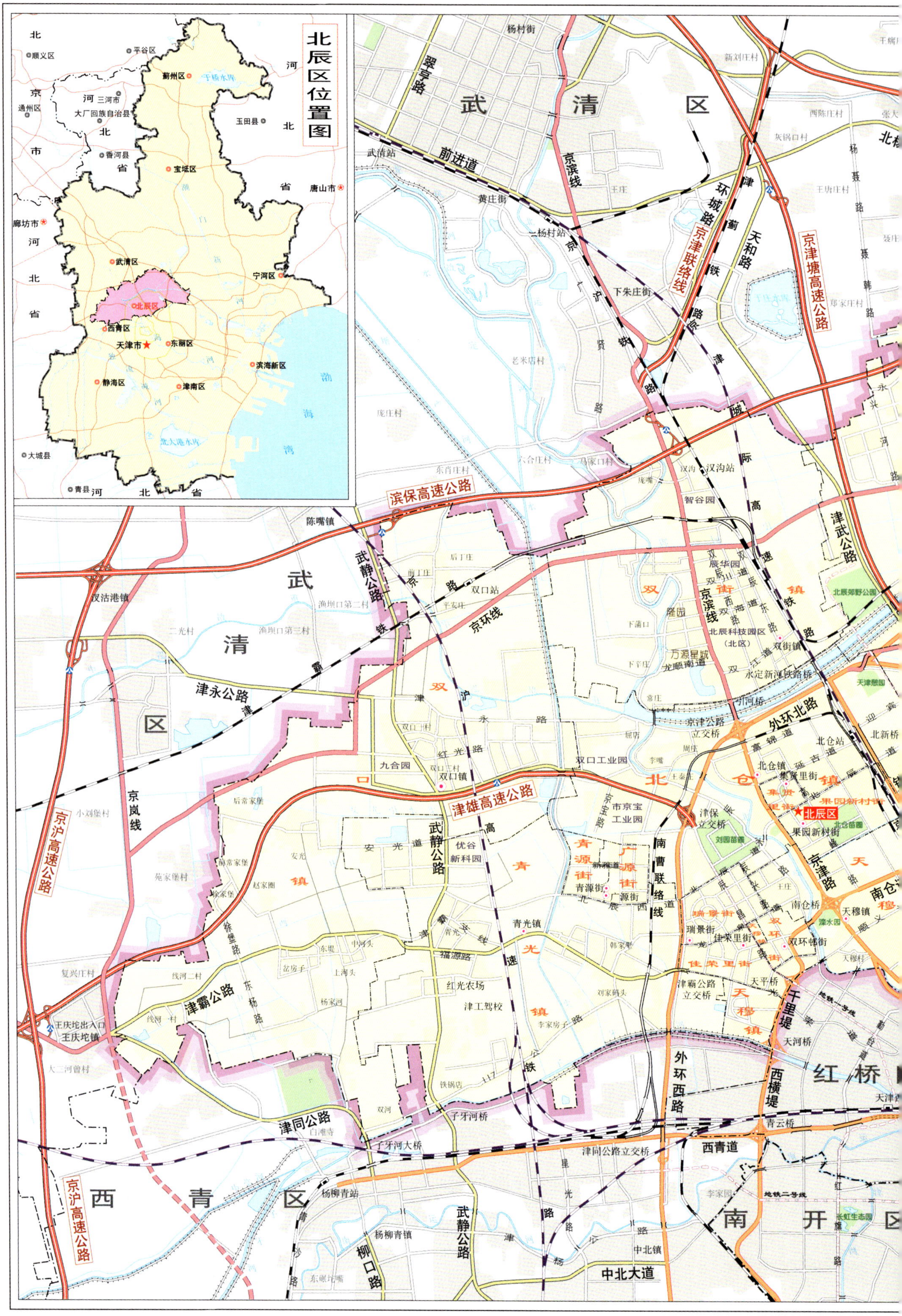

审图号：津 S（2021）001

行政界线仅供参考，不作法律依据。

编辑说明

一、《天津市北辰年鉴(2020)》在中共北辰区委领导下,由北辰区人民政府主办,北辰区地方志编修委员会办公室承办征集、采撷、编纂、出版、发行等工作。

二、《天津市北辰年鉴(2020)》坚持以马克思列宁主义、毛泽东思想、邓小平理论、"三个代表"重要思想、科学发展观、习近平新时代中国特色社会主义思想为指导,坚持辩证唯物主义和历史唯物主义的立场、观点和方法,坚持解放思想、实事求是原则。全面、系统、翔实地记述北辰区各部门、单位及各镇、街道的主要工作和新业绩、新经验,为领导决策提供依据,为各行各业提供有价值的资料和文献信息,同时也为史志编修提供资料。

三、《天津市北辰年鉴(2020)》是北辰区地方综合年鉴的第17卷,记载时限为2019年1月1日至12月31日。为保证事物的完整性和年鉴的时效性,对一些事物的记述适当做了上溯或下延。为保证资料的准确性,政府公文中的计量单位仍沿用原文,不依据行文规范修改,如"平米"。版别为编著年份。

四、《天津市北辰年鉴(2020)》为国际大16开版本,采取语体文表述,分类编辑,由类目、分目、条目组成。设图照、特载、大事记、北辰概览、中共北辰区委、北辰区人大、北辰区政府、政协北辰区委员会、中共北辰区纪委 北辰区监委、民主党派、人民团体、法治、军事、经济管理、农业与农村建设、工业 建筑业、商贸服务业、交通运输 邮政 通讯、金融、北辰经济技术开发区、水务 环境保护、城乡建设与管理、教育、科学技术、文化旅游、卫生、体育、社会生活、镇街道、人物 荣誉、统计资料、附录等类目,除建目录外,另编索引。

五、《天津市北辰年鉴(2020)》资料主要由全区各部委办局、镇街及有关部门编写、提供,经供稿单位审核并署名作者;少部分资料由本书编辑人员收集;统计资料由区统计局提供;各镇街行政区域面积数据由区民政局提供;组织机构及领导人名录由区委组织部、区人大常委会办公室、区政协办公室提供。采用的数据以统计部门提供的为准,未列入统计范围的,以业务主管部门的为准。

六、《天津市北辰年鉴(2020)》力求图文并茂。所用照片主要由各镇街、部委办局及有关单位提供,部分由区方志办编辑拍摄,标注署名,署名不详的标注提供单位。封面图片由区委网信办提供。

序一

国务院办公厅2015年8月印发的《全国地方志事业发展规划纲要(2015—2020年)》(以下简称《规划纲要》)要求，到2020年要做到地方综合年鉴一年一鉴，公开出版，实现省、市、县三级综合年鉴全覆盖。《规划纲要》还要求，坚持存真求实，正确处理质量与进度的关系，将精品意识贯穿于年鉴编纂出版工作全过程。2015年12月，中国地方志指导小组办公室启动中国年鉴精品工程，将其与先期实施的中国志书精品工程视为姊妹工程，一道作为加强地方志质量建设的重要抓手。

实施中国年鉴精品工程有助于推动中华优秀传统文化传承发展。近年来，在党中央、国务院的高度重视和关心支持下，全国地方志事业发展迎来最好的发展时期。年鉴编纂发端于欧洲，鸦片战争后被引入我国，在我国走过了100多年的发展历史。在长期的编纂中，年鉴在内容和形式上不断发展，逐渐演变成为适合反映中国国情、具有鲜明中国特色的一种文化载体，并在改革开放后出现了快速发展的局面。2006年5月，国务院《地方志工作条例》颁布施行，明确将地方综合年鉴纳入地方志工作范畴，年鉴工作走上了有法可依的轨道。《规划纲要》出台，为从依法编鉴转变到依法治鉴指明了方向。2016年12月，中国地方志指导小组印发《全国年鉴事业发展规划(2016—2020年)》，更进一步明确了到2020年全国年鉴事业的任务书、时间表、路线图。经过多年的发展，年鉴工作已经成为地方志工作的重要组成部分，成为中华民族优秀文化传统的有机组成部分，其存史、育人、资政作用日益彰显。实施中国年鉴精品工程，是年鉴工作者紧扣时代脉搏、坚持创新发展的一项重要举措，对于坚定文化自信，传承弘扬好中华优秀传统文化意义重大。

实施中国年鉴精品工程有助于为全面建成小康社会提供更多智力支持和历史借鉴。党的十八大作出全面建成小康社会的战略部署。党的十八届五中全会提出到2020年如期实现全面建成小康社会的目标要求。完成《规划纲要》确定的目标任务是年鉴工作者的神圣使命，更是年鉴工作者以自身力量为全面建成小康社会献上的厚礼。一方面，可以更好地利用年鉴这种年度资料性文献，及时记录各地区在全面建成小康社会伟大征程中每年取得的新成绩和新经验、出现的新情况和新问题、涌现的优秀人物和典型事迹等；另一方面，可以更好地积累地情、国情资料，为推动经济社会发展和深化改革提供智力支持，为推进国家治理体系和治理能力现代化提供历史借鉴。

实施中国年鉴精品工程有助于全面推进地方志事业转型升级。地方志不是单纯修志编鉴工作，而是全体方志人“修志问道，以启未来”的一项事业，这项事业包含着巨大的时代担当与使命追求。地方志工作要在“五大建设”总体布局和“四个全面”战略布局中发挥与其自身价值、功能相匹配的作用，就要因时而谋、乘势而上、顺势而为，全面推进地方志事业转型升级。转型升级，当下最重要的目标就是完成“两全”目标，包括“年鉴全覆盖”目标；长远的目标就是基本形成地方志编修体系、理论研究和学科建设体系、质量保障体系、资源开发利用体系、工作保障体系“五位一体”的地方志事业发展综合体系，包括“五位一体”的年鉴事业发展综合体系。中国年鉴精品工程是一项探索工程，也是一项创新工程，是推进地方志事业转型升级的重要内容。通过实施中国年鉴精品工程，不仅有助于确保年鉴质量，不断编纂出版具有鲜明时代特征、年度特点和地域特色的精品年鉴，也有助于推动年鉴工作适应经济社会发展形势和时代需要，不断改革创新，与时俱进。

多年来，在中国地方志指导小组办公室的指导和全国各级地方志工作机构的共同努力下，年鉴种类数量快速增长，年鉴成果粲然可观，为实施中国年鉴精品工程奠定了坚实的基础。实施中国年鉴精品工程，就是要在全国地方志系统起到示范作用，进一步培育精品意识，打造精品年鉴，以点带面，在提高年鉴质量方面探索出一条切实可行之路，使这项探索工程和创新工程能够积累经验，发挥引领作用。

“万山磅礴，必有主峰；龙衮九章，但挈一领。”实施中国年鉴精品工程，是筑牢地方志事业特别是年鉴事业发展根基之举，其意义与价值不言而喻。但编修出年鉴精品佳作，绝非朝夕之功，需要付出长期艰辛的努力。希望通过实施中国年鉴精品工程，能够进一步推进年鉴质量建设，使年鉴真正成为传承中华民族优秀传统文化的重要载体，成为展示中国国情、地情的重要窗口，成为“为当代提供资政辅治之参考、为后世留下堪存堪鉴之记述”的资源宝库，在全面建成小康社会过程中作出更大贡献。

是为序。

中国社会科学院原副院长
中国地方志指导小组原常务副组长 李培林

序 二

地方志是中华优秀传统文化的根与魂，积淀着中华优秀传统文化最深层的精神追求，代表着中华民族独特的精神标识。新时代坚持和发展中国特色社会主义，更加需要深刻把握人类发展历史规律，更加需要编修出传承不辍的精品志鉴，才能使后代在对历史的深入思考中汲取智慧、走向未来。伟大的时代，为地方志发展提供了取之不尽、用之不竭的源泉，同时也为全国年鉴工作提供了极大的机遇。

党的十九大报告中明确提出“质量强国”，“努力实现更高质量、更有效率、更加公平、更可持续的发展”，这为年鉴事业高质量发展指明了方向。按时、保质完成《全国地方志事业发展规划纲要（2015—2020年）》规定的“两全目标”任务，打造一批资辅当前、存鉴后世、经得起历史检验的精品佳作，不仅是一种法定职责，而且具有重要的政治意义、现实意义和历史意义。中国特色社会主义进入新时代，年鉴事业也进入新时代，呈现快速、稳步发展态势，在各方面都取得了新的显著成绩，包括年鉴编纂进度大大加快，年鉴编纂范围不断扩大，年鉴资源优势得到充分发挥，年鉴开发利用水平全面提升，而且年鉴质量保障机制逐步完善、质量持续提升。因此，在全社会关注质量发展的黄金时期，尤其是在完成“两全目标”任务的关键期，在狠抓进度的时候，实施中国年鉴精品工程更是恰当其时。年鉴工作者要投身于时代，为时代放歌，书写复兴华章，把出品更多的精品年鉴使命落实在实现中国梦的恢宏大业中。

习近平总书记说，精品之所以“精”，就在于其思想精深、艺术精湛、制作精良。中国年鉴精品工程紧扣时代脉搏，拓宽视野，围绕人民群众的美好生活，用精品记录新时代，为新时代新气象新作为留下真实、鲜活、生动、翔实的记录。实施中国年鉴精品工程，既是全面贯彻落实《全国地方志事业发展规划纲要（2015—2020年）》的重要举措，也是培育精品意识和精品年鉴、提高年鉴质量的重要手段；既是发挥年鉴存史、资治、教化功能的根基所在，也是年鉴工作者坚持创新发展、传承弘扬中华优秀传统文化的关键步骤。这不仅有助于坚定文化自信，讲述好中国故事，传播好中国声音，更有助于为决胜全面建成小康社会提供更多智力支持和更大精神动力。

实施中国年鉴精品工程顺应地方志进入新时代的历史潮流。“充实之谓美，充实而有光辉之谓大。”党的十九大报告指出，我国的社会主要矛盾已经转化为人民日益增长的美好生活需要和不平衡不充分的发展之间的矛盾。党章修正案、宪法修正案把习近平新时代中国特色社会主义思想确立为我们党和国家的行动指南，我国的发展进入到新的历史方位。为适应这些重大变化，党和国家随之出台更多重大的举措、推出更多有力的措施。年鉴如何全方位地、开创性地记述这些历史性变化，如何充分记述我们党领导人民进行的伟大斗争、建设的伟大工程、推进的伟大事业、实现的伟大梦想，是新时代地方志工作需要深入思考探究的问题。中国年鉴精品工程正是呼应新时代新变化新要求，致力于在全国地方志系统进一步培育精品意识、打造精品年鉴，从而以点带面，在提高年鉴质量方面探索出一条切实可行之路，充分发挥中国精品年鉴的辐射效应，引领带动全国范围内年鉴质量的全面提高，切实推动年鉴事业转型升级。

实施中国年鉴精品工程要全面把握以人民为中心的发展理念。以人民为中心，贯穿于改革开放以来我们党推进中国特色社会主义文化建设的全过程。新时代把握新机遇，年鉴作为记录新时代地方年度历史的重要载体，应当以习近平新时代中国特色社会主义思想为指导，牢固确立以人民为中心的理念。中国年鉴精品工程始终坚持人民是历史的创造者和改革开放事业的实践主体，始终坚持文化发展为人民服务、为社会主义服务，充分记录人民的首创精神，凸显人民在文化建设中的主体作用，不断满足人民的精神文化需求。年鉴工作要深深扎根于人民之中，坚持以事系人，记载人民群众中的先进典型，内容充分体现社会民生和为民服务的举措。在此基础上，实施中国年鉴精品工程还要建立精品长效机制，逐步推进精品年鉴传播最优化和效益最大化，使精品年鉴能够不断满足人民群众对美好生活的新需要新期待，在铸就中华文化新辉煌的过程中更好地构筑中国精神、中国价值、中国力量的方向上不断努力。

实施中国年鉴精品工程是坚定文化自信的体现。习近平总书记说，文化兴国运兴，文化强民族强。没有高度的文化自信，没有文化的繁荣兴盛，就没有中华民族的伟大复兴。中华优秀传统文化是中华民族的文化根脉，其蕴含的思想观念、人文精神、道德规范，不仅是我们中国人思想和精神的内核，对解决人类问题也有重要价值。地方志是中华优秀传统文化的精神之脉，是中华优秀传统文化基因的真正传承者和发展者。精品年鉴正是从中华民族世世代代形成和积累的优秀传统文化中汲取营养和智慧，记录传承的文化基因，记录思想精华，展现精神魅力。实施中国年鉴精品工程，以时代精神激活中华优秀传统文化的生命力，推进中华优秀传统文化创造性转化、创新性发展，把传承和弘扬中华优秀传统文化同坚定文化自信统一起来，有助于引导人民树立和坚持正确的历史观、民族观、国家观、文化观，不断增强中华民族的归属感、认同感、尊严感、荣誉感。

用精品记录新时代，用奋斗铸就新辉煌。地方志植根于历史，内涵于历史，镌刻于历史之上，是中华民族在漫长历史中形成的区别于其他民族的独特精神标识，精品年鉴是地方志的“守护者”“传承者”，是地方志成果创造性转化创新性发展的“探路者”“先行者”。习近平总书记强调，凡是传世之作、千古名篇，必然是笃定恒心、倾注心血的作品。希望全国年鉴工作者齐心协力，坚持历史唯物主义立场、观点、方法，立足中国、放眼世界，立时代之潮头，通古今之变化，发思想之先声，推出一批有思想穿透力的精品力作，培养一批年鉴专家，充分发挥存史、育人、资政作用，为推动全国年鉴事业转型升级作出新的更大贡献。

是为序。

中国地方志指导小组秘书长
中国地方志指导小组办公室主任　冀祥德

北辰名片 2019

- 1953 年 5 月 14 日独立建制成区
- 面积 478.48 平方千米
- 户籍人口 43.8 万人
- 辖 9 镇 7 街道，126 个行政村，129 个社区居委会
- 实现地区生产总值 618.5 亿元
- 实现外贸出口额 174.5 亿元
- 实际利用外资额（新口径）1.86 亿美元
- 实现全社会固定资产投资 311.7 亿元
- 实现常住居民人均可支配收入 39698 元
- 商品房销售面积 122.8 万平方米
- 拥有旅游类企业 19 家
- 北辰区被评为国家级健康促进区
- 北辰区获评全国双拥模范城
- 北辰区获评全国公立医院综合改革先进示范区
- 北辰区被评为国家公共文化服务体系示范区
- 北辰中医医院成为首批全国“示范卒中防治中心”医院
- 北辰区获批首届天津市文明城区

数字北辰

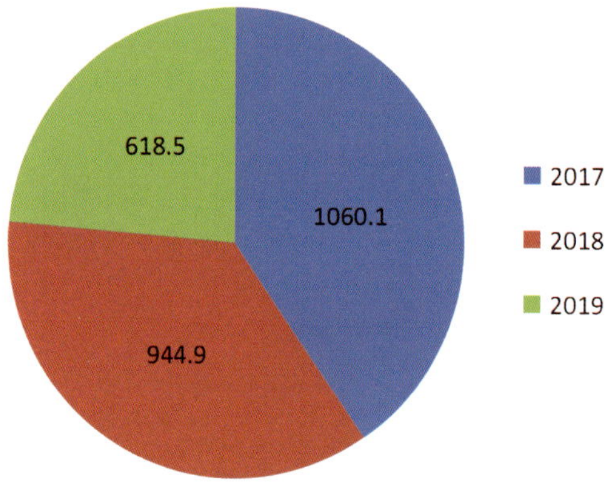

图 1　2017—2019 年北辰区生产总值示意图（亿元）

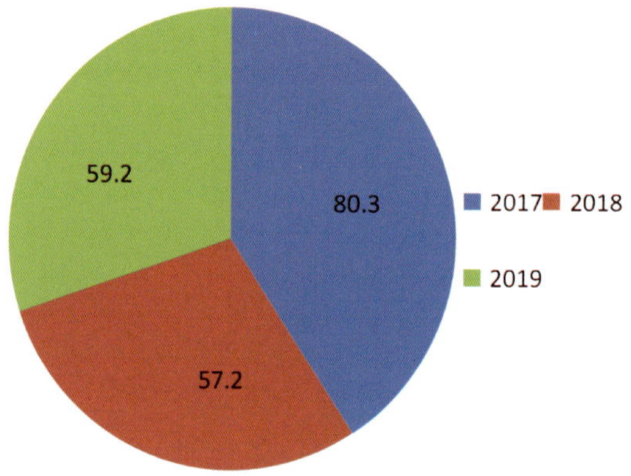

图 2　2017—2019 年北辰区一般公共预算收入示意图（亿元）

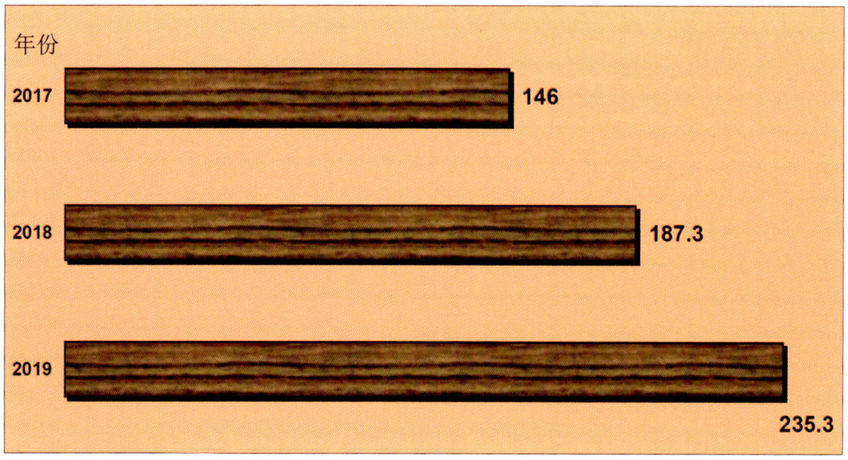

图 3　2017—2019 年北辰区房地产开发投资额示意图（亿元）

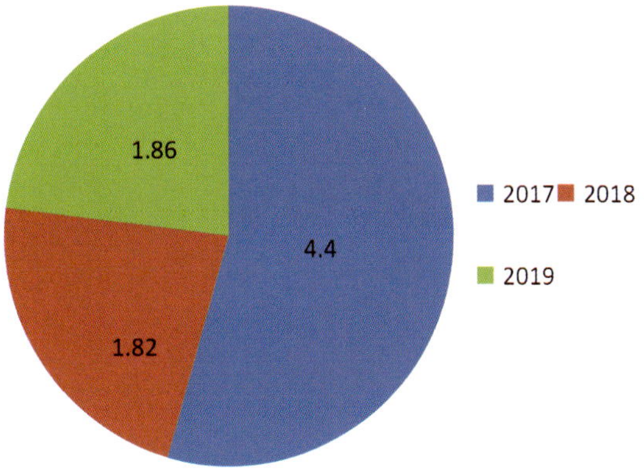

图 4　2017—2019 年北辰区实际直接利用外资额示意图（亿美元）

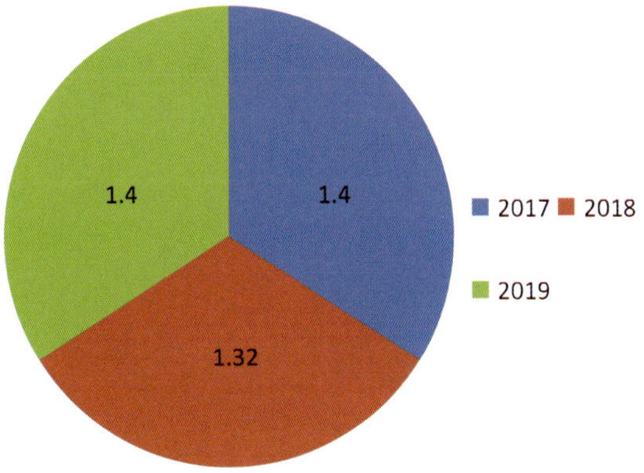

图 5　2017—2019 北辰区旅游收入总额示意图（亿元）

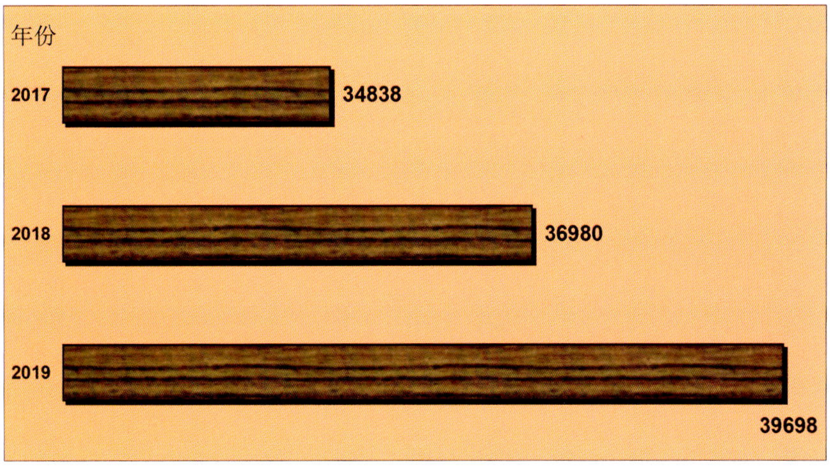

图 6　2017—2019 年北辰区常住居民人均可支配收入示意图（元）

①

②

③

2019年6月24日，北辰区举办“沿着习近平总书记指引的方向前进——贯彻落实新时代党的组织路线主题展”。图①为主题展展牌，图②为区级主要负责人参观主题展，图③为主题展展区

（微信公众号“极目辰光” 供图）

2019年9月21日，北辰区举办“礼赞新中国 奋进新时代”文艺演出（区文旅局 供图）

2019年9月26日，普东街道在秋怡家园社区广场举办“助力普东文明创建 庆祝新中国成立70周年”第八届广场舞展演活动（杨紫晨 摄影）

2019年10月1日，青(广)源街道全体干部观看阅兵式（青源街道 供图）

2019 年 9 月 23 日，北辰区举行“庆 70 华诞 颂盛世祖国”文艺演出　　（区融媒体中心　供图）

2019 年 9 月 23 日，北辰区委统战部举办“同心共筑中国梦・合力唱响复兴歌”统一战线庆祝中华人民共和国成立 70 年文艺汇演　　（区委统战部　供图）

2019年9月30日，北辰区税务局庆祝中华人民共和国成立70周年升旗仪式活动现场
（区税务局　供图）

2019年10月1日，大张庄镇组织机关干部集中观看中华人民共和国成立70周年庆祝大会及阅兵式、群众游行。图为观看现场干部们舞动国旗为祖国祝福
（刘建　摄影）

2019年10月1日，双口镇庆祝中华人民共和国成立70周年升旗仪式活动现场
（双口镇　供图）

2019年10月1日，天穆镇举行庆祝中华人民共和国成立70周年集体升国旗仪式
（霍思羽　摄影）

经济建设欣欣向荣

2019 年 2 月 28 日，天津绿地全球商品贸易港启动仪式在北辰开发区举行　　（北辰开发区　供图）

2019 年 5 月 17 日，第三届智能大会北辰分会场展区（区工信局　供图）

2019年6月25日，2019天津北辰产业投资推介会暨项目签约仪式在北京举行(吴迪　摄影)

2019年7月3日，北辰区召开5G技术及智能产业项目落地座谈会　（区工信局　供图）

2019 年 8 月 31 日，第五届徐堡大枣采摘节开幕　　（双口镇　供图）

2019 年，北辰区政府与碧桂园集团天津区域举行碧桂园中心项目签约仪式
（吴迪　摄影）

2019 年 8 月，天津长荣科技集团股份有限公司生产车间 （区融媒体中心　供图）

2019 年 9 月，北辰区喜迎“中国农民丰收节”（区融媒体中心　供图）

城市建设日新月异

2019年5月，北辰区公路建设养护中心对辖区道路进行洒水作业 （封永明 摄影）

2019年9月6日，大张庄示范镇北区还迁房建设施工现场 （刘建 摄影）

2019年7月，天津市首个PPP综合管廊项目北辰东道道路、综合管廊及附属工程进场施工 （区建开中心 供图）

2019年，北辰区建设开发中心实施闫马D地块项目（润驰新苑）外景 （区建开中心工程一部 供图）

2019年12月13日，宜兴埠镇实施旧村改造后景象 （韩牧天 摄影）

2019年6月，高峰路（北辰道—南仓道）竣工通车　　（区住建委　供图）

2019年，果园新村街道实施“城市双修”社区改造工程　　（区住建委　供图）

2019年8月14日，雨后大张庄镇还迁区景色 （刘建 摄影）

2019年11月，双街北美冬青园开园 （区融媒体中心 供图）

2019 年，北辰民族职专举办“两旗教育”文艺汇演　　（区教育局　供图）

2019 年，中学体育场馆对居民免费开放　　（区教育局　供图）

2019 年 10 月 19 日，“健康中国梦　活力新北辰”北辰区第八届运动会开幕式　　（区文旅局　供图）

2019 年 4 月 19 日，天津市天外大附属北辰光华外国语学校项目举行启动仪式　　（北辰开发区　供图）

2019 年 12 月 5 日，2019 年中国国际象棋赛在北辰举办

（区融媒体中心　供图）

2019 年 8 月 19 日，北辰区举行全国第十届残疾人运动会暨第七届特殊奥林匹克运动会(北辰区段)火炬传递仪式

（区融媒体中心　供图）

2019 年 3 月，北辰区被评为国家公共文化服务体系示范区，图为区文化中心、区图书馆内景（区融媒体中心　供图）

2019 年 9 月，北辰区参加中国旅游产业博览会。图为北辰展台　　（区融媒体中心　供图）

2019 年 7 月 3 日，中国残疾人联合会有关负责人深入小淀镇调研残疾人工作　（徐伟翔　摄影）

2019 年 3 月 27 日，“唱响新时代　共筑中国梦”北辰区第 37 届“三八”健康杯妇女健身大赛暨巾帼志愿服务月启动仪式在工人俱乐部举行，来自全区的 16 支巾帼健身队参加展示活动　（杨艺云　摄影）

2019 年 5 月 17 日，青（广）源街举办“绿橄榄志愿者服务队”成立暨志愿者服务活动月启动仪式，志愿者服务队队员进行庄严宣誓　［青（广）源街道　供图］

2019年9月15日，由区创文办、区创卫办、区科协、区总工会、团区委、区融媒体中心主办2019年北辰区全国科普日主场活动——“礼赞共和国 筑梦新时代”北辰区创文创卫暨全域科普主题活动知识竞赛在北辰红星美凯龙举办 （区科学技术协会 供图）

2019年5月23日，北辰区举行首届民族文化节暨天穆小学第九届花键节 （区融媒体中心 供图）

2019年10月17日，京津冀三区市“联盟杯”中小学校园足球邀请赛落幕 （“微北辰”公众号 供图）

2019 年 2 月 26 日，北辰区在御龙湾广场联合举办 2019 年“春风行动”招聘会　　（倪建春　摄影）

2019 年 6 月 28 日，北辰区举行生活垃圾与餐厨垃圾协同处理项目启动仪式　　（杨朝　摄影）

2019年6月28日，北辰区举办庆祝中国共产党成立98周年大会，表彰“担当作为、创新竞进”先进集体和先进个人　　（区委网信办　供图）

2019年4月26日，北辰区举办首届道德模范、新乡贤、时代新人暨第十四届感动北辰文明人事迹展示活动　　（区委宣传部　供图）

2019 年 4 月 11 日，北辰区西堤头镇东赵庄村被评为全国生态文化村　　（区融媒体中心　供图）

2019 年 3 月 14 日，第六届“低碳出行 护卫蓝天”大型公益骑行活动在北辰区郊野公园举行
（区融媒体中心　供图）

总　目

目 录

特载

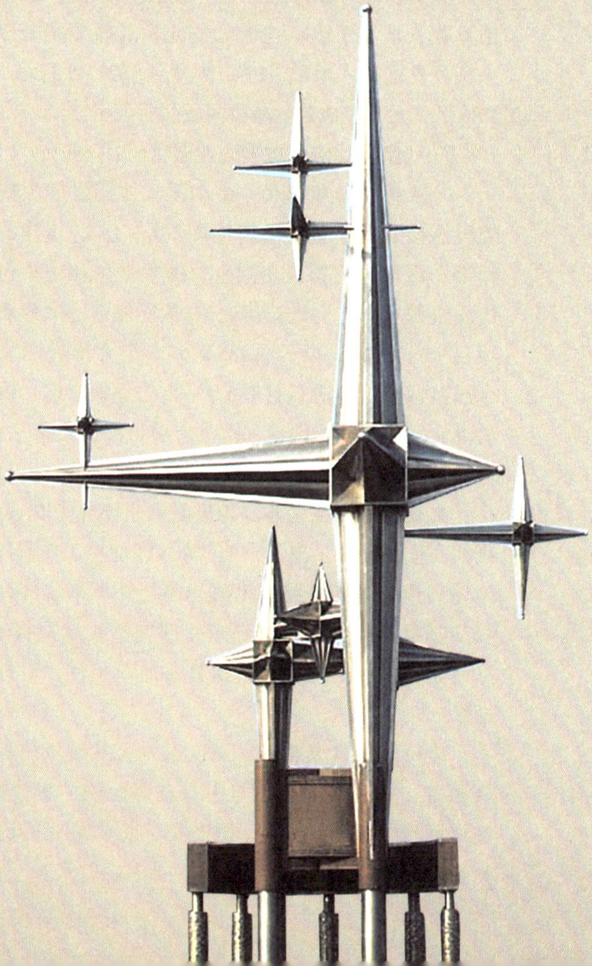

北辰年鉴
2020

政府工作报告（节选）

——在北辰区第十七届人民代表大会第七次会议上

北辰区人民政府区长　王宝雨

2020年1月9日

一、2019年工作回顾

2019是新中国成立70周年，也是北辰发展进程中极不平凡的一年。一年来，我们以习近平新时代中国特色社会主义思想为指导，全面学习贯彻党的十九大和十九届二中、三中、四中全会精神，深入贯彻落实习近平总书记对天津工作“三个着力”重要要求和一系列重要指示批示精神，认真落实市委、市政府和区委的决策部署，坚持稳中求进工作总基调，笃定高质量发展不动摇，积极践行新发展理念，持续转方式、调结构、换动能，经济运行稳中向好，社会局面和谐稳定。预计地区生产总值增长3%，区级一般公共预算收入增长3.5%，全社会固定资产投资增长20%，居民人均可支配收入增长7.1%，内资到位217.5亿元，外资到位1.86亿美元，完成节能减排降碳目标任务。

（一）京津冀协同发展成效显著

产业协同持续深化。主动融入协同发展大格局，努力建设承接北京非首都功能疏解“微中心”，组建北京招商工作部，深化与首都央企国企、民营强企和中关村、亦庄等优质资源合作，引进迪信通5G智能制造、大族激光等首都项目95个，协议投资额485亿元。全力推进国家级产城融合示范区建设，重点打造5.9平方公里核心区，绿地全球贸易港、北科建产业园等一批优质项目加速集聚，总投资597亿元。

交通体系日益完善。积极融入京津冀大交通体系建设，京滨高铁全面开工建设，地铁4号线前期工作有序推进，京津塘高速与九园公路、津蓟高速与外环东北部调整线互通立交工程进场施工，外环东北部调整线全线贯通，九园公路西延东扩、杨北公路改建具备通车条件，对外交通更加通畅。

合作交流愈发密切。深度融入公共领域协调联动，北辰医院、中医医院分别与中日友好医院、解放军301医院签订远程医疗合作协议。积极参与京津冀三区市教育联盟，认真履行公共文化服务示范走廊发展联盟轮值主席职责，组织开展足球、跆拳道、游泳等赛事活动。全面落实大气、水、土壤污染联防联控联治，主动对接国家永定河流域投资公司，协调推进永定河、北运河综合治理和生态修复。

（二）经济发展质量稳中向好

招商引资成效显著。把招商引资作为动能转换的重要举措，围绕我区主导产业和战略性新兴产业，采取规划招商、产业招商、基金招商、以商招商等多种方式，全力打好招商引资组合拳。先后赴北京、长三角、珠三角等区域考察项目30余次，在北京、上海和开发区举办3场大型招商推介会，组织各类招商活动430余次，引进碧桂园北方总部、瑞康医药等优质项目969个，协议投资额846亿元。“三个一批”重大项目达到221个，总投资2191.5亿元。加快推进落地项目建设，爱旭科技、朝亚大数据等一批大项目好项目竣工投产。坚持引资引智引才一体推进，全面落实“海河英才”计划，引进各类人才3467人，成功举办“海河英才”学子津门行北辰专场招聘会，进入“千企万人”支持计划企业达到133家。

产业结构持续优化。高端产业支撑作用更加强劲，高端装备制造、生物医药、新能源新材料、新一代信息技术四大支柱产业占比达到76.4%。深化供给侧结构性改革，持续推动“园区围城”治理，加快淘汰低效产业，取缔铁锅店、胡园、飞龙等6个工业园区，完成屈店、温东等6个整合类园区规划设计，积极与迪信通、伟星集团等社会资本合作，推进鸿仓、万发等老旧园区改造提升。加快推动钢铁产能退出，持续开展非法生产“地条钢”专项治理。加快发展现代服务业，尚河城购物中心、大通商贸广场和双街古街、御龙湾广场夜间经济示范街区开业运营，绿地缤纷城、永旺梦乐城、星河COCOPARK等商业项目持续推进。全年引进千万元以上服务业项目160个，其中亿元项目35个。大力发展楼宇经济，盘活空置楼宇2.1万平米，引进企业700家，实现税收15亿元。产业发展更加多元开放，组织88家企业参加第二届“进博会”，交易额达8.83亿美元。加大国企改革推动力度，出台进一步深化区属国有企业改革实施方案，全面启动152家区属国企改革，完成50家低效企业出清出让。

创新能力明显提升。完成中小企业转型升级452家，新增国家科技型中小企业488家，认定雏鹰企业113家、瞪羚企业29家，推荐国家级高新技术企业129家，“杀手锏”产品达到48个，新增国家和市级企业技术中心5家，均处在全市前列。建立智能制造项目库，入库项目达150个，争取59个项目市级扶持资金1.55亿元。有效专利18062件，有效注册商标14429件，获评国家级商标战略实施示范区，小淀镇被评为天津市知识产权特色小镇。强化“科技成果超市”服务功能，累计持有科技成果1332项，与28家企业签订《产学研合作协议》。积极落实“中国—中东欧国家科技创新伙伴计划”，双街可信产业园被确定为中东欧科技企业软着陆区。加强银政合作，与中国银行、农业银行、建设银行等6家金融机构签订全面战略合作协议，授信规模达到1000亿元。扩大知识产权质押贷款规模，为16家中小企业提供贷款5804万元。鼓励企业上市融资，久日新材在上交所科创板成功上市，建科机械已通过证监会审核，全区上市挂牌企业总数达到71家，位居全市前列。

（三）城市载体功能不断优化

城乡规划日趋完善。启动国土空间规划编制，梳理完成城镇、农业、生态空间和生态保护红线、永久性基本农田保护红线、城镇开发边界等基础数据。完成高端装备产业园、医药医疗器械产业园、陆路港3个市级工业园区控规调整。制定《北辰区乡村振兴战略规划》，启动8个保留村庄规划编制，初步形成“1+N”乡村振兴规划体系。加快推进排水、天桥等专项规划落地，开展新时期战略发展目标研究和公共服务设施、特色服务业、城区道路交通等专项规划编制，完成京滨高铁北辰站方案设计，规划引领作用不断加强。

拓展空间全面提速。全力推进城市建设管理体制改革试点，条块结合推动土地整理开发，收储土地3010亩，完成供地4120.6亩，全区开工面积超过1300万平米。加快推进城中村改造和示范镇建设，举全区之力实施拆迁“清零”行动，完成城中村、示范镇拆迁92.8万平米，106.8万平米还迁地块具备开工条件，97.3万平米还迁房具备入住条件，82万平米还迁入住。借助创文创卫良好氛围和扫黑除恶疾风厉势，持续推进“双违”治理和违建别墅整治，全年拆除各类违建229万平米，治理违法占地513宗、1559亩。

基础设施加快实施。北辰东道及综合管廊全面进场施工，淮东路、高峰路部分路段建成通车，辰景路、天允道具备通车条件，完成朝阳路、龙泉道等6条道路可施路段建设，姚江路、科峰路等8条道路具备施工条件，统筹推动电力、燃气、供水、供热等配套设施建设，核心区1号能源站如期供热，建成杨北、陆路港、小淀3座消防站。

（四）乡村振兴战略扎实推进

现代都市农业加快发展。以规模高效、休闲观光、安全生态和种源科技为重点，着力提升农业发展质量效益。建成鱼菜共生、蚯蚓养殖等5个农业高端项目，扶持耕耘种业、冬冠蔬菜、益多利来水产等15家龙头企业，双街都市绿谷和小五堡林海果缘成功入选全市第二批田园综合体，双街镇获评“2019年国家农业产业强镇”。加快推进信息进村入户工程，完成65个益农信息社建设，建设“果梦源”电商平台，扩大农产品销售渠道。实施高标准农田改造2万亩，建成示范项目5250亩。扎实推进农田水利工程建设，完成霍庄子、姚庄子2处节水工程，新增节水面积2300亩。提前一年半完成126个村集体产权制度改革，走在全市前列。

农村环境面貌显著提升。全力推进农村全域清洁化和人居环境整治，启动7个示范村建设，前堡、后堡、郝堡3个村初具规模。“户集、村收、镇运、区处理”垃圾清运体系逐渐完善，配备垃圾收运设备1.6万套，村庄保洁人员达1321人。提升改造“四好农村路”40公里，改造公厕129座、户厕4359座，完成辛侯庄、韩盛庄2个村生活污水收集处理和31家畜禽养殖场粪污治理。绿化造林2.55万亩。西堤头镇赵庄子村荣获农业农村部第九批全国“一村一品”示范村称号，入选2019年中国美丽休闲乡村。

扶贫攻坚工作扎实有效。为23个困难村购置长远生计用房，增强村集体“造血”功能，实现村集体收入不低于20万元目标，15个市级困难村中11个达到“六化六有”建设标准。完成四类特困人群危陋平房改造102户。扎实推进东西部扶贫协作和支援合作，实施帮扶项目42个，46078名贫困人口直接受益。大力推进消费扶贫、产业扶贫和社会捐赠，积极开展“万企帮万村”“结对认亲”活动，丁青、正宁、兴隆3个县稳定脱贫，华池县有望摘帽。

（五）生态环境质量持续改善

污染防治攻坚成效明显。落实中央和全市环保督察反馈问题整改，坚决打赢蓝天、碧水、净土保卫战。建立“散乱污”企业监督管理长效机制，防止“散乱污”企业反弹回潮。持续推进大气污染防治，完成51台燃气锅炉低氮改造，对459家VOCs企业实施动态管理。严格建筑工地“六个百分百”管控措施，完成166块裸露地块治理。完成2.4万户清洁取暖工作。全面落实河（湖）长制管理，开展河湖“清四乱”专项行动，治理“四乱”点位477个，实施宜兴埠镇、西堤头镇工业区污水管网补建和191家企业废水直排改造，治理黑臭水体50条，完成大双污水处理厂扩建和大双再生水厂建设，加快推进双青污水处理厂扩建和新区污水处理厂建设。启动27个规划保留村饮水提质增效工程，完成8个村管网建设。新建3座市级地表水水质自动监测站，完成5家企业自动在线监控设备联网和75个加油站地下双层储油罐改造。

稳步推进土壤污染治理修复，天津农药厂污染地块土壤修复进场施工，年内修复土壤10.9万方。

宜居城区建设深入推进。以“双创”工作为抓手，大力开展社区环境、交通秩序、重点区域等8类专项治理。完善垃圾分类终端处理体系，光大国际垃圾协同处理项目建设进展顺利，建成全市唯一大件物品垃圾分拣中心，完成128个村居和机关事业单位垃圾分类试点，走在全市前列。积极推动“厕所革命”，完成18座新建公厕主体工程，其中9座建成开放。加强道路停车治理，调改施划停车泊位5000个。加大高铁沿线综合整治力度，完成476处隐患点位整改。实施大绿大美工程，基本建成京津路入市口游园，完成龙门道、环瑞路绿化提升改造和辽河园界外地等绿化工程30.3万平米。新建荣翔园、特美易购2个菜市场，取缔碧龙园、辰庆家园、引河南道等5个占路市场，集中治理脏乱点位3.3万余处，清理垃圾杂物1000余吨，清除小广告1.5万处，治理违法广告牌匾7550处。天穆、北仓、双街、大张庄4个镇被命名为市级卫生镇，宝翠花都获评精品美丽社区，悦林名邸、辰庆家园等6个社区获评美丽社区。建成市级示范志愿服务V站21个，注册学雷锋志愿服务队514支、志愿者11.7万人。“创卫”以全市最好成绩通过国家暗访验收，“创文”群众满意度达到98%，位列全市第一。

（六）群众生活水平日益提高

民生短板加快补齐。全力实施20项民心工程，财政支出85%以上投向民生领域。完成35个片区、79万平米远年住房和老旧小区提升整治，完善提升朝阳楼、果园楼2个片区、12.65万平米居住功能。果园新村街“城市双修”试点成效显著，新华里、丹凤里、霞光里等6个社区9157户居民直接受益。推进“养老院+”嵌入式居家和社区养老，新建提升5个社区老年日间照料中心。下大力解决上学入园问题，新建2所小学、11所幼儿园，新增学位5010个。新增优化9条公交线路，群众出行更加便捷。社会保障体系日趋完善，低保、低收入家庭实现应保尽保，养老、医疗、工伤、生育、失业保险基本实现全覆盖，城乡居民基本医疗保险参保人数达26万余人。社会救助水平不断提高，圆满完成“筑基”工程困难群众起底摸排，建立临时救助备用金制度，开展“社会救助百日攻坚”，累计为困难群众发放救助资金5439万元。实施积极就业政策，新增就业1.8万余人，妥善安置就业困难人员2900余人。

社会事业全面发展。教育教学水平稳步提升，高考本科上线率74.5%，蝉联全市中小学运动会团体总分“十三连冠”，南仓中学被评为天津市第二批“特色鲜明学校”。持续深化医药卫生体制综合改革，全面加强区域医联体建设，形成镇村卫生服务一体化管理模式，被国家卫健委确定为城市医联体建设试点区。基层卫生服务能力不断提升，6家社区卫生服务中心达到国家标准，家庭医生签约21.6万人。扎实开展群众性文体活动，成功举办庆祝新中国成立70周年系列活动、北辰区第十四届“北运河之夏”和谐文化大舞台、第六届“天穆杯”小品展演和第八届运动会，圆满完成第十届全国残运会火炬传递任务。全面加强文化遗产传承保护，完成大运河保护区文物影响评估、考古送审和区级第四批非遗传承人、第五批非遗代表性项目评审工作。进一步加强国防动员和双拥工作，积极创建“双拥模范城”，获评全市唯一军队停偿工作全国先进单位。民族、宗教、侨务和妇女儿童、关心下一代、红十字、残疾人、档案、地方志等工作取得新成绩。

社会大局安全稳定。全力化解信访积案，市交办的19件信访积案全部按时办结。稳步推动“双百行动”，有效化解各类矛盾纠纷1.2万余件，圆满完成全国“两会”、国庆70周年等重要节点安保维稳任务，“进京访”同比下降63.6%。扎实推进平安北辰建设，深入开展“进门”大清查行动，不断完善综治警务网格融合机制，荣获全国“2019社会治理创新典范区”。加强社会治安综合治理，开展“两打两清”专项行动，严厉打击“食药环”和经济领域违法犯罪，扫黑除恶专项斗争向纵深推进，打掉黑社会性质组织2个、恶势力8个，全区治安状况明显改善。深入推进“七五”普法，完成公证处整体改制，公共法律服务水平全面提升。牢固树立安全发展理念，全面落实安全生产责任，扎实开展各类安全隐患排查治理，加大危险化学品、仓储物流、食品药品、超载超限、高层建筑等重点领域、重点场所专项整治，安全生产形势持续向好，城市本质安全水平得到提升。

（七）政府服务效能明显提升

扎实开展“不忘初心，牢记使命”主题教育，自觉用习近平新时代中国特色社会主义思想武装头脑、指导实践、推动工作，党员干部“四个意识”更加牢固，“四个自信”更加坚定，“两个维护”更加坚决。坚持一岗双责，压实全面从严治党主体责任。严格落实中央八项规定及实施细则精神，坚持不懈纠正“四风”，深入开展形式主义官僚主义、不作为不担当问题专项治理，加强党风廉政建设，综合运用监督执纪“四种形态”，强化审计监督，确保政府系统秉公用权、廉洁从政。自觉接受人大工作监督、法律监督和政协民主监督，充分发挥人大代表、政协委员和党外人士参政议政作用，加大代表建议和委员提案办理力度，81件建议提案全部办复。支持工会、共青团、妇联和科协等人民团体更好地开展工作。深入推进法治政府建设，加大政务公开力度，主动公开政府信息7158件。认真履行“三重一大”决策程序，提高政府决策科学化、民主化、法治化水平。认真贯彻落实“津八条”“辰十条”“民营经济19条”和《优化营商环境条例》，持续深化“一制三化”改革，建成12处“无人审批超市”，实施24小时预约审批、“容缺后补”“以函代证”“承诺审批”等服务举措，大幅提升审批效能。减税降费

18.1亿元，返还社会保险费5500余万元，有效激发市场活力，新增市场主体1.5万户，市场主体总量突破7万户。深入开展"双万双服促发展"活动，组织千余名干部服务帮扶2447家企业，问题解决率排名全市第一。全面加强统筹调度，全力化解债务风险，"三保""六稳"平稳有序，守住了不发生系统性风险的底线。

在总结成绩的同时，我们也清醒认识到，全区发展和政府工作还存在差距和不足：一是开拓创新意识不强，思想解放程度不高，形式主义官僚主义、不作为不担当问题依然存在；二是推进新旧动能转换力度不大，产业结构不尽合理，工业大而不强，现代服务业比重偏低；三是城市化进程相对缓慢，城中村改造和示范镇建设尚未有效闭合，基础设施存在短板弱项；四是民生改善不充分，城乡发展不平衡，距离群众对美好生活的向往有差距；五是社会治理现代化水平不高，"绣花功夫"下得不深，影响社会和谐稳定的因素依然较多。对于这些问题，我们一定高度重视，在今后工作中切实加以解决。

二、2020年工作目标和主要任务

今年是全面建成小康社会和"十三五"规划收官之年，我们要实现第一个百年奋斗目标。国际形势复杂严峻，世界经济增长持续放缓。国内经济结构性矛盾仍然突出，下行压力持续加大，但我国经济稳中向好、长期向好的基本趋势没有改变。天津正处于负重前行、滚石上山的战略转型期，市委、市政府部署实施的一系列稳增长、转动能、防风险等重大举措，积极效应正在逐步释放，高质量发展态势正在形成并不断巩固。北辰仍处于较劲爬坡、转型发展的关键阶段，面临的形势依然严峻，我们既要正视困难迎接挑战，更要保持定力增强信心。应当看到，随着京津冀协同发展重大国家战略深入实施，我们的区位优势更加凸显，发展基础更加坚实，路径目标更加清晰，前景光明、未来可期。只要我们咬定青山不放松，越是艰险越向前，勇挑最重的担子，敢啃最硬的骨头，以"逆周期"的作为对冲周期效应，努力减少经济下行带来的负面影响，就一定能够闯关夺隘，奋力开创高质量发展新局面。

2020年，政府工作的指导思想是：以习近平新时代中国特色社会主义思想为指导，全面贯彻党的十九大和十九届二中、三中、四中全会精神，坚决贯彻党的基本理论、基本路线、基本方略，以"三个着力"重要要求为元为纲，深入贯彻落实习近平总书记视察天津重要指示和在京津冀协同发展座谈会上重要讲话精神，坚决贯彻中央和市委、市政府及区委的决策部署，坚持稳中求进工作总基调，坚持新发展理念，坚持以供给侧结构性改革为主线，肩负起解决改革发展中的难题和提高整体发展水平的双重任务，统筹推进稳增长、促改革、调结构、惠民生、防风险、保稳定，确保全面建成高质量小康社会和"十三五"规划圆满收官。

全区经济社会发展的主要预期目标是：地区生产总值增长5%，一般公共预算收入增长5%，全社会固定资产投资增长10%，常住居民人均可支配收入增长5%，完成"十三五"规划节能减排降碳目标任务。

（一）聚焦协调联动，争当协同发展排头兵

主动承接非首都功能疏解。制定年度京津冀协同发展工作要点，进一步梳理承接项目目录，建立健全清单化、项目化协调推进机制。充分发挥驻京招商工作部"桥头堡"作用，加大与在京商会协会、中介机构合作力度，主动对接央企国企、民营强企和上市公司，广泛吸纳北京科技、教育、医疗、文化等优质资源，努力招新引优、招强引链、招才引智，全年引进首都项目90个，协议投资额不低于300亿元，加快建设一批承接非首都功能疏解标志性工程。

加快建设产城融合示范区。围绕"一带两镇四园"功能定位，加大5.9平方公里核心区开发建设力度，加快建设绿地全球贸易港、北科建、滨海联创等重大项目，集聚更多高端产业。统筹推进大张庄和双街两个示范镇建设，加快建设光华国际学校、绿地缤纷城、盛景星级酒店等生活服务设施，实现生产、生活、生态"三生融合"，努力打造京津冀协同发展"微中心"。

积极融入京津冀大交通体系。全力配合京滨高铁、地铁4号线等重大项目建设，启动京滨高铁北辰站站前区规划建设。加快推进京津塘高速与九园公路、津蓟高速与新外环互通立交工程建设。以建设南北顺畅、东西贯通的"四横六纵"路网骨架为目标，制定路网建设三年计划。全面启动武静公路建设，积极推动新外环和九园公路、杨北公路改扩建工程正式通车。完成汾河南道、潞江东路等6条主次道路建设，启动朝阳路下穿南曹铁路、铁东路上跨龙门东道立交工程，加速推进北辰东道及综合管廊建设。

（二）聚焦转型升级，引育经济发展新动能

强化项目支撑作用。制定出台鼓励招商引资实施意见，调动全区招商引资积极性。坚持抓大不放小、喜新不厌旧、重硬不轻软、求远不舍近，采取聘请第三方平台、引育招商人才等措施，拓宽招商思路招法，形成优势互补、创新竞进的招商氛围。借助区内大型企业和金融机构资源优势，在北京、上海、深圳等地举办大型招商推介活动，提升北辰知名度和影响力。围绕高端装备制造、生物医药、新能源新材料、新一代信息技术四大支柱产业，突出大数据、互联网、人工智能等战略性新兴产业，推动区块链技术与实体经济深度融合，引进关联度大、带动性强、科技含量高的旗舰项目，带动上下游企业集聚发展。加大项目跟踪服务力度，推动捷强动力、贝思达医疗器械等40余个重大项目加快建设，尽快启动爱旭科技、SMC二期建设，力争

江铜华北二期、精雕数控等20余个项目竣工投产。继续实施“海河英才”计划，为北辰高质量发展提供人才支撑。

促进产业优化升级。推动“北辰制造”向“北辰智造”、工业大区向工业强区转型发展。搭建高等院校、大院大所与区内企业科技对接平台，建成河北工业大学北辰高端装备研究院，筹建机器人产业园。引导企业以科技创新、技术改造、两化融合、机器换人等方式转型升级、提质增效，培育“雏鹰”企业100家以上、“瞪羚”企业10家以上，认定国家高新技术企业50家以上。加快推进工业园区围城治理，完成8个园区取缔任务，引导社会资本参与整合类园区建设管理，加快迪信通5G智能装备产业园建设，盘活闲置低效土地资源，促进园区高质、产业高端、土地高效。坚决淘汰落后产能，完成江天重工钢铁产能退出，推动大数据中心项目建设，全面实现产能转换。巩固“地条钢”整治成果，严防死灰复燃。大力发展电子商务、现代金融、高端物流、科技服务等生产性服务业，填平补齐生活性服务业，着力发展文化创意、休闲旅游等产业，加快推进永旺梦乐城、星河COCOPARK、宜兴埠特色街区等重点商业载体建设，继续推动夜间经济发展，打造功能多元、各具特色的示范街区。不断壮大楼宇经济，盘活闲置资源，吸引智能科技、金融服务、高端商务等企业入驻，打造更多亿元楼宇。积极参与天津海关两段式准入改革试点，提升外经贸运行水平。

深化重点领域改革。加快国企改革步伐，继续加大出清出让力度，压减数量提升质量，全面完成企业公司制改制，搭建国有资本投资运营公司，完善公司法人治理结构，启动“智慧国资”平台建设，加强国资监管，做好国有企业退休人员社会化管理，实现国有企业瘦身提质。强化债务监控，统筹谋划、精准施策，妥善化解债务风险。加快金融领域创新，建立网络融资超市和流动金融超市，加强银企精准对接，为企业提供便捷服务。进一步完善“辰智贷”政策，提高服务中小企业覆盖面，加大企业上市工作力度，力推更多企业上市。

（三）聚焦载体功能，推进城市更新高品质

完善城乡规划体系。开展土地利用规划和城市总体规划“双评估”以及资源环境承载能力和国土空间适宜性“双评价”工作。进行国土空间开发保护战略目标、国土空间格局、自然资源要素配置、国土整理等课题研究，摸清全区土地利用现状，确定城镇开发边界，夯实城镇建设用地指标、耕地保有量等基础数据，为科学制定国土空间规划提供支撑，为区域发展留足空间。启动“十四五”规划编制，绘就未来五年发展蓝图。

提速城市开发建设。按照市委、市政府统一部署，积极配合市属国企和有关部门，加快推动北辰活力区、天津农垦智慧生态新城开发建设。加快城中村、示范镇和新康道、星河时代南等地块挂牌出让，推动迪信通、中兴创新科技产业园等重点项目供地，全年完成土地出让2800亩，收储土地1500亩。加快城中村改造还迁房及配套工程建设，65.25万平米还迁入住，让3725户居民乔迁新居，基本完成城中村改造收尾工作。加快宜兴埠旧村改造，确保还迁安置房如期入住。加快示范镇建设步伐，已经启动的拆迁村全部清零，新启动温家房子、李家房子等5个村拆迁工作，加速推进还迁房建设，60万平米具备开工条件，40万平米还迁入住，800亩土地具备挂牌出让条件。健全完善城中村改造自营性公建供给模式，研究谋划示范镇长远生计用房产业布局，加快导入高端业态，增加村集体收入。坚持政府主导，加强投融资平台监管，确保资金良性运转。严格落实市委土地专项巡视整改要求，继续保持“双违”治理高压态势，建立健全长效机制，对历史违法用地进行大起底，加大对万科花园、大通绿岛、燕宇艺术家园等社区治理力度，开展违建别墅问题排查督办，确保违法占地、违法建设“零增长”，全年完成拆迁拆违200万平米。

加强城市精细管理。完成果园新村街“城市双修”二期建设任务，选取成熟街区适度深化老旧小区改造。持续推进垃圾分类，确保光大国际垃圾协同处理项目投入运营，有效闭合垃圾分类处理链条。深入推进“厕所革命”，建成开放9座一类公厕。推动全区智能化平台建设，提升社区智慧化管理服务水平，创建美丽社区4个，精品美丽社区1个。实施大绿大美工程，建成平津道城市公园，完成九园公路、潞江东路和淮东路部分路段绿化工程。加强电力、燃气、供水、排水、通讯等配套设施建设，全面推进“1001”工程，提升城市载体功能。

（四）聚焦宜居兴业，打造乡村振兴升级版

促进农村产业兴旺。大力发展现代都市型农业，培育建设一批农业龙头企业，进一步提高农业集约化、产业化水平，加快西堤头曙光水镇、双街都市绿谷和双口梦得奶业小镇、小五堡林海果缘等重点项目建设，促进中航珊瑚养殖、郁金香工厂化繁育等新项目发展壮大。实施特色品牌提升工程，培育金亚麻鸡蛋、奶油草莓、妙众堂黑豆茸等新品牌。建设“智慧三农”监管服务平台，推进农产品网络销售，实现农村电商服务全覆盖。实施高标准农田改造，建成高标准农田2万亩。加强农村集体资产经营管理，探索集体建设用地入市供地模式，持续推进土地承包经营权有序流转。扎实推进东西部扶贫协作和支援合作，帮助正宁、华池、丁青、兴隆实现稳定脱贫。

加快建设美丽乡村。坚持规划先行，深化8个村庄规划，完成19个村庄规划编制。补齐基础设施短板，加大帮扶力度，推动市级困难村全部达到美丽村庄建设标准，持续壮大村集体经济，确保全面小康路上不漏一村、不落一人。提升改造“四好农村路”20公里，完成小五堡环线和

东赵路建设。继续开展农村人居环境整治，推动垃圾治理、“厕所革命”、生活污水治理、村容村貌提升、农业面源污染防治、农业废弃物资源化利用等重点工程，大力推进双街农村全域清洁化示范镇和双口镇“小五堡”“丁平三”、西堤头镇赵庄子9个示范村建设，打造一批市级一流亮点村，实现点上示范引领、面上整体提升。

（五）聚焦生态文明，打赢污染防治攻坚战

加大环境保护力度。做好第二轮中央生态环保督察迎检工作，落实督察反馈问题整改。持续开展“散乱污”企业排查整治，严防反弹回潮。完善区域环境综合监管平台功能，优化80个空气监测微站点位布局，加强634家VOCs企业、铸造企业和201家餐饮企业在线监管，完成141台燃气锅炉低氮改造，督促68个重点标段施工单位落实“六个百分百”措施，有效降低扬尘污染，PM2.5降幅和达标天数达到市规定标准，打赢蓝天保卫战。压实河（湖）长责任制，持续开展水体治理，基本消除黑臭水体。开展引滦明渠、南水北调饮用水源保护，完成27个规划保留村饮水提质增效工程和3000家企事业单位水源转换，完成机井封填任务，坚决杜绝非法开采地下水。加快污水处理设施建设，完成双青污水处理厂扩建工程。改造果园新村街、宜兴埠部分积水片区，完成29处雨污水管道混接点切改。完善水环境监测网络，强化工业集聚区水污染治理监管，持续提升水环境质量，打赢碧水保卫战。加快推动污染地块治理修复，完成农药厂污染地块土壤处理110万方。加强对重点企业监控，动态更新土壤环境监管名单，严厉打击非法排污行为，打赢净土保卫战。

全力推进“创文创卫”。以决战决胜、创则必成的姿态，认真整改暗访测评反馈问题，大力整治市容环境、占道经营、交通秩序等突出问题，持续开展卫生大清整、大清扫、大保洁，补短板、强弱项，确保创建工作全面达标。搭建全国文明城区数字化管理服务平台，坚持常态化创建机制，广泛发动党员群众参与“学雷锋志愿服务月”“星期六志愿服务”等活动，营造全民支持、全民参与的浓厚氛围。大力培育和践行社会主义核心价值观，开展“十项文明”创建和“感动北辰文明人”评选活动，严格落实《天津市文明行为促进条例》，引导群众遵守公共秩序、维护公共环境，自觉养成文明行为习惯，提高群众文明素质和社会文明程度。

（六）聚焦民生福祉，增强人民群众获得感

健全社会保障体系。实施就业优先政策，完善就业促进机制，搭建区、镇街、村居三级就业网络体系，加快人力资源产业园建设，推动就业岗位精准供给，促进高校毕业生、农民工、退役军人等重点群体充分就业，新增就业1.8万人。开展万人职业技能培训，提升劳动者就业能力。创新劳动人事争议调解仲裁机制，建设劳动保障维权中心，解决好拖欠农民工工资问题，[illegible]劳动者合法权益，构建和谐劳动关系。织密筑牢兜底保障网，持续推进全民参保计划，建立健全立体式、互动式社会救助体系，继续提高失业保险等救助标准。巩固城乡困难群众排查解困专项工作成果，破解政策边缘户和支出型困难户救助难题，做到应保尽保、应助尽助。积极完善健康养老服务体系，组建区养老服务中心，大力发展社区居家养老服务，建设3所社区微型养老院，推进老年日间照料中心转型升级，实施老年人助餐补贴，各镇街至少开设1家老人家食堂。引入社会资本参与养老院建设，新增床位200张。

改善群众生活质量。继续实施20项民心工程，加快推进双青新家园非经营性配套公建建设，完善居住功能，方便群众生活。新建宜兴埠春泽苑、北仓盛庭丽景2个菜市场，进一步规范13个菜市场运营管理，建设全市一流民心菜市场。规范停车秩序，建设4个临时停车场，加快公交场站建设，优化调整10条公交线路，保障群众出行更方便、更安全。持续强化食品药品质量安全监管，实施餐饮业食品安全提升工程，力争“国家食品安全示范城市”创建成功。

提升公共服务水平。进一步深化教育改革，深入推进集团化办学，建成3所联盟校和3所共同体学校，促进优质教育均衡发展。加强教师队伍建设，持续推进素质教育，不断提高教学水平。进一步完善教育资源配置，启动九十二中学扩建工程，新开办7所中小学、6所幼儿园，新增幼儿学位1710个。推进实施“健康北辰行动”，持续深化医药卫生体制改革，完善医联体网格化建设，稳步提升医疗服务和管理水平。加大医疗人才引进和全科医生培养力度，全力做好基本公共卫生服务，加强重点传染病防控，开展妇女儿童健康服务，继续做好“两癌”筛查。加快果园新村街、宜兴埠镇社区卫生服务中心建设，双口镇、双街镇社区卫生服务中心投入使用。大力推进全域科普工作，提升全民科学素质。积极参与大运河国家文化公园建设，加强文物保护，推动“五馆一场”和“五个一”体育设施建设，举办“北辰杯”环渤海地区青年歌手大赛和区第五届全民健身运动会，组织“舞动辰星”广场舞展演等各类演出活动140场，丰富群众文化生活。

深化社会治理创新。认真贯彻党的十九届四中全会精神，大力提升基层治理体系和治理能力现代化水平。健全完善“一核一网多元共治”社会治理模式，大力推进“六治”融合，打造一批示范社区，积极创建全国市域社会治理现代化试点合格区和全国乡村治理体系建设试点示范区。推动“全科网格”实体化运行，科学设置网格布局，建立专职网格员队伍，推进一体化社会治理平台投入使用，与综治警务网格实现“双网融合”。深入推进扫黑除恶专项斗争，加大办案力度，实现积案清零、线索清零，巩固扩大战果，创建“无黑”城区。扎实推进党建引领基层治理体制机制创新，坚持“战区制、主官上、权下放”，最大限度发挥“吹哨报到”效能。深化法治北辰建设，深入开展“七五”普法，持续推进司法体制改革。坚持发展新时代“枫桥经验”，构建“大调解”工作格局，开展常态化不稳定因素滚动排查，完善多元化解机制，推动各类矛盾纠纷案结事了。持续强化安全生产和自然灾害防治，加强应急救援能力建设，抓好危险化学品、公共消防、建筑施工、交通运输、仓储物流、特种设备和人员密集场所等重点领域常态化排查整治，消除各类安全隐患，坚决防范遏制重大安全事故发生。全力做好第七次全国人口普查。

（七）聚焦履职能力，促进政务服务大提速

加强政治建设。以党的政治建设统领政府工作，深学笃用习近平新时代中国特色社会主义思想，增强“四个意识”，坚定“四个自信”，做到“两个维护”，始终在思想上政治上行动上同以习近平同志为核心的党中央保持高度一致，坚决执行党的政治路线，严守政治纪律和政治规矩。狠抓政府系统廉政建设，始终保持惩治腐败高压态势。严格落实中央八项规定及实施细则精神，锲而不舍查纠“四风”，持续开展形式主义官僚主义、不作为不担当问题专项治理。坚决落实“不忘初心、牢记使命”的制度，突出问题导向、目标导向、结果导向，发扬斗争精神，自觉从政治上看待问题、谋划思路、推动工作，扎实推进习近平总书记重要指示批示精神和党中央重大决策部署在北辰落地生根。

严格依法行政。坚持运用法治思维和法治方式推进工作，自觉接受人大工作监督、法律监督和政协民主监督以及社会各方面监督，规范重大行政决策程序，认真落实重大行政决策合法性审查制度，提高决策的科学化、民主化、法治化水平。全面落实行政执法“三项制度”，深化综合行政执法改革。加强信用体系建设，推进政务、商务、社会、公共安全、司法领域诚信及公信建设制度化、规范化。加强专项审计、跟踪审计和审计成果运用，全面推进政务公开，确保权力在阳光下运行。更好发挥工会、共青团、妇联、科协等群团组织桥梁纽带作用，认真落实党的民族、宗教和侨务政策，加强统战、对台、工商联等工作，完善同各民主党派和无党派人士合作共事机制。大力支持国防和军队建设，扎实做好退役军人服务管理，广泛开展双拥共建，力争蝉联“全国双拥模范城”荣誉称号。

提升服务效能。加快转变政府职能，切实提高行政效率，营造“痛快办事、快乐服务”文化。认真落实“津八条”“辰十条”“民营经济19条”和《优化营商环境条例》等政策措施，制定北辰区优化营商环境行动方案。深化“一制三化”改革，建设更多“无人审批超市”，推出更多“五减四办”事项，继续推进“证照分离”改革，试行一人核准制度，建立统一的公共资源交易平台，积极推进“互联网＋政务服务”，“网上办”比例达到70%以上，努力实现“一网通办”“一窗通办”。加快推进新政务服务中心建设，完善政务服务体系，整合优化部门职能，努力实现群众办事只进一扇门、最多跑一次。继续开展“双万双服促发展”活动，积极协调解决企业的实际困难和问题，持续跟踪问效，加大服务力度，助力企业发展。强化公仆意识，转变工作作风，落实“向群众汇报”工作机制，切实为群众、为企业、为基层解决问题，构建亲清政商关系。坚持真过紧日子，精打细算，有保有压，大力压减一般性支出和“三公”经费，把有限的资金用在刀刃上，勤俭办事，艰苦奋斗，以实际行动践行初心使命。

大事记

北辰年鉴
2020

1月

6日　中共天津市北辰区委十一届八次全会暨经济工作会议召开。会议由区委常委会主持，区委书记冯卫华向全会报告区委常委会2018年工作并讲话，传达中央经济工作会议和市委十一届五次全会暨经济工作会议精神，听取并讨论《区委常委会2018年工作报告》，讨论《区委常委会2018年党建工作报告》，审议通过《中共天津市北辰区委2019年工作要点》和《中国共产党天津市北辰区第十一届委员会第八次全体会议决议》。

7日　北辰区政府召开全体会议，区委副书记、区长王宝雨主持并讲话，区委副书记、区委办公室主任陈健应邀出席。会议审议《政府工作报告（讨论稿）》《关于北辰区2018年国民经济和社会发展计划执行情况与2019年国民经济和社会发展计划草案的报告（讨论稿）》《关于北辰区2018年财政预算执行情况和2019年预算草案的报告（讨论稿）》。

9日至10日　政协北辰区九届三次会议在龙顺会议中心召开。会议听取并审议区政协常委会工作报告和常委会提案工作报告；区政协委员列席区十七届人大五次会议，听取并讨论区政府工作报告和其他报告；政协各委组大会发言建言献策；通过大会决议。

10日　经市委、市政府批准，天津市第七环境保护督察组向北辰区委、区政府反馈督察意见。市第七环境保护督察组有关人员，北辰区委、区政府领导班子成员及全区各有关单位主要负责人100余人参加会议。

10日至11日　北辰区十七届人大五次会议在区龙顺庄园农博馆举行。会议通过区人民政府工作报告、区2018年国民经济和社会发展计划执行情况与2019年国民经济和社会发展计划草案的报告、区2018年预算执行情况和2019年预算草案的报告、区人大常委会工作报告、区人民法院和人民检察院工作报告，作出相应决议；会议依法设立区十七届人大内务司法委员会、财政经济委员会、教育科学文化卫生委员会、城乡建设环境保护委员会；补选区十七届人大常委会委员。

16日　北辰区召开“大棚房”问题清理整治工作推动会，传达国家自然资源督察反馈意见和有关文件精神，部署全区“大棚房”问题清理整治工作。

17日　北辰区召开机构改革职责划转交接工作会。相关单位负责人进行职责交接、人员划转并签署交接单，同时进行印章收缴发放。区委办公室、区委组织部、区委编办、区政府办公室分管负责人，以及机构改革涉改部门主要负责人和办公室主任参加。

25日　第二届“辰晓安”杯网络作品大赛在区金融创新大厦多功能厅收官。大赛历时3个月，收到近2000件内容丰富、形式多样的网络作品。

31日　区委书记冯卫华主持召开区委常委会会议。会议传达学习贯彻习近平总书记在省部级主要领导干部坚持底线思维着力防范化解重大风险专题研讨班上的重要讲话精神和1月26日市委常委会扩大会议精神；传达学习习近平总书记在《告台湾同胞书》发表40周年纪念会上的重要讲话精神；传达学习习近平总书记在中央政法工作会议上的重要讲话精神和1月20日市委常委会扩大会议精神，集体学习《中国共产党政法工作条例》；传达学习天津市领导干部会议精神；传达学习市纪委十一届五次全会精神，审议《区纪委十一届六次全会安排方案》和《区纪委十一届六次全会工作报告》。

2月

11日　天津市副市长康义率相关负责人赴长荣健豪云印刷科技有限公司调研，了解企业生产经营情况。

18日　文化和旅游部、财政部正式公布第三批国家公共文化服务体系示范区名单，北辰区作为该批次天津市唯一入选单位榜上有名。

是日　天津市北辰区大数据管理中心成立，由区委网信办管理。

19日　北辰区举行第26届“万民同乐大联欢”花会展演。展演主会场设在北辰公园，各镇街设分会场。国家级非物质文化遗产项目刘园祥音法鼓，市级非物质文化遗产项目北仓随驾狮子、北仓蚂蜡庙小车会等多道花会竞相展示。

21日　区十七届人大常委会召开第一次会议。会议表决通过《北辰区人大常委会2019年工作要点》、人事任免事项、《关于提请许可对个别天津市北辰区第十七届人民代表大会代表采取刑事强制措施予以确认的报告》；审议通过《北辰区医药卫生体制综合改革试点工作情况专题询问意见落实情况的报告》；接受边绍强请求辞去北辰区十七届人大代表职务的请求。

24日　2019年落实全面从严治党主体责任暨组织宣传统战工作会议在区委机关五楼会议室召开，安排部署2019年组织、宣传、统战工作。

25日　北辰区召开国家卫生镇创建工作推动会，明确创建工作目标。

26日　以“双万双服促发展”活动为主题的北辰区2019年“春风行动”大型招聘活动在北仓镇御龙湾广场启动。招聘会增设退役军人就业岗位。

3月

1日　中共天津市北辰区互联网行业委员会在区委网信办挂牌成立。

6日　国务院安委会第六督导组到北辰区天穆镇督查，现场检查华润万家北辰店和中国天辰有限公司，并与镇和企业有关负责人就安全生产开展情况进行问询。督导组对天穆镇安全生产监管工作予以肯定。

7日　北辰区启动生活垃圾分类系列宣传推广活动。该活动是2019年度北辰区生活垃圾分类系列宣传推广的首场活动。活动设垃圾分类知识宣讲、宣传资料发放、智能垃圾回收设备使用介绍等环节。

是日　北辰区召开2019年创文创卫部署大会，总结2018年创建工作，部署下一阶段工作任务。天津市“双创”工作指导小组现场指导。区城管委、公安北辰分局交警支队、区市场监管局、天穆镇、普东街道负责人分别做表态发言，与会人员观看《打赢“双创”攻坚战》专题片。

10日　庆祝中华人民共和国成立70周年暨第六届“低碳出行，护卫蓝天”大型公益骑行活动在北辰郊野公园举行，倡导市民“低碳出行护卫蓝天”。

12日　北辰区召开农村集体产权制度改革工作推动会，区委书记冯卫华出席并讲话，区委副书记陈健主持会议。会议总结2018年农村集体产权制度改革工作，部署2019年工作任务。与会区领导为部分完成改革任务的村颁发“农村集体经济组织登记证书”，宜兴埠镇、双口镇、天穆镇、青光镇韩家墅村、北仓镇丁赵村作大会发言。

14日　中信康恒环境股份有限公司董事长兼CEO龙吉生一行到北辰区考察，双方就进一步深化合作进行交流。

19日　北辰区参加在上海举行的由文化和旅游部主办的公共文化产品供给侧改革现场经验交流会。会议总结第三批国家公共文化服务体系示范区（项目）创建工作，并进行命名颁牌。北辰区副区长马希荣出席会议并接受“国家公共文化服务体系示范区”颁牌。

21日　中共天津市北辰区委十一届九次全会召开。全会由区委常委会主持。审议通过《中共天津市北辰区委关于贯彻落实〈中共天津市委关于认真学习贯彻习近平总书记视察天津重要指示和在京津冀协同发展座谈会上重要讲话精神的实施意见〉的实施方案》和全会决议。区委书记冯卫华代表区委常委会讲话，区委副书记、区长王宝雨就《实施方案（讨论稿）》向全会作说明。

27日　北辰区第37届“三八”健康杯妇女健身大赛暨巾帼志愿服务月启动，区妇联有关负责人为巾帼志愿服务队代表授旗。全区16支巾帼健身队进行集中展示，果园新村街道梦飞扬舞蹈队、天穆镇舞蹈队、集贤里街道“夕阳红”腰鼓队赢得健身大赛一等奖。

29日　北辰区举行“文化惠民”新闻发布会，推介北辰文化品牌。新华社、中央人民广播电台、《中国经济时报》和《天津日报》等十几家国家级、天津市媒体参加新闻发布会，就北辰文化中心建设、天穆杯小品展演和流动图书车下基层等文化惠民工作进行现场提问。

4月

4日　集贤里街道联合解放军983医院（原254医院）在集贤公园举办“扎实践行军民融合发展战略为人民群众健康保驾护航”免费义诊活动，983医院耳鼻喉、消化内科、妇产科等十余个科室医生参加此次活动。

13日　北辰区召开“创卫”专题工作会，对全区“创卫”工作再动员、再部署、再加压。区委副书记陈健，区委常委、区委宣传部部长王亚群，副区长马希荣出席。会议就迎接国家卫生区市级考核验收工作进行安排部署。

14日　天津市第38届“爱鸟周”宣传活动启动仪式在北辰区普东街道花鸟鱼虫市场举行。该届“爱鸟周”的主题是“关注候鸟迁徙维护生命共同体”。

16日　北辰区召开“天津·北辰重点项目推介对接会”，邀请38家金融机构和34家投资建设单位参加。会议发布政务服务中心、文化中心、大北环物流铁路专线、高端酒店等16个重点项目，总投资451.8亿元，项目涵盖交通、水利、卫生、公共服务等各领域。与会嘉宾实地参观北辰郊野公园景观提升一期工程、天津绿地全球商品贸易港、苏宁智慧物流电商产业园等重点在建项目，就深化地企互利合作进行洽谈交流。

18日　北辰区召开乡村振兴战略实施工作推进会。区委书记冯卫华出席并讲话，区委副书记、区长王宝雨就全区2019年、2020年实施乡村振兴战略、推进农业农村优先发展的各项工作进行安排部署，区农业农村委、西堤头镇、双口镇前堡村相关负责人作发言。

23日　小淀镇温家房子村志成道延长线还迁工作正式启动。至5月13日，还迁工作完成，完成193户拆迁群众和454套还迁房的选房、交钥匙工作。

是日 北辰区“运河书香”诗词大会第二季暨“网说·诗词里的中国力量”主题活动拉开帷幕。该活动设网友入围赛、海选晋级赛、攻擂资格赛、半决赛和总决赛5个阶段，12月31日落幕，45万名网友参与。

26日 北辰区首届道德模范、新乡贤、时代新人第14届感动北辰文明人事迹展示活动举行。全区330余名获奖者受到表彰，11名先进代表现场分享追梦故事。市委宣传部副部长于景森，区委书记冯卫华，区委副书记、区长王宝雨，区人大常委会主任王志平，区政协主席王亚令，区委副书记陈健等出席并为获奖者颁奖。

5月

5日 大张庄镇联合区农业农村委、区水务局、大张庄镇派出所对永定新河水域内的非法捕捞鱼虫行为进行联合执法专项行动和宣传整治行动。现场暂扣全部非法渔具及打捞渔船3艘。

6日 “学习强国”公众号刊发《天津市北辰区：党建“绣花针”穿起基层治理千条线》，报道宝利新苑花园党建工作。

15日 大张庄镇大吕庄村拆迁安置工作启动，大吕庄村是新市镇北部八村拆迁的第7个村。

17日 北辰区启动“合理膳食、天天蔬果、健康你我”2019年全民营养周活动。在现场，区医疗机构的营养专家向群众宣讲《中国居民膳食指南》，普及均衡膳食等相关知识；开展“赠您一果，守您健康”特色活动。宣传周期间，开展健康知识上线传播，“营养＋运动，携手护视力”主题宣传教育活动。

是日 北辰区举办第五届残疾人健身运动会暨北辰区第八届运动会（残疾人组）比赛。该届运动会以“自强脱贫，助残共享”为主题，全区各镇街的300多名残疾人运动员，参加6个单项和2个集体项目的比赛。

18日 北辰区第33届科技周暨智能科普嘉年华活动开幕。科技周开幕式主题为“智能时代科技强区全域科普”，围绕全面启动全域科普工作、大力开展人工智能教育普及、广泛宣传科技创新成就三方面内容，开展北辰区首届青少年3D打印创意设计竞赛、无人机航拍技术示范交流会等活动。

19日 北辰区在西堤头镇泉水湾旅游度假区举办“文旅融合美好生活”2019年“中国旅游日”主题活动。活动现场，穆氏传统戏法、永新二十四式通背拳表演、穆氏花毽等北辰区代表性非物质文化遗产项目演出。

24日 北辰区第五届中小学学国学诵经典诵读大赛决赛落幕。大赛决赛分别在秋怡中学和秋怡小学举行，学生们采用朗诵、快板、情景剧、歌舞剧等形式诵读经典。

27日 天津市农村集体清产核资验收工作会议在北辰区天穆镇召开，对天穆镇的清产核资工作验收检查。

28日 北辰区残疾人艺术团成立仪式暨第29次“全国助残日”慰问演出在小淀国际当代艺术区举行。该次全国助残日以“自强脱贫助残共享”为主题。活动现场，由残疾人艺术团体表演《青藏女孩》《紧跟伟大的新时代》等节目。

是日 在天津市委宣传部、市委统战部、市委网信办、市工商联等单位共同主办的“2019新媒中国行·第四届蒲公英新媒体（团泊）峰会”上，北辰区委网信办官方微信公众号“网信北辰”入选“天津网信系统新媒指数TOP10”。

31日 北辰区召开东西部扶贫协作和支援合作工作领导小组扩大会议暨2019年工作推进会，传达中共中央和市委关于脱贫攻坚的重要会议精神，总结北辰区2018年扶贫协作和支援合作工作成绩，安排部署2019年重点任务。

6月

2日 京津冀“北辰杯”乒乓球青少年争霸赛在北辰区举行，天津、北京和河北等省市的200多名乒乓球小选手参加。经过两天激烈对决，北辰区小选手包揽青少年甲组前四名。

4日 天津市市长张国清到北辰区瑞景街道宝翠花都社区实地调研社区垃圾分类工作情况。指出，社区要充分发挥党建引领作用，让垃圾分类更加深入人心，不松劲不懈怠，转变居民习惯养成。

11日 国家卫生健康委规划司司长毛群安率全国爱卫办调研组一行，到北辰区瑞景街道宝翠花都社区，调研社区长效管理机制建设工作。北辰区委书记冯卫华和瑞景街道负责人陪同调研。

12日 小淀镇5个村整建制完成农村产权制度改革，成立经济合作社。

16日 天津医科大学朱宪彝纪念医院（代谢病医院）在北辰区环瑞北路新院址举行开诊仪式暨大学医院专家联合义诊活动。新院区位于北辰区瑞景街域内，建筑面积12万平方米，核定床位1200张。

21日 北辰区青年联合会五届一次全会在龙顺庄园召开，选举产生新一届领导班子。

是日 北辰区召开全域科普工作暨基层科协组织建设推动会，推动《北辰区关于大力推进全域科普工作的实施方案》有效落实。集贤里街道、开发区有关负责人作典型发言。

22日 北辰区第四届旅游文化节暨2019年“低碳出行护卫蓝天”大型公益活动在北辰郊野公园举行。全市30家骑行俱乐部的600余名骑行爱好者和百人健走队伍参加活动。

24日 北辰区召开人才工作会议。区委书记冯卫华出席并讲话，区委副书记、区长王宝雨主持会议，区委常委、区委组织部部长陈宇宣读关于人才命名的决定。与会有关负责人为获得北辰区第二批拔尖人才、北辰区“北极星”人才发展计划首批入选人才和北辰区首批高层次人才工作室颁奖。

是日 北辰区举办“沿着习近平总书记指引的方向前进——贯彻落实新时代党的组织路线主题展”。该展位于区委机关二楼大厅，设“把党的政治建设摆在首位”“用习近平新时代中国特色社会主义思想武装党员干部”等9个篇章。

25日 北辰区委全面深化改革委员会第一次会议召开，区委书记冯卫华主持。会议传达学习中共中央全面深化改革委员会第七次、第八次会议精神和市委全面深化改革委员会第二次会议精神，研究部署重点任务，审议相关文件。

26日 小淀镇示范小城镇小贺庄村民宅拆迁实现全面清零。

27日 天津市庆祝中华人民共和国成立70周年“我和我的祖国”群众性合唱大赛启动仪式在北辰区举行。天穆镇、果园新村街道、北辰区模范小学、天士力合唱团等10支队伍演唱14首爱国歌曲。

28日 北辰区庆祝中国共产党成立98周年大会在龙顺庄园农博馆举行。大会表彰“担当作为、创新竞进”先进集体和先进个人，并开展“心向党·我和我的祖国”主题展示活动。

7月

3日 中国残联体育部主任赵素京、副主任张俊杰一行深入小淀镇，就残疾人民生保障、文化体育和再就业等工作进行调研。

是日 北辰区“津彩假日”夏令营社区示范营在集贤里街道办事处六楼活动室正式开营，首场夏令营特邀相声演员马树春和剪纸达人赵德宝，宣传传统文化。

7日 北辰区第八届运动会暨首届智力运动会在万源龙顺度假庄园落幕。该届智力运动会设围棋、象棋、国际象棋、五子棋、国际跳棋、斗地主6个比赛项目、24个参赛组别。

9日 西藏自治区昌都市工商联主席、昌都商会会长四郎旺堆，卡若区工商联主席梅兰曲措，丁青县工商联主席李素荣，江达县工商联负责人陈霞等昌都市工商联系统一行深入小淀镇国际当代艺术园区进行文化艺术调研交流。

10日 北辰区十七届人大六次会议在区机关五楼会议室召开，出席代表151人。会议补选王瀚为北辰区人民检察院检察长。

是日 山西省阳泉市住建局、财政局、环卫局相关负责人到北辰区调研生活垃圾处理设施建设情况，调研交流光大项目施工现场，并于北辰经济开发区会议室就生活垃圾处理设施PPP项目前期手续办理流程进行座谈交流。

是日 北辰区召开城乡困难群众排查解困专项工作部署会，副区长郭健斌出席。会议指出，各镇街、各部门要紧紧围绕工作部署，把握工作重点，深入社区（村）上门入户对北辰区户籍低保、特困、低收入、残疾人、老年人、重病患者、政策边缘户等群体的家庭基本情况全面摸底调查，做到底数清、情况明；要及时主动救助，强化主动发现和救助困难群众的意识；要转变工作作风，创新工作招法，满足困难群体基本生活需求，补齐民生救助短板，织密扎牢民生保障“安全网”。

10日 参加北辰区2019年第一批东西部扶贫协作的24名专技干部集结完毕，奔赴甘肃省庆阳市华池县、正宁县报到，涉及卫生、财政、农业农村、就业、人力社保、融媒体、水务等多个部门。

11日 北辰区推荐的天津中新药业集团股份有限公司第六中药厂、天士力控股集团有限公司和建科机械（天津）股份有限公司3家企业获全国模范劳动关系和谐企业称号，并受到表彰。

14日 “北运河之夏”北辰区2019年第十四届和谐文化大舞台文艺展演颁奖晚会在北辰区文化中心前广场举行。

16日 天津市首个以PPP模式建设的综合管廊项目——北辰东道道路、综合管廊工程在北辰区小淀镇正式启动建设。

19日 北辰区召开开展消费扶贫助力打赢脱贫攻坚战专题部署会。会议传达《北辰区关于深入开展消费扶贫助力打赢脱贫攻坚战的实施方案》，听取天津食品集团商贸公司相关负责人关于消费扶贫工作报告，部署具体工作。天穆镇、区卫健委、区教育局与天津食品集团商贸有限公司签订采供协议。

24日 农业农村部和财政部批准全国298个镇（乡）开展农业产业强镇建设，其中北辰区双街镇入选。

30日 “奋进新时代·双拥创辉煌”北辰区2019年纪念建军92周年暨“双拥”工作表彰大会在龙顺庄园农博馆召开。会议表彰北辰区双拥工作“十佳”先进集体、双拥工作“十佳”

先进个人、停止军队有偿服务工作先进单位和个人、北辰区最美退役军人。

8月

2日至9日 北辰区委宣传部、区文明办与中央驻津新闻工作者协会、中国收藏家协会在北辰美术馆联合举办《没有共产党就没有新中国》大型红色主题报纸展，庆祝中华人民共和国成立70周年。

4日 北辰区召开历史文化专题座谈会。区委副书记、区长王宝雨，副区长马希荣出席。会上，区历史文化专家就如何打造提升北辰区特色文化品牌展开讨论，提出建设性意见。

6日 北辰区举办东西部协作对口帮扶扶贫产品展销会，甘肃省正宁县、华池县和河北省兴隆县的20多家企业，带着特色产品到北辰销售推介。

是日 北辰区“全民健身日”庆祝活动暨果园新村街道第六届“舞动新村”广场舞展示活动在辰星体育园举行。该项活动由区政府主办，区文化和旅游局、果园新村街道办事处协办，区社会体育指导员协会全程参与。

6日至11日 北辰文化志愿者一行30余人赴革命老区甘肃省庆阳市正宁县开展“春雨工程”“天津甘肃手拉手”活动。其间举行6场文艺“大舞台”演出、5场笔会、2场声乐讲座和北辰农民画精品展等文化交流活动。

13日 北辰区首家基层心理服务场所——基层心理服务项目“心理健康体验中心”启动仪式在刘园商务大厦举行。投入试运行的馨悟心理健康咨询中心由北辰安津医院投资运营，组建专业的心理咨询团队。总面积404平方米，设咖啡厅、阅读区、个体辅导区、心理咨询室、放松区、感统训练区、心理测量评估区、生物反馈区、心理沙盘治疗室。

19日 中华人民共和国第十届残疾人运动会暨第七届特奥会火炬传递活动在北辰区特教学校举办。4名火炬手完成火炬传递。

是日 天津市人民政府新闻办公室召开“壮丽70年 奋斗新时代”北辰区主题新闻发布会。区委书记冯卫华介绍北辰区加快产业转型升级、推动高质量发展的情况，区委副书记、区长王宝雨回答记者提问。

21日 北辰区举行村党组织书记示范培训班。全区121个行政村党组织书记参加培训。区委书记冯卫华做开班动员授课，区委副书记、区长王宝雨，区委常委、区委政法委书记张玉蕾，副区长刘金刚分别进行授课。区委常委、区委组织部部长陈宇主持培训班。

27日 住建部城建司副司长张乐群一行到北辰区宝翠花都、听景园社区调研垃圾分类工作，对北辰区垃圾分类工作表示肯定。要求北辰区以党建为引领，通过打造一批精品示范社区，带动全区其他社区；要进一步加强宣传引导，提高垃圾分类工作知晓度、参与度。

9月

6日 由天津市文明办、天津市妇联、各省市旗袍文化工作委员会、天津旗袍总会等单位共同举办的“旗袍美丽世界——我和我的祖国”庆祝中华人民共和国成立70周年大型活动在北辰区启幕。在北京、河北、吉林、江西等几十个省市地区城市设立分会场。

11日 北辰区召开“不忘初心、牢记使命”主题教育动员部署会，传达学习中共中央、天津市委“不忘初心、牢记使命”主题教育第一批总结暨第二批部署会议精神，对北辰区开展主题教育行动员部署。市委主题教育第四巡回指导组组长许红星，区委副书记、区长王宝雨，区政协主席王亚令，区委副书记陈健等出席。

15日 2019年北辰区全国科普日主场活动——“礼赞共和国筑梦新时代”北辰区创文创卫暨全域科普主题活动知识竞赛在北辰红星美凯龙举办。该活动于8月12日启动，10万余人次参与线上和线下答题。

17日 “新农村新文化新风尚”第六届“天穆杯”小品展演作品评选在津启动。特邀天津人民艺术剧院副院长张金元，天津人民艺术剧院演员剧团团长、中国戏剧梅花奖获得者张艳秋，天津市非物质文化遗产保护协会会长李治邦，原北京军区战友文工团国家一级演员、全国“群星奖”资深评委李立山，中国艺术研究院话剧研究所所长、中国戏剧家协会梅花奖和曹禺剧本奖资深评委刘彦君参与评审。经过两天评选，17个省、自治区、直辖市的21个作品晋级展演阶段。

19日 2019(第三届)天津互联网大会在北辰区举办。大会以“网络安全与科技发展”为主题，分主论坛、产品体验展、网络安全演练、洽谈签约等环节，发布《2017—2018天津市互联网络发展状况统计报告》。

23日 北辰区喜迎2019年中国农民丰收节。活动主会场设在全国生态文明村——西堤头镇东赵庄村，分会场设在双口镇后堡村，开展北辰农民丰收惠民文化展演、北辰区与对口帮扶地区农民丰收成果现场展销、北辰区特色农产品现场展销、农民丰收农事互动体验、系列惠民活动和休闲农业观光等活动。

25日 北辰区召开东西部扶贫协作和支援合作工作会

议，安排部署相关工作。会上，区合作交流办通报扶贫协作和支援合作工作进展情况，区委统战部、区发展改革委、区商务局、区教育局、区卫健委、区人力社保局、区工商联分别汇报负责的工作组扶贫协作和支援合作工作开展情况。

是日　北辰区地方志工作暨志鉴发行会在区级机关五楼会议室召开，区委常委、区委办公室主任李洪东出席。区档案馆馆长汇报北辰区地方志工作情况，区财政局、西堤头镇相关负责人向大会汇报地方志编修经验，果园新村街道作书面交流。

27日　北辰区举办学习党史和新中国史专题辅导报告会。区委副书记、区长王宝雨，区政协主席王亚令，区委副书记陈健等参加。天津师范大学马克思主义学院副院长、博士生导师李朝阳教授作题为《穿合脚"鞋"走特色路》的辅导报告。

28日　位于京津冀都市圈中心地带的小淀示范小城镇3个村安置区项目举行启动仪式。区政府服务办、区住建委、区发展改革委、区规划和自然资源局、区土地整理中心、小淀镇主要负责人及北京住总集团有关负责人参加。

10月

1日　北辰区党政机关干部、各镇街党员群众，通过电视、手机视频、网络视频等各种形式，收听收看中华人民共和国成立70周年大会实况直播，共同见证伟大祖国的繁荣与富强。

8日至12日　北辰区举办2019年中小学生运动会。全区60多所中小学的近3000名师生参加。经过4天比拼，37所学校获得团体总分奖杯，120人次破赛会纪录，12人成绩达到国家二级运动员标准。

9日　全国"五好"县级工商联互学互促调研组一行到北辰区工商联会员单位小淀镇国际当代艺术区参观。

15日　由市委网信办、市委教育工委、团市委主办的"携手网络新时代 争做津门好网民"天津市首届大学生网络公益歌曲大赛总决赛在北辰区举办。大赛围绕解决甘肃华池"两不愁三保障"突出问题，发起网络扶贫众筹，累计收到社会各界爱心人士和热心网友捐资共计1.3万笔，募集扶贫资金100.9万元。

17日　北辰区召开落实"走百镇（街）入千家，万名党员干部'四访'"工作动员部署会。会议传达中共中央、市领导关于信访工作的指示要求和相关精神，部署全区下一步"四访"工作。

17日至19日　北辰区举办2019年扶贫日系列活动，集中展销受援地区特色产品。

19日　在天津商业大学体育馆举行北辰区第八届运动会开幕式，3000人参与。赛事分6个组别，设置30个比赛项目。

30日　北辰区召开农村专职党务工作者座谈会。区委常委、区委组织部部长陈宇出席。会议听取10名农村专职党务工作者的工作感想汇报，对农村专职党务工作者展现的朝气蓬勃状态给予肯定。

是月　果园新村街道扎实推进"战区制"改革工作，聚焦党建、治理、服务减负担增效能，深化一张网、一股劲、一站式"三个一"工程建设，以党建网格畅通社会治理"毛细血管"，主要做法在2019年第10期全国《社区党建》杂志刊载。

11月

10日至18日　北辰区举办第十三届全民终身学习活动周暨社区教育成果展示周活动。活动由区教育局主办，宜兴埠镇、集贤里街道协办。活动周围绕"推动全民终身学习，加快建设学习大国"主题，开展知识讲座、作品展示、文艺会演、竞技比赛等200余项活动，社区居民3.7万余人参与。

13日　北辰区召开集中整治形式主义官僚主义部署推动会，传达天津市委集中整治形式主义、官僚主义部署推动会精神。区纪委监委机关、区委组织部、区委宣传部、区委督查办有关负责人结合各自职责任务，对开展集中整治做具体安排，佳荣里街道、区发展改革委主要负责人表态发言。

是日　北辰区委书记冯卫华会见国家统计局天津调查总队党组书记、总队长王萍萍一行，代表区委、区政府感谢天津调查总队对北辰区经济社会发展的大力支持。14日　北辰区召开十一届区委第十一轮巡察工作动员部署会。经区委批准，十一届北辰区委第十一轮巡察对区教育局、区卫健委、区水务局、区商务局、团区委、区妇联、区残联7个单位党组织开展常规巡察，对第七轮巡察的青（广）源街道、人力社保局、老干部局、供销社、土地整理中心、信贷担保中心6个单位的党组织整改落实情况进行督检。该轮巡察12月底结束，现场巡察时间40天。

20日　温家房子村完成异地还迁房69套，涉及村民40余户，在全区率先规范了房屋契税缴纳流程。

25日　北辰区在天津市政府新闻发布厅举行"坚持教育优先发展 办好新时代人民满意教育"新闻发布会，介绍北辰区坚持教育优先发展，办好新时代人民满意教育工作情况，并回答记者提问。《人民日报》《新华社》《天津日报》《今晚报》等10多家国家级、市级媒体参加。

26日 中央电视台《朝闻天下》栏目报道《天津“不忘初心、牢记使命”主题教育进行时 从思想根源找问题 解决群众烦心事》，讲述北辰区普东街道开展教育活动，解决群众实际困难事迹。

是日 在由中央网信办网络评论工作局、国家档案局办公室、共青团中央宣传部指导，中国青年网、北京卫视《档案》栏目联合主办的“新中国70年，镇馆之宝70件”文物和档案故事网上征集活动中，北辰区委网信办、区档案馆联合报送的微纪录片《杨连弟的勋章》获“网络人气十佳作品”。

29日至12月1日 “天穆杯”“新农村 新文化 新风尚”第六届小品展演在北辰区工人俱乐部举行。活动由天津市委宣传部、市文化旅游局、北辰区政府主办，于2019年3月启动。经过评选，16个省、自治区、直辖市的21个小品获邀参加展演，内容涉及非遗保护、精准扶贫、科技兴农等话题。

12月

2日 北辰区小淀镇被确定为天津市知识产权特色小镇。培育工作周期为2019年12月至2021年11月。

3日 以“坚定文化自信 推动公共文化治理现代化”为主题的京津冀公共文化服务示范走廊发展联盟第八届轮值工作会议在北辰区召开。联盟成员单位交流推进公共文化治理现代化中的做法和今后工作方向。会议还安排专题讲座、观看演出，观摩天士力大健康城、发放《“传承优秀传统文化 延续中华文化根脉”成果册》等活动。

8日 北辰区政府与博实乐教育集团签署教育深化合作协议。博实乐教育集团（原碧桂园教育集团）是全球领先的K12教育集团、世界500强碧桂园核心联盟企业，在北辰区开办普惠性幼儿园，并参与民办教育机构的投资、建设、运营和管理工作，为北辰区的教育深化改革与蓬勃发展注入新鲜血液。

14日 中共天津市北辰区委十一届十次全会召开。全会由区委常委会主持，审议通过《中共天津市北辰区委关于贯彻落实〈中共中央关于坚持和完善中国特色社会主义制度、推进国家治理体系和治理能力现代化若干重大问题的决定〉的实施方案》和全会决议。区委书记冯卫华代表区委常委会讲话，区委副书记、区长王宝雨传达市委十一届七次全会精神，并就《实施方案（讨论稿）》作说明。

16日 人力资源和社会保障部规划财务司一级巡视员明瑞锋带领全国城乡社区治理督查组到北辰区双街镇双街村，查看党群服务中心建设情况并开展实地督查，对北辰区城乡社区治理工作取得的成绩给予肯定。希望继续加强党对城乡社区治理工作的领导，提升社区服务能力，提高工作效能，加大队伍建设，吸引更多的人才加入到社区建设中来，把更加优质的服务送给群众。

17日 中央电视台《新闻联播》栏目报道《“不忘初心、牢记使命”主题教育进行时》，讲述北辰区普东街道办事处主题教育活动开展情况。

18日 中央农村工作领导小组办公室、农业农村部等部门对乡村治理体系建设试点示范工作批复称：北辰区作为天津市唯一一个区县入选乡村治理体系建设首批试点单位。

22日 温家房子村民宅拆迁正式启动。该村是小淀镇唯一一个率先完成还迁房建设的行政村。

24日 由西藏自治区昌都市丁青县创作的大型民族歌舞诗“梦回溯源——《琼热巴》”在北辰工人俱乐部举行。演出从“序：鼓魂”中开篇，丁青县的专业演员及大批当地农牧民群众演员共60余人上台表演。该舞蹈是昌都乃至西藏第一部以热巴为主题的大型歌舞作品，以我国第一批国家级非物质文化遗产热巴舞为主要艺术形式，兼收昌都其他格式歌舞。

26日 北辰区召开推动老年人助餐服务工作现场会。会议相关人员深入到果园新村街道金玺城老人家食堂、集贤里街道为老服务中心老人家食堂、北仓镇泽天下老人家食堂和天穆镇老人家食堂，详细了解各食堂在为老年人提供助餐服务方面的相关情况。2019年，北辰区在10个镇街建设了10个一级食堂、125个社区二级食堂，为老年人提供配餐需求。

28日 北辰区消防救援支队举行挂牌仪式，支队机关全体指战员、消防文员，所属各消防救援站一名主官及部分指战员、政府专职消防员代表100余人参加挂牌仪式。

北辰概览

北辰年鉴
2020

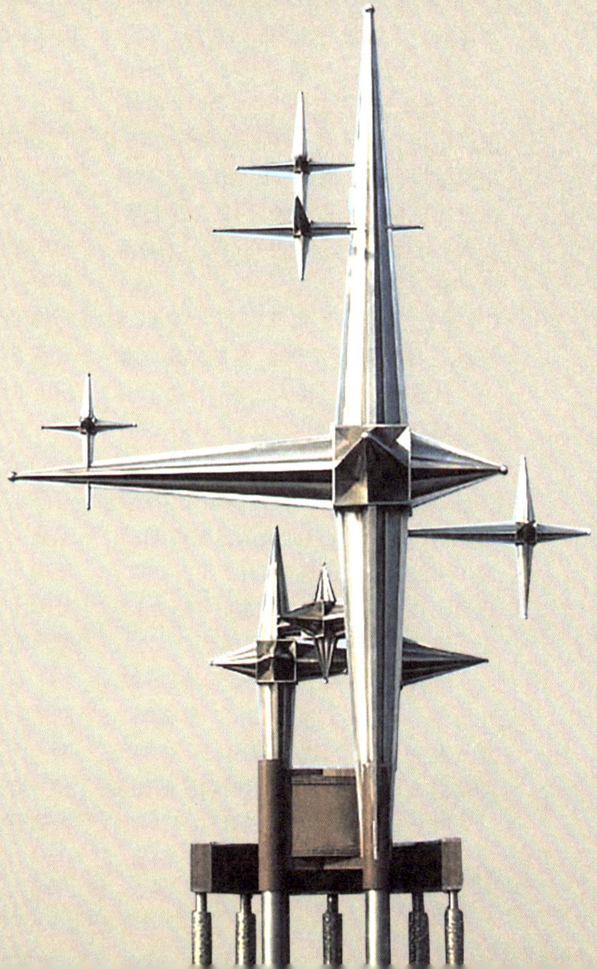

自然地理

【位置面积】 北辰区位于天津市中心城区北部，京滨综合发展轴与西部城镇发展带的交点，东与宁河区相邻，东南隔金钟河、新开河与东丽区相望，南与河北区、红桥区相连，西南隔子牙河与西青区相界，西、北与武清区接壤。地理坐标为北纬39°10′~39°21′，东经116°56′~117°24′。北辰区总面积478.48平方千米。

【地质地貌】 北辰区地层为第四系近期松散沉积物所覆盖，钻孔剖面150米深度以内主要为亚黏土、黏土及细沙等组成。以地表耕作层以下层位为依据，境内沉积物水平分布以亚沙土、亚黏土为主，一般西部较粗向东变细。地质构造以华夏及新华夏系构造为主，区境东部有活动断裂。区内地貌属冲积平原，为华北平原一部分，系永定河水系泛区重要组成部分。地势坦荡低平，自西北向东南微微倾斜，西东间微有起伏，为典型平原地貌形态。最高海拔（黄海高程）8米，最低0.5米，平均坡度1/5000，地表径流及地下水总流向与地势一致。

【河流】 区内有一级河道7条（北运河、永定河、永定新河、北京排污河、子牙河、新开河—金钟河、卫河），河道总长度105.8千米；二级河道9条（永青渠、郎园引河、丰产河、杨村机场排水河、中泓故道、永金引河、淀南引河、外环河、郎机渠，河道总长度129.463千米。有大兴水库、永金水库2座水库，总库容量1686万立方米。

【气候】 2019年，北辰区较为突出的气候特征是：冬季气温偏低，降水偏少，日照略偏多，霾天数多；春季气温显著偏高，降水偏少，日照偏多；夏季气温偏高，降水偏少，日照偏多；秋季气温偏高，降水偏少，日照略偏多。无霜冻期（霜冻期为地面最低温度≤0℃）：2019年终霜冻日出现在4月7日，初霜冻日出现在10月14日，无霜冻日期为189天，较历年日数183天偏多6天。

气温 2019年，年平均气温13.7℃，比历年平均12.6℃偏高1.1℃。年极端最高气温39.3℃，出现在7月4日，≥35℃的高温天气出现20天；年极端最低气温−17.2℃，出现在2018年12月30日。

春季平均气温15.9℃，比历年平均13.9℃偏高2.0℃。其中3月平均气温9.8℃，比历年平均6.6℃偏高3.2℃；4月平均气温14.6℃，与历年平均14.6℃持平；5月平均气温23.3℃，比历年平均20.6℃偏高2.7℃。极端最高气温39.1℃，出现在5月23日；极端最低气温−3.3℃，出现在3月22日。

夏季平均气温26.7℃，比历年平均25.6℃偏高1.1℃。其中6月平均气温为26.3℃，比历年平均24.7℃偏高1.6℃；7月平均气温28.1℃，比历年平均26.7℃偏高1.4℃；8月平均气温25.8℃，比历年平均25.5℃偏高0.3℃。季极端最高气温39.3℃。

秋季平均气温14.3℃，比历年平均12.9℃偏高1.4℃。其中9月平均气温为23.3℃，比历年平均20.6℃偏高2.7℃；10月平均气温13.7℃，比历年平均13.4℃偏高0.3℃；11月平均气温5.9℃，比历年平均4.6℃偏高1.3℃。

冬季平均气温−2.3℃，比历年平均值−1.9℃偏低0.4℃。极端最低气温−17.2℃。其中2018年12月平均气温−3.2℃，比历年−1.7℃偏低1.5℃；2019年1月平均气温−2.6℃，比历年−3.8℃偏高1.2℃；2月平均气温−1.1℃，比历年0.0℃偏低1.1℃。

降水 2019年，降水量404.8毫米，比历年平均498.4毫米偏少近2成，北辰区气象站一日最大降水量73.8毫米，出现在7月23日。

春季降水量47.4毫米，比历年平均72.9毫米偏少3成多。其中3月降水量2.8毫米，比历年平均8.8毫米偏少6.0毫米；4月降水量29.3毫米，比历年平均23.7毫米偏多5.6毫米；5月降水量15.3毫米，比历年平均40.4毫米偏少25.1毫米。

夏季降水量312.3毫米，比历年平均326.1毫米偏少13.8毫米。其中初夏的6月降水量26.3毫米，比历年平均82.1毫米偏少55.8毫米；7月降水量160.4毫米，比历年平均136.7毫米偏多23.7毫米；8月降水量125.6毫米，比历年平均107.3毫米偏多18.3毫米。

秋季降水量40.5毫米，比历年平均88.7毫米偏少48.2毫米。其中9月17.0毫米，比历年平均44.7毫米偏少27.7毫米；10月降水量9.0毫米，比历年平均32.5毫米偏少23.5毫米；11月降水量14.5毫米，比历年平均11.5毫米偏多3.0毫米。

冬季降水量4.6毫米，比历年10.7毫米偏少6.1毫米。其中2018年12月降水量2.1毫米，2019年1月无降水，2月降水量2.5毫米。

日照 2019年，日照时数2590.5小时，比历年（2333.2小时）偏多257.3小时。

春季日照时数818.6小时，比历年平均678.8小时偏多139.8小时。其中3月日照时数262.0小时，比历年平均204.0小时偏多58.0小时；4月日照时数244.2小时，比历年平均224.4小时偏多19.8小时；5月日照时数312.4小时，比历年平均250.4小时偏多62.0小时。

夏季日照时数679.0小时，比历年606.5小时偏多72.5小时。其中6月日照时数259.8小时，比历年平均220.0小时偏多39.8小时；7月日照时数215.4小时，比历年190.7小时偏多24.7小时；8月日照时数203.8小时，比历年195.6小时偏多8.2小时。

秋季日照时数581.7小时，较历年553.9小时偏多27.8小时。其中9月日照时数236.5小时，比历年平均198.3小时偏多38.2小时；10月日照时数192.7小时，比历年196.0小时偏少3.3小时；11月日照时数152.5小时，比历年159.6小时偏少7.1小时。

冬季日照时数511.2小时，比历年494.0小时偏多17.2小时。其中2018年12月日照时数196.4小时，比历年155.5小时偏多40.9小时；2019年1月日照时数185.4小时，比历年169.0小时偏多16.4小时；2月日照时数129.4小时，比历年169.5小时偏少40.1小时。

【灾害天气】 **台风** 2019年第9号台风“利奇马”于8月10日凌晨在浙江省温岭市登陆后北上，10日傍晚开始影响天津，带来持续性降雨及大风天气。受台风外围和冷空气的共同影响，北辰区普降中到大雨，最大降雨出现在西堤头38.8毫米，降雨过程从10日夜间开始至13日上午基本结束，持续时间接近60个小时，大部分时间以稳定性降雨为主，最大日降水32.1毫米，最大雨强5.5毫米/小时。11日至12日全区普遍出现6~7级大风，最大出现在西堤头15.9米/秒。

高温 2019年，极端最高气温39.3℃，出现在7月4日；≥35℃的高温天气出现20天。其中5月4天、6月6天、

7月9天、9月1天。持续高温天气导致用电用水供应紧张，对户外作业以及供水、供电造成一定影响。

大雾 年内出现大雾日数27天(2011年9天，2012年11天，2013年18天，2014年41天，2015年14天，2016年33天,2017年46天,2018年21天)。全年除3月、5月外各月均有大雾出现，总数27天，其中秋冬季有22天。秋冬季节多发的大雾天气对交通和人体健康产生严重不利影响。

年内出现霾天气29天(2011年46天，2012年48天，2013年47天，2014年272天，2015年180天，2016年81天,2017年23天，2018年27天)。

沙尘 年内分别于4月、11月出现沙尘天气2次(2011年2次，2012年2次，2013年3次，2014年3次，2015年8次，2016年4次，2017年4次，2018年2次)；大风日数4天。

区划人口

【建置区划】 1953年5月始建津北郊区，1955年6月称北郊区。1958年8月，组建幸福(北仓)、兴淀人民两大人民公社，幸福公社划归红桥区，兴淀公社划归河北区。1962年2月，恢复北郊区建制。1992年3月，改称北辰区。

北辰区辖9个镇、7个街道、126个行政村、129个居委会。

2019年年末北辰区镇辖行政村和居委会一览表

表1　　单位：个

镇名称	行政村名称	数量	社区居委会名称	数量
天穆镇	阎街、马庄、王庄、南仓、吴嘴、郭辛庄、天穆、柳滩、勤俭村、霍嘴、白庙、东于庄、张兴庄、刘房子、西于庄	15	欢颜里、方舟、普天东里、桃香园、顺义南里、光明道、大通绿岛、佳宁里、柳滩、蓝岸森林、金门里、辽河园、瑞宁嘉园、外园、北寺、天穆东苑、天辰新苑、金苑公寓、辰发花园、悦林名邸	20
北仓镇	屈店、桃口、王秦庄、董新房、桃花寺、刘园、李嘴、周庄、阎庄、丁赵庄、赵虎庄、北仓、三义村	13	引河里第一、引河里第二、天阳、金凤里、长瀛御龙湾、盛仓、阳光卡蒂尔、讷河里、富锦华庭、泽天下、璟悦府	11
双街镇	小街、汉沟、庞嘴、胡园、郎园、上蒲口、张湾、杨堤、柴楼、双街、下蒲口、沙庄、下辛庄、西赵庄、常庄	15	双街新家园、万源星城、柴楼新庄园、小街新苑、上河花园、半湾半岛	6
双口镇	双口一村、双口二村、双口三村、安光、后常家堡、前丁庄、后丁庄、平安庄、上河头、中河头、下河头、东堤、杨家河、岔房子、线河一村、线河二村、双河、徐家堡、郝家堡、前常家堡、赵家圈	21	—	—
青光镇	青光、铁锅店、李家房子、刘家码头、韩家墅、杨家嘴	6	红光农场	1
宜兴埠镇	第一街、第二街、第三街、第四街、第五街、第六街、第七街、第八街、第九街、第十街	10	东马道、宫西街、红旗路、民贤里、南菜园、秋晨家园、翠金园、宜赵路、欧铂城	9
小淀镇	赵庄、刘安庄、小贺庄、小淀、温家房子	5	秀河园、嘉阳花园	2
大张庄镇	小韩庄、刘马庄、刘招庄、仁和营、高庄子、二阎庄、董连庄、吕庄、芦庄、南王平、喜逢台、下殷庄、北孙庄、大杨庄、大张庄、大诸庄、大吕庄、大兴庄、小诸庄、张四庄、张五庄、小马庄、小田庄、北何庄、李辛庄、北麻疙瘩、南麻疙瘩、朱唐庄、张献庄、小杨庄、小孟庄	31	—	—
西堤头镇	东堤头、西堤头、刘快庄、芦新河、霍庄子、姚庄子、东赵庄、季庄子、辛侯庄、韩盛庄	10	—	—

2019年年末北辰区街道所辖社区一览表

表2 单位：个

街道名称	社区名称	数量
果园新村街道	旭日里、朝阳里、新华里、双发温泉花园、东升里、都旺新城、霞光里、果园里、丹凤里、辰庆家园、辰兴家园、辰悦家园	12
集贤里街道	集贤里、虎林里、泰来东里、拜泉里、安达里、红云新里、泰来西里、北医道、发电楼、瀛台里	10
普东街道	万科花园新城、田园小区、普康里、都市桃源、万达新城、普兴里、国宜北里、金宜里、国宜里、宝利新苑、富宜里、强宜里、今日家园、普东新苑、秋怡家园、红荔花园、宸欣家园、宸宜花园、淮兴园、淮盛园、祥和园、民宜里、天士力花园	23
瑞景街道	瑞盈园、奥林匹克花园、瞰景园、瑞康、宝翠花都、紫瑞园、顺驰翡翠城、瑞益园、熙景园、秋瑞家园、江南春色	11
佳荣里街道	人民家园、瑞贤园、瑞秀园、佳欣里、瑞达里、燕宇、井田公寓、佳荣里、佳园新里、佳安里、顺通、星河时代	12
青源街道、广源街道	盛康园、盛安园、荣康园、荣居园、荣馨园、荣溪园、荣雅园、荣翔园、荣翠园、盛泰园、荣乐园、盛福园	12

【人口民族】 全区常住人口86.8万人，户籍人口438068人，其中城镇人口161450人，乡村人口276618人。人口出生率5.83‰，自然增长率1.38‰。除汉族外，有43个少数民族。少数民族中，人口最多的为回族，18460人；人口500人以上的还有满族、蒙古族、朝鲜族；人口50人以上500人以下的有壮族、土家族、维吾尔族、苗族。

历史文化

【非物质文化遗产】 至2019年，北辰区有各级非物质文化遗产项目44个。其中国家级“非遗”项目1个：刘园祥音法鼓，市级“非遗”项目24个：霍家嘴平音法鼓、宜兴埠诚音法鼓、韩家墅上善道乐、北仓蚆蜡庙小车会、王秦庄同议高跷、上蒲口同乐高跷、宜兴埠永长高跷、北仓随驾狮子、天津时调大数子、北仓少练老会、王秦庄少林功力拳、永新二十四式通背拳、双街鲍式八极拳、穆氏传统戏法、赵堡太极拳、闫记酱制品制作技艺、李嘴同和高跷、两翼猿拳、刘安庄同心高跷、刘快庄形意拳、穆氏花毽、穆氏盛斋元酱制品制作技艺、田氏船模制作技艺、闫街少林功夫拳，区级“非遗”项目19个：芦新河少林长拳、周记素烩制作技艺、何记箍筲制作技艺、孙氏骨科醋膏药、前丁庄聚乐高跷、王庄顺和高跷、北辰于氏查拳、北辰民间绘画、丰氏民间绘画、王氏泥塑、北辰民间女红布艺、郑氏传统发酵面食制作技艺、郑氏葫芦种植加工技艺、尚记真丝秀绒加工技艺、张氏手工刻纸技艺、伍瑞粽子制作技艺、赵氏民间剪纸技艺、道医分筋点穴疗法、于氏祖传膏药制作技艺。

【文物】 至2019年，北辰区有不可移动文物21处，其中世界文化遗产（全国重点文物保护单位）1处，天津市文物保护单位1处，北辰区文物保护单位1处，尚未核定公布为文物保护单位的不可移动文物18处。

北运河北辰段 京杭大运河的一部分。京杭大运河北辰境内的河段称为北运河。北运河由北部的双街镇小街村入境，南至天穆镇勤俭桥出境，全长20.5千米，流经双街、北仓、天穆3个镇，于2006年被国务院公布为全国重点文物保护单位，2014年6月22日入选联合国《世界遗产名录》，成为世界文化遗产。

大诸庄药王庙 位于大张庄镇大诸庄村，明代始建，清代重修。原有前后殿和东西配殿，现仅存后殿，明三暗六，五架抬梁式，硬山人字脊，建筑面积100余平方米。中华人民共和国成立初期废庙兴学，后在“一平二调”过程中遭破坏，地震中东墙曾倒塌，仅存后殿。于2014年至2017年进行修缮。2013年1月5日，被天津市人民政府公布为第四批天津市文物保护单位。

屈家店水利枢纽 位于北辰区北仓镇屈店村东北侧永定河尾闾与北运河交汇处，距北运河筐儿港枢纽22.5千米，距永定新河入海口62千米。该枢纽始建于1930年，是天津市北系水利枢纽工程，包括北运河船闸、北运河节制闸、新引河进洪闸和永定新河进洪闸，占地面积12.6万平方米，控制流域面积511万公顷，设计泄洪量每秒1800立方米，校核流量每秒2200立方米。工程以防洪为主，汛期泄北运河、永定河洪水，经永定新河入海，同时兼有灌溉、排涝、供水功能。2012年6月，被北辰区人民政府公布为区级文物保护单位。

2019政治经济社会发展

【政治建设】 2019年，北辰区坚持以政治建设为统领，统筹推进党的各方面建设。扎实开展“不忘初心、牢记使命”主题教育，各级党组织开展集中学习研讨609次，检视整改问题超过8600个，解决“民意直通车”反映问题407件，主题教育成效得到中央第八巡回督导组和市委指导组的高度肯定。召开区委十一届十次全会，通过贯彻落实中央决定精神的实施意见。新制定12项主体责任制度，构建落实主体责任完整闭环。严格落实意识形态工作责任制，建立领导干部进学校开展思想政治工作机制。持续整治圈子文化、好人主义，严格落实政治生态定期分析研判制度，推动全区政治生态出清向好。做好基层换届“后半篇文章”，举办村居带头人培训班，开展换届“回头看”，面向全国招聘社区党务工作者101名，高标准完成121个村、125个社区党群服务中心建设，充分彰显党在基层的政治存在。非公经济领域统战工作成效显著，实现党的基层组织在基层商会全覆盖，区工商联获全国“五好”县级工商联称号。深入推进形式主义、官僚主义和不作为不担当问题专项治理，取得明显效果。认真落实中央“基层减负年”要求，文件会议、督查考核数量大幅减少。做实做细监督工作，实现基层纪检监察联络站与特约监督员“流动哨”全覆盖，大力查纠“四风”，严查违规使用公车加油卡等行为。完成3轮、31个单位的巡察工作，处级单位党组织巡察覆盖率达到88.3%。

【经济建设】 2019年，北辰区地区生产总值618.5亿元，比上年增长3%，一般公共预算收入59.2亿元，比上年增长3.5%，实现固定资产投资311.7亿元，比上年增长20.8%，居民人居可支配收入3.97万元。引进碧桂园北方总部、瑞康医药等项目969个，协议投资额846亿元。“三个一批”项目221个，总投资2191.5亿元。爱旭科技、朝亚大数据等一批项目竣工投产。工业四大支柱产业占比达到76.4%。尚河城购物中心、大通商贸广场和双街古街、御龙湾广场夜间经济示范街区开业运营，全年引进千万元以上服务业项目160个，其中亿元项目35个。启动152家区属国企改革，完成50家低效企业出清出让。新增国家科技型中小企业488家，认定雏鹰企业113家、瞪羚企业29家。全区上市挂牌企业71家，完成中小企业转型升级452家。

2019年，北辰区农业增加值实现5.8亿元，比上年增长1.3%。推进农田水利工程建设，完成霍庄子、姚庄子2处节水工程，新增节水面积153.33公顷。实施高标准农田改造1333.33公顷，建成示范项目350公顷。绿化造林1700公顷。全年粮食产量41945吨，蔬菜及食用菌产量6.2吨；肉类产量6060吨；水产品产量3627吨；禽蛋产量8304吨；牛奶产量2.26吨。加快发展现代都市农业，建成鱼菜共生、蚯蚓养殖等5个农业项目，双街都市绿谷和小五堡林海果缘成功入选全市第二批田园综合体，扶持耕耘种业、冬冠蔬菜、益多利来水产等15家企业发展，东赵庄曙光水镇完成合作协议签订和工商注册，管理团队已经入驻，并启动一期工程；双街镇获评“2019年国家农业产业强镇”。西堤头东赵庄村申报并获农业农村部第九批“一村一品”示范村称号。成功举办第二届“中国农民丰收节”，组织推荐全国乡村特色产品6个、乡村能工巧匠2个、天津市农产品品牌2个，徐堡枣成功申报地理标志农产品保护。

2019年，全区工业增加值281.6亿元，比上年增长1.6%；规模以上工业企业493家，实现产值1028.2亿元；实现营业收入1218.9亿元，利润总额54亿元。在28个工业行业大类中，23个行业保持盈利。其中，医药制造业、通用设备制造业、化学原料和化学制品制造业、电气机械和器材制造业等11个行业利润总额超亿元，医药制造业超10亿元。

2019年，北辰区第三产业增加值实现331.1亿元，比上年增长4.4%。第三产业占三次产业增加值比重为53.6%。全年批发和零售业增加值57.1亿元，限额以上批发和零售业单位636家，完成销售额1428.9亿元；实现住宿和餐饮业增加值7.7亿元，限额以上住宿和餐饮单位30家，完成营业额2.1亿元。社会消费品零售额205.3亿元。全区亿元以上批发市场实现交易额155.2亿元。北辰开发区完成规模以上工业总产值541.81亿元，比上年增长5.61%；本级财政收入12.18亿元，比上年增长2.65%；固定资产投入56.45亿元，比上年增长26.32%；商品销售额210.93亿元，比上年增长0.93%。

2019年，全区有旅游类企业19家，其中国家A级旅游景区2家，星级饭店3家，旅行社14家。全年接待游客205.88万人次，增长8.3%；全区旅游收入达1.4亿元，增长6%。

2019年，全区31家银行存款余额为1030.3亿元，其中居民储蓄存款余额为573.1亿元，贷款余额为1047.2亿元，存贷比101.6%。外币存款余额4.3亿美元。全年财产保险金额710.6亿元，保险费3.7亿元，理赔17742件，共计1.6亿元。

【城市建设】 2019年，北辰区全面启动国土空间规划编制，梳理完成城镇、农业、生态空间和生态保护红线、永久性基本农田保护红线、城镇开发边界等基础数据。完成高端装备产业园、医药医疗器械产业园、陆路港3个市级工业园区控规调整。制定《北辰区乡村振兴战略规划》，启动8个保留村庄规划编制，初步形成“1+N”乡村振兴规划体系。推进城市建设管理体制改革试点，条块结合推动土地整理开发，全年收储土地3010亩，完成供地4120.6亩，全区开工面积超过1300万平方米。加快推进城中村改造和示范镇建设，完成城中村、示范镇拆迁92.8万平方米，106.8万平方米还迁地块具备开工条件，97.3万平方米还迁房具备入住条件，82万平方米还迁入住。持续推进“双违”治理和违建别墅整治，全年拆除各类违建229万平方米，治理违法占地513宗、103.93公顷。淮东路、高峰路部分路段建成通车，辰景路、天允道具备通车条件，完成朝阳路、龙泉道等6条道路可施路段建设，姚江路、科峰路等8条道路具备施工条件，统筹推动电力、燃气、供水、供热等配套设施建设，核心区1号能源站如期供热，建成杨北、陆路港、小淀3座消防站。

2019年，北辰区新开通1条公交线路351路（双青西站—华润万家），优化8条线路，更新13条线路清洁能源车辆140部。全区运力10352部，运量13.3万吨。全年累计货运量2354.8万吨，货物周转量41.17亿吨千米。客运量168.1万人次，旅客周转量5041.9万人千米。

2019年，北辰区完成35个片区、79万平方米远年住房和老旧小区提升整治，完善提升朝阳楼、果园楼2个片区、12.65万平方米居住功能。果园新村街“城市双修”试点成效显著，新华里、丹凤里、霞光里等6个社区9157户居民直接受益。完善分类收集容器，配备分类收运车辆，新购10辆餐厨垃圾运输车，90辆电动垃圾分类收集车和1000个果皮箱。完成114个示范小区建设、2家医院、3所学校、4个政府机关、5个示范村庄试点建设工作，开展社区宣传百余次、大型主题宣传活动30余次。推进厕所革命，建成区范围内环卫公厕数量达到68座。

【社会事业】 2019年，北辰区推进“养老院+”嵌入式居家和社区养老，新建提升5个社区老年日间照料中心。新建2所小学、11所幼儿园，新增学位5010个。高考本科上线率74.5%，蝉联全市中小学运动会团体总分“十三连冠”，南仓中学被评为天津市第二批“特色鲜明学校”。

2019年，北辰区新增国家科技型中小企业入库488家，评价入库雏鹰企业115家，瞪羚企业评价入库29家，国家级高新技术企业认定115家，技术合同登记额完成40亿元。3项企业产品被市科技局认定为天津市“杀手锏”产品，达到48项，占全市16个区的10.59%；3家企业入选天津市领军（培育）企业，认定市级领军培育企业22家，占全市16个区10.9%；获批市级以上企业重点实验室15家，占全市16个区9.4%，批准筹建5家。

2019年，北辰区举办庆祝中华人民共和国成立70周年系列活动、北辰区第十四届“北运河之夏”和谐文化大舞台、第六届“天穆杯”小品展演。完成大运河保护区文物影响评估、考古送审和区级第四批非物质文化遗产传承人、第五批非物质文化遗产代表性项目评审工作。

2019年，北辰区被国家卫健委确定为城市医联体建设试点区。通过国家医疗健康区域卫生信息互联互通标准化成熟度四级甲等测评。全区有各类卫生机构65家，其中医院20家，社区卫生服务中心14家，门诊部27个。村卫生医疗点51个。卫生机构床位2207张。6家社区卫生服务中心达到国家标准，家庭医生签约21.6万人。

2019年，北辰区新建大张庄镇喜凤体育公园等室外全民健身公园、广场72个，全年举办全民健身活动166次，12万余人次参加。举办第八届运动会和首届智力运动会。圆满完成第十届全国残运会火炬传递任务。举办2019“低碳出行 护卫蓝天”大型全国联动公益骑行活动、北辰区“天士力”杯国际象棋等级赛、京津冀“北辰杯”青少年乒乓球争霸赛、全民健身日庆祝活动、第二届“北辰杯”全国国际象棋棋协大师赛、“北辰杯”京津冀青少年跆拳道邀请赛、第三届“北辰杯”全国射箭俱乐部公开赛等全民体育赛事活动。

组织机构负责人名录

（2019年1月1日至2019年12月31日）

中共北辰区委

书　记：冯卫华

副书记：王宝雨、陈健

常　委：冯卫华、王宝雨、陈健、陈永义、高平武（9月调入）、周承光、张斌（3月调入）、李洪东、王亚群（女，回族）（5月调出）、张玉蕾（女）、陈宇

委　员：（按姓氏笔画为序）

马云洪、王芳（女）、王晨、王亚令、王志平、王振卫、刘文利、刘永炬、刘金刚、刘金亮、李国春、李德明、张凯、张健（4月调出）、张长山（12月调出）、张玉蕾（女）、陈岩、陈健、陈永义、周承光、胡学春、高学东、魏贺明（女）

候补委员：（按得票多少为序）

马金凤（女）、米洪健、苏德禄、吴佩立、张水亭、郑丽莉（女）

区委工作部门

纪委书记、监察委员会主任：周承光

区委办公室主任：陈健（至1月）

李洪东（1月始）

组织部部长：刘钊（至1月）

陈宇（1月始）

宣传部部长：王亚群（女）（至5月）

统战部部长：陈永义

政法委书记：张玉蕾（女）

网格化管理中心主任：王春来（兼）（8月始）

研究室主任：范国伟（至4月）　刘春刚（11月始）

编委办主任：苗永贵

网信办主任：庞仲欣（女）

机关工委书记：陈健（至1月）李洪东（1月始）

老干部局局长：刘树强

保密和机要局局长：沈纯来

督查室主任：王加新

区委直属事业单位

档案馆馆长：刘振义

区委党校校长：冯卫华（兼）

常务副校长：黄福义

融媒体中心主任：王莹（女）（5月始）

北辰区人大常委会

主　任：王志平

副主任：刘宗浩（至4月）、裘地、李志胜、祁惠红（女）、于静（女，民建，兼）

委　员：（按姓氏笔画为序）

王春来（至9月）、王春玲（女）、王艳丽（女）、王瑞强、冯运英（女）、朱民、李莉（女）（至9月）、邱忠义（至5月）、张月（女）、张涛（回族）、张庆顺、张国庆、张德军、陈尔平（女）、赵成文、赵金锁、赵绍军、耿玉凤（女）、顾宁（女）、殷福星、翁欣（女）、郭芃（至3月）、黄洪生、韩文革

区人大常委会工作机构

办公室主任：张德军
财经城建工委主任：赵成文
内务司法工委主任：张庆顺（2月始）
代表联络室主任：王瑞强
教科文卫工委主任：韩文革
法制室主任：车玉萍（女）

北辰区人民政府

区　长：王宝雨
副区长：高平武（9月调入）、庞镭、赵久占（6月调出）、
刘金刚、马希荣（女，民盟）、胡学春、
于建政（7月调入）、郭健斌

区人民政府工作部门

政府办党组书记、主任：郭献军
发改委党委书记、主任：穆怀增
教育局党委书记：郑丽莉（女）
局长：郑丽莉（女）（2月始）
科技局党组书记：魏贺明（女）
局长：魏贺明（女）（2月始）
工信局党组书记：刘宝林
局长：庞铁强（2月始）
民政局党组书记、局长：周义澄
司法局党组书记、局长：张忠利
财政局党组书记、局长：吴佩立
人力社保局党组书记、局长：董学琛（女）
生态环境局党组书记：高俊杰
局长：高俊杰（2月始）
住建委党委书记：王振卫
主任：王振卫（2月始）
城市管理委党委书记：何凤林
主任：何凤林（2月始）
运管局党组书记、局长：殷小锋
水务局党委书记、局长：郑永建
农业农村委党委书记：张凯
主任：张凯（2月始）
商务局党组书记：霍志刚
局长：霍志刚（2月始）
退役军人事务局党组书记：周晓军
局长：周晓军（2月始）
文旅局党组书记：郭建新
局长：张振海（2月始）
卫健委党委书记：刘文利
主任：刘文利（2月始）
应急管理局党组书记：王志勇
局长：王志勇（2月始）
审计局党组书记、局长：张柏林
国有资产监督管理委员会党委书记：张昊君
主任：李顺利（回族，至2月）
张昊君（2月始）
市场监督管理局党委书记：胡志国
局长：胡志国（2月始）
统计局党组书记、局长：徐继清（女）
医疗保障局党组书记：张景江
局长：张景江（2月始）
金融局党组书记：谢瑞强
局长：谢瑞强（2月始）
政府研究室党组书记：刘春刚
主任：刘春刚（2月至11月）
信访办党组书记、主任：张树强
人防办党组书记：霍俊伟
主任：霍俊伟（2月始）
合作交流办党组书记：刘勇声
主任：刘勇声（2月始）
政务服务办党组书记：苏德禄
主任：苏德禄（2月始）

区人民政府派出机构

果园新村街道党工委书记：王勇
办事处主任：李悦（女）
集贤里街道党工委书记：丁庆兰（女）
办事处主任：王宝树
普东街道党工委书记：张水亭
办事处主任：闫春红（女）
瑞景街道党工委书记：王凤革
办事处主任：李少恒（回族）（1月始）
佳荣里街道党工委书记：王春玲（女）
办事处主任：边少羽（1月始）
青源街道党工委书记：赵金锁
办事处主任：李凤娥（女）
广源街道办事处主任：李凤娥（女）（兼）（至12月）
李泽岩（12月始）

开发区、区属国有企业

天津北辰经济技术开发区党工委书记：胡学春（至5月）
庞镭（5月始）
管委会主任：赵增琦
天津北辰经济技术开发区总公司党委书记、总经理：刘春海
辰融公司董事长、总经理：蒋树信

建设开发公司总经理：郭洪赞
城投公司总经理：郭洪赞（兼）
惠辰担保公司总经理：赵春来
惠辰科技公司总经理：赵春来（兼）

区人民政府事业单位

土地整理中心党组书记：刘立军
主任：杨淑鑫（兼）
公路建设养护中心党组书记：刘国富
主任：魏玉国

政协北辰区委员会

主　席：王亚令
副主席：张红（党组副书记、副主席提名人选）、李书秀、王慧生、刘晓琴（民进）、杨国珍（女，回族）、刘兰凤（女）（至5月）、杨淑鑫（民盟，兼）、马国海（无党派，兼）
秘书长：王书文
常　委（按姓氏笔画为序）：
于长友（回族）、丰爱东、王进友、王宝龙、计宏伟、左维红（女）、任学勇、刘长龙、闫凯境（蒙古族）、严贤发、张子坤、张振海、张墨菊（女）、陈莉明（女）、周再明、赵春来、凌焕成、董学智、韩春雁（女）、景久祥

区政协工作机构

办公室主任：王书文
研究室主任：张国岭
专委会第一办公室主任：李作营
专委会第二办公室主任：白绍云
委员联络室主任：张立海
提案委员会办公室主任：赵学壮

北辰区群众团体

区总工会主席：裘地（兼）
团区委书记：张月（女）（至11月）
区妇女联合会主席：马金凤（女）
区工商联党组书记：李顺利
主席：杨淑鑫（兼，民盟）
区残疾人联合会理事长：吴佩芩（女）
区红十字会常务副会长：任学芳（女）（8月始）
科协党组书记、主席：段玉环（女）

北辰区政法机构

人民法院院长：张长山（至12月）
刘砚华（女）（12月始）
人民检察院检察长：李卫东（至5月）
王瀚（5月始）

镇

天穆镇党委书记：马云洪
镇长：李士久
北仓镇党委书记：刘永炬
镇长：门洪凯
双街镇党委书记：王晨
镇长：邱忠义（8月始）
双口镇党委书记：米洪健
镇长：张迎新
青光镇党委书记：于斌
镇长：付振柱（11月始）
宜兴埠镇党委书记：高学东
镇长：李志勇
小淀镇党委书记：陈炳坤
镇长：杨杰
大张庄镇党委书记：邵大年
镇长：陈亮
西堤头镇党委书记：李国春
镇长：张富国

其　他

国家统计局北辰调查队队长：张永超
规划和自然资源局北辰分局党组书记、局长：郭万超（2月始）
税务局书记、局长：陈岩
公安分局党组书记、局长：张健（至5月）
于建政（6月始）
政委：景久祥（至7月）
李晖（7月始）
气象局书记、局长：韩学亮
公安交通管理局北辰支队支队长：李永强
副政委：泉龙生
天津市公安消防总队北辰支队支队长：马全军
政委：武志刚

（区委组织部、区人大办公室、区政协办公室及各有关单位提供）

中共北辰区委

综 述

2019年，中共北辰区委以习近平新时代中国特色社会主义思想为指导，全面贯彻中共十九大和十九届二中、三中、四中全会精神，坚持以习近平总书记对天津工作提出的“三个着力”重要要求为元为纲，认真学习领会习近平总书记视察天津重要指示和在京津冀协同发展座谈会上重要讲话精神，牢固树立抓好党建是最大政绩理念，持续强化管党治党意识和履行主体责任的政治自觉，不断完善分级负责、全面覆盖的全面从严治党责任体系，层层传导压力，逐级压实责任，以严的标准、实的举措，推动全面从严治党主体责任向纵深发展、向基层延伸，为建设繁荣富裕、文明和谐、宜居美丽的新北辰提供强有力支撑。年内召开全体会议及常委（扩大）会议61次、27次书记专题会。

政治建设 把党的政治建设摆在首位，坚决贯彻落实中共中央的重大决策部署，持续推进市委不作为，不担当问题专项巡视和土地管理领域违纪违法问题专项巡视反馈问题整改，制定下发《2019年全面净化政治生态重点工作任务》，明确17项重点工作，将净化政治生态纳入巡察重点，制定《村党组织履行全面从严治党主体责任实施方案》等12项制度。持续强化理论武装，不断夯实理想信念根基，开展“不忘初心、牢记使命”主题教育，把学习宣传贯彻中共十九届四中全会精神作为重要政治任务，区委书记为党员干部和基层代表作宣讲报告，带动各级机关和基层单位赴企业、农村、机关、校园、社区开展宣讲活动800余场次，掀起学习宣传贯彻的热潮。加强组织建设，锻造坚强有力的战斗堡垒，完成246个村居党群服务中心建设，落实“战区制、主官上、权下放”1号改革创新工程，推进共驻共建共治。锲而不舍正风肃纪，推动党风政风持续向好。解决形式主义突出问题为基层减负工作、不作为不担当问题专项治理等重要活动，开创各项工作新局面。

经济建设 北辰区践行新发展理念，持续转方式、调结构、换动能，经济运行稳中向好，实现地区生产总值618.5亿元，一般公共预算收入59.2亿元，固定资产投资311.7亿元，居民人居可支配收入3.97万元，引进优质项目969个，完成协议投资额846亿元，高质量发展的态势正在形成。

京津冀协同发展 融入协同发展大格局，建设承接北京非首都功能疏解“微中心”，组建北京招商工作部，引进首都项目95个，协议投资额485亿元。推进国家级产城融合示范区建设，重点打造5.9平方千米核心区，总投资597亿元。融入京津冀大交通体系建设，京滨高铁开工建设，地铁4号线前期工作有序推进，外环东北部调整线全线贯通，九园公路西延东扩、杨北公路改建具备通车条件。北辰医院、中医医院分别与中日友好医院、解放军301医院签订远程医疗合作协议。参与京津冀三区市教育联盟，履行公共文化服务示范走廊发展联盟轮值主席职责，组织开展足球、跆拳道等赛事活动。落实大气、水、土壤污染联防联控联治，主动对接国家永定河流域投资公司，协调推进永定河、北运河综合治理和生态修复。

社会建设 实施20项民心工程，财政支出85%以上投向民生领域。完成35个片区、79万平方米远年住房和老旧小区提升整治，完善2个片区、12.65万平方米居住功能。推进果园新村街道“城市双修”试点，6个社区、9157户居民直接受益。推进“养老院+”嵌入式居家和社区养老，新建提升5个社区老年日间照料中心，城乡居民26万余人参加基本医疗保险保险。开展“社会救助百日攻坚”，累计为困难群众发放救助资金5439万元，新增就业1.8万余人，妥善安置就业困难人员2900余人。

（张春明 刘秋香）

重要会议

【概况】 2019年，中共北辰区委员会（简称区委）坚持以习近平新时代中国特色社会主义思想为指导，深入贯彻落实中共中央和市委各项决策部署，攻坚克难，扎实稳步推进全区政治、经济、文化、社会等各项工作，取得新的成绩。全年召开区委全会3次，区委常委（扩大）会议56次。

【区委全体会议】 2019年1月6日，中国共产党天津市北辰区第十一届委员会第八次全体会议暨经济工作会议召开。会议以习近平新时代中国特色社会主义思想为指引，深入贯彻中共十九大和十九届二中、三中全会精神，全面落实中央经济工作会议精神，按照市委十一届五次全会暨经济工作会议的部署要求，回顾总结2018年工作，深入分析面临形势，安排部署2019年任务，听取并讨论《区委常委会2018年工作报告》，讨论《区委常委会2018年党建工作报告》，审议通过《中共天津市北辰区委2019年工作要点》和《中国共产党天津市北辰区第十一届委员会第八次全体会议决议》，动员北辰区广大党员干部群众，用心尽力、奋勇争先，努力开创全区高质量发展的新局面。会议由北辰区委常委会主持，北辰区委书记冯卫华向全会报告区委常委会2018年工作并讲话，北辰区委副书记、区长王宝雨传达中央经济工作会议和市委十一届五次全会暨经济工作会议精神。

3月21日，中国共产党天津市北辰区第十一届委员会第九次全体会议召开。全会以习近平新时代中国特色社会主义思想为指导，全面贯彻落实中共十九大和十九届二中、三中全会精神，深入学习贯彻习近平总书记视察天津重要指示和在京津冀协同发展座谈会上重要讲话精神以及市委十一届六次全会精神，审议通过《中共天津市北辰区委关于贯彻落实〈中共天津市委关于认真学习贯彻习近平总书记视察天津重要指示和在京津冀协同发展座谈会上重要讲话精神的实施意见〉的实施方案》，以实际行动推动学习贯彻落实往深里走、往实里走、往心里走，进一步融入京津冀协同发展，开创北辰高质量发展新局面。全会由北辰区委常委会主持。区委书记冯卫华代表区委常委会讲话，区委副书记、区长王宝雨就《实施方案（讨论稿）》向全会作说明。

12月14日，中国共产党天津市北辰区第十一届委员会第十次全体会议召开。全会审议通过《中共天津市北辰区委关于深入贯彻落实〈中共中央关于坚持和完善中国特色社会主义制度、推进国家治理体系和治理能力现代化若干重大问题的决定〉的实施方案》和全会决议。会议由区委常委会主持。区委书记冯卫华代表区委常委会讲话，区委副书记、区长王宝雨传达市委十一届七次全会精神并就《实施方案（讨论稿）》作说明。

【区委常委会会议】 2019年1月31日，区委常委会会议召开。区委书记冯卫华主持。会议传达学习贯彻习近平总书记在省部级主要领导干部坚持底线思维着力防范化解重大风险专题研讨班上的重要讲话精神和1月26日市委常委会扩大会议精神；传达学习习近平总书记在《告台湾同胞书》发表40周年纪念会上的重要讲话精神；传达学习习近平总书记在中央政法工作会议上的重要讲话精神和1月20日市委常委会扩大会议精神，集体学习《中国共产党政法工作条例》；传达学习天津市领导干部会议精神；传达学习市纪委十一届五次全会精神，审议《区纪委十一届六次全会安排方案》和《区纪委十一届六次全会工作报告》。

2月15日，区委常委会会议召开。区委书记冯卫华主持。会议传达学习习近平总书记在中共中央政治局第十一次、第十二次集体学习时的讲话精神；传达学习全国宣传部长会议精神、全市宣传思想文化工作会议精神；传达学习第三十二次全国“扫黄打非”工作电视电话会议精神和全市“扫黄打非”工作领导小组（扩大）会议精神，听取全区2018年“扫黄打非”工作总结和2019年工作思路汇报；传达学习全市政法工作会议精神。会议还集体学习了《中国共产党纪律检查机关监督执纪工作规则》。

4月15日，区委常委会会议召开。区委书记冯卫华主持。会议传达学习市委理论学习中心组集体学习精神，深入学习领会习近平总书记关于总体国家安全观重要论述；传达学习全市形式主义官僚主义不作为不担当问题专项治理推进会精神；传达学习天津市扫黑除恶“打伞”专项斗争推进会精神。

4月24日，区委常委会会议召开。区委书记冯卫华主持。会议集体学习中央扫黑除恶第十二督导组组长王伟光督导天津工作期间讲话精神和市委书记李鸿忠在中央扫黑除恶第十二督导组督导天津市工作汇报会上的讲话精神。

5月7日，区委常委会会议召开。区委书记冯卫华主持。会议集体学习总书记习近平在纪念五四运动100周年大会上的重要讲话和中央政治局第十四次集体学习时的重要讲话精神及5月5日市委常委会会议精神；集体学习总书记习近平在中共中央政治局第十三次集体学习时围绕完善金融服务、防范金融风险的讲话精神。

5月14日，区委常委会会议召开。区委书记冯卫华主持。会议集体学习总书记习近平关于国防和军队建设重要论述；传达学习总书记习近平在全国公安工作会议上的重要讲话精神和5月10日市委常委会扩大会议精神；传达学习天津市党政代表团赴浙江省学习考察相关情况和5月10日市委常委扩大会议精神。

6月6日，区委常委会会议召开。区委书记冯卫华主持。会议传达学习总书记习近平在“不忘初心、牢记使命”主题教育工作会议上的重要讲话精神和天津市“不忘初心、牢记使命”主题教育动员部署会议精神。

6月14日，区委常委会会议召开。区委书记冯卫华主持。会议集体学习《天津市党政领导干部安全生产责任制规定实施细则》《干部任用条例》《党政领导干部考核工作条例》《中国共产党党组工作条例》《中国共产党党员教育管理工作条例》，安排部署北辰区相关工作。

7月12日，区委常委会会议召开。区委书记冯卫华主持。会议传达学习贯彻总书记习近平在中央政治局第十五次集体学习时的重要讲话精神和市委常委会会议暨市委“不忘初心、牢记使命”主题教育领导小组第一次会议精神。会议传达学习天津市公安工作会议精神，听取公安北辰分局上半年工作汇报。会议研究其他事项。

11月8日，区委常委会会议召开。区委副书记、区长王宝雨主持会议。会议传达学习中共十九届四中全会精神和市委常委会扩大会议精神，学习市委组织工作调研座谈会会议精神，集体学习《中国共产党机构编制工作条例》。

12月6日，区委常委会会议召开。区委副书记、区长王宝雨主持会议。会议传达学习贯彻总书记习近平在上海考察时的重要讲话精神和市委常委会会议精神，传达学习贯彻市委党办工作调研座谈会精神，传达学习贯彻市委统战工作调研座谈会精神。会议对全面提高区域治理能力和水平、建强基层党组织、党办系统牢记政治机关的第一属性、进一步增强抓好统战工作提出要求。

【区委常委会扩大会议】 2019年1月21日，区委常委会扩大会议召开。区委书记冯卫华主持。会议传达学习总书记习近平在天津考察工作和在京津冀协同发展座谈会上的重要讲话精神，以及1月19日市委常委会扩大会议精神；传达学习中央农村工作会议精神和1月2日市委常委会会议精神；传达学习贯彻总书记习近平在十九届中央纪委三次全会上的重要讲话精神；传达学习市十七届人大二次会议和市政协十四届二次会议精神；学习《中国共产党地方委员会工作条例》。

2月22日，区委常委扩大会议召开。区委书记冯卫华主持。会议传达学习天津市不作为不担当警示教育大会会议精神；传达学习全国统战部长会议和全市统战部长会议精神；传达学习全国组织部长会议和全市组织部长会议精神。会议还研究了其他事项。

4月20日，区委常委会扩大会议召开。区委书记冯卫华主持。会议传达市委常委会扩大会议精神，总结分析一季度经济运行情况，安排部署下一阶段重点工作。会上，分管区领导结合全区经济工作提出要求，区发改委、财政局、统计局、住建委、开发区总公司负责人分别汇报。

5月28日，区委常委会扩大会议召开。区委书记冯卫华主持。会议传达学习天津市学习浙江“千万工程”经验农村人居环境整治工作现场会精神。会议研究其他事项。

9月10日，区委常委会扩大会议召开。区委副书记、区长王宝雨主持。会议传达学习市委常委会扩大会议精神，安排部署相关工作；传达学习天津市全面提高市级机关党的建设质量座谈会会议精神；传达学习中共中央和全市“不忘初心、牢记使命”主题教育第一批总结暨第二批部署会议精神，审议相关工作方案。

9月22日，区委常委会扩大会议召开。区委书记冯卫华主持。会议传达学习贯彻总书记习近平在中央党校（国家行政学院）中青年干部培训班开班式上的重要讲话精神。听取全区中华人民共和国成立70周年安保维稳工作汇报。听取全区“不忘初心、牢记使命”主题教育工作进展情况的汇报。会议还研究了其他事项。

10月27日，区委常委会扩大会议暨前三季度经济运行分析会召开。区委书记冯卫华主持。会议总结全区前三季度经济工作，并部署四季度工作；传达市委党建工作调研座谈会会议精神；传达市委经济工作调研座谈会和10月23日市委常委会扩大会议精神；传达市委宣传意识形态工作座谈会会议精神；传达中央扫黑除恶第二轮督导“回头看”情况反馈会会议精神；会议领读《中国共产党农村工作条例》。发改委、北仓镇、开发区分别就前三季度经济运行情况进行汇报。

【区委外事工作委员会会议】 2019年8月1日，区委外事工作委员会第一次会议召开。区委书记冯卫华主持会议。会议传达学习中共天津市委外事工作委员会第一次会议精神，审议《中共北辰区委外事工作委员会工作规则》《中共北辰区委外事工作委员会办公室工作细则》和《北辰区2019年外事工作要点》。

【区委全面深化改革委员会会议】 2019年6月15日，区委全面深化改革委员会第一次会议召开。区委书记冯卫华主持会议。会议传达学习中央全面深化改革委员会第七次、第八次会议精神和市委全面深化改革委员会第二次会议精神，研究部署重点任务，推动全区深化改革工作迈上新台阶。

（庞玉春）

重要决策

【概况】 2019年，北辰区委抢抓京津冀协同发展重大机遇，按照中共中央和天津市委的决策部署，以全面从严治党为统领，坚持稳中求进工作总基调，坚持新发展理念，肩负起解决改革发展中的难题和实现高质量发展的双重任务，加快产业向高端转型、城郊向都市转型，推进质量立区战略，研究制定《中共天津市北辰区委关于贯彻落实〈中共天津市委关于认真学习贯彻习近平总书记视察天津重要指示和在京津冀协同发展座谈会上重要讲话精神的实施意见〉的实施方案》《中共天津市北辰区委关于贯彻落实中共天津市委关于认真学习贯彻习近平总书记视察天津重要指示和在京津冀协同发展座谈会上重要讲话精神的实施意见〉的实施方案》《中共天津市北辰区委关于深入贯彻落实〈中共中央关于坚持和完善中国特色社会主义制度、推进国家治理体系和治理能力现代化若干重大问题的决定〉的实施方案》等重要决策，带领全区人民创新竞进，奋力攻坚，以优异成绩迎接中华人民共和国成立70周年。

【推进质量立区战略】 2019年，北辰区委、区政府制发《关于加快推进质量立区战略开展质量提升行动的实施意见》。该意见提出总体要求，全面提升产品、工程和服务质量，破除质量提升瓶颈，夯实质量基础设施，改革完善质量发展政策和制度，切实加强组织领导6个方面内容。其中在全面提升产品、工程和服务质量中，提出增加农产品、食品药品优质供给，促进消费品提质升级，提升装备制造竞争力和工业产品质量水平，提升原材料供给水平，提升建设工程质量水平，推动服务业提质增效，提升社会治理和公共服务水平，加快对外贸易优化升级，实施质量攻关工程，加快标准提档升级，激发质量创新活力，推进全面质量管理，加强全面质量监管，着力打造北辰品牌，推进质量全民共治8项要求。

【实施《中共中央关于坚持和完善中国特色社会主义制度、推进国家治理体系和治理能力现代化若干重大问题的决定》】 2019年12月14日中国共产党天津市北辰区第十一届委员会第十次全体会议通过《关于深入贯彻落实〈中共中央关于坚持和完善中国特色社会主义制度、推进国家治理体系和治理能力现代化若干重大问题的决定〉的实施方案》。该方案确定了进一步提高政治站位，深刻领会、准确把握中共十九届四中全会的重大意义；把落实中共领导制度体系作为关键和根本，进一步提升做到“两个维护”的思想和行动自觉；在体制机制层面加强探索实践，丰富完善区域治理现代化的思路举措，为经济社会高质量发展提供制度保障；不断完善党的建设体制机制，推进全面从严治党向纵深发展4个方面17项内容，着力推进中国特色社会主义根本制度、基本制度、重要制度和国家治理体系在北辰的执行实施，把制度优势转化为治理效能，为建设繁荣富裕、文明和谐、宜居美丽的新北辰提供有力保证。

（刘秋香）

重要工作

【概况】 2019年，区委坚持以政治建设为统领，统筹推进党的各方面建设。开展“不忘初心、牢记使命”主题教育，解决形式主义突出问题，为基层减负，巩固不作为不担当问题专项治理成果，推进集中整治形式主义、官僚主义等重要工作与活动。主题教育成效得到中央第八巡回督导组和市委指导组的肯定。

【开展“不忘初心、牢记使命”主题教育】 2019年9月11日，北辰区召开“不忘初心、牢记使命”主题教育动员部署会，启动全区主题教育活动。区委严格贯彻落实“守初心、担使命，找差距、抓落实”的12字总要求，成立“不忘初心、牢记使命”主题教育领导小组，制定下发《关于北辰区开展“不忘初心、牢记使命”主题教育的实施方案》，区委书记以《不忘初心、牢记使命，高质量开展好主题教育》为题讲授专题党课，抽调48名干部组成8个巡回指导组，推进主题教育在全区范围内有序有力有效开展。至年底，北辰区集中开展3次为期3天的集中学习研讨，原原本本学习规定篇目；分层分批举办25期基层党支部书记培训班，培训1730人次，向基层支部和党员发放“一图一册”3万份。在区“两台一报”“两微一端”等开辟专栏，累计刊播新闻稿件110篇。举办全国人民满意的公务员宋庆柱先进事迹报告会，在全区形成比学先进浓厚氛围。制定《区级领导主题教育联系基层分工表》，全体区级领导赴全区121个村、125个社区，征求群众意见建议265条，协调解决各类问题143个。开通北辰“民意直通车”热线电话、微信留言、邮寄信箱，征求意见建议4946条。开好专题民主生活会，中央第八巡回指导组主要负责人和市委领导给予肯定。推进专项整治，检视问题1491个，其中区级层面101个，处级单位1390个，制定整改措施2704项，整改完成率100%。

（郝英杰）

【解决形式主义突出问题为基层减负工

作】2019年，北辰区制定下发《北辰区关于解决形式主义突出问题为基层减负的工作措施》，明确23项具体工作举措。遏制“文山会海”反弹。科学合理安排各类会议数量、时间、规模，充分利用政务专网OA系统和视频会议系统，创新会议形式，简化程序安排。加大对各类文件的清理和规范力度，区委、区政府以及两办名义下发文件76件，比上年减少54件。提高督查检查质量。按照“加强统筹、严控总量、注重实绩”的原则，筛查督查检查考核31项，最终保留15项，全区督查检查考核事项减少50%以上。实行2019年度督查检查考核计划和审批报备制度，经调整后的各类督查检查考核精简为6项。严格控制在区内绩效考核中对安全生产、环境保护、社会治安综合治理、党风廉政建设、统计数据质量等方面“一票否决”情形。开展微信工作群专项清理，清理微信群63个。清理排查区级党群部门、区级政府部门与镇街签订各类“责任状”22项、考核评比2项，对不符合中共中央和市委、市政府明确规定事项的，一律取消，切实减轻基层负担。

（区委办）

【开展不作为不担当问题专项治理】 2019年，北辰区坚持巩固不作为不担当问题专项治理成果，推进集中整治形式主义、官僚主义入深入细，3次召开领导小组会议，研究部署具体工作，召开不作为不担当警示教育大会暨专项治理中期推动会，印发《2019年深化形式主义官僚主义不作为不担当问题专项治理工作方案》，督促各单位党组织认真履职尽责，切实改进作风。聚焦推动重点工作，采取督办验收、问责逼促方式，推动南曹片区综合整治、实验中学地下停车场、引河里南道占路市场、讷河里6号楼等10处长期形成的堵点问题得到根本解决，以打硬仗、啃硬骨头不断锤炼党员干部的过硬作风。常态开展明察暗访，坚持信访举报受理与“民生直通车”“8890”等服务热线的协调联动，梳理问题线索98条，整改完成率达到84%，抽取其中16个已完成整改问题开展“回头看”，杜绝整改走过场、做虚功现象发生；组建17个检查组，对24家镇街、村居及窗口单位开展行风政风检查，对发现的推诿应付、服务不力问题及时责成所在单位党组织问责通报。至年底，全区共查处不作为不担当问题100起，问责130人，其中形式主义、官僚主义问题64起，问责84人，持续释放用权受监督、失责必追究的强烈信号。北辰区经验做法在市纪委监委“廉韵津沽”网站刊登，以联合谈话健全容错防错机制作为正向激励担当作为的工作成果被市委专项办《情况通报》刊发向全市推广，担当作为、履职尽责正成为全体党员干部的思想自觉和行动自觉。

（区委办）

【“双报到”及联系基层工作】 2019年，北辰区密切联系服务基层群众，出台《关于做好区级机关带头联系基层、服务群众有关工作的通知》，组织全区71个区级机关党组织、5000多名机关党员到驻地社区报到，组织区级机关229名党员领导干部与基层村、居、企业党支部建立联系点，累计开展党课活动158次，“创文”“创卫”主题志愿服务活动583次，联合党日活动195次，慰问帮扶困难党员群众543人，领办社区“微项目”52个，领办居民“微心愿”98个，切实取得让机关党组织有责，在职党员有为，使基层群众受益的效果。

（王海川）

组　织

【概况】 2019年，中共北辰区委组织部深入贯彻新时代中共组织路线，持续用力抓基层打基础、强班子带队伍、重创新提效能，为推动全区高质量发展提供坚强组织保证。推广宝翠花都社区“13579”全国十佳工作法。天津市党建引领基层治理体制机制创新工作交流推动会在北辰区召开。人民网、《天津日报》等媒体刊发区城市基层党建经验文章12篇，上海市浦东新区、深圳市光明区等学访团先后到区考察交流城市基层党建工作。逐级逐类开展党员轮训班，累计举办党员发展对象培训班2期，新党员筑基培训班2期，累计培训党员干部2000余人次。老干部宣讲团被评为全国老干部先进集体。

【干部培训】 2019年，北辰区制定《2018—2022年干部教育培训工作实施方案》，科学设置培训班次和课程，构建务实管用的培训体系。发挥区委党校（行政学院）干部教育培训主渠道主阵地作用，举办处级干部进修班、党性教育专题班等各类实体班次8期，培训干部近500人。利用天津干部在线学习平台课程资源，组织全区2400余名公务员参加贯彻新发展理念、习近平生态文明思想等线上培训班5个，累计完成1.2万余学时。围绕习近平新时代中国特色社会主义思想和习近平总书记在京津冀协同发展座谈会上的重要讲话精神，指导举办干部学习大讲堂6期，累计培训局处级领导干部2500余人次。创新举办“挂职干部大讲堂”，帮助到北辰挂职干部开阔眼界，提升本领。落实组织调训，先后选派62名局处级领导干部参加培训研修班、区外培训班60期。组织700名干部参加处级党政领导职务政治理论水平任职资格考试，考试通过率96%。

【选人用人】 2019年，北辰区开展“担当作为、创新竞进”先进典型评选，择优表彰22个先进集体、48名先进个人。区司法局宋庆柱获全国“人民满意的公务员”称号，区城管委环卫科被评为全市“人民满意的公务员集体”。启动公务员职级晋升工作，完成职级套转1070人、职级晋升274人。选配35周岁以下年轻干部到镇街任职，完成配备3名镇街党政正职和每个镇街都有2名的目标。强化年轻干部储备，连续3年举办优秀年轻干部培训班，抽调112名年轻干部到拆迁拆违、“创文”“创卫”、扫黑除恶等急难险重岗位摔打锤炼。执行《科级干部选拔任用初审备案制度》，指导25家单位完成77名科级干部的选任交流工作。深化东西部扶贫干部人才交流，选派干部人才80名，接收干部人才56名。

【干部监督管理】 2019年，区委组织部做好领导干部个人有关事项填报、查核、验证工作，随机抽查或重点查核个人有关事项164人次，对存在漏报情形的16人给予批评教育或责令书面检查处理，对存在瞒报情形的6人给予诫勉处理。畅通“四位一体”举报受理渠道，累计收到信访举报问题线索21件，较上年同期显著下降。强化离任交接和专项审计，对14名党政主要领导干部开展经济责任审计和自然资源资产审计，累计发出23份离任经济事项交接通知书。完善干部因私出国（境）管理监督流程，审批退休局级干部及在职处级干部因私出国（境）13人次，对41名科级以下干部因私出国（境）有关情况进行备案。组织全区2000余名科级及以上干部填报特定关系人情况，及时调整规范任职回避人员。完成干部人事档案库房扩容，区内4家集中管档单位全部实现档案数字化应用。

【基层组织建设】 2019年，北辰区完成246个村居党群服务中心达标建设，彰显党的政治存在。深入开展村级组织换届"回头看"，及时清理5名涉嫌违纪违法村干部。推进"战区制、主官上、权下放"党建引领基层治理体制机制创新，以双街村学习借鉴塔元庄村经验试点为抓手，探索形成"169"工作法，示范带动8个区级试点村整体提升。加强村党组织制度建设，先后出台《行政村考核评星办法（试行）》《村干部年度考核测评办法（试行）》《镇处级党员领导干部参加指导村级党组织组织生活的实施意见》《村党组织履行全面从严治党主体责任实施方案》，压实工作责任。健全完善党建工作机制，建立区、镇街、社区三级党建工作联席会议制度，完善街道"大工委"、社区"大党委"制度，推行"双报到"系统。注重"红领人才"培养，先后3次举办"两新"党组织书记区级示范培训班，培训全区"两新"党组织书记和党务工作者450余人次。

【党员教育管理】 2019年，北辰区以机构改革为契机，成立北辰区党员教育中心，健全工作机构，充实工作力量。对《中国共产党发展党员工作细则》实施以来，新发展的2638名党员进行全面深入排查，共认定违规违纪问题党员158人。开展党费信息化试点工作，实现信息化手段交纳党费功能。扎实开展党员组织关系排查工作，对年度民主评议和基层党组织认定的6名不合格党员严格履行处置程序。妥善排查党员信教工作，对全区3.4万名党员进行全面细致摸排，共排查出信教党员7名，其中4名党员经党组织帮扶转化成功，对3名屡教不改党员履行处置程序。深入实施"红色宝藏"工程，牵头制定《北辰区关于加强退役军人党建工作的实施办法（试行）》，退役军人党员教育管理经验在全市推广。

【人才工作】 2019年，北辰区落实"海河英才"行动计划，累计引进各类人才7115人。继续做好天津市战略性新兴产业领军企业推荐认定工作，全年共认定2个批次17家领军企业。认真落实天津市企业家队伍建设"111"工程，推荐区内19名企业负责人申报天津市杰出企业家和新型企业家。认真落实"北极星"人才发展计划，深入实施北辰区"2+8+1"政策，柔性引进院士专家7人，评定109名"北极星"高层次人才，成立25个高层次人才工作室。通过"辰才回归""外才返聘"等方式，引进清华大学博士生及博士后各1人，引进外省市高层次专业人才14人，从"双一流"高校招录选调生23人，为新引进培育的高层次人才投入创新创业支持经费累计1200万元。

（郝英杰）

【老干部工作】 2019年，围绕中华人民共和国成立70周年，区委老干部局组织全区各单位开展"我看新中国成立70周年新成就"主题征文、专题调研、诗词朗诵会、书画摄影展，广大离退休干部广泛参与，抒发对伟大祖国、大好河山的热爱之情，展现新时代老干部信念坚定、对党忠诚、乐观向上、永葆革命本色的良好风貌。收到老干部征文48篇、诗词17首，其中3篇获得市局优秀征文奖。组织编辑出版发放《庆祝新中国成立70周年北辰区老干部征文选集》，编录改革开放40年征文47篇，中华人民共和国成立70周年征文46篇，诗词文稿16首。

发挥政治建设统领作用，加强离退休干部"三项建设"。坚持政治建设标准，教育引导离退休干部党员严格遵守《关于新形势下党内政治生活的若干准则》，严明党的政治纪律和政治规矩，自觉践行社会主义核心价值观，注重在理论宣讲、关心下一代工作方面积极开展活动，吸引老干部发挥作用。组织开展以"安排一次辅导、讲好一堂党课、撰写一篇体会、组织一次交流、进行一次测试"为内容的"五个一"活动。坚持"逢八必学"制度，每月8日邀请市委、区委党校教授做专题辅导、形式教育，每月18日、28日开展理论组学习，全年共开展26次集中学习。在离退休干部中广泛开展"不忘初心、牢记使命"主题教育，通过讲初心故事，忆奋斗历程等方式传承红色基因，以实际行动教育激励后人，为维护改革发展稳定大局凝聚正能量。各类活动信息在《天津支部生活·老干部》刊登3篇，《中老年时报》刊登15篇，《天津日报·北辰之声》刊登3篇。完成2020年《天津支部生活—老干部版》和《中老年时报》的征订工作。认真宣传和落实《中国共产党支部工作条例（试行）》，对全区各基层单位专兼职干部及社区离退休干部党支部书记约200人进行培训，为离退休干部党支部书记每月发放200元补贴，推动15个社区建立离退休干部党支部。

切实落实各项政策，不断提高老干部工作服务质量和水平。以"互联网+"信息化建设推动老干部工作优化升级，完成全区离退休干部党员情况汇总，初步建立基础信息库，运用现代化信息平台，管理维护好"北辰区委老干部局"微信公众号，建立"银发生辉北辰老干部"微信群，为老同志搭建学习沟通平台。

▲2019年1月23日，北辰区委老干部局举行"践行新思想 共创新北辰"老干部迎新春联欢会

（孔维广　摄影）

坚持“四必访”慰问制度，看望生病住院老干部26人，给18名老干部过生日。积极落实离休干部“三个机制”相关工作，确保离休干部离休费和各项生活补贴按时足额发放，确保离休干部医药费报销“一月清”，确保离休干部大额医药费“周内清”，做好预发离休干部7000元医疗预付金工作。积极做好护理费审批工作，为43位老干部调整护理费。

开展各项活动，丰富老干部生活，发挥老同志作用。举办“践行新思想 共创新北辰”老干部迎新春联欢会，老干部用自编自导自演的歌曲、舞蹈、戏曲等节目表达对祖国，对党的热爱之情。举办“拳拳爱国心 浓浓敬老情”老年节活动，为符合金婚、钻石婚和白金婚条件的离退休干部发放纪念品，倡导传承优良家风。组织举办天津市离退休干部第七届“北辰杯”台球邀请赛，台球协会老干部精心准备，周到服务，展现了北辰老干部的良好形象，受到参赛队的好评。举办庆祝中国共产党成立98周年书画摄影展，共展出离退休干部书、画、摄影作品170余幅，老干部用艺术作品展示对党对祖国对新时代的美好祝愿。举办北辰区离退休干部第三十四届趣味运动会，老干部们热情高涨、奋勇争先，有300多名老干部参加12个项目的比赛。开展特色宣讲工作，老干部宣讲团成员先后深入农村、社区、企业、学校进行宣讲80余场，受教育人数达万余人次，被评为2019年全国老干部先进集体。

（孔维广）

宣　传

【概况】 2019年，中共北辰区委宣传部（以下简称区委宣传部）高扬习近平新时代中国特色社会主义思想伟大旗帜，坚持围绕中心，服务大局，努力为建设繁荣富裕、文明和谐、宜居美丽的新北辰提供强大思想舆论保障和精神文化支撑。全年组织区级、处级中心组学习研讨1055次，举办领导干部大讲堂6期，全区集中宣讲8场次，在“学习强国”播发10余个作品，推进全区创建文明城区行动。

【思想理论建设】 2019年，区委宣传部围绕学习习近平新时代中国特色社会主义思想和系列重要讲话精神，结合“不忘初心，牢记使命”主题教育，组织区级中心组读书班3期，学习研讨20次，组织处级中心组学习研讨1032次，编发《理论学习导刊》16期，配发《习近平新时代中国特色社会主义思想学习纲要》等各类理论书籍3.5万多册，形成调研报告400多篇。抽查中心组成员学习笔记1200册次，编发通报12期。依托市委讲师团宣讲资源，结合“七进”工作，发挥各级中心组长、区委党校老师和“五老”人员等力量作用，深入开展习近平新时代中国特色社会主义思想宣讲，培育基层宣讲队伍40支，发展宣讲骨干250名；开展基层宣讲900多场次。大力推广“学习强国”，全区注册人数40714人，覆盖率123%，《我和我的祖国》礼赞新中国大家唱快闪活动等作品在“学习强国”播发。区委专题研究部署意识形态工作9次、分析研判3次，风险排查6次。制定《关于进一步加强对论坛、讲坛、讲座、年会、报告会、研讨会、智库活动等管理的实施意见》等工作文件，深入开展“剑网”“扫黄打非”等专项行动6次，出动执法人员930人次，检查各类经营单位450家次，查办案件6起，收缴各类非法出版物1200余册，有效净化了出版物市场；在全区98家酒店开展摸排、整治非法安装使用卫星地面接收设施专项行动，责令整改32家次，对6家限期未完成整改的酒店进行立案处罚。

【社会宣传教育】 2019年，区委宣传部围绕中华人民共和国成立70周年，设置公益广告300多套、标语口号100多处，草雕16组、灯光景观12处、街桥标语17处、LED屏569块，悬挂国旗近3000面。结合“创文”“创卫”“扫黑除恶”专项斗争、文明促进条例实施、国家安全教育日、全域科普科技周等重点工作，组织主题宣传10多场次。依托杨连弟烈士纪念馆等4个区级爱国主义教育基地，开展爱国主义教育活动260多场次，辐射群众8万多人次。开展第7届“心向党·我和我的祖国”系列主题演讲近百场，形成作品1000多个；开展“时代新人说·我和祖国共成长”演讲大赛及第3季“谈古论津”群众性主题展示等活动，组织近400名干部群众参加全市庆祝中华人民共和国成立70周年文艺演出。

【新闻舆论引导】 2019年，北辰区紧扣中华人民共和国成立70周年等重大主题，开展“壮丽70年·奋斗新时代”主题采访活动。在区属各媒体平台同步开设“庆祝新中国成立70周年”“壮丽70年·奋斗新时代”专题专栏，集中刊播刊发融媒精品力作，在新华社、津云及《精神文明报》《天津日报》等市级以上各类媒体上稿800多篇。结合新春走基层、京津冀协同发展、大棚房治理等全区重点工作，在市级以上各类融媒宣传报道150多篇。

【精神文明建设】 2019年，北辰区将创建全国文明城区工作与各单位绩效考评挂钩，召开推动会27次，以区融媒“啄木鸟在行动”栏目为平台，持续实施曝光式整改督办。聘任“创文”“创卫”监督劝导员604人。开展机关干部“志愿服务月”“双创星期六”“楼道革命”等活动10余次，发放文明行为促进条例宣传材料3万多份，清理社区楼门8624个、杂物2500余车。推进市容环境、社区环境、交通秩序等8大专项治理，重点整治杂物乱放、广告乱贴、车辆乱放等顽疾，下发整改单69批次，涉及问题1.15万个，整改率98%。广泛宣传推动《天津市文明行为促进条例》实施，印放各类宣传品45万份。开展“奋进新时代·模范在身边”学习宣传活动200多场次，围绕“我们的节日”开展主题活动87场，受教育群众近20万人。在23个困难村开展文明村建设帮扶工作，达标率85%以上。选树“北辰文明人”400名，26人荣登天津好人榜、3人荣登中国好人榜，1人获市道德模范称号、2人获市道德模范提名奖。举办“扣好人生第一粒扣子”教育实践主题活动120多场次，受益学生30多万人次。建设示范性志愿服务V站21个，注册志愿服务队514支，发展社会志愿者11.7万人，大学生志愿者1.83万人，涌现示范志愿服务队伍22支，开展志愿服务400多场次。组建由区委宣传部、区文明办等21个单位组成的新时代文明实践中心服务小分队直接联系推动。开展宣传宣讲活动20余次。积极探索“线上＋线下”文明实践模式，线上采取“新媒体＋”实践模式，线下推行“菜单式”实践模式，由实践所（站）提供“菜单”，社区群众“点单”，加大力气加速打造新时代文明实践融媒体站。

【首届道德模范新乡贤、担当民族复兴大任的时代新人评选】 2019年，北辰区组织开展选树培育道德模范、新乡贤和担当民族复兴大任的时代新人活动。道德模范围绕助人为乐、敬业奉献、孝老爱亲、见义勇为、诚实守信5个方面，新乡贤围绕爱乡睦邻、孝贤友善模范，创业富民、反哺桑梓模范，崇文兴学、守望乡情模范，公道正派、促进和谐模范，热心公益、教化乡民模范，移风易俗、树立新风模范，诚实守信、名扬乡里模范7个方面；担当民族复兴大任的时代新人围绕有自信、尊道德、讲奉献、重实干、求进取5个方面开展评选。经过基层单位推荐、相关部门综合评定、社会公示、区文明委审核等程序，共评选产生北辰区首届道德模范、新乡贤、担当民族复兴大任的时代新人及其提名奖获得者54人，其中首届道德模范10人、提名奖7人，首届新乡贤9人、提名奖9人，首届担当民族复兴大任的时代新人10人、提名奖9人。

（曾倩倩）

网络安全和信息化管理

【概况】 2019年，北辰区网信系统坚决贯彻落实市委、区委关于网信工作的决策部署，围绕庆祝中华人民共和国成立70周年，突出网上网下两条战线，统筹安全和发展两件大事，全力做好网信领域各项工作，推动落实网络意识形态工作责任制和网络安全工作责任制，为建设繁荣富裕、文明和谐、宜居美丽的新北辰提供坚强网上舆论支持、可靠网络安全保障和有力信息化支撑。年内，区委网信办推出融媒体产品29个，配合做好全市一体化社会治理平台推广，加快区级数据交换共享平台建设，推动“明厨亮灶”一期试点建设，完成40余个项目启动建设。

【体制机制建设】 2019年，区委网信办在区委领导下，完成网信体制机制改革，优化网信委成员单位组成，制定委员会工作规则和办公室工作细则。成立互联网行业党委，制定行业党委工作制度，以红色引擎助推区内互联网企业党建工作健康发展。获评天津市互联网企业和网络社会组织党建工作示范点1个，获评“践行使命、岗位建功”先进个人2人。

【网络内容建设】 2019年，区委网信办围绕“庆祝新中国成立70周年”等重大主题，组织策划“我们在北辰，集体向祖国表白”短视频展播、“扬帆再出发 奋进新北辰”等新媒体专栏，推出“柒彩北辰 拾光剪影”“我们都是追梦人”等融媒体产品29个，借助网络直播、抖音短视频、H5等形式进行推广，总阅读量达到40余万人次。开展网络公益歌曲大赛、巾帼好网民故事汇、“新影像 新北辰”短视频大赛、“辰晓安”杯网络作品大赛等一批网民喜闻乐见的网上活动。联合发起5个网络公益扶贫项目，助力甘肃华池脱贫攻坚。

【网络生态治理】 2019年，区委网信办完善舆情信息报送、分析研判、督查考核机制，研究网络意识形态工作5次，专题报告区委2次，上报市委网信办4次，形成舆情周研判19期。坚持7*24小时不间断监测，针对重大突发事件和敏感问题第一时间与有关单位进行研判，形成

▲2019年5月10日，北辰区委网信办在金融创新大厦多功能厅举办“网络安全和新媒体”系列培训。图为“突发公共事件舆情应对与新媒体应用”专题

（区委网信办　供图）

▲2019年12月10日，“新影像·新北辰”短视频大会暨腾讯大燕网第二届短视频创摄大赛总决赛在天津职业大学举办

（区委网信办　供图）

▲2019年6月1日，北辰区委网信办、区文化和旅游局、新浪天津共同举办“寻趣非遗之网说非遗新传承”主题活动（区委网信办 供图）

日报203期、专报56期、下发交办单9期、提示函45期。

【网络安全屏障】 2019年，区委网信办完成全国“两会”、网络安全宣传周、中华人民共和国成立70周年重大节点网络安全保障任务。扎实开展关键信息基础设施安全检查，确保关键信息基础设施安全运行。做到两个“率先”，率先建立“人工＋云监测”的属地网站安全监管体系，率先成立网络安全应急支撑服务队，全面提升网络安全事件应急处置能力。部署网络安全态势感知系统，提升对全区网络安全状况的预判能力。利用安全加密手段，融合大数据技术，开发网络安全预警信息发布系统，实现对预警信息的综合分析，为全面管控网络安全问题提供决策依据。

【2019年（第三届）天津互联网大会举办】 2019年9月19日，由天津市网络社会组织联合会、天津市互联网协会、中共天津市北辰区委网信办共同主办的2019（第三届）天津互联网大会在北辰区举办。来自全国、全市网络安全和科技领域的专家、学者、企业家代表等近1000人汇聚一堂，共同探讨互联网安全和科技发展的新趋势、新特点。该届大会以“网络安全与科技发展”为主题，设置了主旨论坛、圆桌对话和网络安全攻防大赛等多项活动。北辰区委副书记、区长王宝雨，中国互联网协会副理事长黄澄清，天津市科学技术协会副主席白景美，市委网信办二级巡视员王建亭出席会议并致辞。中国工程院院士、光纤传送网与宽带信息网专家邬贺铨就“5G时代互联网产业与应用”发表主题演讲。中国电子科技集团首席科学家饶志宏、中国网络空间安全协会副理事长杜跃进、华为中国区5G首席专家石建、国家互联网应急中心融合产业安全处处长吴震、全国晋商联盟主席张世伦、沃德智能副总经理杨相声、国家互联网应急中心天津分中心副主任张鸿等业内专家，同与会嘉宾就5G时代的互联网发展方向、人工智能与网络安全、网络空间安全危机、智能制造5G新动能、金融科技的发展与监管、微信群创新运营与管理、工业心脏医院为工业生产保驾护航、天津市互联网大数据发布等内容进行主题分享。在主旨论坛环节，来自紫光集团、京东云城市云以及电信天津分公司、移动天津分公司、联通天津分公司等互联网企业代表就智慧城市建设和互联网行业发展进行交流。在圆桌对话环节，北辰区委宣传部副部长、区委网信办主任庞仲欣与互联网领域法律专家、企业家和新媒体行业代表就高科技发展与网络安全之间的关系开展现场交流。

【“运河书香”诗词大会举办】 2019年4月23日至12月31日，北辰区举办“运河书香”诗词大会第二季暨“网说·诗词里的中国力量”主题活动。该活动由区委宣传部、区文明办、区委网信办、区教育局、区文化和旅游局联合主办，面向社会大众和广大网友设置“百行团”，中小学在校学生、高校学生、留学生设置“青少年团”，针对选手年龄、学业等实际情况设置“预备团”；共分为网友入围赛、海选晋级赛、攻擂资格赛、半决赛和总决赛5个阶段。大会历时8个月，共组织线上线下活动近百场，45万网友参与，7名选手晋级总决赛。

（程英美）

统一战线

【概况】 2019年，中共北辰区委统战部强化党的集中统一领导，出台《统战工作领导小组工作规则》，细化各级党委职责任务。建立驻区高校、科研院所“统战工作联盟”，形成工作合力。配齐配强镇街统战委员和村居统战专员，健全统战工作三级网络。制定《统战信息宣传工作量化指标和考核办法》，编发各类信息700余条。编印《统战领域基础情况手册》，被作为优秀典型在全市推广。

【统战成员思想引领工作】 2019年，区委统战部编印党外人士《新中国成立70周年大家谈》，举办“同心共筑中国梦·合力唱响复兴歌”文艺演出，“新时代、新征程、新篇章”和“中华民族一家亲·同心共筑中国梦”书画摄影展等活动。以“同心大讲堂”为品牌，安排近20个培训班次约1400人次的专题教育培训。支持各民主党派开展“不忘合作初心，继续携手前进”主题教育活动。持续深化民营经济人士理想信念教育实践活动，举办“弘扬红船精神，不忘初心使命”主题活动，强化对青年企业家的教育培养。广泛团结党外知识分子和新的社会阶层人士，开展“弘扬爱国奋斗精神·建功立业新时代”和“凝聚新力量·筑梦新时代”主题教育活动。加强教职人员教育管理和信教群众思想引领，举办“卧尔兹交流研讨会”，做好朝觐归来人员教育，开展民族宗教领域爱国主义教育实践行活动。

【党外代表人士队伍建设】 2019年，区委统战部推动联谊交友机制落实。23位区级党员领导干部与58名党外人士结对

▲2019年12月18日，北辰区举行侨海人士联谊组成立大会　（区委统战部　供图）

交友。加强各民主党派、知联组、新联会、侨海联、商会等负责人的有效政治职位安排，22名党外代表人士在市、区级组织和单位担任新职。24名党外代表人士担任各领域特约监督员，为党外人士发挥作用搭建平台。推动党外干部队伍建设制度化。举办处级党外干部述职述廉交流会、科级党外干部履职演讲会，召开区委组织部、统战部党外干部联席会议，全面落实区委《关于进一步加强党外干部队伍建设意见》。完善统战成员管理和查询系统。收录各类人员信息717条。

【动员社会力量参与脱贫攻坚】 2019年，北辰区成立社会动员专项工作组和“万企帮万村”工作组，共有500余家企业和单位机构，约1.5万人次参与，累计捐助款物1400余万元，超额完成了市、区两级部署的任务。全力做好“万企帮万村”精准扶贫工作，122家企业与101个受援地区贫困村签订了对口帮扶协议，实现了对华池14个深度贫困村结对帮扶全覆盖。拍摄圆一个小康梦、一个安居梦、一个读书梦等5部扶贫动员专题片，入选全国“各地走好网上群众路线典型案例”。依托腾讯公益，开展网络扶贫捐助，一个月内共收到捐款100余万元，受到市社会动员工作组的肯定。

【多党合作事业】 2019年，北辰区制定《政党协商计划》，召开政党协商会议，编发《党外之声》党外人士意见建议直报专刊，反馈意见建议57条，支持民主党派履行好参政党职能。完善《民主党派届中调整主委（副主委）流程》，坚持党派联席会议制度和联合调研。举办履职尽责能力提升专题讲座，组织开展“明政视察”，支持各民主党派打造“党派之家”，各民主党派获得组织和个人国家级荣誉5个，市级荣誉10个，全面实现“支持民主党派加强自身建设年”工作计划目标。

【民族宗教领域工作】 2019年，北辰区深化民族团结进步创建“六进”成果，3个单位获得市级民族团结进步创建示范称号，1家单位和1人获得国家级称号。开展“党旗在我心中、国旗在我心中”主题教育活动，增强青少年民族团结意识。加强民族事务管理，建立清真食品三级监督管理机制，从严监管清真食品。完成开斋节回民公墓安保组织工作。打造少数民族传统体育特色，获得国家级比赛二等奖2个，三等奖3个，在市级比赛获得金牌榜和奖牌榜双第一。北辰区获优秀组织奖。规范宗教场所管理和宗教活动，以“四进”为核心，开展和谐寺观教堂创建工作。

【非公经济领域统战工作】 2019年，区委统战部延伸党在非公经济领域的工作触角，开展“四好商会”建设工作，实现党的组织在基层商会全覆盖。召开服务民营企业座谈会，开展“四走进四提升”等服务企业活动，出台《服务民营企业沟通服务机制的实施办法》，建立“民营企业家法律维权服务联席会议”制度，营造良好营商环境。扩大对外合作交流，与浙江省嘉兴市工商联、杭州市桐庐工商联等5个商会组织缔结友好联会。

【党外知识分子和新的社会阶层人士工作】 2019年，区委统战部发挥知联组作用，加强横向联系，实现驻区高校知联会与区知联组的交叉任职，为扩大“统战工作联盟”打好基础。举办“奋斗的足迹、红色的传承”党外知识分子、新阶层人士培训班，加强教育培训。完善新的社会阶层人士创新实践基地建设，开展各具特色活动20余场。

【港澳台及海外统战工作】 2019年，区委统战部深化“侨海同心·聚力北辰”对外交流系列活动品牌建设，举办“华博会·海外高层人才北辰行活动”“北辰与美国公路预防性道路养护专家对接会”等4场特色活动，10个国家200余人次参加。成立侨海人士联谊组，打造3个“侨胞之家”试点，完成外派意大利、印尼教师任务。提高对台工作效能，开展“营造良好营商环境·积极服务台资企业”活动，解决实际问题25件。开展“台湾华宁国际医疗集团与天士力对接会”等各类台胞台商交流活动7场。

（郑　洋）

政策研究与调研

【概况】 2019年，中共北辰区委研究室（以下简称区委研究室）围绕区委中心工作，起草重要文稿6篇，负责全区处级干部调研任务，收集调研报告192篇。完成街村调查户信息库，为市区两级政府制定农村政策提供参考依据。

【重要文稿起草】 2019年，围绕区委工作中心，完成《区委十一届九次全会报告》《区委十一届十一次全会报告》等重要文稿起草。配合审计组工作，完成两任区委书记的《履行经济责任情况述职报告》及《自然资源离任审计述职报告》。

【政策性文件制定】 2019年，区委研究室制定《中共天津市北辰区委关于贯彻落实〈中共天津市委关于认真学习贯彻习近平总书记视察天津重要指示和在京津冀协同发展座谈会上重要讲话精神的实施意见〉的实施方案》，提出具体任务。落实区委主要负责人部署，制定《北辰区贯彻落实习近平总书记重要指示要求和重要讲话精神任务清单》，推动北辰高质量发展。按照市委改革办要求和区委改革工作实际，制定出台《中共北辰区委全面深化改革委员会2019年工作要点》《2019年重点改革任务台账》，统筹协调全区重点改革任务落实。

【重点课题调研】 2019年，北辰区坚持问题导向，围绕全区"三农"工作、农村集体产权制度改革，深入9个镇的20个典型代表村走访调研，形成内容翔实、可操作性强的调研报告，深刻剖析影响经济组织高效运行的核心问题，提出有针对性的对策建议，为领导决策提供参考依据，努力使改革成果更好惠及于民。

【刊物编发】 2019年，北辰区根据中共中央和市委关于开展调查研究工作的部署安排，对区、处两级领导干部调研工作提出更高要求，共收集调研报告192篇，其中20余篇调研报告被《天津体改研究》《天津农村》刊发。根据调研质量、成果转化情况，对领导干部调研报告进行绩效考评打分。

【联系社区和全国农村固定观察点工作】 2019年，北辰区完成《2019年上半年农户劳动力就业和返乡创业情况调查》和《农民家庭可支配收入调查表》《农村固定观察点年度数据》等7项常规、专项调查。参加市农村固定观察点领导小组办公室组织的专项培训，完善升级北辰区双街村调查户信息库。根据农业部安排，组织村级调查员进行专题培训，实现近半数调查员线上记账，使数据收集更加高效便捷、翔实可靠，为市区两级政府制定农村政策提供参考依据。

（王　莹）

▲2019年3月15日，北辰区委区级机关工委举办北辰区机关党组织党费综合服务平台培训班

（区级机关工委　供图）

▲2019年9月4日至6日，中共北辰区委组织部、区级机关工委、区委党校组织2019年度北辰区第二期党员"筑基"短期集中培训班

（区级机关工委　供图）

区直机关党建

【概况】 2019年，中共北辰区区级机关工作委员会（简称区级机关工委）按照区委决策部署，突出党建引领作用，落实党建任务，紧抓组织建设，完成党员教育、发展、组织关系转接等工作。年内，指导32家区机关单位开展组织建设，发展中共党员177人，开展区级机关干部大讲堂和最佳党日党课评选活动。

【机关组织建设】 2019年，区级机关工委围绕机关基层党组织建设选优配强领导班子。完成14个机关基层党组织书记任免，指导32家区机关单位完成基层党组织新建、撤销、调整和换届工作，按期换届率达100%，党员主要负责人兼任机关党组织书记率达100%。组织召开机关党组织党费综合服务平台培训班一期。

【机关党员发展】 2019年，北辰区落实《中国共产党发展党员工作细则》，严把考察关、公示关、预审关、谈话关和审批关，完成材料预审450人次，新发展中共党员177人，预备党员转正191人，核实党员身份5人，转接党组织关系238人次。会同区委组织部举办预备党员"筑基"培训班、发展对象培训班4期。

【党员教育活动】 2019年，北辰区举办中国共产党的奋斗历程、女性礼仪等专题的区级机关干部大讲堂，组织全区机关党员观看爱国教育影片，联合区文旅局举办弘扬中华优秀文化机关干部书法培训班。"七一"期间，开展"最佳党课、最佳党日"评选征集活动，64个单位参评，20个单位获得表彰。

（王海川）

保密管理

【概况】 2019年，中共天津市北辰区委保密和机要局（天津市北辰区国家保密局）认真贯彻落实中共中央和市、区委的部署要求，推动各项工作贯彻落实，全区全年未发生失泄密案件，维护党和国家秘密安全。

【保密宣传教育】 2019年，区委保密和机要局开展保密法治宣传活动。组织全区各部门、各单位开展以"增强全员保密意识，护航建国70年华诞"为主题的保密法治宣传教育活动，区委保密和机要局向全区各单位发放宣传读本450余本，向

▲2019年12月4日，区委保密和机要局在集贤公园利用全民宪法日，开展宣传活动（陈方洋　摄影）

各镇街、教育、卫生系统配发保密宣传折页3800余份，紧盯领导干部、涉密人员、公务员、保密干部等重点人员，通过警示案例教育、保密专题教育、自查自评整改等强化保密法律意识。积极参加“4·15”国家安全日、“12·4”宪法日的普法宣传活动，面向群众开展保密法治宣传，发放保密宣传资料800余份，宣传品3000余个，营造良好的保密法治宣传氛围。通过一系列保密法治宣传教育活动的开展，全区领导干部、涉密人员、公务员和保密干部保密法治意识和保密能力得到显著提升，公民保密法治观念进一步增强，在全区营造人人自觉保守国家秘密、维护国家安全利益的浓厚舆论氛围。

【保密培训】 2019年，区委保密和机要局举办北辰区第四期保密干部全员培训暨2019年保密自查自评工作部署会，全区各单位保密工作分管领导和保密干部约140人参加会议，重点围绕定密工作、保密自查自评、涉密人员分类确定、保密技术检查等内容，逐一讲解演示，组织考试，切实提高全区保密干部业务水平，为作好新形势下保密工作奠定基础。

【保密服务】 2019年，区委保密和机要局严格高考、研究生考试全过程保密监督管理，确保考试保密安全。加强重大涉密会议、活动保密管理，为区委党校报告厅、区机关五楼会议室配备手机屏蔽柜30余个，满足涉密会议活动需求。规范涉密载体销毁工作，完善清点、交接手续，及时送销各类涉密载体。

【保密检查】 2019年，区委保密和机要局组织机关、单位开展保密自查自评工作，通过采取现场保密技术检查、集中查阅档案资料的方式，检查全区30余个机关、单位的保密自查自评工作开展情况，确保保密管理要求落实到位。

（刘玲珊）

机构编制管理

【概况】 2019年，北辰区委机构编制委员会办公室（以下简称区委编办）全面深化机构改革，创新加强机构编制管理，为全区经济社会发展提供良好体制机制保障。年内，实施党政、街镇、重点领域的机构改革，调整政府职能部门权责清单，开展机构编制纪律专项检查，完成194家事业单位法人年度报告公示。

【党政机构改革】 2019年，北辰区全面贯彻“先立后破、不立不破”的改革组织实施总原则，从14个部门核减行政编制88名，用于新组建或职能增强的部门。2019年1月17日，组织对39个党政部门的45项职责进行调整和划转。2019年2月28日，以区委、区政府文件印发区委14个工作机构，区政府31个工作部门以及区委党校、档案馆的“三定”规定。厘清部门职能职责关系，加大内设机构综合设置力度，全区45个党政机构精简内设机构67个，约21%，减少科级职数116名，约23%。

【街镇机构改革】 2019年，北辰区坚持“扁平化管理、综合化设置”原则，整合优化街镇党政机构和事业站所，推进党建引领基层治理体制机制创新。通过“减上补下”等方式，将调剂出的行政事业编制充实到街道乡镇，为16个街镇增拨行政编制70名，事业编制205名。强化街镇战区调度指挥能力，赋予街镇吹哨调度权，制定吹哨调度清单35条。汇总街道7大类、109项和镇8大类、124项职责清单，建立职责准入制度，作为街镇履职、划分事权参考依据。

【重点领域机构改革】 2019年，北辰区开展深化综合行政执法改革。按照全市深化综合行政执法改革的部署要求，制定并印发《天津市北辰区深化综合行政执

▲2019年5月6日，北辰区在区政府大楼会议室召开街镇机构改革培训会（周宇　摄影）

法改革实施方案》，按照编制锁定有关要求，研究拟定《天津市北辰区综合行政执法改革编制划转锁定和人员划转方案》。年底完成市场监管、生态环境保护、文化市场、交通运输、住房建设、城市管理、农业7个领域综合行政执法支队组建方案制定工作。

【事业单位改革】 2019年，推进经营类事业单位改革，撤销区政府招待所，完成区新华书店转企改制，组织有关部门做好经营类事业单位改革后续工作。

【权责清单、职责清单动态调整】 2019年，北辰区对34家政府职能部门权责清单进行动态调整，经过程序审定，最终划转职责251项，修改职权258项，增加职权38项，取消职权43项，接收市场监管局职权513项，对58个部门和单位上报的职责清单进行审核，重新制定职责清单共计635项，其中行政单位事项357项，事业单位事项278项。两项清单均于5月底前通过区政务网站以专栏形式面向社会公布。

【机构编制纪律专项检查】 2019年，区委编办对14个主管部门开展机构编制纪律专项检查，通过直接问询、查阅资料、当面谈话、调查问卷，查找机构编制问题2个，形成情况报告14篇，反馈至区委巡察办。

【编制体制建设】 2019年，区委编办落实党管机构编制原则，研究制定区委编委工作规则和区委编办工作细则，加强和改进相关领域机构编制工作，增设驻区市场监管局纪检监察组，调整派驻纪检组纪检监察覆盖范围；组建区融媒体中心、区大数据中心、区网格化管理中心等区属事业单位；为教育系统、应急、水务等重点领域增加调整编制配备。加强机构编制精细化管理，执行机构编制实名制信息管理，完善机构编制报表数据，分析机构编制运行情况，完成机构编制统计、台账、档案等相关基础资料建设，为科学决策提供依据。

【事业单位法人及统一社会信用代码管理】 2019年，区委编办完成2018年度194家事业单位法人年度报告公示。加强事业单位登记事中事后监管，及时收缴事业单位印章，做好登记事项查询。落实机关、群团统一社会信用代码管理，全年为44家单位办理证件，其中初领13件，变更21件，注销10件，实现统一社会信用代码动态管理。

（邵静雅）

党校教育

【概况】 2019年，区委党校以习近平新时代中国特色社会主义思想为指导，全面贯彻中共十九大和历次全会精神，严格落实《中国共产党党校工作条例》和《2018—2022年全国干部教育培训规划》，围绕全面从严治党这一主线，为开创美丽北辰建设新局面提供坚强政治保障。

【干部培训】 2019年，区委党校制定2019年干部教育培训方案，改进教学方式，优化课程设置。梳理教学管理制度，细化学员管理规定，严肃在校培训纪律。2019年共举办处级领导干部进修班、党员发展对象短期集中培训班等各级各类培训班16期，培训轮训干部6500余人次，内容设置上突出主业主课主责，确保理论教育70%，党性教育20%，提升党员干部队伍整体素质。

2019年北辰区委党校主体班培训一览表

表3

序号	班次名称	时间	人数	组织单位
1	第七期处级干部进修班	4月	40	区委组织部、区委党校
2	筑基班一期	4月	150	区委组织部、区级机关工委、区委党校
3	发展党员一期	4月	150	区委组织部、区级机关工委、区委党校
4	党员管理培训班	5月	200	区委组织部、区委党校
5	两新组织书记班	5月	180	区委组织部、区委党校
6	扶贫干部培训班	6月	77	区委组织部、区委党校
7	党性教育专题班	7月	50	区委组织部、区委党校
8	筑基班二期	9月	200	区委组织部、区级机关工委、区委党校
9	辰青班	9月	35	区委组织部、区委党校
10	发展党员二期	9月	197	区委组织部、区级机关工委、区委党校
11	机关党组织书记培训班	9月	250	区委组织部、区级机关工委、区委党校
12	不忘初心牢记使命党组织书记培训班（一）	9月	300	区委组织部、区委党校
13	不忘初心牢记使命党组织书记培训班（二）	9月	300	区委组织部、区委党校
14	村书记、社区书记培训班	12月	300	区委组织部、区级机关工委、区委党校
15	选调生公务员及事业单位科级初任班	12月	142	区委组织部、区人社局、区委党校
16	发展党员三期	12月	73	区委组织部、区级机关工委、区委党校

【基层宣讲】 2019年，北辰区委党校围绕当前形势和加强习近平新时代中国特色社会主义思想的学习宣传的需要，在原有专题的基础上，补充形成习近平新时代中国特色社会主义思想三十讲、“不忘初心、牢记使命”主题教育、党性修养、基层组织建设、党的作风建设、反腐败斗争、马克思主义经典导读等24个新专题，在全区范围内进行宣讲，2019年共计为区机关、社区、村居、企事业单位等授课185次，受训人数15000人次，为受训人数较多的一年，胡艳霞获第二届全市区级党校教学质量奖二等奖。

【科研资政】 2019年，北辰区推进教研咨一体化，围绕市委、区委中心工作和理论热点难点问题，开展调科研工作。改版《理论文苑》，推出《学习文萃》，年内共编辑印发12期，作为基层党员学习参考。完成4篇高质量调研报告，林雪雁参与撰写的《天津市北辰区乡村产业振兴的调查与思考》一文在《求知》杂志2019年第十期上刊登。参加市级单位主办的理论研讨会，《建国七十年基层党组织发展的经验及启示》《新中国宪法与民主政治的发展》两篇论文分获市委党校系统“庆祝新中国成立70周年理论研讨会”二等奖和三等奖。结合主题教育撰写理论文章5篇，刊登在《天津日报·北辰之声》上。完成天津市社会科学界第十五届学术年会论文申报工作。

▲2019年9月5日区委党校教师为2019年度北辰区新党员筑基短期集中培训班学员授课 （李金男　摄影）

▲2019年1月18日，区委党校加挂区委党史研究室牌子 （王海川　摄影）

【党史编研】 2019年1月，北辰区委党校加挂中共天津市北辰区委党史研究室牌子，内设党史编研科负责相关工作。年内征编2018年北辰区大事记86条，一万余字，完成《中共天津工作（2018）》北辰区部分；搜集《奋斗的历程（2002—2007）》北辰区卷内容，其中搜集北辰区2002—2007年相关媒体内容约3万字，照片20张；搜集整理北辰区早期建党建政情况，挖掘北辰区党史资源，发挥党史资政育人作用。区委党校副校长霍贵兴为泰来西里社区党员宣讲党史，并赠送给社区50本书籍，充实社区藏书，宣传党史区情知识。做好现存的党史书籍、档案资料的登记存档，为党史研究提供资料储备。

【后勤保障】 2019年，区委党校发挥党校场地资源优势，做好区级各部门提供会训服务累计141班次，参训人员26002人次。改造学员宿舍，配齐文体设施，满足新形势下脱产培训要求。整修校园环境，开展日常维修维护，完善内控制度，加强食堂物业管理，建立科学化、规范化的服务标准。

（郝　杰）

北辰区人大

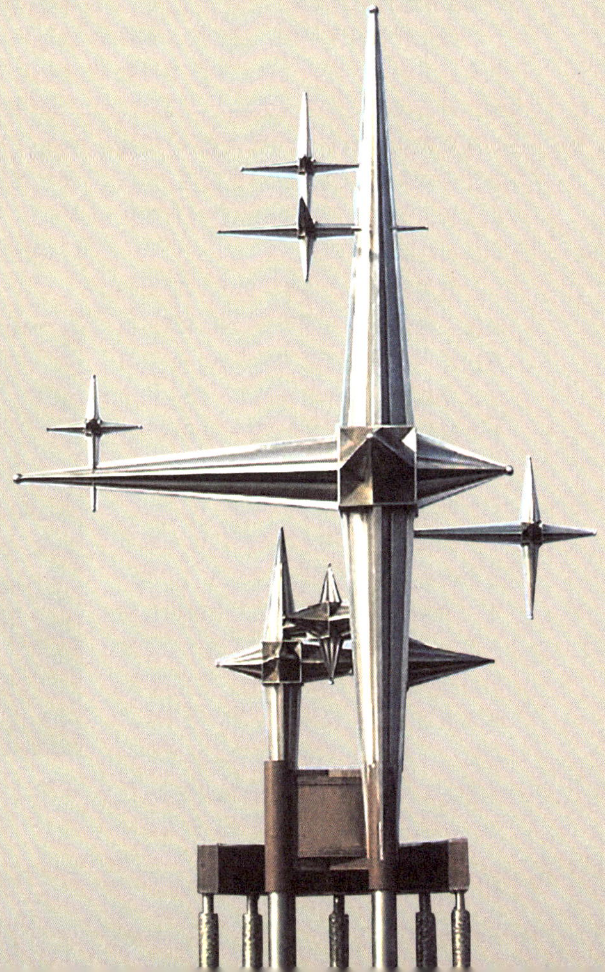

综　述

2019年，北辰区第十七届人民代表大会及其常委会召开代表大会会议2次（十七届五次、六次会议）、人大常委会会议9次、主任会议15次。组织人大代表200余人（次）参加视察、调研、执法检查等活动，做出决议决定13项，任免"一府一委两院"国家机关工作人员和人民陪审员206人（次）。完成区第十七届五次、六次人代会确定的各项任务。截至年底，全区有区人大代表178名，市人大代表27名。

2019年，北辰区人大常委会以习近平新时代中国特色社会主义思想为指导，深入学习贯彻党的十九大和十九届二中、三中、四中全会精神，坚持党的领导、人民当家做主、依法治国有机统一，在区委的领导下，在区委的领导下，按照区十七届人大五次会议的工作部署，与区委同心、与大局同步、与人民同声，依法开展监督工作、讨论决定重大事项、选举任免国家机关工作人员，充分发挥代表主体作用，切实加强自身建设，各方面工作取得了新进展。

深化代表联系制度，建立代表履职档案，组织代表深入选取，举办学习培训，邀请代表列席人大常委会，提高代表履职能力。全年收集代表建议110余条，近90%予以落实。解决交通出行、积水管道改造、供热线路调整等与群众切身利益相关的问题。

开展监督　2019年，区人大常委会坚持正确监督、有效监督，聚焦强化预算决算审查、经济高质量发展、污染防治攻坚战、保障和改善民生、民主法治开展监督工作，听取"一府一委两院"专项工作报告18项，开展专题询问1次，进行执法检查、视察10次。

决定重大事项　2019年，区人大常委会落实《北辰区关于健全人大讨论决定重大事项制度、区政府重大决策出台前向区人大报告的实施意见》，聚焦全年发展目标，统筹推进结构调整、深化改革、城乡发展、民生保障、污染防治各项工作，全年作出决议决定13项。修改完善《北辰区人大常委会人事任免办法》，任免"一府一委两院"国家机关工作人员和人民陪审员206人（次）。

支持代表依法履职　2019年，区人大常委会深化常委会组成人员联系人大代表制度，每位组成人员与5名基层区人大代表建立直接联系，听取代表对全区经济社会发展、民主法治建设以及常委会工作意见建议。全年共收集代表意见建议113条，补选区人大代表8名。

能力建设　2019年，区人大常委会加强思想建设。用习近平新时代中国特色社会主义思想统领人大工作。把学习贯彻习近平新时代中国特色社会主义思想作为首要政治任务，扎实开展"不忘初心、牢记使命"主题教育，通过中心组学习、专题讲座、研讨交流等方式，系统深入学、及时跟进学、联系实际学，深刻领会这一思想的科学体系、精神实质、实践要求。系统学习总书记习近平关于坚持和完善人民代表大会制度的重要思想，紧密结合总书记习近平对天津工作提出的"三个着力"重要要求和对地方人大设立常委会40周年的重要指示精神，深刻领会"十个坚持"的精髓要义，夯实人大工作的思想基础。加强制度建设。2019年，区人大常委会举办常委会组成人员履职能力培训班，执行加强自身建设的决定。制定《区人大常委会会议会务工作规范》，规范工作程序，合理安排会议议题和审议方式，严肃会议纪律，严格请假制度，推动常委会会议规范化、制度化。加强作风建设。2019年，区人大常委会执行中央八项规定精神，力戒形式主义、官僚主义。围绕加强人大专门委员会建设、增强代表建议办理实效、深化财政监督等人大履职重点难点工作，开展小切口、精准度高的专题调研，形成调研成果12篇，制定制度规范8项。加强专门委员会工作和建设，制定专门委员会议事规则，建立各专门委员会工作制度，推动工作法定化、专业化、经常化。加强常委会各工作机构建设，充分发挥其服务、协调、保障作用。

（庄倩倩）

重要会议

【概况】　2019年，北辰区第十七届人民代表大会共举行2次会议，区十七届人大常委会召开会议9次，召开主任会议15次，听取审议"一府两院"工作报告、国民经济和社会发展计划执行情况报告、财政预算决算报告等，依法补选区第十七届人大常委会委员，通过人事任免事项等。

【人民代表大会会议】　北辰区第十七届人民代表大会第五次会议，于2019年1月10日至11日在北辰区龙顺庄园农博馆举行。应出席代表183人，实出席代表167人。

会议通过北辰区人民政府工作报告、北辰区2018年国民经济和社会发展计划执行情况与2019年国民经济和社会发展计划草案的报告、北辰区2018年预算执行情况和2019年预算草案的报告、北辰区人大常委会工作报告、北辰区人民法院和人民检察院工作报告，并作出相应

▲2019年1月10日，北辰区十七届人大五次会议主席团会议会场

（区人大常委会办公室　供图）

▲2019年7月10日，北辰区十七届人大六次会议会场（区人大常委会办公室　供图）

▲2019年11月20日，北辰区十七届人大常委会第二十九次会议会场（人大常委会办公室　供图）

决议；会议依法设立北辰区第十七届人民代表大会内务司法委员会、财政经济委员会、教育科学文化卫生委员会、城乡建设环境保护委员会；补选北辰区第十七届人大常委会委员。

北辰区第十七届人民代表大会第六次会议，于2019年7月10日在北辰区机关五楼会议室举行。应出席代表178人，实出席代表151人。会议依法补选王瀚为北辰区人民检察院检察长。

【人大常委会会议】 2月21日，召开区人大十七届常委会第二十二次会议。会议表决通过《北辰区人大常委会2019年工作要点》、人事任免事项、《关于提请许可对个别天津市北辰区第十七届人民代表大会代表采取刑事强制措施予以确认的报告》；审议通过《北辰区医药卫生体制综合改革试点工作情况专题询问意见落实情况的报告》；接受边绍强请求辞去北辰区第十七届人民代表大会代表职务的请求；通报区人大常委会党组2018年度民主生活会情况。

3月27日，召开区人大十七届常委会第二十三次会议。会议表决通过人事任免事项；听取区政府关于北辰区2018年度环境状况和环境保护目标完成情况的报告、区政府关于2017年度区级预算执行和其他财政收支审计查出问题整改情况的报告；审议《天津市北辰区人民政府关于提请审议北辰区2019年新增政府债券分配方案的议案》《天津市北辰区人民政府关于发电楼1—5号（5—20门）棚户区改造项目的议案》《天津市北辰区人民政府关于将发电楼1—5号（5—20门）棚户区改造项目所需资金纳入区级财政预算的议案》，并分别作出相应决定；接受郭芃辞去北辰区第十七届人民代表大会代表职务的请求。

4月10日，召开区人大十七届常委会第二十四次会议。接受刘宗浩辞去北辰区第十七届人民代表大会代表职务的请求；集体学习习近平总书记视察天津重要指示和在京津冀协同发展座谈会上的重要讲话精神、习近平总书记在全国两会上的重要讲话精神。

5月28日，召开区人大十七届常委会第二十五次会议。会议表决通过人事任免事项；听取并审议区法院关于司法体制改革情况的报告；听取区政府关于创建国家卫生区情况的报告；接受邱忠义辞去北辰区第十七届人大常委会委员职务的请求。

7月3日，召开区人大十七届常委会第二十六次会议。会议表决通过《关于天津市北辰区人民代表大会常务委员会人事任免办法〈修订案〉》《天津市北辰区人民代表大会常务委员会街道工作委员会工作职责》人事任免事项；审议通过《关于李卫东请求辞去北辰区人民检察院检察长职务的议案》《关于提名王瀚为北辰区人民检察院代理检察长的议案》，并分别作出相应决定；确认王瀚北辰区第十七届人民代表大会代表有效；作出关于召开北辰区第十七届人民代表大会第六次会议的决定，并决定北辰区第十七届人民代表大会第六次会议有关事项；审议通过《天津市北辰区人民政府关于提请审议北辰区2019年新增财政预算和第二批新增政府债券分配方案的议案》，并作出相应决定；调整北辰区第十七届人大常委会代表资格审查委员会成员；审议通过《关于提请许可对个别天津市北辰区第十七届人民代表大会代表采取刑事强制措施予以确认的报告》接受梁永义辞去北辰区第十七届人民代表大会代表职务的请求。

7月24日，召开区人大十七届常委会第二十七次会议。会议表决通过人事任免事项；听取并审议区政府关于北辰区2018年财政收支决算情况的报告，审查和批准2018年区级财政决算；听取并审议区政府关于北辰区2018年度区级预算执行和其他财政收支的审计工作报告、区政府关于北辰区社区矫正工作情况的报告；听取区政府关于北辰区公共文化服务体系示范区创建完成情况及示范区后续建设情况的报告、区政府关于北辰区“十三五”规划纲要实施情况的中期评估报告；审议通过《关于提请审议北辰区国民经济和社会发展第十三个五年规划纲要主要指标和重点任务调整方案的议案》，并作出相应决定；听取区人民法院关于落实区十七届人大常委会第二十五次会议审议意见的情况报告。

9月29日，召开区人大十七届常委会第二十八次会议。会议表决通过人事任免事项；听取并审议区政府关于2019年上半年财政执行情况的财政预算报告；听取区人民政府关于2019年上半年国民经济和社会发展计划执行情况的报告；听取并审议区检察院关于控告申诉工作情况的报告；审议区政府关于社区矫正工作情况报告的审议意见落实情况报告；接受王春来、李莉辞去北辰区第十七届人民代表大会代表职务的请求。

11月20日，召开区人大十七届常委会第二十九次会议。会议表决通过人事任免事项；听取并审议区政府关于加快镇（街）、村（居）公共文化设施建设情况的报告，并进行专题询问；听取区政府关于国有资产管理情况的报告、区政府关于2018年度区级预算执行和其他财政收支审计查出问题整改情况的报告、区政府关于2019年人大代表建议办理落实情况的报告；审议通过《天津市北辰区人民代表大会专门委员会工作规则》；审议《区政府关于北辰区2019年财政收支预算调整方案的议案》《区政府关于提请审议北辰区一年期及以上存量专项债券调整方案的议案》，并分别作出相应决定；审议区人民检察院关于控告申诉检察工作情况报告审议意见落实情况的报告；接受周晓军辞去北辰区第十七届人民代表大会代表职务的请求。

12月24日，召开区人大十七届常委会第三十次会议。会议表决通过人事任免事项；作出《关于召开北辰区第十七届人民代表大会第七次会议的决定》，并决定北辰区第十七届人民代表大会第七次会议有关事项；审议通过《北辰区人民代表大会常务委员会工作报告》，并提请区人民代表大会审议；审议通过《北辰区第十七届人民代表大会第七次会议关于北辰区第十七届人民代表大会内务司法委员会更名的决定（草案）》《北辰区第十七届人民代表大会监察和司法委员会组成人员人选办法（草案）》，并提请区人民代表大会审议；审议通过《区政府关于北辰区2019年预算执行情况和2020年预算草案的报告（草案）》《区政府关于2019年国民经济和社会发展计划执行情况和2020年国民经济和社会发展计划草案的报告（草案）》，并提请区人民代表大会审议；确认魏卉、付振柱、梅亚刚、陈宇、王宝岐、陈亮、金万秋7人的北辰区第十七届人民代表大会代表资格有效；接受刘钊辞去天津市第十七届人民代表大会代表职务的请求。

【人大常委会主任会议】 2019年，区人大常委会主任会议主要处理常委会重要日常工作。研究提请常委会会议审议的区人民代表大会议程、召开日期、主席团和秘书长名单、列席人员及其他建议事项；常委会向代表所做的工作报告和常委会年度工作安排；常委会决议、决定草案；决定常委会召开时间、议程、日程、列席人员等；对“一府两院”议案、任免案是否提交常委会会议审议；讨论以常委会名义召开的工作会议、组织视察及其他活动；决定常委会工作机构的建设及日常工作等；听取“一府两院”工作部门有关工作报告情况。

常委会重要工作

【概况】 2019年，北辰区人大常委会坚持正确监督、有效监督，围绕财政预算决算、经济高质量发展、污染防治、保障和改善民生、民主法治建设等重点领域开展监督；弘扬宪法精神，加强法治宣传教育，组织国家机关工作人员宪法宣誓99人（次）；坚持党的领导与人大依法任免相统一，任免“一府一委两院”国家机关工作人员123人（次），任命人民陪审员83人；着力推进讨论决定重大事项工作制度化规范化，作出决议决定13项；完善代表工作制度，加强代表履职服务，邀请代表30人次列席常委会会议，200余人（次）参加视察、调研、执法检查等活动，举办“一府两院”工作情况通报会等，提高代表议政水平，加大代表建议的办理落实力度，解决率88%。

【重点监督工作】 2019年，区人大常委会聚焦强化预算决算审查开展监督。突出人大预算审查监督重点向支出预算和政策拓展，听取预算执行、决算、审计等报告，强调要加强财政预算管理，加大对重点领域的支持，提高财政资金使用效益。强化预算联网审查监督，升级完善联网监督系统，实现与财政、审计部门联网，加强对重点支出和转移支付的实时监督。强化风险防控监督，听取年度审计查出问题整改情况报告，强调要加大整改力度，完善审计制度，查找监管漏洞，建立长效机制，切实管好用好财政资金。

聚焦经济高质量发展开展监督。认真贯彻落实中共中央关于加强人大对国

▲2019年5月24日，北辰区人大常委会城建环保委对区内安全生产法执行情况进行检查

（区人大常委会办公室　供图）

有资产监督的决策部署，听取国有资产管理情况综合报告和行政事业单位国有资产管理情况专项报告，强调要深化国资国企改革，完善运营监管制度，促进和保障国有资产保值增值；要夯实行政事业性国有资产管理基础，优化资产配置，提高资产使用效益。开展《中华人民共和国中小企业促进法》《天津市促进中小企业发展条例》执法检查，推动有关部门强化综合协调、指导服务，促进各项惠企政策落到实处。开展《中华人民共和国安全生产法》执法检查，强调要增强全面安全意识，夯实企业主体责任，创新监管方式，坚决消除各类隐患，守住安全生产防线。

聚焦污染防治攻坚战开展监督。践行习近平生态文明思想，听取2018年度环境状况和环境保护目标完成情况的报告，开展《中华人民共和国环境保护法》《中华人民共和国水污染防治法》《天津市水污染防治条例》执法检查，强调要保持加强生态文明建设的战略定力，把贯彻新发展理念、转变发展方式作为治本之策，用好法律武器，加大对环境污染违法犯罪行为的惩治力度，促进全社会共同行动、共同治理，推动全区生态环境质量持续改善。

聚焦保障和改善民生开展监督。紧盯新时代群众文化需求，听取公共文化服务体系示范区创建完成情况及示范区后期建设的报告，开展镇（街）村（居）公共文化设施建设专题询问，推动加强公共文化服务体系建设，丰富群众文化生活，弘扬社会主义核心价值观。紧盯“双创”工作，听取创建国家卫生区情况报告、开展《天津市文明行为促进条例》执法检查，促进城市面貌和社区环境大改观，推动文明生活方式和文明行为习惯的养成。紧盯教育事业发展，视察教育配套设施建设情况，督促教育配套设施的规划、建设、移交落实落地，保障教育事业发展。紧盯公共卫生服务，视察医药卫生体制综合改革试点工作情况和食品药品安全工作情况，促进为广大群众提供更优质便利的医疗卫生服务和更安全可靠的食品药品，增进群众健康福祉。

聚焦推进民主法治强化监督。听取和审议司法体制改革情况的报告，视察职务犯罪审判工作和“基本解决执行难”工作情况，推动区人民法院深化司法体制改革，提高审判质效，落实司法职责，维护公平正义。听取和审议控告申诉检察情况报告，促进区人民检察院全面履行控告申诉检察职能，为营造安全稳定的社会环境、公正规范的法治环境提供有力保障。听取和审议社区矫正工作情况的报告，强调要营造良好氛围，健全工作机制，强化社区服刑人员教育监管，预防重新违法犯罪，维护社会和谐稳定。

【重大事项决定】 全年作出决议决定13项。听取审议北辰区“十三五”规划纲要实施情况中期评估报告，批准北辰区“十三五”规划纲要主要指标和重点任务调整方案。听取2019年上半年国民经济和社会发展计划执行情况报告，强调统筹推进结构调整、深化改革、城乡发展、民生保障、污染防治各项工作，确保完成全年任务。为保证财政预算的顺利执行，适时批准2018年度财政决算、2019年财政预算调整方案。适时批准2019年政府第一批、第二批新增债券分配方案、2019年度债券使用范围调整方案、北辰区一年期及以上存量专项债券调整方案。

【人事任免】 2019年，坚持党管干部和人大依法任免相统一，修正人事任免办法，完善审议表决程序，严把任前法律知识考试、到会见面、供职发言、颁发任命书、宪法宣誓等关口，依法任免“一府一委两院”国家机关工作人员123人（次），任命人民陪审员83人，为国家机关开展工作提供了组织保障。

【联系代表】 2019年，完善代表工作制度。深化常委会组成人员联系人大代表制度，全年收集代表意见建议113条，涉及常委会工作的认真吸纳整改，涉及政府工作的均已及时转交区人民政府。深化人大代表联系人民群众制度，开展“深入基层联系群众、倾听百姓心声”活动，组织代表深入选区、深入群众，宣讲政策法规，倾听群众心声，反映群众意愿。

加强代表履职管理，建立统一规范的代表履职档案；畅通“出口”，对涉嫌违法违纪的代表及时依法按程序处理；依法补选，全年补选区人大代表8名，保证代表工作有序进行。

加强代表履职服务。精心组织代表培训，深入学习习近平总书记关于坚持和完善人民代表大会制度的重要思想、人民代表大会制度基本理论、履职基本知识，切实增强代表履职能力。拓展代表履职平台，年内，邀请代表30人次列席常委会会议，200余人（次）参加视察、调研、执法检查等活动；举办“一府两院”工作情况通报会；开展“20项民心工程”落实情况、防汛排涝准备情况专项视察，不断提高代表议政水平。

【代表建议办理】 2019年，把办理代表建议与推动改进工作有机结合，加强与区人民政府及有关部门的协调配合，加大督办力度，有力促进代表建议的办理落实。区十七届人大五次会议期间，收到代表建议50件，解决35件，正在解决9件，解决和正在解决占88%；计划解决6件，占12%。

着力解决群众出行难问题。交通环境是群众关注的热点问题，区政府针对代表提出的改善交通环境的建议采取了系列整治措施。结合代表建议，区运管局、公安北辰分局等多家承办单位亲临现场察看，开创“智慧出行”模式，增设交通设施、完善监控装置，增设交通事故快处中心，交通环境得到明显改观；缓解边远地区公交问题，增加边远地区车次、延长运营时间，缓解了东西两片地区群众乘车难问题；修复道路桥梁，安装路灯照明，为边远地区出行提供便利，为群众解决了出行难题。

结合民计民生抓好落实。结合代表提出建议，区政府实施大张庄村积水管道改造工程项目，有效解决了大张庄村和大张庄桥积水问题；针对佳荣里、佳欣里等小区供热管道老化破损问题，对供热外管进行管线整修，重新包裹；根据代表对京津公路部分路段井盖安装不稳的建议，对各个井盖的产权单位进行全面排查，大幅降低了车辆通过时产生的噪音。区政府本着群众困难无小事的原则，着力改善这些涉及民计民生的实际问题，解决了群众生活中的难题。

把“创文创卫”活动融入建议办理工作中。加强了对学生欺凌治理工作，并注重向社会和家长宣传教育；加强对司机违法行为治理工作，不断提升公民的文明素质和社会文明程度；加大对乡村旅游业态的政策扶持，支持泉水湾旅游度假区创建国家AAAA级旅游景区，为区乡村旅游业树立标杆。

北辰区十七届人大五次会议代表建议一览表

表 4

序号	代表姓名	工作单位	标题	类别
01	李益本 祖绍艳	大张庄镇李辛庄村 大张庄镇北何庄村	关于大张庄镇张何路部分路段进行翻修的建议	城建 1
02	吴伯冬 郑洪云	大张庄镇大张庄村 大张庄镇朱唐庄村	关于对大张庄村及大张庄桥排水系统进行改造的建议	城建 2
03	赵学忠 张秀河 吴伯冬	大张庄镇北麻瘩村 大张庄镇南麻瘩村 大张庄镇大张庄村	关于对大张庄中学西南门相关配套设施进行修缮的建议	城建 3
04	边绍强 刘文义 王登红	大张庄镇喜凤台村 大张庄镇南王平村 大张庄镇北孙庄村	关于将大张庄镇还迁北区市政配套基础设施纳入管理范围的建议	城建 4
05	王洪瑾	新村街卫生服务中心	关于 731 路调整线路和增加班次的建议	城建 5
06	张　月	团区委	关于建立联动机制加强和治理校园欺凌工作的建议	内司 1
07	王洪瑾	新村街卫生服务中心	关于对辰悦家园小区门口黑出租治理的建议	内司 2
08	陈尔平	北辰分局法制支队	关于增加涉案物品价格鉴定专业人员力量的建议	内司 3
09	刘彩庆	双口镇双口一村村委会	关于双口镇主要道路安装路灯的建议	城建 6
10	安志芬 梁国强 刘　钰	河头学校	关于增设河头片区至北辰区政府附近公交线路的建议	城建 7
11	季核亮	西堤头镇季庄子村	关于京津公路果园北道至东方之珠路段部分井盖安装平稳的建议	城建 8
12	郭　芃	区民政局	关于加强汽车司机违法行为管理的建议	内司 4
13	张建颖	江天重工	关于开通天重江天重工正门门前交通信号灯和取消“双黄实线”的建议	城建 9
14	王树江	西堤头镇芦新河村	关于在西堤头地区设置交通事故快速处理点位的建议	内司 5
15	赵绍军	西堤头镇东赵庄村	关于对乡村旅游业态给予政策扶持的建议	财经 1
16	李玉芬	河北区王串场	关于西堤头镇“智慧出行”的建议	城建 10

续表

序号	代表姓名	工作单位	标题	类别
17	李立民	西堤头镇刘快庄村	关于在杨北公路西堤头十字路口（杨北公路与205国道交口）到津宁高速跨线桥夜间照明设施进行升级改造的建议	城建11
18	季核亮	西堤头镇季庄子村	关于九园公路与津武路立交西侧路口开通违章摄录并将由东向西行驶左转车行道改为最右侧的建议	内司6
19	倪志宽	天穆镇绿岛家园	关于吴嘴城中村改造的还迁房建设及拆迁清零问题的建议	城建12
20	高玉强	天穆镇刘房子村	关于尽快解决刘房子还迁房经营性公建的建议	城建13
21	张芹芹	天穆镇辽河园居委会	关于解决辽河园小区附近居民出行困难的建议	城建14
22	王珊珊	天穆镇悦林名御居委会	关于解决南仓新苑及周边居民出行难问题的建议	城建15
23	王珊珊	天穆镇悦林名御居委会	关于解决南仓新苑及周边居民买菜难问题的建议	城建16
24	王月东	河北区瑞海名苑	关于北辰道延长线路灯移交管理的建议	城建17
25	梅长春	河北工业大学科技园	关于建设机器人技术研究院及科普教育实践基地的建议	教科1
26	王环斌	中新药业第六中药厂	关于中新药业第六中药厂土地及房屋相关问题的建议	财经2
27	王环斌	中新药业第六中药厂	关于建设“中新药业集约化智能提取生产基地”相关问题的建议	财经3
28	王环斌	中新药业第六中药厂	关于缓解武静线青光段交通拥堵问题的建议	城建18
29	胡震刚 王世聪	青光镇韩家墅村 青光镇李家房子村	关于加快推进青光新市镇配套道路建设进度的建议	城建19
30	倪志宽	绿岛家园	关于与方舟旧小区改造同步进行实施小区供热管网改造工程的建议	城建20
31	滕玉琴	佳荣里街佳荣里社区	关于提升佳荣里、佳欣里社区内供热外管道美化问题的建议	城建21
32	张泽玲	天津城市建设管理职业技术学院	关于在天津城市建设管理职业技术学院光荣道大门外增设交通设施及交通标识线的建议	城建22
33	滕玉琴	佳荣里街佳荣里社区	关于重新铺设佳荣里、佳欣里等老旧社区内老化电线的建议	城建23
34	刘东胜	西堤头镇辛侯庄村	关于理顺辛侯庄村内通讯及有线电视线路的建议	城建24
35	赵绍军 刘广民	西堤头镇	关于解决赵庄子村40万平方米楼房居民用电问题的建议	城建25
36	赵文杰	北仓镇赵虎庄村	关于为北大楼、引河里做外墙保温的建议	城建26
37	赵文杰	北仓镇赵虎庄村	关于改造鑫发花园和天阳公寓暖气的建议	城建27
38	赵文杰	北仓镇赵虎庄村	关于为裕辰路路灯通电的建议	城建28
39	邱忠义	双街镇人民政府	关于解决沙庄村6个小区燃气问题的建议	财经4
40	邱忠义	双街镇人民政府	关于北运河沿岸双街镇堤、柴楼段景观带修建的建议	城建29
41	邱忠义	双街镇人民政府	关于完善京津公路西侧汉沟段雨污分流工程的建议	城建30
42	邱忠义	双街镇人民政府	关于协调解决双街镇九园公路与京津公路交口交通拥堵问题的建议	城建31

续表 1

序号	代表姓名	工作单位	标题	类别
43	马长禄	双街镇小街村委会	关于东岸名郡小区和地铁 4 号线北段终点站排水问题的建议	城建 32
44	刘春东	双街镇双街村委会	关于治理双街村、柴楼村、沙庄村内主次干道违章乱停车问题的建议	城建 33
45	王　晨	双街镇人民政府	关于对沙庄村雨污分流工程改造的建议	城建 34
46	赵廷利 赵大忠	双口镇双口 二村村委会	关于营造双口镇工业区招商环境的建议	城建 35
47	闫希军	天士力集团	关于地铁 5 号线淮河道站周边环境治理的建议	城建 36
48	闫希军	天士力集团	关于将陆港烂尾楼项目续建老年照护中心的建议	城建 37
49	闫希军	天士力集团	关于在淮东路与淮河道交口开设平交路口的建议	城建 38
50	闫希军	天士力集团	关于打通汾河南道断头路的建议	城建 39

【指导镇街人大工作】 2019年，区人大常委会设立街道人大工委，制定《区人大常委会街道工作委员会职责》，配备专职工作人员，推进街道人大组织机构设置和规范化建设。至年底，7个街道分别设立人大工委，配备专职工作人员7人次。区人大常委会加强与镇人大的联系，解析镇人大工作职责，指导规范镇人代会程序，促进其依法履职，积极开展工作。

附：

北辰区开展人大代表深入基层联系群众倾听百姓心声活动

7月，北辰区人大常委会指导各镇街开展人大代表“深入基层联系群众、倾听百姓心声”活动。在常委会指导下，各镇人大、各街人大工委结合本镇街实际情况，创新不同的活动方式，组织代表深入选区、深入群众，把群众意见反映上来，为群众解决实际问题。

一是成立调研组实地考察。活动中，天穆镇人大以“发挥优势，解决问题”为主题，把代表分成两个调研组，分别对“居民小区物业管理不到位”和“道路越来越宽，通行为何不畅”两个专题进行调研。一组到社区进行座谈，听取物管站介绍和业主意见，调查物业管理问题；另一组到重点地段考察，对车辆拥堵实地调研，听取群众反映意见。通过调研活动，代表们提出了要充分利用维修基金、合理安排停车位、丰富社区文化活动等物业服务方面建议，提出了设置右转导行线，调整红绿灯设置时间、调整路段限速等交通疏导方面建议，提升了社区和交通管理水平。

二是划片分组走访村民。双口镇人大结合镇大村多的实际情况，把代表按区域划分八个组，要求各组成员走访本片村民，了解基层群众诉求。在走访村民基础上，各组召开座谈会，由镇人大、镇政府领导到会听取代表反映上来的群众意见。通过走访活动，代表们提出涉及新市镇建设、煤改电重点工程、市容城建管理、农村交通运输等诸多方面建议58条。镇人大以闭会期间代表建议的方式向镇政府转交，督促政府及时办理，按时答复，随时听取代表对答复反馈意见。

三是制定“双联”联系机制。小淀镇人大在活动前出台了“双联”机制，即镇人大主席团每位成员固定联系4名镇人大代表，定期听取镇代表对区镇工作反馈意见；每位镇代表固定联系3～5名困难群众，帮助协调解决生活中的实际问题并听取群众意见，定期汇报代表联系群众的情况。通过建立“双联”工作机制，镇人大主席团成员和代表们围绕环境保护、拆迁拆违、民计民生等重点工作，不仅随时了解基层群众所思所想，也为审议全镇工作提供了依据。

四是参加志愿者服务活动。集贤街人大工委为代表搭建了志愿者服务平台，多次组织人大代表参与志愿者创文、创卫活动，让代表融入社区、献出爱心，促进代表了解集贤，融入集贤，进一步激发代表为社区建设出谋划策的积极性。在参加志愿者活动中，代表们同时关注群众关心的热点问题，积极发挥群众代言人的作用，提出了“集贤里街域内增设菜市场”“工农新村三段二排平房拆迁”等贴近群众所需的建议，推进相关部门尽快加以解决问题。

五是结合宣传活动征求意见。双街镇、大张庄镇人大组织代表在小街新苑、李辛庄村等重点村居举办“配合垃圾分类，争做文明市民”宣传活动，发放指导手册、讲解环保知识，同时也征求居民对垃圾分类回收工作的建议。宜兴埠镇人大结合镇重点工作，组织代表深入村民家中，宣传和讲解拆迁还迁政策，把城市化建设工作真正做到人民群众的心坎里。同时，代表们积极帮助村民协调解决困难，反映群众呼声，提出了完善还迁区配套设施，实施还迁区环境绿化等建议，为区镇城市化建设提供了有力支持。

（单秀丽）

北辰区政府

北辰年鉴

2020

综　述

2019年，北辰区政府坚持稳中求进工作总基调，笃定高质量发展不动摇，积极践行新发展理念，持续转方式、调结构、换动能，经济运行稳中向好，社会局面和谐稳定。北辰区政府自觉接受人大工作监督、法律监督和政协民主监督，充分发挥人大代表、政协委员和党外人士参政议政作用，加大代表建议和委员提案办理力度，81件建议提案全部办复。支持工会、共青团、妇联和科协等人民团体更好地开展工作。开展民族宗教政策宣传和法治建设工作，深入推进民族团结进步宣传教育和创建活动。

综合经济　2019年，北辰区实现地区生产总值增长3%，区级一般公共预算收入增长3.5%，全社会固定资产投资增长20%，居民人均可支配收入增长7.1%，内资到位217.5亿元，外资到位1.86亿美元，完成节能减排降碳目标任务，保持了经济社会持续健康发展。

创新能力明显提升　2019年，北辰区完成中小企业转型升级452家，新增国家科技型中小企业488家，认定雏鹰企业113家、瞪羚企业29家，推荐国家级高新技术企业129家，“杀手锏”产品48个，新增国家和市级企业技术中心5家，均处在全市前列。建立智能制造项目库，入库项目达150个，争取59个项目市级扶持资金1.55亿元。有效专利18062件，有效注册商标14429件，获评国家级商标战略实施示范区，小淀镇被评为天津市知识产权特色小镇。强化“科技成果超市”服务功能，累计持有科技成果1332项，与28家企业签订《产学研合作协议》。落实“中国—中东欧国家科技创新伙伴计划”，双街可信产业园被确定为中东欧科技企业软着陆区。与6家金融机构签订全面战略合作协议，授信规模实现1000亿元；为16家中小企业提供贷款5804万元；全区上市挂牌企业总数实现71家，位居全市前列。

优化营商环境　2019年，北辰区建立优化营商环境联席会议机制，全面推进“一制三化”改革，实施24小时预约审批、“容缺后补”“以函代证”“承诺审批”等服务举措，企业申领营业执照不超过半个工作日，新设立企业开办整体流程不超过1个工作日，工程项目限期80天，全年办理政务服务事项5000余件。推行智能化审批，设置网上申报窗口，“网上办”比例70%以上，推出55项无人审批事项，建成8处无人审批超市，覆盖率位居全市前列。减税降费18.1亿元，返还社会保险费5500余万元，有效激发市场活力。开展“双万双服促发展”活动，组织千余名干部服务帮扶2447家企业，问题解决率排名全市第一。

城市建设　2019年，北辰区城市载体功能不断优化。启动国土空间规划编制，梳理完成城镇、农业、生态空间和生态保护红线、永久性基本农田保护红线、城镇开发边界等基础数据。完成高端装备产业园、医药医疗器械产业园、陆路港3个市级工业园区控规调整。推进城市建设管理体制改革试点，条块结合推动土地整理开发，全年完成供地274万平方米，开工面积1300余万平方米。完成城中村、示范镇拆迁92.8万平方米，还迁入住82万平方米。加快基础设施建设，淮东路、高峰路部分路段建成通车，辰景路、天允道具备通车条件，完成6条道路可施路段建设，核心区1号能源站如期供热，建成3座消防站。

乡村振兴　2019年，北辰区制定《北辰区乡村振兴战略规划》，启动8个保留村庄规划编制，初步形成“1+N”乡村振兴规划体系。以规模高效、休闲观光、安全生态和种源科技为重点，提升农业发展质量效益。建成鱼菜共生、蚯蚓养殖等5个农业高端项目，扶持耕耘种业、冬冠蔬菜、益多利来水产等15家龙头企业，双街都市绿谷和小五堡林海果缘入选全市第二批田园综合体，双街镇获评“2019年国家农业产业强镇”。推进农村全域清洁化和人居环境整治，启动7个示范村建设。西堤头镇东赵庄村获农业农村部第九批全国“一村一品”示范村称号，入选2019年中国美丽休闲乡村。

社会治理　2019年，北辰区聚焦社会治理创新，化解积案，稳步推动“双百行动”，有效化解各类矛盾纠纷1.2万余件。推进平安北辰建设，开展“进门”大清查行动，完善综治警务网格融合机制，获全国“2019社会治理创新典范区”称号。加强社会治安综合治理，开展“两打两清”专项行动，严厉整治“食药环”和经济领域违法犯罪，扫黑除恶专项斗争向纵深推进，惩处黑社会性质组织2个、恶势力8个。推进“七五”普法，完成公证处整体改制。开展安全隐患排查治理，加大危险化学品、仓储物流、食品药品、超载超限、高层建筑等重点领域、重点场所专项整治。推进法治政府建设，加大政务公开力度，主动公开政府信息7158件。

群众生活　2019年，北辰区完成35个片区、79万平方米远年住房和老旧小区提升整治。推进“养老院+”嵌入式居家和社区养老，新建提升5个社区老年日间照料中心。新建2所小学、11所幼儿园，新增学位5010个。新增优化9条公交线路，群众出行更加便捷。实现低保、低收入家庭应保尽保，参加城乡居民基本医疗保险人数有26万余人。开展“社会救助百日攻坚”，为困难群众发放救助资金5439万元。实施积极就业政策，新增就业1.8万余人，妥善安置就业困难人员2900余人。加强区域医联体建设，形成镇村卫生服务一体化管理模式，被国家卫健委确定为城市医联体建设试点区。6家社区卫生服务中心达到国家标准，家庭医生签约21.6万人。成功举办庆祝中华人民共和国成立70周年系列活动、北辰区第十四届“北运河之夏”和谐文化大舞台、第六届“天穆杯”小品展演和第八届运动会，圆满完成第十届全国残运会火炬传递任务。

（张春明）

重要会议

【概况】　2019年，北辰区政府召开全体会议1次，政府常务会议28次，在经济建设、招商引资、对口扶贫、环境保护、水利、文化、教育、科技、卫生等事业发展做出重要施政决策。

【政府全体会议】　2019年1月7日，北辰区人民政府全体会议在区机关五楼会议室召开。会议由区委副书记、区长王宝雨主持。会议审议《政府工作报告（讨论稿）》《关于北辰区2018年国民经济和社会发展计划执行情况与2019年国民经济和社会发展计划草案的报告（讨论稿）》《关于北辰区2018年财政预算执行情况和2019年预算草案的报告（讨论稿）》。

【政府常务会议】 2019年1月29日，区政府第43次常务会召开。会议传达学习中共中央总书记习近平在天津考察时的重要讲话精神和市委常委会扩大会议精神、中央农村工作会议精神和全市安全生产工作电视电话会议精神，传达天津市委副书记、市长张国清在市十七届人大二次会议上所作的《政府工作报告》。审议《北辰区贯彻落实天津市第七环境保护督察组督查反馈意见整改方案》等议题。

2月19日，区政府第44次常务会召开。会议审议《北辰区高质量发展招商引资优惠政策》《北辰区项目引进联审工作暂行办法》《北辰区2019年“双万双服促发展”活动工作方案》等议题，研究区人大十七届五次会议代表建议和区政协九届三次会议委员提案办理工作等事宜。

3月6日，区政府第45次常务会召开。会议传达《市河长办关于2019年1月份河（湖）长制暗查暗访情况的通报》，审议《北辰区河（湖）长制暗查暗访工作制度》《北辰区河（湖）长制工作督导及考核实施细则》《天津市北辰区再生水利用规划（2016—2030年）》《北辰区2019年东西部扶贫协作和对口支援工作实施方案》《北辰区关于全面加强野生动物保护长效机制建设实施方案》等议题。

3月14日，区政府第46次常务会召开。会议审议《2019年北辰区生活垃圾分类工作实施细则》，研究北辰区教育局关于推进学校体育场馆向社会开放更改资金使用计划事宜等议题。

4月8日，区政府第48次常务会召开。会议传达学习中共中央扫黑除恶第12督导组督导天津市工作动员会会议精神、整改工作方案并听取北辰区开展扫黑除恶专项斗争工作情况汇报，审议《北辰区深化实施农村全域清洁化工程工作方案》，研究了关于修改《天津市北辰区供水专项规划》、调整京滨铁路项目领导小组和有关人事任免等事宜。

5月8日，区政府第50次常务会召开。会议听取北辰区食品安全工作情况汇报，审议《北辰区专利资助管理办法》《北辰区人民政府关于向新开办企业免费发放印章的工作方案》《北辰区高质量推进东西部扶贫协作和支援合作2019年实施方案》，研究关于北辰区政府与河北工业大学签署共建“北辰智能装备研究院”战略合作框架协议有关事宜等议题。

5月15日，区政府第51次常务会召开。会议听取北辰区推进东西部扶贫协作和支援合作工作情况汇报并审议《2019年天津市东西部扶贫协作甘肃正宁县、华池县项目资金实施方案》，审议《北辰区工业围城问题治理工作安排》《北辰区推进镇村卫生服务一体化管理实施细则》《北辰区示范镇项目城市基础设施配套建设的工作意见》等议题。

5月29日，区政府第52次常务会召开。会议传达天津市大运河文化保护传承利用领导小组第一次会议精神并听取北辰区大运河保护工作情况汇报，审议《天津市北辰区生态环境保护约谈办法（试行）》《引滦输水明渠北辰段饮用水水源保护区专项排查整治工作方案》《北辰区散乱污企业监督管理整治长效工作方案》《2019年北辰区食品安全监管计划》《2019年北辰区国家慢性病综合防控示范区复审工作实施方案》，研究关于调整北辰区防汛抗旱指挥部组成人员有关事宜等议题。会议还研究了其他事项。

6月4日，区政府第53次常务会召开。会议听取北辰区扫黑除恶、京津冀协同发展和配套幼儿园治理工作情况汇报，研究关于《北辰区国民经济和社会发展第十三个五年规划纲要》主要指标和重点任务调整事宜，审议《天津市北辰区农村厕所改造工作实施方案（2019—2020年）》《北辰区加快推进夜间经济发展的实施意见》并研究近期相关工作。

6月17日，区政府第54次常务会召开。会议听取区河长办2018年河长制年度考核整改情况汇报并审议《北辰区关于河（湖）长制工作存在问题的整改方案》《北辰区关于河（湖）长制工作存在问题的整改台账》等议题。

7月15日，区政府第56次常务会召开。会议审议《北辰区推进国家公共文化服务体系示范区后续建设三年行动计划（2019—2021）》《北辰区贯彻落实〈天津市党政领导干部安全生产责任制规定实施细则〉工作方案》《天津市北辰区党政领导干部安全生产责任清单》《北辰区区级领导干部安全生产督导检查工作方案》以及《关于北辰区2018年财政收支决算情况的报告》等议题，听取公安北辰分局2019年上半年工作汇报，研究关于人事任免等事宜。会议还研究了其他事项。

7月22日，区政府第57次常务会召开。会议传达学习贯彻中共中央总书记习近平关于历史文化保护的重要论述扎实做好历史文化名城名镇名村保护工作相关文件精神，研究关于北辰区农村给排水及水环境综合改善工程等相关事宜。

8月2日，区政府第58次常务会召开。会议研究购买北辰区困难人员生活救助险事宜，审议《北辰区沿街商铺垃圾分类工作实施方案》等议题。

8月26日，区政府第60次常务会召开。会议研究《关于配合做好2019年国务院大督查实地督查的工作安排》，审议《北辰区全面推行河（湖）长制实施方案》《北辰区整合类工业园区管理办法（试行）》《工业园区撤销取缔工作方案》《工业园区促进高质量发展工作方案》等议题。

9月11日，区政府第61次常务会召开。会议传达天津市创新型企业领军计划工作推动会议精神和天津市质量工作会议精神，听取创建全国禁毒示范城市工作情况及上半年全区禁毒工作情况汇报，审议其他议题。

9月24日，区政府第62次常务会召开。会议传达天津市大运河文化保护传承利用领导小组第二次、第三次会议精神，听取北辰区大运河保护工作情况汇报，研究其他议题。会上，开展主题为“法治政府视角下的营商环境”法制专题讲座。

10月14日，区政府第64次常务会召开。会议听取中央环保督查反馈问题整改工作和北辰区就业工作情况汇报，审议《北辰区关于全面推行行政规范性文件合法性审查机制的实施意见》《北辰区第八届运动会开幕式方案》，研究关于公布第五批区级非物质文化遗产代表性项目名录和普惠性民办幼儿园建设有关事宜。

10月30日，区政府第65次常务会召开。会议传达学习全国扫黑除恶专项斗争第二次推进会、全市扫黑除恶专项斗争领导小组第八次会议精神并听取北辰区扫黑除恶工作情况汇报，研究北辰区地热井排查治理工作等有关事宜。

11月11日，区政府第66次常务会召开。会议传达天津市道路交通安全会议精神，听取区公安交通管理工作情况汇报。会议研究北辰区临时公共停车场建设事宜。会议还审议《北辰区河湖蓝线划定方案》、研究与天津职业大学签署战略合作协议事宜、审议《2018年度区级预算执行和其他财政收支审计查出问题整改情况的报告》。

11月18日，区政府第67次常务会召开。会议审议《2019年人大代表建议、政协委员提案及20项民心工程办理落实情况报告》《北辰区2019年财政收支预算调整方案》《加快镇街、村居公共文化设施建设情况报告》等议题。

【东西部扶贫协作和支援合作工作会议】 2019年9月25日，北辰区召开东西部扶贫协作和支援合作工作会议，安排部署相关工作。会上，区合作交流办通报扶贫协作和支援合作工作进展情况，区委统战部、发改委、商务局、教育局、卫健委、人社局、工商联分别汇报负责的工作组扶贫协作和支援合作工作开展情况。

【城乡困难群众排查解困专项工作会议】 7月10日，北辰区召开城乡困难群众排查解困专项工作部署会。各镇街、各部门有关负责人参加。对北辰区户籍低保、特困、低收入、残疾人、老年人、重病患者、政策边缘户等群体的家庭基本情况进行上门入户全面摸底调查，做到底数清、情况明；提供及时主动救助，满足困难群体基本生活需求，补齐民生救助短板，织密扎牢民生保障"安全网"。

（赵　菁）

重要工作

【概况】 2019年，北辰区政府坚持把大项目、好项目作为动能转换的治本之策，全年引进新项目578个、总投资736亿元。全力实施20项民心工程，财政支出85%以上投向民生领域。推进国家级产城融合示范区建设，推进城中村改造和示范镇建设，推进全国文明城区和国家卫生区创建工作，实施公立医院综合改革，北辰区受到国务院办公厅"真抓实干成效明显地方"督查激励，成为全市唯一受到国务院表彰的公立医院综合改革先进区。

【20项民心工程】 2019年，北辰区确定改善群众住房条件、持续促进群众就业、提高社会救助标准、提高城乡医保标准、帮扶特殊困难群体、着力完善养老服务、关爱保护妇女儿童、改善农村生产生活、提高城乡管理水平、提升城市载体功能、完善社区服务功能、改造饮水排水管网、办好人民满意教育、开展居民健康筛查、提升公共医疗水平、丰富群众文化生活、倡导健康生活方式、强化食品安全监管、加强生态环境建设、推进平安北辰建设20个大项、78个小项民心工程。

（刘秋香）

【重大项目建设】 2019年，北辰区主攻大数据、云计算、智能制造等高端产业，瞄准现代物流、跨境电商、绿色循环等新兴业态，利用规划招商、基金招商、以商招商等多种方式，全力以赴招大引强选优，引进爱旭科技、瑞康医药、富士康智能建造、绿地全球贸易港等一批高端项目，朝亚大数据、SMC气动元件、精雕数控等项目开工建设。全年引进新项目578个、总投资736亿元，新开工5000万元以上项目92个，19个重点项目竣工投产。积极融入京津冀协同发展，与中建交通、中冶科工、中科控股等一批央企国企达成务实合作，引进华科泰医疗、国科恒泰等首都项目86个，总投资24.6亿元。全力推进国家级产城融合示范区建设，苏宁智慧物流电商产业园、长荣智能制造、得力结算中心等总投资199亿元的45个项目开工建设。北辰开发区引擎作用日益凸显，在全国国家级经济开发区综合发展水平考核中位列第24名，科技创新单项成绩列全国第8名。

【"创文""创卫"工作】 2019年，北辰区扎实推进全国文明城区和国家卫生区创建工作，规范取缔龙武道、千里堤、佳宁道等5座占路市场和9475处占道经营、店外经营摊点，新建高峰农贸市场和柴楼菜市场，改造提升菜市场12座，整治违法广告牌匾3.3万处。打造81个无违建社区，创建6个美丽社区，宝翠花都社区工作法荣获"全国十佳"。施划京津路、辰昌路等15条重点道路禁停线1.3万延米，对第二儿童医院周边等重点区域进行综合整治。大力弘扬社会主义核心价值观，"感动北辰文明人"评选等品牌活动影响力进一步增强。在2个镇和8个村试点建设新时代文明实践中心，开展宣讲和志愿服务46场，打通宣传、引导、服务群众"最后一公里"。打造了新华里社区、北辰公园等19个展示时代新风、服务基层群众"志愿服务V站"。持续加大公益广告投放力度，设置大型"创文""创卫"城市景观20处，上万名志愿者参与，形成全民共创的良好氛围。

【公立医院综合改革工作】 2019年，北辰区深入实施医疗卫生体制改革试点，扎实推进公立医院综合改革工作落地见效，制定出台《北辰区公立医院综合改革实施方案》和《北辰区关于建立现代医院管理制度工作实施方案》，修订北辰医院、北辰中医医院试点医院章程，健全管理制度。制定《北辰区公立医院薪酬制改革试点实施办法》和《北辰区公立医院薪酬制度改革实施方案》，完善公立医院绩效考评体系。公立医院全面取消药品、一次性耗材加成，降低大型医疗设备检查价格，逐步理顺医疗服务比价关系，完善补偿机制，坚决消除以药补医顽疾。

【拆迁拆违】 2019年，北辰区全力推进城中村改造和示范镇建设，组织全区52个单位、200多名机关干部深入一线开展动迁工作，举全区之力实施拆迁"清零"行动，11个城中村基本实现"清零"。年内，城中村、示范镇共完成拆迁54万平方米。与此同时，借助创文创卫良好氛围和扫黑除恶疾风厉势，以前所未有的决心和力度，全力推进"双违"治理。全年在"双违"治理上取得显著成果，共拆除引滦沿线、刘园地铁场站、顺义西道、航空学校等片区违法建设173万平方米，其中在引滦水源保护综合治理上，集中精力打歼灭战，仅用20天时间，完成引滦明暗渠沿线17万余平方米占压物的拆除，得到中央督察组和市政府的充分肯定。北辰区在规定期限内高标准完成19.53公顷"大棚房"拆除工作，清除违法用地21.8公顷，形成拆迁治违的强大声势。

【扫黑除恶专项行动】 2019年，北辰区全力开展"扫黑除恶""打击盗抢骗""三打击一整治""压发案百日会战"、打击"号贩子"专项清理整治等一系列严打整治专项行动，严厉整治涉黑涉恶、电信诈骗、毒品犯罪、经济犯罪等严重危害公共安全、扰乱经济秩序、影响群众安全感的各类违法犯罪，取得了明显成效。强力推进"扫黑除恶"专项斗争，一举破获称霸刘家房子旧物市场，涉嫌寻衅滋事、敲诈勒索的涉黑恶犯罪团伙，有效铲除了黑恶势力的滋生土壤。公安机关专门成立“扫黑除恶”敢死队，以雷霆之势强力推进“严厉打击土地和建设领域涉黑涉恶违法犯罪”专项行动，对强占、侵占国家、集体土地从事违法建设活动形成围剿扫荡之势，为推动全区经济社会发展提供了强大助力。“扫黑除恶”专项斗争过程中，北辰区共摧毁黑恶势力团伙39个，破获涉恶案件307起，全区治安状况明显改善，刑事警情与前两年平均值相比下降31.8%，连续8个月保持命案零发生，有力地维护了全区经济秩序、治安秩序的稳定和人民群众的切身利益，得到市委、市政府和公安部充分肯定，获评“全国社会治理创新优秀城市”称号。

（李　拓）

▲2019年7月23日，北辰区信访办召开信访系统基础业务培训会议（张文径　摄影）

信　访

【概况】 2019年，北辰区信访办办理区领导批示46件，上级交办督办281件，依法分类扫黑除恶线索288件，网上投诉、人民网留言、市长信箱550件；信访系统及时受理率98.76%，按期办理率98.5%，群众满意率87.84%，参评率87.23%，“三率”水平位于全市前列。全区各级领导参与接访1707人次，接待群众685批、3506人，化解信访问题639件；开展隐患矛盾排查20次，排查各类隐患矛盾1582件，化解1170件。

【信访状况】 2019年，全区信访态势依旧保持平稳有序，主要呈以下特点：各级领导高度重视信访稳定工作，严格落实信访工作责任制，通过接访、约访、下访等多种形式，察民情，解民忧，信访事项办结成效明显；信访部门严格履行依法分类处理、诉访分离等制度规范，精准交办，统筹推进，一批信访事项实现案结事了，事心双解；网上信访主渠道发挥明显，呈现出网上信访占比快速上升的趋势；城市建设、拆迁拆违、农村农业、卫生健康、教育等涉及群众利益较为关切领域信访问题多发；信访积案集中攻坚活动效果明显，坚持“三到位一处理”原则，19件市联席办向区交办的市委“不忘初心，牢记使命”第一批主题教育活动积案提前化解，市联席办交办的131件“四访”积案全部落实领导包案，一批信访积案得到实体化解。

【信访工作】 2019年，强化习近平总书记关于加强和改进人民信访工作重要思想的学习贯彻落实，坚持目标导向、问题导向，全面深入研究推进全区信访工作整体上水平。开展4期信访干部专题培训，推行“以干代训”，信访干部综合素质、业务能力明显增强。推进“人民满意窗口”创建，规范接待流程，改善硬件环境，全面提升接待能力。坚持开展信访矛盾隐患排查，定期分析研判，把问题化解在初始。强化信访条例宣传，制作展牌，发放宣传品，扩大宣传面，提高群众知晓率。瑞景街道、青（广）源街道、佳荣里街道、果园新村街道、小淀镇被评为“三无镇街”。

【信访制度】 2019年，强化信访工作责任制落实，落实党政主要领导第一责任人责任，分管领导直接责任，班子成员“一岗双责”，做到“谁主管、谁负责”和依法及时就地解决信访问题。全区各单位将信访工作列入重要日程，定期听取信访工作汇报，研究信访工作形势、协调解决重点信访事项。建立健全领导干部接访下访制度、疑难信访问题资金补助办法、信访问题定期回访等一些制度，有效推行“最多访一次”，缩短办理时限，实现一次性化解率达到90%以上。

【重要时期信访工作】 2019年，严格落实“战区制、主官上”要求，充分发挥信访联席会议统筹协调作用，在全国“两会”、第二届“一带一路”国际合作高峰论坛、亚洲文明对话大会、国庆70周年、中共十九届四中全会等重大活动、敏感时期，部门联动，形成合力，实现全年重点敏感时期进京到非接待场所为“零”。市联席办对区重要敏感时期信访保障工作连续两次给予通报表扬。

【信访信息】 2019年，发挥各级信息员队伍在推进工作、选树典型、宣传活动和不稳定因素预警等方面的作用，为全区各类信息汇总、分析研判、超前谋划提供坚实保障。全区各单位报送信访信息830余篇，市级及以上部门采用3篇，其中《北辰区青（广）源街：不仅保障“住有所居”更保障“和谐稳定”》被《天津信访》杂志第二期刊登；《注重“三个强化”提升“三率水平”》被《天津信访》杂志第三期刊登；《天津市北辰区集中开展接访约访下访活动推进解决一批信访问题》被《中央信访工作联席会议办公室简报》刊登。

（刘鹏飞）

民族宗教

【概况】 2019年，北辰区民族和宗教事务委员会全面贯彻落实习近平新时代中国特色社会主义思想和中共十九大精神，积极开展民族宗教政策宣传和法治建设工作，深入推进民族团结进步宣传教育和创建活动，深入推进少数民族文体事业发展，着力强化宗教活动场所规范管理和宗教教职人员教育培训，维护民族宗教领域安全稳定。

【依法管理】 全年召开民族宗教工作联席会议4次，通报区内民族、宗教工作形势，分析涉及民族、宗教方面存在的问题和不稳定因素，协商解决问题的相应对策和措施。加强对区伊斯兰教协会的指导，利用区伊协例会，宣传宗教法律、法规，党的民族宗教政策和市、区有关文件精神，沟通情况，提出要求。12月16日，指导召开北辰区伊斯兰教第三次代表会议，审议通过《天津市北辰区伊斯兰教协会章程（修正案）》，选举产生第三届理事会和常务理事会，选举于长友为新一届会长。依法加强对各宗教的管理，深化“国旗、宪法和法律法规、社会主义核心价值观、中华优秀传统文化‘四进’宗教活动场所”活动。10月12日，组织召开北辰区第二届卧尔兹演讲交流会，教育引导宗教界人士爱国爱教，正信正行。联合有关部门开展非法宗教活动、非法宗教聚会点的取缔清理和抵御渗透、反邪教、反恐工作。集中对区内宗教场所进行安全隐患排查，指导宗教场所定期安全检查消防、电路、监控等设施，登记管理外来人员。

【宣教工作】 年内，以7月全市民族宗教政策法规宣传月为依托，通过电子屏、宣传栏等在全区宣传中共民族宗教政策。制定并实施《北辰区民族团结进步创建工作方案》，深化民族团结进步宣传“六进”工作，指导企业、学校、镇街、社区等开展民族团结创建活动，强化突出民族团结宣传氛围。制定实施《关于开展“党旗在我心中、国旗在我心中”主题教育活动的通知》，在少数民族学生中开展爱国主义教育实践行、主题板报评比等活动，国庆节前夕举办“民族团结育硕果 复兴繁荣谱新章”北辰区“两旗教育”文艺会演暨教育系统民族团结教育成果展，切实增强少数民族学生“五个认同”的思想信念，引导学生成为社会主义核心价值观特别是民族团结进步思想的坚定信仰者。经推荐指导，天穆镇、北辰中专、瑞益园社区3个单位被评为“2019年天津市民族团结进步创建示范单位”，天穆村党委书记穆瑞芳和民族中专分别被国务院授予“全国民族团结进步模范个人”和“全国民族团结进步模范”集体称号。

【促进民族经济和各项事业发展】 2019年，帮助区内民族企业争取市级技改补贴15万元，争取“十二五”“十三五”贷款补贴近400万元，服务民族企业发展。联合有关部门组织开展少数民族文体活动。组织区内少数民族体育代表队参加全国第十一届少数民族传统体育运动会，获得表演项目技巧类二等奖、摔跤项目2个三等奖、民族武术项目1个二等奖和1个三等奖。国庆节前夕，举办“民族团结一家亲 同心共筑中国梦”书画摄影作品展，收集展出全国各族少数民族书画摄影作品近300幅，促进各民族优秀文化交流。

【服务慰问】 2019年，北辰区筹集资金40万元，对区内宗教场所房屋进行修葺加固和提升改造。协同公安、交管等部门，做好开斋节、圣诞节等宗教节日期间安全保卫工作，并发放慰问品及慰问金共计13万元。

（史　悦）

政务服务

【概况】 2019年，北辰区政务服务办公室（以下简称区政务服务办）深化政务服务，实施便利化审批，优化营商环境，办理政务服务事项5462件，推出区级52项信用承诺审批事项，全年办理容缺后补承诺制审批事项414件。

【智能化审批】 2019年，区政务服务办深化“互联网＋政务服务”，设置网上申报窗口，安排专人对网上申报提供指导，“网上办”比例达到70%以上。推出55项无人审批事项，建成宜兴埠镇、普东街道8处“无人审批超市”，投入自助设备17台。企业设立全程电子化注册，企业开办时间由3个工作日压缩为1个工作日，全年新注册企业5175家。

【政务服务标准化】 2019年，区政务服务办深化减事项、减材料、减环节、减证照、减时限的“五减”改革，实现减材料322项、减环节47个、减证照5个、减时限平均办事时限减少82.2%；推行政务服务“一窗受理”，实行前台综合受理、后台分类审批、综合窗口出件，接办分离、审批不见面的工作模式。

【便利化审批】 2019年，区政务服务办推出区级许可事项“网上办”106项，“一次办”103项，“马上办”30项，“就近办”32项；推出7×24小时全天候预约服务、中午值班接待工作举措，实现全天候无休审批服务，共接待预约服务49件次；提供企业设立领办帮办、免费打印复印、免费刻章、E免费邮寄服务，让办事人享受便利化成果，全年服务企业、群众2万余人次，免费发放印章4398枚，为企业节约费用44万余元。

【工程建设项目审批制度改革】 2019年，区政务服务办完成联合审批四个阶段流程再造，按照项目不同类型，实行一窗受理、并联审批、告知承诺、以函代证、限时办结，推进“以函代证”模式在北辰区施工许可领域实现常态化，将工程建设项目审批时间严格压缩至80天内。全年，办理施工登记“以函代证”33个，为天津爱旭科技有限公司高效硅基太阳能电池等一系列区重大项目尽早开工出具施工许可函，碧桂园项目仅用时31个自然日，创造了北辰从立项到开工的最短时间纪录。

【优化营商环境】 2019年，区政务服务办通过主题宣传、集中培训、印制海报等多种形式，宣传贯彻《天津市优化营商环境条例》，以“一制三化”改革为抓手，建立区级联席会议制度，制定区级责任分工表，推动“五减”、“四办”、承诺制审批、工程建设全领域改革等改革任务，以改革成效优化营商环境。

【服务群众】 2019年，区政务服务办受理群众各类诉求65462件，按时接单率100%，按时办结率100%，回访群众满意率85%以上。不断细化考核指标，落实工单督办、检查，召开协调会、专题会解决群众诉求20余次，协调解决问题200余个。

（张　铮）

政协北辰区委员会

北辰年鉴

2020

综　述

2019年，中国人民政治协商会议天津市北辰区委员会（以下简称区政协）在中共北辰区委的领导下，深入学习贯彻习近平新时代中国特色社会主义思想，把握新时代人民政协的新方位新使命，聚焦全区中心工作，发挥人民政协作为社会主义协商民主重要渠道和专门协商机构作用，坚持团结和民主两大主题，履行政治协商、民主监督、参政议政职能，推动各项工作取得新进展，为北辰经济社会高质量发展做出积极贡献。2019年，区政协召开政协会议3次。

通过举办学习贯彻习近平总书记关于加强和改进人民政协工作重要思想专题培训班、邀请专家为委员作讲座、组织参观天津觉悟社纪念馆等方式，加强对委员们的思想政治建设。组织委员们进行专题调研，全年联合国土、规划、环保、金融等部门召开对口协商会35次，为35家企业解决问题45个。提高为民服务意识，围绕创业、还迁、妇儿保护、交通线路等问题开展走访慰问。重视提案办理，全年收到委员意见、建议67件，组织政协委员参与全区政治、经济、文化、生态建设，开展对口协商工作。区政协常委会组织委员积极参与监督示范镇建设、乡村振兴发展等工作，并举行专题培训。号召委员们就打击非法集资、扫黑除恶、民心工程建设等方面提供线索方法。通过撰写调研报告、征求意见建议等方式为民营企业提供发展助力。

加强与各民主党派联系，全年联系走访120余人次，提升统战能力。加强与外省市的沟通交流，与10余个省市区开展学习合作。注重文史工作，加强口述史研究，协助拍摄“京杭大运河”专题宣传片。

（庄倩倩）

重要会议

▲2019年1月10日，北辰区政协九届三次会议闭幕　（区政协　供图）

【概况】 2019年，区政协第九届委员会召开全体会议1次，召开常委会会议2次。审议通过政协工作报告，审议协商工作计划，听取讨论区政府工作报告等。

【政协全体会议】 2019年1月9日至10日，区政协九届三次会议在龙顺会议中心召开。会议听取并审议区政协常委会工作报告和常委会提案工作报告；列席区十七届人大五次会议，听取并讨论区政府工作报告和其他报告；政协各委组大会发言建言献策；通过大会决议。区委副书记、区长王宝雨，区人大常委会主任王志平，区政协主席王亚令，区委副书记陈健，区委常委、区委统战部部长陈永义以及区政协全体领导出席会议。会议收到意见、建议67件，立案31件。

【政协常委会会议】 2019年3月7日，区政协九届十三次常委会会议召开，区政协主席王亚令主持会议。会议传达学习汪洋在全国政协十三届二次会议上的讲话精神和市委十一届六次全会精神。会议审议北辰区政协2019年工作要点、2019年协商工作计划。通报北辰区政协2019年重点调研工作安排和专委会、联络组2019年活动计划。表决通过有关人事事项。区政协全体委员出席。

12月19日，区政协九届十四次常委会会议召开，区政协主席王亚令主持会议。会议审议通过关于召开政协天津市北辰区第九届委员会第四次会议的决定，政协九届四次会议大会秘书长和副秘书长建议名单和有关联络组组长任免决定；审议会议议程（草案），表决通过会议日程安排（草案）；听取区委统战部关于政协北辰区第九届委员会委员调整情况的说明，协商决定委员调整事宜；表决通过撤销宋潇政协天津市北辰区第九届委员会委员资格的决定；审议需提交区政协常委会工作报告（征求意见稿）和常委会提案工作报告（征求意见稿），并决定报告人。

重要工作

【概况】 2019年，区政协履行政治协商、民主监督、参政议政职能，征集提案、为经济社会发展服务，做好统战联谊工作，挖掘整理文史资料、开拓口述历史编研，组织各界人士开展文化活动，并组织委员扶贫济困、助学支教、关注慈善公益事业。

【思想政治建设】 2019年，区政协认真贯彻中共中央《关于加强新时代人民政协党的建设工作的若干意见》，加强党对政协工作的领导。组织学习习近平总书记在中央政协工作会议上的重要讲话及有关文件精神，召开区政协党政班子学习研讨交流会和政协党组扩大会议，统一思想认识，坚定高质量发展信心，结合北辰区工作和政协实际研究贯彻落实工作举措。以思想政治建设为统领，提升党组织对政协工作的领导能力，在把方向、管大局、保落实上下功夫。扎实开展“不忘初心、牢记使命”主题教育，将学习教育、调查研究、检视问题、整改落实贯穿始终。坚持区委有号召，政协有行动；区委有部署，政协有落实。认真部署整改工作，明确责任分工和时间节点，将巡察整改工作落到实处。重要工作按规定请示报告，确保党的领导落实到政协工作各方面和全过程。

加强机关党的建设，组建区政协机关党组。根据中共中央和市委文件要求，配备专职党务干部，增强党建工作力量。在区政协全体会议和外出学习考察期间，成立临时党委和临时党支部，实现党的组织机构在政协日常工作和即时性重要工作中的全覆盖。制定《北辰区政协机关党组议事规则》《北辰区政协机关党组理论学习中心组学习制度》。深入开展固化党日活动，组织党员干部深入学习习近平总书记在纪念五四运动100周年大会上的重要讲话精神。组织参观天津党悟社纪念馆、《没有共产党就没有新中国》大型红色主题报纸展，观看《周恩来回延安》《周恩来的四个昼夜》《我和我的祖国》等爱国电影，重温党的光辉历程，教育激励党员干部继承和发扬党的优良传统和作风。与东升里社区党组织开展联合党日活动。积极开展“万名党员联万户”“党员领导干部联系基层党支部”和党员干部进社区“双报到”工作。区政协机关党支部被评为全区先进基层党组织。

加强机关自身建设。制定完善《北辰区政协理论学习安排意见》《北辰区政协机关党组2019年度理论学习安排意见》《北辰区政协机关工作人员考勤制度》等，健全政协机关内部管理考核机制，促进党员干部职工改进工作作风。落实谈心谈话制度，听取干部群众的意见建议，推动政协工作提质增效。

坚持以服务委员为宗旨，积极为委员履职创设条件。搭建学习平台，强化经常性学习，组织委员参加市政协春秋讲堂、专题讲座、学习报告会，为委员发挥主体作用提供智力支持。组织委员培训，邀请市政协常委民进副主委、市教育科学研究院院长金永伟就“履职为己任，‘炼’出好提案”举办讲座。组织全体政协委员参观周恩来邓颖超纪念馆、平津战役纪念馆、市政协文史馆和中国移动物联网5G联合创新中心开放实验室；邀请全国政协文史和学习委员会原副主任卞晋平、平津战役纪念馆党总支书记、馆长王培军，分别就“人民政协光辉历程”“不忘初心、牢记使命——打赢新时期的平津战役”为全体委员作报告，引导委员牢记使命、珍惜荣誉、担当作为、廉洁自律，不断加强委员队伍建设。设置青（广）源街道联络组，实现政协组织在全区的全覆盖。

▲2019年8月，北辰区政协举办学习贯彻总书记习近平关于加强和改进人民政协工作重要思想专题培训班 （区政协 供图）

【协商民主】 2019年，区政协紧盯重点工作搞调研，专题协商议大事。紧扣区委中心工作，发挥专门协商机构作用，拓展协商平台渠道，寓建言、支持、监督于协商之中。把落实区委决策部署作为工作主线，围绕区委、区政府重点工作筛选课题，贴近党政所需和群众所盼搞调研。围绕推进工业园区围城治理、推进乡村振兴战略、提高提案质量和办理实效等课题开展专题调研。政协各专委会和联络组围绕创新驱动、城市化建设、社会治理、文化引领、生态文明等方面，开展对口协商活动。针对田园市场土地问题，深入委员企业走访调研，召开现场办公会，协同有关部门推动问题的解决。针对委员企业业务往来、增加授信额度及被列为严重失信人等问题，与农商银行、区市场监管局进行对口协商，帮助委员企业将问题全部予以解决。紧扣群众所需，助推民生改善。聚焦教育事业优先发展，围绕完善职业教育体系、加强青少年职业生涯规划等开展专题调研。就困难家庭子女就学、中小学生青春期教育、关注留守儿童等建言献策，推动办好人民满意教育。围绕青年人才助力乡村振兴开展交流研讨，提出为边远农村地区青年教师搭建平台、建立青年教师人才库等意见建议11条。围绕加强青年创业、促进还迁群众就业提出建议，就加快推动城中村、示范镇、市级重点工程建设调研议政。围绕推动落实健康中国战略，就加强公共卫生体系建设、提高公共卫生服务水平协商议题，深入一线调研区疾病预防控制、妇女儿童保健工作，形成2篇调研报告，提出加快推进医养结合、建立心理疏导中心等建议。就天津医科大学代谢病医院门口交通指示牌不明、共享单车停放划线及医院用水用电问题现场调研，提出解决方案，有关部门给予落实解决。

【提案办理】 2019年，区政协健全完善提案办理全程协商机制，坚持全程参与提案办理。注重协商推动，跟踪落实，统筹协调和督办合力，推进一些民生问题的解决。针对“河北工业大学及双口工业园周边地区异味”的提案，区政协会同提案人和区委督查办、区生态环境局赴双口工业园区视察治理情况，推动提案办理落实。协助市政协召开北部片区政协提案工作座谈会，区政协“以新思路新举措提升政协提案工作新水平”的经验做法，得到市政协领导肯定。5月30日，天津市政协在北辰区召开北部片区政协提案工作座谈会。市政协副主席尚斌义主持会议。

政协北辰区九届三次会议提案立案一览表

表 5

序号	提案分类	提案者	提案标题	提案形式
1	C	学习文史委	关于进一步加强我区爱国主义教育基地建管用工作的建议	集体
2	B	科教文卫组	关于推进我区部分农村自来水管网建设，从根本上防治饮水型氟中毒的建议	集体
3	A	孙　建　何卫红	关于大力促进科技型制造企业高质量发展的建议	联名
4	B	田　晖　梁　萍	关于推进厕所革命的建议	联名
5	B	金　捷	关于温东工业园区域综合整治的建议	个人
6	D	梁　萍	关于改善三辰社区学龄儿童就学难及买菜难的建议	个人
7	A	穆怀永	关于推进民营企业参与社会公益事业的建议	个人
8	B	王　新	关于增加河北工业大学周边津永公路路灯开启数量的建议	个人
9	B	刘俊华	关于加强宜白路通行安全的建议	个人
10	D	曾文琴	关于进一步加大非机动车执法监管力度的建议	个人
11	D	周　静	关于大力发展养老行业的建议	个人
12	C	周　静	关于加快推进“医养结合”的建议	个人
13	B	田　晖	关于加强公共设施维护的建议	个人
14	D	霍宝栓	关于借助“双创”大好形势及时清理属区“僵尸车”的建议	个人
15	B	霍宝栓	关于持续推进实施农药厂等重点地块土壤污染修复的建议	个人
16	C	张丽鑫	关于加强艾滋病恐惧症干预的建议	个人
17	D	赵　辉	关于整顿刘家房子旧货市场的建议	个人
18	B	赵　辉	关于加快推进朝阳路拓宽工程以及路灯设施建设的建议	个人
		王宝捷	关于尽快开通北辰区朝阳路的建议	个人
19	B	狄建成	关于优化龙门东道环境的建议	个人
20	B	孟庆杰	关于维修外环北路辅路淮河道至北辰道路段的建议	个人
21	B	张墨菊	关于在果园新村街“三辰”社区建设标准化菜市场的建议	个人
22	D	李佳萍	关于调整 731 公交线路的建议	个人
23	B	郭庆丰	关于加快青光新市镇韩家墅村、刘家码头村还迁房建设的建议	个人
24	C	穆　莹	关于规范管理中小学生早午餐的建议	个人
25	C	闫凯境	关于加快互联网医院落地服务的建议	个人
26	B	凌焕成	关于在 G2501 滨保高速大张庄出口与津围公路交口安装交通警示标志的建议	个人
27	D	李尚杰	关于在华盛道 61 号与地铁 3 号线之间增设临时公交车站的建议	个人
28	C	金　捷	关于建立“心理疏导中心”的建议	个人

续表

序号	提案分类	提案者	提 案 标 题	提案形式
29	D	杜洪源	关于加强居民楼“开墙打洞”管理的建议	个人
30	B	王　新	关于解决河北工业大学及双口工业园周边地区恶劣气味的建议	个人
31	D	梁　萍	关于改善北辰医院周边交通堵塞的建议	个人

【民主监督】 2019年，区政协领导班子成员发挥牵头作用，投身示范镇、城中村改造等全区重点工程，协调市区规划建设等部门，统筹推进燃气、供排水、供热等配套设施建设，增强载体功能，加快人居环境改善。组织动员委员注重从民生领域发现问题，精心选择课题，围绕乡村振兴发展、市容环境整治、公路路网建设等议题，撰写28篇大会发言材料。组织委员开展加强污染防治、水环境治理专项视察监督。围绕农村自来水管网建设、推进厕所革命、农药厂土壤污染修复等开展视察性监督，加快解决问题的进程。

邀请市政协委员、上海锦天城（天津）律师事务所律师，就开展民主监督课题作专题培训。强化特约监督员民主监督工作，协助10个职能部门聘请39名委员作为监督员。为区人力社保局、区人民法院、公安北辰分局等职能部门提出50余条意见建议，推进有关部门党风政风行风建设的良性开展。在防止社会保障、医疗保险等民生领域重大风险上展现政协作为，彰显民主监督实效。

▲2019年8月8日，北辰区政协培训特邀监督员　（区政协　供图）

【协商议政】 2019年，区政协协助区政府召开半年经济形势通报会，定期编发《北辰政协信息》，畅通委员知情明政渠道，让委员及时了解大势、知晓区情。建立微信群工作平台，为委员学习掌握大政方针、发挥主体作用提供平台。加强委员履职管理，紧扣中心工作，履行国家治理体系重要组成部分职责，着眼人民幸福、社会安宁开展协商议政。发挥政协联系广泛、渠道畅通的优势，引导委员作好政策宣传、解疑释惑的工作，在风险防控协同机制中发挥作用。各党派、各界别政协委员发挥在特定领域的影响力，加大对拆迁、环保、金融等容易引发重大风险领域的舆论引导力度，引导群众正确对待改革发展带来的利益格局调整，为协助防范化解社会矛盾和重大风险积极建言献策。

区政协领导班子成员全程参与拆迁政策制定、入户宣传讲解、上访户接待等工作，将拆迁可能引起的社会矛盾消除在萌芽状态。社会及法制委协同司法局、金融局等相关部门，开展防范整治非法集资等重点领域法治宣传，教育引导群众增强防范意识，保护财产安全。经济一委围绕医药医疗器械工业园区发展开展视察，提出强化资源整合、关停“僵尸”企业等对策建议。在推动园区合理布局的同时，做好稳定发展工作。关注依法治区和安全工作，号召全体委员积极参与支持全区扫黑除恶专项行动，听取区委政法委关于扫黑除恶专项斗争情况通报，为推进扫黑除恶工作提出有针对性的意见建议。契合群众关切和共享绿色高质量发展成果的期盼，就加快民心工程建设、推动城乡环境改善等调研议政，形成6篇有针对性举措的建议发言材料，推动北辰区城市化建设和人居环境改善。围绕促进北辰文化产业发展，组织委员参观西青区杨柳青民俗博物馆、北辰区小淀镇文体中心和当代国际艺术园区，提出扶植文化创意产业发展、保护历史文化遗产等建议。开展加强体育设施建设、丰富群众体育生活视察活动，提出10条建议，推动体育设施因地制宜、合理布局，满足群众需求，增进健康福祉。

【文史研究】 2019年，区政协继续挖掘文史资料，加强口述历史理论研究。在天津市口述史研究会上，就“北辰口述历史模式与实务”作典型发言。追溯大运河历史文化资源，协助中央电视台《京杭大运河》栏目专题片拍摄工作，宣传推介北辰区北运河段风貌和人文历史。配合市政协庆祝中华人民共和国和人民政协成立70周年书画作品展，组织区内知名书画界人士开展书画艺术创作，征集书画作品20余幅，并全部入围。

【团结统战】 2019年，区政协常委会发挥统一战线组织功能，召开北辰区各界人士元宵节茶话会，邀请各民主党派、工商联、无党派代表人士、“三胞”眷属及政协委员，围绕全区中心工作畅谈体会、凝聚人心、汇聚力量。健全完善联系委员等工作制度，支持委员立足本岗

▲2019年2月，北辰区2019年元宵节茶话会会场　　（区政协　供图）

建功立业、履行职责、发挥作用。走访各民主党派、人民团体、无党派人士，通报政协工作、征求意见建议。加强同非公有制经济人士、新的社会阶层人士的沟通联络，开展经常性联系走访120余人次，及时听取并向有关部门反映意见诉求。推进专委会同各民主党派、无党派人士共同承担协商议题、开展联合调研，推进协商民主广泛开展。贯彻落实党的民族宗教工作部署要求，征求少数民族和宗教群众意见建议，努力增进民族和睦。密切与港澳台侨界别委员沟通联系，宣传北辰发展成就，鼓励和支持他们投身全区改革发展、建功立业。民族宗教港澳台侨委围绕“加强宗教团体自身建设，更好发挥职能作用”，与市民宗委进行座谈交流，共同议政建言、凝聚共识。

各专委会和镇街开发区联络组通过开展“中华民族一家亲、同心共筑中国梦”文艺会演，“庆华诞、守初心”专题座谈会，组织“重走建军路、传承井冈山精神”学习培训和开展“笔墨丹青新时代书画笔会”等一系列活动，引导广大委员增进对中国共产党和中国特色社会主义的政治认同、理论认同、情感认同，凝聚实现北辰高质量发展的共识和力量。

【工作交流】 2019年，区政协增强政协组织间往来交流。全年接待市政协和兄弟区政协及外省市政协学习交流人员500余人次。承接市政协有关负责人及民宗委、医卫体委到北辰区考察调研，接待山东省青岛市崂山区、安徽省合肥市肥东县、河北省邯郸市邯山区、山西省临汾市洪洞县等地区政协学习交流，扩大北辰区的影响力。

【服务经济社会发展】 2019年，区政协常委会围绕打造一流营商环境、加快民营经济健康发展，组织经济界别委员开展深入调研，提出促进企业发展扶持政策、打造良好营商环境、加强企业家队伍建设、发挥行业协会作用等建议25条。撰写畅通政企沟通渠道、为民营经济发展架桥铺路的调研报告，为市、区有关部门提供参考。投入全区“双万双服促发展”活动，多次召开专题会议研究部署。向企业宣传“津八条”和“辰十条”等政策，面对面征求意见建议，为70家委员企业搞好服务，协同解决生产经营问题20余件。广大政协委员发挥联系面广、渠道畅通的优势，积极向外界宣传推介北辰，牵线搭桥、内引外联，吸引更多优质项目和高端人才落户北辰，为北辰区高质量发展积蓄后劲。委员企业华北集团在中国国际进口博览会上签订近60亿元人民币的采购合同，为企业发展增添新动能。围绕加强驻区高校与区企业合作、促进产学研紧密结合搭建交流平台，科教文卫委赴河北工业大学科技园调研，为全区坚持创新驱动发展战略、构建科技创新集成和科技成果转化体系建睿智之言，献务实之策。广大政协委员和机关党员干部积极投身全区“创文”“创卫”活动，开展入户宣传、卫生清整等活动，在全区污染防治工作中发挥积极作用。

【服务公益事业】 2019年，区政协聚焦精准脱贫，广泛开展帮扶活动。向广大政协委员发出倡议书，动员委员投身捐赠投资、医疗卫生、科技咨询、捐资助学、技能培训、吸纳就业等社会公益事业，助力扶贫攻坚。广大政协委员积极参加“万企帮万村”“东西部扶贫协作”“结对帮扶”等活动。全年，累计捐款3500万元，委员企业吸纳困难家庭人员就业2000余人。委员企业天士力集团向有关公益组织、贫困灾区等捐款捐物1740万元，委员闫凯境被评为“中国中药企业社会责任年度人物”称号。委员企业华北集团向贫困地区捐款捐物1265万元。委员刘长龙积极向贫困地区捐款捐物和文化扶贫，获“东西部扶贫爱心捐赠奖”称号。李尚杰、邵文宏、穆怀永、张建忠、庄秀凤、陈燕武、周兴西、穆莹等委员向甘肃华池、河北承德等地区捐助资金，为推动脱贫攻坚做出积极贡献。

（胡曰钢）

中共北辰区纪委　北辰区监委

北辰年鉴
2020

▲2019年2月2日，中共北辰区纪委举行十一届六次全体（扩大）会议。图为会议主席台
（赵振　摄影）

综　述

2019年，在市纪委监委和区委的领导下，北辰区各级纪检监察组织坚持以习近平新时代中国特色社会主义思想为指导，聚焦主责主业，忠诚履职履责，创新实践、真抓实干，推进新时代纪检监察工作高质量发展，为全区改革发展稳定提供坚强政治保障。北辰区纪委监委开展农村集体土地、厂房承包租赁合同清理，压实各镇党委、纪委“两个责任”，核查土地、厂房承包租赁合同7827份，处置问题线索23件，给予党纪政务处分11人，追缴承包费、租金1.56亿元。2019年全年共处置问题线索654件，立案284件，结案248件，给予党纪政务处分240人次，对22人采取留置措施，移送审查起诉15人，挽回经济损失1.87亿元。

（王孟瑶）

重要会议

【概况】 2019年，中共北辰区纪委、监委坚决贯彻市委、区委要求，落实年度任务，全年共召开全体（扩大）会议2次。

【区纪委十一届六次全体（扩大）会议】 2019年2月2日召开。区委常委、区纪委书记、区监委主任周承光作工作报告，在总结2018年全区党风廉政建设和反腐败工作的基础上，对2019年工作进行部署。区委书记冯卫华讲话，提出把思想认识行动统一到中共中央的部署要求上来、增强忧患意识、坚定不移推进全面从严治党、打造一支政治过硬、本领高强的纪检监察铁军的四点要求。

【区纪委十一届七次全体会议】 2019年12月19日召开。开展专题述责述廉工作，18个单位有关负责人向区纪委常委会述责述廉并接受质询。区委常委、区纪委书记、区监委主任周承光主持会议并讲话，就推进全区管党治党政治责任，推进全区全面从严治党纵深发展，提出三点要求：要求全区各单位党组织全面把握主体责任内涵要义，坚决扛起管党治党政治责任；以刚性举措推动主体责任落地生根，切实履行好管党治党职责；强化监督意识，形成习惯接受监督、主动开展监督的自觉。

监督执纪

【概况】 2019年，中共北辰区纪委、监委坚决贯彻中纪委、中共天津市纪委的要求，在中共北辰区委的领导下，整治侵害群众利益突出问题，纠治“四风”问题，强化巡察效能，深化机构改革，继续坚持反腐败斗争。4月，增设驻区市场监管局纪检监察组。

【政治监督】 2019年，北辰区纪委、监委强化政治监督。结合扫黑除恶、大运河保护、环境保护等重点工作，对落实全面从严治党主体责任和监督责任不力的68名党员干部受到问责。履行协助职责，履行协助区委推进管党治党、从严治党职责。18个基层单位党委（党组）主要负责人向区纪委全会述责述廉，现场接受质询监督、民主评议。净化政治生态，监督全区83个处级单位高质量开好2018年度民主生活会，会前提出监督意见325条，会后指导被监督党组织制定整改措施1125条，493名班子成员制定整改措施4385条，该做法被中纪委网站刊载。严把选人用人关口，审查人选95批次、4300余名。

【整治侵害群众利益突出问题】 2019年，北辰区推进扶贫助困领域专项治理。牵头推动全区“不忘初心、牢记使命”主题教育“10+1”专项整治工作，将区20项民心工程中兜底济困项目、东西部扶贫协作和对口支援专项资金落实作为专项治理重点。对14人进行追责问责，坚决刹住扶贫助困领域不正之风；开展农村集

▲2019年7月30日，北辰区举行特约监察员“走进纪委监委·走近纪检监察干部”主题开放日活动
（赵振　摄影）

体土地、厂房承包租赁合同清理。核查土地、厂房承包租赁合同7827份，处置问题线索23件，给予党纪政务处分11人，追缴承包费、租金1.56亿元；深入推进扫黑除恶破“网”打“伞”。共查处黑恶势力“保护伞”问题22件，问责45人，其中涉黑涉恶腐败3件、5人，“官伞”10件、10人，“警伞”2件、1人，“变相伞”7件、28人，作出党纪政务处分和组织处理32人，留置6人，移送司法5人。

【专责监督】 2019年，北辰区推动监督在基层生长生威，选聘区监委特约监察员30人，发挥参谋咨询、双重监督、桥梁纽带舆论引导作用。在全区126个村、124个居委会建立纪检监察联络站，选聘村级特约监督员126人。推进四个监督贯通融合，推进纪律监督、监察监督、派驻监督、巡察监督协调贯通，促进“查巡联动 以查促巡”工作机制。

【监督追责】 2019年，针对巡察发现的手机卡绑定固定电话问题，开展全区举一反三专项清查，发现25个单位存在此类问题，给予38人党纪处分。深化回访教育工作，采取“访、疏、帮”相结合，选取因区重点难点工作受追责问责的114名干部开展回访教育，谈话352人次。

【纠治“四风”】 2019年，北辰区严肃查处违反中央八项规定精神问题，对14起违反中央八项规定精神和“四风”典型案例通报曝光，查处违反中央八项规定精神问题61起，处理74人。大力整治形式主义官僚主义、不作为不担当问题，印发《2019年区委深化形式主义官僚主义、不作为不担当问题专项治理工作方案》，召开全区专项治理警示教育大会。对存在失职失责问题的135名党员干部运用监督执纪“四种形态”，对25起不作为不担当问题点名道姓通报曝光。持续推进专项整治工作，开展领导干部违规干预金融活动谋取私利问题专项治理、利用名贵特产类特殊资源谋取私利问题专项治理以及“天价烟”背后的“四风”问题排查整治工作。集中开展公务加油卡使用及管理情况专项检查，严肃查处公卡私用、借卡揩“油”违纪问题，给予18人党纪政务处分，5人采取“第一种形态”处理。

【强化巡察效能】 2019年，北辰区持续深化政治巡察。组织开展3轮巡察。2019年11月14日，十一届区委第十一轮巡察工作动员部署会召开，对区教育局、区卫健委、区水务局、区商务局、团区委、区妇联、区残联7个单位党组织开展常规巡察，对第七轮巡察的青（广）源街、人社局、老干部局、供销社、土地整理中心、信贷担保中心6个单位的党组织整改落实情况进行督检。该轮巡察12月底结束，现场巡察时间40天。常规巡察15个委办局，专项巡察整改落实情况6个单位，延伸巡察29个基层站所，土地管理领域专项巡察9镇7街。共发现问题686个，移交问题线索46个，建议117条。开展机构改革调研式检查，发现7个影响和制约改革深入推进因素，向区委提出工作建议3条。狠抓巡察整改落实，对36个处级单位党组织巡察整改工作进行大起底，通报8个单位自降标准整改率虚高、7个单位韧劲不足整改进度迟缓等现象，对5个单位提出督查督办意见。制定加强巡察整改工作意见，明确日常监督、整改督导等5项责任和通报曝光、追责问责等6项机制，推动形成巡察整改合力。

【推进“三项”改革】 2019年，北辰区一体推进纪检监察体制改革。落实好“三个提名考察办法”，完成6个街道纪检监察工委书记、副书记拟任人选提名考察工作，推动9个镇纪委书记、副书记轮岗交流。“12388”电话举报系统正式开通，推进派驻机构改革。做好日常监督，共处置线索107件、立案34件、处分47人。

【反腐败斗争】 2019年，北辰区始终保持反腐败高压震慑。共处置问题线索654件，比上年增长3.3%，立案284件，比上年增长15.5%，结案248件，比上年增长22.8%，给予党纪政务处分240人次，

▲2019年5月13日，北辰区召开十一届区委第九轮巡察动员部署会　（区纪委　供图）

▲2019年5月6日，北辰区举行参加统配巡察干部教育培训会　（赵振　摄影）

▲2019年3月27日，中共北辰区纪委在区纪委会议室举行党纪法规知识竞赛

（赵振　摄影）

▲2019年9月17日，北辰区在龙顺庄园举办“颂祖国·倡清风·与国同梦”廉洁文化节目展演

（赵振　摄影）

对22人采取留置措施，移送审查起诉15人，挽回经济损失1.87亿元。劝返刘某某案同案犯赵某某投案自首，追回外逃4年8个月的大张庄镇政府原干部王某并移送检察机关。全面提升案件质量，全面检查2018年至2019年135卷谈话函询案卷。受理各类案件294件，抽调基层纪检干部以干代学“联合审理”“交叉审理”案件129件，审结123件。编纂下发违纪违法典型案例汇编和常用法规汇编，制发《规范案卷模板》和《易发风险提示单》。以7类处分执行不到位问题为重点，对2018年下半年至2019年全区纪律处分决定执行情况进行检查。开展“以案三促”。全年制发纪律检查建议书和监察建议书34份。

【宣传教育培训】 2019年，北辰区召开全区领导干部警示教育大会，播放《以权谋私 终蹈覆辙——李某某案件警示录》。举办“颂祖国·倡清风 与国同梦”廉政文艺节目展演，节目编排均来自全区各单位，展现全区干部群众干事创业的良好风貌和风清气正的政治生态。“极目辰光”微信公众号关注总人数达1.29万余人。全年推送141期、466篇文章，其中最大阅读量文章为《匿名潜逃五年 难逃党纪国法——原北辰区大张庄镇财税办出纳王某落网》，阅读量达8158人次，“天津广播”“天津日报”等公众号及“头条”等新媒体平台转发阅读合计达5万次以上。做好19期全市纪检监察干部大讲堂全员培训，用好用活“大练兵大比武”平台，举办党纪法律法规知识竞赛，组织旁听法院庭审3次，各类培训班16次，累计培训948人次。

（王孟瑶）

附：

匿名潜逃五年 难逃党纪国法
——北辰区大张庄镇财税办原出纳王某落网

2019年8月30日15点20分，在北辰区纪委监委与市、区两级公安部门的密切配合下，因涉嫌贪污犯罪潜逃5年的北辰区大张庄镇财税办原出纳王某在四川省成都市落网。2019年9月3日，王某被押解回津。

按照市追逃办统一安排部署，2019年3月，北辰区纪委监委、公安北辰分局共同成立追逃追赃领导小组，主要负责人担任组长，亲自挂帅，抽调精兵强将成立追逃专班，对涉嫌贪污犯罪，潜逃近5年的北辰区大张庄镇财税办原出纳王某开展追逃工作。

追逃专班缜密制定方案、细致研究对策，长途跋涉赴王某原籍河南省周口市查访，与王某原工作单位密切关系人开展谈话，夯实基础工作。在市追逃办和市公安局指导帮助下，利用科技手段和掌握信息，通过蛛丝马迹成功分析、获取王某藏匿于四川省成都市。在掌握其踪迹后，2019年8月28日，天津市刑侦局派出骨干力量与追逃专班共赴成都市，并于8月30日下午在成都市青羊区一网吧内，将隐匿身份、更换姓名在此打工的王某成功抓获。

（节选自2019年9月6日“极目辰光”微信公众号）

民主党派

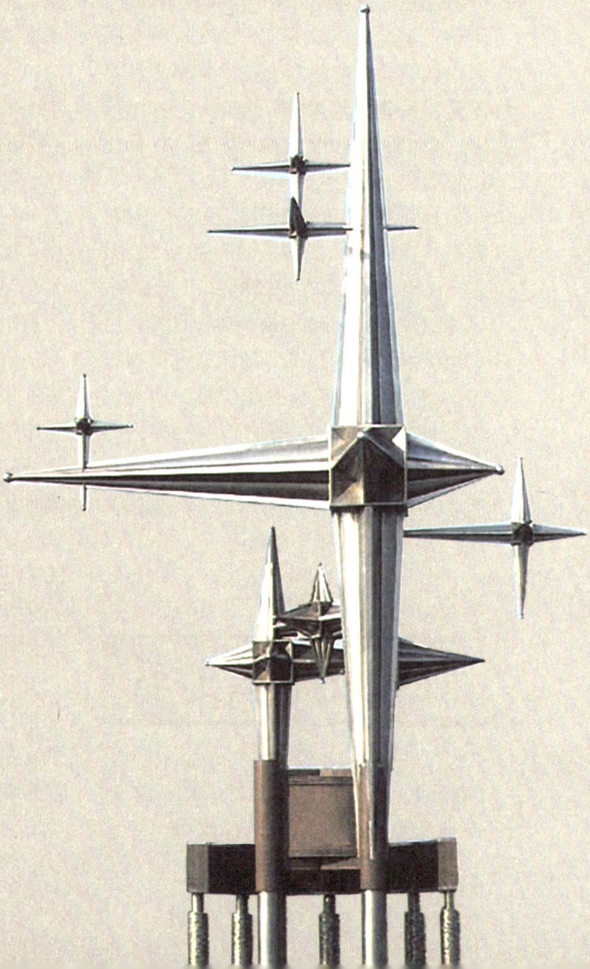

北辰年鉴

2020

综　述

2019年，北辰区各民主党派在中共北辰区委、区委统战部的领导下，学习贯彻落实中共十九大精神，加强自身建设，壮大党员数量。通过组织党员学习、组织党员培训、开展走访调研活动、开展志愿服务活动等方式，提高党员参政议政、服务社会的能力。至年底，民革、民盟、民建、民进分别有党（盟、会）员51名、185名、171名、72名。

加强思想建设，深化中共党的意识领导。9月23日，民主党派、无党派人士“不忘合作初心 继续携手前进”主题教育推进动员会召开。民革北辰区工委主委、北门医院常务副院长王遵来，民盟北辰区工委主委、副区长马希荣，民建北辰区工委主委、天津光明梦得乳品有限公司董事长于静，民进北辰区工委主委、区政协副主席刘晓琴，区政协副主席、无党派人士、北辰中医院院长马国海，区各民主党派全体班子成员以及无党派代表人士参加会议，深入推动主题教育在各民主党派开展。

加强组织建设，培养吸纳优秀人才。民革全年有10人申请，民盟完成第五届届中调整，民建建立会员之家作为学习阵地，民进发展4名新党员。中青年增多，党（盟、会）员素质不断提高，优化组织结构。

加强参政议政，提高为民服务能力。积极建言献策，民革提交市委会2篇报告，民盟1条提案在《天津盟讯》上刊载，民建组织会员提出10余条建议议案，民进组织赴浙江、江苏等地调研并撰写报告。8月19日，区统战部门组织四大民主党派共赴甘肃省华池县，参加“同心林”活动并认领对应林木，助战扶贫攻坚。各民主党派年内均组织多次社区义诊、学习爱心捐赠等活动。

（庄倩倩）

民革北辰区工委

【概况】 2019年，民革北辰区工委加强自身建设，各项工作都取得一定成绩。至12月底，民革北辰区工委共有党员51名，设2个支部。本届工委班子成员共7人，其中主委1人，副主委2人，委员4人；工委中男性成员33名，占总数的64.7%，女性成员18名，占总数的35.3%。本届工委中有3人担任处级以上行政职务。在人大政协方面，有1人担任市级人大代表，2人担任区级人大代表。工委组织中11人担任区级政协委员，占总数的21.6%。在学历方面，本科以上学历39人，占总数76.5%，高学历占比较高。在年龄结构上，60岁以上党员18人，占总数的35.3%，60岁以下党员33人，占总数的64.7%。

【思想建设】 2019年，民革北辰区工委坚持维护和执行《民革章程》各项规定，教育和监督党员遵纪守法。深入学习贯彻中共十九大精神和习近平新时代中国特色社会主义思想。组织或参与学习习近平总书记系列讲话精神，深入学习中共十九届四中全会精神、中共中央及市委召开的重要会议精神，包括重要讲话、文件等。组织或参与民革学习实践系列活动，特别是“观故居，走多党合作之路”“不忘合作初心，继续携手前进”专题教育活动等，教育和鼓励党员做好本职工作和党派工作。组织党员积极为民革市委会和区委统战部提供信息、报道。2019年，工委完成的报道主要有《2019年民革天津北辰区工委祖统工作展望》《精准扶贫暖人心——民革北辰区工委在行动》《民革青联健康行—民革北辰区工委2019年第一次活动纪实》《加强自身建设，提高履职能力——北辰区统战大讲堂学习》《围绕中心，认真履职——学习习近平新时代中国特色社会主义思想学习培训暨全国“两会”精神》《问津——民革北辰区工委第二支部参观平津战役纪念馆纪实》《民革北辰区工委二支部与信泰医院党支部共建活动——“欢乐西青行高雅艺术进万家”走进信泰医院》《精准帮扶，定点解决实际问题——民革北辰区工委一支部二支部志愿者服务活动》《民革天津市委会参政议政工作培训会提供工作抓手》《民革北辰区工委第一支部第二支部参观“沿着习近平总书记指引的方向前进——贯彻落实新时代党的组织路线主题展”纪实》《民革北辰区工委积极落实东西部扶贫协作和对口支援工作报道》《2019年5月14日民革北辰区工委召开党员大会》《民革北辰区工委庆国庆70周年活动报道》《民革北辰区工委庆国庆70周年活动报道》《我和我的祖国观影活动简讯》等30余篇。继续为每位党员征订《团结报》，让广大党员掌握民革信息。

【组织建设】 2019年，工委制定《财务制度》《档案管理制度》《党员出勤率年终公布制度》《党员学习制度》《党员会议制度》《党员教育管理制度》《组织生活会议制度》《支部例会制度》等多项制度，规定工委组织活动每年不得少于6次，每次参加活动的人数占总人数的50%以上，以制度规范党员行为。工委班子成员每月按时召开工委班子会，并及时把会议精神传达给全体党员。发现、培养并向上级组织推荐优秀人才，推荐后备干部，发展有民革特色人士或中上层人士为新党员。至年底，工委有申请人10人，在考察期间，把他们列入工委学习群，及时通知他们参加工委活动；推荐他们参加市委会，市、区委统战部及社会主义学院的理论学习，夯实理论基础。

开展示范支部创建活动，工委与青山湖民革组织建立联谊活动，共同学习交流总结工作经验，为民革示范支部和党员之家的建设提供宝贵经验。2019年10月，示范支部创建活动通过市委会的考核，成为达标支部。是年，民革北辰区工委“党员之家”建成并揭牌，成为支部开展议政研讨、主题讲座、学习培训和各种活动的场所。

【组织活动】 2019年，工委采取多种形式组织活动，提高党员思想理论水平，提升党员履职能力。

组织党员参加民革市委会组织的《学习习近平对台重要讲话精神报告会》，区委统战部组织的中华人民共和国成立70周年文艺会演活动、70周年书画和诗赞、为元城镇吕沟咀村实施油松沙棘混交“同心林”捐赠活动、小淀镇定点包户精准扶贫活动、重走长征路、下乡进社区、参加关爱老党员，与中共北门医院委员会、青联健康共建等活动。邀请市委会专职副主委刘凯华来工委做“不忘合作初心，继续携手前进”主题宣讲活动，组织党员参观“沿着习近平总书记指引的方向前进——贯彻落实新时代党的组织路线主题展”、北辰区文化中心、周恩来邓颖超纪念馆、平津战役纪念馆，开展《我和我的祖国》观影活动。

组织党员参加市委会及统战部组织的各种学习。鼓励新党员围绕社会热点、民计民生、重点领域经济发展等方面撰写社情民意提案议案，其中2篇专题调研报告被市委会采纳，2篇专题调研报告、多篇政协提案被区政协采纳。随民革市委会到贵州省纳雍县开展精准扶贫帮扶工作，为纳雍医生免费培训医疗技能。随区委统战部到甘肃省华池县精准帮扶，参加各种医疗服务活动。组织医疗界专家前往西藏自治区丁青县，为百姓及敬老院义诊。工委党员带队参加天津——甘肃手拉手"北辰文化志愿者革命老区正宁行活动"，开展6场文艺"大舞台"、4场笔会、2场声乐交流和为期半个月的北辰现代民间绘画精品展。参加"津冀爱心联盟"，为河北省隆化县贫困家庭的孩子送去助学金及慰问品，并组织"每日一善"为主题的筹集学费活动。

工委党员主持制定出台《北辰区工业园区（集聚区）围城问题治理重点工作安排意见》，并附带8个支持政策和工作制度，使北辰工业园区治理各项工作有据可依。主持完成搭建高校、大院大所与企业的科技对接平台，加快河北工业大学先进装备工程与技术产业研究院合作建设。推进"1001工程"建设，完成北辰区推动通信基础设施建设工作方案编制，落实责任分工，解决实际问题。

【祖统服务】 2019年，工委按照民革市委会和区委统战部的要求，组织开展对台工作。2019年，开展"世界脊诊整脊医学联盟台湾分会"的成立筹备工作。7月12日至14日，民革北辰区工委党员组织参与北门医院举办"世界脊诊整脊医学联盟"第七届年会，联盟台湾分会4人参加，并进行演讲。11月29日，"世界脊诊整脊医学联盟台湾分会"正式在台湾地区成立，为两岸医务人员的交流架起一座桥梁。

（田　晖）

民盟北辰区工委

【概况】 2019年，民盟北辰区工委带领北辰区全体盟员，弘扬民盟优良传统，"不忘合作初心 继续携手前进"，履行参政职能，在思想建设、组织建设、参政议政和社会服务方面取得新的进步。2019年，被民盟市委会评为民盟天津市委员会组织工作优秀集体。

【思想建设】 2019年，区工委组织集体学习和个人自学，为班子成员和各支部统一订购《中国共产党的九十年》《中国民主同盟史》《文化和文化自觉》《关注民生服务社会》《参政议政用语集》等盟中央推荐书目，并向新老盟员发放《盟章》。3月至5月，第四十七中学、南仓中学、九十六中学、北辰职专4个支部分别组织学习习近平总书记在《告台湾同胞书》发表40周年纪念会上的讲话《为实现民族伟大复兴 推进祖国和平统一而共同奋斗》。7月至12月，联合卫生、天辰、教研3个支部分别组织学习《习近平在庆祝中华人民共和国成立70周年大会上的讲话》《习近平在中央政协工作会议暨庆祝中国人民政治协商会议成立70周年大会上的讲话》《关于进一步弘扬科学家精神加强作风和学风建设的意见》《中国共产党的九十年》《盟章》等内容。10月，工委召开"不忘合作初心、继续携手前进"主题教育部署会，传达民盟市委会和区工委关于开展"不忘合作初心，继续携手前进"主题教育实施方案。副主委张国庆赴江西井冈山参加盟市委组织的"不忘合作初心，继续携手前进"主题教育培训班。

以中华人民共和国成立70周年、参观红色教育基地、组织盟员代表参加盟市委组织的"爱国奋斗先进事迹报告会"等活动为依托，回顾统一战线和多党合作历程、增强盟员理想信念，开展系列主题教育。6月，组织赴西柏坡开展红色主题教育活动，重温中国共产党在艰苦岁月里的光辉革命历程。7月，组织盟员到民盟传统教育基地觉悟社参观先贤刘清扬生平事迹展。9月，组织观看电影《我和我的祖国》。10月，组织盟员参观天津滨海航母主题公园。11月，组织盟员到西青区辛口镇红色教育基地参加"重走红军长征路"活动。国庆节前夕，15名盟员撰写歌颂伟大祖国的文章在区委统战部出版的《砥砺奋进七十载·我与祖国共成长》上发表，7篇上报盟市委，3篇刊发在天津民盟"庆祝中华人民共和国成立70周年"征文作品选中。

【组织建设】 2019年4月，在民盟市委会和区委统战部的指导下完成民盟北辰区工委班子第五届届中调整，召开班子（扩大）会议。5月，区工委召开主委会和全委会。调整班子成员分工，明确各自职责。8月、11月，区工委班子两次召开会议，听取4位副主委的工作汇报，总结新班子运行以来工作情况。加强"盟员之家"建设，提升基层组织活力。4月，民盟天津市委会副主委郭维丽一行到天辰公司调研指导工作。7月，盟市委组织部邀请刘长龙到盟市委参加对海南来访接待，介绍盟员之家建设和发展情况。市委统战部、民盟市委会多次组织人员到经济支部"盟员之家"参观调研。组织盟员参加市、区活动。南仓中学盟员张岩老师创编的啦啦操《舞动青春逐梦远航》，先后在市、区活动中展现风采并受到好评。孙海君、刘长龙、李建华、马凤利等多位盟员的书画作品参加国家、市、区书画作品展，并取得优异成绩。孙海君、刘长龙作品刊发在《风雨同舟 携手共进——天津市统一战线庆祝改革开放40年书画展作品集》中；孙海君3幅作品代表民盟市委会，参加中华人民共和国成立70周年作品展并刊发收藏。李建华3幅作品参加文化部展览展示中心主办的中国百名书画名家作品邀请展，作品《长青图》被以"中国人民志愿军烈士后代"名义赠送给朝鲜国家最高领导人金正恩元帅，在朝鲜妙香山国际友谊展览馆长期珍藏和展览。2019年春节前夕，各支部精心挑选慰问品，慰问老盟员。

【参政议政】 2019年，加强参政议政人才队伍培养，提高履职能力。3月，高文成副主委带领组织25位盟员参加"统一战线同心大讲堂活动——履职尽责提升能力"讲座，听取市政协常委、民盟市委会常委、天津理工大学改革和发展研究室主任卢俊瑞教授作的《担起使命和责任，练好内功履职尽责，做一名无愧于时代的"言官谋臣"》报告。7月，工委召开参政议政培训会，重点培训新盟员，特邀民盟市委会调研室主任张媛讲解"基层民盟如何履行参政议政职能"，52人参加培训；11月，再次召开参政议政培训会，邀请市社会主义学院科研处处长徐红明教授、北辰区委党校教研室副主任胡艳霞和宋世华，分别以《国际形势和我国发展战略》《依法治国》《统战基本知识》为题授课，40位盟员参加培训。

发挥两级政协委员作用，提高建言献策效果。由主委马希荣牵头的《关于促进我市特殊教育事业发展的建议》调研课题，经盟市委审核转化为集体提案在市政协第十四届二次会议提出，市教委给予答复。该提案在《天津盟讯》2019年第一期上选登。曹玥副主委完成民盟北辰区工委2019年政协发言稿件《关于解决当前中小学学生放学托管问题的对策建议》。黄俊成副主委的《大力发展民营经济，构建亲清新型政商关系》调研课题结题后，经盟市委审核转化为盟市委集体提案，在市政协第十四届二次会议提出，天津市工商业联合会给予答复。

在市政协十四届二次会议上提交的《关于完善我市医养结合制度的建议》（马希荣、李芙英）被确定为2019年盟市委课题，《关于加强智力支持我市乡村振兴的建议》（马希荣）建议被采纳。市政协委员、盟员李佳萍提交的《关于解放桥定期开放的建议》，得到市政府高度重视，确定解放桥逢重要节日桥梁开启制度。

【服务社会】 2019年，开展对口帮扶。7月，工委组织捐赠油松沙棘混交“同心林”活动。102位盟员认捐10.93公顷，合计42610元，为东西部扶贫协作和对口支援工作做出贡献。10月，天辰支部第八次走访慰问支部爱心助学帮扶对象张宇晴、张宇晨姐妹。11月，马希荣主委带队，对西堤头镇辛侯庄村开展帮扶工作，开展义诊和法律咨询并慰问2户困难户。10月，王戊己代表天津市建材业协会与扶贫对口省市甘肃省进行技术培训。开展“计生科普进校园活动”，10月，分别在第四十七中学、南仓中学对初、高中的学生进行宣传教育，通过专业讲座、现场展板的形式，寓教于乐。

工委委员刘长龙带领经济支部义务修缮清理杨连弟塑像，缅怀先烈，义务修缮工作连续7年。年内，刘长龙为华池县、兴隆县、北辰区社区困难户等捐赠物资累计30万元，获“东西部扶贫爱心捐赠奖”。黄俊成副主委组织律师对新村街、集贤街的15个社区，开展每季度一堂法制课活动，全年开展60堂法制课教育培训活动。卫生支部李芙英开展社区康复技术普及工作，举办社区康复讲座，普及康复知识，并到天穆镇、大张庄镇开展社区康复技术宣讲及会诊工作。在六一儿童节前开展脑瘫儿童康复走访工作，个人出资捐赠30余件康复器材。

【盟员风采】 2019年，南仓中学支部盟员衡丹、东堤头中学李洪莲分别获得“天津市优秀教师”荣誉称号。九十六中学支部任少华带领高三年级组获得“北辰劳动竞赛示范集体”称号。职专支部刘宁、张丽静指导学生参加“第四届IEEE电脑鼠走迷宫国际邀请赛”，并取得优异成绩；刘宁所带班级被评为区级突出进步班集体，个人被评为区级优秀班主任，论文发表在《中国教工》中，制作的《剖视图》获天津市教育教学信息化大奖赛课件项目一等奖；崔靖懿被评为区级优秀班主任、教育系统“巾帼示范岗”。在天津市庆祝五一劳动节大会上，王戊己率领的中天联合节能建设发展（天津）股份有限公司工程部被授予“全国工人先锋号”称号。卫生支部李芙英被聘任为天津市康复医学会质控中心委员、天津市康复医学会治疗师促进专委会副主任委员，被中国康复医学会党委评为先进个人；杨立顺入选“北极星”人才发展计划第三层次人才。天辰公司支部高文成获2019年“民盟天津市委会先进个人”称号；李佳萍是市、区两级政协委员，每年都有优秀提案。

（李云娜）

民建北辰区工委

【概况】 2019年，民建北辰区工委贯彻落实民建市委会的工作部署和要求在思想建设、组织建设、参政议政和社会服务方面完成年初制定的各项工作任务。至年底，民建北辰区工委有会员171人，成员中有1人担任市级人大代表、5人担任区级人大代表，其中包括1名区人大副主任（兼）（其中含河北区人大代表1人）。13人担任区级政协委员，含区政协常委1人。平均年龄51.4岁，其中博士2人，硕士14人，本科83人。2019年，经民建天津市委会组织委员会批准入会会员8人。6人为本科学历，平均年龄35岁。

【思想建设】 2019年，区工委制定《民建北辰区工委开展“不忘合作初心，继续携手前进”主题教育活动实施方案》，成立主题教育活动领导小组，召开“不忘合作初心，继续携手前进”主题教育活动启动大会，邀请天津市社会主义学院教研室讲师贾亭，做主题为“习近平总书记加强和改进统一战线工作重要思想”的专题辅导报告。全年召开5次主题教育领导小组会议。年初，工委召开工委班子扩大会，学习习近平总书记在天津考察工作和京津冀协同发展座谈会上重要讲话精神。参加民建市委会宣传工作会议。参加区委统战部组织的统战大讲堂活动。组织会员观看电影《周恩来回延安》。参加区委统战部庆祝新中国成立70周年文艺演出，于静主委代表北辰区各民主党派发言，会员焦金礼演出京剧节目。参加民建市委会庆祝新中国成立70周年演出活动，会员金耀邦代表北辰区工委表演京剧节目。工委召开庆祝新中国成立70周年新老会员话会史教育活动。

组织会员观看习近平总书记在庆祝中华人民共和国成立70周年大会上的重要讲话视频。观看民建市委会下发的《努力弘扬民建优良传统，共同致力于中国特色社会主义事业》视频。组织会员集体学习研讨市委会庆祝新中国成立70周年知识竞赛内容，进行集体答题。13名会员参加民建市委会组织的“@所有会员！镜头对准大好河山”民建市委会“庆祝新中国成立70周年”摄影比赛活动。组织近60名会员、会友观看爱国电影《我和我的祖国》。

【组织建设】 2019年，定期召开班子会，通报近期工作。学习《各民主党派中央关于新时代组织发展工作座谈会纪要》《关于发展新的社会阶层人士和非公有制经济人士注意事项》《北辰区2019年统战信息宣传工作量化指标和考核办法》等文件。按照民建市委会组织处下发的《关于发展新的社会阶层人士和非公有制经济人士注意事项》要求，吸引高素质人才入会，到会员所在单位进行外调。执行组织发展程序，注重申请人培养教育工作，各支部对入会申请人的培养期不少于6个月。安排工委中青年会员参加市委会各专门委员会，锻炼培养。学习贯彻民建天津市委十二届十九次主委会议审议通过的《民建天津市委员会关于建立会员个人重大事项报告制度的通知》精神，以支部为单位，通过支部群、邮寄等方式，将通知下发到各支部，保障制度的实施和落实。

12月8日，民建北辰区工委会员之家在主委于静企业光明梦得乳品有限公司建立并举行揭牌仪式。市委会主委李文海，北辰区委常委、区委统战部部长陈永义为民建北辰区会员之家揭牌。会员之家。工委准备《会章》《中国民主建国会简史》《中国民主建国会概述》等书籍、视频光盘，将会章、会史、规章制度、会员荣誉、会员风采等布置上墙，做为宣传习近平新时代社会主义理论思想的学习阵地，为会员搭建学习、参政议政、相互交流的平台。

【参政议政】 2019年，工委组织年轻、骨干会员参加民建市委会参政议政工作推动会，参加市委会青年骨干培训班。工委执笔2019年北辰区党派联合调研课题，通过座谈、学习、实地走访等方式，完成题为《打造特色小镇带动北辰区乡村振兴战略有效实施的建议》的党派联合调研报告。此项调研报告得到区长重要批示。市人大代表赵春来在1月召开的天津市人民代表大会上，提出的《关于推动我市高标准农田建设，深化农业供给侧改革的建议》《关于建立天津市原奶议价机制，推动奶业健康发展的建议》《关于成立天津市农业投资基金，助力天津农业发展再上新水平的建议》《关于财政支持政策性担保公司发展的建议》，均被大会采纳。其中《关于推动我市高标准农田建设，深化农业供给侧改革的建议》列为人大常委会主任督办建议。组织参加市政府组织的《关于高标准农田建设座谈会》，参加市财政局组织的人大代表、政协委员提案办理座谈会，参加市人大组织的听取《天津市优化营商环境座谈会》等。在北辰区十七届人大五次会议上，三支部主委、人大代表王洪瑾提出的《关于公交“731路”调整线路和增加班次的建议》《关于对辰悦家园小区门口黑出租治理的建议》被采纳；在北辰区九届政协三次会议上，工委副主委、政协委员杜洪源提出的《关于加强居民楼“开墙打洞”管理的建议》的提案被立案。工委副主委赵春来向民建市委会报送题为《关于切实发挥再担保基金作用》社情民意。参加北辰区委统战部组织召开的政党协商会，参加北辰区政府组织人大代表、政协委员对2019年人大代表建议、政协委员提案和20项民心工程办理落实情况报告会，并视察重点点位，提出意见和建议。

工委第七支部与民建丰台区科技支部在津共同开展交流调研活动。两地会员共同参观北辰区的知名企业天士力控股集团有限公司，并签约成为京津友好支部。

【组织活动】 2019年，工委组织一、二、三、四支部联合活动，参观李大钊故居，进行不忘初心教育；组织六支部开展“不忘合作初心，继续携手前进”主题教育活动，组织会员共同学习《中共中央关于加强中国特色社会主义参政党建设的意见》《习近平新时代中国特色社会主义思想学习纲要》《习近平论发展社会主义民主政治讲话摘要》。七支部参加京津冀“不忘初心携手行，我与祖国共庆生”联合活动。六、七支部联合开展参观天津海河教育园区思想政治教育实践基地活动。六、七支部会员到天津市滨海新区参加“基层组织联合活动。组织会员在西青区辛口镇第六埠村红色教育基地举办“重走红军长征路”活动。

主委于静等6名会员参加区委统战部“砥砺奋进七十载·我与祖国共成长”统一战线成员庆祝新中国成立七十周年大家谈征文活动。会员王金萍的短篇小说《正是热血红》，在区文旅局及与区文联共同举办的“激情满怀”喜迎中华人民共和国成立70周年征文活动中，获一等奖。民建北辰工委协办的“士领群英·赵士英师生书画作品展”北辰站在八斗艺术展览馆举办。民建界别政协委员10人参加北辰区政协举行的庆祝新中国和人民政协成立70周年，参观平津战役纪念馆、周恩来邓颖超纪念馆以及学习培训活动。

2019年工委刊印《北辰民建》报刊4期，主题教育活动增刊1期。向民建市委会及区委统战部分别报送信息30余篇，参加民建市委会及区委统战部征文、撰写学习体会12篇，图片100余张。工委委员关膺红被评为民建天津市委会2019年宣传工作先进个人。

【社会服务】 2019年，工委继续深化对双口镇岔房子村的定点帮扶工作。春节期间慰问范树生、赵振华、王德服3户困难家庭。送去米、面、油及其他慰问品，价值2000余元。惠辰担保公司继续为岔房子农业合作社担保贷款180万元。主委于静个人出资购买100箱双口镇滞消烟薯和100盒铁棍山药分发给会员，价值9000元，在会员中广泛宣传双口镇农产品。连续八年开展“同心·助学”主题活动，全年资助第四十七中学11位学生，累计捐款16.2万元，助力20名优秀困难学生进入大学。2019年，在甘肃省庆阳市华池县元城镇吕沟咀村实施油松沙棘混交千亩“同心林”捐款活动中，工委共计捐款58260元，可种植“同心林”14.94公顷。区工委组织参加北辰区委统战部组织的进社区送福、送春联活动。春节慰问老会员，并继续为70岁以上老会员赠送生日蛋糕。六、七支部会员代表与陈玉荣一起看望老会员杨肃晏。为落实区委领导关于“动员全区党外人士投身创文创卫活动”的指示，民建北辰区工委委员杨光、四支部主委贾逸鸥参加区委统战部组织各民主党派成员赴位于普东街道的天主

▲2019年10月7日，民建北辰区工委举行“不忘合作出新 继续携手前进”主题教育活动

（民建区工委　供图）

教堂周边卫生清扫活动。82岁的老会员吴建坤，长期任新华里社区志愿者，参加社区巡逻、创文、创卫、公益捐助等活动。民建会员尚君应邀在北职专为新疆班的学生进行剪纸培训。会员金耀邦参加京剧进校园佳宁里小学演出活动。

12月3日，民建中央召开脱贫攻坚表彰大会，民建北辰区工委被评为先进集体；主委于静被评为先进个人。12月18日，北辰区成立侨海人士联谊组，成立大会上，工委委员张贵友的企业中环国际休闲文化中心获得"侨胞之家"授牌，其被聘为北辰区侨海人士联谊会副主席。

（关膺红）

民进北辰区工委

【概况】 2019年，民进北辰区工委落实民进市委会和区委统战部工作部署，发挥参政党作用，各项工作取得新的成绩。在民进中央和市委会表彰中，联合支部主委曾文琴被授予"民进全国组织建设先进个人"称号；基础教育支部被授予"民进天津市先进基层组织"称号；马燕被授予"民进天津市组织建设先进个人"称号。会员沈伯雄入选国家百千万人才工程，被中央组织部、中央宣传部、人力资源社会保障部、科技部授予"全国杰出专业技术人才"称号；委员祝丽华被北辰区教育局授予"北辰区优秀德育工作者"称号。

【思想建设】 2019年，区工委按照民进市委和区委统战部的要求，推进主题教育活动深入开展。成立以主委为组长的主题教育活动领导小组，制定《民进北辰区工委"不忘合作初心，继续携手前进"主题教育活动方案》，召开全体会员参加的主题教育活动动员部署大会。召开全体会员大会专题学习，参加市委会和区委统战部组织的专题讲座和培训。各支部组织集中学习，下发资料要求会员自学，并提出具体要求。邀请民进天津市委会副主委金永伟来区开展主题教育暨中共十九届四中全会精神宣讲，近40名会员参会。组织会员观看《我和我的祖国》电影，参加《我和我的祖国》征文活动，4名会员撰写文稿入册。参加区统一战线庆祝新中国成立70周年文艺会演，10余名会员演出合唱《我和我的祖国》。赴辛口镇开展"重走红军长征路"活动，弘扬革命精神。组织参加宜兴埠社区环境义务劳动。

【组织建设】 2019年，区工委贯彻落实民进市委会"基层组织建设主题年"的工作部署，全面夯实基层组织根基。全委会赴井冈山开展红色主题教育活动，并与民进吉安市委就"基层组织建设"专题进行交流座谈。修订完善《民进天津市北辰区工作委员会领导班子工作细则》《民进天津市北辰区工作委员会支部工作细则》。推荐3名会员参加市委会2019年青年会员培训班。1名委员参加区辰青班培训。全年发展4名新会员，完成年度会员发展任务。从区外转入3名会员，优化会员结构。

【参政议政】 2019年，区工委就全区重点工作，提出意见建议，助力经济社会发展。参加区党派联合调研，赴浙江、江苏等地学习考察。撰写《关于提高我区政协提案质量和办理实效的调研报告》，作为区政协与区政府专题协商内容。开展议政调研，《关于补强服务业短板进一步优化我区产业结构的建议》被作为区政协大会发言和集体提案。在北辰区两会上，提交建议与提案4篇，部分意见建议得到采纳。全年提交社情民意信息1篇。赴甘肃参加"同心林"启动仪式和扶贫活动。组织会员为甘肃省华池县捐款7000元，建设1.8公顷"同心林"。跟随北辰区教育局高中代表团赴甘肃华池县开展教研交流。继续开展"智慧火炬"青光镇困优生教育帮扶活动，带领青光镇师生30余人，走进天津理工大学参观校史馆、图书馆、体育馆，听周雪松教授讲授新能源发展科普讲座。

【文化活动】 2019年，区工委成立北辰民进书画活动小组，集中会内的书画专家和爱好者们，通过书画活动履职尽责。小组成员创作的《时代繁华绣锦程》等作品参加区委统战部举办的北辰区统一战线成员庆祝新中国成立70周年艺术作品展。

（马　艳）

▲2019年8月19日，民进北辰区工委负责人随北辰区委统战部门同心扶贫代表团赴华池县为老区人民奉献爱心　（民进北辰区工委　供图）

人民团体

北辰年鉴

2020

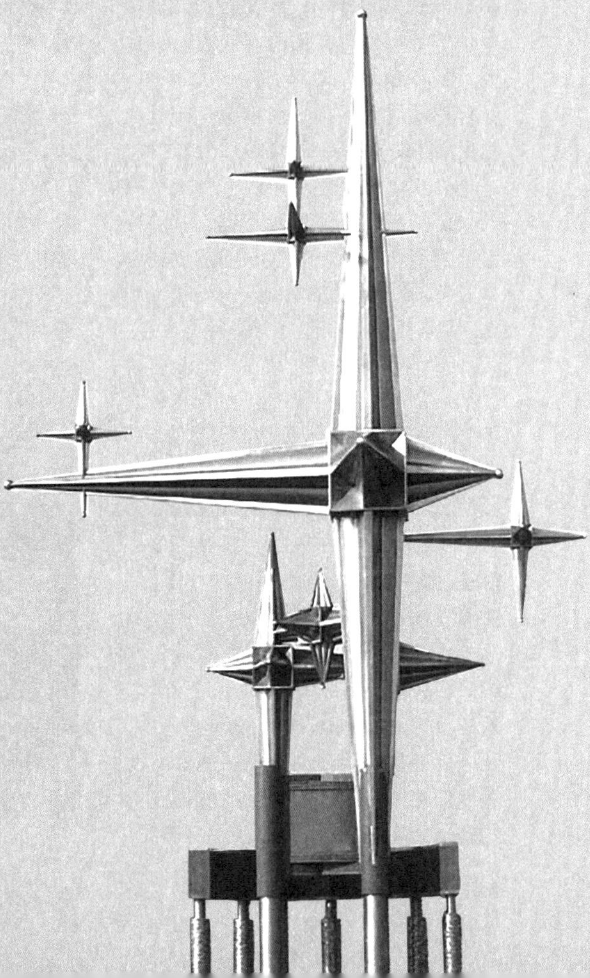

综述

2019年，北辰区有总工会、共青团、妇女联合会、科学技术协会、青年联合会、工商业联合会6个人民团体组织。各人民团体坚持以习近平新时代中国特色社会主义思想为指导，维护劳动者、妇女儿童、青少年、工商业者合法权益，搞好技能培训、劳动竞赛、科技致富、创建文明家庭、建言议政，带好组织成员，服务北辰政治、经济、文化、社会、生态文明建设。

加强思想引领，开展主题教育。通过举行"读书班"、组织观看爱国教育电影、组织大型宣讲会、上重要党课等活动，深入学习贯彻习近平新时代中国特色社会主义思想，提升干部党性素养，增强为民服务意识。

组织专项活动，提高服务水平。工会组织职工演讲比赛和职业培训，并开展精准帮扶为困难职工捐助，年底为农民工发放补贴30余万元。团区委举办"百年五四 青春建功"纪念五四运动100周年大会，举行青年干部培训班，提高青年干部干事创业能力。区妇联组织插花、烘焙等系列培训，搭建女性创业平台，大力开展妇女工作。区科协举办第33届科普活动周，举行多场科普宣传活动，提高全区科普水平。区工商联开展"四个一（设定一个活动主题、设计一个活动形式、开展一个主题讨论、形成一个讨论意见）"活动，提高区内企业家自身能力。

是年，区妇联被评为"全国维护妇女儿童权益先进集体"。

（庄倩倩）

北辰区总工会

【概况】 2019年，北辰区总工会（以下简称区总工会）全面落实区委和市总工会的工作部署，服务职工、服务大局，各项工作取得明显成效。至年底，全区累计建会单位3505家，职工会员69901人。加强对基层工会经费使用的巡察力度，采取专业人员巡察与购买社会服务审计相结合，年内审查50家。

【开展主题教育】 2019年，区总工会以处级领导干部为重点，以党支部为单位，通过"读书班"、集中自学、交流研讨、上专题党课等形式，抓实理论学习；组织党员干部参加义务劳动、入户宣传，参观杨连弟烈士纪念馆、观看红色电影以及廉政警示教育片，认真开展"四个教育"；通过发放征求意见函、召开座谈交流会等形式，结合调研走访，征求意见建议46条，班子查找问题14个，制定整改措施47条，建章立制7项，并全部整改。

【组织建设】 2019年，区总工会第七届委员会第三次会议召开，选举王智弘为工会兼职副主席，选举刘长龙、陈振虎为工会挂职副主席。全年新建会单位570家，入会职工4340人；培训基层工会干部1872人次，培训职工23521人次；新招录社会化工作者5人，充实基层工会力量。指导各镇街组织好工会换届工作。

【思想引领】 2019年，组织北辰区第八届运动会企业职工组比赛，208名职工参与；举办工间操培训班，80余名工会干部参加；开展美丽北辰摄影活动、"礼赞共和国 筑梦新时代"创文、创卫答题活动，深入企业开展"学思想 诵经典 树家风"宣讲会；组织职工参加"劳动筑梦"天津市职工主题演讲比赛、天津市职工庆"五一"体育健身嘉年华活动，以及"千人千企"职工文体培训活动。

【精准帮扶】 2019年"两节"期间，投入66万元，慰问困难劳模和职工257人；开展"夏送凉爽"和"金秋助学"活动，慰问一线职工2896人，发放物资17.92万元，发放助学金2.15万元；为劳模、困难职工、农民工共计2824人进行免费查体；组织17名劳模开展爱心捐助，为河北省兴隆县捐资8.5万元，电脑20台；与区委统战部合作，为甘肃省华池县实施"圆一个安居梦"项目，制作公众号，发动会员职工积极参与，筹资20万元（劳模4万元）；开展"春风行动"系列招聘会12场次，提供就业岗位4.2万个，达成初步就业意向9650人；新建1家职工服务中心，建成18个户外劳动者驿站，打通"服务职工最后一公里"。

【普惠工作】 2019年，强化普惠政策宣传，发放《职工宣传手册》10万份，推广"知工"APP，注册人数1.34万人；按政策要求，投入资金215.4万元，救助会员职工543人次；新办、补办会员服务卡5500张，保证农民工会员享受每年150元的普惠补贴。截至12月底，第一批补贴发放2293人，金额34.4万元。

【职工权益维护】 年内，建立工会组织的非公有制企业职代会制度建制率动态保持在95%以上；选派代表队参加首届城市工会集体协商竞赛天津选拔赛获三等奖；强化文化阵地建设，创建市级职工书屋9个，建立区级职工书屋16个，完成区工人俱乐部提升改造工程；深入开展"尊法守法·携手筑梦"服务农民工公益法律服务行动。

【开展主题劳动竞赛】 2019年，举办北辰区首届职工职业技能大赛，69人参加决赛，评选表彰9人；组织542家企事业单位，参加安康杯劳动竞赛，完成竞赛试卷1.2万份；参加市"打赢蓝天保卫战"劳动技能竞赛、十大劳动竞赛和安全班组评选，1个企业项目获天津市一等奖；1家企业入选"非公企业十大劳动竞赛十

▲2019年12月16日，北辰区总工会联合区司法局在企业开展法律服务工作

（乔欣 摄影）

大示范单位”；3个单位获天津市班组安全建设和管理优秀奖。

【劳动模范】 年内，推荐评选全国工人先锋号1个，天津市五一劳动奖状2个，五一劳动奖章3个，工人先锋号4个；选树1名职工参评全国维护妇女儿童权益先进个人。做好劳模服务管理工作，慰问已故劳模遗属，并对80岁以上劳模进行生日慰问；分别组织43名市级以上劳模和31名区级以上五一劳动奖章获得者，前往北戴河进行疗休养活动。为市总工会推荐2020年市劳模候选人40人。

（王　璐）

共青团北辰区委员会

▲2019年9月12日，共青团区委联合河北工业大学团委，组织部分国家级、市区级优秀“青少年维权岗”，开展走进河北工业大学集中宣传活动　（马越　摄影）

【概况】 2019年，共青团北辰区委员会（以下简称团区委）全面落实区委对共青团工作的重要要求，认真落实团市委十四届五次全会部署，聚焦主责主业、深化改革攻坚、全面从严治团，履行引领凝聚青年、组织动员青年、联系服务青年的职责使命。

【思想政治教育】 2019年，团区委聚焦主责主业，加强思想引领，深化“青年大学习”行动，组织专题座谈会2场、开设线上学习专栏26期、连载青年热议讲话专刊6期、编印理论学习读本9期。举办“百年五四 青春建功”纪念五四运动100周年大会、庆祝中华人民共和国成立70周年大会。实施“北辰区青年马克思主义者培养工程”，结合“青年干部培训班”开展系统培养实践。承办团市委“青春心向党 建功新时代”特别主题团日活动，1500名团员青年在烈士陵园接受革命传统教育。举办“学思想 诵经典 树家风”宣讲会3场，举办“新时代 新华服 新青年”北辰共青团弘扬传统文化之美巡演，引导青年传承优秀传统文化。组织团员青年集中观看《钱学森》《我和我的祖国》《周恩来回延安》等影片。开展红领巾国防军事冬令营、“争做新时代好队员 做小小追梦人”入队仪式、区情区史教育等主题活动3场。持续活跃更新“辰青e彩”官方微信微博，4个优秀作品被团市委转载。深挖一批优秀青年典型，推出可敬可学的身边榜样16人，赵祥、衡飞获评天津青年五四奖章，弭捷获评天津市向上向善好青年，集贤里街道团工委书记王智弘获评“全国优秀共青团干部”称号。组建北辰区青年讲师团，开展“青春心向党 建功新时代”“我和我的祖国”等主题宣讲7场。开展“百年五四 青春建功”线上宣讲16场。

【基层组织建设】 2019年，团区委优化基层团组织设置，改建团组织12个，组建成立卫健委团委。制定下发《关于加强北辰区基层团组织规范化建设工作的实施方案》，按要求完成各级团组织团建关键指标自查抽查，开展基层团支部整理整顿确定重点整顿对象，督促指导整改提升，进行软弱涣散团组织整顿。全面摸排区内“两新”组织，对已建立的团组织进行规范整顿，推动规模以上非公企业51家建团组织。加强团员教育管理，制定下发《关于进一步规范团员发展工作的通知》，从调控团员队伍规模结构、规范团员发展工作程序、规范团员档案管理、严肃团员发展工作纪律四方面进一步规范团员发展工作。定期举办入团积极分子考试，严把入团第一关。处理1起违规发展团员个案，形成典型案例。依托“智慧团建”系统，有序推进“学社衔接”工作，完成团组织关系转接4000余人次。

【社会服务】 2019年，团区委积极参与乡村振兴，制定出台《北辰区青年投身乡村振兴系列活动实施方案》，发动团员青年、青年志愿者和青年社会组织投身乡村振兴工作，开展环境清扫等志愿服务活动10场。开展“双万双服促发展”活动，走访定点服务企业6家，搜集问题需求4个。走访青联委员企业12家，向企业积极宣传“津八条”“辰十条”等利好政策，以青年创业服务站为载体，开展创业青年金融政策对接会、金融知识大讲堂3场，助力青年创业就业。举办“3·5”学雷锋志愿服务月启动仪式，为300余名青年志愿者现场提供视力筛查、家电维修等志愿服务，18个青年志愿服务队开展各类服务30余场次。积极承担“创文”工作任务，每月汇总上报全区各单位“创文”任务完成情况，开展文明口号征集活动，累计征集口号69条，评选采用18条。落实双创督察责任，常态化深入果园新村街道、集贤里街道进行检查督导，提交督办问题300余条。组织开展甘肃华池、河北兴隆农村青年致富带头人培训2场。帮助元城镇龚河村成立蜜蜂养殖专业合作社，筹集5.5万元，资助华池县55名贫困学生。在兴隆县实施“我要上大学”项目，资助20名2019年新入学的品学兼优贫困大学生，为当地100名学生缴纳健康保险。

【服务青年成长】 2019年，北辰区《天津市中长期青年发展规划（2017—2025年）》实施工作联席会第一次全体会议召开，共同推进青年工作。深化“不忘初心 牢记使命 唯真求实 服务青年”主题大调研活动，明确6项重点工作和4个阶段活动安排，常态化下基层督导，累计汇总青年意见建议292条，建立台账、逐条落实。举办“青春有约 津彩团缘”交友联谊

▲2019年7月11日，共青团区委与华池团县委联合开展“津陇一家亲 少年手拉手”活动（牛馨雅 摄影）

活动5场，为青年搭建交流平台。举办中高考心理减压、维权岗在行动等系列主题活动20场次。深化“两法两例”青少年法治宣传教育月活动，举办“校园欺凌与自我保护”“珍爱生命 远离毒品”等主题教育100余场次，发放《小智宣法》《青少年自护读本》等普法宣传材料5000余份。依托“青动社区”微信小程序，面向全区村居推送“青春灯塔”心理活动课、VR禁毒公开课等8大类200余节课程，受益青少年5000余人次。加强青少年事务社会工作专业人才队伍建设，围绕“双百行动”“第二课堂”等九大主题，选派社工实施“青年参与社会治理”项目。加快培育孵化天津市星耀未来社工中心和天津市北辰区辰星青年发展服务中心2家青年社会组织。

【全团带队】 2019年，联合区少工委、区教育局开展“津彩假日”红领巾夏令营活动，举办区级夏令营2场，校级夏令营40场，社区夏令营13场，覆盖少先队员1700余名。承办“津陇一家亲，少年手拉手”主题夏令营，圆满完成来自甘肃甘南地区、天祝县建档立卡贫困户家中的48名少先队员一周夏令营生活。

（马 越）

北辰区妇女联合会

【概况】 2019年，北辰区妇女联合会（以下简称区妇联）举办北辰区第38届“三八”健康杯妇女健身展示大赛，开展形势政策宣传活动、推动创业创新巾帼行动、深化巾帼建功行动、加强组织网络建设等活动。年内，区妇联被授予“全国维护妇女儿童权益先进集体”称号。

【思想政治引领】 2019年，区发挥妇联组织阵地优势，开展“巾帼心向党 礼赞新中国”巾帼大宣讲活动，组成15人的巾帼宣讲团，深入田间地头、农家院落、工厂车间、社区广场开展宣讲44场，受益群众1700余人次。举办妇联系统形势政策大讲堂4场。强化意识形态建设，加强网宣、网评员及网上志愿者队伍建设，组织开展培训，传播正能量。

▲2019年5月28日，北辰区妇联、区文旅局联合举办第八届运动（家庭组）暨亲子嘉年华活动（区妇联 供图）

【妇女创业就业】 2019年，推动“创业创新巾帼行动”，提升女性创业创新意识和能力，举办市民心工程女性双创服务项目2场，插花、烘焙等系列培训70场，累计培训3000余人次，引导更多女性投身创业创新。搭建女性创业平台，联合相关部门举办“春风行动”招聘会8场，300余名女性达成就业意向。

【巾帼建功及岗位成才】 2019年，深化“岗位建功巾帼行动”。发挥巾帼文明岗、巾帼建功先进集体和巾帼建功标兵的示范引领作用，以纪念三八国际劳动妇女节为契机，召开先进典型事迹分享会，利用区“两台一报”宣传妇女事业发展成就和优秀妇女典型，4人被评为市级三八红旗手，2个单位被评为市级三八红旗集体。双街镇双街村被评为全国巾帼建功先进集体，爱馨瑞景园老年公寓被评为全国巾帼文明岗，杨津娜被评为全国巾帼建功标兵，林则银被评为全国三八红旗手。

【家庭教育指导】 2019年，发挥区家庭教育指导中心作用，通过家庭主题沙龙、亲子活动、家长素质提升等项目，促进家庭和谐幸福，以项目化运作方式委托13名专业讲师开展“文明家庭大讲堂”26场。举办北辰区第八届运动（家庭组）暨亲子嘉年华活动启动仪式，开展分场活动18场。组织少年儿童开展革命传统文化教育、社会实践、志愿服务等活动，依托社区儿童之家开展“扣好人生第一粒扣子”主题活动44场。

【寻找“最美家庭”活动】 年内，开展最

▲2019年4月25日，北辰区妇联联合果园新村街道在区文化馆小剧场举办果园新村街“最美家庭”大众评选暨“家风熏”系列活动启动仪式　（区妇联　供图）

美家庭创评、“树清廉家风·创最美家庭”活动，举办最美家庭揭晓暨最美家庭联盟成立仪式，评选区级“最美家庭”86户，其中30户家庭被命名为天津市“最美家庭”，王振兰家庭上榜全国“最美家庭”。举办优秀家风基层巡展和最美家庭家风故事巡讲100余场。举办“弘扬家国情 奋进新时代”最美家庭家风展示活动，联合果园新村街道举办“最美家庭”大众评选暨“家风熏”系列活动启动仪式。对市、区级“最美家庭”进行集中挂牌。成立“最美家庭志愿者联盟”，开展活动14场。

【深化关爱系列活动】 年内，区妇联关爱困难妇女儿童，落实好区民心工程，为513名单亲困难母亲上女性安康保险，为23个困难村70岁以上女性1845人上意外伤害保险。动员社会力量参与东西部扶贫协作和对口支援工作，共捐款173759元。联合区妇幼保健中心为150名单亲困难母亲进行免费查体。推动公益保险项目，为17211名妇女投保137.22万元，其中728名妇女受益，理赔金额95.69万元。举办送温暖、单亲母亲慰问及心理减压辅导、秋季助学金发放仪式暨“筑梦未来 助力成长”知识讲座等活动，为妇女儿童949人次发放慰问金（救助金）和慰问品共计65.25万元。

【维护妇女儿童合法权益】 2019年，发挥全国实施妇女儿童发展纲要示范区作用，推动重难点指标落实，完成妇女儿童发展规划终期评估。开展“建设法治北辰·巾帼在行动”活动，组织法律专家、普法志愿者和心理咨询师深入社区、农村举办女子学堂讲座16场。举办“三八”维权集中宣传和国家安全法治宣传教育，开展普法宣传70余场。联合区司法局组织30余名女性社区服刑和安置帮教人员开展女性特殊人群教育关爱活动。提升区妇女法律心理帮助中心服务功能，发挥妇女儿童权益纠纷调委会、镇街妇女儿童维权站和区、镇街、村居三级信访网络作用，协调处理涉及妇女儿童合法权益的纠纷和信访问题，接待心理咨询219人次，组成讲师团，开展心理讲座和团体辅导47场，提供心理服务3145人次，接待群众来信来访来电63件，结案率达到100%。

【妇联组织网络建设】 2019年，巩固深化妇联改革，加强对基层“妇女之家”“半边天家园”规范化管理。加大女性社会组织培育力度，重点培育专业协会、公益慈善、社会服务和社区活动类等女性社会组织，在舞蹈队、编织社等女性团体中因地制宜、形式多样建立妇联组织，加强联系、指导和服务。结合镇街机构改革和岗位调整，指导11个镇街妇联完成增补执委，选举主席、副主席工作。召开区妇联第十届六次执委会，增补执委、常委、兼挂副主席。在村和社区探索“妇女工作者＋专业社工＋志愿者＋社会组织”的联动基层服务模式，整合社会力量共同开展妇女工作。筹建区妇女儿童社会服务中心，为全区妇女儿童及家庭提供多元化、专业化、信息化、定制式的全方位社会服务。接待市妇联及市级机关、各系统、各区妇联代表以及河北区妇联，到瑞景街道宝翠花都社区调研基层妇联组织建设工作。

【乡村振兴巾帼行动】 2019年，以“清洁村庄助力乡村振兴”为主题，开展“村村户户搞清洁，干干净净迎春节”巾帼在行动、村庄清洁行动春季战役、“打造‘靓、绿’家园 助力农村全域清洁化”等活动，动员农村妇女广泛参与美丽宜居村庄和最美庭院创建活动，重点在7个镇、49个村开展新时代“千村美院”创建工作。强化乡村振兴人才支撑，提高农村妇女参与乡村振兴的素质和能力，举办“新农学堂”培训9期。

（杨艺云）

北辰区科学技术协会

【概况】 2019年，北辰区科学技术协会（以下简称区科协）全面深化改革，围绕全国“科技三会（全国科技创新大会、两院院士大会、中国科协第九次全国代表大会）”精神，开展各类科普活动，提升全民科学素质，举办各类科普活动201项；建设科普中国e站70个；开展青少年科技竞赛，市、区两级800余个项目获奖；深入推进基层科协组织建设，指导各镇街完成基层科协组织全覆盖；壮大科普队伍，累计注册科技志愿者4509名。

【基层科协组织建设】 2019年，区科协根据中共北辰区委办公室印发的《北辰区加强基层科协组织建设、提升基层科协组织力“N+1”工作实施方案》，召开专题部署推动会，印发《2019年北辰区加强基层科协组织建设，提升基层科协组织力“N+1”工作方案》，编制工作手册，深入镇街进行指导。9月初，全区所有镇街依法依章程成立科协组织，选举产生镇街科协主席15名，专兼挂职副主席50名，委员166名，提前完成科协组织全覆盖的工作任务。全区125个社区、121个村成立科普组织。

【第33届科技活动周】 2019年5月18日至26日，举办以“智能时代 科技强区 全域科普”为主题的第33届科技周活动。围

▲2019年8月30日，天穆镇科学技术协会成立暨第一次代表大会召开（区科协　供图）

绕全域科普、人工智能普及等内容举办区级示范活动15场、基层科普活动109场，展出宣传展板458块，彩屏宣传累计1118小时，发放科普资料31877份。《天津日报》、北方网、天津电视台5频道、北辰新闻、北辰党建等市、区两级媒体平台累计宣传报道33次，《天津日报·北辰之声》以科普专刊进行报道。

【全国科普日】 2019年，开展以“礼赞共和国 智慧新生活”为主题开展全国科普日活动。举办创文创卫暨“礼赞共和国筑梦新时代”全域科普主题活动知识竞赛，近10万人次参与线上线下答题，此项活动被中国科协评为2019年全国科普日优秀活动，区科协被中国科协评为优秀组织单位。举办公民科学素质监测工作专题培训，全域科普责任部门分管负责人，各镇街、开发区及各村、社区科协工作负责人300余人参加。相关单位围绕科普日主题开展科普宣传、科普讲座等活动76场，参与人数超过12万人，实现历史性突破。

【科普中国·百城千校万村行动】 2019年，举办“科普信息员注册培训”和“科普中国资源落地应用辅导”，新建科普中国e站70个，累计达到176个，实现60%以上社区、90%以上学校、30%以上乡村覆盖科普中国e站的任务指标。全区注册科普信息员4218人，注册量在全市排名第四；分享科普文章303.14万篇，传播量全市排名第一，月活量全市排名第一。

【科普阵地建设】 年内，依托全区246个村居党群服务中心建设科普阵地，实现全覆盖。在15个镇街和开发区打造16个特色鲜明、全域科普氛围浓郁的科普样板间。在北辰公园广场建设30平方米的室外全彩LED屏，通过文字、视频等方式向公众普及科学知识。北辰电视台开通两个科普栏目，《天津日报·北辰之声》开设“走进科学世界”专栏，筛选刊播科普中国优质资源，为公众提供可靠准确的科普知识。

【青少年科技教育】 年内，举办第二届“北极星”杯青少年机器人大赛，全区18所学校64支队伍参赛，开展FLL、WRO机器人足球等6项竞赛，分别决出冠军、亚军、季军，评选出优秀组织单位奖6个，最佳创意奖7个，选拔出15支队伍参加第十九届天津市机器人竞赛。举办青少年科技创新大赛，38所中小学校围绕少年儿童科学幻想绘画、青少年科技实践活动等5项竞赛内容提交作品667项，评选出一等奖93项，二等奖143项，三等奖198项；在第34届天津市青少年科技创新大赛中获一等奖24项，二等奖43项，三等奖71项，北辰区实验小学获天津市“中小学科技教育创新十佳学校”称号。举办青少年科技类综合实践活动，全区36所中小学校325名选手，分学段参加新能源小车接力、节节高项目、太阳能小车接力3类项目；评选出一等奖32名，二等奖48名，三等奖142名。选拔出80名选手代表区参加第六届天津市青少年科技类综合实践活动现场展示。

（王　静）

▲2019年5月18日，北辰区第33届科技周活动在北辰红星美凯龙举行（柴萍　摄影）

北辰区青年联合会

【概况】 2019年，北辰区青年联合会召开全体会议，选举产生新一届领导班子。区青联组织委员开展思想教育、志愿服务、爱心助学等活动。有青联委员183人。

【五届一次全体会议】 2019年6月21日，北辰区青年联合会第五届委员会第一次全体会议在区龙顺庄园召开，选举产生青联第五届委员会主席、副主席、常委，审议通过北辰区第四届青年联合会常务委员会报告的决议。第五届青年联合会设有教育文体界别、科技金融界别、法

▲2019年9月18日，区科协在天津龙顺农业博览馆举办公民科学素质监测工作专题培训　（王茜　摄影）

▲2019年4月，北辰区青联组织全区青少年举行清明追思活动　（区青联　供图）

律界别、医药卫生界别、经济界别、社会组织和新闻媒体界别、农业和技能人才界别。

【思想引领】 年内，组织委员深入学习宣传贯彻习近平新时代中国特色社会主义思想和中共十九届四中全会精神、学习习近平总书记在庆祝中华人民共和国成立70周年大会和在纪念五四运动100周年大会上的讲话精神等内容，不断筑牢思想根基，强化思想认同。在庆祝中华人民共和国成立70周年之际，组织开展“祝福香港·点赞祖国”主题活动，表达内地与香港青年心连心、共同祝福祖国之情。

【志愿服务】 年内，在委员中募集资金5.5万元，资助甘肃省华池县55名困难青少年。动员委员主动参与“爱心助学”“圆梦大学”“扮靓家园”等品牌活动。开展“青春暖冬”活动，邀请委员深入困难青少年家庭开展走访慰问活动，面对面了解困难需求，并为他们送去慰问品和祝福。

（李　龙）

北辰区工商业联合会

【概况】 2019年，北辰区工商业联合会（区工商联）以习近平新时代中国特色社会主义思想为指导，发挥团结、服务、引导、教育方面的职能作用，搭建服务民企发展、推动企业转型升级、扩大民企对外交流合作、积极建言献策的服务平台，推动非公经济组织健康发展和非公代表人士健康成长。

【服务会员】 2019年，区工商联开展银企对接助力民营企业发展。联合区金融局等8家金融机构，结合27家民营企业自身发展和资金需求情况，为企业设计个性化“缺口资金解决方案”；组织浙商银行北辰支行专场服务活动，对接30余家民企融资需求；组织、推荐参与“万企帮万村”精准扶贫行动的民营企业，纳入中国农业发展银行政策性金融支持项目库。通过联合区委政法委推动建立北辰区民营企业家法律维权服务联席会议制度、联合区司法局开展民企法律服务沙龙活动、联合区人民检察院举行“检察护航民企发展”检察开放日活动等，为民企发展创造良好的法律服务环境。开展推动政策落实的精准服务，举办惠企政策讲座，为120余家企业解读“民营经济19条”和推动民企发展政策；联合北辰区税务局举办税务知识讲座，为民营企业解读税收优惠政策；联合市工商联深入区天津捷强动力装备有限公司等企业，在“推动军民融合”深度发展、引导民营企业积极参与“京津冀协同发展”“一带一路”建设方面给予指导和政策支持。

【主题活动】 2019年，区工商联通过红色教育、专题讲座、交流研讨等形式，推动非公人士理想信念教育活动向纵深发展。召开区工商联第三次、第四次执委会，加强对执常委企业家的培训。加强社会主义核心价值观教育，面向工商联会员企业家开展社会主义核心价值观、中国特色社会主义思想、“不忘初心牢记使命”主题教育宣讲活动，引导、教育企业家听党话、跟党走。持续深化“传承红色基因”教育实践活动。组织部分执常委和基层商会会长代表赴浙江省嘉兴市，参观南湖革命纪念馆；参加“弘扬红船精神，不忘初心使命”主题讲座。组织企业家参加“不忘创业初心，牢记报国使命”山东临沂沂蒙精神培训班。

【商会建设】 2019年，区工商联全面贯彻中共中央和市委关于加强商会改革发展的相关要求，推动建立基层商会，2019年年初，全区镇街级基层商会全部注册成立，率先在全市实现100%全覆盖。制定北辰区“四好商会”建设方案，督促、指导基层商会规范自身建设。拟定“关于加强基层商会组织党组织建设的相关意见”，制发《关于加强基层商会组织党组织建设的通知》文件，明确工商联、基层商会、属地党组织责任，指导基层商会同步建立党的组织。全区9个镇和开发区商会建立商会党组织，7个街道分别向联合商会派遣党建工作指导员，实现党的组织体系向基层商会的全面覆盖。

▲2019年7月9日，西藏昌都工商联到小淀镇开展调研交流活动 （徐伟翔 摄影）

【调研工作】 2019年，区工商联围绕全区的中心工作和自身工作实际，先后到天津博威动力公司、天津捷强动力公司等多个企业以及经济技术开发区、小淀镇等基层商会进行走访调研，形成调研报告3篇。完成民营企业调查点工作，4批次完成232份调查问卷。

【非公人士培养】 推动民营企业家队伍素质整体提升。强化对非公代表人士特别是青年企业家的教育培养，开展青年企业家推荐、考察、培养工作，组织建立北辰区青年企业家专委会；遴选推荐青年企业家参选区第五届青联委员，23名企业家入选；开展民营企业“培养新阶层人士情况”摸底调查，遴选、推荐15名企业中层以上行政管理人员和具有高级以上职称的党外优秀技术干部；推荐、考察、培养5名青年企业家进入天津市青年商会，区青年企业家闫凯境当选首届会长，张贵友当选副会长、秘书长，张喜艳当选党支部书记。继续推动实施工商联、商会执委轮值制度，每季度由1~2位企业家副主席、副会长和执委轮值主持“四个一（设定一个活动主题、设计一个活动形式、开展一个主题讨论、形成一个讨论意见）”活动，提高企业家班子成员自身能力。

【对外合作交流】 2019年，发挥工商联民间交流优势，推动企业间加强合作和对外交流。开展“四走进四提升”活动，引导民营企业培育以创新驱动为核心的竞争新优势。发挥区工商联、商会的民间外交优势，分别与浙江省嘉兴市商会、杭州市桐庐商会，西藏自治区昌都地区丁青县工商联，甘肃省酒泉市工商联、张掖市工商联签订协议书，缔结“友好联会”。接待黄南州津洽会代表团、长春市九台区工商联代表团、昌都地区工商联考察团、鄂尔多斯市工商联代表团、甘肃省工商联代表团到区参观访问，组织以上5个地区代表团成员与区民营企业互动对接，推动企业间的交流合作。

【精准扶贫】 2019年，投身东西部扶贫协作和对口支援工作。全区有127家企业与102个贫困村签订“万企帮万村”对口帮扶协议，捐款捐物折合金额总计347.2万元，其中26家企业与14个深度贫困村签订对口帮扶协议，捐款金额总计67万元。组织企业家参加市工商联“津甘情深大爱无疆——书画拍卖会”和中秋节扶贫展销会，累计扶贫金额近1万元。推荐华北集团、长荣、天士力3家会员企业进行市慈善协会《庆祝新中国成立70周年暨“天津慈善奖”评选表彰活动》的申报工作和市委统战部的《东西部扶贫爱心捐赠奖》申报工作，3家企业均获表彰。

（王玉娟）

法治

北辰年鉴

2020

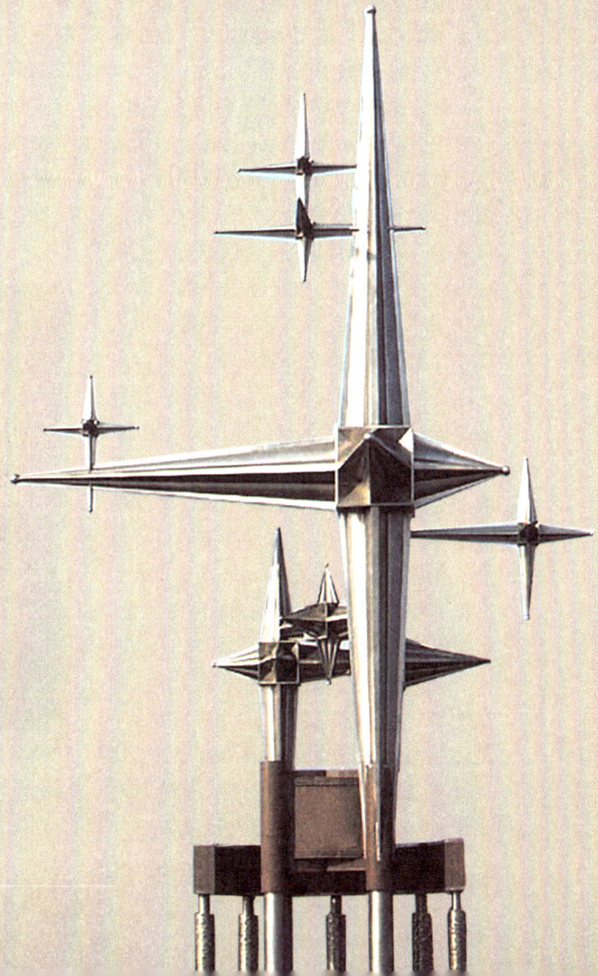

综　述

2019年，北辰区委成立全面依法治区委员会，坚决贯彻落实中共中央和市委的决策部署，加强党对法治建设的集中统一领导。稳步推动"双百行动"，化解各类矛盾纠纷1.2万余件。完成全国"两会"、中华人民共和国成立70周年等重要节点安保维稳任务。加强社会治安综合治理，不断完善综治警务网格融合机制，被评为全国"2019社会治理创新典范区"。严厉整治刑事犯罪，开展"两打两清"专项行动，整治"食药环（食品、药品及环境资源）"和经济领域违法犯罪。扫黑除恶专项斗争向纵深推进，惩处黑社会性质组织2个、恶势力8个，全区治安状况明显改善。是年，区人民检察院被市人民检察院授予"优秀基层检察院"称号，区人民法院司法宣传工作受到最高人民法院表彰，区司法局被评为"全国'七五'普法中期先进集体"。宋庆柱被评为第九届全国人民满意公务员。

区委政法委推动依法治区全面铺开，推进平安北辰建设，加强情报信息工作，全面排查矛盾纠纷，参与全市"十百千"工程示范建设，创新治理模式。成立区禁毒办公室，整治毒品犯罪。

公安北辰分局深入开展维稳工作，启动重大活动安保机制，邀请专职司法调解员进驻派出所，化解矛盾纠纷。加强治安和道路交通管理，提高执法规范化水平，建立"情指行"合指中心，实现一体化多警联动。成立驻所法庭，节约司法成本。加强流动人口、禁毒、出入境等管理工作，服务区域发展。

区人民检察院继续深入推进司法体制改革，依法整治刑事犯罪，开展刑事、民事行政、公益诉讼等检察监督，保障群众利益。采取整治经济犯罪、开展普法宣传、走访调研等方式，维护市场秩序，保障民营企业发展。与公安、市监等部门配合，开展执法检查，服务民生。依法保障未成年人合法利益。

区人民法院坚持司法为民，依法开展刑事、民商事、行政审判，在加强审判体制改革的同时，进行司法公开，接受外界监督。严格手续规范，加强执行工作。

区司法局深入推进"七五"普法，广泛进行法治宣传和公共法律服务，深入开展人民调解、安置帮教和社区矫正工作。完成公证处整理改制，公共法律服务水平全面提升。

（庄倩倩）

政法综治

【概况】 2019年，北辰区委政法委在区委的坚强领导下，全心全力防控风险、服务发展，破解难题、补齐短板，履行好维护国家政治安全、确保社会大局稳定、促进社会公平正义、保障人民安居乐业的职责，全年开展矛盾纠纷排查19次，制定平安北辰建设工作文件8个，撰写维稳信息420期，推进扫黑除恶专项斗争，成立"天津市北辰区禁毒委员会办公室"，推广基层"十百千"工程示范建设典型经验，为全区经济社会健康发展营造了良好环境。

【依法治区】 2019年，北辰区成立以区委书记为主任的区委全面依法治区委员会，把党的领导贯穿到法治工作的全过程和各方面。4月30日，区委书记主持召开区委全面依法治区委员会第一次会议，审议区委全面依法治区委员会2019年工作要点及有关工作规则、工作细则，为全面依法治区工作打下坚实基础。召开依法治区办会议3次、专题会议10次，形成工作简报47期，被依法治市简报刊载10篇，推动全面依法治区决策部署落实落地。统筹推动各协调小组召开会议5次，专题会议15次，围绕委员会及其办公室决定事项、工作部署和要求，制定具体措施，积极推动落实，及时报告工作，实体化运作成效明显。

【推进扫黑除恶专项斗争】 2019年，全面落实"战区制、主官上"主体责任，全年向区委常委会汇报扫黑除恶工作13次，组织召开区领导小组会议8次、扫黑办工作会议46次，对线索交办、案件研商进行具体落实，确保全区上下对扫黑除恶的思想统一和步调一致。区扫黑办对中央督导组交办线索立行立改，逐一列出清单、销号管理，实现线索全部查结、问题全部落实整改。在破大案要案上持续发力，延伸打击锋芒，掀起严惩黑恶势力的强大攻势，破获黑社会性质组织2个，恶势力集团8个。坚持把"破网打伞"作为主攻重攻方向，查处一系列涉黑涉恶腐败和"保护伞"问题。强化综合治理，对案件办理中发现的社会治理短板，提出纪律检查建议7条、监察建议15条、司法建议6条、检察建议6条，实现一案一整改，推动深挖根治向长效常治转变，有效压缩黑恶势力滋生空间。

【情报信息工作】 2019年，加强情报信息搜集机制建设，坚持情报先行，完善人力情报建设，打造覆盖全面、灵敏高效的情报线索预警体系。节点期间严格落实"零报告"制度，全面掌握各类风险隐患，全年撰写维稳信息420期，周分析48期，月分析12期，确保预警线索不过

▲2019年3月1日，北辰区召开区委政法工作会议暨扫黑除恶专项斗争推进会

（区委政法委　供图）

夜，督促属事、属地单位落实责任。

【排查矛盾纠纷】 2019年，健全不稳定问题排查网络，坚持定期排查、专项排查相结合，开展排查19次，对纳入市台账的2个重点问题，落实领导包案，成立专班，跟进工作进展，有序推进问题化解。

【完善风险评估机制】 2019年，以规范化建设为重点，落实社会稳定风险评估工作报备制度，健全项目报备台账，全年向市委政法委报备稳评项目36个，居全市前列。推动责任部门将风险评估作为重大活动、重大决策、重大工程的前置程序，为科学合理决策提供依据，切实从源头上发现、预防和化解社会矛盾。

【战时机制建设】 2019年，战时期间，牵头组织有关部门每天会商研判各领域风险隐患，每日坚守岗位，推送预警信息，传达会议精神，反馈工作进展，压紧压实责任链条，形成工作闭环。加强应急处置机制建设，完善党委负总责、有关单位参与的联合指挥机制，确保应急处置工作指挥顺畅、反应灵敏。推动各镇街、有关单位负责人干部带队24小时值班备勤，强化应急处置准备，圆满完成全年20余个重大活动和节日的安保维稳任务，社会面保持整体稳定。

【平安北辰建设】 2019年，根据市委平安天津建设领导小组的要求及架构并结合实际，成立中共天津市北辰区委平安北辰建设领导小组。组织区委平安北辰建设领导小组召开第一次会议，讨论通过《2019年平安北辰建设工作要点》《平安北辰建设工作协调机制》《平安北辰建设工作考核办法（试行）》《平安北辰建设2019年各镇街目标责任书》《平安北辰建设2019年各单位目标责任书》《区委平安北辰建设领导小组工作规则》《区委平安北辰建设领导小组办公室工作细则》《北辰区“平安有我 与你同行”行动实施方案》8个文件。推动各单位成立相应平安建设领导小组及办公室，落实“战区制、主官上”要求，发挥“一线指挥部”作用，认真履行第一责任，抓好防风险、保安全、护稳定、化矛盾的各项工作。组织并督促全区党政机关、事业单位层层签订《平安建设目标责任书》85份，落实平安建设领导责任制，严格平安北辰建设责任考核，实行负面清单、任务清单、规则清单制度，把平安北辰建设考核与区绩效考核挂钩。

【创新治理特色模式】 2019年，参与全市“十百千”工程示范建设，区委平安办汇编先进地区创新经验20余篇，总结推广全区基层治理经验22篇。推动“北辰百姓”平安志愿者实名注册10万人，在社会面确定70余个重要执勤点位，担负执勤安保、矛盾排查、专项治理等6大重要任务。累计组织3万余人次参与安保活动，动员平安志愿者提供情报线索160条，协助破获刑事案件8件，治安案件16件。组织召开雪亮工程建设领导小组会议3次，推动部门、行业、社会面资源整合，推进“雪亮工程”提档扩容。常态化开展矛盾纠纷大排查大化解“双百行动”，健全镇街、村社区排查网络，全年排查出矛盾纠纷598件，调解解决598件，化解成功率100%。每月形成平安北辰形势分析报告，分析重点治安问题、提出对策意见，立足预测预警预防，提高防范的针对性、有效性。确定的15个三级重点整治对象（市级1个、区级6个、镇街级8个），全部实行挂牌督办，压降发案取得明显效果。组建一支33人的铁路护路联防队伍，加强铁路护路联防专职队伍建设，集中开展大排查大清理行动3次，配合区城管委进行铁路沿线环境整治，形成常态化工作机制。

【创新基层体制机制】 2019年，结合市党建引领基层治理体制机制创新“1号改革创新工程”，成立由区委主要负责人任组长的领导小组，制定“1+7”配套文件，围绕基层治理全覆盖进行全方位探索。成立区网格中心，制定网格员队伍管理机制，推动全科网格和综治警务网格“两网”融合，形成区级层面统筹推动党建引领基层治理创新，推进市域社会治理现代化的领导体制。年内，北辰区平安建设考评被评为先进地区，两次获评全国社会治理创新优秀典范区。明确镇街职责清单124项，清理对镇街村居“一票否决”“责任状”和考核评比等12项，让镇街村居集中精力做好服务群众和基层治理工作。实行“1+5+3”扁平化指挥模式，设综合治理中心，公安、应急、市场、生态、交通等部门驻镇街全时执法，区住建委、文旅局、人社局明确专人定期报到，减少执法层级，推动执法力量下沉。通过“下考上”，打通基层与职能部门联动通道，实现镇街党（工）委既“管事”又“管人”，真“管事”真“管人”，构建起及时发现问题、有效解决问题的“吹哨报到”反应机制。申报“全国市域社会治理现代化试点地区”，对照《全国市域社会治理现代化评价指标体系》，组织各单位全面开展第一轮市域社会治理情况调研。

【禁毒基础建设】 2019年7月，区委政法委挂牌成立“天津市北辰区禁毒委员会办公室”，实现区禁毒办实体化运行，负责整体推动全区禁毒工作有序进行。全区14个镇街全部建成一级社区戒毒（康复）工作站，并配齐专职工作人员。利用“天津市吸毒人员管理平台”，对吸毒人员进行动态管控。强化吸毒人员立卷建档和排查管控工作，全区所有在册吸毒人员实现一人一档，社区报到、执行巩固、控复吸、控脱失等指标均排在全市前列。在青源街道建立北辰区禁毒教育基地，建立14支禁毒志愿者队伍，与18个社会组织签订协议，引导社会组织积极参与禁毒工作。全年利用禁毒宣传月、国家安全日等宣传节点组织开展宣传活动42场，发放各类宣传材料4.4万份，受教育群众2.3万人次。

（吴雪婷）

法治政府建设

【概况】 2019年，北辰区深入推进法治政府建设，加大政务公开力度，主动公开政府信息1.33万件。规范性文件年内新公开77项，对外公开总计198项；行政处罚处理决定1533项，行政强制处理决定24项；政府集中采购466项。

【政府信息公开】 2019年，北辰区主动公开的各类政府信息13268件，向政府信息公开查阅服务中心报送文件28件，区档案馆政府信息公开查阅中心面积30平方米，接待查阅公众62人次，接听查阅咨询电话36次。受理依申请公开政府信息837件，同意受理答复837件。

（刘秋香）

【规范性文件】 2019年，区司法局做好行政规范性文件合法性审核、备案和清理工作。印发《天津市北辰区人民政府办公室关于全面推行行政规范性文件合法性审核机制的实施意见》，明确规范性文件合法性审核的范围、主体、程序、职

▲2019年8月6日，北辰区召开法治政府建设示范创建动员部署会（区委政法委　供图）

责和责任，建立健全程序完备、权责一致、相互衔接、运行高效的合法性审核机制。深化“放管服”改革，制定《关于废止、修订与现行开放性政策不符的规范性文件工作方案》。

【行政执法】 2019年，区司法局加强行政执法监督协调工作。制定下发《北辰区关于全面推行行政执法公示制度执法全过程记录制度重大执法决定法制审核制度的实施方案》，推动行政执法公开透明、合法规范。组织开展执法证申领更换工作，为全区1220名执法人员制发执法证。举办《文明行为促进条例》、“三项制度”执法工作专题培训会，形成执法通报机制。对全区各执法单位开展实地检查及案卷评查，对45个区级执法部门行政执法监督平台的执法人员信息及执法数据进行动态监督。

【行政复议应诉】 2019年，实现专人接收案件，立案、审查、审议、结案、归档各流程有序登记，加快案件受理审查、通知答复、审理审议等运转速度，以保证案件质量为前提，缩短办案时间，做到快审快结，法定期限结案率100%。坚持有诉必应，积极答辩，按时参加诉讼庭审活动，依法及时履行生效裁判。全年受理复议案件90件，代理行政诉讼案件101件，行政诉讼败诉率为零。

（刘　玥）

公　安

【概况】 2019年，公安北辰分局以庆祝中华人民共和国成立70周年安保维稳为主线，坚持“打得狠、防得住、不出事、有干劲”的工作思路，紧盯政治安全、社会稳定、经济发展、人民生活的关键环节，通过党建引领、突破创新、接续奋斗，确保全区社会治安局势的持续稳定，业务工作和队伍管理实现新跃升。全年，妥善处置715起重大敏感警情，破获刑事和经济案件2716起，查处交通违法行为17.06万起。

【维护稳定】 2019年，公安北辰分局明确“首都家门口、政治护城河”的职责定位，强化情报预警，深化源头管控。健全常态网上网下巡查管控机制，固化战时专班研判模式，妥善处置715起重大敏感警情，获取各种苗头性、倾向性、预警性、深层次问题线索5563条，落地核查26个群体、14457条人员涉稳线索，推送3082名人员赴市进京预警信息，实现关键节点非访人员“零进京”。

【重大活动安保】 2019年，公安北辰分局围绕敏感节点，组织开展“强打防、保稳定、迎大庆”百日攻坚等系列专项行动。筑牢三道防线，明确相关职责，层层压实责任，全年执行高等级勤务200余天，累计警力投入5万人次，圆满完成中华人民共和国成立70周年大庆、全国“两会”、中共十九届四中全会等系列重大活动安保维稳任务。

【矛盾纠纷化解】 2019年，公安北辰分局深度推进“四访”“矛盾纠纷大排查大化解”“公安信访事项大起底、大攻坚”等系列专项工作，落地人民调解实体化运行，建立45名专职司法调解员进驻派出所调解室工作模式，将矛盾纠纷排查化解工作导向法治化、规范化渠道。推进“两打两清”专项行动，及时化解606件“110”接报高风险矛盾纠纷警情，办结18件市级督办信访事项，未发生民转命案件。

【刑事犯罪侦查】 2019年，公安北辰分局组织开展整治违法犯罪“云剑”“雷霆”系列专项行动，破获各类刑事案件2315起处理1489人，抓获犯罪嫌疑人188人，比上年上升9.3%，继续保持“命案必破”工作目标。瞄准域内直接侵害群众切身利益、危害群众人身安全的突出案件，率先组建类案专班、建立立体化现勘模式、刑侦主打派出所主防新机制，推进“打击入室盗窃、打防电信诈骗”专

▲2019年7月5日，公安北辰分局开展“强打防、保稳定、迎大庆”百日攻坚专项行动第一次集中清理清查统一行动

（公安北辰分局　供图）

▲2019年12月23日，公安北辰分局在小淀镇开展第一次“围猎式”集中清理清查行动，深化对北辰区治安乱点的清理整治，消除各类安全隐患

（公安北辰分局　供图）

项行动，全区入室盗窃警情比上年下降31.3%，成功侦办涉及83名团伙成员、涉案金额9000余万元的孙某某电信诈骗案件，电信诈骗案件打处比上年提升88%。建立防范盗窃货车燃油的“爱心驿站”，为全市盗油案件防范工作起到创新示范作用。

【扫黑除恶专项斗争】 年内，中央督导组交办的99件线索全部办结，新增破案210起、抓获违法犯罪嫌疑人77人，扣押房产137套、查封冻结涉案资产1.5亿元。公安北辰分局成功铲除涉及人员多、社会危害大、群众反响强烈的张某某“套路贷”团伙，会同区监委，成功侦办赵某某侵蚀基层政权、鲸吞国有集体资产要案，破获还迁房小区装修项目“楼霸”，实现涉黑线索110“零”报警的历史性突破。

【治安管理】 2019年，公安北辰分局查处“黄赌毒”案件286起，查处涉危案件104起，整改消防隐患23428处，成功破获“7·23”危害公共安全案、“8·22”生产销售假冒机油案等大要案件。火灾事故比上年下降16.9%。

【道路交通管理】 2019年，实现交警队伍分局纳管的顺利过渡，参与落实《天津市文明行为促进条例》和全区“双创”工作，全面提升街面见警率、管事率和纠违率，开展事故防控黑点、盲点、乱点专项整治，查处各类交通违法行为17.06万起，现场处罚提升60.9%，严查各类严重交通违法行为，查处醉驾、酒驾1149起，道路交通死亡事故48起、死亡56人，与常量相比分别下降36.8%和32.8%。

【经济犯罪侦查】 2019年，公安北辰分局严密防范经济领域“黑天鹅”“灰犀牛”事件，全年破获各类经济案件401起，抓获犯罪嫌疑人214人，为企业挽回经济损失2616万元。成功侦破涉300余名受害者、涉案资金1.8亿余元的晟元（天津）投资管理有限公司非法吸收公众存款案。破获“食药环”案件69起，打处132人。破获以加拿大籍华人陈某某为首的制售假冒知名化妆品团伙案、王某某为首的生产销售假冒肉毒素团伙案等案件受到公安部高度肯定。依法快速查处天津第六中药厂“速效救心丸”配方被网络热炒案、金士力佳友公司股权认购事件，以及天士力集团、长荣科技集团股份有限公司高管职务侵占案等重大敏感案事件，妥善处置融创、正荣府等企业项目聚集事件。

【服务区域发展】 2019年，公安北辰分局制定出台《服务保障北辰区经济社会高质量发展十二项措施》。围绕城中村改造、示范镇建设、外环线拓圆、红光农场违建综合整治等重点工程项目，开展执法保障100余次、5000人次，为区域发展清除障碍。通过预警研判、专题工作，为涉及4500户、15000万人的南曹铁路片区综合整治工作提供支撑保障，实现整治工作的“零警情、零赔付、零信访”。实行365天无假日办公，开辟绿色通道，优化审批程序，保障近万名优秀人才顺利落户北辰区。

【执法规范化】 2019年，公安北辰分局以打造执法规范化建设“升级版”为目标，优化“一站式”执法办案管理中心建设，形成集约化、精细化、智能化、实战化执法办案管理新模式。制定出台《治安案件在法定期限内办理的指导意见》《黄赌案件现场处置机制》等多项执法执纪新机制，实现执法质量和执法效率“双提升”。组建全市首个专职警力送押、体检、诊治嫌疑人的执法戒护队，提升执法办案效率和安全防范保障，执法过错、举报投诉显著下降，初步形成执法规范化建设北辰品牌。

【“情指行”合指中心】 2019年，公安北辰分局依托“情指行”一体化多警联动作战平台，加强对重大敏感警情的预警处置，即时启动快速反应机制，实现可视化调度、扁平化指挥。全年处置700余起重大敏感警情，抓获78名触网逃犯，侦破300余起刑事案件。落实“以警情主导警务”的工作思路，以大数据信息化建设特别是新一代移动警务系统部署应用为契机，完善以情报为先导、情指行一体融合的打防工作体系，加强对全区突出刑事治安类警情的分析研判，每周形成一期《北辰区刑事警情分析研判和打防工作报告》，指导实战部门及时落实打防措施。依据突出刑事警情分析研判，有针对性地落实巡控部署，落实各项打防措施，全区入室盗窃、盗窃电动车警情比上年下降31%，电信诈骗警情在普遍上升的形势下呈现下降趋势。建立“整体性研判、集约化管理、一体化运作”的“情报导侦”机制，依托合成信息化平台牵头合指中心相继侦破“2·26”以危险方法危害公共安全案、系列盗窃工地案等一批刑事案件，不断提升服务实战的职能水平。

【公安宣传】 2019年，公安北辰分局推进“平安北辰”政务微博、微信订阅号、抖音号等新媒体政务宣传平台的深度应用，以传递好声音、传播正能量、讲好警察故事为主基调，围绕扫黑除恶、“压发案百日行动”“两打两清”等公安中心工作和队伍建设，拓阵地、抓亮点、创特色，多渠道、全方位开展公安宣传工作，将北辰警方的各项措施、重要信息及辟谣通报等，第一时间告知网友，有针对性地将防范知识、警情提示、社会治安状况告诉群众。制定出台《分局重大涉警舆情和敏感案（事）件舆情应急处置预案》，充分发挥微博、微信平台的传播功能，对涉警、突发案（事）件舆情进行正面引导，“不回避、不推卸”做好第一时间发声，跟踪回应社会关注与关切问题。全年在新华社、《天津日报》《人民公安报》等主流媒体网站刊播正面报道92条，通过双微、官方抖音发布消息2593条，累计粉丝量56万余人。

【见义勇为】 2019年，北辰区见义勇为协会确认见义勇为人员23人次，颁发奖励金1.7万元。见义勇为人员协助破获各类刑事、治安案件4起，抓获违法犯罪嫌疑人4人，为企业和群众挽回经济损失3.01万元，挽救群众生命7人。

【成立驻所法庭】 2019年，公安北辰分局党委重视看守所超量羁押问题，寻求解决办法，与区委、区人民法院协商研究，9月23日，北辰区驻所法庭正式成立，是天津市首家正式驻所法庭，主要承担主动认罪认罚刑事案件和案情简单个案的诉讼审判职能。同时将每次庭审过程向看守所各监区实时现场直播，起到宣传教育在押人员如实坦检、认罪伏法的效果。驻所法庭的建成和投入使用，方便了刑事诉讼工作衔接，加快了审判诉讼进程，疏通了诉讼拥堵环节，消除了押解过程中可能出现的被告人脱逃、自杀等安全隐患，在确保庭审安全、方便审判、节约司法成本、提高审判效率、减少监所在押量等方面发挥重要作用。

（高　威）

2019年公安北辰分局窗口单位及派出所一览表

表6

部门	地址	电话
北辰分局信访接待室	北辰区北辰道11号分局院内	26390076
天津市北辰区政务服务中心（公安窗口）	天津市北辰区北辰道389号	86814026
天津市北辰区政务服务中心（出入境窗口）	天津市北辰区北辰道389号	26391600
北辰区人口服务管理中心	北辰区淮河道5号	86994050
果园新村派出所	北辰区果园南道9号	26390726
集贤里派出所	北辰区集贤街泰来道5号	26391402
北仓派出所	北辰区丁赵庄水泥设计院西侧	26390326
天穆派出所	北辰区天穆村京津公路341号	26340271
宜兴埠派出所	北辰区宜兴埠镇农村合作银行院内	86311242
双街派出所	北辰区双江道（双街镇政府东）	26970257
青光派出所	北辰区津霸公路青光镇政府东侧	26951893
双口派出所	北辰区双口医疗产业园九合园底商2-4	86835741
小淀派出所	北辰区小淀村津围公路西侧	26992072
大张庄派出所	北辰区大张庄镇津围公路1252号	86853284
西堤头派出所	北辰区陆路港五纬路8号	86848944
开发区派出所	北辰区经济开发区管委会楼后	26970546
佳荣里派出所	北辰区佳宁道与辰昌路交口	26646570
普东派出所	北辰区新宜白大道万科新城内	26713386
瑞景派出所	北辰区龙泉道2788号	26646104
青源派出所	筹建	

【流动人口管理工作】 2019年，公安北辰分局组织开展流动人口重点地区的整治。对全区14个重点地区开展6次整治，先后核查流动人口2.2万余人，新登记流动人口1500余人，核查出租房屋1.5万余户，新登记出租房屋3500余户。组织开展流动人口、寄宿人口及出租房屋核查专项行动，进一步核清实有人口。分局治安支队组织各派出所开展为期7个月的流动人口、寄宿人口及出租房屋核查专项行动。先后登记流动人口11万余人、寄宿人口5万余人、出租房屋2.5万余户。

开展关注人员管理工作。指导派出所开展关注人员排查，新登记31人，注销20人；定期对关注人员建档情况进行检查，对60余名关注人员管理档进行两次检查；针对部分派出所变更IP地址，“特定民族”系统不能正常使用的情况，及时协调流管处进行系统重新安装，保证关注人员管理工作的不间断；为新疆籍务工经商人员党支部在西堤头镇东赵庄泉水湾庄园举办“相约泉水湾、共植团结树”大型公益植树活动维护现场秩序。督导各派出所建立居住证办理档案、开展入户核查、制证信息上报；指导各派出所按规定办理居住证拓展及加急制证，及时上报、协调流管处为500余名流动人口解决了急用证需求；解决居住证办理中出现的流动人口投诉问题60余件。全年共办理居住证7600个，办理居住证签注8100个。

【禁毒工作】 2019年，公安北辰分局侦查支队指导协调各派出所、各镇街做好吸毒人员见面排查工作，并利用专项活动的契机，加大整治力度。管理易制毒化学品企业审核、报批，并为企业提供服务。在“6·1”《中华人民共和国禁毒法》实施纪念日、“6·3”虎门销烟纪念日组织开展禁毒宣传活动。发挥禁毒主力军作用，对毒品违法犯罪保持高压整治态势，全年侦破涉毒刑事案件29起，抓获犯罪嫌疑人28人，缴获各类毒品1100克，查获吸毒人员127人次，采取戒毒措施90人次。

【出入境接待大厅启用】 2019年12月15日，北辰出入境接待大厅启用。该大厅位于北辰道389号，北辰行政许可中心内可为居民办理护照、往来港澳通行证及签注、往来中国台湾通行证及签注等公民因私出国（境）证件业务。

（林　琳）

【窗口问题整治】 推进“万兴三问”大讨论活动，以派出所、交警大队和人口管理服务大厅为重点，组织开展窗口单位突出问题专项整治。创新推出“对群众有感情、为群众办事情、和群众结友情、警民一家见真情”的群众工作“四情”工作法，涌现出“拼命三郎崔雪松”“军转民警夏存”等一批获得市级以上荣誉的亲民、爱民、为民优秀民警。

（高　威）

检　察

【概况】 2019年，北辰区人民检察院（以下简称区检察院）围绕全区发展大局，依法履行法律监督职责，整治刑事犯罪，开展扫黑除恶专项斗争，依法维护市场经济秩序，助力民营经济发展，服务保障民生，化解社会矛盾纠纷，参与社会综合治理，各项检察工作取得新成效，被市检察院授予“优秀基层检察院”称号，并记集体三等功。

【打击刑事犯罪】 2019年，区检察院批准逮捕各类刑事犯罪嫌疑人831人，提起公诉1433人。办理人民群众反映强烈、社会危害性大的电信网络等诈骗犯罪案件，批准逮捕103人，提起公诉81人。完善与区监察委的工作衔接，形成惩治腐败合力，累计受理区监察委移送职务犯罪案件17人，提起公诉13人。推动开展认罪认罚从宽工作，全年适用认罪认罚从宽案件1304人，有效化解社会矛盾、节约司法资源。

【刑事检察监督】 2019年，区人民检察院严格审查事实、证据、程序和法律适用，对不构成犯罪或证据不足的，依法不批准逮捕412人、不起诉221人。加强刑事立案监督，监督纠正侦查活动违法、漏捕漏诉等问题，受理立案监督案件34件，制发《纠正违法通知书》3件，制发《检察建议》41件，追加逮捕犯罪嫌疑人21人，追加起诉犯罪嫌疑人7人，追加起诉漏罪41人。加强刑事审判监督，通过提出抗诉、纠正违法和办理刑事申诉案件，维护司法公正。开展羁押必要性审查，对81名被羁押人员提出变更强制措施建议，维护被羁押人员合法权益。加强监外执行检察，规范社区矫正工作，查阅社区矫正人员监管档案1000余册，制发《纠正违法通知书》58件。深化财产刑执行检察，完成财产刑核查300余人，涉及金额500余万元，实现对刑事裁判涉财产部分的全面监督。依法做好特赦部分服刑罪犯法律监督工作，完成初审特赦社区矫正人员11人，并将全部案件材料移送天津市人民检察院第二分院。

【扫黑除恶专项斗争】 年内，制定《天津市北辰区人民检察院扫黑除恶专项斗争重点整治方案》《黑恶案件办理规定》等13项规范性文件，完善提前介入、引导侦查取证工作机制，确保扫黑除恶专项斗争工作有章可循、规范进行、取得实效。办理市委政法委挂牌督办的“9·9寻衅滋事案”等一批涉黑涉恶案件，批准逮捕涉黑涉恶犯罪嫌疑人33人，审查起诉59人。落实“三个再一遍”“两个大起底”专项督导工作要求，对正在办理、办结的黑恶犯罪案件，2017年至2019年办理的3人以上实施的可能涉及黑恶犯罪案件

▲2019年3月22日，北辰区人民检察院联合区市场和质量监督局检查韩家墅海吉星农产品批发市场商户食品进货来源和票证

（卢薇帆　摄影）

和公安北辰分局认为属于恶势力团伙犯罪的案件共计160余件，进行“漏案、漏人、漏罪、漏伞、漏财”五个方面的全面彻底筛查，移送相关部门涉黑涉恶线索函12份。向区监察委移送涉嫌“保护伞”线索8件、涉嫌职务犯罪线索2件。坚持扫黑除恶对内对外宣传同步开展。凝聚全院力量，加强扫黑除恶宣传，组织全院干警签订《“无黑”城区创建承诺书》，观看平安北辰建设暨“无黑”城区宣传片，学习《扫黑除恶专项斗争基础知识100问》。制作北辰区人民检察院扫黑除恶宣传页，深入镇街、学校、企业、村居开展扫黑除恶宣传，提高群众知晓度，共计发放宣传页8万余份。设立举报箱、举报电话，发挥院门户网站、“两微一端”和LED显示屏宣传作用，发布、转发扫黑除恶专项斗争相关内容，加强教育引导和警示震慑，坚决打好这场硬仗。

【民事行政检察】 全年办理各类民事检察监督案件65件，其中受理审查虚假诉讼监督案件9件，至年底已查实并提请抗诉5件，维护诉讼秩序和司法权威。开展行政非诉执行监督工作，办理违法占地等非诉执行监督案件11件，办案数量居全市检察系统前列。持续做好开展农民工讨薪讨债案件专项监督活动，与行政监察、劳动仲裁、法院速裁等部门形成线索移送、诉讼支持、快审快结的良性工作机制，使40余名农民工的合法权益得到有效维护。

【公益诉讼检察】 2019年，区人民检察院受理公益诉讼案件线索22件，制发诉前检察建议12件。提起生态环境和资源保护领域刑事附带民事公益诉讼案件2件。依法办理天津天牧清真食品有限公司加工销售含“瘦肉精”牛肉案件，针对发现问题，督促行政机关整改落实，实现对外埠进津动物原产地检疫、运输、屠宰、销售等全流程执法活动的监督完善。区委、区政府对北辰区人民检察院公益诉讼检察工作大力支持，专门印发《关于支持检察机关提起公益诉讼的意见》，这一经验做法得到市检察院检察长的充分肯定。

【维护市场秩序】 2019年，区人民检察院严厉整治各类破坏市场经济秩序犯罪，批准逮捕149人，提起公诉267人，保护公民、法人和其他组织的合法权益。防范金融风险，依法严惩非法吸收公众存款、集资诈骗等涉众型经济犯罪，批准逮捕22人，提起公诉10人，维护群众财产权益。强化知识产权司法保护，整治侵犯商业秘密、假冒注册商标等侵犯知识产权犯罪，批准逮捕72人，营造公平竞争的市场环境。

【助力民营经济发展】 年内，区人民检察院与区工商联建立沟通联系机制，制定服务保障民营经济发展实施细则。由1名院领导和7名优秀员额检察官组成服务民营经济发展法治宣讲团，深入辖区10家民营企业开展走访调研活动，详细了解企业生产经营状况和具体法律需求，解决好企业实际问题和困难。开展“双万双服”活动，院党组成员与9家驻区企业建立定期联系，走访调研33次，开展“民营经济19条”政策宣讲，深入企业提供涉检法律服务。对2017年10月至2019年10月所办理的涉税、合同诈骗、挪用资金、职务侵占等111件案件深入开展自查，未发现办案中存在侵犯民营企业家人身权、财产权问题，营造法治化营商环境。

【服务保障民生】 年内，围绕群众关注的食品药品安全和环境资源问题，区人民检察院加强与公安、市场监管等单位的协调配合，促进行政执法与刑事司法衔接，形成办理食品药品安全、环境资源案件长效机制。依法履行检察职能，严厉打击危害食品、药品安全犯罪和环境资源犯罪，批准逮捕21人，提起公诉102人，保障人民群众的食品安全、用药安全，共同守护“绿水蓝天”。发挥“12309”检察服务中心作用，贴近群众需求，方便群众求助，实现一个窗口对外、一站式检察服务。为辩护人、诉讼代理人等提供精准、及时、便捷的服务，完成阅卷、案件信息查询1700余人次，帮助完成注册账号、绑定其代理案件240余人次。

【化解社会矛盾纠纷】 年内，区人民检察院落实涉检案件社会稳定风险评估机制，及时消除可能影响社会稳定的隐患。建立内部衔接机制，加强分工协作，在全国“两会”和庆祝中华人民共和国成立70周年等重要时间节点，制定重要时期维稳工作预案，做好涉案风险隐患排查，妥善处置涉检案件。落实检察长接待制度，深入开展国家司法救助，推进值班律师参与化解涉检工作。有效化解群众矛盾纠纷。全年依法妥善处理群众来信315件次。

【参与社会综合治理】 年内，积极参加“四下乡”集中示范服务、综合治理集中宣传日、全民禁毒宣传月、宪法宣传周等法律宣传活动。撰写北辰区年度刑事犯罪报告，为预防犯罪防控不稳定因素提供重要参考，获得区领导批示肯定，并被市人民检察院评为二等奖。持续开展新时代“枫桥经验”检察工作，将一街一学校纳入基层检察服务范围，举办公共场所集中宣传、村居小课堂、法律服

▲2019年3月29日，北辰区人民检察院组织干警开展扫黑除恶宣传活动

（区检察院　供图）

务等20余次，发放宣传材料2000余份，受教育群众2000余人。警示教育基地全年接待机关、企事业单位参观1000余人次，为增强干部职工法治观念、营造良好政治生态环境发挥积极促进作用。服务辖区基层组织建设和社会建设，先后提供司法信息查询4500余人次，为确保相关工作的顺利进行提供保障。

【未成年人检察】 年内，区人民检察院加强未成年人权益保护，从严惩处侵害未成年人合法权益的犯罪，依法批准逮捕9人、提起公诉9人。严格把握未成年人涉嫌犯罪案件批捕、起诉标准，加强对涉罪未成年人的教育、感化和挽救，依法不批准逮捕6人、不起诉16人。落实未成年人刑事诉讼特别程序，开展社会调查、未成年人犯罪记录封存等工作21件次，安排亲情会见17次。联合公安北辰分局、区教育局对中小学、幼儿园教职人员进行摸底排查，未发现有违法犯罪记录人员。探索开展引入社会支持体系建设工作，以采购心理疏导“套餐”方式为被害未成年人进行心理疏导，提供有效帮助。开展“法治进校园”系列普法教育，不断增强未成年人的法治意识和法治观念。未检工作室获“全国维护妇女儿童权益先进集体”称号，被共青团中央和最高人民检察院命名为全国青少年维权岗。

【司法体制改革】 年内，区人民检察院按照高检院和市人民检察院部署要求设立内设机构10个，其中检察业务机构7个，司法行政机构3个。实行“捕诉一体”刑事检察办案机制，实现一个案件由一个办案组或检察官负责到底，统一履行审查逮捕、审查起诉、诉讼监督等职责，提升办案质量和效率。做好检察官入额遴选工作，完成第四批员额制3名检察官遴选工作，员额制检察官达到37名，占政法专项编制34.9%。推进以审判为中心的刑事诉讼制度改革，开展保障律师执业权利专项监督活动，与区司法局、区人民法院加强沟通协作，建立联席会议机制，在依法维护律师执业权利、畅通律师维权渠道等方面达成共识。

【外部监督】 年内，区人民检察院坚持向人大报告工作制度，向区人大常委会专题报告控告申诉检察工作，落实审议意见，强化各项监督工作。结合五一劳动节、六一儿童节以及“检察护航民企发展”活动安排，邀请部分人大代表、政协委员、民营企业家、教师、学生及劳动者参加检察开放日活动。做好案件信息公开，在案件信息公开网上公开案件程序性信息2436条，审核并公开法律文书529份，发布重要案件信息26条，检察工作更加透明。

（郭爱景）

▲2019年8月8日，北辰区人民检察院未成年人检察工作室与团区委联合举办“七彩假期”主题活动

（马士雯　摄影）

法　院

【概况】 2019年，北辰区人民法院以执法办案为第一要务，坚持司法为民，深化审判体制改革，加强审判队伍建设，各项工作取得显著成绩。全年受理各类案件1.85万件，审执结1.73万件。

【刑事审判】 2019年，区人民法院依法惩治刑事犯罪，审结一审刑事案件836件，判处罪犯1231人。开展扫黑除恶专项斗争，公开宣判臧某某等11人组织、领导、参加黑社会性质组织犯罪案，该案系全区首起涉黑案件，主犯臧某某被判处有期徒刑二十五年，并处没收个人全部财产，其余10人被判处有期徒刑两年六个月至二十年不等的刑罚；依法严

▲2019年4月，北辰区人民法院与天津市物资贸易学校开展法治共建活动

（周永军　摄影）

惩孟某某等10人涉恶犯罪，被告人分别被判处有期徒刑一年三个月至八年六个月不等的刑罚。设立全市首个驻区看守所审判法庭，集中审理刑事简易程序案件、认罪认罚案件，实现送达、提讯、审判各环节依法高效运行。

【民商事审判】 2019年，区人民法院依法审结金融借款、民间借贷、融资租赁等民商事纠纷1113件，妥善审结涉及辖区5个商品房项目纠纷695件。化解涉及农村集体土地征收、农民房屋拆迁及安置补偿等纠纷116件。全年受理涉企商事案件1948件，审结1909件，比上年分别提高52.90%和50.67%。化解涉及"衣食住行、业教保医"案件368件。审结劳动争议案件581件。推进家事审判方式改革，审结婚姻家庭、继承类案件1007件，宜兴埠法庭家事审判成功案例得到天津电视台《家和万事兴》栏目深入宣传报道。依法平等保护民营企业合法权益，全年受理涉企商事案件1948件，审结1909件，比上年分别提高52.90%和50.67%。

【行政审判】 2019年，区人民法院审结一审行政诉讼案件268件，审查非诉行政执行案件125件。发布行政审判白皮书，推动落实行政机关负责人出庭应诉制度；组织全区10余个政府部门130余名机关干部到院旁听庭审。

【执行工作】 2019年，区人民法院受理执行案件6333件，执结6235件，执行到位金额21.87亿元，法定期限内结案率位居全市法院首位，"3+1"核心指标位居全市法院第二，被最高人民法院评为全面停止军队有偿服务工作先进单位。执结涉及违法用地及违法建设案件471件，腾退非法用地91.19万平方米，拆除违法建设58.34万平方米。推进失信被执行人信用监督、警示和惩戒机制建设，全年发布失信被执行人名单692例，采取限制高消费4031人次，限制乘坐飞机、高铁21397人次。实施拘传123人次，司法拘留122人次，形成整治逃避执行行为强大声势，2300余名被执行人迫于威慑自动履行义务。开展涉民营企业、中小企业应收账款专项执行工作，执结案件2198件，实现债权8.34亿元，将企业"纸上权益"转化为"真金白银"。

【司法为民】 2019年，区人民法院加强困难弱势群体司法救助，全年发放司法救助金113.5万元，让人民群众切实感受到司法温暖与人文情怀。坚持和发展新时代"枫桥经验"，开设"黄帅法官工作室"微信公众号，为涉诉群众集中开展诉前调解、释法析理，成为人民法院参与社会治理的"前哨站"。健全诉调对接机制，10月联合区司法局，在辖区"五老"人员中聘任6名特邀调解员，通过提高薪资水平、建立奖励机制、加强技能培训，诉前成功调解案件258件，工作效能得到充分激发。搭建类型化专业调解平台，联合平安保险成立交通事故调解理赔点，畅通纠纷诉前快速解决通道。参与诉源治理，开展人民法庭与辖区司法所诉调对接试点工作，年内，新村法庭联合普东街市场监管所诉前成功化解2000余件健身服务合同纠纷，实现重大矛盾风险提前防控化解。

【司法公开】 2019年，区人民法院推进司法民主化，人民陪审员参审案件2056件，陪审率达到99.02%。推进电子卷宗随案同步生成和深度应用，实现全流程无纸化网上办公办案。深化司法大数据应用，实时汇集审判执行数据信息，为区委、政府决策提供科学参考。深化审判流程、执行信息、裁判文书、庭审直播四大公开平台应用，全年多渠道推送案件流程节点信息7.4万余条，互联网公开裁判文书1.37万份，开展庭审网络直播518场。

【审判体制改革】 2019年，区人民法院按照放权、控权、奖惩三位一体要求，构建权责统一、规范有序的新型审判权运行体系，组建65个专业化审判执行团队，员额法官年人均结案266件；院庭长带头办理案件6520件，占全院结案总数的37.67%；实行送达、保全等审判辅助事务集约化处理，缓解办案团队压力；健全专业法官会议与合议庭评议、审判委员会研究工作衔接机制，确保实现"让审理者裁判，由裁判者负责"。落实法官单独职务序列，全年遴选员额法官10人，按期晋升人员职务等级23人，激发全院干警干事创业热情。出台实施细则，加强6类13种特定案件的事中监管，全年219件案件进入监督程序，确保办案效果三个统一。严格审限管控，建立起一整套以"事先预警、定期通报、督办台账、限期清理"为主要内容的审限管控机制，从严把握延长审限审批，2018年6月至2019年12月全院持续保持一年半及三年以上未结案"双清零"状态。

【司法宣传】 2019年，区人民法院落实谁执法谁普法的责任，开展专项法治宣传32次，开展向群众报告工作活动，通过官方网站、微博、微信公众号发布审判执行信息700余篇，满足人民群众知情权、参与权、监督权。年内，司法宣传工作受到最高人民法院表彰。

【信息化建设】 2019年，区人民法院推进执行指挥中心实体化运行，实现全院执行案件统一管理、统一指挥、统一协调。开通执行案款"一案一账户"功能，

▲2019年4月，北辰区人民法院干警走进社区开展扫黑除恶集中宣传（周永军　摄影）

优化财产查找、处置方式，利用网络查控系统，查询房屋、土地等不动产信息738条，查询车辆1537辆，冻结资金8.16亿元，实现对被执行人主要财产“一网打尽”；推行网络司法拍卖，全年网络拍卖量173件次，网拍成交金额9159.9万元，溢价率18.58%，资产处置、变现效率显著提高。

【开门办案】 2019年，区人民法院加强与人大代表、政协委员沟通联络，邀请人大代表、政协委员、司法监督员召开专题座谈会3场，组织庭审旁听5次，广泛听取代表委员意见建议。妥善处理人大交办的涉诉信访案件11件，及时回复办理结果。

（周永军）

▲2019年4月14日，北辰区区司法局参与全民国家安全教育日暨扫黑除恶集中宣传活动 （区司法局 供图）

司法行政

【概况】 2019年，北辰区司法局(以下简称区司法局)与原区政府法制办重新组建，设立12个职能部门，负责全区法治政府建设、普法宣传、社区矫正、公共法律服务等工作。重组后的司法局落实全面依法治区工作任务，深入开展扫黑除恶专项斗争，努力提升法律服务供给能力，增强人民群众的法治获得感，不断推进国家治理体系和治理能力现代化，为建设文明和谐宜居美丽新北辰营造良好的法治环境。区司法局被评为全国“七五”普法中期先进集体，宋庆柱被评为第九届全国“人民满意公务员”称号。

▲2019年10月22日，北辰区司法局在青光中学举办“服务大局普法行—法治文艺演出进校园”活动 （区司法局 供图）

【法治宣传】 2019年，区司法局印发《2019年北辰区普法依法治理工作意见》，制定2019年“谁执法谁普法”重点宣传项目。组织召开普法责任制联席会议，形成全区普法责任清单。建立法官、检察官、行政执法人员、律师等以案释法制度。组织全区87个单位的负责人参加旁听庭审活动。组织3900余名国家工作人员开展网上学法用法考试，参考率100%，合格率100%。举办全区法律明白人培训和普法培训会。配合区委组织部、区人大常委会对226名拟提任领导干部进行任前法律知识考试。推动宪法学习宣传，组织宪法进企业、进农村、进机关、进校园、进社区、进军营、进网络等主题日系列活动，开展“12·4”国家宪法主场宣传活动。组织参加第三届“我与宪法”微视频征集活动，征集优秀作品21件。在重要时间节点，广泛开展“法律六进”“四下乡”“文明行为促进条例”等专项法治宣传活动210余场，受教育群众36万余人次，以全民普法促全民守法。举办法治文艺演出进校园、进乡村、进机关活动，观众达1200余人次。在《天津日报·北辰之声》上刊登法治北辰专栏10期。录制以案释法视频课6集，在北辰电视台和“北辰司法”微信公众号定期播放。开展在线法治宣传咨询服务，北辰普法网站点击率达131万余次，手机客户端下载量达12万余次。

【公共法律服务】 2019年，区司法局均衡配置公共法律服务资源，加强区、镇街两级公共法律服务中心规范化、标准化建设，增设仲裁、司法鉴定引导岗。全区246个村居均聘有法律顾问，合理布局公共法律服务智能终端，实现基本公共法律服务全覆盖。将低收入群体、残疾人、农民工和军人军属、退役军人等作为公共法律服务的重点对象，实现法律援助应援尽援。全年区法律援助中心受理各类法律援助案件691件，其中民事案件269件，行政案件23件，刑事案件399件(含刑事辩护全覆盖案件335件)，办理认罪认罚案件776件。区公共法律服务中心在“周六不打烊”的基础上，推出周日预约服务制度。开展“领导干部公共法律服务接待日”活动，全年窗口接待群众664人次，热线接待611人次。深化司法行政改革，在全市范围内率先完成合作制公证处整体改制。推行公证网上咨询解答，网上预约办证等便民举措，实现公证行业“最多跑一次”承诺，北辰公证处全年办理公证事项4000余件，接待咨询6000余人次。开展“法治体检”，组织村居法律顾问深入建筑工地、民营企业审查劳动合同1000余份，保护农民工合法权益，降低企业法律风险。组织律师深入企业开展“尊法守法携手筑梦”农民工公益法律服务活动。组织公共法律服务中心值班律师、村居法律顾问在16个镇街、开发区开展“敬老月”等专项活动，举办法治讲座19场，法律援助宣传12场。

【人民调解】 2019年，区司法局成立人民参与和促进法治指挥中心，安排专门工作组常驻北仓镇李嘴村，服务示范镇建设。推行“听证＋司法行政”工作模式，对26户拆迁相对人开展公开听证，运用法治思维解决问题，防止矛盾升级转化。与区政务服务办、区民政局对接，成立天津市北辰区众诚调解服务中心，推动建立岗位责任、排查分流、考核评价等一系列工作制度，夯实“大调解”实体平台建设。组织召开区委平安建设领导小组矛盾纠纷“大调解”工作组第一次（扩大）会议，动员部署“大调解”工作，努力构建以人民调解为基础，人民调解、行政调解、行业性专业性调解、司法调解优势互补、有机衔接、协调联动的“大调解”工作格局。全年，各级调解组织开展矛盾纠纷排查9000余次，预防矛盾纠纷800余件，调解案件600余件，调解成功率98%以上。行业性专业性调解组织发挥职能优势，诉前纠纷人民调解委员会调处成功物业纠纷220件，开发区“公调对接”调委会化解矛盾纠纷4件。全年未发现因调解不及时引发的越级访、治安案件、刑事案件、群体性事件的发生。

【安置帮教】 2019年，区司法局通过刑满释放人员管理系统，加强服刑人员基本信息核查，实现核实率95%以上，回执率100%。落实双列管政策，包括1名涉黑涉恶刑满释放人员，重点人员接回率达到100%。做好重大会议、重要节日等时间节点安置帮教“日排查、日报告”工作。对刑满释放人员全部登记造册，逐个分析研判，分级列管列控，不留死角。开展肇事肇祸等严重精神障碍患者专项摸排工作，深入17个镇街逐一摸排、走访，每周更新排查情况，未发现个人极端案事件及特殊人群肇事肇祸事件发生。

【社区矫正】 2019年，区司法局以社区矫正对象特赦、安全隐患大排查、集中教育训诫等为切入点，通过电子定位、电话抽查、上门排查等方式，全面掌握社区矫正对象的思想和生活状况，落实维稳安保措施，确保不出问题。与驻中心检察室、民警办公室、派驻戒毒警察组成检查组，深入重点人员村居和教育训诫现场开展联合检查。严格出津审批程序，重点检查涉访、涉诉社区矫正对象活动情况。对社区矫正对象开展心理测评，发现问题及时进行心理疏导矫治，确保其思想稳定。利用电子腕带定位、“钉钉打卡”手机APP等电子监管手段加强信息化监管，确保监管无死角。全区在册社区矫正对象436人，解除矫正416人，完成调查评估154份，警告26人次，收监执行3人。加强政策法治宣传，促进社会力量参与。创新社区矫正工作宣传的形式和手段，通过《法治北辰》栏目、“北辰司法”微信公众号等媒体宣传社区矫正工作好的做法和典型经验。利用“社区矫正中心开放日”活动，向人大代表、群众汇报社区矫正工作成果。

（刘　玥）

▲2019年8月27日，北辰区司法局组织全区87个单位的主要领导参加旁听庭审活动

（区司法局　供图）

军事

综述

2019年，北辰区军事工作在军委国防动员部、警备区两级党委和区委的领导下，以习近平新时代中国特色社会主义思想和习近平强军思想为指导，加强思想政治建设，推进应急应战、民兵和征兵工作，发挥军地桥梁纽带作用，加强双拥共建。在北辰融媒体中心设立专栏，弘扬传播主旋律，加强民兵预备役人员思想政治教育。民兵工作调整组织布局，组织基层武装部示范点建设，加强民兵党组织建设，基干民兵预建党组织建设全部落实到位。拓展编兵单位，开展民兵编建调研，完成基干民兵训练任务。征兵工作结合形势变化，创新开展量化定兵实践探索，严格政审体检制度，提高征收新兵质量与水平。加强考核机制，组织开展自学自训等活动，提高干部军事素养和备战作战能力。国防教育持续深入开展，在全区范围内开展教育宣传活动。

北辰区逐步完善人民防空联合指挥体系，完成重要经济目标基础数据建档工作，加强防护救援队伍建设，定期开展人防训练演练，加强人防工程监督管理，提升法治宣传教育效果和影响力。2019年，人防办为建设项目出具人防建设意见77件，批建人防面积24万平方米，建设区人防示范社区2个，开展人防志愿者培训演练300人次。

（赵　菁）

区人武部

【概况】 2019年，北辰区人民武装部（以下简称区人武部）贯彻落实军委主席负责制，落实军委国防动员部、警备区两级党委扩大会议精神和区委的决策部署，以强军目标为引领，推进政治建军、改革强军、科技兴军、依法治军，加强思想政治建设，开展“传承红色基因、担当强军重任”主题教育；组织民兵业务集训、开展民兵组织整顿，建设基层武装部示范点；组织开展征兵，加大宣传培训力度；出动官兵500余人次参与地方建设。是年，北门医院党委书记王维栋被评为“全国模范退役军人”，参加庆祝中华人民共和国成立70周年大阅兵，作为老兵英模“致敬”方阵的一员，接受习主席和人民的检阅；民兵骨干衡飞的先进事迹被中央电视台、中央人民广播电台、退役军人事务部官网等国家级媒体网站专题报道。

【思想政治建设】 2019年，区人武部落实团以上党委机关理论学习计划，采取集中组织、个人自学、原文抄录、参观见学、典型引领、营造氛围等方法，组织上级最新指示和规定内容的学习贯彻。开展“不忘初心、牢记使命”和“传承红色基因、担当强军重任”主题教育，组织参加上级授课辅导和相关活动，组织全体干部、文职人员、职工骨干和镇街专武干部、部分民兵骨干，到天津市烈士陵园、“登高英雄”杨连弟烈士纪念馆、平津战役纪念馆等红色资源地进行参观见学。落实个人自学和每周五半天的集中学习制度，购置《习近平新时代中国特色社会主义思想学习纲要》《专武干部和民兵预备役人员教育训练读本》等书籍资料，配发部机关全体人员和全区基层专武干部。部负责人深入民兵应急连、双35高炮连等民兵集训一线进行授课辅导，业务科按照规定动作，狠抓民兵思想教育的末端落实。以《北辰武装简报》的形式刊发理论学习导刊，利用周五党日活动时机组织体会文章展评和应知应会内容考核，通过系列活动，确保学习教育效果。加强新闻宣传报道工作，在《中国双拥》、今日头条等中央级媒体发表文章8篇，在其他媒体及公众号发表文章60余篇，北辰电视台播发消息9条。

【应急应战】 2019年，区人武部贯彻《实战化军事训练若干规定》，以警备区首长机关基础课目训练考核为契机，开展“学研练考评”和自学自训等活动，深化使命课题和现实问题研究，抓好网络教学、夜校补训、体能训练等训练制度落实，不断提高全体干部军事素养和备战打仗水平。科学抽组镇街专武干部、基层民兵骨干和人武部“小巨人”，参加警备区民兵业务集训，取得优异成绩，得到扎实锻炼。以军事训练责任制和群众性练兵比武活动为抓手，采取集中组织、挂钩帮训、以勤代训和联训联演等方式，落实基干民兵和专武干部年度训练任务，穿插组织新任专武干事强能培训。制定专项战备方案，科学编成指挥机构，定期组织演练合练，做好应急救援训练备勤。牵头组织区发改委、人防办等职能部门，参加天津地区防卫防护行动课题演练，开展任务课题研究，修订本级战备和应急方案，依案组织民兵应急分队拉动备勤，提高指挥决策能力和快速反应能力。

【组织动员建设】 2019年，区人武部以年度民兵调整改革落实迎检为牵引，部署开展民兵组织整顿，联合区政府下发通知，联合召开任务部署会，联合举行基干民兵入队宣誓授旗仪式。在西堤头镇和瑞景街道组织基层武装部示范点建设，组织全区编兵单位分管负责人和专武干部到兄弟单位参观见学。为全体民兵发放入队通知书，依托北门医院统一

▲2019年7月，北辰区人武部组织民兵训练　　（区人武部　供图）

▲2019年9月，北辰区举行新兵入伍集体欢送仪式　（区人武部　供图）

组织全区基干民兵体检，协调公安北辰分局规范民兵政审程序方法。按照营有党委、连有支部、排（班）有小组的要求，加强民兵党组织建设，基干民兵预建党组织建设全部落实到位。将编兵单位向高新企业拓展，在北辰开发区、天辰公司、天津公交巴士公司等5家单位设立武装部，开展非公企业民兵编建调研，结合行业特点，编组网络维护、化学侦测、运输投送、装备维修等新质基干民兵分队。结合任务实际，组织共同基础和专业课目训练，开展对口保障军兵种专业训练，组织应急分队、防汛抢险专业训练演练，圆满完成年度基干民兵训练任务。

【征兵工作】 2019年，区人武部围绕“五率”量化考评，及时调整征兵工作领导小组，明确标准、压实责任。统一组织体检、政审等业务培训，指派业务骨干沉到镇街和高校一线帮带，提高征兵人员业务水平。严格纪律惩戒措施，对年初兵役登记率相对靠后的3个镇街武装部长进行约谈，全区兵役登记率、报名率、上站率、合格率在全市率先达标。创新征兵宣传形式，不断激发大学生参军热情。组织新兵体检政审，落实廉洁征兵制度规定。组织“双合格”人员役前集训，创新开展量化定兵实践探索，兵员质量稳步提升。

【军地双拥共建】 2019年，区人武部发挥军地桥梁纽带作用，发挥军地各自优势，形成军地双方互促共赢的融合发展态势。在北辰融媒体中心开通国防教育专栏，在人员聚集区布设宣传展板，利用短信群发系统传播主旋律，强化民兵预备役人员“四个自信”。协调区教育局解决3名军人子女入学入托、3名随军家属安置工作，解决军人军属切身利益问题。协调组织驻区部队参与地方经济建设、创文创卫、国防教育宣传、“平安北辰”建设等活动，累计出动官兵500多人次，在急难险重任务中当主力打头阵。协调组织“奋进新时代 双拥创辉煌”纪念建军92周年暨“双拥”工作表彰大会以及文艺会演活动，表彰“十佳”先进单位个人、停偿工作先进单位个人和最美退役军人，密切军政军民关系、凝聚共同意志力量。协调区委、区政府累计出资60多万元，为双拥共建部队赠送空调、修建浴室、赠送慰问品，与驻区同呼吸、共命运、心连心的新型军政军民关系进一步巩固。协调双拥共建单位某旅、杨村机场，圆满保障市委党校局级干部进修班军营一日暨参观见学活动。

【依法建部】 2019年，区人武部针对上级工作组检查指出的12类25个问题，按照归口负责、对口整改的原则，采取“认账领账”“挂账销号”的办法，逐条明确整改措施、责任人、截止时间，做到坚决改、马上改，彻底改、改到位。健全各类安全组织，严格落实车辆派遣管控等安全制度，抓好《人武部机关日常工作细则》工作落实，每周组织文件、通报和相关规定的传达学习，教育引导干部职工按规定用权、按章程办事，推进依法建部全面深入落实。

区人武部查找的17个问题，全部整改完毕；制定的23条整改措施，除需长期保持的，全部落实到位；在每季度参加警备区组织的党委中心组带机关和部队理论学习的基础上，组织部党委中心组每月不少于两天的学习。贯彻落实《关于加强新时代基层人民武装部建设的意见》精神，选准配强专武干部，新成立6

▲2019年7月30日，北辰区人武部举行“奋进新时代 双拥创辉煌”纪念建军92周年暨双拥工作表彰大会　（区人武部　供图）

个基层武装部，从组织机构设置、人员配备、任免程序到个人年龄结构、任职经历、能力素质，100%符合政策规定，经验做法被警备区党委推广。

（刘国东）

【国防教育】 2019年7月，团区委、区教育局、区少工委联合开展“津彩红领巾军旅少年志”国防教育主题夏令营在DNT成长体验营开营，53名少先队员参加活动。9月，在全区范围内开展天津市第三十届全民国防教育周宣传活动。双街镇开展2019年度预征新兵欢送暨献身国防教育活动，镇武装部工作人员向预征新兵讲述党史国情和人民军队的发展历程。

（刘秋香）

人民防空

【概况】 2019年，北辰区人民防空办公室（以下简称区人防办）以“建设强大巩固的现代人民防空体系”为己任，围绕“调整规范、打造提升、创新竞进、担当作为、再创辉煌”的主攻目标，聚焦热点，攻克难点，覆盖盲点，突出重点，打造亮点，完善人民防空联合指挥体系，重要经济目标的基础数据建档，人防训练演练、人防工程监督管理、法治宣传教育等工作顺利推进。

【人防指挥通信】 2019年，区人防办逐步完善人民防空联合指挥体系。结合政府机构改革和职能定位，调整人民防空指挥部编程，重新拟制北辰区人防指挥机构人员编成表，明确职责，理顺关系。强化对龙顺庄园、泉水湾庄园人口疏散基地的维管建设，开展基地普查、深入走访，制定接收安置方案，重新修订布局图、绘制接收安置图，制定保障方案。完成4个重要经济目标的基础数据建档。指导北方发动机研究所、水源地重要经济目标单位完成防护方案的制定工作，成立北方发动机研究所防护指挥机构，建立4支、73人的防护救援队伍。开展人防训练演练。制定《2019年度北辰区人民防空训练工作计划》、“京津冀”协同组训训练计划、地面卫星站组训方案，严格按纲施训，参加各类协同演练5次。提升人防信息化水平。编制完成《北辰区人民防空信息系统升级改造建设方案》。开展全区警报器维管，对警报点进行同步体检、同步维修、同步测试。完成2个警报器新建工作，完成年度警报试鸣工作，鸣响率97%。

启动二代指挥车建设。按照市人防办《指挥通信车建设方案》，分别建设机动指挥车和信息处理车。10月16日，增加购置二代指挥车政府采购预算。12月9日，选定上海邮电设计咨询研究院有限公司完成初步设计方案。邀请天津市兴业造价咨询有限公司对该项目清单进行控制价评估。审核通过《机动指挥平台建设初步设计方案》和《人防机动指挥平台建设项目清单控制价编制报告书》。完成信息处理车专家论证及财政审批程序。

【人防工程监督管理】 2019年，区人防办深化落实“一制三化”审批制度改革。利用天津市政务一网通权力运行与监管绩效系统，为建设项目出具人防建设意见77件。利用“一张蓝图、多规合一”平台，回复建设意见259条。利用天津市数字化图审系统，核查出现人防设计问题8个。加强事中事后监管及行政执法检查，参加竣工联合验收项目19个。配合市人防质量监督站对开工项目进行监督交底14个，主体验收11个，竣工验收项目4个。办理竣工验收合格人防工程平时使用备案8个。落实市人防办延伸审计整改要求。针对2017年人防审计提出的5个区政府投资免交免建项目，通过两次区政府常务会决定，统筹安排资金补交易地建设费。

规范人防工程使用。召开基层人防工作会，开展人防工程“三排三治”检查工作，每季度按时检查上报，对查出的问题督促整改。完成辖区内人防工程普查梳理工作。按照《人防系统腐败问题专项检查反馈意见整改方案》要求，完成双发温泉花园和都旺中心广场2处非人防工程摘牌整改工作。

【人防工程平战结合】 2019年，区人防办完成某人防工程停车场运营工作。3月，启动第三轮招标运营程序，7月完成停车场运营招投标工作，9月签订合同，10月完成水电表过户工作及停车场车辆招租运营工作。提升平战结合项目服务社会功能，将2处人防工程使用权、管理权移交至果园新村街道办事处统筹管理使用，发挥人防工程平战结合项目社会效益。将御龙湾人防商铺提供给区残联作为残疾人辅助性就业基地。开展人防底商日常消防安全巡查15次，实地排查漏水点，组织进行积水抽排。

【人防法治宣传】 2019年，区人防办投资20万元，在果园新村街道金玺城社区和普东街淮盛园社区建设区人防示范社区。投入5万元编印人防宣传材料，统一配发给基层人防组织。开展人防志愿者培训演练300人次，主题宣传活动11次，接受群众咨询1100余次，发放宣传资料7000余份，参与活动6000余人。

（韩 超）

▲2019年9月21日，北辰区人防办在集贤公园开展全民国防教育日暨天津市防空防灾警报试鸣日宣传活动

（区人防办 供图）

经济管理

北辰年鉴
2020

综　述

2019年，北辰区进一步优化职能配置，合理划分事权，依法加强价格、粮食、公共机构节能、国有资产、审计、统计、市场、应急监督管理，加大执法力度，为全区经济可持续发展保驾护航。

北辰区推进京津冀协同发展，制定招商引资优惠政策，协议投资额实现486亿元。实施供给侧结构性改革，启动152家区属国有企业改革；制定重大项目管理办法，列入全区“三个一批”台账的重点项目221个，总投资2170亿元。

北辰区财政工作坚持稳中求进工作总基调，坚持保人员、保运转、保民生支出在财政支出中的优先顺序，着力保障和改善民生，支持打好“三大攻坚战”。2019年，实现区级一般公共预算收入59.21亿元，其中税收收入46.05亿元。全区一般预算支出合计123.90亿元，其中全区一般公共预算支出80.04亿元。

北辰区加强国有资产监督与管理，完成50家区属国有企业出让、出清；将8家全民所有制企业纳入公司制企业改制范围。实施国有资产监管制度改革和工资决定机制改革。

北辰区加强税收，组织完成税收收入107.3亿元。实施减税降费，开展政策辅导培训122场，培训1.73万户次。紧抓依法治税制度建设，实现个人所得税申报2.2万户；规范税收执法工作自查189批次，完成风控总收入4.67亿元。

北辰区成立审计委员会，加强共产党对审计工作的全面领导。2019年，北辰区审计局开展审计项目31个，查出问题金额61.9264亿元，非金额计量问题115个，整改金额5089.51万元，审计处理处罚金额866.09万元，出具审计报告和审计调查报告48篇。

北辰区统计工作开展常规统计和道路运输能源、文化产业核实、重点工业企业基本情况、外商投资企业年检工作等专项调查。完成368家企业入库，对38家企业开展统计执法检查。开展第四次全国经济普查，完成2.1万个法人单位和1800多户个体经营户的登记工作，区统计局被评为市级“第四次全国经济普查先进集体”。

▲2019年11月15日，北辰区举办高质量发展培训班　（赵雅楠　摄影）

北辰区推进质量立区战略，开展质量提升行动，指导辖区企业参与国际标准、国家标准、行业标准制定17项。实施知识产权战略，累计注册商标1.44万件，中国驰名商标25件。区市场监督管理局推进“多证合一”“一制三化”等商事制度改革措施落地落实，将企业设立登记时间缩减至0.5个工作日。开展食品安全、药品医疗器械安全、特种设备安全监管，查办违法案件191件，评定放心药店22家，培育市级食品安全示范店2家。双街镇市场监督管理所被评为“全国市场监管系统先进集体”。北辰区获评“国家知识产权示范培育城区”。

北辰区健全突发事件分级响应程序和应急指挥体系，健全完善全区总体应急预案及防汛应急预案、地震预案多部专项预案，整合优质资源建强各类应急救援队伍。加强应急管理，抓好区级领导干部的“一岗双责”，建立“四级九覆盖”工作方式，全区各单位及生产经营单位逐级逐岗签订“安全生产责任书”8.82万份。组织开展安全生产集中整治，排查整改隐患问题9713项；加强重点行业领域日常监管，排查整改隐患问题1.38万项。

（刘秋香）

改革发展

【概况】 2019年，北辰区发展和改革委员会（以下简称区发改委）坚持稳中求进工作总基调，践行新发展理念，干实事抓重点，打基础利长远，高质量推动全委各项工作扎实有序开展。根据《天津市北辰区发展和改革委员会职能配置、内设机构和人员编制规定》的通知精神，区发展改革委设有办公室、发展规划科、投资管理科、城镇化建设科、能源管理科、经济体制改革科、价格管理科、储备管理科。取消派出机构天津市北辰区物价检查所，人员并入区发改委机关。

【京津冀协同发展】 2019年，区发改委完善京津冀协同发展领导小组架构及工作机制。制定年度工作要点及招商引资优惠政策等文件，推动落实能动机制，引入非首都功能项目98个，协议投资额486亿元。推进实现产业、交通、生态、创新、医疗、教育、人才、市容、安全生产等各领域协同发展，各方面工作取得积极进展。

【经济运行管理监测和组织推动】 2019年，区发改委完善“十三五”规划中期评估报告，研究制定主要经济工作指导性目标，定期跟踪监测全区经济运行情况。起草区委财经委员会2019年工作要点、工作规则和区委财经委员会办公室工作细则。推动开展高质量发展工作，加强民营经济服务体系建设，组织开展“民营经济19条”及相关配套政策宣讲。编制形成乡村振兴发展规划，梳理摸底僵尸企业，促进僵尸企业处置。协调衔接各领域、各有关部门推动全区经济稳定运行。

【重大项目管理】 2019年，区政府印发《重大项目管理办法》。建立重大项目管理机制，加强项目管理，统筹各部门，按月更新项目台账，准确掌握项目情况，定期通报重大项目进展情况。全年，列入全区"三个一批"台账的重点项目221个，总投资2170亿元。召开专题会议，收集并解决各类问题，推动项目加快建设。加快全区政府投资项目建设，破解政府项目融资难问题，于4月16日组织召开北辰区重点项目推介对接会。积极组织申报争取地方政府专项债额度，扩大项目资金来源。

【示范小城镇建设】 2019年，区发改委围绕"拆、建、还、出"四个环节，坚持"四快"闭合抓落实。示范镇办公室以规范平台运行、完善制度建设、健全工作机制和加强监督管理等有效工作手段，聘请专业律师团队，加强对平台的监管；运用法律思维，出台10个工作性文件；坚持问题导向，建立问题台账；坚持工作例会制度，召开各类会议60余次，协调解决问题20余件；建立动态监控体系，防范债务风险。

【供给侧结构性改革】 2019年，区发改委统筹协调落实《关于深入推进供给侧结构性改革的实施方案》各项任务。全面启动152家区属国企改革，完成50家低效企业出清出让。持续推动"园区围城"治理，取缔铁锅店、胡园、飞龙等6个工业园区，完成屈店、温东等6个整合类园区规划设计，推进鸿仓、万发等老旧园区改造提升。加快推动钢铁产能退出，开展非法生产"地条钢"专项治理。盘活闲置楼宇2.1万平方米。全区上市挂牌企业总数实现71家。扩大知识产权质押贷款规模，为16家中小企业提供贷款5804万元。减税降费18.9亿元，返还社会保险费5500余万元，新增市场主体1.3万家。京津冀一体化工程全面推进，京滨城际铁路及北辰站进场施工，京津塘高速北辰开发区出入口、津蓟快速互通立交等工程进展顺利。打赢蓝天、碧水、净土保卫战，生态环境质量持续向好，经济社会发展短板逐步补齐。

【"双万双服促发展"活动】 2019年，区发改委发挥牵头抓总、统筹协调作用，建立全覆盖的精准帮扶体系、双周协调解决问题工作机制和重难点问题跟踪解决机制，结合主题教育，重新梳理制定区级领导包联重点企业、重大项目清单，常态化协调解决企业和项目生产经营中遇到的突出问题。活动开展以来，累计召开15次区级推动会，共计收集企业用地、资金等10大类、2598个问题，全市第一个实现问题收集率100%；问题解决率99.58%，排名全市第四；综合满意度位于全市中上水平。区级主要负责人多次对活动开展情况提出表扬，区推动重难点问题解决促"双万双服促发展"活动水平不断提升，相关经验做法被市活动办在全市予以推广。

【散煤清洁化治理】 2019年，区发改委通过分解年度任务、倒排工期、压实责任，坚持问题导向、建立调度会机制，统筹协调、现场指挥、集中攻坚，累计召开调度会18次，经过连续奋战，完成青光镇、小淀镇、双口镇、西堤头镇4个镇、20个村片约2.4万户"煤改电"工作，标志着自2017年开始实施的清洁取暖三年攻坚战任务全面完成。

【公共机构节能及石油天然气管道保护】 2019年，区发改委完成江天重工、振兴水泥等18家重点用能单位"双控"目标的责任考核和目标制定，召开推动会并定期开展节能形势分析，推动8家重点用能单位能源审计、4家重点用能单位能源管理体系建设、15家重点用能单位在线监测系统接入端建设、2家重点用能单位节能项目改造等工作和100台小区公共充电桩的建设工作，深入开展全民节能宣传活动。此外，继续做好石油天然气长输管道的保护工作，确保管道安全运行。

【粮食与国动管理】 2019年，区发改委严格区级储备粮管理，每月收取企业安全报表，每季度开展粮食安全检查，确保粮食存储安全。出台2019年北辰区粮食区长安全责任制考核工作方案，及时召开工作部署会，收集梳理佐证材料并形成考核工作报告，落实2019年考核任务。定期召开工作推动会听取天津北仓国家粮食储备库项目建设进展，2019年8月项目全面完工并具备储粮条件。完成2018年度粮食平衡调查工作和2019年度粮食政策性大清查，经核查区各级储粮数量真实，质量良好。落实巡察整改工作要求，加速解决企业历史遗留问题。聘请3家专业服务机构协助开展国有粮食企业改革，每周定期研究推进改革工作，按时完成6家企业出清任务，推进2家企业改制。

【价格管理】 2019年，区发改委推进"红顶中介"专项整治工作。做好收费情况年度报告、民办非营利性学历教育收费定价、定向安置经济适用房销售价格审核、农业水价综合改革、市场价格监测与农本调查等工作。做好价格认定工作，全年受理661件，标的额2.63亿元。

（耿　钧）

财　政

【概况】 2019年，北辰区财政工作坚持稳中求进工作总基调，坚持创新发展理念，以供给侧结构性改革为主线，加力提效实施积极的财政政策，坚持"三保"（保人员、保运转、保民生）支出在财政支出中的优先顺序，着力保障和改善民生，支持打好"三大攻坚战"，持续提升财政保障水平，有力推动高质量发展。加快产业结构调整，促进企业转型升级，全年拨付科技专项资金2.85亿元支持企业自主创新，提升企业核心竞争力。本着集中财力办大事原则，全面落实好20项民心工程，全年民生支出205.16亿元，占财政支出的89.99%，切实做到把有限的资金花在刀刃上。促进社会事业均衡发展，以财政支出均等化助推基本公共服务均等化，不断优化教育、卫生、文化等社会事业资源配置；全面落实社会兜底政策，不断提高保障水平，织密筑牢兜底保障网；坚持农业农村优先发展，全年拨付资金6.73亿元用于乡村振兴战略，着力解决好"三农"问题，实现由"支农惠农"向"强农惠农富农"转变；全力保障扶贫攻坚战，拨付西藏丁青、河北承德等对口帮扶和东西部扶贫协作资金1.61亿元，确保帮扶工作高质量开展；加快补齐城市建设短板，多渠道筹措资金，安排"创文、创卫"专项资金2.94亿元，为打造宜居美丽的新北辰提供强有力财政支撑。

【一般公共预算收支决算】 2019年，区财政局做好全区收支决算工作。全年实现区级一般公共预算收入59.21亿元，完成调整预算的103.38%。其中税收收入46.05亿元，非税收入13.16亿元，税收占比77.77%。全区一般预算收入合计127.67亿元。即一般公共预算收入59.21亿元，加上年结转结余5.01亿元、上级转移支付收入9.67亿元、一般债券转贷收入4.05亿元、盘活调入资金9.09亿元、调入预算稳定调节基金43.13亿元、市体制税收返还收入8.11亿元，减上解市级支出10.60亿元。预算周转金累计结余0.30亿元。

全区一般预算支出合计123.90亿元，其中全区一般公共预算支出80.04亿元，完成调整预算的64.76%（本级支出完成调整预算的76.22%）；一般债务还本支出2.05亿元，安排预算稳定调节基金41.81亿元（本级23.28亿元、镇级18.53亿元）。

全年结转结余3.77亿元。其中区本级2.77亿元、镇级1亿元。预算周转金累计结余0.30亿元。

区本级收支决算。区本级收入合计91.92亿元。即全区收入合计127.67亿元，减镇级结转结余1.49亿元、镇级调入资金0.23亿元、镇级预算稳定调节基金17.31亿元、镇级财力11.12亿元、开发区财力4.80亿元、政府债券转贷开发区0.80亿元。

区本级支出合计67.13亿元，主要用于公共安全、教育、科技、社会保障、卫生健康等重点八项支出54.61亿元，占本级支出的81.35%，完成调整预算的78.95%。其中一般公共服务支出6.57亿元，公共安全支出5.68亿元，教育支出15.53亿元，科学技术支出3.54亿元，社会保障和就业支出7.20亿元，卫生健康支出6.44亿元，节能环保支出2.07亿元，城乡社区支出7.58亿元。

全年结转结余2.77亿元。即区本级收入合计91.92亿元减安排预算稳定调节基金22.54亿元、减本级支出67.13亿元（含新增置换债券2.05亿元）、加上镇及开发区担负的政策扶持及税源划转资金0.52亿元。

预算稳定调节基金决算。全区年初预算稳定调节基金60.40亿元（含镇17.31亿元），调至一般预算收入总量43.13亿元（含镇17.31亿元），补充预算稳定调节基金41.81亿元（含镇开发区19.26亿元），年末预算稳定调节基金59.08亿元（含镇开发区19.26亿元）。

镇及开发区体制结算。区对镇、开发区体制结算后，全年镇及开发区收入为16.72亿元，其中镇及开发区当年收入为15.42亿元，加上年结转的镇及开发区结转财力0.50亿元、政府债券转贷开发区0.80亿元。减镇及开发区支出16.20亿元，结转下年资金为镇及开发区财力0.52亿元。

【政府性基金收支决算】 全年政府性基金预算总收入163.44亿元。其中，2019年政府性基金收入62.42亿元，完成调整预算的61.09%，加上级转移支付收入15.66亿元、上年结转结余10.06亿元、调入95平方土地出让成本等资金42.53亿元、专项债券转贷收入34亿元、再融资专项债券转贷收入2.4亿元，减结转结余超30%部分调入一般预算资金3.63亿元。

全年政府性基金支出150.34亿元，完成调整预算的74.07%。其中用于城乡社区支出144.53亿元（含新增专项债券34亿元、含区对镇补助49.99亿元），其他支出0.21亿元，债务付息及发行费支出3.20亿元，专项债务还本支出2.40亿元。收支相抵后，结转结余13.10亿元。

【转移支付资金收支决算】 2019年，市对区转移支付资金26.29亿元。其中一般公共预算资金9.67亿元，政府性基金15.65亿元，市拨专项0.97亿元。截至年底，拨付资金21.97亿元，主要用于教育、科技、文化体育、社会保障、卫生健康、节能环保、城乡社区、农业等民计民生支出。

区对镇及开发区转移支付情况。全年区对镇及开发区补助支出53.54亿元，其中一般预算补助支出3.55亿元，主要用于最低生活保障、退伍军人生活补贴、居委会退养干部生活补贴、环保治理专项、经济发达镇建设、示范工业园区补助等。政府性基金即示范镇建设补助（土地出让返还）支出49.99亿元。

【地方政府债务】 2019年，市财政局下达区政府债务限额165.90亿元，至年底区政府债务余额165.79亿元（全部是政府债券，其中一般债务44.21亿元，专项债务121.58亿元），未超过法定限额。

2019年，市财政局转贷区新增政府债券资金36亿元，新增再融资债券4.45亿元。按照债务管理有关规定，用于土地整理、城中村改造、青光示范镇、环外煤改清洁能源及京津塘高速北辰开发区出入口及津蓟快速互通立交项目。根据天津市政府债务转贷协议约定，2019年偿还政府债务本息9.05亿元，其中一般预算安排还本支出2.05亿元，地方政府一般债券付息支出1.43亿元；基金预算安排还本支出2.40亿元，地方政府专项债券付息支出3.17亿元。

【财政支出规范管理】 2019年，区财政局制定《天津市北辰区财政国库集中支付业务电子化管理暂行办法》，实现财政、人民银行、代理银行和预算单位之间的业务联通，保障财政资金安全，提高业务办理效率。印发《支持实体经济项目财政专项资金管理暂行办法》，更好发挥专项资金的引导和扶持作用，提高专项资金使用效益。印发《北辰区镇级财政财务管理办法》，对镇级各类财政资金的预算管理、财政收支管理、财务管理、固定资产管理、债权债务管理、专项资金管理、绩效管理等事项提出更为明确的要求。实施财政资金动态监控，每季度对预算单位线上支付开展动态监控通报，进一步规范预算单位财政支出行为。举办预算系统和会计制度培训班。加强政府投资项目监管力度，提升投资评审和政府采购质量，全年累计实施政府采购项目1881个，预算金额48.75亿元，实际采购金额47.99亿元，节约资金0.76亿元，节约率1.55%；严格落实《天津市政府投

▲2019年9月23日，北辰区财政局举办教育系统预算调整和会计制度培训

（马娜　摄影）

▲2019年3月29日，北辰区财政局开展宣传工作　　（马娜　摄影）

资管理条例》，评审财政投资项目202个，送审金额60.18亿元，审定金额50.83亿元，审减金额9.35亿元，审减率15.54%，有效节约了财政资金。

【防范化解风险】 2019年，区财政局全面压实主体责任，严守债务限额管理的政策底线。做实做细化债方案，通过压减一般性支出、盘活闲置资产、清理实有资金账户等方式，增加“现金流”缓解偿债压力，全年偿还到期政府债券本息9.05亿元。采取PPP模式推动重大基础设施建设，北辰东道及综合管廊和垃圾协同项目入选财政部PPP项目管理库，全面开工建设，项目总投资45.25亿元。

【推进财政改革】 2019年，区财政局推进财政综合业务系统建设，构建起以预算编制及项目库为源头的预算管理模式，正向相互支撑、有效制衡，逆向真实反馈、监督有效的全过程管理。财政综合业务管理平台上线运行，实现从预算单位到财政局、从财政局到区政府财政资金线上审批流程，解决了以往“人工送件”行政效率低下、不安全的“老大难”问题；实现预算单位电子文件网上提交、在线跟踪、网上接收审批结果、公文流转动态跟踪，进一步提高财政公文审批时效性、安全性和便捷性。实行国库电子化支付改革，推进国库集中支付业务电子化改革试点工作，实现财政、人民银行、代理银行和预算单位之间的业务“电子化”联通，提升财政工作效率和信息化管理水平。

【减税降费】 年内，区财政局把落实更大规模减税降费作为2019年实施积极财政政策的头等大事抓紧抓好。1月1日起实施小微企业普惠性减税、个人所得税专项附加扣除；4月1日起实施深化增值税改革措施，制造业等行业增值税税率从16%降至13%，交通运输业、建筑业等行业从10%降至9%；5月1日起降低社会保险费率。继续清理规范行政事业性收费和政府性基金。全年全口径减税18.90亿元、降费0.68亿元(影响区本级收入5.60亿元)，助力实体经济发展，激发市场主体活力。

【提高资金质效】 2019年，区财政局扎实推进预算绩效管理。在“事中”环节实施“双监控”，加大通报和督导力度，全年各部门主动调减预算项目资金6.85亿元，硬化预算执行约束，提高资金使用效益。在“事后”环节实现扩围升级，财政评价重点项目19个、整体支出单位4个，评价总金额达到41.09亿元，提升了绩效评价水平。履行财政监督职能，完善内部控制体系建设，选取民政局等10个预算单位进行督导检查，提高公共服务效率和效果。加大监督检查力度，全年行政执法检查32项、行政处罚1项，重点对惠民惠农补贴资金开展专项检查，确保财政资金运行安全、规范、高效。牢固树立过紧日子的思想，在降低行政运行成本上下真功夫，“三公”经费支出规模较上年下降35.29%，节约资金统筹用于急需领域支出。有效盘活存量资金，加大闲置资金盘活力度，全年盘活以前年度存量资金4.42亿元，统筹用于社会保障、环保、卫生等重点领域。

（马　娜）

国有资产监督管理

【概况】 2019年，北辰区人民政府国有资产监督管理委员会(以下简称区国资委)稳妥推进国企改革、国有资产监督管理、资金清查等工作。启动152家区属国有企业改革，成立区深化国有企业改革领导小组，召开全体会议4次，研究推动解决国企改革突出问题。实施国有资产监管

▲2019年8月28日，北辰区国资委召开国企改革专题推动会　　（杨柳　摄影）

▲2019年10月18日，北辰区国资委成立检查小组赴国有企业开展资金清查重点检查，现场盘点现金（张乐　摄影）

制度改革和工资决定机制改革，制定相关制度5项。

【国企改革】 2019年，北辰区启动152家区属国企改革，其中出清128家劣质低效企业，出让16家企业。至12月底，完成50家，其中出清46家、出让4家。全面启动国企改制，将8家全民所有制企业纳入公司制企业改制范围。区国资委与区委组织部、审计局、司法局等有关部门经过多次商议、反复论证，并征询所聘法律事务所专业意见，起草《天津市北辰区区管国有独资公司法人治理结构管理暂行办法（讨论稿）》和《北辰区国有独资公司章程（讨论稿）》。其中《北辰区国有独资公司章程（讨论稿）》经区国企改革领导小组全体会议研究后通过，各企业遵章执行。

部署镇街改革。区国资委组织召开区深化国企改革领导小组工作例会，推动各镇街属国有企业改革工作，对各镇街国企改革工作任务进行部署，明确镇街国企改革“在数量上瘦身，在效益上增效”的改革方向。

【领导小组会议】 2019年4月2日，区深化国有企业改革领导小组第一次全体会议在区机关805会议室。区主要负责人主持召开。5月、7月、12月，相继召开国有企业改革领导小组会议3次。区国资委组织召开工作协调会、办公室工作例会8次，推动解决国企改革突出问题。设立国企改革周报制度，每周汇总各涉改监管部门改革进度，报区级分管负责人阅知，增强各涉改单位完成改革任务的紧迫感。

【调研指导】 2019年，区国资委以问题为导向，加大调研服务力度。全年走访调研各监管单位70余次，针对区运管局、建开中心、工信局、农业农村委、发改委、供销社等下属企业数量较多、问题集中的监管单位，进行深入调研，密切联系市场监管部门，持续协调工会所属企业破产事宜、开发区改制企业核名事宜、供销社和发改委所属企业出清问题以及运管局所属企业公积金补缴事宜，帮助涉改监管部门解决实际问题。强化培训指导。区国资委全年组织国有企业集中培训4次，50多家企业数百人次参加培训。内容涉及国有企业改制、出清出让、企业合并报表等。

【国资监管制度改革】 2019年，区国资委相继制定出台区属国有企业负责人经营业绩考核和薪酬管理试行办法、资产评估暂行办法、资产评估专家评审制度3项制度。通过强化制度建设，织密国资监管制度网，为国资管理和国企改革提供制度保障和遵循。

【全面启动工资决定机制改革】 年内，按照市政府、市国资委工资决定机制改革方案要求，区国资委开展国有企业薪酬全面调查，对全区国有企业员工的工资指标进行分层级统计汇总，制定《北辰区国有企业工资决定机制改革实施办法》《区属企业2019年工资总额预算编制方案》，进一步规范区属国有企业薪酬制度体系。

【资金清查专项工作】 2019年，按照市政府常务会议精神，9月起，区国资委对全区范围国有企业开展全面资金清查规范工作。结合北辰区实际，制定清查工作方案，进行专题部署。针对企业中存在的资金管理问题，建立问题台账。

（武　敏）

税　务

【概况】 2019年，国家税务总局北辰区税务局（以下简称税务局）积极应对经济下行和减税降费双重压力，做好各项征

▲2019年12月5日，北辰区税务局志愿者宣传减税降费政策活动（区税务局　供图）

管工作，抓好组织收入工作。全年完成全口径税收收入107.3亿元。狠抓依法治税，深化纳税服务，加强税收队伍建设，凝聚干事创业正能量。

【组织收入】 2019年，区税务局突出减税降费主题，聚焦组织收入主业，合理分解收入预期目标，提升税源与计划的契合度，提高税收收入质量。规范征管工作，推动征管工作制度化、规范化、科学化。加强纳税人分级分类管理，专业管理大企业，集中管理重点税源，属地管理一般税源。全年完成区本级税收收入46亿元；完成非税收入4.4亿元，征收社会保险基金收入8.1亿元，圆满实现组织收入目标。

【减税降费】 2019年，区税务局落实国家税务总局、市税务局的工作要求，强化组织领导、明确职责分工、勇于攻坚克难、狠抓责任落实，扎实推动减税降费工作。1月24日，区税务局成立实施减税降费工作领导小组，建立"横向到边、纵向到底"的工作机制，明确减税办及8个工作组的工作职责，制定工作制度，构建"一主八辅多部门联动"的工作格局。加强与区委、区政府协作，主动对接审计、纪委、监委、财政等部门，以服务区域经济高质量发展为出发点和落脚点，先后报送8篇高质量税收调研报告，得到区领导肯定性批示7次，全力构建税收协同共治新格局，凝聚减税降费"社会合力"。落实各项减税降费政策，组织开展减税降费的政策宣传和辅导培训，全年开展政策辅导培训122场，培训17282户次，发送政策短信24406条。落实总局、市局规定的便捷退税措施，及时办理退库手续，保证应享尽享、应退尽退，提升纳税人获得感。坚持创新举措，提升宣传质效，制作政策培训微视频、音乐宣传快板，开展税法宣传进医院、学校、社区，"向辖区政府部门领导讲税课"、为"新办企业"送政策等活动，实现政策宣传全覆盖。通过税企微信群、咨询电话、面对面辅导、座谈会等多种形式，政策宣传持续加力，在媒体刊发减税降费专题报道119篇。

【依法治税】 年内，区税务局紧抓依法治税制度建设，增强法治观念，提升内控质效，加强风险管理，持之以恒推进依法治税。2月15日，印发《国家税务总局天津市北辰区税务局关于加强依法行政工作领导体制机制建设的通知》，优化领导小组及办公室工作职责，制定议事规则，统筹推进全面依法行政工作。2月22日个人所得税新政策施行后首个申报期，区税务局实现个人所得税申报22029户，申报率98.39%，实现个人所得税首个申报期平稳运行。对机构改革以来的规范税收执法工作情况进行自查，及时规范改进执法行为。提高风险管理水平。贯彻风险统筹管理机制，依托大数据分析，完成189批次任务，经核实有问题808户，命中率79.76%，完成风控总收入46713.26万元，超额完成全年任务。做好"扫黑除恶"专项工作，深挖涉黑涉恶和"保护伞"的线索。宣传和推广"票e到家"，全年2473户企业通过"票e到家"领购增值税发票，完成推行目标的114%。推进增值税发票管理系统V2.0版上线工作。建立完善税收经济分析制度，完成税收分析报告46篇。

▲2019年4月1日，北辰区税务局举办税收宣传月启动仪式 （区税务局 供图）

【启动金三系统并库工作】 2月28日，启动金三系统并库工作，召开"大运维"组工作会议，正式实施"大运维"工作机制、联合办公机制、问题半小时上报机制、征期日报告机制和征期错峰申报计划。落实执法责任制工作，运用内控平台指标扫描疑点数据2179条，对内控监督平台的日常过错组织开展调查核实、申辩调整和责任追究。

【纳税服务】 年内，区税务局优化纳税服务工作方式，大力推广电子税务局，缓解办税服务厅压力，不断提升纳税服务水平。2月19日，按照全国税务系统2019年"便民办税春风行动"启动工作视频会议的要求，区税务局开展"便民办税春风行动"。4月1日，与财政局联合在区行政许可中心开展第28个税收宣传月启动仪式。设置14台自助办税终端，方便纳税人办理业务。推广电子税务局、天津税务微信公众号等网上办税途径，减轻窗口办税压力。解决纳税人诉求，组织开展"北辰区税务局纳税服务调查"工作，广泛收集辖区内纳税人的涉税诉求，及时解决涉税难题。组织开展"双万双服"活动，局领导带队深入27户企业开展问计问需服务，疏通纳税人涉税堵点、痛点。保质保量完成26307户纳税人、42714条指标的确认和复核工作，按时发布纳税信用A级纳税人名单。加强税收违法"黑名单"管理，采取加强出口退税审核、加强纳税评估、列入重点监控对象等措施，推动内部惩戒措施落实到位。

【税务文化建设】 年内，区税务局发挥群团组织凝人心、聚合力的作用，以"格桑花志愿服务队"为依托，积极开展志愿服务，推动税务文化建设。"格桑花志愿服务队"荣获"感动天津税务"称号，其事迹被国家税务总局列为税务文化建设典型案例，入选中共中央宣传部等多部门联合开展的"2019年宣传推选学雷锋志愿服务四个100先进典型活动事迹展示"。

（吕志其）

国土资源管理

【概况】 2019年，天津市规划和自然资源局北辰分局（以下简称市规划资源局北辰分局）承担辖区土地、矿产、水资源自然资源资产所有者职责和所有国土空间用途管制职责；针对辖区自然资源调查监测评价、自然资源统一确权登记、自然资源的合理开发利用、组织申报并实施土地年度利用计划、落实空间规划体系并组织实施、组织国土空间和自然资源生态修复、实施耕地保护制度和政策等项开展工作。推进土地资源市场化配置，健全完善耕地保护责任体系，严格抓好土地管理制度落实，达到辖区内耕地总量不减少、用途不改变、质量不降低的目标，实现耕地总量动态平衡。推动北辰区历史遗留房地产项目办证工作。年内，调查国土面积4.76万公顷，公开出让土地36宗，办理不动产登记7.88万件。

【第三次国土调查】 2019年，市规划资源局北辰分局全面开展第三次国土调查工作，调查总面积47575.31公顷（不包括东丽区北于堡飞地，该地块自第二次国土调查起在东丽区做调查）。截至12月，北辰区完成区（县）级国土调查，并已通过天津市勘察院监理检查，成果已按市级核查意见整改，经区政府同意报送市第三次国土调查领导小组办公室。

【耕地保护】 2019年，市规划资源局北辰分局推进土地资源市场化配置，健全完善耕地保护责任体系，严格抓好土地管理制度落实，达到辖区内耕地总量不减少、用途不改变、质量不降低的目标，实现耕地总量动态平衡。北辰区2017年末耕地面积21.13万亩；2018年年末耕地面积21.19万亩，实现耕地净增加0.0591万亩。

【权籍调查】 2019年，市规划资源局北辰分局按照“统一基础、多规并行、合一调查、规范成果”的调查原则，完成权籍调查377宗、23694.8亩，其中登记前期权籍调查110宗、6463.56亩，征转前期权籍调查90宗、8244.73亩，权籍测绘177宗、8986.49亩。

【卫片情况】 2019年年初下发2018年年度卫片，下发疑似图斑330宗、总计4146.17亩，根据要求完成上报。其中合法新增103宗、2248.37亩；未批先建96宗、259.45亩；其他新增9宗、28.67亩；设施农用地33宗、69.62亩；临时用地6宗、164.03亩；农村道路4宗、16.38亩；其他伪变化79宗、1359.65亩。

【土地开发利用】 2019年，北辰区公开出让36宗（环外20宗、环内16宗），出让金收入累计157.60亿元（环外50.85亿元、环内106.75亿元）。按照全市新的统计口径，北辰区2009—2016年批征土地面积4382.42公顷。截至12月，累计供地3330.64公顷，批供率为76%。全年认定闲置土地3宗，其中2宗下达闲置费缴纳通知书，1宗召开闲置土地听证会，待上报区政府后无偿收回。

【执法监察】 2019年，市政府下发及北辰区自查2009年至2018年历史违法用地377宗、1855.96亩，完成整改253宗、905.21亩，仍需整改124宗、950.74亩。2019年新增违法用地87宗、645.27亩，完成整改69宗、308.04亩，仍需整改18宗、337.23亩。向权属镇街、开发区、综合执法部门移送违法建设案件89件，协助各单位调查建设相关信息247件。

【不动产登记】 2019年，市规划资源局北辰分局办理各项各类不动产登记78842件（其中新建商品房登记8502件，新建经济适用房登记6766件，存量房屋买卖登记7080件，房屋抵押登记7948件，期房预告登记11084件，期房抵押登记17619件，其余各类登记19843件），打印存量房屋买卖协议约6013件。推动北辰

▲2019年4月2日，天津市规划和自然资源局北辰分局组织各镇街开展第三次国土调查培训会 （高强 摄影）

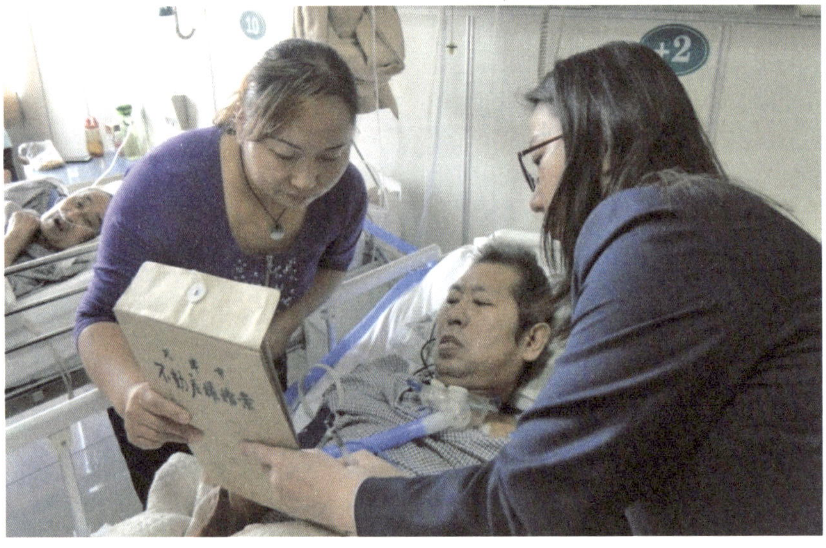

▲2019年10月21日，天津市规划和自然资源局北辰分局不动产登记中心工作人员到北辰中医医院上门服务，办理夫妻更名业务 （高家泉 摄影）

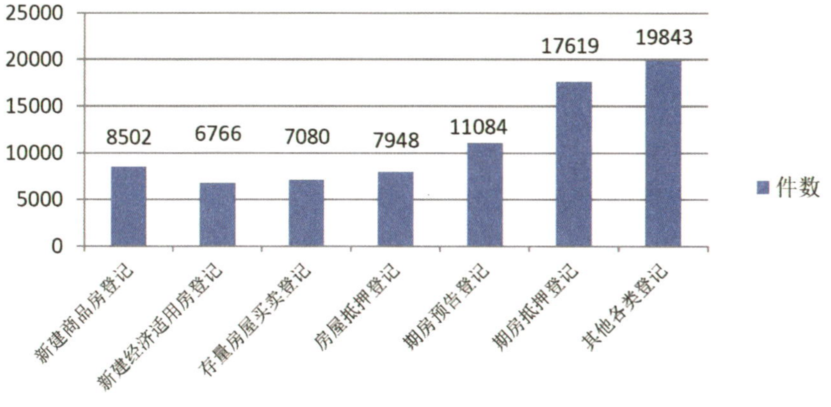

图1　2019年北辰区办理各项各类不动产登记示意图

区历史遗留房地产项目办证工作，基本完成北辰区11个项目，1.79万户历史遗留房地产办证工作。

（王美图）

审计管理

【概况】 2019年末，北辰区审计局（以下简称区审计局）设有办公室、法规综合科、财政审计科、行政事业审计科、固定资产投资审计科、企业审计科、经济责任审计科、内部审计指导科、电子数据审计科9个科室，开展财政审计、专项审计、内部审计、固定资产审计等工作，查出问题金额61.9264亿元，提交审计报告、审计信息等146篇，建成“联网审计监督数据采集系统”，建立适用于区数据库审计模型14个，电子数据审计科荣获天津市审计系统先进单位。

【审计成果】 2019年，区审计局开展审计项目31个，查出问题金额61.9264亿元，其中违规金额3353.73万元，管理不规范金额61.5909万元，损失浪费金额1.69万元。提交审计报告、审计信息等146篇，其中区领导做出批示16篇，市审计局和有关部门采批64篇。12月，在天津市审计机关优秀审计项目评选中，北辰区审计局实施的《关于北辰区一级预算单位2017年预算执行和其他财务收支联网实时审计》项目被评为天津市优秀审计项目。

【财政审计和电子数据审计】 2019年，区审计局完成2018年区级财政决算和其他财政收支大数据全覆盖审计；完成区级财政2018年预算执行、决算草案和其他财政收支情况审计；完成2018年区级一级部门预算执行及其他财政收支审计调查。受区政府委托向区人大汇报《北辰区2018年财政预算执行和其他财政收支的审计工作报告》，得到充分肯定。完成1个镇财政决算审计。建成“联网审计监督数据采集系统”，采集整理165家单位财务数据近300套。建立适用于区数据库审计模型14个，开展干部培训20余次。

【经济责任审计和内部审计】 2019年，区审计局完成经济责任审计项目18个。与组织部门联合完成对22家单位领导干部离任交接的监督工作。根据局内工作开展中发现的问题，提出内部审计建议，协助各单位规范管理。5月14日，组织开展“以审代训”活动，宜兴埠镇、区消防支队、区农业农村委员会3个单位推荐内审人员参加。6月10日，举办内部审计培训班，区级一级预算单位和部分二级预算单位以及部分区属国有企业的内审人员和财务人员160余人参加培训。

【固定资产投资审计和国有企业审计】 2019年，区审计局完成对北辰区2017年度政府投资项目建设审批程序审计调查。采用购买社会服务方式，完成对天津北辰经济技术开发区总公司、天津辰融投资控股有限公司2017年至2018年资产负债损益情况审计。

【跟踪审计】 2019年，区审计局按季度完成3轮重大政策跟踪审计；完成各类园区政策落实和资金绩效专项审计调查；完成减税降费及清理拖欠民营企业中小企业账款审计。及时反馈区政策落实情况，提出管理意见。

【“三大攻坚战”审计】 2019年，区审计局定期开展政府性债务审计；完成2013年至2017年北辰区第一轮困难村帮扶政策落实与资金管理使用情况专项审计调查；配合市审计局前往河北省开展扶贫审计；完成对北辰区林业资源管理和保护情况专项审计；完成1个镇领导干部自然资源资产任中审计。

【审计整改检查】 2019年，区审计局加大审计发现问题整改监督力度。制定《北辰区审计局审计整改检查工作管理办法（暂行）》，细化审计发现问题及整改情况台账，集中组织人员对被审计单位整改情况进行2次督促落实，帮助被审计单位及主管部门共整改162个问题，纠正问题金额16.09亿元，采纳审计意见和建议110条。

2019年北辰区审计局审计工作一览表

表7

完成审计项目（个）	审计查出主要问题金额（万元）	审计发现非金额计量问题（个）	审计期间整改金额（万元）	出具审计报告和审计调查报告（篇）
31	619264.09	115	5089.51	48
审计处理情况		审计促进整改落实有关问题资金	审计提出建议（条）	提交审计信息（篇）
审计处理处罚金额	移送处理事项（件）			
866.09	1	5545.26	146	98

附：

隐藏在下属单位的收支

【案情简介】

2018年按照审计工作计划，区审计局开展了对辖区R街道财政收支情况的审计，发现其部分收支未在街机关核算，列入其下属居委会工会第一联合会和劳务服务公司账户。具体情况包括：

一、在下属单位核算房租收入。2015年至2016年，R街有4处社区配套用房租赁收入561629元记入其下属单位账户。

二、在下属单位核算支出。2015年至2016年，R街道在下属单位列支相关支出1667592.70元，主要违规支出包括购烟酒19笔、122952元，支付礼品礼金11笔、96938元，慰问金9笔、145000元，看病人18笔、57700元，饭费62笔、66962元，支付征税服务协调费3笔、42000元，支付在职人员三八妇女节补助34人次、6800元，支付在职人员拆违补助10人次、4000元，转入街工会用于整改以前年度审计发现的用公款为街在职人员购买安康保险支出3900元。

三、部分票据不合规。R街在下属单位列支的大部分支出以R街自制的公务性用款审批表、支付单为报销凭证，未取得合法合规票据。

【调查与处理】

通过对R街道的审前调查，并借鉴以前年度的审计成果，审计组发现R街道有多笔房租收入，随即确定了“以房租收入为线索、发现隐藏问题”的工作方针。

一、发现疑点

入驻审计现场后，审计人员按照事先确定的工作方针，梳理R街道房租收入，很快发现了疑点。审计组在R街道2016年会议记录中看到《R街出租房屋情况一览表》中的出租房屋，要远大于R街道账面上的出租房屋数量。审计组多次询问R街道相关人员，被“不清楚、忘记了、得回去查一下”等理由搪塞。

二、拨开迷雾

由于多次沟通都没得到肯定答复，审计组决定先深入开展财务审计。随着审计工作的进行，2016年应缴财政款科目中一笔名为“社区建设款”的6394225.60元收入引起了审计人员的注意。翻看原始凭证发现，这笔资金是从R街道下属居委会工会第一联合会和劳务服务公司转来。而审前调查了解时，R街道并未向审计组提供这两个下属单位的相关情况。审计组立刻向R街道财务人员A君索要这两个下属单位的财务资料，A君以“需要向领导请示”为由拒绝了审计组的要求。审计组无奈向局领导求助，经局领导反复沟通，R街道终于提供了这两个下属单位的财务资料。

三、揭示真相

经过对R街道两个下属单位的审查，审计组终于找到了之前“消失”的房租收入，发现多笔违规支出，确定了R街道在下属单位核算部分收支的问题。审计将相关线索移送纪检机关，并对部分违规支出下达审计决定。

（作者：李倩倩）

（李　娜）

统计管理

【概况】 2019年，北辰区统计局（以下简称区统计局）完成机构改革，内设法规及综合科、经济统计科和办公室。年内，加强常规统计，开展专项调查，圆满完成第四次经济普查，按照全市各区目录完成战略性新兴产业产值填报工作。进一步提升统计数据质量，贯彻统计法律法规，圆满完成各项工作目标任务。

【常规统计】 2019年，区统计局完成全区一、二、三产业各专业2018年统计年报及2019年定期统计报表任务。加大科室内各专业间的协调力度，收集基层基础数据，加强与相关部门和上级统计部门的沟通。按照统计制度对各专业数据进行审核，加强主要统计数据质量评估，确保各项经济指标符合时序进度，客观反映经济运行情况。

【专项调查】 2019年，区统计局完成道路运输能源调查；完成文化产业核实认定工作；协助市统计局完成部分单位的工业、能源、投资、商业、其他服务业、房地产开发业自查工作；进行重点工业企业基本情况调研工作；完成327家外商投资企业年检工作；完成企业用工和人口变动调查工作，全区抽中12个镇街的18个调查小区，调查结果客观真实，符合方案要求；完成区妇女儿童发展规划年度监测工作；完成社会消费品零售总额限额以下部分抽样调查和规下服务业抽样调查工作；完成全区479家规模以上工业调查单位填报数据开展自查工作；确定综合能耗排名前11家单位为核查对象，指定2名业务骨干组成核查组，对11家样本单位逐户进行能源指标核查。

▲2019年4月16日，北辰区经普办召开普查工作冲刺阶段工作推动会　（徐博　摄影）

生产总值统一核算工作统一部署，配合做好区生产总值统一核算前期准备工作。开展战略性新兴产业调查，确认战略性新兴产业企业名录，指导企业依据分类

【第四次全国经济普查】 2019年，按照第四次全国经济普查的统一部署要求，区统计局发挥牵头作用，及时完成普查入户工作，制定包镇街责任制，不定期

实地进行经普工作督导，深入基层指导普查员走街入户进行登记，并协调各成员单位共同完成2.1万个法人单位和1800多户个体经营户的登记工作。上报过程中，对上报数据进行实时审核查询，及时反馈登记进度和异常数据，确保经普登记工作高质量完成。北辰区统计局获第四次全国经济普查先进集体。

【数据质量提升】 2019年，区统计局严格把控基层报表数据质量，以业务培训为抓手，不断强化企业统计人员业务水平，提高统计基础工作水平。全年组织召开多场次大规模培训，并不定期开展小班培训和重点单位一对一指导。建立健全专业数据业务流程和质量管理控制办法，进一步规范工作程序，提高数据审核成效。形成业务培训例会制度，定期组织基层统计人员进行专题业务培训和工作交流，不断提升基层统计机构的基础工作水准，进而提升统计数据质量。开展全局性的业务交流会，提升统计干部专业能力水平和数据分析能力，打造一支"专家＋工匠"的高素质队伍。开展企业数据核查工作，通过现场核查、企业座谈等多种形式，规范统计报表工作，提高数据填报的准确性。

【企业入库】 2019年，区统计局全面加强企业入库工作，确保应统尽统，将市局反馈数据资料下发各镇街、开发区，要求进行逐一走访，按月收集企业财务报表，随时掌握企业实际经营状况，为年、月度入库工作打好基础。经多方共同努力，全区入库368家，其中小长大企业324家，新开业企业44家。分行业看，工业企业100家，建筑业企业6家，商业企业200家，服务业34家，房地产开发业企业16家，5000万元以上投资项目企业12家。

【统计法律法规执行】 2019年，区统计局针对不同对象，多层次多渠道开展统计法律法规宣传培训。推动《中华人民共和国统计法》进党校，在北辰区2018年新录用选调生公务员和事业单位工作人员初任培训班上，为全体参训公职人员宣讲统计法。统计人员学法日常抓，组织全体干部采取集中授课、集体讨论等方式，先后学习研究了统计职业道德、统计法、《统计执法监督检查办法》等多项内容。统计调查对象普法精准抓，结合统计执法检查、业务培训、企业走访等方式宣讲统计法律法规，增强企业统计的科学性、规范性，提高上报数据的真实性、准确性。利用专业QQ群，尤其是微信公众账号等新媒体，定期向调查对象推送统计法及相关法律知识、统计小常识等，形成常态化普法宣传。全民普法定期抓，利用统计开放日、法律宣传月等系列活动，发放普法宣传材料，树立法律权威，提高社会群众法治意识。

【统计执法检查】 2019年，区统计局开展2019年"双随机"统计执法检查，随机抽取辖区内38家企业进行统计执法检查，其中对8家数据误差较大的企业进行立案处理并作出警告的行政处罚，对13家数据误差较小的企业责令整改。同时，对1家迟报统计资料的企业进行立案处理并作出警告的行政处罚。

【统计造假专项整治】 2019年，区统计局动员全系统迅速贯彻落实全市统计造假专项整治推动会议精神，牵头组织开展全区统计造假专项整治。推动各级党委政府对3个中共中央文件的再部署、再学习、再深化。在全区范围对规范统计行为和方法、加强统计造假源头防控、强化统计数据质量内控机制和外部监督以及纠正和查处统计造假问题等方面开展自查，组织全面清理纠正违反统计法精神的文件和做法。推动区国资委组织"四上"国有企业针对"虚假业务造成统计数据不实"开展自查，从讲政治高度落实数据真实性要求。针对2018年市统计局双随机执法检查反馈问题，进行回头看，深度剖析问题，做到逐条梳理，件件落地。

【统计服务】 2019年，区统计局树立"产业第一、企业家老大"理念，开展企业帮扶工作。局4名处级领导干部每季度定期走访包联企业12家，调研企业经营情况，与企业负责人探讨运行发展中存在的问题，对企业遇到的困难沟通相关职能部门协调解决，帮助企业通过政企互通平台完成登录、补充信息、提问等相关工作，做到"企业有事不撤手，无事不插手"，精准定位、精准帮扶。

（李文娟）

市场监督管理

【概况】 2019年，北辰区市场监督管理局（以下简称区市场监管局）实施"放管服"改革，全区新增市场主体1.5万户，注册资本总量突破3000亿元。新建维权服务站6家，为消费者挽回经济损失441万元。以食品安全监管为主要抓手，开展校园食品安全守护行动、食品摊贩安全风险大排查大整治"百日行动"，整治食品安全问题联合行动等各类专项60余项；推进食品安全民心工程，14家食品生产企业和3家屠宰场完成信息化追溯体系建设。落实药品监管体制改革要求，加强药品市场秩序监管，查办违法案件63件。围绕特种设备安全监管和重点工业产品、重点消费品质量监督目录开展专项执法检查45项，督促完成隐患整改360项。实施知识产权战略，注册商标、中国驰名商标、有效专利总数均居全市前列。是年，区市场监管局荣获"天津市五一劳动奖状"称号，区市场监管工作被《中国市场监管报》《天津日报》等20余家主流媒体报道122次。

▲2019年1月18日，北辰区市场监督管理局全体干部参加揭牌仪式（谷亚楠　摄影）

【“放管服”改革】 2019年，区市场监管局推进“多证合一”“一制三化”等商事制度改革措施落地落实。采取“绿色通道”“7×24小时预约审批服务”“上门服务”等措施，为企业提供有“温度”的优质政务服务，将企业设立登记时间缩减至0.5个工作日，大大提升企业办事效率。支持民营企业通过股权出质、动产抵押等形式融资249.82亿元。全区新增市场主体1.5万户，总量突破7万户，注册资本总量突破3000亿元。

【消保维权】 2019年，围绕“信用让消费更放心”“3·15”主题，区市场监管局开展消费教育和法律法规宣传系列活动，动员和协同社会各界营造放心消费环境。坚持“以人民为中心”的发展理念，耐心调处每一起投诉举报，维护消费者合法权益。新建维权服务站6家，受理消费者投诉举报8609件，为消费者挽回经济损失441万元。

【食品安全监管】 2019年，以食品安全监管为主要抓手，区市场监管局推进“创文、创卫”工作。发挥区食品安全办公室职能，完善全区食品安全管理机制，压实各职能部门和属地政府责任，统筹推进国家食品安全示范城市创建工作。全面落实食品生产、流通、餐饮各环节日常监管、监督抽检和风险监测，开展校园食品安全守护行动、食品摊贩安全风险大排查大整治“百日行动”，整治食品安全问题联合行动等各类专项活动60余项，消除隐患467个，查办违法案件107件，罚没款119.27万元。圆满完成“两会”、高考、残运会等大型活动保障任务15次，保障1.8万人次用餐安全。以蔬菜、水果、畜禽产品等27种高风险食品为重点开展抽检3400批次，合格率99%。推进食品安全民心工程，14家食品生产企业完成信息化追溯体系建设，全区3家屠宰场均实现牛羊肉检疫票据及二维码溯源标签全覆盖，评定区级食品安全示范店20家，培育市级食品安全示范店2家，培养餐饮单位食品安全管理员2400人，实现“明厨亮灶”全覆盖。

【药品医疗器械安全监管】 2019年，区市场监管局落实药品监管体制改革要求，加强药品市场秩序监管。部署开展药师挂证和药店处方药销售专项治理、中药饮片专项检查等专项治理30余项，查办违法案件63件，罚没款17.13万元。完成药品、医疗器械、化妆品抽验117批次，上报药品不良反应367份、医疗器械不良事件85份。配合公安、卫健委等部门核实鉴定真假药品1380批次，配合出具假药认定意见31份。评定放心药店22家，完成新一轮药品医疗器械经营单位换证工作。创新思路，指导135家药品零售企业推行电子处方服务平台，开具电子处方5.5万个，远程审核处方1万余个。

▲2019年3月15日，北辰区市场监管局在天津金隅振兴环保科技有限公司举行集中销毁假冒伪劣产品现场活动 （区市监局 供图）

【特种设备安全监管】 2019年，区市场监管局落实安全生产责任制，以特种设备安全监管为重点强化安全生产工作任务落实，特种设备安全信息化监管平台建设成效得到区委主要负责人高度认可。组织开展“事故隐患排查治理集中行动”“防风险、保安全、迎大庆特种设备安全大检查”“安全生产集中整治”等各类专项30余项，检查特种设备生产、充装、使用单位1959家次，特种设备3064台，整改安全隐患274个，查办违法案件21件，罚没款106.8万元。

【质量立区战略】 2019年，区市场监管局发挥质量工作领导小组职能，牵头制发《北辰区人民政府关于加快推进质量立区战略开展质量提升行动的实施意见》，督促22个职能单位按照责任分工和时间

▲2019年3月15日，北辰区市场监督管理局牵头组织，26家职能委局和相关企业共同在区工人俱乐部前广场举办“3·15”国际消费者权益日集中宣传服务活动 （谷亚楠 摄影）

进度要求落实重点任务。推动全区质量认证体系建设，将法人单位认证覆盖率纳入区绩效考核，保障质量立区工作持续推进。指导辖区企业参与国际标准、国家标准、行业标准制定17项，参与团体标准编制5项；指导岔房子“国家山药种植综合标准化示范区”项目通过国标委验收；指导112家企业累计上报标准550项，涵盖724种产品；发放标准化资助项目资金68万元。

【知识产权战略】 2019年，北辰区成立全区知识产权战略领导小组，引导和支持企业实施知识产权战略，促进知识产权兴企、富农、强区。创建知识产权服务窗口，为企业提供线上便民服务。制定《北辰区专利资助管理办法》，争取专利资助资金600万元，激励企业以知识产权为引领提升核心竞争力。至年底，全区注册商标14429件，中国驰名商标25件，有效专利18062件，总数均居全市前列。

【重点领域专项治理】 2019年，围绕落实重点工业产品，重点消费品质量监督目录，区市场监管局加强对儿童和学生用品、危化品及危险化学品包装物容器、电动自行车、食品相关产品、电线电缆、加油站成品油等重点产品的质量监管，累计开展专项执法检查15项，质量抽检360批次，督促完成隐患整改86项，办结违法案件46件，罚没款36.82万元。

【事中事后监管】 2019年，区市场监管局落实“双随机、一公开”监管和失信联合惩戒制度，构建信用约束与信用惩戒并举的信用监管格局，推进年报工作，企业、个体、公民专业合作社年报公示率分别达到94.19%、65.69%、89.87%，年度列入异常名录企业12722户。深入开展转供电环节、教育、港口等重点领域收费治理，严厉整治价格违法行为；加大非法集资风险排查，吊销风险隐患企业8家；开展整治清理整顿保健品乱象专项整治行动，查处违法案件30件，查扣违法物资28万余件，保健品市场违法违规势头得到有效遏制；多方调查、反复研判，稳妥处理涉及直销企业金士力佳友的舆情问题，引导企业规范经营；提高政治站位，对市场监管领域涉黑涉恶问题进行全面排查，排查问题线索23条，其中4条确定为涉黑涉恶线索，由公安机关立案侦查。借力行刑衔接，持续加大稽查执法力度，重拳打击市场监管领域各类违法行为，全年查办各类违法案件412件，罚没款519万元，移送公安机关23件，有力打击了违法犯罪行为。

（刘　爽）

应急管理

【概况】 2019年，区应急管理局全面贯彻习近平总书记关于安全生产、应急管理和防灾减灾工作的重要指示批示精神，推动应急管理工作持续向好发展。推进安全生产责任制，全区签订《安全生产责任书》8.82万份；累计检查生产经营单位1.08万家（次）。加强重点行业领域日常监管，累计检查生产经营单位1.32万家（次）。

【安全生产责任制】 2019年，区应急管理局推动贯彻落实《天津市党政领导干部安全生产责任制实施细则》，细化5个方面共41项工作任务。抓好区级领导干部的“一岗双责”，制定《北辰区党政领导干部安全生产责任清单》和《北辰区区级领导干部安全生产督导检查工作方案》。会同区编办明确安全生产工作职责，确保安全生产责任从地方党委政府到各级单

▲2019年8月28日，北辰区应急管理局在天津市久益宏达有限公司进行安全生产执法检查　（李龙　摄影）

▲2019年6月28日，北辰区应急管理局在金牛电源有限公司，组织开展全区危化品事故应急救援演练　（傅泽云　摄影）

位部门层层推进。延续“四级九覆盖”［区委、区政府，镇（街）、开发区、安委会成员单位、村、居，生产经营单位，安全管理从业人员］的工作方式，全区签订《安全生产责任书》88179份，其中区、镇（街）、委局、村（居）层面签订2438份；生产经营单位逐级逐岗签订85741份。

【隐患排查治理】 2019年，区应急管理局全面推进“保安全迎大庆隐患排查整治集中行动”，全区累计检查生产经营单位5690家（次），排查整改各类隐患问题6967项。组织开展安全生产集中整治，累计检查生产经营单位10771家次，排查整改隐患问题9713项，对40名企业负责人进行约谈，对38家单位和6名相关责任人实施行政处罚93.74万元，对17家不具备安全生产条件的企业采取停产停业措施，对27家单位进行公开曝光。落实“铁面铁规铁腕铁心”的工作要求，累计实施行政处罚273.3万元，比上年增加32%，位列全市第四。

【重点行业领域日常监管】 2019年，区应急管理局加强重点行业领域日常监管。危险化学品领域，检查化工、医药等企业234家（次），排查整改隐患问题555项。工贸企业领域，检查仓储物流企业139家、金属冶炼企业14家、涉爆粉尘企业67家、涉氨制冷企业5家，排查整改隐患问题1749项。消防安全领域，检查高层建筑、商场市场、“多合一”场所等9类重点场所（单位）5705家（次），排查整改隐患问题7141项。建筑施工领域，排查建筑施工项目（点位）652家（次），排查整改隐患问题2696项。特种设备领域，检查特种设备使用单位、充装单位1706家次，检查特种设备数量2661台，排查整改隐患问题219项。交通运输领域，检查“两客一危”等企业547家（次），排查整改隐患105项。液化石油气领域，检查液化石油气充装单位、生产经营单位、社区、人员密集场所4122家（次），检查液化石油气罐2296只，排查并整改隐患1332项，清理50千克及以上容量气罐25只；指导2家充装单位进行升级改造，监督充装单位回收置换报废气瓶5103只。

【事故和举报案件查处】 2019年，北辰区生产安全死亡事故4起，死亡5人，均为工矿商贸死亡事故4起，死亡5人。生产经营性道路交通死亡事故22起，死亡26人。全年受理举报案件77起，全部现场核实，依法立案24起，实施行政处罚84.8万元。

【应急体系建设】 2019年，北辰区健全突发事件分级响应程序和应急指挥体系，健全完善全区总体应急预案及防汛应急预案、地震预案多部专项预案，整合优质资源建强各类应急救援队伍。加强应急物资储备，全区有物资装备225类，实现“平”时综合储备，“急”时集中调度。组织开展3次全区性综合应急演练；累计开展应急演练955次，参演44870人次，投入资金280余万元。成功处置“5·3”油罐车泄露事故、“8·29”中毒事故等多起突发事件，有效控制事件影响和波及范围，未造成因次生问题导致重大事件发生。

【创新驱动发展】 2019年，区应急管理局研发并不断完善安全生产监管信息化平台，实现执法清单化、便捷化、科学化、专业化，为“天津市应急管理执法平台”研发提供基础经验。推动落实网格人员持证上岗，使基层合同制人员成为安全生产网格员并具有安全生产监督检查权，该项工作经验在全市推广。深化安全生产责任保险推动工作，37家危化、金属冶炼等企业全部投保，参保率100%，位居全市首位。

【防范灾害风险】 2019年，区应急管理局落实防汛抗旱责任，签订防汛抗旱排涝责任书51份，组织修订17部预案，组建3000余人的防汛抢险救援队伍，检查防汛重点点位387个，排查整改隐患问题49项。全面加强森林火灾巡查和宣传，悬挂防火标语199幅，发放宣传资料3.4万余份，出动2713人次，排查整改森林火灾隐患54处。加强地震观测哨观测能力，提高地震监测预报能力。推动全民防灾减灾，辰兴家园社区、荣雅园社区被评为“2019年度全国综合减灾示范社区”，秋怡中学、霍庄子小学被授予“2019年天津市防震减灾科普示范学校”。

【宣教培训】 2019年，区应急管理局举办北辰区安全生产大讲堂，邀请专家对各镇街、开发区和行业领域主管部门385名处级领导干部进行《天津市党政领导干部安全生产责任制实施细则》专题辅导。开展“防灾减灾日”“安全生产宣传月”等全区性大型系列宣传活动。对危险化学品、涉爆粉尘、金属冶炼等200家重点企业提供“上门培训”服务，举办2期共180人参加的“村（居）安全生产网格员培训会”、16期共2000人参加的“生产经营单位主要负责人和安全管理人员专题培训”、200期共1.6万人参加的“重点行业领域生产经营单位全员教育培训”，实现从业人员由“要我安全”向“我要安全”转变。

（郭晓蕾）

▲2019年6月16日，北辰区应急管理局在集贤公园，组织开展“安全生产月”主题宣传活动

（杨俊丽　摄影）

农业与农村建设

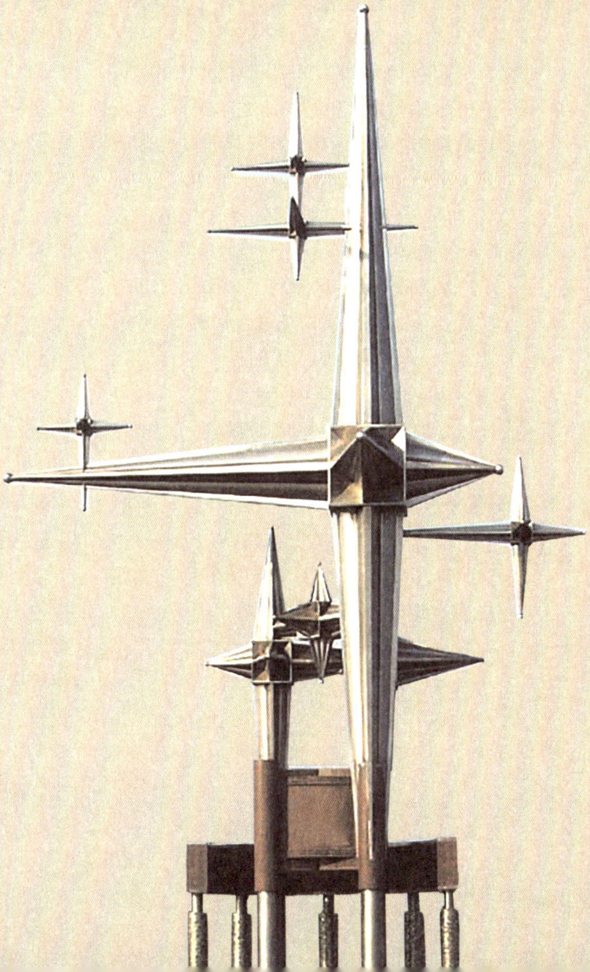

北辰年鉴
2020

综　述

2019年，北辰区农业增加值实现5.8亿元，比上年增长1.3%，一次产业结构占比0.9%。双街都市绿谷和小五堡林海果缘成功入选全市第二批田园综合体，双街镇获评“2019年国家农业产业强镇”，西堤头镇赵庄子村获农业农村部第九批全国“一村一品”示范村称号，入选2019年中国美丽休闲乡村。

美丽乡村建设　2019年，北辰区实施乡村振兴战略，落实《北辰区乡村振兴战略规划（2018—2022年）》，制定乡村产业振兴及系列重点任务等专项方案30余项，督促指导27个规划保留村着手制定村庄规划，并牵头制定全国乡村治理体系示范区试点创建方案，初步形成“1+N”规划体系。

现代都市农业发展　2019年，北辰区以规模高效、休闲观光、安全生态和种源科技为重点，建成鱼菜共生、蚯蚓养殖等5个农业高端项目，扶持耕耘种业、冬冠蔬菜、益多利来水产等15家龙头企业。完成31家畜禽养殖场粪污治理。推进信息进村入户工程，完成65个益农信息社建设，建设“果梦源”电商平台。实施高标准农田改造1333.33公顷，建成示范项目350公顷。提前一年半完成126个村集体产权制度改革，走在全市前列。推进农田水利工程建设，完成霍庄子、姚庄子2处节水工程，新增节水面积153.33公顷。

农村环境面貌提升　2019年，北辰区推进农村全域清洁化和人居环境整治，启动7个示范村建设，前堡、后堡、郝堡3个村初具规模。完善“户集、村收、镇运、区处理”垃圾清运体系，配备垃圾收运设备1.6万套。提升改造“四好农村路”40千米，改造公厕129座、户厕4359座，完成辛侯庄、韩盛庄2个村生活污水收集处理和31家畜禽养殖场粪污治理。绿化造林1700公顷。

（刘秋香）

种植业

【概况】　2019年，北辰区粮食作物播种面积7082.73公顷，产量48063吨；经济作物播种面积364.93公顷，其中棉花148.73公顷，产量143吨。北辰区优化种植业发展，加强检验监测和监督检查，稳步推进“三秋”农作物秸秆综合利用工作，确保农作物秸秆全量化利用。

【种植业检验监测】　2019年，全区农残速测检测4158个（非委托第三方部分），其中区抽检638个，镇抽检1143个，基地自检2377个。农残速测合格率100%。农业部第四季度风险监测抽取区种植业农产品样品30个；12月农业部飞行检查抽取区蔬菜样品5个；市例行监测及专项监测抽取区蔬菜、食用菌、水果和粮食样品213个，整体合格率99.6%。

【投入品监督检查】　2019年，全区有种子生产企业3家、经营单位37家；农药生产企业3家，均不生产或不在区内生产、经营单位35家；肥料生产企业3家，均因环保问题停止生产。2019年，检查种子生产企业和经营户共计141户次，出动执法436人次，车辆73次；检查农药生产企业和经营户共计128户次，出动执法395人次，车辆60次；检查肥料生产企业和经营户共计136户次，出动执法401人次，车辆61次。

【秸秆综合利用】　年内，按照《2019年北辰区农作物秸秆综合利用工作实施方案》部署，稳步推进“三秋”农作物秸秆综合利用工作，涉及大张庄、西堤头、双口、青光、双街、小淀、北仓、宜兴埠8个镇和消防农场等2家单位。全年，“三秋”农作物秸秆作业量为玉米0.33万公顷、水稻0.061万公顷、棉花0.015万公顷、其他0.053万公顷。开展巡查工作，区内未出现秸秆焚烧现象。“三秋”期间，成立巡查组2个，累计出动30余人次，开展下乡宣传10次，布置秸秆综合利用宣传标语3处，投放公益广告11次。此外，组织协调各类机械185台，其中玉米联合收割机40台、拖拉机40台、秸秆还田机20台、小麦播种机20台、运输机械50余台、深松机15台，实现“三秋”农作物秸秆全量化利用。

【“大棚房”治理】　2019年，根据《关于印发〈天津市关于组织开展“大棚房”问题清理整治“回头看”行动方案〉的通知》要求，全区利用十天时间迅速展开“大棚房”回头看工作，制定《北辰区关于组织开展“大棚房”问题清理整治“回头看”行动方案》，排查涉农的8个镇，共计3354个农业设施，327.11公顷，未发现“大棚房”问题。

林果业

【概况】　2019年，北辰区果树种植面积912.6公顷，其中苹果51.67公顷，梨树83.8公顷，桃树252.6公顷，葡萄435.93公顷，其他果树种植88.6公顷，果品产量约1.58万吨。

【造林绿化】　2018年至2019年，市级下达造林任务1680公顷，北辰区实际完成1700公顷，完成总任务的101.2%。对外环线外侧绿化带、津保高速、滨保高速、津蓟高速、京津高速、京津塘高速、宁静高速、津宁高速、城际铁路、京沪高铁等高速公路两侧绿化带的重点生态林加强巡查工作，开展除草灭荒、防治以美国白蛾、春尺蠖，杨扇舟蛾等为主的林业有害生物。

【野生动物保护】　2019年，区农业农村委对全区取得人工繁育野生动物许可证或相关手续的6家养殖场所进行定期检查，未发现违法行为。与公安北辰分局、政务服务办等部门联合对区域内8家无证养殖场所进行执法检查，取缔7家不具备办证条件的养殖场。会同公安北辰分局、区市场监管局等部门整治中环花鸟鱼虫外溢市场非法收购、贩卖野生动物，特别是野生鸟类的违法行为，累计出动公安、林业、市场监管及志愿者8400余人（次），出动车辆3000辆次，检查点位1.8万处（次），其中村庄4000个（次），各类交易市场450处（次），餐馆饭店药店医疗机构3000个（次），林地6000处（次），湿地湖泊800处（次），鸟类活动场所1150处（次），其他场所2300处（次）。2019年救助野生动物33只，其中国家一级保护动物黄金蟒1只，红隼、猫头鹰等国家二级保护动物6只，三集保护动物27只。

畜牧业

【概况】 2019年，北辰区生猪存栏18593头，出栏40552头，肉产量3047.56吨；肉牛存栏7503头，出栏8210头，肉产量1894.14吨；肉羊存栏16719只，出栏32216只，肉产量944.67吨；奶牛存栏4822头，产奶量2.19万吨；蛋鸡存栏55.22万只，产蛋量0.811万吨。

【畜禽粪污治理】 2019年，北辰区完成畜禽粪污治理工程建设31家，确保全区规模畜禽养殖场粪污处理设施装备配套率100%。实施2个畜禽粪污收集利用中心（有机肥厂），可增加粪便消纳能力每年1.5万吨。项目实施后，至年底全区畜禽粪便资源化利用率达到90.23%，污水资源化利用率达到80.29%，实现全区畜禽粪污综合利用率达到80%以上目标。

▲2019年4月14日，天津市第38届“爱鸟周”宣传活动启动仪式在北辰区中环花鸟鱼虫市场举行
（区农业农村委　供图）

【有机肥厂提升改造】 2019年，两家提升改造的有机肥厂，分别是天津金亚麻农业科技有限公司的粪污处理——生物发酵菌有机肥项目，总投资846.494万元，其中市、区两级财政各补贴总投资的25%，市级补贴资金211.62万元，区级配套资金211.62万元。该项目提升改造方案和资金补贴通过市农委审核，启动招标程序；另一个提升改造项目是天津双街蚯蚓生物科技有限公司的蚯蚓养殖基料有机肥场项目，总投资856.27万元，市、区两级各补贴总投资的25%，市级补贴214.07万元，区级配套214.07万元。至年底，两个项目完成工程建设全部内容，准备项目审计、验收工作。

【重大动物疫病防控】 2019年，北辰区对辖区内口蹄疫、高致病性禽流感、鸡新城疫、布鲁氏菌病、猪瘟、猪繁殖与呼吸综合症、小反刍兽疫、鸡马立克氏病等疫病进行免疫抗体检测。全年，监测血清样品数2399份，其中鸡血清1160份，猪血清385份，牛血清300份，羊血清554份，免疫抗体合格率均在80%以上；开展“先打后补”监测工作，对今日健康乳业有限公司和天津绵河畜禽养殖有限公司的60份牛血清、60份鸡血清进行血清学监测；对金鸿顺、紫天怡两个养猪场进行现场采样指导和到市站送检工作，总共13批次、1168份样品；完成市疫控中心下达的春秋防样品及日常样品送样工作，送检样品总数893份，其中牛组织65份、鸡组织60份、鸡棉拭子550份、羊棉拭子210份、牛O-P液6份、羊O-P液2份。对跨省调运的犬猫等动物进行血清学和病原学监测共计18份样本；配合天津海关动植物与食品检测中心完成采样任务，送检禽、牛、羊血清学及病原学样本共计510份。全年完成两次市疫控要求的比对实验考核，比对准确率均高于平均水平。完成农业部秋防抽检送样工作，其中全血样品：鸡110份，猪15份，牛45份，羊40份；猪环境样品：规模场60份，散养户36份，共计306份。全年自行检测血清样品2537份，送检血清、全血、环境样品、组织等2877份。2019年，北辰区开展主要疫病净化行动，向规模化养殖场户开展宣传，确定今日健康乳业有限公司为动物疫病净化场，指导该养殖场开展摸底调查、制定净化方案、开展疫病监测等工作。净化期间，为该场布病检测血清样品1766份，结核检测3836头次。

【“非洲猪瘟”防控】 2019年，每日持续开展滚动式排查，建立排查档案，更新排查底数。全年累计排查生猪养殖场户6854户，排查生猪140.59万头；11家饲料企业排查6轮；采样送检血液、组织、环境样品1168份；严格疫情报告核查制度，累计生猪产地检疫626批次，出栏生猪3.07万头。与公安、交通、运管部门联合协作，做好公路运输环节监督检查，在高速公路出口、区边界设主要路段设立临时性检查消毒站点，执行24小时值守，严查无证运输、违规调运生猪和生猪产品等违法违规行为。对跨省调运生猪及产品的信息进行核查，核查推送信息2183条，接到高速公路管理方经区运输畜禽通知121余次，现场核查18次，立案查处10起，备案生猪经纪人59家。查处养殖场户使用餐厨剩余物饲喂生猪行为。向养殖场户发放《防控非洲猪瘟有关规定告知书》193份，排查生猪养殖户饲料使用、防疫条件等情况，发现违反使用餐厨剩余物饲喂生猪等问题的立即责令整改。在全区开展非洲猪瘟防控宣传培训活动，实施农业农村部远程视频培训；举办非洲猪瘟防控集中培训班2期，累计培训387人次；举办非洲猪瘟防控技能培训1期，培训49人。发放《非洲猪瘟防控技术培训资料汇编》119份。

【人畜共患病防治和流行病学调查】 2019年，北辰区持续开展人畜共患病防治工作，对所有牛羊实施布病免疫，免疫奶牛0.2万头，肉牛0.64万头，羊1.53万只；布病监测奶牛180头份，羊559只份；对全区奶牛实施结核病春、秋两次监测，检测奶牛4469头，未出现阳性牛，全年人间布病数6例。开展马鼻疽、马传染性贫血专项监测调查，对养殖规模和疫情情况全面摸底调查，分析动物疫病发生与流行风险，提高预警预报和应急处置能力。

【畜禽卫生监管】 2019年，北辰区定期开展巡查，每月每场至少监管一次，与22家规模养殖场、3家屠宰企业、5家生鲜乳收购站、7家兽药生产经营企业、12家动物诊疗企业签订承诺书，开展养殖场风险评估。核查跨省调运活畜禽推送信息，全年收到调运核查信息478批，其中核查无果、信息记载不全的25批。

【专项整治】 2019年，北辰区开展兽用抗菌药专项整治。落实市遏制动物源细菌耐药行动计划实施方案和兽药抗菌药综合治理五年行动计划实施方案，加强兽用抗菌药生产经营使用监管，保障兽用抗菌药质量安全和使用安全。区农业综合执法大队在庆祝中华人民共和国成立70周年期间开展市场活禽集中整治，出动执法200余人次，检查市场249场次，发放宣传材料100余份。开展生鲜乳专项整治行动，对5家奶牛养殖场的动物防疫条件合格证、牛群健康证、饲养人员健康证进行检查，检查结果均在有效期内；对生鲜乳收购站的生鲜乳收购许可证和“三记录”进行检查，生鲜乳收购许可证均在有限期内，“三记录”填写基本规范；对生鲜乳运输车的卫生、运输车的驾驶人员健康证以及运输车辆交接单进行检查，检查结果均合格，未发现违法行为。开展牛羊肉销售环节专项检查行动，检查销售牛羊肉相关检疫和畜产品检测票据，证物是否相符，牛羊肉可追溯标识使用情况；对发现的无证牛羊肉依法进行扣押并抽检；区农业农村委和区市场监管局依据各自职能对可能出现的违法行为依法进行处罚。

【畜产品质量安全检测】 年内，按照年初制定的《2019年畜产品安全监督管理计划》，北辰区快速检测“瘦肉精”5712头份、生鲜乳65批次、鸡肉3193批次；委托第三方实验室检测“瘦肉精”84头份、生鲜乳6批次、鸡蛋26批次、鸡肉43批次，检查结果均合格。北辰区开展畜产品质量检测，检测“瘦肉精”700余头份、生鲜乳71批次、鸡蛋26批次、鸡肉67批次抽检工作，检查结果均合格。

【生猪无害化处理补助】 2019年，北辰区落实病死畜禽无害化处理制度，加强对病死生猪无害化处理的监管，对无害化处理过程做到全程录像保存，头头核对耳标号。全年处理病死生猪2188头，发放无害化补助11.568万元。

渔 业

【概况】 2019年，北辰区水产养殖面积603.2公顷（不含水库220公顷），比上年减少112.8公顷。其中小淀镇33.13公顷，大张庄镇180.33公顷，西堤头镇389.73公顷，减少15.7%。全年水产品产量3627吨，比上年减少724吨，减少16.6%。

【水产养殖】 2019年，北辰区对虾养殖面积约533.33公顷，以精养对虾套养少量鲢鳙鱼等滤食性鱼类为主，单产800~1500斤/亩，其中南美白对虾单产600~1200斤/亩。虾苗中间培育面积1万平方米，培育优质虾苗3亿尾，全区对虾养殖成功率90%以上，全区完成2020年2亿尾虾苗预订。

【水生生物疫病防控】 2019年，北辰区累计检疫南美白对虾基数3.1亿尾，鲫鱼基数10万尾，花白鲢基数5万尾，鲤鱼基数80万尾，鲈鱼基数300万尾，罗非鱼260万尾。实施测报预警示范区133.33公顷，完成鲤春病毒病、鲤鱼浮肿病的采样检测。各项检疫结果全部为阴性，全年无传染性疫病发生。

农田水利

【概况】 2019年，区水务局农田水利工程建设职能划转至区农业农村委。年内，普查开展镇村泵站153座，水泵164台。推进农村水价综合改革，控制地面沉降。实施农田水利工程建设，改造3座泵站和3个节水工程，改善灌溉面积1200余公顷。

【镇村泵站普查】 2019年8月至9月，北辰区对所有泵站进行详细勘测，对每一座泵站进行定位，对建筑物、机电设备和水泵每个部位进行拍照。据统计，全区有镇村泵站153座，水泵164台，其中泵站老化31座，水泵老化或损坏26台，老化泵站占所有泵站的20.3%，老化或损坏的水泵占所有水泵的15.9%。

【农业水价综合改革】 年内，按照《2019年农业水价综合改革计量设施采购安装实施方案》，制定《天津市北辰区人民政府办公室关于转发区水务局拟定的北辰区控制地面沉降专项治理方案（2019—2020年）通知》，完成安装16座泵站26台水泵计量设施，工程投资35万元。

【农田水利工程】 2019年，北辰区实施青光镇李房子永青渠泵站、宜兴埠二七顷泵站和双口镇中弘故道平安庄泵站3座泵站改造，合计改善灌溉面积0.1万公顷；节水工程3处：西堤头镇姚庄子村113.33公顷节水灌溉工程，工程新建D600混凝土防渗管道2556米，新建D1000混凝土防渗管道392米，维修原有防渗渠道2860米；节水灌溉工程2个：西堤头镇霍庄子村40公顷节水灌溉工程（灌排泵站1座），工程新建D800混凝土防渗管道874米和大张庄镇北何庄村73.3公顷节水灌溉工程，工程新建D600混凝土防渗管道防渗管道3509米，新建D800混凝土防渗管道504米，共计节水灌溉面积226.63公顷。上述工程中，区重点工程姚庄子村节水灌溉工程和霍庄子村节水灌溉工程于年底完成施工。其余工程完成主体部分，工程进度为90%。

【人工影响天气】 2019年3月28日至4月10日，人影办举办全区人工影响天气指挥人员和炮站作业人员上岗资格培训班。全年人工增雨、防雹作业6个作业日、15站次，消耗人雨弹198发、火箭弹10枚，其中防雹作业日4个，消耗人雨弹198发；阻止冰雹对农作物侵害，防区内无雹灾。增雨（雪）作业日2个，消耗火箭弹10枚，总增雨量410万立方米，有效地缓解农业旱情。

生态农村建设

【概况】 2019年，北辰区投入9亿元专项资金和6080万元应急资金，突出居住环境、生产环境、交通环境、生态环境，持续开展清脏治乱、整顿秩序、“厕所革命”、水体治理、面源污染防治等专项治理，打造宜居生活环境。

【美丽乡村建设（乡村振兴）】 2019年，区农业农村委以《北辰区乡村振兴战略规划（2018—2022年）》和区农业农村优先发展实施方案为统领，牵头制定乡村产业振兴及系列重点任务等专项方案共30余项，督促指导27个规划保留村着手制定村庄规划，并牵头制定全国乡村治理体系示范区试点创建方案，初步形成“1+N”规划体系。汇总5大类、23条具体内容，制定北辰区农业扶持政策汇编，形成全区第一份农业“政策指南”。

【农村人居环境治理】 2019年，全区清理违建2000余处、河道沟渠790千米、垃圾杂物19.7万余吨。农村水体全部纳入河长制管理，基本完成重难点黑臭水体治理。完成西堤头镇韩盛庄、辛侯庄2个村污水管网建设。双口镇河头片区6个村污水管网建设正在施工。建成农村公厕129座、户厕4359座，超额完成市级下达任务。全力开展面源污染防治，主要粮食作物病虫害统防统治绿色防控达到40%以上，测土配方施肥技术推广覆盖率达到90%。农田秸秆全部实现综合利用。建立镇级农田残膜和农药包装废弃物回收网点7个，建立区级农药包装废弃物回收暂存点1个，回收农田残膜18.6吨、农药包装废弃物4.3吨。31家规模化畜禽养殖场粪污处理工程全部完工。坚持以绿挤乱、以绿治乱，完成植树造林0.167万公顷。9个农村人居环境整治示范村被批复建设。重点打造的3个示范村（前堡、后堡、郝堡）按照导则要求全面建设，取得初步成效。双街示范镇建设以近期无拆迁计划的庞嘴村为突破口，重点进行全方位打造，初具规模。开展农村生活垃圾分类试点工作，建成5个试点示范村。

【“燃煤清零”和炉具回收】 2019年，区农业农村委负责开展35吨及以下农业燃煤锅炉的“清零”工作，在2018年下半年工作基础上，全部完成3个镇、22个单位、39台燃煤锅炉拆除改造工作，请领发放补贴50.1万元。完成双口和西堤头等镇21205台各型炉具回收，将49.155万元和27.66万元垫付款及时拨付到位。按照国有资产处置相关规定，进行登记拍卖，并将207.78万元拍卖所得款上缴国库。

农机管理服务

【概况】 2019年，区农业农村委按照检审时间安排，深入镇、村及农机合作社，联系农机户，完成拖拉机、联合收割机年检144台，在农机检验工作中，认真核实人、车、证，对不符合安全要求的拖拉机、收割机不予检验合格，为28台农机办理注销手续，为12台政府补贴农机办理注册登记手续，为6名农机驾驶员办理考试取证手续。

【农机深松整地】 年内，按照《天津市北辰区2019年度农机深松整地作业补助项目实施方案》部署，全区农机深松整地机械化作业实施于9月初全面启动，有七家农机合作社从事作业，涉及大张庄、西堤头、双口、双街及青光5个镇，共计实施深松整地1.76万亩，受益农户3200余户。

【农机购置补贴】 年内，完成2019年补贴资金的申请工作，中央补贴资金140万元，市补贴资金20万元。完成2019年农机新产品购置补贴试点调研工作。按照农业部、市农机办要求，制定《北辰区农机购置补贴产品核验工作规范》，保障财政资金安全使用。全年，签订农机购置补贴指标确认书52份，受益25户，机具数量108台，总补贴86.705万元（其中中央补贴69.02万元；市补贴17.685万元）。

【创建“平安农机”工作】 年内，按照区统一部署，组织开展安全生产咨询日活动，发放农机安全、秸秆综合利用宣传材料300余册。通过农机检验为农机合作社和农机手发放农机安全宣传手册、反光贴和150只灭火器，为农机合作社制作农机安全制度49面。推动市与区农业农村委、区农业农村委与各农机镇签订农机安全责任书，各农机镇与农机合作社、农机村签订农机安全责任书工作。

农业农村管理

【概况】 2019年，北辰区加快农业结构调整步伐，深化农村产权制度改革，加强农村集体经济组织审计，保护农民合法权益，推进农村产权交易，各项工作取得新成绩。全年，农业固定资产投资8596万元，完成1.09亿元。双街都市绿谷和小五堡林海果缘成功入选全市第二批田园综合体培育名单；双街镇获批“2019年国家农业产业强镇”，花卉博览园初具规模；东赵庄曙光水镇完成合作协议签订和工商注册，管理团队入驻，并启动一期工程；梦得奶牛小镇在完善规划的同时就地开展高标准农田项目建设，土地流转工作进一步推进。

【农村产权制度改革】 2019年，北辰区126个村100%完成农村集体产权制度改革任务，成立经济合作社83个、股份经济合作社43个，确认经济组织成员24.16万人，比天津市规定时间提前1年半，是全市除国家试点区外首个整建制完成改革的区。

【农村集体经济组织审计】 2019年，全区对85个村进行审计，审计项目123个，其中村委会85个，村下属企业38个；审计总金额193.3833亿元，其中村委会148.5825亿元，村下属企业44.8008亿元。查出问题金额14.9810亿元。

【农村集体经济经营管理】 2019年，北辰区完成2018年农村经济基本情况、农村土地承包经营及管理情况、家庭农场情况、农村收益分配、农村资产负债、农村产权制度改革情况、农民负担情况等10余套农经信息年报表统计上报工作。完成2019年农业社会化服务情况年终预报统计表统计上报工作。完成全区126个村农村集体资产情况调查表统计上报工作。完成涉及3个镇中的6个村、30个农户、1个合作社、1个家庭农场，共38个农民负担监测点4个季度监测工作。申请市级农民负担监测经费1.8万元，全部拨付各相关镇。根据村级收益情况编制2018年全区126个村集体经济收支情况一览表。针对农村集体资产管理制度不健全问题，起草《关于加强农村征地补偿费管理的指导意见（试行）》征求意见稿、《北辰区农村集体经济合同管理办法（试行）》征求意见稿，并多次征求意见，并参与修改完善。

【土地承包经营和农村产权交易】 年内，按照市农委要求，落实2019年农村土地承包经营纠纷调解仲裁考评工作，举办仲裁员培训班，开展法律政策宣传活动，变更、细化镇级纠纷调解体系。调处两例农村土地承包经营纠纷调解仲裁案例。北仓、天穆、双口、双街、西堤头、小淀、青光7个镇共计15个村在天津农交所平台进行农村集体资产公开交易，通过市产权交易平台完成集体资产交易和工程项目招标共37笔，合同交易金额达到3.5亿万元，为全面推进区农村集体资产进入天津市农村产权交易平台交易奠定基础。

【农业基础设施建设】2019年，北辰区稳步推进高标准农田建设，完成350公顷示范片项目建设，启动剩余0.13万公顷建设。加快推进区域电商平台和信息进村入户工程，完成65个益农信息社建设，实施果梦源区域电商平台建设。推进农田水利工程项目建设，年底完工霍庄子、姚庄子2处节水工程，建成后新增节水面积153.33公顷。

【龙头企业和特色品牌建设】2019年，北辰区梦得奶牛、中航海水观赏生物、益多利来水产、绿圣蓬源真姬菇等龙头企业和特色品牌稳步壮大。西堤头赵庄子村申报并获农业农村部第九批“一村一品”示范村称号。举办第二届“中国农民丰收节”，组织推荐全国乡村特色产品6个、乡村能工巧匠2个、天津市农产品品牌2个，徐堡枣成功申报地理标志农产品保护。

【农民合作社管理】2019年，北辰区开展空壳社清理清查整顿工作，截至2020年1月8日，全区有农民合作社345家，与2019年4月相比，已注销合作社58家，新成立合作社10家。

【重点项目建设】2019年，北辰区完成双口鱼菜共生、双街蚯蚓养殖、金亚麻蛋鸡养殖及粪污处理提升改造、耕耘种子质量提升、冬冠蔬菜良种育繁推一体化5个年度农业重点项目。渔菜产业共生项目投资824万元，双街工厂化蚯蚓养殖项目投资952万元，天津北辰区牡丹园产业化示范推广项目投资750万元，北辰区造林绿化工程8394万元，超额完成年初计划的27%。

【粮食棉花补贴】2019年，区农业农村委和区财政局联合制定下发《北辰区对种粮农户实行耕地地力保护补贴实施方案》，并抓好具体实施工作。全年落实夏粮补贴资金214.48万元，补贴面积0.15万公顷，涉及6个镇、26个村、2953个农户；落实秋粮补贴资金633.27万元，补贴面积0.44万公顷，涉及8个镇、74个村、10300个农户。落实2018年度棉花补贴资金19.94万元，补贴面积86.67公顷，涉及2个镇、5个村、81个农户。

【农田残膜和农药包装废弃物回收处理】2019年，北辰区建立镇级农田残膜和农药包装废弃物回收网点7个，建立区级农药包装废弃物回收暂存点1个，回收农田残膜18.6吨、农药包装废弃物4.3吨。基本做到情况掌握真实、标准贯彻到位、宣传鼓动有力、网点建设正规、台账管理有序、方法措施得当、日常监督经常、检查验收严格，该项工作持续推进。

【农产品安全监管】2019年，北辰区推进国家农产品质量安全区创建，在市级考核验收中获得第二名；全面落实区镇村三级监管体系，严格农产品质量安全抽检监测，持续加大无公害农产品、绿色食品、有机农产品和农产品地理标志“三品一标”认证力度，整治随意宰杀牛羊行为，落实非洲猪瘟等重点动植物疫病防治，百姓“菜篮子”安全得到保障。全年，北辰区用于农产品质量安全监管方面的财政支出为350万元。实施农产品质量安全定量检测1700余批次，农产品定性检测28000批次，定量检测数量基本保持全区人口定量检测2份/千人水平。抽检合格率100%。定期对10家规模种植业基地进行检查，坚持管理常态化，并通过“北辰区种植业监管员”微信群与基地监管人员保持密切联系，形成检查的闭合机制。对全区主要蔬菜生产基地完成抽样检测样品3045个，速测检测合格率100%。

【饲料质量安全监管】年内，区农业农村委制定印发《北辰区2019年饲料质量安全监管工作实施方案》，对全区10家饲料及饲料添加剂生产经营企业开展元旦春节专项治理、农资打假饲料专项治理、“五一”期间专项治理、国庆、中秋等饲料质量安全专项整治行动和日常监管。全年累计检查饲料企业152家次，抽取畜禽浓缩料、配合料、复合预混料、饲料添加剂样品277个批次，抽检合格率100%，完成全年抽样任务的184.7%。查处违法案件1起。全年未发生重特大饲料质量安全事故。

【农资打假】2019年，有效维护农资市场正常经营秩序，保障农民群众合法权益，区农业农村委组织区农资打假成员单位开展农资打假专项治理，重点对种子、农药、肥料、饲料及饲料添加剂、农机配件和兽药等开展常态化检查工作。全年检查农资生产经营单位423户次，出动执法662人次，印发各类宣传材料2.3万余份。对全区农资生产经营户开展全面检查。检查中，未发现各类违法销售及坑农害农违法案件。

【结对帮扶工作】2019年，区农业农村委围绕“1+N”发展模式，完成购置优谷新科园生计用房保障项目，市、区、镇三级财政累计投入资金7500余万元；李辛庄村千亩稻田、刘码头村乡村旅游2个产业项目完成建设，村集体“造血”功能增强；加快基础设施建设，15个市级困难村中11个达到“六化”“六有”建设标准。

【农技推广服务】2019年第四季度，区农技中心组织专家对“2019年北辰区水稻基质育秧技术示范推广”“2019年北辰区脱毒甘薯技术试验示范项目”“北辰区2019年耕地粮豆轮作试验示范”等项目进行总结验收，农业技术推广工作取得一定成效，同时在双街镇双口镇等地安排实施甜瓜新品种引进项目并完成2020年市级项目申报工作，新技术的成熟和推广对提高农民收入、促进农村经济起到积极影响。

【农业拔尖人才库建设】年内，区农业农村委培养新型经营主体带头人20人、专业技能型20人，举办培训班2期，培训学员40人。进一步核实2018年新型职业农民等相关培训信息，上传平台相关数据，在保证培训质量的前提下，及时进行考核验收，将中央、市、区级补贴资金98.346万元及时下拨至成员单位。2017级家庭农产果树方向专业共22名学员完成教学工作并全部取得中专学历证书。2019年，在西堤头镇辛侯庄村益多利来水产养殖基地建设天津市益多利来水产养殖基地农民田间学校1所，获市农村中心批准。提升新型职业农民实习实训水平，根据区农业农村委领导研究决定推荐申报天津市军亿达畜牧养殖专业合作社为市级新型职业农民培育示范基地，获市农业农村委批准，建设提升工作正在进行。

（齐群生）

工业　建筑业

北辰年鉴

2020

综 述

2019年，北辰区工业增加值281.6亿元，比上年增长1.6%；规模以上工业企业493家，实现产值1028.2亿元；实现营业收入1218.9亿元，利润总额54.0亿元。在28个工业行业大类中，23个行业保持盈利。其中医药制造业、通用设备制造业、化学原料和化学制品制造业、电气机械和器材制造业等11个行业利润总额超亿元，医药制造业超10亿元。

全年建筑业增加值38亿元，比上年增长2.3%。全区现有总承包和专业承包资质的建筑业企业107家，比上年增加13家；完成总产值35.8亿元，比上年增长31.0%；竣工产值22.4亿元，比上年增长35.2%；其中在外省市完成产值9.1亿元，比上年增长75.1%。

工 业

【概况】 2019年，北辰区形成装备制造、生物医药、新能源新材料、电子信息为支柱行业的产业格局，完成固定资产投资46.35亿元，比上年增长10%；引进千万元以上项目24个，其中1亿元以上新项目10个。28个工业行业大类中，23个行业保持盈利。其中医药制造业、通用设备制造业等11个行业利润总额超亿元。

【支柱产业】 2019年，北辰区以高端装备制造业、生物医药产业、新能源新材料业、电子信息产业为主的四大支柱产业规模以上总产值占规模以上工业的76.7%，比2017年提高4.1个百分点，其中装备制造业、生物医药产业、新能源新材料业、电子信息产业产值占规模以上工业比重分别达到48.7%、6.6%、19.2%和2.2%。依托天锻、采埃孚、中车集团、爱德克斯等支柱型企业，聚集相关配套企业，形成了相对完整的铜压延和发电及输配电设备、先进轨道交通设备、泵阀件制造和汽车零部件等产业链。2019年，全区战略性新兴产业总产值283.1亿元，比上年增长2.31%，完成规模以上高技术产业产值100.46亿元，占全区工业总产值的9.76%；成为带动工业经济转型升级的重要驱动力和引领工业高端发展的强大增长极。

2019年北辰区规模以上工业企业效益超亿元行业一览表

表8

行业类别	每百元资产实现的主营业务收入（元）	利润总额（万元）
医药制造业	33.9	109311
通用设备制造业	99.1	94648
化学原料和化学制品制造业	43.6	72022
电气机械和器材制造业	98.7	49326
专用设备制造业	35.6	45706
橡胶和塑料制品业	122.5	42995
非金属矿物制品业	85.4	37716
汽车制造业	111.4	28504
仪器仪表制造业	95.4	19441
铁路、船舶、航空航天和其他运输设备制造业	174.0	14438
金属制品业	73.2	13945

【项目落地】 2019年，北辰区实现“三个一批”良性循环，加快推动金石3D打印等项目签约落地、大族激光等项目开工建设以及爱旭科技等项目建成投达产。接待迪信通、中电子、泛华集团、中外运等有实力的大企业洽谈产业园项目，接待农发银行等金融机构洽谈融资事宜。成功引进天津质谱生物科技有限公司落户河北工业大学科技产业园。2019年7月3日，区工信局组织北京迪信通物联网科技有限公司、中国移动北辰分公司、河北工业大学，在河北工业大学会议室，召开5G技术和智能产业项目落地座谈会。

【绿色发展】 2019年，北辰区推动耀皮工程玻璃、百特医疗、嘉思特、沃德传动（天津）股份有限公司、高丘六和、可耐福等6家企业创建市级绿色工厂，推动远大兴辰获得国家级绿色工厂称号。完成全区26家危化企业搬迁改造。严格落实“地条钢”长效监管机制，坚持人防、技防相结合，加强中（工）频炉动态管理，每月开展重点企业巡查，每季度开展一次全区范围集中排查整治活动。

【通信基础设施】 2019年，建立北辰区通信基础设施建设领导小组，完成北辰区推动通信基础设施建设工作方案编制，及北辰区移动通信基站站址布局专项规划，年内召开现场推动会6次，推动通信基础设施建设。

【围城治理】 2019年，北辰区加快整合

▲2019年6月28日，北辰区工信局赴甘肃省庆阳市华池县扶贫调研（区工信局　供图）

类园区提升改造进程，完成6个园区取缔（红光农场、飞龙、铁锅店、胡园、大杨庄、郎园）和1个园区整合（西堤头工业区南区）任务。完成鸿仓等6个园区的产业规划和城市设计，加快整合类园区提升改造进程，迪信通5G智能装备产业园项目和伟星建材北方基地项目分别落户北辰经济技术开发区鸿仓分园和万发分园。

【智能制造】 2019年，区工信局推荐中重科技申报国家级企业技术中心，捷强动力、吉达尔、京建防水、天士力现代中药4家企业申报天津市企业技术中心。建立智能科技产业项目库，完成51家企业的66个项目申报2019年第三批智能制造专项资金1.55亿元。完成10家企业入围全市两化融合管理体系贯标试点。

【资产评估】 2019年，区工信局开展资产评估和专项审计。北辰区政府对江天重工和江天型钢资产和负债情况进行专项审计和资产评估。制定土地规划调整方案。依托京滨高铁北辰站建设，将厂区保留13.33公顷工业用地，其余土地控规暂时留白，后期结合北辰活力区、京滨城际北辰站、地铁7号线落地建设，再确定规划内容。

【产能管理】 指导企业制定《产能退出职工分流安置方案》。推动产业转型升级。结合现有规划调整12公顷工业用地用于数据中心建设项目，预计总投资20亿元，利用现有220千伏电站资源建设2万个机柜体量的大数据中心。完成钢铁产能置换。江天重工与广西防城港津西型钢科技有限公司签订炼钢炼铁产能指标转让协议，核算后的炼钢产能每年135万吨和炼铁产能每年87万吨外迁广西防城港，市工信局已完成公告。

【节能和清洁生产】 2019年8月27日，区工信局联合区发改委共同举办2019年度北辰区节能和清洁生产普法培训会，区内8家自愿开展清洁生产审核的企业和23家重点用能企业代表参加该次普法培训。

【“双万双服促发展”活动】 2019年，区工信局坚持领导包镇服务和干部联系帮扶重点企业工作机制，筛选全区105家重点企业、20个重点项目以及双街镇36家企业作为重点服务对象，年内共解决线下问题83个。

【第三届世界智能大会北辰分论坛】 2019年5月17日，第三届世界智能大会工业·互联网赋能制造业转型创新发展峰会在天津市北辰区召开。大会以“工业互联网赋能生产转型”为核心议题，由天津市工业和信息化局、中国信息通信研究院、工业互联网产业联盟、天津市北辰区人民政府主办。来自政府主管部门、天士力集团、中国兵器集团等知名企业、科研院所等各方的嘉宾，就工业互联网赋能生产转型、大数据赋能产业

▲2019年7月7日，北辰区工信局干部开展“双万双服促发展”走访企业活动（区工信局　供图）

生态重构等热点话题展开分享和探讨。

（刘泽江）

建筑业

【概况】 2019年，原天津市北辰区房地产管理局和天津市北辰区建设管理委员会合并为天津市北辰区住房和建设委员会（以下简称区住建委）。

2019年，北辰区开展建筑施工安全专项整治，开展机械外包服务检查，进行地毯式排查。开展安全宣传“七进”“安全月”和“消防月”活动，组织全区项目开展应急演练。全面实行农民工管理系统，实现工资零拖欠，保障农民工根本利益。完成全区公共建筑节能改造任务。

【建筑队伍】 2019年，北辰区建筑业有正高级工程师1名，副高级工程师8名，工程师15名，助理工程师15名。结合全区城市发展战略，制定区域建设阶段性计划，组织实施主干道路、市政基础设施、配套道路和管网等建设项目自开工建设至竣工验收的全过程。

【安全监管】 2019年，区住建委监管工程240个标段，完成竣工验收25个标段。组织执法检查960次。开展建筑施工安全专项整治，开展机械外包服务检查，进行地毯式排查。组织两次全区质量安全文明施工观摩活动，开展安全宣传“七进”“安全月”和“消防月”活动，组织全区项目开展应急演练。监管建设工程1365.4万平方米，完成竣工验收169.8万平方米，验收合格率100%。加强扬尘污染治理，完成中央环保督察任务，严格落实《天津市北辰区建设工程扬尘治理“六个百分百”实施细则》，开展复工、大气污染防治攻坚月行动、夏季蓝天使命行动等专项检查。执行信访条例，受理投诉全部办结。2019年，监管1项工程获“海河杯”奖，3项工程获评“天津市文明施工示范工地”，3项工程获评“市级文明工地”。

【建筑市场管理】 2019年，北辰区完成各项招投标724个，其中勘察招标98个、设计招标213个、监理招标143个、施工招标249个、设备招标6个。中标规模615.72万平方米，中标金额201.34亿元。全面实行农民工管理系统，实现零拖欠，保障农民工根本利益。

【建筑管理】 2019年，区住建委完成恒逸华庭、郡德花园等16个新建住宅项目配套非经营性公建移交工作。制定2019年北辰区农村危改方案，完成危房改造102户，完成市区23个对口帮扶困难村四类重点人群危房情况调查工作。完成全区3年20万平方米的公共建筑节能改造任务，新获评星级绿色建筑11项，在规划条件阶段，回复装配式建筑实施意见87项，回复绿色建筑实施意见64项，审核并回复民用建筑指导意见31件，已过施工图审查的装配式建筑项目25个。

（霍　然）

▲2019年，北辰区住建委实施农村危房改造竣工成果　（区住建委　供图）

▲2019年，北辰区住建委开展农村危房鉴定工作　（区住建委　供图）

商贸服务业

北辰年鉴

2020

综　述

2019年，北辰区加快发展现代服务业，国耀尚河城购物中心、大通商贸广场和双街古街、御龙湾广场夜间经济示范街区开业运营，绿地缤纷城、永旺梦乐城、星河COCOPARK等商业项目持续推进。全年引进1千万元以上服务业项目160个，其中亿元项目35个。大力发展楼宇经济，盘活空置楼宇2.1万平方米，引进企业700余家，实现税收15亿元。产业发展更加多元开放，组织88家企业参加第二届"进博会"，交易额实现8.83亿美元。

综合整治流通领域，不断提高菜市场综合管理水平。促进营商环境建设，申请天津海关改革试点工作；开展消费扶贫助力打赢脱贫攻坚战。全年，北辰区第三产业增加值331.14亿元，比上年（可比价）增长4.4%，占GDP比重为53.54%。

（刘秋香）

▲2019年7月19日，北辰区召开开展消费扶贫助力打赢脱贫攻坚战专题部署会，区属各单位150多人出席会议　（区商务局　供图）

▲2019年10月12日，特美易购菜市场开业　（董浩　摄影）

商业服务业

【概况】 2019年，原天津市北辰区商务委员会更名为天津市北辰区商务局，下设办公室、对外经济贸易科、楼宇经济管理科、服务业发展科、流通秩序管理科、市场运营建设科6个科室，负责全区商业服务业发展。2019年，全区限额以上商品销售额累计实现1428.6亿元，比上年下降12.2%；限额以上社零额累计实现87.7亿元，比上年下降12.8%。

【重点项目管理】 2019年，全区投资5000万元以上的"四个一批"服务业项目共计102个（其中，运营11个、在建61个、待建23个、在谈7个），总投资额1761.57亿元。两家大型商业综合体大通商贸广场、国耀尚河城购物广场相继开业；同期引入区内首家巨幕4D影院泰禾影院、中影影城两家大型影城以及迪卡侬、屈臣氏、汉堡王等多个时尚快消品牌；由绿地集团投资的绿地贸易港、绿地缤纷城商业项目均开工建设；苏宁智慧物流园进行主体施工。随着产城融合发展示范区内光华国际学校、绿地缤纷城、星级酒店、现代物流中心等一批配套服务设施的开工，示范区基本呈现出产、城、人相互融合的态势。

【繁荣夜间经济】 2019年，为促进夜间经济发展，占地4500平方米的双街古街夜市和占地3000平方米的御龙湾夜间经济示范街区，分别于7月16日、8月23日先后开街。至年底，2处夜市营业额实现1000余万元。

【消费品市场】 2019年，北辰区社会消费品零售额205.3亿元。全区亿元以上批发市场实现交易额155.2亿元。与民生相关的吃穿类商品继续平稳增长，粮油、食品类，饮料类，服装、鞋帽、针纺织品类实现零售额8.3亿元，比上年增长19.3%；与改善生活品质相关的消费升级类商品增长明显，金银珠宝类、文化办公用品类、通信器材类实现零售额5479.5万元，比上年增长228.1%。

【商场超市】 2019年，北辰区拥有大型商场超市10家，其中超市7家，百货商场2家，家居卖场1家，主要分布在天穆镇、双街镇、北仓镇和果园新村街道。

2019年北辰区大型商场超市一览表

表9

序号	业态类型	名称	地址
1	超市	华润万家超市（奥园店）	北辰区天穆镇王庄村西
2	超市	华润万家超市（北辰店）	北辰区京津公路西天穆镇政府对面

续表

序号	业态类型	名称	地址
3	超市	永辉超市（双街店）	北辰区双新大道 11 号底商
4	超市	永辉超市（集贤店）	北辰区京津公路以东延吉道北侧以北
5	超市	人人乐超市（北辰店）	北辰区宜白路与均胜路交口
6	超市	物美超市（北辰店）	北辰区辰昌路北侧 1901 号（与龙泉道交口）
7	超市	物美超市（天重道店）	北辰区天穆镇天重道 2 号大通商贸广场 1 层
8	百货商场	信誉楼百货	北辰区京津公路与龙洲道交口西北侧长瀛商业广场 1-3 号
9	百货商场	国耀尚河城商场	北辰区双新大道与顺境北路交叉口西北侧
10	家居卖场	红星美凯龙家具生活广场北辰店	北辰区果园新村街果园东路 2 号

【流通领域综合治理】 2019年，开展对全区在营加油站全覆盖检查，依法加强成品油和原油经营监管；持续加大对非法加油加气的打击力度，联合公安北辰分局、区市场监管局等部门查出非法存储、销售汽柴油窝点，全年累计整治点位68个，没收油气56.57吨，规范油品市场经营秩序；牵头协调津保加油站拆建难题，推动北仓示范镇建设顺利进行；组织商超、菜市场召开专题会议，安排部署推动商贸领域消防安全和安全生产、追溯体系建设、第三方安全评估、防范非法集资、诚信建设、食品安全等相关工作，全面提升商超、菜市场等场所安全运营水平。组织全区汽车销售企业举办《汽车销售管理办法》专题培训班，规范汽车销售经营秩序。

【市场管理】 2019年，建成青源街双青新家园荣翔园菜市场和大张庄镇特美易购精品菜市场。为落实区“创卫”工作会议精神，组织区内各菜市场负责人和机关干部到3家菜市场召开现场推动会，督导在营的13家菜市场，巩固菜市场整治成果，在国家创卫测评中取得优异成绩。

2019 年北辰区农贸市场一览表

表 10

序号	名称	地址	序号	名称	地址
1	普东农贸菜市场	北辰区普济河东道与姚江东路交口	17	天穆华伊菜市场	顺义道华伊农贸市场 65 号
2	秋怡菜市场	北辰区淮河南道以北、姚江东路以西	18	荣翔园菜市场	北辰区嘉康西路荣翔园小区
3	宜梦道菜市场	北辰区国宜道与均强路交口	19	华盛道菜市场	北辰区华盛道与 233 国道交口东北侧
4	蓝岸森林菜市场	北辰区高峰路与天马道交口	20	宜景园菜市场	志成路地铁站 A 口东南 100 米
5	普天里菜市场	北辰区朝阳里和普济河东道交口	21	刘房子（瑞恒）市场	北辰区辰盛路瑞恒家园
6	瑞军菜市场	北辰区辰兴路与龙岩道交口	22	中环生鲜市场	中环花鸟鱼虫 D 馆
7	新集贤菜市场	北辰区延吉道与集贤道交口	23	韩家墅批发市场	北辰西道与外环线交口
8	双发菜市场(超市)	北辰区果园新村街双发金玺城内	24	双青菜市场	北辰区新景道盛福园小区西南角
9	高峰路菜市场	北辰区高峰路与果园北道交口	25	璟悦府菜市场	北辰区北仓镇璟悦府小区旁
10	佳宁道菜市场	北辰区瑞景街佳宁道北侧	26	春泽苑菜市场	北辰区宜兴埠镇宜兴路东侧春泽苑小区 15 号楼
11	王庄临时市场	北辰区辰旺路与龙泉道交口	27	普润菜市场	北辰区辽河南道
12	万源兴城菜市场	北辰区双街镇龙顺南道	28	普康田园临时市场	北辰区普东街姚江东路和淮东路之间
13	柴楼菜市场	北辰区双街镇双源道与京津公路交口	29	春新菜市场	北辰区永进道辰翔大厦
14	特美易购菜市场	北辰区民安路	30	金地亿城华府菜市场	北辰区淮河道金地艺城华府小区门口

续表

序号	名称	地址	序号	名称	地址
15	隆顺桃香园菜市场	北辰区京津路与咸阳北路交叉路口往东北约50米（万隆桃香园南侧）	31	佳园里市场	佳宁道兴隆豆业旁
16	津合菜市场(宜松)	北辰区宜兴埠镇汀江东路与宜白路交口附近	32	碧春园菜市场	连环道与双环东路交叉路口西侧

【“双万双服促发展”活动】 2019年，在政企互通服务信息化平台上收集问题363个，问题收集率100.6%，问题办结率100%，答复、解决率100%。区商务局参加大通绿岛商贸广场现场会，协调推进泰禾影院及中影影城消防验收进程；走访苏宁智慧物流电商产业园项目和前期滨海联创、居然之家等项目，加大为项目单位服务力度。

【楼宇经济】 2019年，北辰区新引进楼宇企业725家，注册资金176.8亿元。全区商务楼宇实现全口径税收15.22亿元，比上年增长2.3%，其中留区税收7.41亿元，比上年增长3.8%。开展楼宇招商引资，先后组织参加津洽会、华博会、义乌电子商务博览会、厦洽会、杭州电商会等大型招商活动。楼宇经济展示中心在招商宣传方面的良好效果凸显，全年接待到访500多人次，其中河北省、福建省、甘肃省等党政代表团80余人，第一太平洋戴维斯、谷川联行、绿地控股、阿里云、利合集团、雷沃斯山等客商230余人。

▲2019年1月3日，北辰区商务委组织楼宇经济推动会暨现场互学互鉴活动
（胡光欣　摄影）

至2019年，北辰区星级商务楼宇共有8座，其中五星楼宇2座，四星楼宇3座，三星楼宇3座。亿元楼宇5座，建筑总面积32.48万平方米。

（刘凡靖）

2019年北辰区星级商务楼宇一览表

表11

序号	星级	楼宇名称	属地
1	五星	园区商务中心	开发区
2	五星	天辰大厦	天穆镇
3	四星	东鹏智谷产业园	双街镇
4	四星	双街可信产业园	双街镇
5	四星	中材商务楼	北仓镇
6	三星	河工大科技园	双口镇
7	三星	辰寰星谷孵化器	开发区
8	三星	天物钢铁大厦	天穆镇

对外经济贸易

【概况】 2019年，北辰区外贸进出口总额223.26亿元，下降3.1%。其中，进口48.76亿元，下降22.8%；出口174.5亿元，增长4.4%。从出口方式看，一般贸易出口97.7亿元，占全区出口的56%，比上年增加3.1%；加工贸易出口61.9亿元，占全区出口的35.5%。12月，北辰区被天津市对外开放工作领导小组授予“2017至2018年度直接利用外资金奖”。

【外贸企业】 2019年，全区累计新增备案企业160家，至年底，全区共有外贸备案企业2753家。完成服务外包执行额

▲2019年7月10日，北辰区商务局组织各镇街、开发区联络员召开第二届中国国际进口博览会北辰交易分团专题培训会 （区商务局　供图）

▲2019年3月4日，北辰区商务局组织召开外贸运行监测会议，20余家重点外贸企业参加 （区商务局　供图）

9121.73万美元，完成全年目标的107%，接包合同金额16198.13万美元，比上年增长23%。吸纳2家服务外包企业纳统，完成技术进出口企业备案12份。全年完成实际利用外资18609万美元，完成市目标100.4%。

【第二届中国国际进口博览会参会】 2019年，北辰区交易分团团组提交办证人员288人，其中企业88家、224人，占全部团组人数的77.8%；4家市驻区教育机构按属地团组上报16人，占团组人数的5.6%；政府部门负责人19人，占团组人数的6.6%。企业交易方面，天辰公司、华北集团等9家企业签订12份采购合同，总交易额为88374.4万美元，比首届交易额增长8.5亿多美元，其中华北集团与托克新加坡集团签订12万吨阴极铜的采购协议交易额60亿元人民币，创参加进博会以来单笔交易新高，在全市采购团中领先。

【外贸企业服务】 2019年，区商务局召开外贸运行监测会议，组织20余家重点外贸企业参加。与北辰海关协调，为金锚、韩信等4家企业免征2019年度加工贸易风险类保证金。组织服务贸易重点企业对照申报指南申请奖励资金。组织200多人参加外贸政策宣讲会。联合北辰海关召开“金关二期”加工贸易管理系统政策宣讲会和“进口企业集装箱适用船边直提业务改革”专题政策宣讲会，宣传整体通关流程便利化政策。兑现2018年重点企业外贸运行监测项目15.5万元，利用市商务局外贸奖励资金兑现2018年外贸奖励资金342万元，促进北辰外贸发展。

（刘凡靖）

招商合作

【概况】 2019年，北辰区合作交流办公室（以下简称区合作交流办）推进东西部扶贫协作和支援合作，脱贫攻坚成效显著，全年各项目标任务均超额完成；牢牢把握招商引资“生命线”作用，着力引进一批大项目好项目，为全区经济社会高质量发展增添新动能，全年实际利用内资217.5亿元，引进首都项目95个。开展扶贫协作和支援合作重点工作，成立11个专项工作组，宣传动员社会组织、民营企业家、社区居民等向受援地区捐款捐物1923万元。

【招商引资】 2019年，区合作交流办坚持“走出去”与“请进来”相结合，开展招商促项目活动430余次，其中区级领导分别带队赴北京、长三角、珠三角等地考察项目30余次，在辰接待企业到访100余次，重点走访威仕达、创维集团、南山集团等280余家企业，引进迪信通、大族激光、碧桂园北方总部、瑞康医药等优质项目969个，协议投资额846亿元。

【承接北京非首都功能疏解】 2019年，北辰区扎实推进京津冀协同发展工作，在京设立北京招商工作部，在全区各单位选拔10名优秀年轻干部分别到天津市政府驻北京办事处、中关村科技园朝阳园、北京经济技术开发区等单位学习锻炼并开展招商引资工作，拓展信息渠道，精准对接项目。在京召开2019天津北辰产业投资推介会暨项目签约仪式，共500余人参会，签约项目23个，协议投资总额500余亿元，新华网、人民网、《北京日报》《天津日报》等多家媒体进行宣传报道；参加国际服务和特种机器人大会等60余次，宣传营商政策，搭建共融互通平台，提升北辰知名度和影响力。精准对接首都优质项目，经常性赴北京走访首都资源项目，重点对接北京京东方集团、泛华集团、清华控股、国科控股等重点企业50余家，大族激光、北科建等95个项目落户北辰，协议投资额33.5亿元。

【推介营商环境】 2019年，北辰区制定

《关于鼓励全区各单位开展招商引资工作的安排意见》《全区各单位招商引资绩效考核办法》，全员招商的机制不断完善。重新制作北辰区招商宣传手册、宣传视频、招商引资优惠政策折页、H5、印象北辰短视频等招商宣传材料；利用“北辰微招商”微信平台和手机终端，宣传推介营商环境，年内发布招商信息448条，阅读次数3.46万次。

【服务企业】 2019年，区合作交流办承接区“双万双服促发展”第八工作组任务，召开各类协调会、培训会、政策宣讲会13次，服务企业1449户次，重点解决王朝酒厂交通安全、嘉立荷农场安全隐患、天锻海工与海洋工程公司的合作等问题31个，平台问题收集率105.83%，平台企业、项目登录率、问题按时办理率、问题办理满意度均为100%。

【扶贫协作和支援合作】 2019年，北辰区扶贫协作和支援合作领导小组办公室牵头抓总，做好全区扶贫协作和支援合作重点工作的组织推动、任务分解、政策制定、教育培训、督查督办。协调区主要领导6次赴帮扶地区调研对接，8次召开高层联席会议。组织召开专题工作会议17次。制定印发《北辰区高质量推进东西部扶贫协作和支援合作2019年实施方案》《2019年东西部扶贫协作新增资金实施方案》等系列文件，明确区级领导小组成员单位，成立人才支援、社会动员、产业帮扶等11个专项工作组，细化分解年度工作任务，构建全区“一盘棋”扶贫格局。甘肃正宁县、河北兴隆县、西藏丁青县脱贫摘帽成果持续巩固，甘肃华池县通过县级自评和市级验收，达到脱贫摘帽标准。2019年，市区两级共拨付财政帮扶资金1.344亿元。新增8名处科级干部、96名专技人才赴受援县开展活动，接收受援县党政干部及专技人才265人到辰挂职学习。在受援地区举办党政干部和专技人才培训班13期，培训2240人次。开展各类技能培训25期，培训贫困人口1569人；培训贫困村创业致富带头人467人，其中222人创业成功。在区及受援地区举办就业招聘会7场，提供岗位3273个，实现到津就业129人，省内就近就业612人，其他地区就业1315人。协助引进的中天羊业、银旺药业等企业继续在受援地发展特色产业，引进10家企业受援地区投资，到位资金4967.2万元，带动8479人实现脱贫。宣传动员社会组织、民营企业家、社区居民等向受援地区捐款捐物1923万元，其中重点针对尚未脱贫的华池县捐赠1052万元。赴受援县开展“万企帮万村”精准扶贫行动46次，累计捐款捐物347.2万元。各镇街积极组织结对村居调研走访，共捐款捐物301.7万元。开展结对认亲活动，全区105名处级以上干部与105户贫困户结对，捐赠慰问金12.15万元。

【消费扶贫】 2019年，北辰区动员党政机关、企事业单位、社会组织和广大居民，通过组织“扶贫日”展销活动、政府食堂采购、机关干部选购等多种方式开展消费扶贫活动，消费金额1.17亿元，完成全年任务138%。

（张冠羽）

供销合作

【概况】 2019年，北辰区供销社合作社（以下简称区供销社）清理、整顿境内危险品仓库、企业，完成烟花爆竹商品清空转运任务。深化供销系统国有企业改革，完成200余户吊销企业注册户卡底档调阅。提升优化区内菜市场，设立兴隆县特产食品专营店，推进全区供销系统转型升级。

【日杂公司烟花爆竹仓库清库退市】 2019年，根据市、区政府的文件要求，在天津区域内全面制止烟花爆竹燃放、销售和储存。区供销社日杂公司承担全区烟花爆竹批发经营销售专营业务。供销社专门成立以党委书记为牵头人的推进工作组，通过与区应急局、公安分局等行政主管部门的密切联系和与生产供货厂家沟通协商，采取及时拨付资金、组织专业车辆承运、合理安排现场工作程序、加强现场安全操作管理等多项举措，于2019年春节前，完成库内6万余箱烟花爆竹商品全部清空转运任务。并按规定完成行业许可、危险品运输等特许证件的注销程序。

【企业出清出让】 2019年，区供销社系统为社有集体所有制企业中不良企业进行出清出让和整合重组。通过法律顾问介入、网上核查清点，区供销社存在自1994年至2019年被吊销营业资质的僵尸企业200余家。区供销社专门成立以党委书记为第一责任人的深化企业改革工作办公室，在制定出清出让重组整合工作实施方案的基础上，多次与区国资委、市场监管局、会计事务所、法律顾问召开对接会沟通情况，抽调系统年青骨干人员进行基础培训，按片区开展工作。至10月底，完成青光、双口、双街、小淀等供销社吊销转注销核准非法人企业14户，完成辰供餐饮、北供早餐2个有限公司法人企业的出清退市工作；至年底，将系统200余户吊销企业的注册户卡底档全部调出。

【市场完善升级】 2019年，区供销社先后投资60余万元，改造高峰路某市场停车场和进出入口，增设食品快检仪，购置移动洗地机，增加防蚊蝇设施以及加装新的广告宣传牌等。引进津门品牌企业大桥道食品公司进场经营。为支援北辰区对口扶贫县兴隆地区，与天津灵食街科技有限公司合作，设立兴隆县特产食品专营店，专营当地特产，并优惠50%的租金价位，帮助贫困地区群众解困脱贫。

（刘文刚）

交通运输　邮政　通信

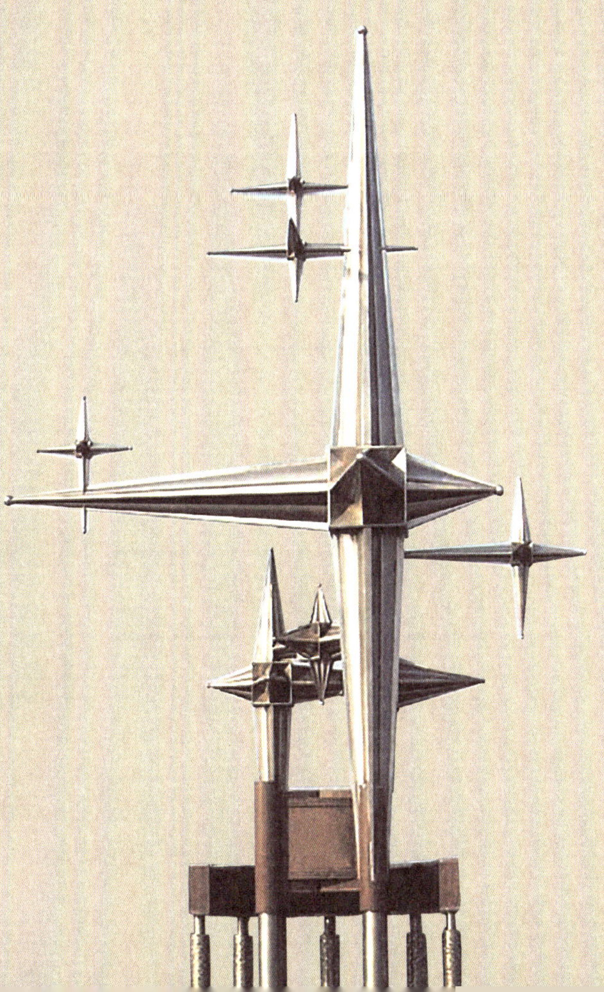

综　述

北辰区交通便捷，距天津新港50千米，距天津机场16千米。至2019年，经区境建有7条铁路（京山、津蓟、津霸、南曹、京津城际、北环、京沪高铁京津联络线），设有4个铁路客货运站和全国最大的铁路编组站。6条高速公路（京津、京津塘、津保、津蓟、滨保、津宁）、3条国道（京津、京福、津榆）、7条省道和市级公路（津霸、津永、津围、杨北、外环线、九园公路、西北半环快速路）纵横交错。地铁1号线、3号线、5号线贯穿境内。2019年，北辰区累计运力1.04万部，运量13.3万吨，规模以上交通运输仓储邮政企业52个。资产总计209.81亿元。

2019年，北辰区新开通1条公交线路，优化8条线路，更新13条线路清洁能源车辆140部。全区实现运力1.04万部，运量13.3万吨；累计货运量2354.8万吨，货物周转量41.17亿吨千米；客运量168.1万人次，旅客周转量5041.9万人千米。

2019年，北辰邮政分公司加快转型升级、全面深化改革，金融、寄递、文传、电商分销等业务稳步推进。创新发展函件业务，成功开发国内首款表情包明信片（“野萌君”爱你，爱你系列）及定制邮折等文创产品。全年实现收入6476.8万元（含寄递），完成预算进度97%，全市排名第三；增幅11%，全市排名第一；绝对值全市排名第六。

北辰通信事业具有丰富的网络资源能力和先进的通信技术水平。域内联通和移动运营商自有经营网点15个，服务全区居民及党政机关、企事业单位。

（庄倩倩）

交通运输

【概况】 2019年，北辰区以简政放权、放管结合、优化服务为目标，做好招商引车工作。全年新增营运车辆1651部，新增运量3.3万吨，全区运力1.04万部，运量13.3万吨。北辰区交通运输管理局（以下简称区运管局）抓好交通运输行业发展，促进居民安全出行。在2019年市治超办的年度考核中，北辰区得分93分，在环城四区中排名第二，进入一类等次。

【公交线路】 2019年，北辰区内新开通1条公交线路351路（双青西站—华润万家），优化8条线路，即合并调整742路、766路线路走向，增加“北方动力”站点，726路增加车次及站点，732路、743路、764路延伸到双青新家园片区，345路调整首末站，764路调整发车时间间隔，解决群众出行的迫切需求。更新清洁能源车辆140部，共涉及13条线路，超额完成区级重点工作和民心工程目标任务。至年底，全区有公交线路99条，运输业户2918户，营运车辆1.06万辆，货运吨位13.36万吨。

【交通安全生产】 2019年，全区签订安全责任书870份，签订率100%。针对春运、两会、清明、五一、汛期、十一等重要时间节点开展交通枢纽消防安全整治、“防风险保平安迎大庆”消防执法专项行动、危险品隐患排查等15个专项行动，出动执法人员1317人次，检查企业612户次，查出安全隐患105处，约谈企业11家，处罚1户，罚款3万元，曝光隐患企业25户，整改率100%。安排属地镇及相关职能部门组织有关物流园生产安全和消防安全综合检查3次，联合区商务局、市场监管委、综合执法局、公安分局等9个职能部门，对景海、成邦、华北物流园开展联合检查专项行动，检查各类企业670户次，出动执法人员538人次，检查物流企业186余户次，张贴部门通告105份。与有关部门联合开展危险化学品事故应急救援演练，督促各运输企业开展应急演练活动14场次，提升行业应急处置能力，保证物流场站安全运行。结合“双创”工作，开展公交场站巡查、共享单车清理、黑出租治理等专项行动。

【行政执法】 2019年，区运管局成立政策法规科和案件审理领导小组，相继拟

▲2019年6月16日，北辰区运管局参加区安全生产月宣传活动　（付桂生　摄影）

▲2019年6月5日，北辰区运管局在“6·5”环境日开展宣传活动　（区运管局　供图）

▲2019年3月26日，北辰区运管局对域内某企业开展执法检查　（区运管局　供图）

▲2019年5月21日，北辰区运管局组织检查丰汇检测线　（区运管局　供图）

定《运管局重大行政执法决定法制审核制度》《运管局重大行政执法决定法制审核清单》《运管局行政处罚一般程序案件审核制度》和流程图，全年审核重大执法案件8件，处罚金额14万元，确保案件处理工作规范有序运行。重点治理朝阳路及周边的环境，制定治理方案，集中1个月时间联合区公安北辰分局、环保局和属地对重点路段进行治理，出动执法车辆90台次，执法人员270人次，上限处罚超载车辆4部，累计罚款4万元，卸载超限货物6661.98吨，消违率100%，结案率100%。对昊达通物流公司超限、超载车辆配载经营行为，处罚6万元。查验处置交警支队移交的183台次超载车辆，消除违法隐患。开展长途客车治理工作，查处不按站点停靠车辆1部，处罚1000元。结合群众举报，查处不具备危险品运输资质车辆运输危险品1起，处罚3万元。对群众反映较多的华北集团地铁站、小淀南站，学校、超市、医院等重点区域，联合属地镇街、公安北辰分局，开展黑出租常态化治理。对地铁1号线和3号线周边采取每周2次的常态化治理行动，累计出动执法车辆137台次，出动执法队员411人次，处置黑出租58辆，行政处罚45000元，遏制非法营运出租车的势头。开展维修企业涂漆作业专项检查，并向辖区维修企业下发《维修行业夏季蓝天使命行动专项检查工作方案》，采取企业自查与行管检查督查相结合的方式，检查排查重点维修企业79户，确保国控点周边环境治理成果。坚决打好污染防治攻坚战，落实辖区江天重工和天士力制药的错峰运输工作，对2.61万辆次运营车辆进行外环线夜间通行证的资格审核，驳回不符合要求车辆800余辆。参与全区河道非法捕捞、非法放生执法行动8次，清理无证船只60艘。

【行业管理】 2019年，区运管局深化企业质量信誉考核，规范企业经营行为，对144户一、二类机动车维修企业开展质量信誉考核，年度考核合格率96%以上。严把车辆技术状况关，全年共对5188辆营运车辆进行车辆技术等级评定检测，对796部运输车辆进行实车核查。全年培训普货运输从业人员727人，道路运输从业人员完成继续教育培训7111人，网约车考试2.1万人次。解决好群众在人民网留言、政民零距离、区长热线、“8890”反映的相关问题。全年收到1800余件，受理解决物流包裹、驾校培训、维修纠纷、黑出租等方面问题1000余件，回复率100%，满意率95%以上。发挥政府主体作用，响应收费公路制度改革，做好相关配套工作，加快推动高速公路ETC的应用发展。2019年，全区安装ETC车辆总数累计6.1万部。

（赵美琦）

邮　政

【概况】 2019年，中国邮政集团有限公司天津市北辰区分公司（以下简称北辰邮政分公司）有邮政服务网点18个，其中纯邮务类网点5个，叠加邮政储蓄的网点13个，有邮筒信箱（筒）1个，有各种邮政运输车辆52辆（其中邮政33辆、速递19辆），邮政投递人员38人，投递段道（含社区）34条。

【寄递业务】 2019年，北辰邮政分公司国内标快形成收入471.7万元，完成收入进度66.3%。全年通过派驻形式，严守政务市场，新增政务客户17户，收入增幅50.2%，政务类业务收入排名全市前列。开展“三进工程”“标快百日会战”和“走千访万”等活动，新增标快客户30余家，形成收入235万元。“双11”寄递再创新高，实现收入66.6万元，增幅151.4%。

【文传业务】 2019年，北辰邮政分公司实现收入696万元，完成收入进度101.6%，增幅65.1%，增幅排名全市第一位。其中集邮完成收入342.6万元，完成收入进度114.2%。函件完成收入136.5万元，完成收入进度78%，发行完成收入219.7万元，完成收入进度103.8%。专业借助“生肖贺岁”“我的玫瑰我的花”等营销项目，创新发展函件业务，成功开发国内首款表情包明信片（“野萌君”爱你，爱你系列）及定制邮折等文创产品；报刊业务在加强党报党刊征订工作的基础上，加大私费订阅，实现流转额710.3万元。

【电商分销业务】 2019年，北辰邮政

▲2019年9月，北辰邮政分公司职工奋战中秋（北辰邮政分公司 供图）

▲2019年，北辰邮政分公司在北仓网点给小学生讲邮票（北辰邮政分公司 供图）

公司实现收入541万元，完成收入目标100.37%，增幅45%。其中分销完成收入318万元，完成收入目标的113.57%。电商完成收入223万元，完成收入目标的86.1%。分销业务在各阶段营销项目中收获颇丰，其中“福至新春”项目提前三月完成全年收入；“春游大地”完成收入目标137%；“粽情端午”项目再创新高，完成目标的104.6%；“激情仲夏”项目率先完成，“两险业务”、站点批销、特定产品销售等项目顺利完成。

【金融业务】 2019年，北辰邮政分公司余额净增2.4亿元，其中定期净增2.6万元。全年保费新增1.18亿元，形成收入582.68万元，其中期交保费占比18%，产能提升项目拉动长期期交发展，长期期交同比增幅740%，形成长期期交保费489.5万元，完成进度及点均排名均位居全市第四。全年中邮保险实现保费1430.2万元，完成预算计划的101.5%，ETC、社保卡等新增8663户，手机银行新增12980户，跨赛期间客户建档新增61503户。

【基础设施建设】 2019年，北辰邮政分公司将原有的1个邮政投递局、2个速递揽投部重新整合成北仓、青光、科技园3个营业部，与营销中心形成“3+1”的整体经营布局。租用大张庄1处公建用房作为南王平营业网点搬迁新址，并完成装修建设工程。重新布局各揽投部作业场地，改造青光营业所后院，新租用刘安庄库房，作为青光、科技园营业部的作业场所，并利旧使用原速递和邮政设备，保障寄递业务畅通。

【首届十二次职代会暨2019年工作会议召开】 2019年3月11日，中国邮政集团公司天津市北辰区分公司首届十二次职代会暨2019年工作会议召开，领导班子、中层干部及基层员工共计40人参加会议。公司总经理陈卫东作《解放思想 真抓实干 上下同欲 为实现北辰邮政高质量发展而努力奋斗》的报告。会议总结2018年的工作，安排部署2019年工作，听取《2018年招待费及工会经费使用情况》和《2018年工资总额使用情况》的说明，审议通过《2019年北辰区分公司绩效考核办法》。

（张 悦）

2019年北辰邮政分公司营业网点一览表

表12

序号	名称	所属镇街
1	北仓营业所	北仓镇
2	引南营业所	北仓镇
3	双街营业所	双街镇
4	汉沟营业所	双街镇
5	双口营业所	双口镇
6	青光营业所	青光镇
7	小淀营业所	小淀镇

续表

序号	名称	所属镇街
8	西堤头营业所	西堤头镇
9	南王平营业所	大张庄镇
10	集贤营业所	集贤里街道
11	强宜里营业所	普东街道
12	万科营业所	普东街道
13	辰昌路营业所	瑞景街道

通　信

【概况】 中国联合网络通信有限公司天津市北辰区分公司(简称联通北辰区分公司)是中国联通天津市分公司在北辰区的分支机构，具备丰富的网络资源能力和先进的通信技术水平。北辰联通发挥央企优势，助力区域经济高质量发展，为全区居民及党政机关、企事业单位提供5G/4G移动网络、光纤宽带、云网融合、综合组网、大数据存储及IT/CT集成应用产品等一流服务水平的通信业务，全年新建5G基站200余个，宽带、移动用户累计44万户。

（马　毅）

中国移动通信集团天津有限公司北辰分公司(以下简称移动北辰分公司)，是北辰区域全业务通信网络运营商之一，是区域最大移动通信网络运营商。主要负责北辰区域市场运营、网络建设维护、客户响应支撑、内部运营信息化支撑和应用、集团客户信息化应用及服务等工作，为北辰区域经济、文化、社会各项事业发展提供了坚实的通信保障服务。

（陈　晨）

▲2019年6月，北辰联通组织“沃吐槽”倾听客户心声活动　（北辰联通　供图）

【联通北辰区分公司】 2019年，北辰联通深入落实中国联通“五新联通”建设，新建5G基站200余个，新建主干光缆2000余芯公里，为北辰区居民接入高速互联网，畅享数字新生活提供可靠的网络保障。北辰联通深化打造“互联网+”，打造智能管道，实现政务网覆盖16个镇(街道)、254个村(居)，教育网覆盖146所学校、幼儿园，卫生网覆盖65所医院、社区卫生服务中心，安监网覆盖全部重点防控单位，技防网覆盖主要交通路面监控，公安网覆盖全部派出所，同时为区内重要制造企业提供“智能制造”信息化网络建设支撑。云网合一的综合组网解决方案为全区公共服务的数字化、网络化、智能化、精细化、社会化提供有力保障。2019年，北辰联通自有营业网点共有6个，分布在5个镇和1个街道，实现宽带用户11万户，移动用户33万户。

（马　毅）

2019年北辰联通自有营业网点一览表

表13

序号	名称	地址
1	北仓营业厅	北辰区果园北道与果园东路交口
2	小淀营业厅	北辰区津围公路西
3	西堤头营业厅	北辰区杨北公路东邮电支局北
4	青光营业厅	北辰区津霸公路南
5	双青营业厅	北辰区广源街道双青新家园荣居园9号楼底商
6	柴楼村营业厅	北辰区顺畅路14号柴楼新庄园1层

【移动北辰分公司】 2019年，移动北辰分公司共有员工194人，平均年龄37岁，70%以上为本科学历。内设综合部、市场经营部、建设维护部、集团客户部4个部门，下辖北辰、集贤、津品鉴筑、绿岛家园、宜兴埠、辰兴路、天穆、双街、淮河道9个自办营业厅和天青、宜兴埠、北仓、大小西心、双双5个营销中心，授权店61家，末梢服务网点80家。通过中国移动天津公司“10086”客户服务热线、微信营业厅、手机营业厅为区域移动客户提供7×24小时线上贴心服务；为区域政企单位客户提供“方便、快捷、优先、优惠、优质”的服务，特别是新技术、新产品推广领域，进一步助推区域政企单位信息化应用水平。

2019年，移动北辰分公司开展“提升服务品质，连接美好生活”系列活动；以“品牌同筑”为切入点，以“服务同行”为落脚点，以“组织同建”为突破口，开展“党建和创”活动，拓展集团客户业务领域。开展志愿服务活动，联合区消协、区市场质量监督管理局等部门共同开展“践行雷锋精神，维护消费者权益”活动，在北辰区第四十七中学开展“助力高考，党员志愿服务活动”，开展“当环保卫士，做时代公民”志愿服务活动等。

（陈　晨）

2019年中国移动天津公司北辰分公司营业厅一览表

表14

序号	名称	地址
1	北辰营业厅	天津市北辰区果园新村街北辰道395号
2	集贤营业厅	天津市北辰区集贤街虎林路底商18号
3	津品鉴筑营业厅	天津市北辰区龙岩路230号
4	绿岛家园营业厅	天津市北辰区京津路与南仓道交口东北侧绿岛家园67号楼A座底商14号
5	宜兴埠营业厅	天津市北辰区翠涛东里1号楼底商2号
6	辰兴路营业厅	天津市红桥区双环路49号（辰兴路与双环路交口振兴名邸底商）
7	双街营业厅	天津市北辰区双街镇顺境北路52号
8	天穆营业厅	天津市北辰区天穆东里1号楼底商
9	淮河道营业厅	天津市北辰区天穆镇淮东路与淮河中道交口西南侧北泽雅居25-14-101

金融

北辰年鉴
2020

综 述

2019年，北辰区健全金融服务体系，加强银政银企合作，拓宽融资渠道，改善融资环境。鼓励支持企业上市直接融资。至2019年年底，全区上市挂牌企业累计71家。用足用好“辰智贷”政策，为16家中小企业提供知识产权专项质押贷款0.58亿元；扩大知识产权融资规模，为成长型企业提供资金支持，全年融资超市共举办各类对接会30余场，服务企业100余家。

（刘秋香）

▲2019年3月28日，北辰区金融局与中国银行北辰支行在柴楼社区组织开展防范非法集资暨扫黑除恶专项斗争“进社区”活动 （张超 摄影）

金融服务

【概况】 2019年，北辰区金融工作局（以下简称区金融局）按照机构改革工作部署，设置综合业务科（金融服务科）和处非科（金融监管科）2个科室。全年组织开展知识产权质押贷款“辰智贷”政策宣讲和专题对接活动30次，新增上市企业2家，新增OTC挂牌企业共6家。建科机械通过证监会审核。在全市2019年防范和处置非法集资工作平安建设考评工作中，并列第一名。

【金融帮扶】 2019年，区金融局以深入开展“双万双服促发展”活动为抓手，成立专项工作组，制定对口帮扶工作方案，重点围绕加大企业走访服务、建立与青光镇政府和瑞景街道办事处结对帮扶的问题协调解决机制、开展政策宣讲、加强银企对接等方面工作。融资超市全年举办各类对接会30余场，服务企业100余家，组织调研30次，帮扶企业30家。通过政企互通网络平台共收集10大类260个问题（其中涉及资金需求问题120个），实现当天对企业提出的问题受理沟通，答复率100%。

【直接融资】 天津捷强动力装备股份有限公司于2019年5月30日经中国证监会正式受理申请材料，拟在深圳证券交易所创业板上市。天津久日新材料股份有限公司于2019年11月5日在上海科创板成功上市，首发募集资金18.25亿元。2019年12月9日，建科机械（天津）股份有限公司通过中国证监会上市审核，取得批复。全年新增上市企业2家，新增OTC挂牌企业共6家。至2019年底，全区上市挂牌企业累计71家，其中上市企业7家，全国中小企业股份转让系统挂牌企业11家，天津股权交易所挂牌企业29家，天津滨海柜台交易市场挂牌企业25家。

【金融风险防控】 2019年，区金融局制定并下发《北辰区2019年非法集资风险排查整治活动实施方案》《北辰区2019年地方金融风险排查工作方案》等工作方案。与公安北辰分局、区市场监管局等有关部门对市处置非法集资办公室交办的10条涉嫌非法集资风险线索开展联合调查，非法集资风险线索处置化解率100%。全年共组织防范非法集资集中宣传活动60余次，“七进”活动600余次，组织召开工作培训会2场，印制及发放宣传材料5万余份，受教育群众近4万人。在市、区级媒体登载宣传活动信息50余次。

（潘 冬）

担保服务

【概况】 2019年，北辰区信贷担保服务中心（以下简称区担保中心）配合完成国

▲2019年8月14日，北辰区金融局在金融创新大厦二楼多功能厅，联合天津三冠律师事务所，组织各镇街、居委会及辖区志愿宣传员开展防范非法集资工作培训会 （潘冬 摄影）

企薪酬改革、企业维稳、资金清查等多项工作。开展对孵化器企业、小微企业走访调研活动3次。结合创文创卫、困难村帮扶等活动开展卫生环境大清整9次，慰问困难户2户，协调危房改造和解决就业问题2个。全年为企业提供担保额1.87亿元。

【小额创业贷款扶持】 2019年，在保人数104人，在保余额2320万元，直接带动就业800余人；担保额640万元，贷款人数28人。在小额担保业务工作中，着重加强对下岗再就业人员及创业人员的贷款服务，助推小企业经营者获得在初创期的资金支持。针对2019年开展的审计署对北辰区创业担保贷款的审核工作，改变扶持思路，重点关注农业合作社的信贷资金情况，逐步将农业合作社的贷款资金收回。加强对科技含量高的企业扶持，严格限制环境污染严重、资源浪费严重的企业，避免政策性风险。

【中小企业贷款担保】 2019年，区担保中心在保余额2亿元，担保额1.87亿元，累计在保39笔，担保额47.77亿元。其中在保的科技型中小企业28家，担保金额1.51亿元，占在保余额的75.4%。

【资产保全】 2019年，惠辰担保公司通过以资抵债的方式获得抵押物所有权，并在国有资产保值增值的情况下依法通过租赁、变卖等方式收回代偿款；通过诉讼进入执行程序，依法对被执行人的财产进行网络查控、查封、评估、拍卖等方式收回代偿款；通过债券转让方式将债券打包卖给第三方公司收回代偿资金；对于在执行工作中存在交叉案件执行难的情况，邀请相关部门参加协调会，分析案情、简化程序，加快依法清收代偿资金速度等方式进行依法追偿。年内，新增代偿金额为3824.76万元，追回2651.60万元，期末应收代偿款余额为1.69亿元。

【惠辰担保公司】 2019年9月4日，天津惠辰投资担保有限公司取得天津市地方金融管理局颁发的"融资担保业务经营许可证"，为北辰区内符合条件的中小企业和个人贷款提供担保，涉及机械制作、电线电缆、农民纺织、服装、仓储服务等行业，注册资金1.4亿元。

（李　丽）

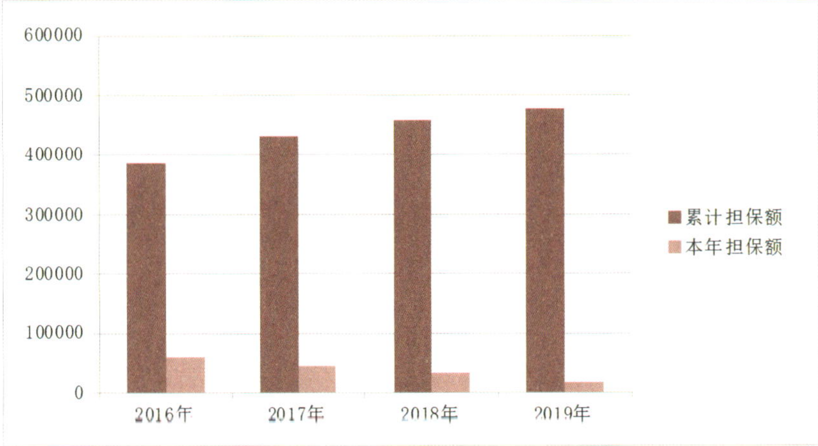

图2　2016年至2019年北辰区担保业务数据图

银行　保险

【概况】 2019年，北辰区有31家驻区银行，存款余额1030.3亿元，比上年同期增长75.5亿元，增幅7.9%，贷款余额1047.2亿元，比上年同期增长160.1亿元。其中新增贷款320亿元，存贷比101.6%。贷款对象涉及农业、城乡建设、制造业、服务业、文化教育事业及个人住房、购车等。9家小额贷款公司期末贷款余额6.2亿元，期末贷款笔数4.52万笔。全年财产保险金额710.65亿元，保险费3.73亿元。

【银行网点】 2019年，北辰区有31家驻区银行网点，各网点主要分布在北仓镇、天穆镇、双街镇、果园新村街道、佳荣里街道。全区存款突破1000亿元，是2016年的1.1倍；贷款余额突破1000亿元，是2016年的1.26倍。

2019年北辰区驻区银行网点一览表

表15

序号	网点名称	所属街道	地址
1	中国银行北辰支行	果园新村街道	北辰区京津公路370号
2	中国农业银行股份有限公司天津北辰支行	果园新村街道	北辰区京津公路373号
3	工商银行北辰支行	果园新村街道	北辰区京津路346号
4	中国建设银行股份有限公司天津北辰支行	果园新村街道	北辰区京津公路354号
5	邮政储蓄银行北辰区支行	北仓镇	北辰区京津路与龙州道交口西北侧长瀛商业广场1-3号楼1206、1207、2182、2183、1205、2181号
6	天津银行北辰支行	北仓镇	北辰区京津路与龙州道交口西北侧长瀛商业广场1-3号楼-1185-1187、2170、3180

续表

序号	网点名称	所属街道	地址
7	北辰村镇银行股份有限公司总行	佳荣里街道	北辰区辰昌路与佳宁道交口／丁字沽三号路西南仓道南佳荣里 19 号楼 2 门
8	天津农商银行北辰中心支行	天穆镇	北辰区京津路 284 号
9	北京银行股份有限公司天津北辰支行	果园新村街道	北辰区京津公路双发商业街主楼南侧 1 号
10	浙商银行天津北辰支行	北仓镇	北辰区北辰道北辰大厦 D-E 座一、二层底商
11	中国农业发展银行天津市北辰支行	北仓镇	北辰道与龙洲道交口长瀛商业广场 4-388 号
12	哈尔滨银行天津北辰支行	双街镇	北辰区双街镇双新大道 2-4 号
13	光大银行天津北辰支行	北仓镇	北辰区北辰大厦 2 号楼底商光大银行北辰支行
14	交通银行北辰支行	天穆镇	北辰区京津公路 280 号
15	威海市商业银行天津北辰支行	双街镇	北辰区双新大道 7 号
16	盛京银行北辰支行	北仓镇	北辰区北辰大厦 4 号楼底商
17	上海银行天津北辰支行	北仓镇	北辰区长瀛新都汇广场 C 区 1200-1201-2179-3185 号
18	滨海农商银行北辰支行	双街镇	北辰区双新大道 1 号、1 号南
19	滨海农商行开发区支行	开发区	北辰区高新大道 47 号一幢
20	招商银行天津北辰北辰支行	双街镇	北辰区引河桥北柴楼新庄园商业广场顺畅路 16 号
21	齐鲁银行北辰支行	北仓镇	北辰区京津路与银行龙洲道交口长瀛商业广场御龙湾广场内
22	兴业银行天津北辰支行	果园新村街道	北辰区果园北辰霞光里底商
23	大连银行股份有限公司天津北辰支行	天穆镇	北辰区京津公路 306 号蓝岸森林底商
24	浦发银行天津浦德支行	北仓镇	北辰区京津路与龙洲道西北侧长瀛新都汇商业广场 1191-1192
25	渤海银行北辰支行	北仓镇	北辰区北辰大厦 5 号楼底商
26	平安银行天津北辰支行	北仓镇	北辰区京津公路 320 号大通绿岛底商
27	宁夏银行天津北辰支行	北仓镇	北辰区北辰道 410 号
28	中信银行天津北辰支行	北仓镇	北辰区京津公路与龙洲道交口西北侧长瀛新都会广场 C 区商业街 1199 号
29	华夏银行天津北辰支行	双街镇	北辰区顺畅路 20 号
30	中国民生银行北辰科技支行	双街镇	北辰区双街镇金融创新大厦一楼
31	民生银行北辰支行	北仓镇	北辰区京津路 352 号

【财产保险】 2019年，北辰区有4家保险机构。全年财产保险金额710.65亿元，赔款1.61亿元，赔款1.77万件。其中企业财险成交507笔，保险金额143.73亿元，保险费504.7万元，赔款61件、79.6万元；机动车险12.46万辆，保险金额194.69亿元，保险费3.48亿元，赔款1.6万件、1.42亿元；家庭财产保险成交3928户，保险金额56.41亿元，保险费83.6万元，赔款243件、48万元；工程险133笔，保险金额3.24亿元，保险费31.1万元，赔款3件、0.2万元。

（吴　芃）

辰融公司

【概况】 2019年，辰融公司取得主营业务收入267.74万元，实现净利润1465.52万元，所有者权益164.75亿元。公司资产总额达164.77亿元，实现利润总额1954万元。协助完成正德公司对富辰公司的吸收合并，加速推进区国企改革工作。

【对外投资】 至年底，辰融公司对外总投资114.73亿元，其中全资子公司8家(包括：天津瑞沣投资管理有限公司、天津北辰水务投资有限责任公司、天津北辰科技园区总公司、天津市北辰区建设开发公司、天津市北辰城市基础设施建设投资有限责任公司、天津市辰兴城市建设开发有限公司、天津盛金创企业管理咨询服务有限公司、天津正德建设投资有限公司)，参股公司3家（包括天津双街盛兴经济建设开发有限公司、天津市宜兴埠兴宜工业园开发有限公司、天津市双益投资发展有限公司）。

【融资增信】 至年底，辰融公司为区重点工程、重点项目、重点任务提供融资增信担保38笔，累计担保额232.37亿元，在保12笔73.48亿元。其中新市镇项目69.40亿元；园区建设70.28亿元，民生工程项目31.84亿元，95平方千米项目60.85亿元。

（赵　妞）

北辰经济技术开发区

北辰年鉴

2020

综　述

2019年，天津北辰经济技术开发区（以下简称开发区）坚持稳中求进的工作总基调，将稳增长、促改革、防风险、抓落实作为开发区2019年发展的主线，稳定开发区经济向高质量发展，在党的建设、产城融合、载体盘活、经济增长、招大引强、配套提升、项目建设、建章立制、清欠化债、经营造血等方面都取得了突出成绩，在2019年商务部的国家级开发区综评考核中位列全国第二十四，科技创新全国第八，开发区商务中心连续被评为五星级楼宇。天津北辰经济技术开发区装备制造业示范基地被评为国家新型工业化产业示范基地四星级，成为全国47家装备制造四星级示范基地之一，在天津市9家示范基地发展质量评价结果中名列前茅。其中质量效益、创新驱动两项指标位列全市第一。

2019年，开发区完成规模以上工业总产541.81亿元，比上年增长5.61%；本级财政收入12.18亿元，比上年增长2.65%；固定资产投入56.45亿元，比上年增长26.32%；商品销售额210.93亿元，比上年增长0.93%；社会消费品零售总额2.13亿元，比上年降低44.62%。

（刘秋香）

载体建设

【概况】 2019年，开发区持续推进基础设施完善提升，产城融合示范区建设稳步推进，完善示范区规划编制工作，收回土地495.8万平方米，开工建设还迁房39万平方米，整体发展态势良好。

【基础设施建设】 2019年，开发区完成医药园4条道路总计4万平方米拆迁工作。完成陆路港饲料厂、苗圃等拆迁工作。完成开发区核心区、科技园共140家企业雨污管网分流工程。风礼精求代建项目竣工，一汽富维代建厂房完成产权证办理，本特勒代建项目实现主体竣工，配套完善。积极申请天津海关改革试点工作，推进综保区申报，启动大北环铁路物流基地海关监管场所资质申请工作。

【产城融合】 2019年，完成5.9平方公里核心区05、06单元控规调整及区域环评批复工作。推进核心区征地拆迁工作。完成双街、大张庄两镇集体土地地上物拆迁总面积19.4万平方米，占总建筑面积的92.4%，收回集体土地423.5万平方米，国有土地72.27万平方米，共投入拆迁资金13.52亿元。推进核心区基础设施完善。在道路建设方面，完成核心区包括双海道、双盈路等9条道路的进场施工，施工现场作业全面铺开。在京津塘高速北辰开发区出入口建设方面，施工墩柱、盖梁、箱梁、混凝土挡墙等完成总体工程量的25%。持续实施郊野公园提升改造，提升公园的建设管理和公共服务水平。郊野公园一期工程完成入口景观区、绚丽樱花园、儿童乐园七星岛屿等多个项目，完成总工程量的70%，同时引入皮划艇、卡丁车、攀岩等新项目。推进大张庄示范镇建设。全年开工建设还迁房39万平方米，示范镇南北区共16条配套道路完成规划报批、勘察设计、土地征转、施工招标等工作，实现7宗、共计35.67公顷土地挂牌出让，可产生土地出让金21.1亿元。

附：

天津北辰产城融合示范区三年新观察

2016年9月，“天津市北辰产城融合示范区”获国家发改委批准，成为天津市第一个国家级产城融合示范区。记者近日调研了解到，三年来，北辰经济技术开发区（以下简称“北辰开发区”）作为产城融合示范区建设的“发动机”，不断加速产业聚集，优化空间布局，完善配套设施，产城融合发展成果显现。

加速产业聚集以产兴城成果显现

城市没有产业支撑，即便再漂亮，也就是“空城”；产业没有城市依托，即便再高端，也只能“空转”。作为天津唯一的国家级产城融合示范区试点，北辰产城融合示范区在建设之初便明确了以“人”为核心的发展定位，有效处理产和城的关系，打造“产城景共荣体”，形成宜居、宜业、宜游的京津冀地区特色化“产城融合示范中心”。

“在发展初期，产业规划和导入是最难的。”作为北辰产城融合示范区的主要建设者，北辰经济技术开发区总公司总经理刘春海深感责任重大，他说，为推动产业集聚，北辰开发区制定详细规划、整合已有产业、定向招商引资，重点以产业发展推动新型城镇化建设。

记者近日在北辰产城融合示范区核心区看到，塔吊林立、桩机轰鸣。5.9平方公里的核心区内，多层级规划体系已实现覆盖，为示范区产、城、人高度融合奠定了基础。截至目前，示范区共签约伊藤忠物流、滨海联创、捷强、苏宁、北科建、绿地全球贸易港、朝亚大数据等40个项目，总占地9162亩，总投资350亿元。其中今年上半年，示范区共引入购地项目15个，总投资134.13亿元，预计达产后实现销售40.37亿元。规模初显、后劲可期，更多高端项目正在加速聚集。

“推进国企改革、加速盘活资产是示范区建设过程中的重要手段。”北辰经济技术开发区总公司副总经理刘金朝介绍说，北辰开发区计划全年完成国企改革出清出让15家，改制4家。上半年，已完成8家企业的出清出让。同时，通过盘活低效闲置载体，调整产业结构，促进转型升级，实现增收创收的目标。上半年，北辰开发区共计收储土地项目8个，合计2817亩；收购闲置载体17个，包括土地1934亩、地上物约75万平米。

今年上半年，北辰开发区主要经济指标呈现稳中见好的趋势。1—6月，规模以上工业总产值263.65亿元，完成全年任务的49.90%；本级税收6.50亿元，完成全年任务的51.28%；固定资产投资39.80亿元，完成全年任务的71.07%；进出口总额74.2亿元，完成全年任务的56.6%。

优化空间结构“一带两镇四园”布局形成

“示范区建设的头两年，存在空间与功能相割裂的结构性问题，导致产业发展与城市建设之间联系薄弱，产业园区公共服务设施配套匮乏，对高端人才和企业吸引力不足，‘有产无城’和‘有城无产’现象的并存。”刘春海说，经测算，居住用地缺口共计3平方公里，产城用地配比不均衡，偏离了产城融合的发展目标。

位于北辰高端装备产业园的天津市天发重型水电设备制造有限公司，2013年从天穆镇搬到了北辰开发区。该公司副总经理马恩君说，企业来到北辰开发区后，受到政府部门重视和关照，但相关产业始终无法形成规模，公共交通、生活配套也急需进一步完善。

为弥补城市公共服务与居住空间配套不足的缺口，北辰开发区优化调整示范区的总体规划方案，完善了68平方公里的土地空间布局结构，通过已建成区的持续更新、待建设用地的混合开发、居住产品的多样化供给、生活配套的不断完善，来解决示范区“产城不融合”的现状矛盾。

目前，依托区域发展廊道与道路体系，北辰产城融合示范区已形成了“一带两镇四园”的空间布局，以创新引擎为核心，产业园区、生活城区、创新中心互为支撑，均衡融合发展。

北辰经济技术开发区总公司副总经理李亮介绍，“一带”是指京津黄金走廊及郊野公园观光旅游带，长约17.5公里，是示范区产城发展主轴与生态景观资源的交汇纽带。“两镇”，即双街和大张庄两个新市镇，以生态宜居、健康生活为核心发展理念，满足不同层次居民需求，同时为工业示范园区的高端人才做好生活区保障。“四园”包括京津智慧科创园、国际物流贸易港、高端装备产业园、京津产融智创园，在保持产业优势的前提下加强混合开发，补充商业服务设施，实现产城融合。

兴产＋强城＋聚业＋融绿“四位一体”全面发展

记者采访了解到，北辰开发区正在实施“兴产、强城、聚业、融绿”“四位一体”策略，实现以产兴城聚人、以城促产留人、产城共荣宜人。每项策略对应多个具体行动计划，以推进实现产城融合区的整体示范效益。

——兴产：建设一个智造创享小镇，依托10平方公里拓展区域，作为未来产城融合示范区的创新引擎样板；联通一条产城融合大道，贯通“一带两镇四园”；优化产业示范区，抢占产业发展制高点，加快战略性新兴产业做大做强，从而聚集高新人才。

——强城：建设串联科技创新园、智慧物流园、智造创享小镇的科创大道；沿双海道建设轨道交通，向西衔接河北工业大学，向东连接津滨城际站，进一步疏通和优化区域交通联系。

——聚业：以实现多样化的功能业态和服务提升为目标，积极增补商业、文化、医疗、教育等公服设施，在产业创新转型的同时做好服务业升级，吸引创新人才，包括建成区的提质更新和新建区的打造。

——融绿：重点打造一条环城绿带，一方生态农业园，一条贯城林荫道和多条入城生态楔，通过点、线、面结合的多方位织补建设生态绿网，以实现生态绿色田园城的发展愿景。

刘春海表示，下一步，北辰开发区将紧抓京津冀协同发展机遇，继续对产城融合示范区进行科学规划，全面推进基础设施建设，提升区域载体功能，促进产业升级和服务提升，实现“聚人”“留人”“宜人”，描绘出独具天津特色的产城融合“工笔画”。

（该文选自新华社天津要情参阅，记者：王宁）

项目建设

【概况】 全年实现内资到位90.94亿元，完成全年任务的100.48%；外资到位1.77亿美元，完成全年任务的113.34%；引进首都资源项目45个，完成全年任务的100%；投入千万元以上二产新项目16个，其中亿元项目9个，完成全年任务的100%；投入千万元以上三产新项目55个，其中亿元项目22个，完成全年任务的100%。

【重点项目引进】 2019年，开发区通过创新招法措施，广开渠道拓展优质项目，主动融入京津冀协同发展，引进了捷强二期、滨海联创、益邦、津田汽车零部件、星伟电动车、皓钻钻具、小刀新能源车辆、聚能高压泵、智晟金属购地项目9个，占地面积42.38万平方米，总投资20.56亿元。此外，还引入了大族激光、

▲2019年12月31日，天津北辰科技园区总公司与小刀科技股份有限公司就小刀新能源车辆项目签约（开发区　供图）

一汽富维本特勒、天雾机器人、瑞康医药、和胜金属等优质租赁类项目10个，租赁厂房面积8.6万平方米。

【项目规划建设】 2019年，开发区始终坚持“挖掘存量、拓展增量、增大保强”的原则，着力推进项目地块出让工作。完成永磁电机、天津绿地全球商品贸易港、中兴物流、绿地商业等19宗土地出让工作，出让总面积152万平方米，超额完成全年计划的114%。实现包括绿地全球贸易港、中逸安科、捷强等在内的48个项目开工建设，开工面积300万平米，总投资306亿元，完成全年计划的100%。实现包括克恩里伯斯、得力、中重、伊藤忠、风礼精求、和治药业、朝亚、爱旭在内共22个项目竣工。

2019年开发区在建项目情况表

表16

序号	项目名称	所属片区	企业名称	总投资（亿元）	占地面积（亩）	规划建筑面积（万平方米）
1	北仓国家粮库	医药园	天津北仓国家粮食储备库	1.4	100.0	7.85
2	津乾园1-3号车间项目	高端园	天津盛耀置业有限公司	12.00	100.0	18.9
3	津乾园4-25号车间项目	高端园				
4	天工院项目	科技园	天津工程机械研究院有限公司	7.0	230.4	3.6
5	联东U谷 北方耀谷E项目1#-12#厂房、18#厂房、19#厂房、16#kp站、17#消防水泵房、弱电间	医药园	天津联东金达产业园投资有限公司	2.7	197.0	5.7
6	联东U谷 北方耀谷E项目13#-15#厂房、20-31#厂房	医药园	天津联东金达产业投资有限公司	2.7	197.0	6.0
7	年产8000吨重型成套机械核心设备项目	陆路港	天津智普科技有限公司	1.0	58.5	1.9
8	新建放射性同位素药物制备、分装项目	医药园	天津华益派特科技有限公司	1.5	30.0	2.0
9	天士力药物科研基地工程幼儿健康研究教育中心综合服务楼	南区	天津宝士力置业发展有限公司	0.8	7.4	3.4
10	汽车工业设计和地铁疏散平台制造项目	高端园	天津奥普提莫斯科技发展有限公司	1.5	20.0	1.0
11	苏宁一期	5.9平方公里	天津津宁易达物流有限公司	12.0	376.8	45.6
12	盛辰花园(1#-3#号楼、25号#-32#楼、地下车库	—	天津市宏升房地产开发有限公司	3.7	209.7	4.9
13	津乾园45、47、48号车间、地下车库项目津乾园一期项目标段—11#-25#车间、48#车间、地下车库、49#、50#车间续建项目	—	天津盛耀置业有限公司	12.0	—	4.9
14	津乾园46#、49#、50#车间项目	—	天津盛耀置业有限公司	12.0	—	3.6
15	津乾园26-42号车间项目	—			—	4.0
16	东岸名郡项目	—	天津双街投资发展有限公司	12.0	—	12.9
17	阳光城住宅项目	高端园	天津市宏升房地产开发有限公司	13.0	120.0	11.0
18	光华学校	高端园	天津北辰科技园区总公司	13.0	149.0	10.0
19	数控机床制造项目	高端园	天津精雕数控机床制造有限公司	12.0	370.0	3.3
20	栖凤小镇（住宅）	大张庄	天津绿地兴耀房地产开发有限公司	15.0	197.9	15.4
21	五星级酒店	高端园	天津盛景大酒店	12.0	93.9	3.0

续表

序号	项目名称	所属片区	企业名称	总投资（亿元）	占地面积（亩）	规划建筑面积（万平方米）
22	捷强一期	高端园	天津捷强动力装备股份有限公司	2.0	50.0	3.0
23	流感病毒亚单位疫苗生产建设项目	高端园	中逸安科生物技术股份有限公司	2.4	30.0	1.5
24	双辰中路居住项目（帝谷）	经开区	天津盛耀房地产开发有限公司	2.0	23.1	1.5
25	绿地全球贸易港	5.9	天津绿地铂选电子商务有限公司	13.9	145.7	27.8
26	绿地全球贸易港	5.9		1.4	60.74	4.7
27	年研发、生产气动元件230万件项目	高端园	SMC（天津）制造有限公司	5.6	274.0	5.2
28	保温管搬迁项目	高端园	天津太合节能科技有限公司	1.8	115.8	6.2
29	大张庄示范镇北区还迁房F地块项目	大张庄	天津市辰悦建设投资有限公司	7.55	92.4	13.8421
30	大张庄示范镇北区还迁房G地块项目	大张庄	—	6.07	73.1	10.849
31	大张庄示范镇北区还迁房J地块项目	大张庄	—	7.77	95.6	14.2674
32	中储项目三期	陆路港	天津中储陆港物流有限公司	0.9	366	3.70
33	年产5万台非道路国四、国五	科技园	天津雷沃集团股份有限公司	3	—	2.10
34	商业+住宅	朗园二	天津融创投资有限公司	12.00	87.93	11.8
35	商业+住宅	朗园四	天津融创投资有限公司	9.00	86.38	11.7
36	远大二期	高端园	远大住宅工业（天津）有限公司	9.60	291.00	3.3
37	华科泰	高端园	天津华科泰有限公司	3.0	60.0	4.0
38	居住项目	大张庄	唐山梁硕房地产开发有限公司	9	93.13	9.30
39	居住项目	大张庄	唐山梁硕房地产开发有限公司	9	82.48	8.30
40	居住项目	大张庄	天津新城亿隆房地产开发有限公司	10	104.04	10.40
41	缤纷城	大张庄	天津绿地兴耀房地产开发有限公司	15.1	94.0	10.2
42	祥宏科技	高端园	天津祥宏科技有限公司	1.0	50.0	3.0
43	菲达祥利	高端园	天津菲达祥利科技有限公司	2.0	—	—
44	聚宸源	高端园	天津聚宸源汽车部件有限公司	1.4	—	—
45	饲料添加剂预混料项目	医药园	天津邦元生物科技有限公司	0.6	15.2	1.3
46	年产3万台电梯配件项目	科技园环东	天津辰浩科技发展有限公司	1.5	166.4	6
47	采埃孚新扩建厂房	科技园	采埃孚（天津）风电有限公司	1.944	396.28	0.46
48	垃圾焚烧厂	医药园	天津光大兴辰环保能源有限公司	19.6	249.0	11.0

续表 1

序号	项目名称	所属片区	企业名称	总投资（亿元）	占地面积（亩）	规划建筑面积（万平方米）
49	盛景居住 C3	高端园	天津景浩投资有限公司	4.5	59.0	11.0
50	大气环境控制设备生产总装厂房	科技园	中国船舶重工集团第七一八研究所天津分部	0.2	182.49	0.6
51	联东 D 地块 6-10 号厂房	医药园	天津联东金达产业园投资有限公司	1.8	192.00	4.84
52	中新药业滴丸智能制造基地一期	医药园	中新药业天津第六中药厂	3.088	141.61	2.10
合计				315.9	—	372.9

【项目推介】 4月，北辰区在开发区召开“天津·北辰重点项目推介对接会”，会上区政府发布了包括政务服务中心、文化中心、大北环物流铁路专线、高端酒店等16个重点项目，总投资451.8亿元，项目涵盖交通、水利、卫生、公共服务等各领域，具有投资回报稳定、项目成熟度高等特点。

管理服务

【概况】 2019年，开发区充分树立经营意识，转变职能，运用市场化理念，稳步推动各经营性子公司找准定位，确定主营业务，有序完成经营指标，实现收益。全年实现土地出让金3.95亿元，经营性收入1100万元。

【资产盘活】 2019年，开发区为壮大自身资产实力，提升经营收益能力，重点聚焦收储收购的资产盘活工作，实现腾笼换鸟、跨越升级。收购项目再转让。将收购的二机床、太平洋超高压、银锚、刘房子、强大、地天泰等项目进行包装并再次转让。收储土地再招商。全年出让收储土地1094.59亩，获得土地出让金3.95亿元，土地收益约9100万元。收购厂房再租赁。利用收购的资产与瑞康医药、大族激光、五星电动车、微纳宝德等18个项目签订厂房租赁合同，全年租赁自持厂房面积10.78万平方米。

【清欠化债】 2019年，开发区竭心尽力清理民营企业欠款并化解开发区积累的历史债务。在清欠账款方面，预计清理民营企业欠款105笔，总金额达8777.13万元。在化解债务方面，开发区全年还本付息金额达100.94亿元，融资规模达99.49亿元。通过加大债券发行力度，创新融资模式，加快收储收购资产出让，加快土地出让，加速股权投资资金回笼，严格把关新增项目支出等手段，开发区开源节流，在天津市整体融资环境不佳的情况下，度过难关。

【营业收入管理服务】 2019年，开发区融合置业通过与北科建、上海绿地等项目合作，全年取得经营收入1100万元。新衢物业全年实现经营性收入1368.62万元，实现利润151.68万元。钢领科技全年完成收入928.04万元，实现经营性利润212万元。陆港通达创新租赁业态，进行堆场仓库出租，全年实现经营收入392.42万元。盛创投资实现财务报表净利润5000万元。远大兴辰积极应对生产与市场双重压力，全年实现销售收入2.95亿元，净利润突破3000万元。辰悦公司全年实现收入800万元，同时完成土地出让35.67万平方米，实现出让金回款14.5亿元。盛耀置业通过预收各类可售项目转让款等多种途径，全年实现经营收入10.03亿元。

（刘　蕾）

▲2019年1月23日，北辰区委、区政府在开发区商务中心召开重点企业家恳谈会

（开发区　供图）

水务　环境保护

北辰年鉴
2020

综　述

2019年，北辰区水务与生态环境部门实施机构改革，区水务局防汛抗旱职责正式移交至区应急管理局；将编制水功能区划、排水口设置管理、流域水环境保护职责正式移交至区生态环境局；将农田水利建设项目管理职责正式移交至区农业农村委员会；将区水务局所属的区排灌所（区农村水利技术推广站）承担的农村水利技术服务等职责转给区农业农村委员会所属的区农业技术推广服务中心承担。区水务局围绕深化水务改革、水生态环境整治、水利工程项目建设等重点工作任务，坚持城乡水利协调发展，水安全、水资源、水环境综合治理，统筹推进水利工程建设、水务管理各项工作。全年，北辰区有一级、二级河道16条，水利工程总供水量10447万立方米，城乡供水677万立方米，

2019年，组建天津市北辰区生态环境局（以下简称区生态环境局），下设办公室、大气环境科、水与自然生态科、土壤生态环境科、综合管理科，下属3个基层单位，即北辰区环境行政执法支队、北辰区环境监测中心、北辰区机动车检控站。区生态环境局围绕大气防治的监督管理、地表水生态环境保护监管、地下水和土壤污染防治等内容开展监督管理工作，打赢蓝天、碧水、净土保卫战。全年节能环保财政支出3.48亿元。

（刘秋香）

水　务

【概况】 2019年底，北辰区水利工程有：一级河道7条，河道总长度105.8千米；二级河道9条，河道总长度129.463千米。区境内共有市、区管理国有雨水泵站40座，排水流量435.61立方米每秒，其中环内市排管处排水七所管理泵站11座，排水流量141.54立方米每秒；环外市水务局管理泵站5座，排水流量42.7立方米每秒；园区等单位管理泵站6座，排水流量68.3立方米每秒；区排灌所管理泵站14座，排水流量169.62立方米每秒，区排水所管理雨水泵站4座，流量13.45立方米。区排水所管理污水泵站32座，流量9.377立方米每秒。水闸200座，其中中型1座，小（1）型11座，小（2）型188座。机电井536眼，其中居民用水井188眼，农业井137眼，工业企业井189眼，其它类井22眼。

建成有效灌溉面积11.11千公顷，节水灌溉面积达到7.15千公顷，其中衬砌防渗渠道278.26千米，控制面积3.703千公顷；低压管道长度361.982千米，控制面积3.327千公顷，微灌120公顷。

2019年初，全局项目预算批复4.57亿元，2018年结转2.93亿元，追加项目预算1.17亿元，调减项目预算2.17亿元，全年项目预算共计6.5亿元。全年财政拨款执行率83.42%，市级支出执行率66.19%。到年底完成政府采购99项，其中局机关完成28项，基层单位完成71项。执行政府采购预算259485.7万元。大兴水库水面养殖与承包户签订协议，2019年承租费38万元，收入纳入区财政。

【水务改革】 2月28日，北辰区委办公室、区政府办公室下发《关于印发〈天津市北辰区水务局职能配置、内设机构和人员编制规定〉的通知》，区水务局内设办公室、党务人事科、水政安监科、水资源管理科、工程规划建设管理科、排水调水管理科6个科室。6月10日，北辰区委机构编制委员会印发《关于调整区水务局内设机构设置的批复》，区水务局内设机构调整为办公室、水政安监科、水资源管理科（区节约用水办公室）、工程规划建设管理科（水务工程建设质量与安全监督科）、排水调水管理科（水土保持科）、财务科共6个科室。

至年底，设办公室、水政安监科、水资源管理科（区节约用水办公室）、工程规划建设管理科（水务工程建设质量与安全监督科）、排水调水管理科（水土保持科）、财务科6个职能科室，天津市北辰区河道一所、天津市北辰区河道二所、天津市北辰区排灌所、天津市北辰区排水所、天津市北辰区水利工程建设服务中心、天津市北辰区水库运行综合服务中心、天津市北辰区河长制事务中心、天津市北辰区水务综合执法大队8个基层单位。年末全局总人数161人。

【水资源开发利用】 2019年，全区纳入节约用水管理的409家用水单位和企业自来水供水量564.16万吨（全区自来水总水量不详），保障有关单位日常用水和工业企业生产。全年开采地下水676.85万立方米，用于居民生活饮用水、工业生产用水和农业用水。按照《2019年北辰区河道水库水系用水调度保障方案》，对地面沉降严重的双口镇和青光镇地区调水，年内从北运河、永定河、北京排水河等河道调蓄水5700万立方米，利用污水处理厂处理后粗制再生水4070万立方米用于农业灌溉和生态保护。组织实施北辰区农村饮水提质增效和企事业单位水源转换工程，对规划保留的27个村和全区3308家企事业单位接通自来水。该工程分两年实施，2019年底，前堡村、后堡村、徐堡村、郝堡村和赵圈村村内供水主管线和935家企事业单位供水主管线完成铺设。

【水资源节约与保护】 2019年，区水务局结合“中国水周”“城市节水宣传周”等组织节水宣传活动，组织机关事业单位、街道、社区、学校开展节水宣传系列活动。采用悬挂展牌、发放节水材料、讲解知识、宣传法律法规、问题解答、电子屏幕宣传、学校“三节”小标兵评选、公众号宣传等多种形式，扩大宣传覆盖范围，延伸至乡村、家庭，营造节水氛围，传播节水爱水惜水精神。2019年11月区水务局会同区教育局开展节水宣传活动走进校园活动，在集贤里小学、苍园小学、线河小学3所学校低年级学生中举办“节水大使”宣传活动评选活动，组织以“小水滴，大梦想”为主题系列宣传活动。确定杨连弟公园和苍峰公园作为节水宣传阵地于2019年10月建设完成。

【自来水用水管理】 2019年，区水务局编制北辰区年度用水计划，核定用水计划2375万吨，其中自来水1900万吨，地下水475万吨。全区非生活用水户409家用水单位纳入管理范围，涉及自来水用水户348家，地下水用水户61家，全年下达用水计划1508.4万吨。对纳管户季度用水量、节水器具使用等情况进行核查、统计汇总上报，依据《天津市超计划用水累进加价收费征收管理规定》分季度考核“纳管户”用水情况。全年向409家纳入管理的单位和企业总供水量564.16万吨，对超计划用水用水单位和企业进行约谈，督促整改。被市节水办列为重点监控单位和企业共31家，按照市级要

求对“重点户”用水情况、器具使用情况实行月报核查管理。对区内46个新建项目下达临时用水计划指标293.96万吨，从临时用水指标下达日开始，跟踪所报项目节水情况，到项目投产使用，落节水“三同时”管理。组织天津中荣印刷科技有限公司等13家用水单位水平衡测试，通过测试结果分析，13家用水单位未发现超定额用水和不合理用水情况，测试单位指导优化用水措施和方法，发掘节水用水潜力。

【地下水资源管理】 2019年2月13日，成立区控沉工作领导小组。建立联防联控机制，明确并细化职责分工，制定区级地面沉降考核办法。全年召开控沉工作会议及现场推动会8次，整理资料汇编21册，领导小组发文8个。修订完善《北辰区控制地面沉降专项治理方案（2019—2020年）》，制定《北辰区地下水超采治理普通机井封填实施方案》等，开展机井普查及治理14次，封填各类普通机井285眼。全年收取污水处理费181万元（含基坑排水污水处理费19.3万元）。协助北辰区地税局完成水资源税征收749.8875万元（含深基坑水资源税79.9735万元）。

【节水型社会创建】 自2018年始，开展节水型区县达标建设工作，2019年11月通过市级评估评审。完成20家公共机构、6家企业和5个小区节水型单位（小区）创建工作，通过申报材料，现场核查，年底通过专家评审。12月5日，金凤里、金鹏里、天辰公寓、引河北里、丁赵楼5个居民小区被市节水办评为节水型居民小区。12月12日，太阳食品（天津）有限公司、香奈维斯（天津）食品有限公司、喜星金属（天津）有限公司、天津本钢板材加工配送有限公司、天津武钢钢材加工有限公司、三协立山挤压产品（天津）有限公司6家企业被市节水办、市工信局评为节水型企业（单位）。12月31日，集贤里街道办事处、瑞景街道办事处、青（广）源街道办事处、大张庄镇人民政府、西堤头镇人民政府、宜兴埠镇人民政府、区文化和旅游局、区商务局、区发展和改革委员会、区人力资源和社会保障局、区生态环境局、区民政局、区科学技术局、区司法局、区金融工作局、区老干部局、区交通运输管理局、区信访办公室、区医疗保障局、区市场监督管理局20家单位被评为区级节水型公共机构。

▲2019年8月，北辰区水务局实施辛侯庄污水管道施工　（区水务局　供图）

▲2019年8月，北辰区水务局实施中河头给水管道施工　（区水务局　供图）

【水生态环境建设】 2019年，组织完成主要水生态环境工程建设工程9项：西堤头镇韩盛庄、辛侯庄生活污水集中收集及处理工程，新建2座泵站，配套管网73.2千米，投资6490.8178万元；双口镇上河头、中河头、下河头、杨河、岔房子、东堤6个村污水管网、2座处理站工程，总投资1.7亿元；宜兴埠、西堤头镇工业区污水管网补建工程及混节点改造，投资2174万元；双街镇双街、双源、郎园3个工业区和双迎里居民小区雨污分流改造，投资2174万元；双口镇上河头村、东堤村、杨河村、岔房子村农村生活污水集中收集处理项目，总投资2.05亿元；北仓镇王秦庄村、李嘴村截污工程，投资626.6651万元；青光镇飞翔路污水管道工程，施工中标价为1053.1137万元；环内公建单位及雨污混接点位切改工程，投资3078万元；环内101个雨污管道混接点位切改工程，投资估算3079万元，南曹铁路两侧污水空白区截污工程，投资662.5021万元。督促各镇规划保留工业集聚区内和企业红线内1390家企业完成雨污分流切改工程。

【水旱灾害防御】 2019年，北辰区总降水量404.8毫米，比上一年减少32.76%。汛期，共出现3次较强降水过程。区水务局建立组织机构和技术队伍，落实责任，进行防汛动员。5月17日，召开北辰区水务局水旱灾害防御工作动员部署会。6月17日，区政府召开北辰区2019年农村全域清洁化暨防汛抗旱工作会议，从预案、队伍、物资、工程、资金5个方面部署全区防汛抗旱工作。制定防汛预案，进行物资准备，多次开展防汛检查。实施果园南道—丰产河雨水管道改造工程、北辰西道污水主干管道坍塌点位应急抢修工程、大张庄村积水点管道改造工程。

【抗旱调水】 2019年，北辰区全面落实各级抗旱领导责任制和工作职责，各镇水利服务组织在区水务局的指导下，做好抗旱情况统计分析，上报抗旱情况统计表。2020年春旱，但未出现较大旱情，年内从北京排水河、北运河等一级河道向郎园引河、丰产河、永青渠等二级河道引调水5700万立方米，满足大张庄、西堤头、双口、双街、青光、小淀等镇农业和生态用水需求。汛后，运用河道、水库、坑塘适时蓄水2100万立方米。

【村镇供水】 至年底，全区共有机井536眼，其中居民用水井188眼，农业井137眼，工业企业井189眼，其他类井22眼。外环线外未拆迁45个村，人口13.7万人，居民饮用水源为地下水（经除氟设备处理后桶装水），未经处理地下水仅供生活杂用。全年地下水总开采量677万立方米，其中居民生活用水量190万立方米，工业企业用水量138万立方米，农业用水量349万立方米（其中养殖业用水量43万立方米，设施农业供水94万立方米，农业灌溉234万立方米）。

【水土保持】 2019年，区水务局共列席29个项目的水土保持方案审查会，批复方案80个。向建设单位印发《北辰区水务局关于开展2019年水土保持方案实施情况摸底排查的通知》，对永康路110千伏输变电工程、北辰区丰产河（永金引河至陆路港段）治理工程、中新药业滴丸智能制造基地项目一期等61个生产建设项目，组织书面摸底检查1次。组织水利部下发79个水土保持遥感监管疑似违规图斑现场复核工作，上传146个图斑信息，发现13个违法违规项目并下达责令整改通知书。跟踪检查63个项目，下达整改通知41份，监督整改。完成现场检查3次，与企业进行约谈整改1次。至年底，收到20个生产建设项目水土保持自主验收备案申请，出具验收回执20个，通过抽查出具核查意见2份。联合区委党校成立水土保持国策宣传进党校领导小组，开展水土保持国策宣传进党校活动1次。组织水土保持法宣讲进工地活动1次。开展普法宣传进社区活动2次，发放水土保持宣传册及宣传礼品。

【工程建设】 2019年，北辰区水务局完成污水空白区管网建设（包括西堤头镇2019年农村生活污水集中收集处理项目，新建污水处理工程，双街镇双街、双源、郎园3个工业区和双迎里居民小区雨污分流管道工程，青光镇飞翔路污水管道工程，宜兴埠、西堤头镇工业区污水管网补建工程，双口镇农村生活污水集中收集处理工程，北仓镇王秦庄村、李嘴村截污工程，环内地区101个雨污管道混接点位切改工程，南曹铁路两侧污水空白区截污工程），河道堤防及配套工程（包括郎园引河辛侯庄段治理工程，宜兴埠杨河湾子泵站拆除重建工程、外环河刘家码头桥工程，外环线东北部调线跨永金引河防护工程，机场排水河右堤堤顶路面混凝土硬化工程，永青渠与青光支渠交口处青光支渠节制闸工程），进行水库堤防加固及进水闸改造（包括永金水库南堤加固工程，永金水库进水闸拆除重建工程，大兴水库进水闸拆除重建工程）。加强污水处理厂网及再生水厂建设（包括大双污水处理厂扩建工程，双青污水处理厂扩建工程，新区污水处理厂一期工程建设）。

【供水工程建设与管理】 2019年，北辰区组织实施农村饮水提质增效和企事业单位水源转换工程、2019年供水工程建设、2018年北辰区农村安全饮水设备采购及设备厂房维修工程、再生水利用管线工程。自来水供水工程主管网由天津市自来水工程负责日常管理工作，主管网以下由镇村或用水户负责管理。再生水厂工程管理由污水处理厂企业负责日常管理。企业再生水供水管线由用水企业管理。区水务局负责污水处理厂企业运行管理的监管工作。

【排水工程建设与管理】 2019年，排水所管辖范围包括小区172座，道路377条，其中排水管道共1214千米，检查井个数68882座，化粪池1492座，收水井19179座。全年完成同生泵站、老渔翁泵站、朝阳路泵站主体防水维修460平方米，双青1号、2号、4号泵站配电柜改造，双青2号、3号、4号泵站围栏除锈745平方米，董新房泵站自动化改造以及26台套污水水泵及配电系统维修，完成刘码头泵站路面硬化140平方米，整改安全隐患109处。更换检查井井盖1939个，检查井井框1433个，收水井井盖730个，收水井井框289个，安装窨井安全网300套。

按照养护标准每年组织管道疏通、检查井、化粪池清掏，日巡视率100%。年内，掏挖检查井19.5万座次、收水井6万座次，化粪井0.15万座次、疏通排水管道837千米。

【科技教育】 2019年，北辰区水务局贯彻《干部教育培训工作条例》和《天津市专业技术人员和管理人员继续教育条例》，采取轮岗培训、集中培训、短期培训和自学等形式，组织分类学习、培训。年内，组织6次培训班，聘请专家讲师授课，讲解行政执法“三项制度”、防止硫化氢中毒、防触电、消防安全、安全用电培训等知识和技能。

【水政监察】 推行行政执法“三项制度”。全年执法巡查263次，出动执法人员330余人次，执法车辆263车次，巡查总长度15600千米。依法处理2起涉水违法案件并进行处罚，对1起涉水违法案件下发整改通知书、督促整改。巡查区界内高铁两侧200米范围内130余家企业和农业农村存机井情况，回填违法用井6眼。组织沿河镇村和相关单位在永定新河、北运河等河道打击非法捕捞和非法放生专项执法行动63次，清理无证船只60艘，捕捞地笼340个、捕捞浮筒7套。全年参加市水政监察总队水行政执法骨干培训、市水政监察总队普法讲师团培训、区司法局行政应诉技巧培训3次，聘请法律顾问讲解行政强制和法律适用，精准剖析办结执法案卷中存在的问题1次，组织行政执法“三项制度”培训1次、行政强制和经典案件1次。

【水务普法宣传】 联合双口镇人民政府、引滦市区分公司开展“世界水日”“中国水周”法治宣传活动；在奥园社区组织节水宣传周节水宣传活动；组织开展防灾减灾日宣传活动。全年出动100余人次，发放水法律法规、安全宣传手册等宣传品4000余份，宣传画2000余册，宣传手提袋800余个。利用LED电子屏幕和法治宣传栏宣传水事法律知识，营造公民学法用法的良好氛围。

【工程管理】 按照2019年市水务局河道巡查卫星定位系统完成打卡96次，完成点位2016个，并传至市水务局系统平台。全年出动车辆430次，人员1290人次，里程14208千米。发现问题43项，整改43项。完成河道入河排污口调查，建立入河排污口卡片94个。河道二所在巡视过程中共发现河道堤坡（石墙）塌陷3处，河道水质问题11处，堤岸撂荒灭火10次；现场制止私自拉管3处，河道堤岸植树行为3次，堤外坡私自挖沟施工1处，私自施工破坏堤防行为1项。以上问题通过现场制止或反馈区河长办及其他相关部门协调处理。

投资19.56万元，完成北运河郭辛庄桥维修工程。投资27.8万元，应急加固处理郎园引河二闫庄至京津塘高速段、丰产河京津公路至京津塘高速段及卫河河头至岔房子段堤防。投资12.36万元，组织二级河道沿河93座涵闸养护，包括水工建筑物破损修补，启闭机表面防腐处理，更换黄油，闸门养护试启闭等。总投资64.67万元。完成外环河韩家墅附近3座农用桥护栏更换维修，总投资12.36万元。在永定新河右堤绿化13.13公顷、金钟河左堤绿化6公顷，投资45.6余万元；永定新河左堤15.33公顷绿化，投资327.9万元。完成7条二级河道两岸66公顷绿化带管养。

环外排（灌）泵站管理。至年底，区内有排灌所管理泵站14座，总流量169.62立方米每秒，每座泵站设置值守人员3名。年内，参加市水务局组织的安全达标泵站评比，大张庄泵站与河岔泵站被评为市级二级达标泵站。完成温家房子泵站场区路面硬化工程和机房屋顶防水维修等项目工程。完成雨污分流青光片区、双口片区、大张庄片区7座泵站及2座临时污水处理站供电。泵站巡检组对泵站日常巡视检查66次。对安全检查确定184项隐患及时整改。年内，完成环外14座区管泵站内机泵、高压控制设备等设施设备维护保养及泵站防雷检测；河岔、温家房子、永青渠3座泵站清污机加装配套传送皮带机项目，投资41.6万元；24台潜水轴流泵机电设备检修，投资46.72万元；三角地泵站高压设备更新，投资27.8万元；双街泵站更换出水拍门，投资23.3万元。

水库运行管理。3月27日，水利部海河委检查组到北辰区开展小型水库安全运行专项督查，到永金水库病险堤段查看东堤复坡工程和进水闸拆除重建工程，查阅相关佐证材料。听取水库管理工作汇报。检查组对永金水库两处堤段除险加固工程质量给予肯定。6月，组织永金水库安全鉴定项目政府采购前期招标。10月，完成安全鉴定。永金水库大坝综合评定为二类坝。11月，组织两座水库冬季除草，年底完成，共投资75.83万元。拆除重建大兴水库进水闸，总投资67.22万元。

污水处理厂管理。4座污水处理厂全年共处理污水量4468.0751万吨，平均运行负荷率86.6%，出水水质主要指标达标率90%以上，全年共产生并处理污泥42907.73吨，污泥无害化处理率100%。委托天津市赛英工程建设咨询管理有限公司，定期对污水处理厂安全检查。每月组织污水处理厂安全隐患现场排查，全年共发现隐患73处，及时反馈运营单位并督促整改，建立隐患清单及整改台账，形成“检查、整改、落实”闭合链条。组织污水处理单位从业人员安全培训和应急演练，提高安全生产意识和技能。

【河（湖）长制】 2019年，推动河（湖）长制从“有名”到“有实”。完成《天津市北辰区河（湖）长制实施方案》的修订，印发《天津市北辰区河长制湖长制暗查暗访工作制度》和《北辰区河（湖）长制工作督导及考核实施细则》。至年底，区级河（湖）长共计巡河150人次。巡河发现问题28处，及时解决28处。明确河（湖）管护范围，强化河湖水域岸线管理保护工作。编制完成《天津市北辰区区管河湖蓝线划定方案》，经政府审议通过，于2019年11月14日以北辰区河（湖）长办名义印发实行。完成区管河道管理范围划定和界桩设立工作。对区管河湖“一河（湖）一策”方案进行梳理完善，聘请专家完成对镇（街、开发区）“一河（湖）一策”方案审查。按照水利部和市水务局工作部署，自2018年8月至2019年7月10日，分阶段对开展“清四乱”专项行动，出动人力5642人次，机械2430台次，采取联合执法大行动16次，完成市局下达的477个“四乱”点位销号任务。任务内总计拆除构建筑物686处，近50万余平方米；同时，拆除任务外房屋135处，面积达11万余平方米。5月13日，开展“百日清河”行动，对全区河湖坑塘沟渠进行全方位、无死角的集中排查，在解决河湖垃圾围河、乱堆乱放等突出问题，发现58处问题，解决58处问题。全面落实河（湖）长制，推动各级河湖长履职尽责，克服形式主义，扎实推进河湖问题整改。推进黑臭水体治理。按照“区指导、镇推动、村落实”原则开展治理，结合全域清洁化工作，增设封闭式垃圾桶、垃圾箱，岸线垃圾及时清运；结合拆违减少水体周边污染源；结合农村户厕改造，实现治理水体沿线直排厕所清零；结合农村截污控污工程，实现污水进管网有处理无直排，全年治理黑臭水体50条。

（杨立赏）

环境保护

【概况】 2019年，北辰区环境空气质量综合指数5.69，与上年持平，PM2.5平均浓度53微克/立方米，比上年上升1.9%，综合排名位列全市16个区中第十，较2018年上升1位；区域水环境质量稳中向好，水环境综合污染指数2.41，比上年上升17.29%，出入境浓度比值0.99，综合排名位列全市16个区中第十一；地下水质量考核点位水质级别保持稳定，不存在极差点位；城市集中式饮用水水源水质全部达到Ⅲ类标准；黑臭水体消除率达40%。生态环境保护各项工作取得明显成效。

【打赢蓝天保卫战】 2019年，北辰区完成459家VOCs企业建档立卡动态更新工作。推动51台燃气锅炉低氮改造，31家企业完成VOCs治理实施升级改造，53家单位安装油烟净化器。组织制定171家企业的协商减排名单，推动天重江天重工、振兴水泥、晨兴力克等制定“一厂一策”减排方案。组织对污染问题严重的12家单位负责人进行约谈。完成296家涉气企业分表计电和201家重点单位餐饮油烟净化设施在线监控装置安装工作。与交警联合路检检测柴油车4150辆，处罚1392辆。检查柴油货车“大户”54家，排查货车4807辆。利用监测车和固定站遥测机动车31余万辆。检查348个次工地835台非道路移动机械，责令18台不合格机械退场。检查机动车检验机构25家次，对3家违规机构实施停线处罚。抽测72座加油站油气回收设施，下达整改通知10件。编制《2019年重污染天气应急响应减排清单》，对企业实施清单化管理。启动重污染天气黄色预警312小时、橙色预警528小时。在预警期间对企业应急响应措施落实情况进行认真检查，对重点点位进行多层次督查，全力削减污染峰值。

▲2019年4月25日，北辰区生态环境局在区委党校召开大气污染形势与防治工作建议专题讲座 （韩萌 摄影）

【水污染防治】 2019年，区生态环境局组织新建3座市级地表水水质自动监测站，完成6座市级站填平补齐功能建设。牵头开展全区入河排污（水）口现场调查，排查排污（水）口413个。每月对300余个黑臭水体点位实施监测，并对东丽区72个黑臭水体点位进行交叉互测。加强对辖区内4座集中式污水处理厂和重点水污染物排放单位监管，完成总磷、总氮在线监测联网。推动5家重点污水排放企业安装自动在线监控设备。推动双口片区191家企业完成废水直排改造，按要求开展后期监测。牵头完成引滦明渠保护区55个点位和南水北调中线保护区39个点位的整改任务。组织开展41个千人以上农村集中饮用水源地调查评估，对其中2个万人千吨水源地进行加密监测，对82处采水点位定期开展污染调查并编制调查评估报告。牵头开展2019年永久性保护生态区域考核工作，认真组织各相关部门完成考核工作。

【土壤污染防治】 2019年，区生态环境局推动渤化集团完成农药厂地块现场建筑物全部拆除、修复技术中试试验、修复方案制定和项目环评评审。11月1日，农药厂地块治理与修复工程正式开工。截至年末，正在对19.4万立方米土壤和3.1万立方米地下水进行治理修复，完成10.87万立方米污染土壤修复后的自检验收。推动渤化集团完成铬渣污染地块详细调查和修复方案的编制，通过专家评审。组织召开淮东路地块等44个地块的土壤污染状况初步调查专家评审会，出具审查意见。

【危险废物管理】 2019年，区生态环境局建立重点危险废物产生单位监管名单，组织专题培训，现场排查63家次，在线审批危废转移计划1828家次、33340.23吨。推动47家医疗机构完成医疗废物审批，联合创卫办对13家医疗机构开展专项检查。配合相关部门做好危化企业搬迁改造、有害垃圾处置、农药包装物暂存点建设等工作。

【环境监测与分析】 2019年，区生态环境局全面完成市局规定的29大类监测计划，定期编制国控和镇级环境空气质量周报、月报。做好重点污染源在线监测，对国控和市控监控平台进行实时监控，修约异常数据。编制2018年北辰区环境质量报告书，获得天津市优秀质量报告书三等奖。组建环境质量综合分析队伍，整合地表水、废水、废气等监测平台数据，督促新安装在线监测企业联网、验收，发挥“天眼”平台环境综合分析研判和指挥调度功能。

【环境管理】 2019年，区生态环境局完成家具等19个行业95张排污许可证核发，指导123家企业完成排污许可登记，完成2017年至2018年发证行业的清理整顿。推动污染物总量减排，累计减排二氧化硫437.76吨、氮氧化物445.46吨、COD1010.46吨、氨氮44.58吨，核准建设项目新增总量指标189个。完成大张庄镇意达工业区等8个园（片）区的规划环评审查。组织开展爱德克斯等6家企业清洁生产审核验收。

【环保宣传教育】 2019年，区生态环境局组织环保进社区、进校园、进工地等宣传活动50余场，组织各镇园区企业开展环保法律培训11场。举办大气污染形势与防治工作建议专题讲座，部分区级领导和全体处级领导参加。组织“六·五”环境日环保宣传周活动。利用“北辰生态环境”微信公众号等宣传矩阵发布信息2000余条，在北辰区党务政务微信公众号榜单中排名第五。认真做好“双万双服”，到振兴水泥等企业走访服务56家次，组织开发区43家企业面对面恳谈服务，答复线上问题34个。组织召开优化企业营商环境座谈会，制定违法企业环境信用管理制度，与区工商联签署合作协议，合力改善营商环境打好污染防治攻坚战。

【环境执法与处罚】 2019年，区生态环境局完成“双随机”抽查、重点污染源企业监督检查等工作，开展重点工业集聚区、夏季蓝天使命行动等20余项专项执法行动。推动完成公安进驻工作。坚持365天24小时信访处理制度，受理信访问题1819件，确保按时接单、按时办结。全年立案处罚环境违法案件372起，移送行政拘留案件11起、刑事犯罪案件2起，处罚款1489万元。启动生态环境损害赔偿案例2个、磋商成功1个且为全市第一起实施分期缴纳的案例。

【第二次污染源普查】 2019年，北辰区制定《北辰区第二次污染源普查方案》，建立涵括各镇街、开发区和相关委局等共40家成员单位的工作组织架构。按照“进度控制优先、任务同步推进、协调督办并行”的原则有序开展各项工作。2019年度，根据国家污普办工作任务进度安排，全部完成污染源产排污计算、普查数据审核整改及污染源普查质量核查报告起草等工作。

（孙 艳）

城乡建设与管理

北辰年鉴
2020

综　述

2019年，北辰区启动国土空间规划编制，梳理完成城镇、农业、生态空间和生态保护红线、永久性基本农田保护红线、城镇开发边界等基础数据。全力推进城市建设管理体制改革试点，条块结合推动土地整理开发。北辰东道及综合管廊全面进场施工，淮东路、高峰路部分路段建成通车，辰景路、天允道具备通车条件，完成朝阳路、龙泉道等6条道路可施路段建设，姚江路、科峰路等8条道路具备施工条件，统筹推动电力、燃气、供水、供热等配套设施建设，建成杨北、陆路港、小淀3座消防站。借助“创文”“创卫”良好氛围和扫黑除恶疾风厉势，持续推进“双违”治理和违建别墅整治。

基础设施建设　全力推进外环东北部调整线工程、京滨城际铁路、地铁4号线市重点工程建设。天津市首个以PPP模式建设的综合管廊项目北辰东道道路、综合管廊工程在北辰区正式启动建设。津蓟互通立交桥工程开工建设。全面加快主次干道路建设，淮东路、文庆道、高峰路（北辰道—南仓道）、朝阳路（普济河道—延吉道）、潞江东路、沁河北道、沁河中道等主次干道贯通。天允道、尚辰路、辰景路等道路及配套工程顺利完工，及时保证了地块配套需求。核心区1号能源站、丹河南道高调站顺利完工，提升了区域载体功能。持续美化城市环境，城市双修果园新村街改造工程社区一标主体工程、沿街提升改造、道路及公园改造于年底前全面完工。

城中村改造和示范镇建设　2019年，北辰区完成国道外迁项目全部拆迁任务，举全区之力实施拆迁“清零”行动。完成拆迁10.24万平方米，其中天穆镇4.27万平方米，北仓镇5.9万平方米，青光镇0.07万平方米。除天穆村和王庄村暂缓拆迁外，其余13个村基本清零。在还迁房建设方面，入住及取得准入证项目16个。其中入住项目12个，分别是三义村、天穆东苑、丁赵B、宜兴埠B1、南仓、杨嘴一期、刘房子一期、闫马B、刘房子二期、闫马D、丁赵A和桃花寺，面积119.5万平方米，1.19万套；2019年入住项目：闫马D地块（14.5万平方米）、丁赵A地块（4.25万平方米）和桃花寺（11.72万平方米）；取得准入证待还迁项目4个，分别是刘房子三期（11.57万平方米）、杨嘴二期（8.67万平方米）、杨嘴三期（11.45万平方米）和杨嘴四期（13.61万平方米），面积共45.3万平方米。

重点工程项目建设　2019年，工农新村原地（A地块祥汇园）、工农新村原地（B地块祥泽园）、工农新村阳光卡蒂尔（祥诚新苑）、闫街马庄C地块等项目建安工程完成。青光新市镇项目韩家墅3号地，土建工程全部完成。公安北辰分局执法办案管理中心、双口派出所、天穆派出所、新村派出所4个改造工程全部完成竣工验收。

宜居城区建设　以“创文”“创卫”工作为抓手，大力开展社区环境、重点区域等8类专项治理。完善垃圾分类终端处理体系，光大国际垃圾协同处理项目建设进展顺利，建成全市唯一大件物品垃圾分拣中心，完成128个村居和机关事业单位垃圾分类试点，走在全市前列。积极推动“厕所革命”，完成18座新建公厕主体工程，其中9座建成开放。加大高铁沿线综合整治力度，完成476处隐患点位整改。实施大绿大美工程，基本建成京津路入市口游园，完成龙门道、环瑞路绿化提升改造和辽河园界外地等绿化工程30.3万平方米。天穆、北仓、双街、大张庄4个镇被命名为市级卫生镇，宝翠花都获评精品美丽社区，悦林名邸、辰庆家园等6个社区获评美丽社区。

规划管理

【概况】　2019年2月19日，天津市规划和自然资源局北辰分局正式挂牌成立（以下简称市规划资源局北辰分局），担负贯彻执行城乡规划、自然资源、测绘地理信息、地名、城建档案管理等法律法规、方针政策、决策部署，组织实施有关地方法规规章和政策文件等，落实空间规划体系并组织实施等职责。下设3个土地和规划管理所。另设天津市规划和自然资源综合行政执法北辰支队，并于2019年11月18日正式挂牌成立。年内，启动国土空间规划编制，制定《北辰区乡村振兴战略规划》，组织控规修编（或细分调整）项目11个，核发行政许可事项229件。

【规划编制】　2019年，市规划资源局北辰分局组织完成产城融合示范区5.9平方千米两个单元、“五馆一场”文化设施项目、高法档案馆、“厕所革命”2018—2019年建设公厕、城中村下放吴嘴地块、小淀三村安置区、宜兴埠旧村改造、陆路港物流装备产业园、高端装备制造产业园、医药医疗器械工业园11个控规修编（或细分调整）项目。其中完成高端装备产业园、医药医疗器械产业园、陆路港3个市级工业园区控规调整。

开始编制津围公路规划方案和定线方案。北辰西道西延定线方案、规划方案通过市规自局会审。制定《北辰区乡村振兴战略规划》，启动8个保留村庄规划

▲2019年8月，丁赵A项目（丁赵新苑）居民还迁入住　（区住建委　供图）

编制，初步形成“1+N”乡村振兴规划体系。加快推进排水、天桥等专项规划落地，开展新时期战略发展目标研究和公共服务设施、特色服务业、城区道路交通等专项规划编制，完成京滨高铁北辰站方案设计，规划引领作用不断加强。

【市政审批和规划行政许可】 2019年，市规划资源局北辰分局落实部门主体责任，联系区道路建设部门，增强沟通、协调和配合，“以函代证”“多规合一”等多措并举，不断提高审查审批效率，推动道路网建设。全年完成道路及其附属管线审批110余项，新编道路定线12项。全年核发行政许可事项229件，其中规划条件11件、建设用地规划许可证（建筑工程类）5件、建设工程规划许可证（建筑工程类）142件、核发建设工程规划验收合格证71件。全年完成土地征收转用报批33个项目，总面积357.3公顷，新增建设用地319.7公顷。

（王美图）

房地产

【概况】 2019年，北辰区住房和建设委员会推进房地产住宅、房屋及市场管理等业务工作。开展抓好老旧小区及远年住房安全整治，实施79.58万平方米，惠及35个片区，9886户居民。实施讷河里6号楼及石油公司宿舍平房房屋征收项目、天重宿舍平房拆迁项目、轧二宿舍平房征收项目3个房屋征收项目，共计338户，总建筑面积1.7万平方米。

【老旧小区及远年住房安全问题整治】 2019年，为北辰区老旧小区及远年住房改造工程收官之年，共涉及35个片区，79.58万平方米，9886户居民。其中果园新村街朝阳楼、果园楼两个小区居住功能提升改造工程于2019年4月上旬开工，7月竣工；环内26个片区中天穆镇南仓中学平房宿舍等14个片区于2018年度提前启动完成改造工作（改造时间为2018年9月至11月），天穆镇方舟温泉花园、龙泉里、马庄大楼等10个小区改造工程于2019年4月下旬开工，10月底完工，天穆镇万隆桃香园小区改造工程于2019年5月下旬开工，12月底完工。普东街万科花园新城改造工程于2019年6月底开工，12月底完工；环外双海里等9个片区改造工程于2019年8月底开工，12月底竣工，并同时完成验收工作。

【房屋征收】 2019年，北辰区住建委主要负责3个征收项目。讷河里6号楼及石油公司宿舍平房房屋征收项目，征收房屋共计127户，总建筑面积7350平方米。历时3年，于2019年10月13日完成所有被征收人协议签订、房屋搬迁、楼体拆除工作，严格履行房屋征收补偿方案，始终保持“一个政策、一个标准、一把尺子量到底”，成为区征收项目的一个精品典范。天重宿舍平房拆迁项目，住宅142户，总建筑面积7301平方米。于2019年6月，完成所有被征收人协议签订、房屋搬迁、房屋拆除工作。自发布拆迁公告到实现场清地平清零仅仅用了20天，142户居民告别低矮的平房搬进了宽敞明亮的楼房。轧二宿舍平房征收项目，住宅69户，总建筑面积2333.56平方米，于2019年8月完成全部协议签订工作。

【住房保障】 2019年，区住建委开展两次“两种补贴、两种住房”政策宣传活动，发放宣传资料300余份。全年共受理审核廉租补贴127户、发放资格证明109户，受理审核经租补贴101户、发放资格证明84户；全年共受理限价商品房申请83件，资格证明发放73件；公租房共受理申请393件（补贴类209件，非补贴类184件），发放符合条件通知单253件（补贴类176件，非补贴类77件）；中心向出租人发放补贴143户；加强房屋租赁备案管理，办理租赁备案3699件。

【房屋管理】 2019年，区住建委开展房屋安全巡查，会同属地单位、产权单位对全区四、五类危损房屋开展汛期查勘及冬季查勘工作，做好安全监管并落实安全责任；加强全区直管公房和廉租房维修管理，落实八项服务承诺和入户行为规范，提高服务水平；根据《天津市既有建筑玻璃幕墙普查工作实施方案》要求，市住建委委托市幕墙协会对区普查确定的既有建筑玻璃幕墙开展现场检查工作。房屋管理科积极协调各属地及业主单位，配合专家组于2019年11月18日至20日，对此次筛选的玻璃幕墙项目进行安全巡查并查阅了相关设计资料。

【既有住宅加装电梯】 2019年，区住建委按照《市住房城乡建设委等七部门关于印发天津市既有住宅加装电梯工作指导意见的通知》要求，于2019年12月上旬编制《北辰区既有住宅加装电梯工作方案》，成立组织机构、编制区联合审查机制。同时选取试点小区，积极对接相关部门，推动此项工作顺利实施。

【物业管理】 2019年，区住建委落实行业监管职责，加强业务培训和巡查指导。对部分镇街、居委会管理干部和业委会、物业企业相关人员进行集中培训，247人参训。组织指导18个小区成立业主大会和选聘物业服务企业。严格应急维修资金及专项维修资金监管，制定应急解危维修资金使用申请管理审批制度和专项维修资金使用申请管理审批制度，完成99个批次使用应急维修资金、20个批次使用专项维修资金项目的维修工程查勘及验收250余次。对39个住宅项目进行双随机考核工作。新增物业合同备案项目12个。指导普东街道、青（广）源街道、小淀镇、宜兴埠镇、瑞景街道、天穆镇，召开物业管理协调会25次，解决小区内私搭乱盖、拆违，消防、电梯等设备维修，制定和实行停车管理、收费制度等疑难问题。

【市场管理】 2019年，区住建委监督检查221家房地产开发企业和中介机构，对违规售房、捂盘惜售、无证售房、发布虚假已售待售信息等行为，严格执法。出动人员4295次，检查企业741家次，下达责令整改4件，检查房地产经纪机构427家次，下达责令整改12件。做好新建商品房、限价房、工业地产销售许可和资金监管现场查勘。检查和治理房屋违规拆改行为。加强环内19个拆迁工地管理，实行专人包片制度，24小时巡查，控制扬尘污染。

（霍　然）

公路建设养护

【概况】 2019年，北辰区公路建设养护中心（以下简称区公路建养中心）按照区委工作要点和区政府工作报告要求，实现重点工程建设有序推进、公路设施养护精细化作业和乡村公路的提升改造，全年完成固定资产投入约3.5亿元。重点围绕双口镇、西堤头镇、双街镇保留村进行农村公路提升改造，实施道路提升

▲2019年7月，北辰区公路建设养护中心对杨北公路改建项目进行沥青混凝土摊铺

（张文彬　摄影）

40千米，危桥改造2座，桥下环境提升1座。

【重点工程建设】 2019年，完成国道外迁项目全部拆迁任务，完成全线道路路面摊铺40.5千米，实现项目建设主体完工，完成固定资产投入约3.5亿元，公路网面积增加值65万平方米，增幅率超过10%。武静公路改建项目立项申请取得批复，进入工可审批要件准备和土地核定、预审阶段。开始编制津围公路规划方案和定线方案。北辰西道西延定线方案、规划方案通过市规自局会审。

【公路设施养护】 2019年，区公路建养中心实现标准化、精细化路面养护、维修路面8.6万平方米，油饰管辖桥梁桥护栏1.37万平方米，维修人行道地袱30平方米，粉刷地袱600平方米，清洗地袱护栏10次，维修护坡勾缝1547平方米，维修更换防抛网、隔音板29米，有效保证了行车安全畅通。利用14台机扫水洗设备对养管9条国省干线进行机扫水洗作业。

【道路综合整治】 2019年，区公路建养中心对克黄线地铁沿线、大张庄镇穿村路段进行路域环境整治。整修地铁沿线加宽路段人行道，更换花岗岩侧石5500米，花岗岩缘石4400米，维修车行道硬路肩2.6万平方米，铺设透水花砖1.23万平方米，重铺花砖2000余平方米。结合属地镇政府、交警部门，对道路两侧人行道粉刷禁停标线。治理管辖区域内205国道同联搅拌厂、克黄线大张庄桥桥南、桥中、克黄线与京环线交口、津永线河北工业大学东侧弯道、北仓延长线三岔口等多处安全隐患点位，安装波形护栏380米，通透式护栏400米，交通信号灯1套。对津霸支线、芦新河路部分路口安装穿村段提示牌4套、广角镜（凸面镜）20套。对管辖桥梁墩柱、灯杆粘贴安全反光膜800平方米。

【助力"创文""创卫"】 2019年，区公路建养中心按照创建国家文明城区和卫生城区标准，加强公路设施清扫保洁，对辖区内国省干线展开拉网式清理，尤其重点对人流密集的克黄线地铁段和穿村路段进行无死角清理，清理垃圾200余立方米、路肩边坡垃圾300余立方米，及时清理绿地内杂物32.99万平方米。雨雪天气后及时组织人员、机械设备对桥梁地袱、小型标志进行擦洗，共计清洗15遍。清洗桥栏杆16.5万米、波形护栏14次，桥名牌、吨位牌、百米桩、里程碑、警示桩等小型标志4万余个。

（丛　瑞）

▲2019年4月，北辰区公路建设养护中心油饰管辖桥梁护栏　（封永明　摄影）

▲2019年11月，北辰区公路建设养护中心对辖区国省干线进行拉网式清理杂物

（封永明　摄影）

城建开发

【概况】 天津市北辰区建设开发服务中心（以下简称区建开中心）承载着区重点工程项目的融资、建设和运营职能。2019年，建设开发公司注册资金42.33亿元。实施城中村改造项目建设，示范镇项目建设、承接公安北辰分局、双口派出所、工人俱乐部等区重点工程等，全年新增到位融资26.05亿元。2019年，北辰区土地整理中心全力推进土地供应工作。按照“出让一批、储备一批、整理一批”的原则，加大改革试点区域土地储备力度，全面实施土地“清零”行动。

【投融资】 2019年，建设开发公司及子公司累计偿还本息20.79亿元，其中本金14.45亿元，利息6.34亿元。新增到位融资中，建设开发公司23.20亿元，津辰仕佳公司2.85亿元。建设开发公司及子公司缴纳各类税费5797万元。在谈融资约62亿元，各融资项目均在积极对接跟进中。区城投公司完成还本付息15.3亿元，其中本金9.31亿元，利息5.98亿元。通过辰融增资0.74亿元，实收资本26.08亿元。实际发行13个城中村政府专项债2亿元，发电楼项目贷款4.09亿元。收回土地整理成本11.15亿元，政府返还净收益1.1亿元。

【城中村改造项目建设】 2019年，宏佳公司承担的工农新村原地（A地块祥汇园）、工农新村原地（B地块祥泽园）项目21.63万平方米建安工程完成，正在进行配套施工，2020年7月取得准入证。工农新村阳光卡蒂尔（祥诚新苑）项目6.32万平方米建安工程完工，正在进行配套施工。完成闫街马庄D地块（润驰新苑）项目14.53万平方米建设，1月完成规划、消防、竣工验收，取得准入证。6月10日开始办理居民还迁房入住手续，至7月中旬集中还迁结束，至年底陆续办理还迁安置，发放钥匙1245套。闫街马庄C地块项目9195平方米建安工程全部完工，正在进行配套施工。天穆村07、08项目14.43万平方米完成主体结构验收，实施项目配套前期工作。

【示范镇项目建设】 2019年，区建开中心下属企业津辰仕佳公司青光示范镇在施项目5个，建筑面积50.95万平方米。青光新市镇项目韩家墅3号地15.10万平方米，土建工程全部完成。韩家墅4号地22.27万平方米，其中A地块地库工程主体工程全部完成，B地块主体一次结构及砌筑工程全部完成。李家房子二期13.58万平方米，至2019年10月底，完成全部楼座的主体及二次结构施工、各专业的主管道安装。

【区重点工程项目建设】 2019年，公安北辰分局执法办案管理中心、双口派出所、天穆派出所、新村派出所4个改造工程全部完成竣工验收。天津市北辰区工人俱乐部改造项目、西堤头派出所项目完成竣工验收，并交付使用。北辰区中储地块规划小学项目完成一张蓝图、多规合一网上报件，节地评价评审报告等工作，取得核定用地图、项目建议书、选址意见书。北仓村南头项目完成项目立项、选址意见书、建设项目用地预审报告。与市保障房公司签订北辰道社区服务中心项目代建协议。

华康经济适用房项目工程验收，总建筑面积6.50万平方米，其中地上面积4.98万平方米，地下面积1.52万平方米。

▲2019年，闫马D地块项目（润驰新苑）还迁安置钥匙发放现场

（区建设开发服务中心　供图）

▲2019年，公安北辰分局执法办案中心投入使用　（区建设开发服务中心　供图）

北辰道战勤保障站项目于2016年9月1日开工建设，2018年10月规划竣工验收，2019年4月交付消防支队交付使用，总投资4455万元，项目总建设面积6517平方米，地上面积6126平方米，地下面积391平方米。天穆综合菜市场项目主体结构封顶，占地面积20665.16平方米，2019年7月14日开工建设，10月9日主体结构封顶。小淀消防站项目于2019年4月20日开工建设，11月7日主体结构封顶，总建筑面积5855平方米。

【资产整合】 建开中心成立国企改制出清出让工作领导小组，明确1家监管企业改制、6家监管企业出清工作，增加2家监管参股企业出让、5家企业出清工作。是年，天津市天下一喜文化发展有限公司、天津北通电力金具厂、天津佳安商贸有限公司、天津市星光装饰工程有限公司、天津市辰光物业有限公司、天津市北辰区现代美术装潢设计公司、天津市盛达兴实业有限公司7家企业完成出清工作。10月22日，滨海海胜股权经产权交易中心以334.26万元转让给受让方天津金海胜管理咨询有限公司。

【国有资产管理】 2019年，建开中心下属企业建开公司自持商业用房对外租赁面积为9.61万平方米，对外无偿使用2.69万平方米，自用0.17万平方米。应收租金5664.63万元，实收租金5014.63万元。年底，建开公司名下68套中，售出二手房屋24套，回笼资金1418.37万元。建开公司出资在天津产权交易中心收购的32套珑著社区罚没房屋，由于受房地产行业大环境影响，仅售出2套。

【土地出让】 2019年，区城投公司完成城中村平移下放9宗地（不含天穆）之南仓商业地块，王庄1号地、2号地，丁赵商业地块的土地出让工作。南仓商业地块，土地总面积11.66万平方米，出让面积6.64万平方米，由天津融运置业有限公司最高有效报价人民币4.71亿元竞得。王庄1号、2号地块，土地总面积15.36万平方米，出让面积8.86万平方米，由天津绿地天辰房地产开发有限公司最高有效报价17亿元竞得。丁赵商业地块，土地总面积1.36万平方米，出让面积0.56万平方米，由天津市紫祥酒店管理中心最高有效报价1.12亿元竞得。

【产权证办理】 2019年，富锦华庭、辰发花园、普东新苑、蓝岸森林4个还迁小区9280户拆迁居民中确定权属7158户，4个小区合计签订《经济适用住房买卖合同》7133户，其中4896户领取“房屋产权证”。

【历史遗留问题化解】 2019年，建开中心以富锦华庭和辰发花园小区为试点，提升改造富锦华庭小区环境及辰发花园小区环境，引进有管理经验的物业团队进驻小区，提高物业管理服务水平，实现物业费收缴率逐月提高，至2019年底营业收入1632万元。建开中心规范北辰大厦外围停车，投入设施设备，向社会开放空余车位。区城投公司采取“一村一策”的补偿方式，对于自愿放弃长远生计用地的镇村，采用货币补偿的方式。除天穆、王庄、南仓、丁赵等村外，其余11个村均采用货币补偿，用于购买商业或其他固定资产，其中宜兴埠、刘房子、桃花寺村等购入固定资产，获得租金收入。是年，建开中心妥善化解了原广厦里拆迁户史某某因对还迁政策不满而引发的长达12年的上访之路，维护了社会的和谐稳定。11月19日，史某某赠送一面“人民公仆情系百姓”锦旗。

（李　英）

【土地整理】 2019年，北辰区土地整理中心统筹全区22宗、196.23公顷土地出让工作，其中基础设施建设改革试点13宗、107.14公顷，城中村改革试点3宗、28.37公顷，示范小城镇6宗、60.71公顷。新增住宅建筑面积约159.54万平方米，实现土地出让金140.56亿元，产生区级政府收益19.43亿元。引入绿地控股集团有限公司、碧桂园控股有限公司、新城控股集团股份有限公司等知名房产企业进驻北辰区。为绿地全球商品贸易港、碧桂园集团区域总部等重点项目落地提供用地保障。

2019年，土地整理中心按照“出让一批、储备一批、整理一批”的原则，加大改革试点区域土地储备力度，至年底，完成200.67公顷土地收储任务，其中国有土地62.02公顷，集体土地135.32公顷，有效盘活天津市建筑材料集团控股有限公司、天津物产集团有限公司等低效工业用地。

2019年，土地整理中心全面实施土地“清零”行动，完成改革试点区域地上物拆迁约59.46万平方米，其中国有土地21.67万平方米，集体土地37.79万平方米。

（刘雅婷）

城市管理

【概况】 2019年，北辰区城市管理委员会（以下简称区城管委）挂牌。区城管委深化城市管理领域供给侧结构性改革，做好日常环卫清扫保洁、园林绿化养护、市政道路养管、居民供热保障，持续推进厕所革命、生活垃圾分类、停车秩序管理等重点工作，办理解决人大政协建议提案11件，接待处理各类信访2325件，

▲2019年11月19日，原广厦里拆迁户向北辰区建设开发公司赠送锦旗

（程绍欢　摄影）

办结率100%，满意率97%以上。

【推进厕所革命】 2019年，区城管委分两步开展18座公厕的新建工作，建成区范围内环卫公厕累计达到68座，其中16座移动公厕，公园内3座公厕，小区配套12座公厕。

【推进生活垃圾分类】 2019年，区城管委引入第三方运行公司，着手建立餐厨垃圾、有害垃圾、可回收垃圾配套收运体系、回收体系和终端处理设施。完善分类收集容器，配备分类收运车辆，新购10辆餐厨垃圾运输车，90辆电动垃圾分类收集车和1000个果皮箱。完成114个示范小区建设、2家医院、3所学校、4个政府机关、5个示范村庄试点建设工作，开展社区宣传100余次、大型主题宣传活动30余次。2月27日，市农村人居环境整治领导小组办公室相关负责人到北辰区调研生活垃圾处理设施建设情况及垃圾分类工作开展情况，先后到北辰区生活垃圾处理设施项目现场、双口镇及宝翠花都听景园调研交流，对北辰区生活垃圾处理设施建设及垃圾分类工作表示满意。

【建设垃圾综合处理厂项目】 2019年，区城管委积极协调各职能部门，完成垃圾综合处理厂项目环评、稳评报告的编制、公示、专家评审，土地出让合同签订，取得了项目核准批复、工程规划许可证、施工许可证。

【配合开展农村全域清洁化】 2019年，区城管委完善清扫保洁人员及设施设备配备标准方案，加强督查考核，推动农村地区垃圾分类工作和非卫生公厕改造工作，加快非正规垃圾堆放点整治，开展全区生活垃圾临时存放点清理工作。

【渣土碎片化治理】 2019年，区城管委制定《北辰区渣土治理专项整治工作方案》，组织各部门开展联合检查行动50余次，检查工地190余处次。对全区22处非正规建筑垃圾堆放点位开展巡查检查和督办整改。规范渣土运输线路、时间及相关卸地，对各镇、街道产出的装修垃圾进行消纳。

【绿化养管】 2019年，区城管委完成龙门道、环瑞路绿化提升改造工程和辽河园界外地新建9.6万平方米，基本完成北辰道（永旺段和御园段）绿化提升改造工程2.3万平方米。绿化辰永路、朝阳路、祥辰路、高峰南路等69个、18.4万平方米裸露地块。累计整改绿地裸露点位67个，补植绿化17.8万平方米。高标准、精细化做好建成区公共绿地、公园和行道树日常养护管理工作。

【公园建设】 2019年，区城管委完成普惠园新建工程，栽植工作及铺装、小品等，并于6月1日正式对外开放。该公园面积1.8万平方米，设置健身区、儿童活动区、广场区、健身步道，为周边居民提供了一个休闲、健身、娱乐的场所。完成讷河里小公园提升改造工程，并于6月对外开放。该公园丰富了绿化栽植，突出生态、季相、层次和色彩，并对原有设施进行提升改造，方便居民健身、休闲、娱乐。

【市容面貌】 2019年，区城管委做好节日装点工作，升挂国旗2700余面，设置8组大型草雕造型和4组创文主题城市雕塑。组织对京津路和佳宁里社区沿街楼体破损外檐维修。编制完成延吉道、宜白路底商牌匾设置导则。指导各镇街加强户外广告调查和管理工作。整改脏乱点位20个，出动920人次，车辆3233部，累计清理垃圾3166.2吨。在双青公园、普惠园、北辰公园安装宣传展牌50块。

【景观照明】 2019年5月，区城管委拆除京津路废弃景观照明设施。该照明设施安装近10年，废弃无用，存在一定的安

▲2019年2月1日，北辰区春节节日装点　（杨朝　摄影）

▲2019年，核心区1号综合能源站投入运营　（区住建委　供图）

全隐患。为彻底排除安全隐患，区城管委组织人力将景观灯及其附属电线、闸箱全部拆除。梳理全区道路路灯管理单位，协调有关部门解决路灯不亮问题。为御龙湾广场安装景观灯具2300余套，完成残运会火炬传递沿线节日气氛布置。

【道路养管及停车管理】 2019年，区城管委维修道路约9万平方米，共维修管线井210余座，填埋管线井30余座。9月，对迎宾道烈士陵园门前道路进行整修；对北辰道2条铁路进行橡胶道口铺垫工艺改造，大幅降低车辆经过时的颠簸程度，进一步提高了道路通行安全和舒适程度。成立北辰区停车管理领导小组，联查联动，约谈共享单车企业。编制停车管理专项规划，组织推动实施路外临时停车场建设。

【供热监督管理】 2019年，做好2018年至2019年度供热期运行保障和供热补贴发放工作，接待信访5000余件和200余人次群众到访。11月6日，区城管委组织各镇街、开发区及42家供热单位召开阶段总结会，对“暖气够不够热·保证温暖到家!”专题检视工作进行再动员、再部署。会上主要对自11月1日供热期开始出现的问题进行梳理、总结，对出现的问题提出应对方案及应对措施。11月20日至21日，区城管委供热科、供热中心联合区消防支队、区应急局、燃气部门对三和供热站、刘房子供热站、桃香园供热站等40余家供热站在消防、应急、燃气、质量监督方面进行安全检查，查找问题10个方面80余项。协调推动南水北调中线二级保护区内青光镇储气罐拆除和管道天燃气切改工作。组织编制北辰区供热专项规划修编，配套编制供热规划实施方案。

（高　奇）

城市综合执法

【概况】 2019年，北辰区综合执法局（以下简称区综合执法局）围绕全区重点工作，强化责任落实，推进拆迁拆违任务，加强道路环境整治，助力“双创”。年内，开展道路环境专项巡查90余次，加强校园周边综合治理，完成刘园地铁站区域违法建设专项治理和南曹铁路两侧违建治理，全区拆除违法建设面积近100万平方米。

【违法建筑拆除】 2019年，各镇、街道、开发区按照年初区委、区政府制定的2019年拆违工作目标，坚持以拆促控、以控为主工作思路，从源头和苗头上遏制违法建筑物、构筑物的建设，确保全区实现新增违建零增量、存量违建负增长的目标。年内，出动执法人员9600余人次，拆除违法建设3360处。在全市考核中名列前茅，建成区5年违法建设治理完成率达到98%。

自2018年11月12日起，北辰区严厉打击土地和建设领域黑恶犯罪，遏制私搭乱建、违法建房等行为，加强城乡规划建设管理，刘园地铁站区域违法建设专项治理工作全面启动。先后拆除北仓镇刘园地铁站周边地块、青光镇航空运动学校地块、天穆镇姚江路地块等多处建设领域涉黑涉恶违章建筑40多万平方

▲2019年4月，北辰区综合执法局配合天穆镇对农药厂地块拆除违法建设

（高东海　摄影）

▲2019年7月21日，北辰区综合执法局执法人员对早餐车进行规范治理

（张青纯　摄影）

▲2019年11月8日，北辰区综合执法局对施工地点的渣土运输进行巡查教育

（张钊源　摄影）

米。2019年9月，成立北仓镇南曹铁路两侧综合整治指挥部，开展铁路两侧违建治理，用时不到一个月时间，基本完成拆违任务，拆除违建22万平方米。10月，用时不到15天，自拆自清辰盛路沿街违建94处，顺利实现“零上访、零问题、零事故”的“三零”拆违成果，圆满高效完成3800平方米的拆违任务，拆违工作取得阶段性进展。

【道路环境整治】 2019年，配合区考核办及相关部门对全区91条重点考核道路进行市、区两级考核。对全区建成区范围内的违法占路经营问题进行治理，重点整治主干道路、背街里巷及重点地区环境秩序，取缔经营性非法占路摆卖等相关违法行为。开展违法散发小广告专项治理，制定并下发《北辰区综合执法系统小广告专项整治实施方案》，要求属地进一步加大小广告清理整治力度，重点对京津公路天重道口、京津路果园北道口、京津路与北辰道交口、北辰道与辰昌路交口、北辰道与外环北路交口、普济河东道沿线进行治理。做好两会、春节、清明节、开斋节、国庆节及创文创卫迎检工作期间的道路保障工作，协调属地及相关部门按要求对全区范围内环境秩序进行保障。2019年，全区治理乱摆乱卖23599处、店外摆卖6845处、马路加工229处、报刊亭外摆10处、乱堆乱放19612处，违法广告外摆20177处、乱吊乱挂16484处、横幅布标1389处、乱贴乱画26219处、窗贴11599处。

【助力“创文”“创卫”】 2019年，区综合执法局召开专题会议研究部署创文、创卫工作。通过办宣传栏，张贴创文、创卫宣传标语，组织开展形式多样的宣传活动，制作宣传材料内容包含了社会主义核心价值观、讲文明树新风、志愿服务、关爱未成年人、道德模范、文明旅游、文明诚信、生态文明、文明服务（礼仪规范）、文明餐桌、节水节电节能标识。完成爱国卫生、病媒生物防治健康教育工作，并将材料总结成卷上报区创卫办。开展创文创卫“大干十天 楼道革命”活动，逐门清除、逐层清理，不漏一处堆物、不落一个非法小广告。制定控烟方案，举办控烟讲座、播放控烟宣传片。开展先进典型选树和学习活动，传承好家风好家训活动、文明家庭创建活动、学雷锋志愿服务活动、移风易俗活动、普及文明礼仪规范活动、“全民阅读”“全民健身”活动。组织11月2日至12日为期11天的包保道路清扫活动，出动100余人次，对环瑞路进行彻底清理。

【信访接待】 2019年，区综合执法局做好信访接待工作，处理群众来访、来信、来电、网上信访等途径反映的问题情况，2019年受理来电2100余件、接待到访11人次、“8890”派件5件。对一般信访问题一方面及时告知信访人各镇街执法队举报电话，一方面通知各队情况并要求将处理结果反馈反映人。对重要信访事项及时向领导汇报，提出处置意见建议，及时进行转办督办。

【贯彻文明促进条例】 2019年，区综合执法局制定并下发《北辰区综合执法系统〈天津市文明行为促进条例〉宣传贯彻推动实施方案》，全面部署落实。全年共治理随地吐痰、乱扔垃圾、建筑物抛物等145处，乱涂、乱画、乱刻，随意张贴、喷涂广告、毁坏环境卫生设施或者损害树木花草的1375处，在建成区露天焚烧落叶、秸秆、垃圾或者其他废弃物的33处，居民区内饲养家禽、家畜、鸽子16处，未及时清理犬只在公共区域排泄的粪便128处。

【校园周边综合治理】 2019年，为深入贯彻全国校园食品安全工作电视电话会议精神，按照全市校园食品安全工作会议的安排部署，执法局制定并下发《关于进一步加强校园周边食品安全综合治理工作的通知》，要求各执法队把管理重心向校园周边、重点道路和重点地区倾斜，确保占路经营治理无盲点。

【配合执法监管】 2019年，区综合执法局下发《关于启动北辰区重污染天气应急响应措施的紧急通知》6次，全面加强联防联控，严格执法监管，形成全体动员共同应对重污染天气的强大气势。夜间联合区城管委渣土所等多个部门组成联合执法队伍，对全区在建施工工地进行全面巡查，全年处罚渣土运输撒漏行为14起。

（邢秋阳）

消防安全

【概况】 2019年12月28日，北辰区消防救援支队（以下简称区消防支队）举行挂牌仪式。区消防支队着眼“平安北辰”建设目标，坚持“预防为主，防消结合”工作思路，以贯彻落实国务院《消防安全责任制实施办法》为主线，狠抓消防责任体系和火灾防控能力建设，全面开展消防安全隐患排查治理，实现全区全年无群死群伤和亡人火灾。全年接处警3882起，出动车辆7599辆次，出动消防人员3.99万人次，抢救被困人员95人，保护财产价值2000万余元。全年检查单位6518家，督促整改火灾隐患7791处，查封单位105家，责令三停单位65家，罚款281.4万元，拘留25人。

【整治火灾隐患】 2019年，区消防支队以“防保迎”专项行动为主线，结合春节、元宵节、全国“两会”、中华人民共和国成立70周年大庆等重要节日及重大活动的消防安全保卫工作，重点对“九类场所”开展排查；对富泉公寓、天阳公寓两

▲2019年11月8日，北辰区举行“纪念习近平总书记授旗致训词一周年暨119消防宣传月”活动启动仪式 （区消防支队　供图）

▲2019年8月22日，天津市消防救援总队伙食管理工作现场会在北辰支队丹江中队召开 （区消防支队　供图）

处遗留重大火灾隐患，先后两次提请政府约谈属地政府及单位负责人，明确隐患整改责任，完成整改任务；针对鳏寡孤独、老弱病残群体，建立镇街、村居、网格员（监护人）“三级监护”制度，在隐患风险点位安装独立式烟感报警器5000余个，最大限度降低小火亡人事故的发生。

【消防设施建设】 2019年，陆路港、小淀两座消防站主体封顶。启动建设姚江西路、龙武道消防站；配备车辆8辆，包括城市主战消防车（压缩空气泡沫车）1辆，中型水罐消防车3辆，抢险救援消防车2辆，轻型水罐消防车1辆，进口32米云梯车1辆；制作更换市政消火栓标识54个，普查市政消火栓7560个，上报损坏130个，处理埋压圈占15处。

【消防队伍建设】 2019年，杨北消防站建成并投入使用；招收政府专职消防员99人，消防文员10人；完成585个微型消防站2462名队员的消防安全培训工作；先后组建30人的地震轻型救援队和20人的水域救援队，联合区相关部门组织水域救援的综合演练1次，开展多部门跨区域演练8次，完成应急管理部消防救援局和天津市消防救援总队3次地震实战拉动。5月24日，天津市消防救援总队在北辰支队双青中队召开天津市政府专职消防队伍规范化建设推进会。

【信息化建设】 2019年，消防安全责任平台上线，区消防支队督促平台上3000余家企业加大自查频次，不间断开展隐患自查自纠，上传隐患及整改照片82264张。投入570万元配备应急通信保障指挥车，购置通信先导车、轻型便携站、无人机、单兵图传、卫星电话等通信装备；投入100万元对辖区第二儿童医院、天辰大厦等8家具有代表性的企业事业单位开展三维预案制作，筹建6人的应急通讯保障分队；投入10万元购买3套设备，利用VR技术，探索建立全景实景预案。

【消防宣传】 2019年11月8日，北辰区政府在天士力大健康城时代广场举行“纪念习近平总书记授旗致训词一周年暨‘119’消防宣传月活动”启动仪式。北辰区区长、天津市消防救援总队总队长、以及区应急管理局、教育局、市场监管局等单位的主要负责人出席活动，各镇街代表、重点单位负责人、消防志愿者及社会各界群众共计800余人参加活动。

（张志星）

教育

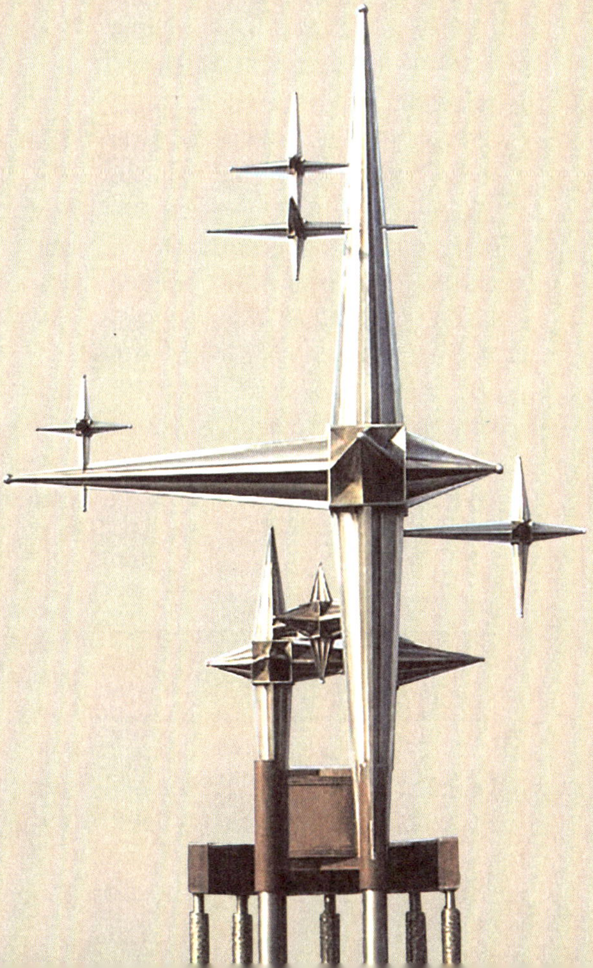

北辰年鉴
2020

综　述

北辰区是天津市近代教育发祥地之一，拥有10余所百年老校。2019年，北辰区有中等职业教育学校3所，全年招生1433人，毕业生1915人，在校生4186人。有幼儿园84所，小学41所，普通中学20所，特殊教育学校1所，成人学校15所，广播电视大学1所，进修学校1所，教研室1所，教科室1所，少年宫1所，装备站1所，老年大学1所。有学生总数68227人，幼儿园16214人，小学31644人（外来人口占31%），初中11261人（外来人口占18.4%），高中阶段5711人，中职学生3397人。有公办教职工4668人。是年，北辰区被评为“2019年国家级农村职成教育示范县交流展示平台”优秀分平台。南仓中学被评选为天津市第二批“特色鲜明学校”。实现全市中小学运动会团体总分“十三连冠”，20所学校被评为全国校园足球示范校。李嘴小学工作坊获全国展演二等奖。

（刘宝泉）

2019年11月10日至18日，北辰区举办第十三届全民终身学习活动周暨社区教育成果展示周活动。该活动由区教育局主办，宜兴埠镇、集贤里街道协办。活动周围绕“推动全民终身学习，加快建设学习大国”主题，从六大板块学习活动出发，以各类知识讲座、作品展示、文艺会演、竞技比赛等形式，开展200多项活动，社区居民参与人数3.7万余人。活动周期间，获“百姓学习之星”荣誉称号国家级1人，市级2人，区级14人；特色活动中被评为“终身学习活动品牌”市级1个，区级13个；教育科研中获“社区教育实验项目”优秀奖的市级3个，区级11个优秀集体。北辰区获评“2019年国家级农村职成教育示范县交流展示平台”优秀分平台，李秀清获评优秀信息员。

（王光剑）

教育管理

【概况】 2019年，北辰区教育经费总收入17.74亿元，其中国家财政性教育经费占总收入的90.82%；总支出17.32亿元，其中公用支出占总支出的26.06%。推动高中学校特色发展，发挥中科汇智系统课改辅助支撑系统服务功能，推动课改，实现高考本科上线率74.5%。促进义务教育优质均衡发展，组建3家教育集团。规范校外培训机构办学行为，建设市、区、园三级安全管理平台，完善网络信息化硬件基础，注重师资建设，打造教育人才高地，高级以上职称教师占公办教职工的22.3%。

（刘秋香）

【教育经费】 2019年，北辰区教育经费总收入17.74亿元，比上年增加7477万元，增长4.40%。其中国家财政性教育经费16.11亿元，民办学校中举办者投入500万元，捐赠收入50万元，事业收入1.42亿元，其他教育经费1554万元。全年区教育经费总支出17.32亿元，比上年增加支出9716万元，增长5.94%。其中人员支出12.81亿元，公用支出4.51亿元。全年支出主要用于支付教师工资、教育教学运转、学校提升改造工程、设备购置及信息化建设等，保证教育教学所需。

（刘振龙）

【教育教学改革】 2019年，北辰区总结高中课改经验，推进以新高考为突破口的综合改革试验，推进新课程与新高考的有机衔接和平稳过渡，促进学生全面而有个性的发展，推动高中学校多样化特色发展，南仓中学被评选为天津市第二批“特色鲜明学校”。利用大数据为新课改保驾护航，发挥中科汇智系统课改辅助支撑系统的服务功能。2019年高考，北辰区应届高中毕业生实际参加秋季普通高考1922人。本科上线人数为1432人，比上年增加86人。600分以上共计195人，比上年同期600分上线人数占比高0.08个百分点。

（李凤芬）

【集团化办学】 2019年，北辰区制定《北辰区促进义务教育优质均衡发展、推进集团化办学的实施方案》《北辰区促进义务教育优质均衡发展、推进集团化办学管理办法》。组建以华辰学校、普育学校、实验小学为龙头的华辰教育集团、普育教育集团、实验教育集团。采取两种形式推进集团化办学。结合区域实际，采取名校带新校的学校共同体、强校带弱校的学校联盟等灵活多样的办学形式，培育一批具有高辐射性、强引领力的高端品牌教育集团，推动全区教育优质均衡发展，办好每一所家门口学校。

（李凤芬）

【校外培训机构管理】 至年底，全区有校外培训机构98家。北辰区依法依规加强对校外培训机构的日常监管，坚持疏堵结合的原则，公布投诉流程标准和举报电话，将备案齐全的77家校外培训机构录入“全国中小学生校外培训管理服务平台”；组织63家校外培训机构进行年检；建立黑白名单制度，规范落实年检制度、备案制度、培训例会制度；每季度末召开一次规范校外培训机构办学行为的培训例会，从办学方向、日常管理、教学管理、安全管理等方面不断规范其办学行为。全年受理“8890”和电话投诉举报件72件。

2019年，教育部及天津市教委民办处专项治理督导组到北辰区督导校外培训机构治理情况，对北辰校外培训机构治理工作给予高度的评价。北辰区逐步建立由政府指导、属地监管、职能部门各负其责、齐抓共管的校外培训机构长效治理机制。

（王光剑）

【平安校园建设】 2019年，北辰区教育局成立以局党委书记和局长为组长，各位副局长、各科室负责人和中小学校长、幼儿园园长为成员的安全工作领导小组。层层签定“党政同责、一岗双责”安全生产责任书。投入经费2600余万元，提升学校的“三防建设”，为全区中小学、幼儿园均配备423名专职保安员，校园保安配备率实现100%。在配备有消防控制室的学校，按照消防规定，每个单位均配备6名专职消防控制人员。为全区学校全部安装“一键报警系统”、电子围栏和防冲撞柱等技防设施。

建设市、区、园三级安全管理平台，投入资金1300余万元，覆盖全区120家幼儿园，构筑科学系统、切实有效的幼儿园安全风险防控体系，全方位提升幼儿园安全管理水平。对学校的“三防”措施落实情况进行安全检查和专项安全检查，内容涉及校园安全防范、校园安全管理、校舍安全、危化品、消防安全等方面，覆盖率100%，整改率100%。

（杨立鹏）

【信息化建设】 2019年，区教育局完善

▲2019年4月1日，北辰区教育局局长郑丽莉在实验小学陪餐　（区教育局　提供）

网络信息化硬件基础，投资224万元，完成河头学校等7所学校校园网升级改造工作。完成与天津市基础教育资源平台、国家基础教育资源平台用户统一身份认证对接工作，启动"智慧教育云平台"各应用系统功能。为达到信息技术与教学深度融合，通过开展教育教学信息化大赛和优秀课评选等形式，促进学科教师信息技术支撑教学能力的提升，33名教师获得市级奖项。

（刘宝泉）

【教师队伍建设】 2019年，按照区政府批复的招聘计划，招聘新教师169人，政策安置1人，接收"三支一扶"人员20人，招聘合同制幼儿教师30人，为教师队伍补充了新鲜血液。

注重师资建设，打造教育人才高地，推进天津市中小学"未来教育家奠基工程""学科领航教师培养工程"、名师工作室组建及研修展示活动。启动第六周期继续教育，全区实有报名人数4521人，其中高中（含职专）756人，初中1174人，小学2078人，幼儿园244人，干训244人，特殊教育37人，兼报12人。领航工程和乡村教师专业能力提升工程组织全体学员分别赴湖北武汉华中师范大学、北京首都师范大学、陕西西安陕西师范大学进行高校深造集中培训。8个名师工作室组织工作室54名成员赴浙江杭州参加高级研修。启动新青教师培养工程深化提高培训。组织19名语文教师参加为期7天的京津冀三地中学语文教师赴陕西师大研学活动。举行"天津市幼儿园教师和保育员能力提升计划"4期封闭培训，培训国办园、民办园、托幼点教师和保育员共计510人。经北辰区中小学高级教师职务评审委员会审核通过，113人获得高级教师资格，177人获得一级教师资格。推进校长教师优质资源合理配置，组织120名校长教师进行轮岗交流。

（杜双鸿）

基础教育

【概况】 2019年，北辰区有小学41所，初中10所，九年制学校2所，十二年制学校1所，高中5所（含2所完中校），中职学校2所，特殊教育学校1所，体育中学1所，中学实践基地、小学实践基地各1所。幼儿园84所，其中公办幼儿园48所，民办园41所。托幼点150个，由镇、街道备案和日常管理。

【学校布局结构调整】 2019年，区教育局推动编制新的《北辰区基础教育设施布局规划》，配合规划部门审核控制性详细规划、修建性详细规划若干，审核配套学校设计方案15个，审核学校精装修方案30余次，落实规划学校与首期住宅同步交付使用。

接收盛耀华府配套幼儿园等11所，新增学前学位3330个；接收盛青园配套小学等2所小学，新增小学学位1680个。加快配套学校建设进度，与开发单位沟通，提前介入配套学校方案设计。高效率完成辰庆家园配套小学、盛康园配套幼儿园、盛青园配套小学、引河里幼儿园装修工作，保障学校第一时间投入使用，解决周边适龄儿童入学问题。

组织开展前丁庄小学等35所学校校舍维修工程，北仓小学等5所学校海绵城市改造，小淀中学等12所学校运动场维修改造，宜兴埠三小等33所学校厕所革命，消除学校安全隐患，提升学校硬件水平。常态化实施学校应急维修，消除即时安全隐患，为学校工作正常开展提供硬件支撑。

围绕加快推进北仓幼儿园改建工程、中储小学新建工程、九十二中改扩建工程、华辰学校改扩建工程、河头学校改扩建工程等一批学校建设工程，补齐区域教育设施短板，提升教育配套水平。

（刘亚文）

【学前教育】 2019年，北辰区制定并落实《北辰区关于大力发展学前教育两年行动方案（2019—2020年）》。扩大幼儿园普惠率。完成40所民办园的分类登记管理工作。落实民办园用水、电、气、热的优惠扶持政策。规范幼儿园收费管理。提高幼儿园公办率。新建两所国办幼儿园投入使用，新增学位540个，实现老百姓就近享受优质学前教育的愿望，全区无证园全部清零。接收配套幼儿园11所，新增学位3690个。对31所普惠性民办园进行认定并发放奖补资金2318.32万元。发放公办园生均经费奖补资金595.584万元。对在镇、街道备案优秀的34个民办托幼点，给予奖励68万元。对符合条件的17所园中35位困难幼儿资助共计5.25万元，并对20名建档立卡的幼儿进行园内资助共计0.576万元。学前科联合教研室自主出版游戏化活动用书免费发给幼儿园和托幼点老师，并开展专项培训。

【中小学教育】 2019年，区教育局持续优化教育资源布局，完成盛青园小学、辰庆家园小学接收工作，小学新增房学位1680个。推动金侨宸公馆地块小学、二建材地块小学、正荣府配套小学、天房璟悦府配套中学、双青中小学等资源紧张区域的配套学校建设和移交工作。投入2600余万元，提升全区学校"三防建设"；投入160万元，为学校配备食堂从业人员，确保广大师生就餐安全营养。

（赵万成）

2019年天津市北辰区教育系统学校一览表

表17

序号	单位名称	地　址
1	天津市第四十七中学	北辰区京津公路富锦道南
2	天津市第九十六中学	北辰区宜兴埠镇三千路
3	天津市南仓中学	北辰区天穆镇南仓村东（南仓村东）
4	天津市朱唐庄中学	北辰区朱唐庄中学
5	天津市青光中学	青光镇政府西
6	天津市北辰区华辰学校	京津公路517号
7	天津市北辰区实验中学	北辰区果园北道21号
8	天津市北辰职专	北辰区富锦道47中北侧
9	天津市民族职专	北辰区京津公路天穆村北
10	天津市集贤里中学	北辰区虎林路11号
11	天津市北仓二中	北辰区北医道
12	天津市双口中学	北辰区双口镇双口中学
13	天津市第九十二中学	北辰区双街镇万源星城内顺风路
14	天津市北辰区河头学校	双口镇上河头村
15	天津市小淀中学	北辰区小淀镇北
16	天津市大张庄中学	大张庄镇大张庄村
17	天津市北辰区普育学校	宜兴埠北下坡
18	天津市堤头中学	西堤头东堤头村
19	天津市霍庄中学	西堤头霍庄村
20	天津市北辰区实验小学	北辰区果园北道都旺新城旁
21	天津市北辰区苍园小学	北辰区果园城建北路
22	天津市北辰区集贤里小学	北辰区安达路2号
23	天津市北辰区引河里小学	北辰区引河里小学
24	天津市北辰区瑞景小学	北辰区辰达路西侧瑞景小学
25	天津市北辰区辰昌路小学	辰昌路与龙岩道交口
26	天津市北辰区北仓幼儿园	北辰区果园北道19号
27	天津市北辰区集贤幼儿园	北仓镇集贤里
28	天津市北辰区新华幼儿园	果园中道新华幼儿园
29	天津市北辰区实验幼儿园	果园北道实验幼儿园
30	天津市北辰区引河里幼儿园	北仓镇引河里
31	天津市北辰区淮盛幼儿园	北辰区汾河北道22号
32	天津市北辰区宸宜幼儿园	姚江东路50号
33	天津市北辰区双青一幼	北辰西道欣永路102号

续表

序号	单位名称	地　址
34	天津市北辰区欧铂城幼儿园	北辰区景丽路 7 号
35	天津市北辰区双青二幼	北辰西道荣翠园 13 号
36	天津市北辰区双青三幼	北辰区双青新家园嘉康西路 13 号
37	天津市北辰区温雅幼儿园	北辰区温家房子温馨家园 B 区
38	天津市北辰区半湾幼儿园	北辰区双街镇双进道南侧顺达路 6 号
39	天津市北辰区双青第四幼儿园	北辰区双青新家园新景道 40 号
40	天津市北辰区润辰新苑幼儿园	北辰区天重道 31 号
41	天津市北辰区恒逸华庭幼儿园	北辰区天穆镇洛河西道 2 号
42	天津市北辰区郡德花园幼儿园	北辰区京津公路 805 号
43	天津市北辰区绿境华庭幼儿园	北辰区北仓镇济永道与至信路交口
44	天津市北辰区北仓小学	北辰区延吉道 11 号
45	天津市北辰区王秦庄小学	北辰区北仓镇王秦庄小学
46	天津市北辰区李嘴小学	北辰区李咀小学
47	天津市北辰区天穆小学	北辰区京津路 270 号
48	天津市北辰区南仓小学	北辰区天穆镇南仓小学
49	天津市北辰区王庄小学	北辰区天穆镇王庄村
50	天津市北辰区模范小学	北辰区双街镇
51	天津市北辰区青光小学	北辰区青光镇青光小学
52	天津市北辰区杨嘴小学	北辰区青光镇杨嘴村
53	天津市北辰区韩家墅小学	北辰区青光镇韩家墅村
54	天津市北辰区沿河小学	北辰区青光镇沿河小学
55	天津市北辰区双口小学	北辰区双口村双口小学
56	天津市北辰区安光小学	北辰区双口镇安光小学
57	天津市北辰区前丁庄小学	北辰区双口镇前丁庄村
58	天津市北辰区线河小学	北辰区双口镇线河小学
59	天津市北辰区宜兴埠第一小学	北辰区津围公路宜兴埠段 114 号
60	天津市北辰区宜兴埠三小学小	北辰区宜白路北第三小学
61	天津市北辰区小淀小学	北辰区小淀镇小淀村
62	天津市北辰区刘安庄小学	北辰区小淀镇刘安庄村
63	天津市北辰区温家房子小学	北辰区温家房子小学
64	天津市北辰区大张庄小学	北辰区大张庄村
65	天津市北辰区朱唐庄小学	北辰区朱唐庄小学

续表 1

序号	单位名称	地　址
66	天津市北辰区辰风小学	北辰区大张庄镇喜凤花园
67	天津市北辰区东堤头小学	北辰区西堤头镇东堤头小学
68	天津市北辰区西堤头小学	北辰区西堤头镇西堤头村
69	天津市北辰区刘快庄小学	北辰区刘快庄村
70	天津市北辰区霍庄子小学	北辰区西堤头镇霍庄村北
71	天津市北辰区辛侯庄小学	北辰区西堤头镇辛侯庄村
72	天津市北辰区芦新河小学	北辰区西堤头镇芦新河村
73	天津市北辰区盛青小学	北辰区新景道 1 号
74	天津市北辰区辰庆小学	北辰区辰庆路 10 号
75	天津市北辰区荣辰小学	北辰区沁河北道 105 号
76	天津市北辰区翊辰小学	北辰区奇峰路 1 号
77	天津市北辰区金艺小学	北辰区淮东路 63 号

▲2019年11月7日，北辰区教育系统开展学校特色项目“互比互学互看”活动——北仓二中教师课堂展示
（区教育局　供图）

【达标建设】 2019年，为进一步提升义务教育学校的现代化水平，促进区义务教育更加优质均衡发展，继续推进第三轮义务教育学校现代化达标建设。根据《天津市义务教育学校现代化标准建设（2016—2020）市级巡回督导实施办法》工作要求，10月9日市级巡回专家组到北辰区督查，对区现代化学校创建情况给予充分肯定。至2019年年底，全区义务教育学校53所，其中44所学校完成评估任务，完成比例83.02%。为推进学校全面健康发展，引导学校相互学习、合理竞争，坚持推动教育系统千分考核工作，完善教育系统千分考核细则，确保考核内容、过程等科学化、合理化，突出考核的指导和服务作用。

（杨　静）

【挂牌督导国家创新区建设】 2019年，北辰区实现113所中小学和幼儿园挂牌督导全覆盖，建立北辰责任督学挂牌督导“一制三化”工作机制，整体推进区教育督导工作规范化、制度化、常态化。聘请专职督学和责任督学72名。全区44所义务教育学校完成第三轮现代化标准建设市级督导评估，总计完成比例84.62%。36所幼儿园通过幼儿园办园行为市级督导评估。

（刘宝泉）

素质教育

【概况】 2019年，北辰区教育系统深入推进社会主义核心价值观教育，开展“我和我的祖国”系列主题教育活动、“9·30”烈士纪念日主题教育等主题教育活动，举办“好书伴我成长”读书活动、经典诵读大赛以“我的文明形象——遵守中小学生行为规范”为主题的行为规范训练月等特色活动。9月，全区学校通过文明校园验收。在天津市中小学运动会上，蝉联团体总分冠军。20所学校被评为全国校园足球示范校。

（刘秋香）

【“9·30”烈士纪念日主题教育活动】 2019年，区教育局举办“9·30”烈士纪念日主题教育活动，全区30所学校分别到烈士陵园等场所举行祭扫活动，举办1000多场主题班会；380名中小学生代表参加天津市“9·30”烈士纪念日祭扫活动，北仓小学80名少先队员代表全市少先队员献唱中国少先队队歌。

【“好书伴我成长”读书活动】 2019年，将“学习优秀文化，传承传统美德”为主题的教育活动纳入各校常规教育活动，开展“好书伴我成长”读书活动，全区58所学校上报书画、剪纸、摄影、征文共2600份。

【举办经典诵读大赛】 2019年，北辰区举办第五届中小学经典诵读大赛，全区58所学校通过班级比赛、年级比赛、校级比赛到区级比赛，参与人数3万余人次。

【“我和我的祖国”系列主题教育活动】 2019年，结合中华人民共和国成立70周年，全区教育系统组织开展“我和我的祖国”系列主题教育活动。举办“我和我的祖国”主题班会1200余节；全区中小学学生与家长共同收看国庆阅兵，并写下阅兵感言4000多篇；开展“我与祖国合个影”“我与祖国共奋进 做新时代追梦人”主题升旗仪式、“喜迎新中国70华诞”歌咏比赛、“点赞祖国”演讲比赛等形式讴歌伟大的祖国；举办“初心砥砺70载，追梦奋进新时代——天津市北辰区教育系统庆祝中华人民共和国成立70周年文艺演出”全区中小学幼儿园的优秀教师代表、部分学生代表近1000人参加活动。

（丁　静）

【体育活动】 2019年，北辰区在天津市中小学运动会上，以1501分蝉联团体总分13连冠。天津市中小学足球比赛东堤头中学、秋怡中学分获男子和女子组冠军。10月，在第四十七中学举行北辰区中小学运动会，参赛运动员和教练员人数达到2928人。完成区19所学校场地提升改造后向社会开放牵头工作。举办中小学校园足球冬令营活动，共31队近450名运动员和教练员参加该次活动。启动第二届校园足球校际联赛，52所学校参赛，参赛运动员近2000人，参与学生近1.5万人次，区中小学校园足球竞技水平处于全市领先地位。

【文艺活动】 2019年，北辰区深入推进艺术教育改革，逐步形成课堂教学、课外活动和校园文化“三位一体”艺术教育发展新模式，搭建文艺展演活动平台。在苏州举行的全国文艺展演中，李嘴小学报送的工作坊，获得教育部颁发的二等奖，区教育局被评为优秀组织奖。举办9场戏曲进校园活动演出，24所学校开展戏曲进校园，让学生进一步了解戏曲知识。举办艺术节展演活动，开展声乐、器乐、舞蹈、主持人、综艺、美术书法作品7个专场艺术展演，5000多人次参加；北辰区在市级文艺展演中获得一等奖32个、二等奖43个、三等奖52个。

（刘振刚）

▲2019年10月11日，“不忘历史祭先烈　星星火炬育红娃”北辰区教育局举办少先队成立70周年纪念活动

（区教育局　供图）

教育合作交流

【概况】 2019年，北辰区推动教育扶贫协作和对口支援工作，开展交流研讨、观摩走访、结对帮扶、支教、教育联盟等多项活动，推进地区间教育合作交流。至2019年，累计与4个受援地区结对帮扶学校53对，受援地3000余名师生参与交流和互学互助、文化体育活动。

（刘秋香）

【教育联盟】 2019年，北辰区教育系统深度开展教育联盟各项工作，联盟会议制定的4个方面14个具体项目全部落实。选派200余名校级干部、骨干教师、教研员参加京津冀联盟培训及研讨交流活动，组织500余名学生参加三地教育局主办的京津冀“联盟杯”科技邀请赛、艺术教育交流活动、校园足球邀请赛等活动，促进三地教育水平的提升。

附：

京津冀三区市“联盟杯”中小学校园足球邀请赛

10月17日，2019年京(大兴区)津(北辰区)冀(廊坊市)三区市“联盟杯”中小学校园足球邀请赛在天津市第四十七中学足球场拉开帷幕。共有来自三区市中小学的20支队伍，四百余人参加比赛。

比赛分为高中男子组、初中男子组、初中女子组、小学男子组和小学女子组五个组别。比赛中各代表队严格遵守比赛规则，全体球员在球场上抖擞精神、顽强拼搏，发挥出良好的竞技水平，呈现了一场又一场的精彩比拼。经过紧张激烈的角逐，廊坊市队获得了高中男子组冠军，北辰区A队获得初中男子组冠军，大兴区队获得了初中女子组、小学男子组和小学女子组冠军。

北辰区教育局党委书记、局长郑丽莉说：“京津冀三区市足球邀请赛的核心目的是推进素质教育，落实立德树人根本任务，以比赛为抓手，推进三区市青少年校园足球运动。祝贺取得优异成绩的各代表队，也感谢辛勤付出的裁判员及工作人员。”

2019年京津冀三区市“联盟杯”中小学校园足球邀请赛圆满落幕。通过比赛的成功举办，加深了三区市各方面的了解，增进相互间的友谊，促进了京津冀三区市教育联盟工作更加密切，更加深入地开展。

（该文选自“微北辰”北辰区政府微信公众号）

（刘宝泉）

【交流研讨】 2019年，区教育局落实《北辰区推进东西部扶贫协作和对口支援三年行动方案》，围绕教育资源共享开展各项活动。百余名校长、园长及教育局科室负责人通过校长论坛、观摩走访等形式进行深度交流，共同提升领导素质能力。组织“讲师团”为受援地600余名教师开展专题讲座、上示范引领课，安排受援地区100名教师到区进行短期跟岗学习，促进与受援地区教育文化交流。援建华池教育局的4套“远程网络同步教学系统”正式启动，实现异地远程教学研讨交流常态化。

【结对帮扶】 2019年，区教育局选优配强帮扶学校，扩大帮扶覆盖面，在与4个受援地区签订41对结对帮扶学校的基础上，2019年又增加12对。结对帮扶活动有序持续开展，教师上课听课1000余节，开展教育教学活动400余次，促进两地教学水平的稳步提升。与受援地区学校开展“小手拉小手，共享新生活”活动，受援地2320名学生参与活动，通过援受两地学生互通一封信、互读一本书等形式，引导孩子们互学互助、共同健康快乐成长。

【支教活动】 2019年，北辰区遴选23名优秀教师开展援疆援藏援甘援兴支教活动，选派时间在12个月及以上的占选派教师人数的74%。选派教师在担任受援地课堂教学的同时，还在当地开展学科研讨、教师培训等活动，助推受援地学科教学水平提升。

（杜海霞）

▲2019年10月，京津冀三区市“联盟杯”中小学校园足球邀请赛女子组比赛

（“微北辰”公众号　供图）

▲2019年10月，京津冀三区市“联盟杯”中小学校园足球邀请赛男子组比赛

（“微北辰”公众号　供图）

科学技术

北辰年鉴

2020

综　述

2019年1月16日，天津市北辰区科学技术局（以下简称区科技局）有序推动创新驱动发展战略，服务区科技企业发展，推动区创新提升迈上新台阶。全年新增国家科技型中小企业入库488家，完成全年任务108%。评价入库雏鹰企业115家，完成全年任务115%，瞪羚企业评价入库29家，完成全年任务290%。3项企业产品被市科技局认定为天津市“杀手锏”产品，累计达到48项，占全市16个区10.59%，3家企业入选天津市领军（培育）企业，累计认定市级领军培育企业22家，占全市16个区10.9%；累计获批市级以上企业重点实验室15家，占全市16个区9.4%，批准筹建5家。

▲2019年4月11日，北辰区科技局在万源龙顺度假庄园组织召开2019年高新技术企业认定培训会　　（杜飞腾　摄影）

2019年，北辰区气象局实施气象观测与预报，全年地面测报无错情，无责任性事故发生。升级区域站2个，建成学校科普站2个。

（庄倩倩）

科技开放创新

【概况】 2019年，区科技局落实《天津市创新型企业领军计划（2018—2020）》，服务创新型企业发展，为区实现新旧动能转换，推动经济高质量发展提供有力科技支撑。国家级高新技术企业认定115家，技术合同登记额完成40亿元，完成全年任务103%。获批市级以上企业重点实验室15家，占全市16个区9.4%，批准筹建5家。

【科技创新载体建设】 2019年，区科技局调研孵化器、生产力促进中心、工程技术中心、产业园、产业基地、企业科研开发实验室、企业开发中心等建设和运作情况。以创新平台建设为着力，营造创新创业氛围。鼓励区骨干企业申报市级重点实验室，支持现有市级重点实验室升级为国家级重点实验室。2019年，伟星新型、中重科技两家企业申报市级重点实验室。区建成市级以上企业重点实验室15家，占全市16个区的9.4%，批准筹建5家。工程中心建成13家。推动众创空间建设，全区有市级以上众创空间9家（包括大学众创空间5家）。组织区内众创空间的主要负责人到腾讯、星河众创空间参观学习，营造大众创业、万众创新的良好氛围。

【主办天津—中东欧国家科技创新合作对接会】 2019年，区科技局落实“中国—中东欧国家科技创新伙伴计划”。连续3年与市科技局共同主办天津—中东欧国家科技创新合作对接会。2019年，对接会上区天津海天缘生产力促进中心有限责任公司与斯洛文尼亚的全球成长基金（GGF）签署战略合作协议。双方定期举办路演活动，利用欧盟的创投基金，帮助中东欧科技企业进入中国。海天缘将利用在天津广泛的合作网络，推动中东欧企业来津落户发展，同时推动北辰区企业拓展海外合作网络。双街镇与斯洛文尼亚的普利莫斯克科技园签署合作备忘录，双方为初创期企业提供服务。双街可信园被确定为中东欧科技企业进入天津的软着陆区。

【科技招商与引智】 2019年，区科技局着眼于区高新技术、战略新兴产业发展对科技创新的需要，加大人才引进培养力度。落实市级创新人才推动计划，天津市天锻压力机有限公司杜丽峰入选“天津市创新人才推动计划”中青年科技创新领军人才，建科机械（天津）股份有限公司陈振东、天津菲斯特机械设备有限公司付君武、中逸安科生物技术股份有限公司高辉、天津恒丰达塑业股份有限公

▲2019年4月1日，北辰区在开发区管委会召开校企人才对接座谈会（杜飞腾　摄影）

司李贺、天津壹新环保工程有限公司王学科、天津中健国康纳米科技股份有限公司吴正刚入选"天津市创新人才推动计划"科技创新创业人才，天津市天锻压力机有限公司吕国盛智能伺服机械装备创新团队、陈海周复杂薄壁构件精密成形工艺与智能化成套装备研发及应用创新团队入选"天津市创新人才推动计划"重点领域创新团队。

【科技领军企业】 2019年，天津博威动力设备有限公司、天津市禹神建筑防水材料有限公司、泰伦特生物工程股份有限公司被市科技局认定为2019年天津市科技领军培育企业，天津久日新材料股份有限公司被认定2019年天津市科技领军企业。

（杜飞腾）

▲2019年7月25日，北辰区科技局在科技成果超市组织召开雏鹰、瞪羚企业评价办法政策宣讲会 （杜飞腾 摄影）

科技成果

【概况】 2019年，区科技局重点培育领军企业重大项目、研发项目，以"科技成果超市"为载体，强化科技成果转化。至2019年，"科技成果超市"有科技成果1511项、专家403人，征集企业需求124项；获天津市"杀手锏"产品认定达到48项。

【科技重点项目】 2019年，以国家级、省市级项目为重点，北辰区投资百万以上重点项目6项。天津捷强动力装备股份有限公司"JQ车载液压动力系统的优化研究"、天津冶金钢线钢缆集团有限公司的"桥梁缆索用HDPE热镀锌预应力钢丝及钢绞线的优化研发"，天津九为实业有限公司"九为承插型盘扣式钢管支架的优化研究"3项"杀手锏"产品研发项目立项。天津博威动力设备有限公司"极端环境智能云监控电站系统"、天津市禹神建筑防水材料有限公司"新型功能高分子自粘膜防水卷材的研发及应用"、泰伦特生物工程股份有限公司"绿色环保安全金属加工液的优化研究"获得天津市科技局领军企业重大培育项目立项。

【产学研合作项目】 2019年，区科技局完善以企业为主体，市场为导向，产学研用紧密结合的科技创新体系。以北辰"科技成果超市"为载体，强化与市级以及区内外高校科技成果转化平台互联互通，把更多的科研成果、高端人才转化为企业的经济成果。至年底，"科技成果超市"举办产学研对接会、政策宣讲等活动35次，参加人员累计1700人次，接待企业及高校科研院所的参观到访150余次，参观人员累积2100余人次，成果超市线上服务平台用户企业达到620家，28家企业签订《产学研合作协议》，其中有3个项目促成高校与企业的深度对接，实现成果的转化落地。

【"杀手锏"产品认定】 2019年，北辰区有3家企业获天津市"杀手锏"产品认定，分别是天津捷强动力装备股份有限公司"'捷强动力'牌JQ车载液压动力系统"、天津冶金钢线钢缆集团有限公司的""金钟"牌桥梁缆索用HDPE热镀锌预应力钢丝及钢绞线"、天津九为实业有限公司"'九为'牌承插型盘扣式钢管支架"。

（杜飞腾）

气象服务

【概况】 2019年，北辰区气象局（以下简称区气象局）加强基础设施建设，升级区域站2个、迁站1个、建成校园科普气象站2个；实施地面测报，年内无责任性事故发生；开展春节、春运、中高考、特殊天气等气象服务保障，发布气象灾害预警、雨晴公报等信息896期，开展"3·23"世界气象日、全国气象科普日、宪法宣传日等气象科普宣传活动和气象执法。是年，区气象局被评为天津市气象部门社会治安综合治理、安全保卫工作先进单位；获天津市气象部门"不忘初心跟党走 牢记使命敢担当"主题辩论赛三等奖。

【气象观测与预报】 2019年，到报率平均值达99.5%以上、设备稳定率平均值达99%以上。气温订正技巧、灾害性天气预警准确率稳步提高。4月30日20时至21时地面综合观测业务软件Ver：2.0.3.0升级为地面综合观测业务软件Ver：3.0.1.430；6月14日10时至11时地面综合观测业务软件升级为Ver：3.0.1.613；10月14日10时至11时地面综合观测业务软件升级为Ver：3.0.1.1013；12月12日10时至11时地面综合观测业务软件升级为Ver：3.0.1.1206。

年内，升级区域站2个（大张庄、辛侯庄），迁站1个（大张庄），建成校园科普气象站2个（大张庄中学、宸宜幼儿园）。齐浩的论文《北辰地区日最低气温特征及影响因素研究》在《天津科技（第3期）》上发表，同时在第36届中国气象学会年会上做交流并获得评委会二等奖；刘春艳的论文《北半球平流层高层极涡变化特征的模拟研究》在《天津科技（第5期）》上发表。6月，启动《北辰精细化大气污染防治服务保障能力提升建设》项目。

年内，完成7月23日至24日大暴雨天气过程的气象服务；完成春节、"两会”、春运、中高考、残运会、开斋节等的气象服务保障。全年共发布气象灾害预警信息104期、应急响应179期、雨晴公报42期、空气质量保障气象服务专报365余期，气象信息24期，重要天气报告19期，气象快报60期，春运、中高考、开斋节、供暖服务等气象服务专报97期，残运会火炬传递专题报告6期。

【天气预报预警服务体系】 5月29日，区气象局组织召开2019年气象灾害防御领导小组联席会暨气象信息员培训会，安排部署年度灾害防御重点工作，对突发事件预警信息发布平台及智慧气象信息员“钉钉”手机APP操作要点和注意事项做培训。加强智慧气象信息员平台“钉钉”APP的推广应用，信息员激活率达100%，各月活跃度均达到35%的考核标准。年初完成对15个镇街2018年气象灾害防御工作绩效考核，制定2019年度考核细则，将基层灾害防御体系建设、突发平台应用、防雷减灾等工作纳入对镇街的考核。6月11日下午，参加北辰道一仓库废旧钢瓶处置应急气象保障服务；6月28日上午，参加北辰区安委会组织的危化品事故应急救援演练。

年内，开展“四下乡”“3·23”世界气象日、“5·12”国家防灾减灾日、区科技周、全国气象科普日、宪法宣传日等气象科普宣传。组织开展气象科普进社区、困难村等气象灾害防御知识的宣传和讲座，发放科普宣传材料普及防灾减灾知识。

在青（广）源街道荣雅园社区科技馆打造气象科普展厅，将气象科普融入到社区综合科普展馆，通过科学、趣味的展览和互动体验方式，在提高兴趣的基础上普及科学知识。青（广）源街道办事处被中国气象局、中国气象学会命名为“全国气象科普教育基地—基层防灾减灾社区（乡镇）”。

北辰气象微信公众平台关注人数470人，比上年增加55人；对全区的91块气象电子显示屏进行定期排查和巡检，终端在线率提高显著；全国智慧气象信息员平台信息员活跃度得效提升，实现信息员录入全覆盖，录入比达到100%，活跃度达到37.2%，超过30%的要求。新型农业经营主体注册天津农气微信公众号的用户覆盖率超过40%。完善优化气象电子显示屏终端在线监控平台建设和镇（街）责任终端考核办法，进行定期巡检，及时检修，确保终端最大程度发挥气象服务作用。

3月28日至4月10日，举办全区人工影响天气指挥人员和炮站作业人员上岗资格培训班。全年人工增雨、防雹作业6个作业日、15站次，消耗人雨弹198发、火箭弹10枚，其中防雹作业日4个，消耗人雨弹198发；增雨（雪）作业日2个，消耗火箭弹10枚，有效缓解农业旱情；总增雨量410万立方米，阻止冰雹对农作物侵害，防区内无雹灾。9月30日，人影弹药存放点与公安北辰分局110指挥中心联网，炮站安装一键报警装置，确保有突发情况立即报警。

【气象行政执法】 2019年，区气象局与区应急管理局联合下发《关于做好2019年度防雷减灾工作的通知》对防雷减灾工作进行部署，将防雷安全列入对镇街绩效考核。开展事故隐患排查治理集中行动和危险化学品企业隐患排查治理专项行动，全年开展防雷执法47次，检查企业109家。完成全国防雷减灾综合管理服务平台的信息录入。组织禁放气球巡查，共查处违法放球2起。参加天津市“多规合一”项目策划生成系统平台学习培训，办理规划审核280件。

（周仲秀）

▲2019年4月2日，青（广）源街道办事处被中国气象局、中国气象学会命名为“全国气象科普教育基地——基层防灾减灾社区（乡镇）” （庄轶雲 摄影）

▲2019年3月18日，北辰区气象台举办“3·23”世界气象日开放日宣传活动。图为气象干部向学生讲解气象观测设施 （齐浩 摄影）

文化旅游

北辰年鉴

2020

综 述

2019年，北辰区扎实开展群众性文体活动，成功举办庆祝中华人民共和国成立70周年系列活动、北辰区第十四届“北运河之夏”和谐文化大舞台、第六届“天穆杯”小品展演、“春雨工程·天津甘肃手拉手”活动。全面加强文化遗产传承保护，完成大运河保护区文物影响评估、考古送审和区级第四批非遗传承人、第五批非遗代表性项目评审工作，至年底，全区共拥有各级非物质文化遗产代表性项目44项，其中国家级1项，市级24项，区级19项。至年末，全区有文化类经营场所70家，其中娱乐场所10家，互联网上网服务场所48家，演出场所1家，艺术品经营单位2家，文化表演团体9家。区级公共图书馆、文化馆和档案馆各1个，藏书34.3万册，举办各种读者服务、文艺展览讲座等活动251次。是年，北辰区被命名为国家公共文化服务体系示范区。

（刘秋香）

公共文化活动

【概况】 2019年，北辰区举办“天穆杯”“新农村 新文化 新风尚”第六届全国小品展演，71个作品参加3场展演和4场基层巡演。推进文化惠民工程，举办“和谐文化大舞台”文艺展演、“丁青热巴舞”专场演出、“文化有约”艺术普及系列讲座、“辰星讲堂”文化讲座读者活动、流动放映电影等活动。开展庆祝中华人民共和国成立70周年系列活动，举办下基层文艺演出90余场。举行北辰区“与非遗亲密接触”主题活动，全区公布区级非物质文化遗产项目44项。

【国家公共文化服务体系示范区】 2019年2月，北辰区被文化和旅游部、财政部命名为国家公共文化服务体系示范区。3月19日，北辰区负责人参加在上海举行的由文化和旅游部主办的公共文化产品供给侧改革现场经验交流会。会议总结第三批国家公共文化服务体系示范区（项目）创建工作，并进行命名颁牌。市文化和旅游局副局长马庆余、北辰区人民政府副区长马希荣出席会议并接受“国家公共文化服务体系示范区”颁牌。该项工作2016年3月启动，区文旅局广泛开展宣传、培训工作，创品牌服务项目，加强对村民、居民的公共文化服务，并开展与新疆、云南、甘肃等西部地区的“春雨工程”文化交流“手拉手”活动，建设区和镇街的公共文化服务硬件设施，使公共文化服务走向社会化，建立公共文化机构法人治理结构，健全公共文化服务体系协调机制，使该体系的资金和人力都得到保障。

【“天穆杯”第六届全国小品展演】 “天穆杯”“新农村 新文化 新风尚”第六届全国小品展演由市委宣传部、市文旅局、北辰区政府主办，于2019年3月启动。共收到来自全国23个省、自治区、直辖市报送的作品71个。经过评选，16个省、自治区、直辖市21个小品获邀参加11月29日至12月1日的3场展演，内容涉及非遗保护、精准扶贫、科技兴农等热点话题。小品《冬日里的温暖》（天穆镇文化站）、《煎饼馃子的味道》（河北区文化馆）等受到观众好评。该届“天穆杯”小品展演，除3场展演活动之外，增加赴宜兴埠镇文化中心、大张庄镇文化中心、天穆镇文体中心、滨海新区大港文化馆4场基层巡演；开设京津两地的戏剧、群文专家2场名家讲堂，讲授新时代下戏剧、小品发展的先进知识和理念；以“天穆杯30年”为主题召开研讨会，邀请专家学者和各方代表探讨天穆杯小品新的发展方向。

【“春雨工程·天津甘肃手拉手”行动】 8月6日至11日，北辰区文化志愿者一行30余人赴革命老区甘肃省庆阳市正宁县开展“春雨工程·天津甘肃手拉手”活动。

▲2019年8月，甘肃正宁县及县文化广电旅游局负责人、北辰区文旅局负责人与志愿者、演员们演出后合影 （文旅局 供图）

▲2019年8月，北辰区和谐文化大舞台文艺展演演出舞蹈节目现场 （文旅局 供图）

期间共举行6场文艺“大舞台”演出、5场书法绘画笔会、2场声乐讲座和北辰农民画精品展等文化交流活动。除在正宁县城举行演出和文化交流，还到正宁县的永正镇、周家镇、湫头镇和永和镇演出，北辰区图书馆向正宁县图书馆赠送价值4万余元的图书。

【文化惠民活动】 2019年6月24日至7月14日，举行北辰区“北运河之夏”第十四届和谐文化大舞台文艺展演活动，7月16日在北辰区文化中心前广场举行优秀节目汇报演出暨颁奖晚会。颁奖晚会在舞蹈《红红火火》中拉开帷幕，整场演出的节目均来自镇街展演的作品，体现群众的舞台自己演的活动宗旨。组织“北运河之夏”北辰区2019年第十四届和谐文化大舞台文艺展演，15个镇街分为东、中、西3个片区，利用流动舞台车深入基层演出，用优秀的群众文化节目，丰富百姓的夏季文化生活。

协助开展对口帮扶的西藏自治区昌都市“丁青热巴舞”北辰专场演出。开展戏曲进乡村、进校园知识讲座及演出活动，共演出20场。全年共流动下村庄、社区、农民工地等基层放映电影1748场。八一建军节期间，到驻区部队军营举行放映红色电影慰问活动；重阳节期间，到区光荣院、镇敬老院举行放映红色电影慰问活动；到戒毒所放映科教电影等。区文化馆全年共举办“文化有约”艺术普及系列讲座10讲(场)，内容涉及音乐、舞蹈、戏剧、书画、楹联等，图书馆继续打造“辰星讲堂”文化讲座读者活动品牌，全年共举办70次，内容含介绍中华传统文化的经典讲座，介绍民俗和北辰区历史文化的地方特色讲座，心理健康引导、健康知识讲座以及摄影知识、法律知识等。2019年，区图书馆接待读者43万人次，图书馆流通数量246078册，采购新图书23960册，为村居图书室配备电子借阅机108台。

【庆祝中华人民共和国成立70周年系列文化活动】 2019年9月21日，在龙顺庄园农业博览馆举行“礼赞新中国 奋进新时代”北辰区各界群众庆祝中华人民共和国成立70周年文艺演出。整场演出共分祝福新中国、礼赞40年、共筑中国梦、奋进新时代4个乐章，节目有大合唱、诗朗诵、歌伴舞、独唱、二重唱、情景歌曲、舞蹈等多种形式；有表现家乡北辰的《走进北辰》《美丽北辰我爱你》《运河颂》原创作品。气势恢宏，演出上档次、上水平。组织开展了“庆七十华诞 颂盛世祖国”文艺演出下基层(村庄、社区等)活动，共演出90场；9月12日至10月，举行北辰区庆祝新中国成立70周年“中华民族一家亲 同心共筑中国梦”书画摄影作品系列展出活动。区内北仓镇龙湾书画社、集贤里街道拜泉里书画社、瑞景街道瑞益园书画苑等纷纷开展展览等庆祝活动。

▲2019年8月，北辰区举行“我和我的祖国”我为祖国写祝福活动，青少年们挥毫共同送上对伟大祖国的祝福 （文旅局　供图）

【公共文化服务效能】 2019年，区文旅局开展菜单式服务。全年共发放公共文化活动指南手册3.85万册，海报2100套6300张。为增强宣传效果，对每期指南手册的封面、封二、封三等及时调整。8月，增加和谐文化大舞台演出专题，并刊登《天津市公共文化服务保障与促进条例》。9月，增加春雨工程专题和《天津市非物质文化遗产保护条例》。开展第三方评估，与天津商业大学公共文化服务团队开展基层公共文化设施评估、基层公共文化设施管理单位服务满意度、政府购买演出满意度、区文化馆图书馆使用效能和服务质量考核评价。协助市文化和旅游局建设开通天津市公共文化平台，将镇街、村居公共文化设施信息进行线上登记。完成全区239个村居名称的核实工作，上报至市级平台负责人。征集各镇街文化站、区文化馆、区图书馆、区文旅局各职能科室对文旅云的使用需求，汇总需求，启动文旅云升级招标，不断优化文旅云平台。为进一步提升公共文化服务效能，12月8日至13日，举办公共文化服务体系建设专题培训班，各镇街分管文化工作领导、文化站长，区文化馆、区图书馆部分业务干部42人参加。

文化遗产保护

【概况】 2019年，北辰区做好非物质文化遗产保护工作，完成第五批区级非遗代表性项目、第四批区级非遗传承人评审工作；开展《天津市非物质文化遗产保护条例》宣传培训；加强不可移动文物保护工作。至2019年，全区共有非物质文化遗产名录项目44个，不可移动文物21处。

【文物保护】 2019年，区文旅局协调做好涉大运河北运河北辰段保护区划建设工程项目文物影响评估、考古送审和批转工作；完成不可移动文物黄金祥故居的修缮；举办文物保护工作专题培训班，有相关镇和单位负责人参加，与相关镇签订文物保护工作责任书。

【非物质文化遗产保护】 2019年6月1日至2日，北辰区委网信办、区文化和旅游局、新浪天津共同举办“寻趣非遗之网说非遗新传承”主题活动。6月6日，在双街镇紫御园举行北辰区“与非遗亲密接触”主题活动暨“文化和自然遗产日”系列活动启动仪式。启动“穆氏花毽”申报国家级非遗代表性项目；组织刘园祥音法鼓开展国家级非遗项目优秀保护实践案例遴选工程；组织上善道乐、津门太平鼓民间花会参加京津冀抚宁展示展演活动；完成国家级、市级非遗代表性项目保护单位检查调整；建立区级非遗专家库。

【第五批区级非物质文化遗产名录公布】 2019年，北辰区人民政府批准区文旅局确定的第五批区级非物质文化遗产代表性项目名录共15项，其中传统舞蹈2项，传统体育、游艺与杂技1项，传统美术3项，传统技艺7项，传统医药2项。

2019年第五批北辰区非物质文化遗产代表性项目一览表

表18

类型	编号	项目名称	申报地区或单位
传统舞蹈	Ⅲ-1	前丁庄聚乐高跷	双口镇
	Ⅲ-2	王庄顺和高跷	天穆镇
传统体育、游艺与杂技	Ⅵ-1	北辰于氏查拳	辰文故里非遗中心
传统美术	Ⅶ-1	北辰民间绘画	区文化馆
	Ⅶ-2	丰氏民间绘画	双口镇
	Ⅶ-3	王氏泥塑	大张庄镇
传统技艺	Ⅷ-1	北辰民间女红布艺	集贤里街道
	Ⅷ-2	郑氏传统发酵面食制作技艺	青光镇
	Ⅷ-3	郑氏葫芦种植加工技艺	双口镇
	Ⅷ-4	尚记真丝绣绒加工技艺	宜兴埠镇
	Ⅷ-5	张氏手工刻纸技艺	辰文故里非遗中心
传统技艺	Ⅷ-6	伍瑞粽子制作技艺	天穆镇
	Ⅷ-7	赵氏民间剪纸技艺	双口镇
传统医药	Ⅸ-1	道医分筋点穴疗法	青光镇
	Ⅸ-2	于氏祖传膏药制作技艺	宜兴埠镇

前丁庄聚乐高跷 前丁庄聚乐高跷组建于1915年，由梁各庄高跷传入，传承至第六代。以文武跷表演盛名，有会歌七首《三月三》《十字西厢》《赞八仙》《渔樵问答》等。

王庄顺和高跷 王庄顺和高跷组建于清乾隆十九年（1754年），传承至第十三代。是以渔樵耕读为题材，表现农耕社会的渔夫、樵夫、农夫、书生四种职业，在逢年过节赶集、逛庙会、喜庆丰收时的欢乐场面。

▲2019年6月6日，北辰区在双街镇紫御园展示非遗代表性项目。图为负责人杨波作讲解

（文旅局　供图）

北辰于氏查拳 北辰于氏查拳创立于大清康熙二年（1662年），传承至第十一代。20世纪90年代，少林查拳传播到大张庄镇张四庄村，2009年又传播到北仓一带，并建立传习武馆，传承中华武术传统技艺。

北辰民间绘画 北辰民间绘画起源于20世纪初期，其吸收剪纸、刺绣、泥塑等民间艺术的精华，创作出富有浓厚地方色彩的民间绘画作品，突出“津味”的诙谐幽默、运河的文化底蕴、大工业城市的现代时尚气息。

丰氏民间绘画 丰氏民间绘画技艺起源于民国初年。起初在画纸上画花鸟鱼虫、山山水水一直以素描为主，后发展画玻璃画，继而延伸到家具的装饰玻璃上，绘制农民在生产、生活和一些象征性的题材内容。

王氏泥塑 王氏泥塑创立于清光绪

十五年（1889年），传承至第六代。王氏泥塑特点鲜明，具有现实主义艺术特色。刻画出的人物形态、衣着真实灵动。

北辰民间女红布艺 北辰民间女红布艺属于传统技艺项目，有150余年历史。该技艺既保留江南苏绣的细腻，又结合天津本土的技艺手法，同时添加绳结和珠绣的美观大方，形成了鲜明的地域特色和深厚的文化内涵。

郑氏传统发酵面食制作技艺 郑氏传统发酵面食制作技艺始于光绪年间，传承至第五代。郑氏家族至今保留香糟馒头的制作技艺，制作出的面食，富含多种营养物质，绿色天然，还研发出运用大麦苗复合茯苓多糖粉制作有机养生面点，颇受天津老百姓的喜爱。

郑氏葫芦种植加工技艺 郑氏葫芦种植加工技艺始于民国初年，传承至第三代，继承和发展范制葫芦的技艺。

尚记真丝秀绒加工技艺 尚记真丝绣绒加工技艺创立于1916年，传承至第四代，是一种将蚕丝从单丝制作成为光亮顺滑鲜艳的蚕丝线的加工技艺。

张氏手工刻纸技艺 张氏手工刻纸技艺刻吸取众多纸艺人的长处，不断改进和创新工具制作，复制底样、材料选用、刻制技艺、设计创作。

伍瑞粽子制作技艺 伍瑞粽子将老字号品牌文化和传统技艺进行结合，成为当地有名的清真食品。

赵氏民间剪纸技艺 赵氏民间剪纸技艺创立于清光绪二十四年（1908年），传承至第五代。该技艺在盲铰、掐样铰的基础上，改进为“熏样剪”“漏色剪”及刻板剪刻，提升了制作工艺。

道医分筋点穴疗法 道医分筋点穴疗法创立于清光绪十三年（1887年），传乘至第六代。道医分筋点穴疗法讲究个人修为，以手为技、以德为魂，强调手法、技法、心法相互结合，互为共用、相互融合。

于氏祖传膏药制作技艺 于氏祖传骨伤膏药起源于清康熙年间。作为百年传承，具有舒筋活血、祛瘀等功效。

文化市场管理

【概况】 2019年，区文旅局开展“扫黄打非”进基层、进景区工作，加强“扫黄打非”工作站建设，天穆镇“扫黄打非”文艺作品被推荐上报全国“扫黄打非”办公室。开展护苗·绿书签系列活动，活动总结上报天津市“扫黄打非”办公室。

【“扫黄打非”进基层】 2019年，区文旅局执行《天津市“扫黄打非”基层工作站建设标准》，在全区教育系统建立13个“扫黄打非”学校工作站。召开2019年全区“扫黄打非”进基层工作推动会，对各镇街基层工作站迎检工作进行部署和培训。为全区各基层工作站补做铜牌、展牌并发放。加大宣传力度，为全区各镇街及教育系统工作站示范点制作宣传展牌，发放宣传材料。完成双街新家园（全国示范点）“扫黄打非”事迹材料的审核报送。领取并向全区下发“扫黄打非”进基层工作手册。组织上报“扫黄打非”5个专项行动情况总结和其他考核材料。

【“扫黄打非”进景区】 2019年，区文旅局落实《天津市“扫黄打非”进景区实施方案》，继2018年在万源龙顺度假庄园国家AAA级旅游景区建立“扫黄打非”工作站后，2019年上半年，又在国家AAAA级旅游景区天士力大健康城建立“扫黄打非”基层工作站。现场指导经济开发区、天士力大健康城及龙顺庄园景区“扫黄打非”工作，开展相关宣传。落实天士力大健康城“扫黄打非”基层站点标准化建设拨款事项。2家景区工作站均挂牌并开展“扫黄打非”宣传活动，相关内容已录入“扫黄打非”信息系统，全区“扫黄打非”进景区工作有效推进。

【开展“护苗·绿书签”系列活动】 2019年，区“扫黄打非”办公室与区教育局、区图书馆、新华书店、集贤里街道社区文化中心图书馆等沟通、座谈，组织开展评选上报50篇绿书签征文和7场“绿书签名家讲座进校园”活动，其中2场在北方网上予以报道；开设绿书签图书专柜，在新华书店开展凭绿书签购书8.5折活动。

（刘凤雷）

文联活动

【概况】 2019年，北辰区文联编辑《北斗星》期刊6期，组织开展“激情满怀”庆祝中华人民共和国成立70周年征文活动等多项活动；编辑文化丛书、编修《北辰文化志》等。所属各协会、学会开展多项工作与活动。市作协会员杨光祥收集、编辑《天津市歇后语》一书，内部出版。该书收入作者多年来收集积累的具有地域特色的歇后语450余条，各条歇后语都附有背景、来源，具有趣味性、故事性、资料性。2019年12月，《李彪印痕文趣》（作者天津市书法家协会会员、天津市作家协会会员李彪）由西泠印社出版社出版，收入篆刻印件300余枚，散文11篇。

【《北斗星》期刊】 2019年出刊6期。年初开设“红色记忆”栏目。在组稿上侧重红色题材，先后发表《革命先驱安幸生》《具有革命传统的百年“扶轮”》《登高英雄杨连第》《邢燕子》《不屈不挠——北辰人民的抗日斗争》等稿件。其中，《登高英雄杨连第》一文参加天津市第十届“家庭文化艺术节”“家有好故事”征文活动，被评为天津市“十佳好故事”。该期刊宣传为北辰区做出突出贡献的英模、先进人物及社会贤达，对农民画家丰爱东、“百姓学习之星”集贤里街道安达里社区殷栋梁、社区文化老人曾庆丰、北辰现代民间绘画的开拓者张为民等进行采访，撰写报告文学作品，在读者中引起很大反响。是年，“散文斗魁”栏目被天津市群众艺术馆评为文学期刊“优秀栏目奖”。

【庆祝中华人民共和国成立70周年活动】 2019年，开展征文活动，举行诗歌朗诵活动。6月30日，区文联下属北斗诗社、诗词楹联学会与区离退休干部诗词楹联协会在老干部局一楼报告厅举行“壮丽70年、奋进新时代”庆祝中华人民共和国成立70周年华诞诗词朗诵会。评出一等奖3人，二等奖4人，三等奖6人，优秀奖10人。9月22日，举行“激情满怀”2019庆祝中华人民共和国成立70周年征文颁奖大会，区文旅局局长张振海、区文联主席沈宪民出席。《天津日报·北辰之声》报道活动侧记。

【文化进基层活动】 2019年8月3日，在普东街道宝利新苑社区举办“礼赞祖国”共庆新中国成立70周年诗歌朗诵会。《天津日报·北辰之声》副刊报道活动侧记，并登载部分诗歌作品。

【文学活动】 2019年2月，区诗词楹联学会、北斗诗社举行迎春诗会，多位年逾花甲的老会员和年轻会员纷纷朗诵诗篇，展望和迎接新一年的春天。4月13

日，北斗诗社在双口镇安光村、青光镇青光村举办“相约在春天”2019（第二十届）桃花诗会，31人参加，到会作者朗诵自己的原创诗歌作品。6月1日，在大张庄镇举办“南湖北湖 诗意端午”2019端午诗会，10余位作者朗诵怀念屈原、弘扬爱国主义的诗歌。《天津日报·北辰之声》副刊报道活动侧记并选登诗歌朗诵作品。开展“文学下午茶”活动，10月19日，区文联、作家协会在大张庄镇文体活动中心举办散文集《我的高庄子》（高学颖）研讨会，17名作者参加。

【诗词楹联学会活动】 2019年，北辰区诗词楹联学会坚持开展讲座、交流等活动。围绕新中国成立70周年开展创作活动，6月30日，举办“壮丽七十年 奋进新时代北辰区诗词朗诵会”。在北辰区庆祝新中国成立70周年征文活动中，刘宝起、李进樑、赵润庭和郭永生分获一、二、三等奖。在市级及全国诗联大赛中，谢发宝获“和平之春”第20届“小白楼杯”天河城征联二等奖；刘宝起获“雅聚精华诗会百家”第二届百家诗会一等奖；穆洪信获32个奖项，其中分获广东道德春联、“幸福济南”春联征集二等奖。

【书法协会、研究会、书画社活动】 2019年，区书法家协会与区文化馆开展多项活动，共同组织书法骨干参加“我们的中国梦”2019年北辰区文化进万家义写春联活动，春节期间，先后走进北辰区16个镇街、6所学校和区美术馆等地开展23场义写活动，为百姓现场写春联、送福字，施行文艺家文化惠民，让城乡百姓度过一个丰富充实、年味十足的文化年。组织举办“多彩北辰·翰墨飘香”北辰区2019年九九重阳节书画作品展暨镇街书画展览季汇展，展出书法作品120余件。市老年书画研究会北辰分会编辑、出版庆祝新中国成立70周年北辰老年书画集，收入区内老年书画家和爱好者书法作品67件，美术作品37件。举办区第二届青年书法沙龙作品展览，近百件作品参加展出。组织会员参加全国及市级书法展或书法篆刻联展，其中沈宪民书法作品入展中国文联、中国书协主办的“中国精神·中国梦”——第三届社会主义核心价值观书法作品主题创作展暨全国巡展，应邀参加全国隶书名家写诗经作品展、诗咏运河——运河名城书法名家作品邀请展和“弘扬诗书精神书写伟大时代”中国当代书画创作邀请展；李譞的作品入展全国第六届妇女书法篆刻展，天津群艺馆举办的“献礼祖国七十华诞”天津市女书画家作品邀请展；李悦的作品入展天津市第二届青年书法展；沈宪民等3人作品参加“鲜于璜碑”天津市书法篆刻联展、天津安徽隶书联展等。区文联菊香书画研究会在2019年春节前夕，由会长冯连贵带领会员慰问驻区部队，密切军民鱼水情。北仓镇龙湾书画社、集贤里街道拜泉书画社、瑞景街道瑞益园书画班等基层书画组织纷纷开展慰问、联谊、培训新人以及举办庆祝中华人民共和国成立70周年书法美术摄影展览等活动。

【诗歌创作获奖】 2019年，区文联为参加第二十八届“东丽杯”鲁藜诗歌评选事项，组织“文学下午茶”活动，围绕参加评选作品的有关要求，对诗歌的创作理念、创作手法等进行专题研讨，请区诗歌创作领军人物谈经验、体会。9月4日，在天津市第二十八届“东丽杯”鲁藜诗歌评选活动颁奖大会上，北辰区文化馆、区文联获得单位优秀组织奖；杨健获个人优秀组织奖。《转世的山水（组诗）》（周永军）获单篇二等奖；《父亲（组诗）》（马菊芳）、《季节的苍远（组诗）》（祁永宏）、《对话》（林小溪）获单篇优秀奖，是北辰区参加“东丽杯”文学作品评选活动获奖项数最多的一次。

【联谊交流活动】 2019年10月20日，区作协率20余名作者到宝坻区举行宝坻、北辰两区作者交流联谊活动。北辰区作者参观宝坻区农业设施建设；游览丰收的稻田和潮白河风光；观看小杜庄党支部书记杨树员的先进事迹展览；在小靳庄纪念馆观看该村的沧桑巨变。两区作者互赠书籍，交流创作体会，朗诵诗歌作品。这次活动加深了两区作者的友情，相互激励，相互学习，促进了两区的文学创作。2019年暑期，区戏迷票友会员在杨柳青石家大院、意合堂会举行多次交流演出活动，搭建相互交流的平台。

（刘凤雷）

融媒体建设

【概况】 2019年7月，完成北辰区融媒体中心机构设立、法人变更。制定《天津市北辰区融媒体中心职能配置、内设机构和人员编制规定》，11月，重新整合原有“两台一报”“两微一端”各部门人员。12月16日，北辰区融媒体中心建设顺利通过天津市委宣传部融媒体中心验收专家组验收。年内，完成融媒体中心指挥平台建设，播报新闻舆论宣传专栏稿件96篇。

【开辟新闻舆论宣传新专栏】 2019年，《天津日报·北辰之声》《北辰新闻》相继开设《在习近平新时代中国特色社会主义思想指引下——新时代新作为新篇章》《“不忘初心、牢记使命”主题教育》《“壮丽70年，奋斗新时代”》《迅速掀起学习宣传贯彻党的十九届四中全会热潮》《新中国成立70周年作品展》《扶贫协作第一线》等新栏目、专栏，刊播稿件96篇。

【平台运行】 2019年2月，区融媒体中心通过市场的招投标，确定由天津市瑞智万达股份有限公司对制播网络进行安全等级测评，网络测评等级为二级。3月，启动区融媒体中心指挥平台建设，购置相关硬件设备，搭建融媒体指挥平台，通过专家组和市级验收，完成区融媒体中心指挥平台建设。12月，新平台上线，津云·北辰中央厨房、云上北辰APP、津云记者APP正式上线运行。

【活动报道】 2019年4月26日，北辰区首届道德模范、新乡贤、时代新人第十四届感动北辰文明人事迹展示活动举行，北辰电视台、北辰广播电台进行现场直播。10月1日，中心电视台、广播电台首次全程转播中央台庆祝中华人民共和国成立70周年《国庆大阅兵》《群众大联欢》等国庆直播节目。

（叶炳恒）

档案方志

【概况】 2019年，北辰区档案局、区档案馆建立局馆联席工作机制，开展档案业务培训19场次，开展基层指导2500余次。完成档案行政执法人员变更，完成8家一级立档单位的执法检查。开展全区档案指导，接收撤并单位档案2.81万卷（件），加强全区重点工作档案指导。至年底，区档案馆馆藏档案31.9万卷，照片档案1.19万张，利用档案24.85万卷（件、次）。年内，北辰区地方志编修委员会办公室（以下简称区方志办）同步推进45部部门志和6部镇志，完成9部部门志志书复审和8部志书终审工作。出版发行《北辰村落简志》和《登高英雄杨连第》。对口帮扶丁青县修志工作，建设北辰区地方志电子图书库，《北辰年鉴（2018）》被中指办评为全国地方志优秀成果（年鉴类）一等奖。

【档案接收征集】 2019年，开展机构改革撤并单位的档案接收指导工作，完成区法制办等9家单位28117卷（件）档案的接收。接收政府公开信息25件；接收区委组织部、区公路局死亡干部档案76卷；接收区房管局、区建委视频档案114件；接收《北辰新闻》视频档案365件。征集《北台李氏家谱》1册，图书4种20册。

【档案利用】 2019年，优化查档工作流程，发挥档案服务政治、服务经济、服务民生的作用。升级档案查阅系统，接待各类档案查阅2212人次，查阅档案24.85万件，进行档案复制出证3972件1.2万页。完成第17批档案开放工作，邀请市档案专家库专家召开拟延期开放档案鉴定会。

【档案信息化建设】 2019年，建成北辰区地方志电子图书库，收录图书17部，在区档案馆档案查借阅大厅就可以在线阅览馆藏北辰区志鉴类电子图书，为利用者提供便捷高效的查阅环境，推进北辰区档案（方志）系统信息化建设。

【企业档案】 对开发区总公司、辰融公司、区城投公司和创严检测等企业档案工作进行了指导，同时积极与区内民营企业联系，组建北辰区民营企业档案工作协作组并举办成立大会，邀请天津市档案局专家对协作组成员企业进行培训。

【农业农村档案】 区档案馆与区档案局、区农改办一起，做好全区农村集体产权制度改革档案工作，以双街镇和该镇胡园村、双街村为试点，推动全区产权档案归档工作。举办全区产改档案培训班，年底全区9个镇、126个村的产权档案归档工作基本完成。积极推动双街镇成功申报档案工作服务农村基层社会治理试点项目。

【档案统计】 2019年，认真宣传贯彻《全国档案事业统计调查制度》，组织区档案馆以及区属机关、团体、企事业单位做好馆藏和室藏各门类档案的统计填报工作，举办1期统计培训班，收集、审核、录入、汇总84家单位的统计数据。

▲2019年6月4日，北辰区档案馆、团区委联合仓园小学举行共建"北辰区青少年区情教育基地"揭牌仪式。图为仓园小学学生举行队日活动　（区档案馆　供图）

【档案宣传】 2019年，区档案馆结合"6·9"、国际档案日"9·5"档案开放日，发挥北辰史馆爱国主义教育基地作用，全年接待37个单位1000余人次参观。在全区范围内开展"北辰记忆""新中国记忆"主题征文活动，征集文章103篇。举办"发挥档案优势 传承红色基因 弘扬爱国主义精神"主题教育活动，在9所学校进行"红色展板"校园巡展，捐赠书籍135册，累计受益师生7000人。开展"档案普法进党校"活动，以区委党校为阵地邀请市委办公厅档案法规处二级调研员雷颖举办一期档案法治讲座，提升镇村领导干部的依法治档意识。

（王　斌）

【共建"天津市北辰区青少年区情教育基地"】 2019年6月，区档案馆联合共青团区委共建"天津市北辰区青少年区情教育基地"，充分发挥档案资源在爱国主义教育和培养担当民族复兴大任时代新人方面的重要作用。6月4日，揭牌仪式在档案馆内举行。揭牌后，首批参观单位苍园小学少先队举行"发挥档案优势 传承红色基因 弘扬爱国精神"主题队日活动。基地建成后，全年共接待大中小学校9所，累计300余人次。

【"红色展览"校园巡展】 2019年9月，区档案局、档案馆与教育局共同开展爱国主义主题教育活动暨"红色展览"校园巡展活动。9月4日，启动仪式在集贤里小学举行，标志着校园巡展活动正式拉开帷幕。区档案馆精选档案资料制作"北辰区革命斗争""革命先驱安幸生""登高英雄杨连第"系列展板，借"9·5"档案开放日这一契机，启动"发挥档案优势、传承红色基因、弘扬爱国精神"红色展览校园巡展活动，将思政小课堂延伸至学生课桌旁。巡展活动持续到12月中旬，累计受益师生7000余人。

（郭雅丽）

【志鉴发行会召开】 2019年9月25日，北辰区召开地方志工作暨志鉴发行会议。会议由区政府办公室主任郭献军主持，区委常委、区委办公室主任、地方志编委会副主任委员李洪东出席会议并讲话。全区各单位、各镇街分管地方志工作的负责人共计90余人参加会议。区档案馆馆长、区地志办主任刘振义向大会汇报地方志工作开展情况，并对下一步志鉴工作进行部署；财政局、西堤头镇向大会作典型发言，果园新村街道、统计局向大会作书面发言。大会还向与会各单位赠送《北辰村落简志》和《天津市北辰年鉴（2018）》。

【地方志编修培训】 2019年9月3日，北辰区地方志编修委员会办公室在区委党校举办北辰区地方志编修培训班。区档案馆馆长、地志办主任刘振义主持培训，参与部门志编修工作的48个委办局的办

▲2019年9月3日，北辰区地方志编修培训班会场　　（周持　摄影）

▲2019年9月25日，北辰区地方志工作暨志鉴发行会会场　　（周持　摄影）

公室主任和编修人员、6部镇志全体编修人员以及镇志和部门志指导老师，共计120余人参加该次培训。天津市方志专家谭汝为和张月光分别以《语言表述力求规范》和《志书编写的基本要求》为题为与会人员作培训。

【修志帮扶】 2019年，按照市档案馆（市地志办）结对帮扶修志工作部署，区档案馆（区地志办）结对帮扶西藏自治区拉萨市丁青县修志工作。指导交流首部《丁青县志》和《丁青年鉴（2018）》，帮助提出修改意见建议近百处。多次与丁青县志办沟通，解答志书体例、收集资料、编写规范等业务方面问题，并向丁青县赠送《北辰区志（1979—2009）》《天津市北辰年鉴（2018）》《北辰志语》等书籍。

【4部街道志出版】 2019年，北辰区《果园新村街道志》《集贤里街道志》《普东街道志》《瑞景街道志》4部志书由吉林人民出版社出版发行。4部志书上限始于事物发端，下迄2016年，系统、客观、真实地记述了4个街道政治、经济、文化、社会、生态等各业历史发展进程，是一部史实准确、特色鲜明的地方资料全书，为群众了解街道基本情况和发展历史提供了重要参考和借鉴。

【《北辰年鉴2018》发行】 该年鉴于2019年初付梓出版发行。全书共61万字，选配照片400余幅，设有特载、专文、专记、北辰概览、大事记、百科、人物、统计资料、创先争优等33个类目，前置彩页，后设附录、索引。2019年9月，被中指办评为全国地方志优秀成果（年鉴类）一等奖。

【《北辰村落简志》发行】 2019年9月，北辰区志分志丛书之九《北辰村落简志》发行。该志以126个行政村为记述单元，设村庄沿革、道路河流、人口方言、耕地状况、街道胡同、公共设施、经济概况、民间文化、大事纪略、英烈先贤、历任党政负责人、荣誉等类目。全书共229万字，绘制地块、公共设施等示意图300余幅，拍摄航拍图60张，配随文图片千余张，为记录乡村变迁留下了珍贵史料。

（赵　菁）

旅游业

【概况】 2019年，北辰区接待各地游客205.88万人次，实现旅游综合性收入1.4亿元。在区内注册的旅行社有山水旅行社有限公司、津悦春天国际旅行社有限责任公司等14家。按照文化体育旅游融合发展的工作思路，开展旅游宣传、节庆等活动以及各项服务工作。

【旅游项目营销】 2019年5月18日至27日，区文旅局协助区内天津华夏石雕艺术博物馆在天津美术馆举办“石韵清华”——非国有博物馆华夏石刻精品展；5月，组织策划泉水湾旅游度假区2019中国旅游日主题活动；6月22日，启动北辰区第四届旅游文化节暨“低碳出行护卫蓝天”大型公益主题活动。年内，开展第六届双街葡萄文化旅游节、第五届徐堡大枣采摘节、泉水湾农民丰收节等旅游节庆活动。注重营销融合发力，9月6日至8日，在文旅部和天津市人民政府共同主办的中国旅游产业博览会上搭建北辰展台，推介北辰特色旅游产品、体育装备、非遗商品、旅游景区等，展现北辰文化旅游融合新形象；在《天津日报》、津云客户端、今日头条、新浪、腾讯等媒体报道北辰文体旅游节庆活动；与景鹏旅游集团合作拍摄3期《旅游TV go》北辰旅游专题节目，在天津电视台文艺频道滚动播出。

【文旅融合产业引导】 2019年，北辰区利用年度旅游发展专项资金，促进乡村生态旅游产业发展，发布《2019年北辰区重点旅游项目申报指南》。完成双口“小五堡”、西堤头镇东赵庄村和双街镇北运河河西等片区相关镇村和旅游企业完成申报的项目建设。协助完成重点景区点专项旅游规划编制、旅游标识导览系统、旅游厕所补贴申报。指导区级旅游帮扶困难村刘家码头村、后堡村、徐堡村完成相关项目补贴申报。调研全区旅游厕所，完成将纳入旅游厕所系统的旅游厕所“百度”地图定位。天士力大健康城景区新建2座旅游厕所。2019年11月7日，西堤头镇赵庄子村赵绍军被文旅部评为“2019年度乡村文化和旅游能人”。

（刘凤雷）

卫 生

北辰年鉴
2020

综　述

2019年1月，北辰区进行机构改革，组建北辰区卫生健康委员会。1月18日，举行揭牌仪式。全年医药卫生体制改革向纵深推进，区域医联体建设全面加强，形成镇村卫生服务一体化管理模式，被国家卫健委确立为城市医联体建设试点区。特色诊疗服务逐步拓展，推进基层特色专科门诊建设，为周边居民提供多样化的诊疗服务。医疗卫生信息化水平持续提升，顺利通过国家医疗健康区域卫生信息互联互通标准化成熟度四级甲等测评。公共卫生服务体系、妇女儿童保健体系、疾病防控及卫生监督体系和计划生育服务与管理体系继续完善。国家卫生城区创建工作全力推进，创卫攻坚战成效显著。基础设施建设加快推进，双口镇社区卫生服务中心建设项目实现主体结构封顶。

2019年，区卫生健康系统有国办医疗机构20个[北辰医院、北辰中医医院、区疾病预防控制中心、妇女儿童保健中心、卫生计生综合监督所、卫生进修学校、14个镇(街)社区卫生服务中心]，在职职工1703人，其中，管理人员80人，专业技术人员1597人，工勤人员26人。区公立医院全年门、急诊诊治152.92万人次，比上年同期增加10.32%；两所医院收治住院病人4.7万人次，比上年同期增加9.05%。手术2.23万人次，比上年同期下降10.08%。医疗收入94745万元，比上年同期增长10.87%。药占比25.21%，比2018年同期下降6.42%。按照统计年度，2019年，全区共出生人口3821人，符合政策生育率99.97%，出生人口性别比为100.28。

卫生体制改革

【概况】 2019年，北辰区卫生系统继续深化体制改革，提升医疗信息化水平，推进区域医联体建设，被国家卫健委确立为城市医联体建设和县域医共体建设试点区。家庭医生签约制稳步推进，全年14家社区卫生服务中心共计签约家庭医生225867人。

【公立医院综合改革】 2019年，北辰区持续推进公立医院薪酬制度改革。公立医院绩效考核指标体系逐步完善，完成2019年度公立医院综合改革考核评估，考核结果与补助资金分配相挂钩。现代医院管理制度试点工作持续深入。两所医院现代医院管理制度试点实施方案制定完成，医院章程修订完善并报送登记管理机关备案。医院章程试点范围持续扩大，逐步覆盖所有社区卫生服务中心和民营医院。

【区域医联体建设】 2019年，北辰区先后被国家卫健委确立为城市医联体建设和县域医共体建设试点区。医联体建设任务深入落实，两所医院累计下派70名医师到基层坐诊，医联体门诊累计诊疗患者8173人次，查房387人次，带教1129人次，基层首诊率和吸附力有效提高。2018年至2019年度共达成师徒带教对子23对，基层医师全年跟师学习4684学时。各特色共建专科累计诊疗567人次，满足基层患者多样化诊疗需求。双向转诊工作有序开展，全年基层医疗机构累计上转患者15795人次，接收下转患者12219人次，完成出院患者随访追踪4798人。区域远程影像会诊中心累计出具影像诊断报告8779例，远程检验中心累计接收委托检验26269例，远程心电平台完成远程心电监护334人次。2019年，累计发放"三级医院支持基层补贴"371.95万元。

【医疗卫生信息化水平】 2019年，建成区域卫生信息化平台和数据中心，整合

▲2019年3月25日，北辰区卫健委在区妇儿中心召开2019年卫生健康工作会议（杨兵团　摄影）

▲2019年4月24日，国家卫健委统计信息中心组织专家组一行到北辰，进行区域卫生信息化平台互联互通成熟度测评现场评审（杨兵团　摄影）

全员人口、电子健康档案、电子病历信息资源库，实现基本医疗和公共卫生数据信息互联互通，通过国家医疗健康信息互联互通标准化成熟度四级甲等等级测评。完成健康北辰APP开发和微信公众号域名备案，开通自助预约挂号、自助查询、家庭医生和居民互动沟通、满意度调查等多项功能。深化两所医院智慧住院建设，通过“互联网+”医疗健康手段为患者住院治疗期间提供医疗服务和健康管理服务。

【家庭医生签约服务】 加强家庭医生签约服务绩效考核管理，在稳定签约人数的基础上，推进签约履约服务提质增效。2019年，开展家庭病床服务44例，为居民提供特需入户服务6184人次，开具长处方477481张，慢病用药制定计划完成率82.89%。累计签约精准帮困人员2056人，减免各项医疗服务费13.14万元，提供上门医疗服务4043次。为60岁以上失能、半失能人员提供入户医疗服务11925次。加快健康天津APP推广应用，实现家庭医生预约、购药及家庭病床服务的线上预约。

人才队伍与医疗技术

【概况】 2019年，北辰区卫生系统申报2018年度填补区空白项目22项。加大人才招录力度，提供充足的科研经费。加强中医重点专科建设和人才培养，促进中医服务能力提升。

【完成各类人才招录】 2019年，结合市人社局关于放开公开自主招聘自主权的要求，顺利完成各类人才招录工作。与区科技局联合制定《北辰区卫生系统科技项目管理办法》，完成年度预申报课题院内评审和备案。签订年度科技项目合同任务书24份，下拨科研经费48万元。加大高端人才引进力度，完善医疗机构科室建设及岗位设置。

【人才技术输出】 2019年，落实东西部扶贫和对口帮扶任务，选拔卫生专业技术人才开展健康帮扶。选派22名技术精湛、能力素质强的卫生专业技术骨干前往甘肃正宁、甘肃华池、河北兴隆开展支援工作。与河北兴隆卫健局签订帮扶协议，举办调研座谈、组建医疗团队赴兴隆开展义诊活动。

【中医重点专科建设和人才培养】 2019年，完成2019年度中医中西医结合科研课题、天津市“十三五”中医重点专科建设项目、全国西学中骨干人才培训项目申报。开展中医师承人员备案，共计7人参加传统医学师承出师考核。加强中医药适宜技术培训，累计培训450余人次。针对中医健康管理人员和护理人员，开展中医特色护理和慢性疾病中医健康知识培训。

【中西医医疗技术】 2019年，北辰医院以心内科、脑系科、骨科、呼吸科为重点学科，加快完成天津北部地区急危重症救治中心建设目标任务。6月6日，挂牌成为天津市癌痛规范化治疗示范病房，建设快速康复外科。持续开展人本位护理，外科术后患者早饮水时间平均提前到术后6小时，膝关节置换术后患者最早10分钟饮水，最早1小时下地，剖腹产术后患者最早4小时下地。推行多学科诊疗模式（MDT），10月底开始推进日间手术，日间手术占择期手术比为15%。北辰中医医院针灸科为国家中医药管理局重点专科，脑病科、心病科、骨伤科、妇科、护理部为天津市级中医重点专科；拥有德国西门子3.0T磁共振、西门子第三代双源光子CT、美国GE IGS 530智能血管造影机（DSA）、西门子高档四维彩超-E10、彩色多普勒超声诊断仪、全新一代奥林巴斯IVIS电子胃镜系统、奥林巴斯耳鼻喉电子窥镜、美国CE遥控胃肠诊断系统、德国鲁道夫腹腔镜等进口高端设备；建成集自主研制、开发、生产为一体的现代中药制剂室，设有粉碎、干燥、制剂、药检、净化车间，“天降血栓通丸”“心腹康丸”等20多种获得制剂批准文号的特色中药制剂在临床应用。

妇幼保健与疾病防控

【概况】 2019年，北辰区实施妇女儿童健康促进计划，全面提高区内妇女儿童保健水平，全年全区妇女病免费查体27026人。开展地方病筛查、组织疾病预防、疫苗接种等工作，惠及儿童、成人累计4万余人次。

【妇女儿童健康服务】 北辰区重点做好20项免费筛查服务惠民项目。完成孕前、产前筛查共8090人次，叶酸检测3963人次，叶酸发放13062瓶，孕期甲状腺功能筛查4164人，孕期体重指导4172人，妊娠期糖尿病筛查3469人，产妇产后康复指导4166人。完成儿童髋关节、白内障、先心病、听力、甲低、PKU、孤独症、脑瘫筛查共27451人次。国家“两癌”检查任务中宫颈癌完成10021人，乳腺癌完成6006人。为1945名本市户籍孕妇进行胎儿染色体非整倍体无创基因惠民项目检测。开展新生儿胆道闭锁疾病知识宣传及筛查工作，通过产妇分娩、访视等多个环节进行宣传，确保宣传广覆盖。全区填写上传新生儿比色卡人数为3830人。

▲2019年1月24日，2019年北辰区地方病防治工作会议在区政府会议室召开

（杨兵团　摄影）

【开展全国残疾预防综合试验区工作】 35岁以上无创产筛及产前诊断的孕产妇204人，儿童甲低、听力、髋关节、白内障、孤独症、脑瘫筛查阳性81人，合计发放126300元。

【地方病筛查】 2019年，北辰区开展地方病攻坚三年行动，完成儿童氟斑牙调查9589人，居民碘盐监测308人，8~10岁儿童尿碘、甲状腺检查234人。与区教育局及大张庄镇社区卫生服务中心联合开展未加碘食盐暴露儿童病情监测217人。与医科大学总医院协调，完成大张庄镇2000人的脑卒中筛查工作。与区教育局联合开展学生近视眼调查，共完成5所学校、3所幼儿园学生近视眼现场体检1925人。与区教育局联合开展新入学学生结核病筛查工作。完成1所寄宿制初中、9所高中职校新生筛查结核菌素试验3218人，接种率为94.87%。

【组织疾病综合防治和疫苗接种】 2019年，北辰区落实20项民心工程，组织制定心脑血管疾病综合防治和乙肝密接者免费接种疫苗方案，并开展相关培训，全区共完成心脑血管筛查15703人，完成率108.30%，检出高危8367人，均纳入社区管理。组织制定食源性疾病监测方案，开展食源性疾病监测。

基层卫生与医养结合

【概况】 2019年，北辰区继续推进建档工作，累计建立居民电子健康档案629021份，建档率94%。提高基层医疗机构门诊水平，加快基层卫生重点项目建设。同时，深化老龄健康管理，至年底，全区医养结合机构数达到4家，总床位数达到888张，全年收治老年人267人。

【推进建档工作】 2019年，全区60岁及以上老年人建档86172人，开展健康管理71122人，老年人健康管理率82.5%；65岁及以上老年人建档58885人，健康管理47753人，老年人健康管理率81.1%。高血压、糖尿病、肢残分别管理68755人、27684人、1878人，健康管理率分别为48%、50.2%、35.6%。质控档案28690份，档案真实性为99.8%，档案规范率为95.1%，居民对基本公共卫生服务的知晓率和满意度为98.1%。

【开展满意度调查】 2019年，配合市医学高等专科学校开展服务居民满意度和医务人员满意度调查，调查结果居民和医务人员满意率均达到100%。完成50岁~60岁人群大肠癌筛查32836人，完成率113.2%。完成35岁~75岁人群心血管防治初筛2031人。开展7岁~9岁儿童窝沟封闭，筛查15562人，封闭3749人，封闭率为23.9%。加强严重精神障碍患者的服务与管理。全区在册精神患者3278人，检出率为3.87‰，患者3026人，管理率为92.31%。

【基层医疗机构智慧门诊建设】 2019年，开展移动支付服务，拓展医疗服务水平，改善患者就医感受。建立北辰区卫健委信息安全管理制度，加强网络安全管理，完成区域卫生信息化平台、区域电子病历系统、区域HIS系统的等保测评。镇村卫生服务一体化深入推进。制定印发《北辰区镇村卫生服务一体化管理实施细则》，巩固深化区一体化改革成果。推动双口镇贫困村与还迁村村卫生室建设。重新核定各镇村卫生室岗位人数，全年村卫生室岗位补助、零差率补助和运行经费补贴足额拨付。加大村卫生室管理力度，开展村卫生室规范执业检查和经费审计检查。完成2019年度基层医疗机构医疗责任险招标，提高村卫生室医疗风险抵御能力。

【基层卫生重点项目建设】 2019年，加强区医疗卫生重点项目建设，持续优化医疗资源配置。双口镇社区卫生服务中心已实现主体结构封顶，启动室内装饰装修工程、地源热泵工程及弱电工程的招标采购工作，该建设项目预计于2020年下半年实现工程竣工并投入使用。

【基层中医药事业发展】 2019年，完成社区卫生服务中心中医药健康文化知识角建设。落实中医药公共卫生服务项目，开展中医药健康管理质控和考核工作。加强重要饮片质量管理，开展中药饮片处方点评和采购验收专项检查。进一步加强13个社区卫生服务中心“国医堂”建设，推动中医药与西医药协调发展。2019年，大张庄镇社区卫生服务中心国医堂医生鲁玉峰获北辰区首届担当民族复兴大任的时代新人提名奖。

【天津医科大学朱宪彝纪念医院新院开诊】 2019年6月16日，天津医科大学朱宪彝纪念医院（代谢病医院）在北辰区环瑞北路新院址举行开诊仪式暨大学医院专家联合义诊活动。天津市卫健委党委书记、主任王建国，市教委主任荆洪阳，天津医科大学党委书记姚智，天津医科大学校长颜华，区委书记冯卫华，副区长马希荣出席开诊仪式。新院区位于北辰区瑞景街域内，毗邻天津地铁1号线刘园站，占地6.5万平方米，建筑面积12万平方米，核定床位1200张。该医院集临床诊疗中心、科技研发中心、教学实训中心、疾病预防中心、健康管理中心为一体，以代谢性疾病诊治为特色的综合

▲2019年11月29日，“桑榆”惠民，关爱老年人眼健康筛查诊疗项目启动暨医联体签约仪式在北辰中医院举行

（杨兵团 摄影）

性三级甲等大学医院。

【老龄健康管理】 2019年，开展健康老龄化工作。调整区老龄委组成人员，形成老龄工作合力。成立由区长任主任，区卫健委、区民政局等29个单位及15个镇街为成员的北辰区老龄工作委员会。完成区老龄委各成员单位职责修订工作，明确各单位工作任务。加强老龄调查研究，与区民政局联合对区医养结合工作开展调查，摸清医养结合在机构、社区、居家三个层面的现状、存在问题，结合全区实际，提出进一步推动医养结合发展的对策建议，科学应对人口老龄化。健全完善医养结合服务网络，2019年，各社区卫生服务中心与辖区内7家养老机构建立医养联合体，全年为入住老人开展服务1403人次。各社区卫生服务中心共开设医养结合病床75张，收治老人148人。继续开展"助老健康御险"工程，建立健全区老年人保障体系。组织开展以"向上向善 孝老爱亲"为主题的"敬老月"活动，在全区开展敬老爱老助老活动。

【户厕改造】 2019年，北辰区推进农村户厕改造工作。按照整村推进的原则，2019年至2020年，户厕改造工作计划在全区27个规划保留村中进行，根据各村污水管网建设和村设施情况，按照区统筹指导、镇组织推动、村具体实施、农户积极参与的模式推进，以先建后补的原则，完成一村、补贴一村，超额完成市下达的4210座户厕改造任务。

生育管理

【概况】 2019年，北辰区继续打击非法胎儿性别鉴定，全区出生人口性别比108.52。开展特殊家庭关怀救助，全年全区计划生育奖扶人员8670人、特扶人员1596人（其中失独人员655人），发放奖扶、特扶金及独生子女费总额2196余万元，政策落实率为100%。

【人口信息管理】 2019年，按照统计年度，全区共出生婴儿3821人，较上年同期减少471人；符合政策生育率99.97%。加大计划生育审核力度，对两代表一委员、五一劳动奖章等共计2695人进行计划生育审查，共审查存在违规生育行为12人。健全区、镇街、村居三级出生监测网络，加强人口变动情况监测。

【人口健康信息化建设】 2019年，全面掌握人口出生个案信息，年度信息采集到位率达到98%以上。结合国家padis区划调整契机，对全区计划生育区划进行同步调整，解决区划遗留问题94个，做到与民政区划信息保持一致。落实市"一制三化"精神，精简生育登记手续。落实首接负责制，解决群众生育登记时遇到的困难，全年共办理现场生育登记3217份，网上生育登记351份，办理及时率100%。

【出生人口性别比治理】 2019年，北辰区加大出生人口性别比治理力度，依法严厉整治非医学需要的胎儿性别鉴定和选择性别的人工终止妊娠行为。全年各镇街开展集中性整治"两非"治理活动67次。建立健全流动人口计划生育协会组织网络，引导流动人口自我管理、自我服务、自我教育、自我监督。

【特殊家庭关怀救助】 2019年，北辰区强化扶助保障，做好计划生育特殊家庭关怀救助工作。完成奖扶特扶审批工作，全年奖扶特扶金发放到位。加强奖扶、特扶的扶助对象年审工作。完善社会关怀机制，以帮扶慰问、精神慰藉和心理疏导为重点，深入开展关怀活动。建立区级"暖心之家"，通过政府、社会组织、社工"三社联动"，为失独老人搭建关怀平台。针对部分有严重心理疾病的失独老人，开展专业心理疏导，逐步解决他们的心理问题和生活困难。依托"暖心之家"帮扶阵地，组织开展心理疏导、健康讲座、参观游览、节日聚会、集体生日、才艺培训等主题活动38场次。推进计划生育特殊家庭联系人制度、就医绿色通道、家庭医生签约服务"三个全覆盖"，为计生特殊家庭提供精准帮扶。做好失独家庭风险排查工作，依法依政策解决诉求。

医疗管理

【概况】 2019年，北辰区组织开展"质量月"活动，加强医疗质量管理。建成区域卫生信息化平台和数据中心，提升卫生系统信息化水平。依法监督执业，加强职业及安全监管，全年开展各专业监督检查1400余户次，进行案件查处138件，共计罚款16万余元。注意运用微信公众号等新媒体形式开展宣传指导工作。

【医疗质量管理】 2019年，北辰区开展《天津市十八项医疗质量安全核心制度要点实施细则》专题培训，落实医疗质量安全核心制度。按季度开展医疗质控整改回头看工作及专业质控培训，持续提升医疗质量。组织全区各医疗机构开展"质量月"活动，持续开展年度质控督导检查。召开医疗技术应用管理培训会，加强医疗技术管理。开展口腔种植诊疗技术备案审核，完成POCT便携式血糖仪盲样测试工作。强化医疗安全监管。持续开展医疗质量安全事件月报告工作。开展医疗安全管理培训，强化临床用血管理。加强实验室生物安全管理要求，对全区病原微生物实验室进行梳理排查，开展生物安全二级实验室备案工作。规范医院感染管理，开展医院感染相关培训和专项检查。召开医疗废物规范化管理培训会，开展专题培训，组织全区医疗机构签订医疗废弃物协议，提升区医疗废物规范化管理水平。开展流感病例信息周报、日报工作，应对流感疫情。制定《北辰区儿科诊疗服务工作分级应急预案（试行）》，开展儿童诊疗服务周报告工作，做好关键数据监测预警，保障儿科就诊高峰期平稳过渡。修订护理管理制度，完善岗位职责和非操作流程，加强护理不良事件管理，切实提高护理质量。提升基层卫生服务能力。开展《全面提升县级医院综合能力工作方案（2018—2020年）》自评自查工作，全面提升县级医院医疗服务能力水平。组织各中心参加社区疼痛门诊培训和呼吸规范化防诊治体系与能力建设培训，西堤头镇、宜兴埠镇、天穆镇和小淀镇社区卫生服务中心顺利通过市级社区疼痛门诊现场审核并正式挂牌，瑞景街道、普东街道、双街镇和双口镇社区卫生服务中心完成社区疼痛门诊第二批试点申报。天穆镇社区卫生服务中心顺利通过呼吸规范化防诊治体系与能力建设项目评审。开展"优质服务基层行"活动，加强各单位创建工作跟踪指导。经复核评审，小淀镇、宜兴埠镇、西堤头镇、天穆镇和瑞景街5家社区卫生服务中心达到国家社区卫生服务中心服务能力基本标准，大张庄镇社区卫生服务中心达到国家推荐标准，并被国家卫健委评为“优质服务基层行”典型亮点案例。加快院前医疗急救站点建设。制定印发《北辰区加强院前医疗急救工作实施方案》，通过调研评估、现场勘查和反复论证，最终确定院前急救站点点位12个。2019年年底，12个急救站点全部验收合格，提前1年完成建设任务。

【卫生信息化建设】 2019年，北辰区医疗卫生信息化水平持续提升。整合全员人口、电子健康档案、电子病历信息资源库，实现基本医疗和公共卫生数据信息互联互通，通过国家医疗健康信息互联互通标准化成熟度四级甲等等级测评。完成健康北辰APP开发和微信公众号域名备案，开通自助预约挂号、自助查询、家庭医生和居民互动沟通、满意度调查等多项功能。深化两所医院智慧住院建设，通过“互联网+”医疗健康手段为患者住院治疗期间提供医疗服务和健康管理服务。加强基层医疗机构智慧门诊建设，开展移动支付服务，拓展医疗服务水平，改善患者就医感受。建立北辰区卫健委信息安全管理制度，加强网络安全管理，完成区域卫生信息化平台、区域电子病历系统、区域HIS系统的等保测评。

【应急处置和保障】 2019年，北辰区做好卫生应急处置和保障工作。对相关预案进行修订，组织开展流感和鼠疫等防控知识培训，组织开展霍乱、生活饮用水污染事件等应急演练。组织区疾控中心完成对15所公立医疗机构突发工作卫生事件报告工作的督导，与区教育局联合对区内高等院校及中小学突发公共卫生事件报告和日常监测工作进行督导。做好应急物资储备工作。完成各类医疗保障救护任务，出动医护人员800余人次，派出救护车辆161车次。

【依法监督执业】 2019年，区卫健委加大执法力度，严厉查处违法行为。执行2019年随机监督抽查任务137单，完结率100%，并及时进行公示。参与打击清理整顿保健品乱象专项整治行动，出动监督员500余人次，检查医疗机构等相关单位500余户次，对38起违法行为作出行政处罚。开展“第三届依法执业宣传月”活动，提升辖区居民安全就医法律意识。开展整治非法医疗美容、整治无证行医等专项行动。推进北辰区创卫建成区和卫生示范镇的“四小”行业打造，打赢创卫攻坚战，全面实施量化分级动态监管、卫生信誉度等级公示率100%。强化法治建设，提升依法行政水平。制定并以区政府名义印发北辰区关于改革完善医疗卫生行业综合监管制度实施方案，并订立联席会议制度。加大法治教育培训力度。组织开展游泳场所监督检查、医疗卫生机构传染病防治分类监督等专项工作。开展随机监督抽查及信息公开工作。开展“双随机”抽检工作。根据机构改革及法律修改情况组织开展权责清单梳理调整。组织开展行政执法证培训考试及注册申领工作。深入开展扫黑除恶专项斗争。制定《北辰区卫健委“无黑”单位创建工作实施方案》。强化线索摸排，对黑护工、职业医闹等“十类乱象”以及扫黑除恶工作宣传情况进行梳理，形成周报制度。

▲2019年1月31日，北辰区卫健委对瑞景街道辖区的药店开展消毒产品经营专项检查 （杨兵团 摄影）

【职业健康监管】 2019年，北辰区加强职业健康监管，保障劳动者健康权益。为更好地推进职业卫生监督管理工作平稳过渡、有序开展，协调区市场监督管理局、北辰区应急管理局对区工业企业情况进行摸底了解。解答企业关于职业健康咨询50余次，受理职业健康投诉举报案件23起，联合区民政局等单位开展《中华人民共和国职业病防治法》宣传周活动。在各镇街相关部门及卫生协管员配合下，根据天津市卫健委职业卫生重点监督检查计划，检查工业企业共计64家，立案查处9家全部结案，罚款6万元。

【安全生产监管】 2019年，北辰区加强安全监管，确保系统安全稳定。层层签订安全生产责任书共2775份。先后开展实验室安全管理专项治理，危险化学品安全专项整治等7次专项治理行动。组织开展安全生产月及安全生产专题行宣传活动，加强系统消防安全宣传教育培训及应急演练工作。召开卫健系统安全生产专题会议。完成对委属单位、民营医院及门诊部诊所共计188家单位的安全生产督导检查及复查工作，下发《安全生产及消防安全隐患整改通知书》31份。联合消防北辰支队开展安全检查，共抽查系统6家单位。开展治安秩序综合治理百日行动。先后3次联合公安北辰分局针对全区5家二级以上医疗机构开展治安保卫检查，下发《治安保卫隐患整改通知书》2份。

【新媒体建设】 2019年，北辰区发挥“健康北辰”“北辰疾控中心”“北辰医院资讯”“天津市北辰区中医医院”等20余个微信公众号的矩阵作用，及时将全区加快医疗联合体建设，推进分级诊疗制度，开展家庭责任医生签约、公立医院改革等特色、亮点工作宣传报道，展现北辰卫生健康工作取得的新进展、新成效，并借助微信公众号平台持续开展卫生健康主题宣传，普及健康知识，传播健康理念，提升居民健康素养。至年底，全区卫健系统共有22个微信公众号，关注人数总计35600余人，发布涉及医改重点工作进展、精神文明建设、党建工作、常见病、慢性病预防、妇幼健康、婚育知识和等3420余条图文消息，图文最大阅读量超过26000人。

（魏 然）

体育

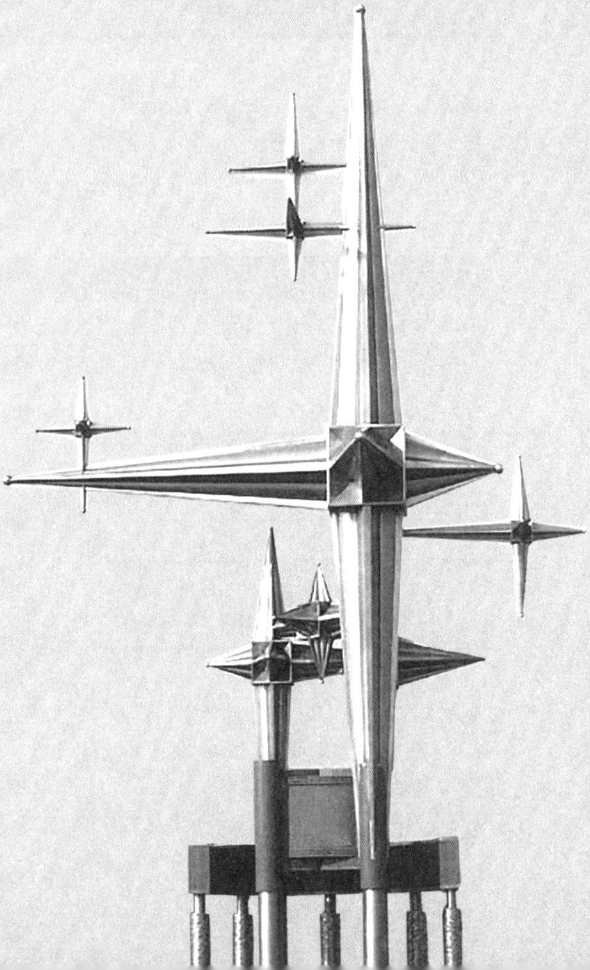

▲2019年8月6日，北辰区“全民健身日”庆祝活动暨果园新村街第六届“舞动新村”广场舞展示活动在辰星体育园举行。图为星辰舞蹈队表演舞蹈《爱我中华》

（区文旅局　供图）

综　述

2019年，北辰区体育事业在区文旅局领导下，深入贯彻落实习近平总书记强调的“广泛开展全民健身活动，加快推进体育强国建设”的指示精神，促进北辰区全民健身运动蓬勃发展，推动北辰体育强区和健康北辰建设，助力北辰区双创工作取得新成果，开创体育工作的新局面。2019年8月19日，中华人民共和国第十届残疾人运动会暨第七届特奥会火炬传递活动在北辰区特教学校举办。4名火炬手完成火炬传递，区文旅局体育科派出15人的火炬传递运行团队参与此次活动。

按照国家体育总局要求，区文旅局开展全国第七次体育场地统计调查工作。北辰区共完成体育场地统计调查1032处，调查单位252家。至2019年年底，全区体育场地面积共计235万平方米，常住人口人均体育场地面积2.73平方米每人，达到区全民健身计划2016年至2020年人均体育场地面积每人2.4平方米的目标。

全民健身

【概况】 2019年，区文旅局更新和新建多处健身场所，补充健身设施。通过开展广场舞展示活动等措施，提高全区居民健身水平。全年累计近300人参与。

【全民健身设施】 打造15分钟健身圈工程。2019年，全区更新和新建健身园61处，5人制笼式足球场及多功能运动场共4片，镇街全民健身中心12个，新建大张庄镇喜凤体育公园。为群众广泛参与全民健身活动提供场地保障。

【广场舞展示活动】 2019年8月6日，北辰区“全民健身日”庆祝活动暨果园新村街第六届“舞动新村”广场舞展示活动在辰星体育园举行。该次活动由区政府主办，区文化和旅游局、果园新村街道办事处协办，区社会体育指导员协会全程参与。区文化和旅游局、果园新村街道党工委相关负责人出席活动，果园新村街下属社区的10支舞蹈队计240余人参加演出。温泉花园社区星辰舞蹈队演出的舞蹈《爱我中华》，表演者热情洋溢，舞姿优美，拉开本次展示活动的序幕。霞光里社区彩霞之光舞蹈队结合活动主题编排的舞蹈《我和我的祖国》，将活动推向高潮。5个队的舞蹈节目获优秀表演奖，5个队的舞蹈节目获最佳创意奖。

2019年北辰区广场舞展示活动10支舞蹈队表演节目一览表

表19

社区名称	舞蹈队名称	舞蹈节目名称	社区名称	舞蹈队名称	舞蹈节目名称
温泉花园	星辰舞蹈队	爱我中华	都旺	晨之恋健身太极队	太极扇舞
东升里	大头娃娃舞蹈队	欢聚一堂	辰悦家园	悦美艺术团	九儿
丹凤里	枫叶美舞蹈队	蝴蝶泉边	果园里	蓝之梦舞蹈队	万树繁花
朝阳里	英子舞蹈队	福满农家	旭日里	枫叶正红舞蹈队	中国大舞台
新华里	梦飞扬舞蹈队	书简舞	霞光里	彩霞之光舞蹈队	我和我的祖国

竞技体育

【概况】 2019年，北辰区开展多项竞技赛事。其中，北辰区第八届运动会、“兴隆杯”原野射箭公开赛、健身秧歌比赛规模大、影响广，赛事分别进行6个月、3天、2个月，累计参与人数900余人。

【北辰区第八届运动会】 2019年，举办北辰区第八届运动会，赛事分为6个组别，设置30个比赛项目。4月，部分比赛项目开始进行。10月19日，在天津商业大学体育馆举行区第八届运动会开幕式，参与人数3000人。市体育局党委书记、局长李克敏，区委副书记、区长王宝雨，区委副书记陈健，区人大常委会副主任李志胜，副区长马希荣，区政协党组副书记、一级巡视员张红出席开幕式。副区长马希荣主持开幕式。市体育局党委书记、局长李克敏致辞。

4月30日，第八届运动会台球项目比赛在区杰绅台球会所举行。赛事分为镇街组和机关单位组，近百名运动员同场竞技。李鹏（集贤里街）、贾梦瑶（双口镇）、宋凯（双口镇）分别获得镇街组前三名；史全福（供销社）、王旭（供销社）、高树伟（税务局）分别获得机关组前三名。

5月29日，区第八届运动会市民广播操项目比赛在北仓镇文体中心运动馆举行。竞赛项目选定为天津市第三套市民广播体操（A套动作）。区内15个镇街及1个机关单位的200余名运动员参加。参赛选手服装统一，动作一致，展现群众体育风采。观众数万人次观看。

6月15日至16日，区第八届运动会三人制篮球项目比赛在北仓镇文体中心运动馆举行。分为镇街组、机关组、企业组3个组，来自镇街及机关、企业单位的40多支队伍、200余名运动员参与此次赛事。

7月7日，区第八届运动会暨首届智力运动会在万源龙顺度假庄园落幕。该届智力运动会设6项比赛项目，分别为围棋、象棋、国际象棋、五子棋、国际跳棋、斗地主。共设立24个参赛组别，来自全区各委局、镇街、学校、幼儿园的近400人选手参加比赛，参赛选手年龄跨度大，年龄最长者70余岁，最小者4岁。

【"兴隆杯"原野射箭公开赛】 8月9日至11日，2019年"兴隆杯"原野射箭公开赛在兴隆溶洞景区举行。赛事由北辰区人民政府和兴隆县人民政府联合主办，区统战部、区合作交流办、区文化和旅游局共同组织实施。该扶贫赛事项目经费由北辰区"两新组织"筹措17.238万元。区统战部、区合作交流办、区文化和旅游局相关领导和兴隆县有关人员参加公开赛开幕式。共有来自全国各地100余名射箭运动员及裁判员参加比赛活动。

该赛事既是国内第一次区域性原野射箭公开赛事，也是精准扶贫"体育＋旅游"项目。赛事共分为"复合弓组""反曲弓组""光弓组""团体赛组"4个组别。确立新颖的赛事规则，射箭目标靶位合理融入景区自然环境，增加赛事乐趣。按照京津冀协同发展原则，落实精准扶贫工作，打造"体育＋旅游"产业项目，做好扶贫项目创新模式，帮助兴隆引入"体育＋旅游"赛事项目。通过举办赛事，吸引更多运动员和游客融入景区，拉动旅游消费，助推兴隆县全域旅游产业发展。该赛事首次引入跨地区网络直播，赛事直播期间累计网络平台观看人数330万人次，获赞280余万次。

【健身秧歌比赛】 5月29日，健身秧歌项目比赛在北仓镇文体中心运动馆举行。竞赛项目为国家体育总局审定的第六套健身秧歌规定套路。区内有7个镇、5个街的代表队150余名运动员参加比赛。果园新村街、集贤里街、天穆镇、佳荣里街、大张庄镇、北仓镇6个代表队获一等奖。青光镇、青源街、宜兴埠镇、双口镇、瑞景街、小淀镇6个代表队获二等奖。

的方式助力对口区县河北省兴隆县脱贫。

【监督检查】 完成2019年游泳场所监督检查工作，按照市体育局安排部署，区文旅局作为牵头单位，协调区公安分局、区教育局、区卫健委、区市场监督局，对辖区内天穆、双发等游泳场所开展监督检查，将安全责任落实到人，督促建立常态化监督检查制度。

【宣传培训】 继续培训社会体育指导员，2019年新增三级社会体育指导员273人，晋升二级社会体育指导员73人。落实社会体育指导员"社区化"目标。开展健身知识科普大讲堂活动，把科普健身知识送到群众身边。

【扶贫协作和对口支援】 落实《北辰区推进东西部扶贫协作和对口支援三年行动方案》，细化帮扶举措，因地制宜、精准

▲2019年5月29日，北辰区第八届运动会健身秧歌比赛现场 （区文旅局 供图）

服务管理

【概况】 2019年，区文旅局依法对文化场所开展监督检查，保障群众安全。全年培训体育指导员273人，做好体育健身知识普及工作。同时，利用"旅游＋体育"施策，落实好兴隆县的帮扶项目。2019年，举办"兴隆杯"原野射箭公开赛，利用兴隆县独特的户外资源，举办"旅游＋体育"的体育赛事项目，通过举办赛事活动，宣传兴隆的全域旅游资源，通过更多的"旅游＋体育"赛事活动，助推兴隆县打赢脱贫攻坚战。

（赵全宇）

北辰区第八届运动会各项比赛第一名一览表

表20

项目	组别	姓名	单位	成绩
台球（成人组）	镇街组	李 鹏	集贤里街	—

续表

<table>
<tr><th>项目</th><th>组别</th><th>姓名</th><th>单位</th><th>成绩</th></tr>
<tr><td>台球（成人组）</td><td>机关组</td><td>史福全</td><td>供销社</td><td>—</td></tr>
<tr><td rowspan="8">羽毛球（成人组）</td><td>机关组男子单打</td><td>卢　蔚</td><td>工信局</td><td>—</td></tr>
<tr><td>机关组女子单打</td><td>穆　瑞</td><td>卫健委</td><td>—</td></tr>
<tr><td>机关组男子双打</td><td>吴宝光
陈　强</td><td>运管局</td><td>—</td></tr>
<tr><td>机关组女子双打</td><td>刘荣荣
张学芬</td><td>运管局</td><td>—</td></tr>
<tr><td>镇街组男子单打</td><td>张华腾</td><td>青光镇</td><td>—</td></tr>
<tr><td>镇街组女子单打</td><td>赵　璟</td><td>青光镇</td><td>—</td></tr>
<tr><td>镇街组男子双打</td><td>李兵江
忠　伟</td><td>普东街</td><td>—</td></tr>
<tr><td>镇街组女子双打</td><td>王　艳
张晓丹</td><td>普东街</td><td>—</td></tr>
<tr><td>市民广播体操</td><td>团体</td><td>—</td><td>小淀镇
集贤里街
果园新村街
天穆镇
双街镇
瑞景街
大张庄镇
生态环境局</td><td>—</td></tr>
<tr><td>健身秧歌</td><td>团体</td><td>—</td><td>果园新村街
集贤里街
天穆镇
佳荣里街
大张庄镇
北仓镇</td><td>—</td></tr>
<tr><td rowspan="4">三人篮球（成人组）比赛名次</td><td>镇街男子组团体</td><td>—</td><td>佳荣里街一队</td><td>—</td></tr>
<tr><td>镇街女子组团体</td><td>—</td><td>青广源街一队</td><td>—</td></tr>
<tr><td>机关男子组团体</td><td>—</td><td>公安局二队</td><td>—</td></tr>
<tr><td>机关女子组团体</td><td>—</td><td>供销合作社</td><td>—</td></tr>
<tr><td rowspan="2">五人制足球（成人组）</td><td>镇街组团体</td><td>—</td><td>青光镇</td><td>—</td></tr>
<tr><td>机关组团体</td><td>—</td><td>运管局</td><td>—</td></tr>
<tr><td rowspan="7">跳绳踢毽（成人组）</td><td>镇街组团体</td><td>—</td><td>青源街</td><td>—</td></tr>
<tr><td>机关组团体</td><td>—</td><td>税务局</td><td>—</td></tr>
<tr><td>镇街组男子短绳竞速</td><td>刘　勇</td><td>天穆镇</td><td>110</td></tr>
<tr><td>镇街组男子短绳双人跳</td><td>刘　棣
张　钊</td><td>青源街</td><td>89</td></tr>
<tr><td>镇街组男子短绳 1 带 1 跳</td><td>苏　赫
杨　洋</td><td>果园新村街</td><td>89</td></tr>
<tr><td>镇街组男子踢毽</td><td>马　昭</td><td>双街镇</td><td>106</td></tr>
<tr><td>镇街组女子短绳竞速</td><td>李志萍</td><td>青源街</td><td>109</td></tr>
</table>

续表 1

项目	组别	姓名	单位	成绩
跳绳踢毽（成人组）	女子短绳双人跳	赵嫣然 兰雅卿	双街镇	106
	女子短绳 1 带 1 跳	赵晓丽 郭爱琴	青源街	168
	女子踢毽	张云红	普东街	97
	男女混合长绳	—	普东街	173
	男女混合踢毽	—	普东街	43
	机关组男子短绳竞速	王家强	市监局	103
	机关组男子短绳双人跳	张　亮 张卓敏	检察院	114
	机关组男子踢毽	穆瑞才	教育局	93
	机关组女子短绳竞速	李　伟	供销社	110
	机关组女子短绳双人跳	田　钰 陈圣炜	税务局	74
	机关组女子短绳 1 带 1 跳	刘荣荣 陈绍艳	运管局	120
	机关组女子踢毽	穆晓萌	教育局	113
	机关组男女混合长绳	—	检察院	268
	机关组男女混合踢毽	—	教育局	45.1
棋牌（成人组）	斗地主比赛	杨建国	双口镇	—
	国际象棋男子组	刘双喜	青光镇	—
	国际象棋女子组	朱燕丽	果园新村街	—
	五子棋男子组	张宗彧	税务局	—
	五子棋女子组	杜菲菲	普东街	—
	象棋团体	—	什荣甲街	—
	象棋女子组	刘　红	北仓镇	—
	象棋男子组	刘全福	北仓镇	—
乒乓球（成人组）	机关组男子团体	—	市场监管局	—
	机关组女子团体	—	教育局	—
	机关组男子单打	张勇军	市场监管局	—
	机关组女子单打	孙　颖	教育局	—
	机关组男子双打	王川亭　王丙寅	人社局	—
	机关组女子双打	姜德华　张朝霞	教育局	—
	镇街组男子团体	—	西堤头镇	—
	镇街组女子团体	—	北仓镇	—
	镇街组男子单打	姜　辉	西堤头镇	—
	镇街组女子单打	张庭淑	双街镇	—
	镇街组男子双打	刘　刚　靳浩然	西堤头镇	—
	镇街组女子双打	穆瑞霞　罗晓静	北仓镇	—
游泳（成人组）	镇街组团体	—	果园新村街	—

续表 2

项目	组别	姓名	单位	成绩
游泳（成人组）	机关组团体	—	卫生健康委	—
	机关青年男子组 50M 自由泳	佟　毅	开发区	37″2
	机关青年男子组 50M 蛙泳	佟　毅	开发区	47″2
	机关青年男子组 50M 仰泳	李　辉	农业农村委	1′05″5
	机关青年男子组 100M 蛙泳	庞　涛	生态保护局	2′00″5
	机关中年男子组 50M 自由泳	刘　峰	卫健委	44″5
	机关中年男子组 50M 蛙泳	刘　峰	卫健委	54″9
	机关中年男子组 50M 仰泳	李凤鸣	人防办	53″9
	机关中年男子组 100M 蛙泳	孟祥起	市场监管局	2′03″1
	机关老年男子组 50M 自由泳	丁永清	人防办	43″6
	机关老年男子组 50M 蛙泳	丁永清	人防办	50″2
	机关青年女子组 50M 蛙泳	马雨桐	生态保护局	1′10″9
	机关中年女子组 50M 蛙泳	朱蓉蓉	开发区	1′11″13
	机关老年女子组 50M 蛙泳	丁秀丽	卫健委	1′14″5
	镇街青年男子组 50M 自由泳	董俊龙	西堤头镇	49″4
	镇街青年男子组 50M 蛙泳	丁祥谦	北仓镇	43″1
	镇街青年男子组 100M 蛙泳	柴忠旭	双街镇	2′00″7
	镇街中年男子组 50M 自由泳	刘　勇	天穆镇	35″8
	镇街中年男子组 50M 蛙泳	李雅民	普东街	54″3
	镇街中年男子组 50M 仰泳	赵国庆	果园新村街	1′06″4
	镇街中年男子组 100M 自由泳	何冬利	普东街	1′28″1
	镇街中年男子组 100M 蛙泳	郭宝忠	果园新村街	1′52″2
	镇街中年组 4×50M 自由泳接力	—	果园新村街	4′02″1
	镇街老年男子组 50M 自由泳	张汉春	普东街	48″3
	镇街老年男子组 50M 蛙泳	丁惠喜	普东街	47″4
	镇街老年男子组 50M 仰泳	张汉春	普东街	57″7
	镇街青年女子组 50M 自由泳	魏诗颖	宜兴埠镇	40″9
	镇街青年女子组 50M 蛙泳	刘　欣	西堤头镇	1′03″8
	镇街青年女子组 50M 仰泳	魏诗颖	宜兴埠镇	58″2
	镇街青年女子组 100M 蛙泳	刘欣悦	宜兴埠镇	2′20″1
	镇街中年女子组 50M 自由泳	江　华	果园新村街	52″6
	镇街中年女子组 50M 蛙泳	孙晓义	果园新村街	1′07″4
	镇街中年女子组 50M 仰泳	韩俊荣	果园新村街	1′45″8
	镇街中年女子组 100M 仰泳	刘淑萍	果园新村街	3′03″3
	镇街老年女子组 50M 自由泳	韩俊秀	果园新村街	59″2
	镇街老年女子组 50M 蛙泳	马玉华	天穆镇	1′00″1
	镇街老年女子组 50M 仰泳	张静稳	天穆镇	1′07″5
	射箭（成人组）	—	规自局	—
	射箭（成人组）男子个人	傅东亮	普东街	268 环
	射箭（成人组）女子个人	白星荣	规自局	233 环

社会生活

北辰年鉴
2020

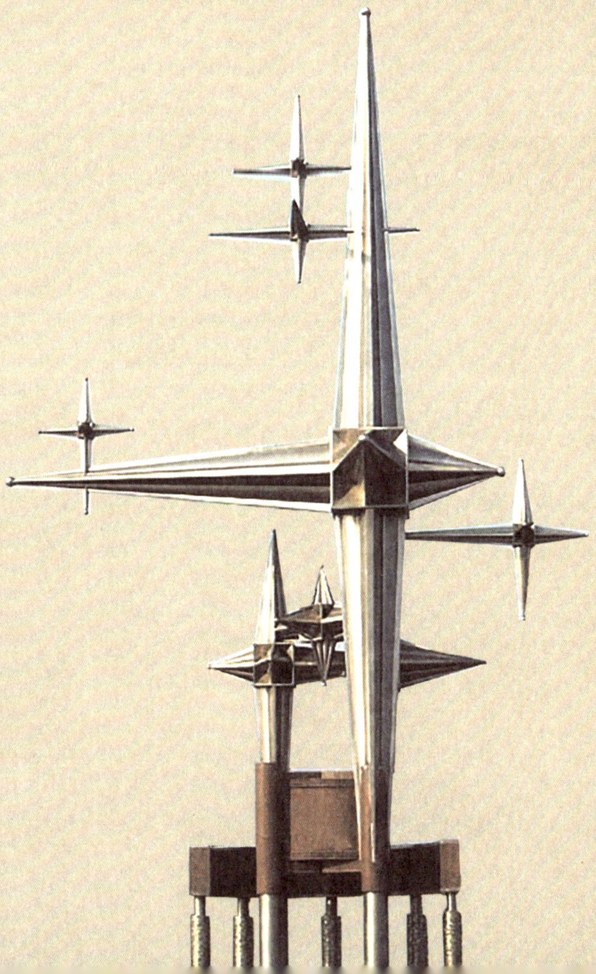

综　述

2019年，北辰区居民人均可支配收入3.97万元，比上年增长7.4%。其中城镇居民人均可支配收入4.09万元。社会保障工作完善动态管理机制，开展定期复审，掌握救助家庭人口、就学就业、健康状况等动态信息，及时调整救助待遇，做到应保尽保、应退尽退。做好住房保障工作。做好申请对象收入核对工作，完成2019年迎新春慈善救助工作。开展“慈善光明行”活动，为年龄在50周岁以上享受天津市低保、低收入、特困供养等政府救助对象及年龄在70周岁以上生活困难的白内障患者免费手术。

加强基层自治和社区建设，制定《关于在全区推广片长制的实施方案》，镇街、村完成系统微信公众号的推广宣传及试点村开通手机APP注册和关注。推动村居党群服务中心建设达标工作，明确群众自治工作职责16项、依法协助政府工作事项清单35项、社区用章由20项调减为5项，推动社区减负增效有效落实。全年旧楼区长效管理优良率100%，综合考核指标始终位于全市首位，获评“2019年度天津市旧楼区长效管理工作优秀区”，3个街道和1个镇被评定为“2019年天津市旧楼区长效管理工作十佳街镇”，1个街道和1个镇被评定为“2019年度天津市旧楼区长效管理工作示范街镇”。社会事务管理成效显著，完成3个社会组织等级评估，实行社区社会组织备案管理。通过建立党组织和对未成立的社会组织派遣党建指导员形式，确保实现党建工作覆盖率100%。推进社会组织党建标准化考评工作。开展社会组织年检工作，举办专题培训。举办第三届公益创投大赛等一系列公益活动，推动扶老助老“筑基”公益项目落地各镇街，建立临时救助备用金制度，开展“社会救助百日攻坚”。

劳动人事工作扎实开展，落实援企稳岗各项政策。多渠道、广覆盖进行政策宣传，减少审批要件、优化办事流程，指导企业用足用好补贴政策，减轻企业负担。深入实施职业技能提升行动，大规模开展职业技能培训，加强东西部扶贫协作，助力精准脱贫，加大企业吸纳、灵活就业等扶持力度。推进“海河英才”行动计划和人事管理规范化建设。推动全区全民参保工作实现新跨越，加大全民参保工作政策宣传力度，乘借融媒体发展大势，多渠道宣传、多点位发力，以群众喜闻乐见的形式广泛宣传全民参保知识。

残疾人事业稳步推进，投入资金为低保、低收入残疾人落实一系列政策。完成2019年残疾人基本服务状况和需求信息数据动态更新。为适龄残疾儿童少年开展送教上门服务。对全区残疾人实行全覆盖无障碍需求调查，投入资金，发放坐便轮椅、坐便椅、四脚拐等器械，超指标完成精准康复任务。做好残疾人专职委员日常管理和考核，举办专职委员培训班，全年残疾人专职委员工资、保险、公积金等各项补贴全部落实，增强残疾人的凝聚力和认同感。举办残疾人招聘会，解决残疾人就业难问题。组织第十届残运会暨第七届特奥会北辰区火炬传递仪式，组织开展北辰区第五届残疾人健身运动会暨北辰区第八届全民健身运动会（残疾人组）比赛，组织参加天津市第十一届残疾人歌唱大赛。

红十字救助惠及民生，围绕全区捐款接收转交、社会动员任务，参与东西部扶贫协作与支援合作，助力全国脱贫攻坚。发挥人道助手作用，持续开展“四助一送”博爱救助活动。资助困难学生开展自强学生研学实践活动。对区、社区卫生服务中心师资开展应急救护标准化培训，提升救护培训授课质量。组织各镇街红十字会推进救护培训“五进”工作，提升群众自救互救能力。推进“应急救护培训进校园”工程，利用广播电视播放无偿献血、造血干细胞、器官遗体捐献公益广告，营造大众积极参与的良好氛围。组织全区机关事业单位开展造血干细胞志愿捐献者招募活动，推进人体器官捐献知识巡讲活动，开展红十字运动知识普及、红十字会法宣传、义诊咨询、应急救护培训、人道救助等志愿服务活动。天津京都贝思达生物技术有限公司获庆祝新中国成立70周年“天津慈善奖”。

（温　鹏）

居民生活

【概况】 2019年，北辰区常住居民收入消费稳步提高。人均可支配收入中工资性收入占据主体，人均总支出中消费支出占比超过60%，在消费支出中，居住支出占第一位。

【居民收入】 2019年，北辰区常住居民人均可支配收入39698元，比上年增长7.4%。其中城镇居民人均可支配收入40944元，比上年增长7.3%。与全市九区相比，位列第三。年内开展250户居民调查，人均可支配收入39341元，其中工资性收入22773元，经营净收入1725元，财产净收入5001元。

【居民消费】 2019年，北辰区常住居民人均消费性支出31022元，比上年增长7.0%。其中城镇居民人均消费性支出32358元，比上年增长7.2%。年内开展250户居民调查，人均总支出49717元，其中消费支出33631元，占总支出的67.64%；生产经营费用支出437元，财产性支出666元，转移性支出2866元，部分商业保险支出277元。在消费支出中，食品烟酒支出7829元，占消费支出的23.28%；衣着支出1890元，占消费支出的5.62%；居住支出8659元，占消费支出的25.75%。

（刘秋香）

社会保障

【概况】 2019年，北辰区社会救助工作完善动态管理机制，开展定期复审，及时调整救助待遇，做到应保尽保、应退尽退。做好保障房申请对象收入核对工作，完成2019年迎新春慈善救助工作。落实残疾人两项补贴。联合市慈善协会开展慈善助孤活动、开展“慈善光明行”活动。

【社会救助】 2019年，北辰区新增救助对象939户，调增513户，调减744户，停发1196户。全区救助对象4521户、7823人，其中低保3665户、6241人，低收入703户、1428人，特困供养人员153户、154人。2019年全区共发放低保救助资金6949.48万元，特困供养金400.93万元，临时救助资金271.5万元，救急难资金67.61万元。核查廉租补贴98户，经租补贴73户，廉租复审51户，经租复审38户，限价房70户，公租房120户，共计

450户。为全区240户家庭开展送温暖献爱心活动，共计支出9.6万元。向14名困难大学生发放爱心助学金7万元。协助团区委开展"圆梦大学"活动，资助51名学生，发放资助金15.3万元；接收区教育系统师生助困基金捐款30.93万元，向秋怡小学学生发放师生助困金2000元。慰问3名生活困难的老军人，每人给予慰问金2000元。配合区教育局向甘肃省华池县贫困学生拨付师生助困金7.8万元。向区水务局去世干部家属发放3万元一次性助困金。向公安北辰分局因公牺牲民警梁辰发放抚恤救助金40万元。"八一"前夕向25名在乡"三老"人员发放慰问金，向16名藏区服役农村籍义务兵发放医疗救助款合计26.05万元。从2019年4月1日起，为全区城乡低保、城市特困人员、农村特困人员等救助对象4537户7934人调整供养标准，月增救助资金约43万元。

【社会福利】 2019年，审核新增残疾人两项补贴1083件，其中生活补贴515件，护理补贴568件。发放残疾人两项补贴金2153.01万元，其中生活补贴766.59万元，护理补贴1386.42万元。组织镇街参加儿童督导员培训会议，开展4次农村留守儿童摸底排查工作，留守儿童2人，新增困境儿童320人，发放补贴321.68万元。联合市慈善协会开展慈善助孤活动，资助13名散居孤儿，发放慰问金1.34万元及慰问品。开展"慈善光明行"活动，为2607名50周岁以上生活困难白内障患者免费筛查，为169名50周岁以上享受本市低保、低收入、特困供养等政府救助对象及年龄在70周岁以上生活困难的白内障患者免费手术。

（张轶楠）

基层自治和社区建设

【概况】 2019年，北辰区巩固提升村(居)党组织书记和村(居)委会主任100%"一肩挑"成果，开展村"两委"换届"回头看"，推动村居党群服务中心建设达标，全年旧楼区长效管理优良率100%，综合考核指标始终位于全市首位，在全市旧楼区长效管理工作年度绩效考核中被评定为"2019年度天津市旧楼区长效管理工作优秀区"，佳荣里街道、集贤里街道、北仓镇和果园新村街道被评定为"2019年天津市旧楼区长效管理工作十佳街镇"，普东街道和天穆镇被评定为"2019年度天津市旧楼区长效管理工作示范街镇"。

【农村村民自治】 2019年，区民政局制定《关于在全区推广片长制的实施方案》，全区121个村、124个社区居委会完成村规民约和居民公约的制定、修订工作。37个村务公开平台试点村进行村民基本信息采集（每户一人）。指导镇街、村完成系统微信公众号的推广宣传及试点村开通手机APP注册和关注。建成22个农村示范社区试点村。推动双街村借鉴塔元庄村经验试点工作，强化党管农村工作全民化、政治引领系统化、党员队伍专业化、乡村治理精细化、应急管理职责智能化、产业振兴高质化、乡风文明品牌化、制度保障规范化、宜居环境靓丽化。配合区委组织部深入开展村"两委"换届"回头看"，对746名各村委会成员进行联审。

【社区管理】 2019年，区民政局配合推动村居党群服务中心建设达标72个。接收新建小区居委会配套公建设施11处，约1.6万平方米。开展社区工作者大讲堂培训，完成社区书记（主任）、美丽社区、新入职人员和社工师考前培训等系列培训。招聘155人，入职139人，其中103名社工（含5名退役军人），36名事务所人员。做好2019年社工考试工作，两次参加考试245人，137人通过考试，组织开展社区工作人比武暨业务知识竞赛。

全年旧楼区长效管理优良率100%，综合考核指标始终位于全市首位，在全市旧楼区长效管理工作年度绩效考核中被评定为"2019年度天津市旧楼区长效管理工作优秀区"，佳荣里街道、集贤里街道、北仓镇和果园新村街道被评定为"2019年天津市旧楼区长效管理工作十佳街镇"，普东街和天穆镇被评定为"2019年度天津市旧楼区长效管理工作示范街镇"。

（张轶楠）

社会事务管理

【概况】 2019年，北辰区实行社区社会组织备案管理，备案社区社会组织1228个。全区建立社会组织党组织93个，覆盖204个社会组织。推进社会组织党建标准化考评工作。清理签订社会组织党建工作责任书。开展社会组织年检工作，举办专题培训。举办第三届公益创投大赛获选项目活动、"公益之花绽放北运河畔 金秋献礼国庆70周年——暨北辰区第三届社会组织公益创投大赛项目成果展"、第四届社会组织公益创投大赛。推动扶老助老"筑基"公益项目落地各镇街。加强殡葬服务分店指导。

【社会组织管理】 2019年，北辰区有社会组织225家，社会团体70家，民办非企业单位155家。其中新成立51家，转

▲2019年1月3日，北辰区民政局组织开展互学互比互看活动，提高社区工作者的社区治理能力和业务能力

（张姗　摄影）

▲2019年4月21日，北辰区民政局社救科工作人员深入小淀镇赵庄村开展“政策零距离百日宣讲”活动（刘志强 摄影）

入3家，注销17家，转出4家。对11家养老机构进行财务问题和需求问卷调查，举办财务知识培训。完成3个社会组织等级评估，其中3A等级1个,4A等级1个，5A等级1个。实行社区社会组织备案管理，共备案社区社会组织1228个。成立北辰区社会组织孵化中心专家智库，并对首批11名专家进行授牌。

2019年底全区共建立社会组织党组织93个，覆盖204家社会组织，党组织覆盖率达90%以上。通过建立党组织和对未成立的社会组织派遣党建指导员形式，确保实现党建工作覆盖率100%。推进社会组织党建标准化考评工作，139家社会组织完成考评。举办一届社会组织党建工作经验分享会，为全区41家社会组织的60余名负责人、党组织书记授课。清理签订社会组织党建工作责任书。协调瑞景街道批准成立爱馨瑞景园老年公寓党支部，建立党建基地。

开展社会组织年检工作，举办专题培训。2019年度应参加年检的社会组织174家，实参检社会组织154家，参检率88.5%。对年检不合格、基本合格、未参检的27家社会组织发出整改通知书，限期整改。对未完成年检、不积极配合的15家社会组织发出行政告诫书。对8家连续两年以上未参加年度检查的立案调查。

【公益项目】 2019年，北辰区开展第三届公益创投大赛获选项目活动，共开展养老、助残、助困、环保、教育、志愿者人才培育等各类公益项目活动675场，直接服务群众11610人。举办“公益之花绽放北运河畔 金秋献礼国庆70周年——暨北辰区第三届社会组织公益创投大赛项目成果展”。开展以“助力新时代社会组织培育，打造好生活精品公益项目”为主题的第四届社会组织公益创投大赛立项工作，该届申请参赛项目71个。推动扶老助老“筑基”公益项目落地各镇街，13个镇街开展项目活动，为325户老年人家庭提供助洁服务，600多名老年人获益，基层投入公益资金30万元。

【殡葬改革】 2019年，北辰区召开各镇街丧葬补贴“一制三化”工作会议，申请市、区两级丧葬补贴资金120.6万元，审批镇街丧葬补贴材料1222份，拨款220万元。加大宣传力度，印制“关于寒衣节期间祭祀活动有关事项的通告”6000张，印制“致市民朋友的一封信”宣传材料3万份，基本达到全面禁烧。开展私建“住宅式”墓地摸排工作。贯彻落实《天津市文明行为促进条例》，加强殡葬服务分店指导，发放告知书，签订承诺书，倡导文明节俭办丧事。全年19次单独和联合区市场监管局开展联合执法。

【婚姻登记管理】 2019年，区民政局办理婚姻登记7724对，其中结婚登记3820对，离婚登记2741对，补发结婚登记971对，补发离婚登记192对，全年接待查档469人次。

（张轶楠）

老龄事业

【概况】 2019年，北辰区鼓励社区养老社会化运营，推进“养老院＋老年日照中心”的社区“微养老”模式。全区实现一、二级老人家食堂城镇全覆盖。完成全区13家养老机构备案管理。聘请第三方开展专业评估，做到对住养老人能力评估全覆盖，落实补贴政策保障。推动新建、转型升级日照中心项目落地。

【养老服务】 2019年，北辰区鼓励社区养老社会化运营，发掘专业养老机构优势，推进“养老院＋老年日照中心”的社区“微养老”模式。每月为1035名老人提供清晨问候服务。做好特殊群体养老工作，发放敬老卡5775张，老年优待证6500本。为700名老人发放居养补贴251.88万元。发放区老年大学教学经费4.5万元。为全区19685名60周岁以上

▲2019年4月23日，北辰区民政局组织区养老机构负责人、安全工作人员开展养老机构安全管理工作培训（康智 摄影）

无工作老人购买意外伤害保险86.614万元。开设一级老人家食堂10个、二级老人家食堂125个，实现城镇全覆盖。全区9005名符合条件的老年人可以享受助餐补贴，已申请就餐的251人。每天约163人就餐，其中享受补贴的143人。

【养老保障】 2019年，北辰区完成全区13家养老机构备案管理。10家运营养老机构中总床位数2382张，入住老人1025人，管理人员66人，护理人员192人，其中有护理资格证的148人，占比77.1%。运营养老机构每季度开展1次消防应急演练。加强服务质量建设，组织院长培训5次，其中参加市级培训4人次；组织护理员参加市级培训，54人全部取得护理资格证。聘请第三方开展专业评估，做到对住养老人能力评估全覆盖；落实补贴政策保障，发放2018年养老机构床位运营补贴268.5075万元。为9名百岁老人发放营养补贴13.75万元。

【日间照料中心建设】 2019年，北辰区推动新建3个老年日照中心项目，推动转型升级3个日照中心项目。聘请第三方对全区48家日间照料中心进行运营评估，其中运营7家，评估合格的为5家。发放老年日间照料中心运营补贴96万元。

（张轶楠）

2019年底北辰区百岁老人一览表

表21

序号	姓名	性别	出生年月	年龄（周岁）	所在地
1	高德芳	女	1916年2月19日	103岁	北仓镇
2	房秀珍	女	1919年11月28日	100岁	北仓镇
3	冯国兰	女	1918年5月5日	101岁	青光镇
4	翟凤明	女	1919年8月23日	100岁	青光镇
5	王广兰	女	1918年4月29日	101岁	大张庄镇
6	杨德珍	女	1918年12月18日	101岁	大张庄镇
7	刘俊华	男	1917年5月25日	102岁	宜兴埠镇
8	高桂珍	女	1919年2月21日	100岁	宜兴埠镇
9	晏凤兰	女	1917年8月6日	102岁	普东街道
10	韩鹤岺	男	1919年2月13日	100岁	小淀镇

医疗保障

【概况】 2019年，天津市北辰区医疗保障局（以下简称区医保局）成立，并于2019年1月18日正式挂牌。区医保局是区政府工作部门，为正处级，内设机构为综合科，所属事业单位为北辰区城乡居民基本医疗保险服务中心。主要职责是贯彻执行国家和本市医疗保险、生育保险、医疗救助等医疗保障相关的法律法规、政策等，并做好宣传培训工作。负责辖区医疗保障领域参保扩面工作。监督管理辖区内定点医药机构开展医保服务，依法查处医疗保障领域违法违规行为。负责辖区内参保人员医保视同缴费年限核定工作。负责辖区内医疗救助工作。协助开展医保指标测算、定点机构评估确定、采购监管等。承接职能转变相关工作以及承办区委、区政府交办的其他事项等14个方面。3月19日，经中共天津市北辰区委区级机关工委批准成立中共天津市北辰区医疗保障局机关支部。

【医保政策宣传和参保扩面】 2019年，结合开展“不忘初心牢记使命”主题教育、“创文创卫”“双万双服”等活动，区医保局开展医保政策宣传，营造全民关注健康、积极参保的良好氛围。联合人力资源企业招聘、卫生健康职业病防治宣传等行动，下基层、到社区、进企业。全年组织和参加各类宣传活动30余场（次），印制发放宣传材料10万余份，现场接受咨询群众5000多人次。至年底，实际完成年度城乡居民基本医疗保险参保26.512万人，超额完成下达26.35万人指导性指标，完成率100.6%。

【医保监督管理和维护基金安全】 区医保局开展“打击欺诈骗保 维护基金安全”集中宣传月活动，指导监督辖区内45家定点医疗机构和31家定点药店自觉履行新“两定”协议，区医保监管逐步形成“1234”工作模式，即“以维护基金安全”为目标核心，通过外部监督检查与机构内部自查2种途径，采取按提示提醒在前、事中及时制止、事后严肃追查3个不同阶段，通过日常巡查检查、问题疑点专项抽查复查、多部门联合会商督查，定点机构主动自查自改报告4种方式，联合协同开展检查。全年组织整治欺诈骗取医疗保障基金专项行动50余次，累计对15家机构提醒警示、约谈整改，3家机构主动申请暂停协议或暂停联网结算，4家机构通过督促自查主动申请退还医保资金7万余元，维护全区医保基金安全。

【医保咨询接待与服务业务】 2019年，区医保局服务窗口接待咨询500余人，答复反馈8890来电来信等百余件，涉及医保报销政策、意外伤害保险、大病求助等内容。全年核定辖区内企业单位、事业单位、个人窗口缴费申报退休人员医疗保险视同缴费年限3659人次，城乡居民医保垫付受理与支付7000余人次。同时，结合“三医联动”改革等举措，全面推进50余家镇村一体化村卫生室门诊医疗纳入医保联网结算，15家具备住院资质定点医疗机构全部实现住院异地就医联网结算。

（刘　刚）

人力资源

【概况】 2019年，北辰区坚持就业优先政策，就业工作考核位列全市第一档。搭建“线上＋线下”就业求职平台，吸引全国各大高校人才应聘就业。落实援企稳岗各项政策，推进“海河工匠”建设，加强东西部扶贫协作，助力精准脱贫。加大企业吸纳、灵活就业等扶持力度，推进“海河英才”行动计划，推进人事管理规范化建设。推动全区全民参保工作实现新跨越。深入推进和谐劳动关系创建，推进“互联网＋人社”建设。

【就业创业】 2019年，北辰区坚持就业优先政策，把稳就业作为重大政治任务抓好抓实，通过强化就业创业扶持、重点群体帮扶、技能提升培训等有力手段，全年实现新增就业18858人，完成全年任务的104.8%，就业工作考核位列全市第一档。

搭建“线上＋线下”就业求职平台。定期在局官方微信公众号线上发布就业招聘信息，同时，开展就业招聘“春风行动”和各类专场招聘活动，坚持每周二、四两天组织现场招聘会，全年累计举办各类求职招聘会121场，达成就业意向10340个。10月21日，举办“海河英才”学子北辰行专场招聘会，吸引全市168家企、事业单位参会，来自北大、清华、人大、复旦、浙大、西安交大6所高校的近300名学子参加活动，全市各大院校3000余名应届毕业生也到此应聘各类岗位，扩大北辰区影响力。

落实援企稳岗各项政策。多渠道、广覆盖进行政策宣传，减少审批要件、优化办事流程，指导企业用足用好补贴政策，全年共发放各类补贴资金5936万元，惠企250家，惠及职工1144人，释放政策红利，减轻企业负担。

推进“海河工匠”建设。发挥企业在职业技能培训中的主体作用，新认定23家企业培训中心。深入实施职业技能提升行动，大规模开展职业技能培训，全年组织技能培训11951人次，创业培训420人。与天津职业大学首度合作，举办北辰区第五届企业职工职业技能竞赛。

加强东西部扶贫协作，助力精准脱贫。先后赴正宁、华池、兴隆、丁青等地组织7场就业专场招聘会，帮助129名贫困劳动力来津就业，1927人实现就近就地、转移就业。举办东西部协作技能培训班33期，培训1993人；开展致富带头人培训467人次，221人创业成功，成功率达47.3%，带动贫困人口就业3572人。

▲2019年7月5日，北辰区人社局举办窗口业务技能岗位练兵比武大赛。图为决赛现场 （李轶臣 摄影）

加大企业吸纳、灵活就业等扶持力度。全年认定通过就业困难人员3094人次，其中，实现零就业家庭动态为零，其他就业困难人员安置率达85%以上。启动北辰区农村人力资源就业现状调研，对农村劳动力就业、培训、创业需求进行深入分析，为精准提供岗位信息、开展订单式培训奠定基础。

【人事人才】 2019年，北辰区推进“海河英才”行动计划。从强宣传、推落实、抓成效等环节入手，在人才引进、聚集、培养等方面取得积极进展。全年累计发放准迁证3359张，引进高层次人才78人、专业技术人才618人。深入实施重点人才项目，助力天津壹新环保有限公司、天津普天单向器有限公司、天津吉达尔重型机械科技有限公司3家企业成功认定“千企万人”企业，全区“千企万人”企业达133家。邀请全国“春晖杯”创业大赛获奖人才到区开展接洽活动，安排区内100余家知名企业与22名获奖人才进行交流洽谈，吸引海外留学人才和创业企业扎根北辰、创业发展。开展对区内人才资源情况的全面摸底调查，形成全区人才发展报告，助力企业、人才服务精细化。

推进人事管理规范化建设。全年组织及指导教育系统、卫生系统、其他事业单位等7个批次的公开招考，聘用304人充实到基层岗位。对机关事业单位编制外用工和购买服务情况进行深入调研，形成调研报告，为规范编外用工奠定基础。落实“三支一扶”计划，2018年，有

▲2019年10月25日，北辰区人力社保局、北辰区总工会联合主办北辰区第五届企业职工职业技能竞赛。图为在天津职业大学举行的决赛现场 （张婷婷 摄影）

▲2019年3月10日，全国人力资源和社会保障法治知识竞赛天津选拔赛决赛在天津职业技能公共实训中心举办，北辰区人力社保局代表队参加决赛并获得优秀组织奖

（李轶臣　摄影）

32名“三支一扶”大学生进入服务岗位，对19名服务期满、考核合格的“三支一扶”大学生进行政策性安置。对全区各事业单位聘用合同实行统一编码、统一备案。完成全区254个事业单位7864名工作人员聘用合同的备案工作，规范聘用合同管理，实现合同签订全覆盖。

【社会保险】 2019年，北辰区制定印发《北辰区2019年全民参保计划（社会保险扩面）工作方案》《宣传方案》《综合考评办法》，区委督查室每月通报各镇街参保进度指标，构建起“小河有水大河满”“人人头上有指标”的全民参保工作责任体系。与税务、市场监管等多部门协调联动、合力攻坚，动态掌握企业注册、企业纳税未参保等具体情况，做到底数清、情况明。与社险分中心联合执法，对扩面推动中的违法违规行为加大执法力度，督促违规企业依法依规参保。2019年，城镇企业职工基本养老保险、失业保险、工伤保险缴费人数分别达到16.23万人、15.09万人、15.17万人，分别完成任务的101.89%、102.2%、101.53%，超额完成全年市下达工作目标。

【劳动关系】 2019年，北辰区深入推进和谐劳动关系创建，累计审查企业工资集体协议553份。开展清理整顿人力资源市场。组织工程建设领域拖欠农民工工资问题专项治理，开展根治欠薪夏季专项行动和冬季攻坚行动等专项检查，全年共检查各类用人单位1200余家，立案查处投诉举报案件141件，为劳动者追讨工资等福利待遇771万元，维护劳动者合法权益。启动实施劳动保障维权服务中心建设，为劳动者快捷维权提供有力支撑。持续深化兼职仲裁员制度，缓解劳动争议案件陡增压力，全年累计处理劳动人事争议案件2528件，结案2373件，当期结案率100%，位列全市第一名。

【信息化建设】 2019年，北辰区人社局推进“互联网＋人社”建设，局官方微信公众号和“北辰职介”公众号充分发挥线上招聘、对外政策宣传的窗口作用，累计吸引关注达57000余人，2019年官方微信公众号在全区党务政务微信公众号中名列前三名。启动干部人事档案和流动人员档案信息化建设，提高查档、阅档效率。在全市率先研制开发仲裁自助立案查询系统，并投入使用，实现无人自助立案。

（宋学婷）

退役军人事务管理

【概况】 2019年，北辰区退役军人事务局以新时期党的执政能力建设为主线，严格落实新时代退役军人各项工作要求，围绕中心、服务大局，突出重点、统筹推进。6月6日，按照中央关于组建退役军人事务机构有关精神，原北辰区民政局管理的光荣院转隶到区退役军人事务局。区委、区政府先后2次召开由区政府办、编委办、民政局、退役军人事务局等部门参加的专题会议，并及时完成划转工作。至2019年，全区共设置退役军人服务机构272处，其中退役军人服务中心1处，军休所1处，光荣院1处，镇街退役军人服务站15处，村居退役军人服务站254处，配备专职工作人员594人。

【优待抚恤】 加强经费预算管理和使用。督促镇街足额发放抚恤补助2387万元，其中在乡重点优抚对象抚恤补助2095万元，农村籍老年退役士兵生活补助121万元，老复员军人遗孀171万元。发放义务兵家属优待金840万元。做好人员身份认定和评残工作。全年全区共评定残疾等级5人，办理带病回乡退伍军人12人。对42个户籍迁移的重点优抚对象办理优抚关系迁移手续。做好优抚对象档案扫描工作。建立电子档案库，将优抚档案原件移交镇街，充实镇街档案资料。全年共移交带病回乡退伍军人档案240份、参战退役人员档案710份、农村籍老年退役士兵档案700份。开展业务培训工作。全年组织10余次专题业务培训，开展镇街退役军人服务站工作人员业务培训工作，规范优抚工作流程，指导镇街做好各项业务工作。

【安置帮扶】 落实政策安置工作。2019年秋季接收退役士兵123人，接转党组织关系9人，发放一次性补助金641万元。接收符合安置政策的转业士官17名，按照国家有关政策根据档案打分选岗。全年接收安置军转干部16人，完成相关安置工作。持续加大退役军人帮扶力度。8月，全区第四批帮扶士官及第二批帮扶士兵共计468人帮扶上岗，至年底，全区累计为1009名符合政府安置条件的退役军人提供帮扶岗位。提升退役军人就业创业能力。与区人社局、各镇街、区退役军人关爱协会等联合举办“2019年春风行动”大型区级招聘会，为退役军人提供快递、洗衣、司机、保安、文员等多种岗位选择。全年开展19场，组织1814名退役士兵参加招聘会，488名退役士兵与企业达成就业意向。全年累计组织退役军人参加学历和技能培训41人，举办就业创业适应性培训会2期，共有205名退役士兵参加。完成保险接续工作。制定《北辰区关于解决部分退役士兵社会保险接续问题有关工作的实施方案》，至10月，全区分2个批次为738名符合接续政

▲2019年7月23日，北辰区在双街镇举办“奋斗新时代 老兵新征程”退役军人专场文艺演出（路世成　摄影）

策的退役军人补缴保险，财政支出4738万元。

【双拥工作】 春节期间发放慰问金379万元，八一建军节为部分优抚对象和退役军人发放慰问金349万元，投入资金100万元走访慰问部队。投入资金50万元，组织慰问演出6场、座谈会4场、表彰会1场。做好双拥模范区考核迎检工作。整理迎检档案150卷，编纂双拥工作画册，编写双拥工作简报60期。制作双拥工作宣传栏，建立双拥宣传固定标志，建设双拥主题公园。打造北门医院和北辰退役军人艺术团亮点工程。推动“停偿”工作。2019年，北辰区在全市率先完成全部六大片区66个大项、1000余个小项、330余公顷土地的清停及善后任务，4月底，全面完成“停偿”第一阶段工作。7月，区委、区政府制定《关于北辰区做实全面停止军队有偿服务下篇文章的通知》，推进移交进度。至年底，联勤保障部队第五储备资产管理局所属的双街镇下辛庄苗木基地完成移交。

【军休服务】 落实军休干部政治待遇。每月定期召开联席会议，传达学习上级会议、文件精神；建立党群服务平台，为出行不便的军休党员干部缴纳党费提供便利；组织召开重大节日前走访慰问工作，为离休干部、行动不便及年龄较大的退休干部送去慰问品和节日祝福，全年走访慰问42人次，为军休干部和无工作遗属、困难遗属发放春节慰问金及慰问品15.01万元。结合建国70周年纪念活动，由局党组班子成员走访5名离休干部，为其发放并佩戴纪念奖章。

落实军休干部生活待遇。按时为军休干部发放离退休费等，至年底，累计发放389.58万元；落实离退休费调资政策，合计发放调资款87.67万元。入户联系走访军休干部20人次。为符合条件的5名遗孀补发2018年7月至12月遗属生活补助、住房物业补贴等合计2.46万元。1月，通过购买服务的形式安排专业人员到20多户军休人员家中清洁住宅玻璃，为他们送上贴心服务。

落实军休干部医疗保障待遇。3月中下旬，组织19名军队退休干部在北辰中医医院进行健康体检；为离休干部及时发放药费周转金、核报医药费，核报发放医药费17.79万元；为21名退休干部核报发放2018年度医疗补助、药费住院伙食补助8.87万元，为4名退休干部核报发放2018年度社险报销药费0.58万元；为1名军休离休干部遗孀核报发放2018年度个人负担部分医药费、住院费合计0.4万元。

【信访维稳】 至年底，退役军人服务中心信访接待量为7261人（件）次，其中来人来访2286人次；来信转办355件；来电咨询4620个。在重要时间节点，配合政法、公安部门及属地镇街做好重点人稳控工作，深入化解信访矛盾。

【宣传先进典型】 挖掘域内的退役军人先进典型，2019年，北门医院院长王维栋及飞浪洗衣总经理衡飞获“天津最美退役军人”，其中王维栋获“全国模范退役军人”称号，并受邀参与10月1日在北京举行的中华人民共和国成立70周年庆典活动的阅兵方阵。

（李瑞华）

残疾人事业

【概况】 2019年，北辰区投入资金为低保、低收入残疾人发放慰问金。为残疾人办理养老保险补贴，对符合条件的残疾人发放重残大病救助补贴，为持证残疾人办理意外伤害保险，为残疾人提供居家服务。完成2019年残疾人基本服务状况和需求信息数据动态更新。对全区残疾人实行全覆盖无障碍需求调查，超指标完成精准康复任务，开展精准康复服务。做好残疾人专职委员日常管理和考核，举办专职委员培训班，全年残疾人专职委员工资、保险、公积金等各项补贴全部落实。举办残疾人招聘会。组织与残疾人相关的各种文体项目。

【残疾人民生保障工作】 2019年，北辰区投入资金161.3万元，在春节和全国助残日期间，为4000余名低保、低收入残疾人发放慰问金。为2562名符合条件的残疾人办理水电燃气补贴，金额67.48万元；为942名残疾人办理养老保险补贴，金额83.12万元；对104名符合条件的残疾人发放重残大病救助补贴，金额184.92万元；为全区17660名持证残疾人办理意外伤害保险，支出141.28万元，并协助近20名残疾人申报理赔；助学金审核通过503名学生，应发金额64.31万元；累计为25265名残疾人提供居家服务。对持证残疾人18299人进行专项调查，完成2019年残疾人基本服务状况和需求信息数据动态更新；为62名适龄残疾儿童少年开展送教上门服务。

【重度残疾人家庭无障碍建设】 2019年，北辰区对全区残疾人实行全覆盖无障碍需求调查，投入资金90万元，发放坐便轮椅、坐便椅、四脚拐等3400余件（辆），建设坡道、蹲改坐、栏杆扶手等86处，基本满足有需求贫困重度残疾人的无障碍需求。为符合条件的残疾人安装可视门铃、配发智能手机，为1105人发放燃油补贴28.86万元。

【精准康复】 2019年，北辰区完成康复服务4456人，精准康复服务率达到95%，辅助器具试配率90.03%，超指标完成精准康复任务。开展残疾预防综合试验区工作，完成残疾评定项目补贴发放，开展宣传活动9场。开展精准康复服务，完成白内障免费复明手术20例；为1000余名符合条件的残疾人验配及配发假肢、矫形器、助视器、助听器、小型辅助器具1826件(台)；为500名残疾人免费体检。转介38名8周岁~12周岁孤独症和智力发育障碍儿童就近就便进入定点康复机构进行康复训练。为47名符合条件的持证残疾人在北辰医院、北辰中医医院进行康复训练，为624人发放精神残疾人门诊免费服药和住院补贴95万余元。

【维权信访】 2019年，北辰区残联开具法律援助转办函50份，接待来访107人次，回复8890工单90件次；为已完结的40件残疾人维权案件支出律所补贴近8万元；配合市残联信访部门合力解决8件反复电话访事件，协调镇街解决6件反复访。

【残疾人基层组织建设】 2019年，北辰区残联做好残疾人专职委员日常管理和考核，举办专职委员培训班，全年残疾人专职委员工资、保险、公积金等各项补贴全部落实。3名优秀专委参加市第三届残疾人专职委员知识竞赛，获二等奖；专职委员周庆来代表天津市参加全国残疾人专委知识竞赛，获得冠军。加强残疾人专门协会工作，各协会开展比赛、沙画、参观等活动10余次，增强了残疾人的凝聚力和认同感。

▲2019年10月24日，以“增强 展能 强基”为主题的第三届全国残疾人专职委员知识竞赛在山东省泰安市举行。北辰区残疾人专职委员周庆来（右一）参与天津市参赛队，并获全国冠军。图为天津代表队合影　　（霍楠楠　摄影）

【残疾人就业和培训】 2019年，北辰区与区人力社保局联合在小淀公园举办残疾人招聘会，40多家企业进场招聘；举办插花、剪纸等项目培训班7期，培训残疾人194人；稳步推进残疾人辅助性就业、就业年龄段文盲残疾人扫盲工作。2个单位超比例安置残疾人奖励补贴近5万元；按比例安置残疾人审核单位341个，安置残疾人847人。

【残疾人文体活动】 2019年，北辰区组织第十届残运会暨第七届特奥会北辰区火炬传递仪式，区运动员在参加的举重、盲人乒乓球、盲人门球、聋人足球及特奥轮滑比赛中取得优异成绩。组织开展北辰区第五届残疾人健身运动会暨北辰区第八届全民健身运动会（残疾人组）比赛，近300名运动员参加6个单项和2个集体项目的比拼。成立北辰区残疾人艺术团和残疾人文化基地，举办2场专场演出。组织参加天津市第十一届残疾人歌唱大赛。选送8名选手，2人获得三等奖。

（高　原）

▲2019年5月17日，北辰区第五届残疾人健身运动会暨北辰区第八届运动会（残疾人组）比赛在北辰区特殊教育学校体育场举行　　（霍楠楠　摄影）

北辰区红十字会

【概况】 2019年，围绕全区捐款接收转交、社会动员任务，参与东西部扶贫协作与支援合作。接受全区扶贫款465万元，拨付对口支援地，助力全国脱贫攻坚。发挥人道助手作用，持续开展“博爱助残助孤”“博爱助学”“博爱助老”“博爱送万家”的“四助一送”博爱救助活动。利用广播电视播放无偿献血、造血干细胞、器官遗体捐献公益广告，营造大众积极参与的良好氛围。动员组织全区机关、企事业单位工作人员及社会爱心人士参加无偿献血活动。开展红十字运动知识普及、红十字会法宣传、义诊咨询、应急救护培训、人道救助等志愿服务活动。

【人道救助】 2019年，北辰区红十字会筹集资金25万元，定向华池县项目建设；接受全区扶贫款465万元，拨付对口支援地。持续开展“四助一送”博爱救助活动。全区各级红十字会筹集款物170余万元，救助残疾人、老人、困难学生及群众10346户。其中“博爱送万家”活动，筹集款物18.8万元，慰问全区困难家庭589户。“博爱助残助孤”活动，区会筹集资金2.3万元，组织特教学校113名残疾学生开展综合素质拓展活动；基层红会筹集款物19万元，开展主题宣传、义诊体检、发放慰问品救助金以及文艺演出等志愿服务活动，救助残疾人、孤儿1413人。“博爱助学”活动，区会筹集资金3.8万元，资助全区99名困难学生开展自强学生研学实践活动。“博爱助老”活动，区会筹集3.5万元，为凯达养老公寓、安津医院200位老人带去米、面、油、被褥以及绒衣裤等生活用品；各基层红会发放款物118万元，慰问救助老人7895人。筹集款物4.6万元，开展一次性特殊救助，受益困难群众、学生32人。利用国家彩票公益金支持的小天使基金，精准救助白血病患儿5例。

【应急救护培训】 2019年，北辰区红十字会对18名区、社区卫生服务中心师资开展应急救护标准化培训，提升救护培训授课质量。组织各镇街红十字会推进救护培训“五进”工作，全年累计完成急救员取证培训1000余人，提升群众自救互救能力。组织全区1200名医疗工作者、中小学生、机关工作人员、社区群众，参加国家总会举办的《中华人民共和国红十字会法》、红十字青少年自救互救知识竞赛，普及应急救护知识。推进“应急救护培训进校园”工程，筹集资金6万元为国家级生命健康安全体验教室购置体验式设备，巩固亮点品牌项目建设。拨付中医医院训练用模拟人，打造百姓身边的培训平台。

【关爱生命行动】 2019年，北辰区红十字会利用广播电视播放无偿献血、造血干细胞、器官遗体捐献公益广告。动员组织全区机关、企事业单位工作人员及社会爱心人士206人参加无偿献血活动，献血量4.22万毫升。组织全区机关事业单位开展造血干细胞志愿捐献者招募活动，共计170人加入中华骨髓库。推进人体器官捐献知识巡讲活动，全年器官遗体捐献累计登记报名393例。

【组织建设】 2019年，北辰区红十字会以信函方式增补区红十字会第七届理事会理事、常务理事，并选举任学芳为北辰区红十字会常务副会长。推进“双万双服”工作，为营造良好营商环境做出积极贡献。

【红十字文化传播】 2019年，北辰区红十字会利用学雷锋日、人体器官捐献宣传周、人体器官捐献宣传季、“5·8”世界红十字日、“6·14”世界献血者日、世界急救日等重大时间节点，开展红十字运动知识普及、红十字会法宣传、义诊咨询、应急救护培训、人道救助等志愿服务活动30余场。深化媒体合作，在北辰新闻、微北辰等媒体上宣传报道7篇。天津京都贝思达生物技术有限公司获庆祝中华人民共和国成立70周年“天津慈善奖”，发挥红十字会理事单位带头示范作用。

（许　腾）

▲2019年5月28日，北辰区红十字会组织召开全区红十字应急救护师资培训班

（许腾　摄影）

▲2019年9月12日，北辰区红十字会组织全区机关事业单位开展造血干细胞志愿捐献者招募活动

（许腾　摄影）

镇　街道

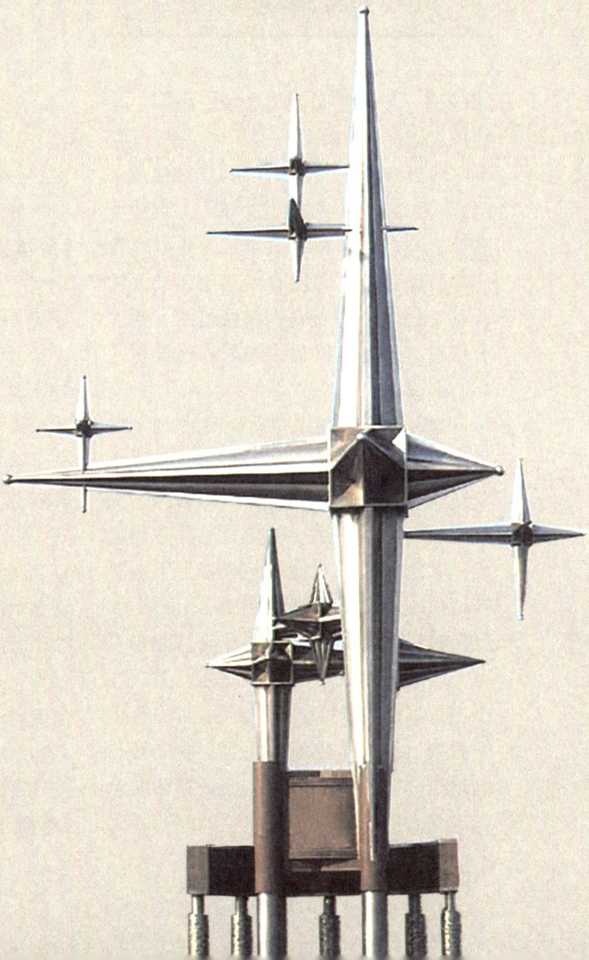

北辰年鉴
2020

综　述

2019年，北辰区辖9镇7街道，126个行政村，128个社区居委会。其中9镇辖126个村行政48个社区居委会；7个街道辖80个社区居委会。9个镇乡村总户数8.44万户、23.39万人，耕地面积1.28万公顷，农民专业合作社145个，农民专业合作社成员6561户，农业总产值12.74亿元，其中农业5.39亿元。7个街道户籍人口9.85万人。创建天津市美丽社区68个。双街镇获批“2019年国家农业产业强镇”，青（广）源街道办事处被评为“全国气象科普教育基地——基层防灾减灾社区（乡镇）”，佳荣里街党群服务中心劳动保障服务窗口被评为“全国人力资源社会保障系统2017—2019年度优质服务窗口”，宝翠花都社区被评为“全国优秀儿童之家”，双街镇市场监督管理所被评为“全国市场监管系统先进集体”，双街村妇联被评为“全国巾帼建功先进集体”。

（刘秋香）

天穆镇

▲2019年1月24日，天穆镇商会成立大会暨第一次会员大会在天穆镇政府召开

（霍思羽　摄影）

【概况】 天穆镇位于北辰区中南部，与红桥、河北两区相邻，北运河、子牙河、丰产河流经镇域，京山、京九（联络线）、南曹（联络线）等铁路贯穿镇内。京津塘高速、津霸、京津、铁东、西北半环快速等公路过境。镇内有华北地区最大的铁路编组站——南仓铁路编组站。所辖天穆村是华北地区最大的回族聚居村之一，有清真寺3座。

2019年，天穆镇镇域面积25.16平方千米（不含5个市区村），辖15个村和20个社区居委会，常住人口15.04万人。实现本级税收3.8亿元，固定资产投资40亿元，到位内资45亿元，规模以上工业总产值17.5亿元，消费品零售总额105亿元。

【经济发展】 2019年，天穆镇引进1000万元以上项目15个，其中1亿元以上2个，引进首都资源项目6个。各类企业在天穆镇投资兴业，年内新增注册企业635家，新增个体工商户1375家。完成第四次全国经济普查，普查登记单位2206家。天穆镇认定国家级科技型中小企业39家，申报瞪羚企业1家，认定国家高新技术企业8家，帮助企业获得创新型政策扶持资金600多万元。投资1.43亿美元的百特腹膜透析液项目全部完工。天辰大厦、中储大厦两座亿元楼宇运营良好。天物大厦开业运营，天穆镇综合便民服务中心进驻办公。总投资400亿元的金侨、恒大、中储、中粮、星河等项目扎实推进，全镇服务业占比连年增长。全力推进农村集体产权制度改革，15个村全部成立新型村集体经济组织，村民变股民。深入开展“双万双服”促发展活动，组织镇、村、居258名干部，走访企业700人次，361家企业和8个重点项目全部登录，及时有效解决企业反映的问题。

【城镇建设】 2019年，阎街、马庄、刘房子、吴嘴、郭辛庄地块全部清零，全年城中村完成拆迁5.94万平方米，阎马D地块10万平方米1398套安置房实现还迁入住。辰发花园、蓝岸森林等安置房小区3500户办理产权证。高峰路商业地块、铁东路工业区南仓片区、姚江路沿线等多点位拆迁齐头并进，全年累计拆迁15万平方米，出让土地59.4公顷。彻底拆除顺义里门前、小虎烧烤、伊萨饭店等违章建筑。助力“双创”，拆除天穆牛羊肉批发市场50余户5000多平方米。清除天穆老村残存地基房台27处，清理脏乱点位3900处，拆除沿河村边违章建筑4600平方米。全年累计拆除违章建筑13万平方米。

【基础设施建设】 2019年，天穆镇建成数字化城市管理监督指挥中心。修建王庄临时市场停车场并投入使用。刘房子旧物市场顺利搬迁。华伊农贸市场完成提升改造。千里堤平房全部拆迁。5000平方米便民服务中心和综合执法中心建成使用。全面推进清真北寺修缮和综合市场建设，满足群众需求。投资6500万元，提升改造6个小区、5个片区、44万平方米的老旧小区及远年住房，6000户居民直接受益。

【环境治理】 2019年，天穆镇处理各类生活建筑垃圾11万吨。持续推进厕所革命，改造32座水冲式公厕。全年累计拆除违规户外广告1200块，治理占路摆卖3500人次，规范商铺门脸1900户，清理乱堆乱放1500处，清理小广告4700处，清理僵尸车165辆。落实河长制，治理河道干渠坑塘13处，清理河岸河面堆物漂浮物200余吨，打赢城市黑臭水体歼灭战。回填机井123根，水源转换47家，完成防沉降任务。强化空气污染源头治理，21家企业完成挥发性有机物治理设施升级改造，完成2台燃气锅炉低氮改造。持续开展“散乱污”治理，强化监管产废企业193家，管控在建工地42家，苫盖裸露地块90万平方米，搭建围墙4000米。

【安全管理】 2019年，天穆镇接待群众到访、区信访办交办及转办等信访问题1230件，一次性办结率100%。深化“双百行动”（100%排查，100%化解），解决矛盾纠纷64件。投资270余万元建设“雪亮工程”，实现视频监控系统全覆盖。

▲2019年4月10日，天穆镇召开扫黑除恶"打伞"专项斗争推进会　（霍思羽　摄影）

贯彻"七五"普法，全年用于社区公共安全及村居法治建设资金300万元。通过邻里守望等平安创建活动，开展主题宣传60余次。完善社区戒毒康复工作站建设，加强对在矫服刑、刑满释放等特殊群体的教育管控。全力做好全国"两会"、"一带一路"、亚洲文明对话大会、中华人民共和国成立70周年及十九届四中全会期间的工作。办理"8890"便民专线、政民零距离、区长热线等群众舆情8443件，办结公共服务事项3548件。实施"5＋1"安全举措，与各村居单位签订责任书8000余份。全年检查生产经营单位1500家次，整治隐患2090项。代表北辰区迎接国务院和天津市安全督查。深入推进"国家食品安全示范区"创建工作，持续开展食品安全专项整治行动，检查商户2650户次，摊贩450人次，消除隐患，确保群众饮食用药的安全保障。

【文化建设】 2019年，天穆镇有幼儿园点25所，其中镇中心园1所、校办园1所、民办园3所，民办托幼园点20所，在园幼儿1832人，任教教师163人，基本满足学前需求。王庄、南仓、天穆3所小学的民族剪纸、跳绳、花键等特色运动在重大活动中展示，获得区级以上荣誉13项。举办"新农村、新文化、新风尚"第六届"天穆杯"小品展演，组织惠民文艺演出160余场，服务群众2万余人次；成人教育培训7658人次，急救员培训133人，普及性应急救护培训625人。举办卧尔兹演讲、民族书画摄影展等特色活动，传承民族文化。

【微信公众号运行】 2019年，天穆镇微信公众号发布时事热点、科普知识、就业服务、日常生活关切、先进典型宣传、文化惠民服务等内容350余条，浏览总量31.96万人次。开设"便民查询"专栏，提供文化站演出安排、政府各部门、各社区及各类便民服务等，服务百姓生活。该微信公众号于2015年9月完成认证，至2019年粉丝总量4215人。

【民生保障】 2019年，天穆镇财政支出1300余万元用于民计民生。落实治欠保支三年行动，为农民工追缴欠薪300余万元。新增就业1120人，完成保险扩面征缴1.5万人。新增低保94户，调增641户，调减105户，停发259户，至年底，全镇有低保和特困供养562户，发放各类资金1281万元。新办、转入、补办残疾证240个，为16名残疾人进行无障碍改造，发放残联相关补贴资金56.9万余元。办理住房补贴32户，限价房收入审查31余户。为因病、因灾造成重大变故家庭申请区临时救助32万元。受理审核发放丧葬补贴约19万元。镇扶贫基金用于困难救助93人次。新增严重精神障碍患者27人，至年底全镇有严重精神障碍患者420人，发放监护资金23.8万元。镇级扶助金及人口关爱金用于失独家庭40余万元，受益92户、150人。完成家庭医生签约服务31421人。全镇各村用于村民福利性支出2.59亿元。推进退役军人"两站一协会"建设，发放各类优抚资金180余万元。做好对口扶贫工作，捐款152万元，消费扶贫98万元，精准帮扶11对，有效助推脱贫攻坚。

【基层党建】 年初，召开2019年落实全面从严治党主体责任暨重点工作部署会，签订全面从严治党责任书；年末，召开履行全面从严治党主体责任暨基层党组织书记抓党建工作述职报告会，15个村、20个居委会书记汇报并进行民主测评；严格执行三重一大议事规则，召开党委及扩大会40余次，通过事项308个议题，召开镇长办公会23次，通过事项503个，审核批复村级"六步决策"上报事项213件；编发《天穆镇理论学习导刊》14期、各类主题党日学习材料汇编，累计发放理论学习资料5000余份。全年组织理论

▲2019年11月29日，第六届"天穆杯"小品展演（第一场）在北辰区工人俱乐部举办。图为天穆镇政府选送的津味儿风情小品《冬日里的温暖》　（天穆镇党办　供图）

▲2019年3月23日，天穆镇2019年春季大型招聘会在大通绿岛商贸广场举行

（霍思羽　摄影）

学习30余次，研讨活动20次；"学习强国"实现所有党员在线学习百分百。网评系统投入使用，全镇注册率达100%，共完成网评任务1000余次。投入800余万元，完成10个行政村和20个社区党群服务中心达标建设任务。落实党员轮训要求，聘请党校教师深入村居专题培训15场，全年教育党员2万余人次，党员领导干部和基层党支部书记轮训率100%。开展各类学习1000余次，交流研讨500余次，检视存在问题400余个，逐一制定措施推进整改；镇领导班子检视专项整治问题32项，接收民意直通车意见55件，整改完成率100%。落实党员发展计划，组织40余名入党积极分子进行培训。依托社区建立6个功能性党组织；成立1个非公企业党组织，撤销2个非公企业党组织；开展两新组织党员活动室标准化建设工作，完成12个党支部党建标识上墙工作。专题治理党员拖欠党费问题，完成党费追缴109人，开展失联党员查找，推动党员组织关系应转尽转，全年转接党组织关系511人。落实先党委后纪委"两步走"谈话模式，处置问题线索97件，办结31件，下达整改建议书4件，立案17件。

（刘　静）

北仓镇

【概况】 北仓镇位于北辰区中部，东临小淀镇，西接双口镇，南、西南与天穆镇、青光镇接壤，北隔永定新河与双街镇相望。北运河流经域内，京津路、外环线、津保高速、津永公路过境。自元朝在北京定都以来，就成为皇粮漕运的集散地，因而得名"北仓"，是历史上的漕运要道、仓敖重地。建有天津市爱国主义教育基地——革命烈士陵园，是登高英雄杨连弟的故乡。

2019年，北仓镇镇域面积32.2平方千米，辖13个村和10个社区居委会，户籍人口1.9万人。实现本级财政收入比上年增长5.6%，固定资产投资比上年增长88%，社会消费品零售总额比上年增长185.8%。

【经济发展】 2019年，北仓镇推进3个工业区提升整合。信誉楼百货营业额稳步增长，强力拉动社会消费品零售总额，带动区域商业发展。天辰三期、磐赢电力、辰峰电力、188地块、189地块等项目建设进展顺利。成功引进迪信通产业项目，为产城融合区发展注入新动力。打造御龙湾夜间经济示范街区，形成一站式区域性夜间休闲消费商圈。持续推动"双万双服"活动，实现268家平台企业账户、7个平台项目账户100%开通登陆；利用平台收集企业问题278条，均在规定时间内办结，企业满意率100%。提升帮扶力度，完成国科小评价企业34家，申报国家级高新技术企业10家，发放科技专项资金646万元。完成2228家法人单位、5000多家个体第四次经济普查数据普查。6月底，完成农村产权制度改革阶段性目标任务，8个村成立股份经济合作社，5个村成立经济合作社。

▲2019年3月2日，北仓镇组织机关干部以学雷锋日为契机，开展"学雷锋·义务清扫"志愿者服务活动

（北仓镇　供图）

【城镇建设】 2019年，北仓镇推进城中村改造，拆除丁赵、桃花寺两村各类建筑8.4万平方米，清理农用地苗木6.6万平方米，桃花寺村出让地块实现场清地平。完成丁赵A地块和桃花寺的还迁安置工作，还迁房屋1300套。新市镇建设整体拆迁顺利推进，再次启动李嘴村拆迁，共签订协议243户，全村民宅拆迁完成率达99%；1号、2号、5号出让地块实现清零。启动王秦庄新市镇前期准备工作，完成民意调查、地上物拆违和农用地核量工作，推进宅基地基础测量。启动桃口村还迁选房工作。推进京津城际提升改造工程，堆山公园、南曹铁路两侧及朝阳路等地块累计完成地上物拆迁24.67万平方米，全年征转、移交集体土地13.53公顷；完成讷河里6号楼及石油公司宿舍平房127户征收补偿工作，实现场清地平。朝阳路（北辰道至延吉道段）、高峰路（北辰道至盛仓北道）、科峰路、引河南道、旺吉道均进场施工，镇域内基础设施建设日趋完善。还迁房产权证办理取得突破性进展，年内完成蓝岸森林、富锦华庭、阳光卡蒂尔等社区800余套住房办证工作。投入890万元，对富锦华庭、鑫发花园、御龙湾、引河里、延吉东里等小区实施提升改造。

【环境治理】 2019年，北仓镇投入2000余万元，全方位、全覆盖开展群众性爱国卫生运动，推进农村全域清洁化，拆除违法建设，全力打造生态宜居的城乡环境。投入资金30余万元，做好汛期清理整治工作；协调区水务局，改造引河里第一社区雨水管网，缓解汛期排水压力。整改违法占地9.15万平方米；清拆违法建设21.5万平方米，其中辰永路4.2万平方米，“河道四乱”专项治理3.5万平方米，其他区域13.8万平方米。持续做好城区道路机扫水洗工作，加大焚烧垃圾秸秆和渣土撒漏巡查治理力度，清理村庄垃圾杂物8000余吨。取缔引河南道和瑞辰路临时市场，拆除摊位200余处，实施跟进式长效管理。综合治理北仓村南头待拆迁片区，清运渣土5万余吨，对4条主次干道路进行重新铺设，维修跑、冒、漏煤气点位96处，搭建体现运河文化工艺围墙400米，打造干净有序的环境秩序。2019年，北仓镇加强大气污染管控，持续开展散乱污企业排查整治，清理50余家环保不合规企业。推动燃气锅炉低氮改造工作，完成新城供热站、中央药业有限公司共3台燃气锅炉低氮改造工程。加快镇域内涉气企业低效治污设施提升改造进度，完成天津爱虎电动车有限公司治理设施催化燃烧改造工程。管控四烧、扬尘撒漏及裸地苫盖，妥善应对重污染天气。聘请第三方机构作为镇域内企业的环保管家，提高环保治理专业化水平。加大黑臭水体治理力度，清理镇域内8座坑塘、34条沟渠水面漂浮物、堤防垃圾300余吨；投入资金150万元，清理整治延吉道边沟、化工沟、王秦庄1号、2号渠等重点沟渠。封堵阳光卡蒂尔、盛仓新苑、御龙湾、鸿泰园等社区内73个浅层插管水井；清理南曹铁路片区各类浅层水井120处，遏制私采地下水的违法行为。开展“楼道革命”清整，各社区组织物业单位、志愿者，联合25个区直属机关单位党员干部开展志愿服务，清理垃圾杂物1300车，改善社区环境卫生秩序。

【安全管理】 2019年，北仓镇针对仓储物流、危险化学品、有限空间、液化石油气等重点行业领域，全面开展“防风险、保平安、迎大庆”消防安全执法检查和安全生产集中整治行动，整改消除隐患1257项。“防风险、除隐患、遏事故”安全生产主题月和“119”消防安全宣传月期间，举办知识竞赛、应急演练、咨询日、大讲堂等系列活动。投资110万元，提升改造鸿仓都市工业园消防设施；投资200万元，完成天阳公寓重大消防安全隐患整改。协调并初步确定苍生大厦消防设施提升改造工程方案。开展食品摊贩百日行动、校园周边食品安全专项行动，镇域内食品摊贩备案205家。开展国家食品安全示范城市创建工作，在引河北里、永辉超市、刘园新苑等点位设置83块展板展牌。投入200万元在富锦华庭社区和王秦庄村各交通路口安装监控摄像头184处，实现重点治理地区视频监控全覆盖。镇党委被天津市授予2019年全国“两会”维稳安保工作先进集体。至11月底，全镇刑事案件发案率比下年下降31.3%。

【文化建设】 加快构建现代公共文化服务体系，12个村居综合文化服务中心标准化建设验收达标。开展群众性文体活动，面向社会开放镇域内3所小学操场；举办第二十六届万民同乐大联欢花会展演和第十四届和谐文化大舞台文艺演出；组织参加区第八届运动会；促进全民健身运动，构建“15分钟健身圈”村居健身园覆盖率达到100%。对大运河、屈家店水利枢纽、桃花古寺遗址等不可移动文物开展巡查保护工作。组织145对待孕夫妇参加国家免费孕前优生健康检查项目服务。依法取缔3家非法诊所，保障人民群众就医环境。

【民生保障】 2019年，北仓镇召开2次大型人才招聘会，组织30多家重点企业进行政策培训，就业安置991人，其中安置农村富余劳动力347人。完成社保参保15082人。深入推进精准救助帮扶，开展低保动态管理，发放低保金700.17万元；做好特殊群体帮扶救助，为残疾人

▲2019年7月26日，北仓镇御龙湾社区组织开展“津彩假日”艺术创想营活动

（王子斌 摄影）

▲2019年4月2日，北仓镇组织干部参观周恩来邓颖超纪念馆　（北仓镇　供图）

提供居家服务729人次，发放救助帮扶款283.62万元。落实失独家庭管理关爱机制，建立45户特殊家庭“双岗”联系人制度，开展“多对一”精准帮扶，发放计生困难家庭扶助金230万元。加快镇村两级退役军人服务站和“退役军人之家”建设，形成横向到边、纵向到底的二级服务网络，做好退役军人就业创业、优抚帮扶、走访慰问、权益保障等事务性工作。完成13个行政村及3家村级下属企业的审计工作。

【基层党建】 开展“不忘初心，牢记使命”主题教育，自觉用习近平新时代中国特色社会主义思想武装头脑、指导实践、推动工作。严格落实中央八项规定及实施细则精神，坚持不懈纠正“四风”，深入开展不作为、不担当专项治理和反对形式主义、官僚主义专项整治，加强党风廉政建设，综合运用监督执纪“四种形态”，强化审计监督，确保政府系统秉公用权、廉洁从政。投入1000余万元，完成全镇23个村居党群服务中心建设，改善基层便民服务硬件条件，加强基层政权和社区组织建设与管理服务水平。

（刘晓文）

双街镇

【概况】 双街镇位于北辰区永定新河北、津京公路两侧，东与大张庄镇相连，西与双口镇毗邻，北与武清区接壤。京津公路黄金走廊与北运河贯穿全镇南北。

2019年，双街镇镇域面积42.21平方千米，辖15个行政村，7个社区居委会。户籍人口15319户41287人。实现本级公共财政收入2.43亿元，固定资产投资15.5亿元，实际利用内资6亿元，外贸进出口总额10.9亿元。

【经济发展】 2019年，双街镇引入1000万元以上项目15个，其中1亿元以上项目2个；完成“四个一批”项目16个，其中在谈项目6个，签约落地项目2个，开工建设项目2个，达产达效项目6个；引进首都投资项目11个。全年新增市场主体552家。盘活楼宇面积1.84万平方米；运河古街夜市开街；尚河城购物中心正式开业；喜来登酒店外墙砌筑完成100%，幕墙埋件定位补充完成30%。利用双街段北运河以西的河岸地段露天种植成片花卉，内设菊花观赏园、郁金香观赏园、红豆观赏园；打造天津北方地区成规模的花卉种植基地，占地80万平方米；举办双街首届花海艺术节。完成15个行政村农村集体产权制度改革任务。

【科技创新】 2019年，双街镇实施科技创新驱动，新增国家级科技型中小企业42家，国家级高新技术企业9家，市级高新企业9家，认定雏鹰企业13家，瞪羚企业2家，区级专利试点企业1家。申报专利168件。累计取得市、区科技资金扶持779万元。完成20家企业创新转型，双街、双源工业区引入津宏远、百汇大地、佳臣氏等5家企业，腾换厂房面积约1.5万平方米，新增投资额5000万元。

【“双万双服”活动】 2019年，双街镇落实做好“双百”暨“双万双服促发展”活动，坚持“三级包联”工作机制，全年举办各类政策宣讲会3次，全镇近百名干部、11个工作服务组对205家企业和项目实地走访300人次，解决实际问题207个，企业账户开通率、问题答复率、解决率、满意率均为100%。

【新市镇建设】 2019年，完成汉沟、胡园村民宅620户以及胡园工业园18户的拆迁，启动并完成轧二宿舍70户的国有征拆，拆迁面积11万平方米。张湾还迁区A地块5.6万平方米还迁房及配套幼儿园于5月31日开工建设，至年底还迁房

▲2019年，双街镇农业科技示范基地内景　（陈立兴　摄影）

主体施工至16层；顺境北路于10月进场施工。张湾11万伏输变电工程主体完工。张湾还迁区EFKL地块62万平方米5485套还迁房交付，上蒲口村、下蒲口村、下辛庄村、郎园村及部分汉沟村村民实现还迁入住。完成郎园2号、4号出让地块11.6万平方米摘牌工作，出让金额9.4亿元。

【环境治理】 2019年，双街镇推进农村人居环境整治、全域清洁化工作，加大村容村貌整治力度，实施村庄水环境治理项目5个，完成雨污分流改造单位100家，完成水源转换工程6项，清理河道沟渠1.4千米。依法整治占路摆卖、露天烧烤、运输撒漏、违法广告、乱涂乱画等行为，累计清理商户里空外卖2165次，清理灯箱等各类广告牌匾1250处；查扣、清除小广告3500余处；对运输撒漏案件办理完结行政处罚10件。开展铁路沿线环境综合整治，拆除铁路沿线隐患42处，面积4万余平方米。清理垃圾堆物点位15处，清运垃圾杂物800余吨。对53处铁路沿线100米范围内的房屋进行加固，面积6.5万平方米。对25处轻型漂浮物点位进行砖石压盖和破旧防尘网的清理，面积1.2万平方米。拆除“天姝湖”违法建筑6处，面积1.58万平方米；拆除炭黑厂地块违法建筑面积6万平方米。开展双海里小区和冶金大学片区集中清理行动，清理垃圾杂物280车次，拆除违建3000余平方米。集中清理违建集装箱，代为清理20余处，面积为240余平方米；拆除常庄子养猪场地块“散小低污”企业面积1万余平方米。

【安全管理】 2019年，区执法局下达责令限期改正通知书102份，双街镇办结简易程序案件9件，一般程序案件74件，累计罚款15.56万元。双街司法所调解各类民事纠纷40件，协议金额135万元，制作规范调解协议书19份。组织人民调解员业务培训4次，镇村调解员在“津调通”APP录入矛盾排查记录524条。《坚持发展“枫桥经验”发挥调解在基层治理创新中的作用探索》的调研文章被《天津司法简报》刊发。开展室外专项法治宣传8次，重点宣传扫黑除恶、《天津市文明行为促进条例》、宪法、国家安全法等内容，开展法治讲座7次。完成双街村、小街村全国民主法治示范村复查工作，指导双街村在社区内新建法治宣传阵地1处。全镇共有社区服刑人员26人，新接收26人，解除矫正25人，重点人员8人。有安置帮教对象99人，其中解除社区矫正59人，刑满释放40人；因居住地变更转出安置帮教对象23人。镇公共法律服务中心平台录入咨询95件，各村法律顾问平台录入咨询93件。组织律师到天津市佰盟科技发展有限公司等15个企业、建筑公司开展“法治体检”，审查劳动合同300份，提出意见建议7条。全年上报工作信息85篇，其中被《天津政法报》刊登4篇，被《政法快报》登载7篇。

镇信访办开展“忠诚保大庆、全民护平安”行动，健全打防管控一体化机制，筑牢政治护城河工程，圆满完成“两会”、“一带一路”论坛、中华人民共和国成立70周年庆典等重点时期任务。开展矛盾纠纷排查化解“双百行动”，协调会商解决青水源拆违、东岸名郡延期交房等集访问题；在汉沟村拆迁、各村集中还迁中，预先摸排登记矛盾纠纷，超前做好调解工作；化解信访积案，排查化解矛盾纠纷230余件。开展铁路沿线安全隐患大排查大整治行动，整治各类隐患82处。深化网格化管理机制，推进网格管理系统安装使用，提高基层治理的精细化、信息化水平。推动平安示范工程建设，完成平安示范镇和4个平安示范村社区创建任务。

【文化建设】 2019年，双街镇义务教育中学、小学入学率、巩固率均为100%，辍学率为零。培养社区骨干力量，在全市社工大比武考试中，贾立艳取得98.5分成绩。参加公益创投大赛，“温情相伴·开心晚霞”社区弱势群体助洁项目获得北辰区公益创投大赛优秀项目奖。优化计生服务与管理，免费为258对夫妻做孕前优生健康检查，完成量居全区第一；免费孕前优生健康检查随访410人。2019年，镇出生人口性别比为106.94%。开展“红十字博爱送万家”活动，慰问40户困难户。顺利完成无偿献血任务，全镇献血13人次，组织5名新入职机关干部加入造血干细胞志愿者队伍。开展应急救护培训工作，培训初级急救员85人。

【民生保障】 2019年，双街镇落实优抚、社会救助政策，全年发放各类保障金240.7万元，惠及3846人。发放残疾人生活护理等补贴82.27万元。开展职业技能培训，累计培训8182人次。举办100家企业大型招聘会，达成就业意向780人。推进保险扩面工作，全年参保人数15885人。为140名民办代课教师发放补贴60.7万元。建立镇村退役军人服务站，成立关爱退役军人协会。便民服务中心共完成服务和审批事项32459件，建成全区第一批24小时自助审批无人超市。提高老龄工作水平，为1189名无工作60周岁以上老年人办理意外险。提高严重精神障碍患者发现率，在册管理人数120人，每季度对患者家属发放600元监护奖励经费。

【基层党建】 2019年，双街镇以“不忘初心、牢记使命”主题教育为主线，围绕“学塔元、促治理，强阵地、比服务”，推动基层党建工作落细落实。部署开展双街镇“强党性、勇担当、促发展”主题实践活动，通过“悦读经典”学习、“双创”攻坚、“双百”帮扶行动等，推动主题教育。期间58件民意直通车全部办结，完成地热水停供、国家卫生城镇暗访检查、土地巡察整改等硬任务。作为全市3个试点之一，完成双街村学习塔元庄村试点工作，形成党管农村、产业强村、多元治村的新格局。夯实农村党建助力乡村振兴，结合350公顷全市高标农田示范项目，建成20公顷菊花观赏园、13.33公顷郁金香种球繁育基地及红豆观赏园，被评为2019年国家农业产业强镇。创新“三亮十上墙（党员亮身份、亮职责、亮承诺，党旗、入党誓词、党员权利、党员义务、先进党组织“五好”标准、优秀共产党员“五带头”基本要求、党支部基本情况、党务公开、党员承诺、党员学习上墙）”标准，22个党群服务中心全部按时提升达标、入驻运行。实行“双导师双计划”培养机制，14名农村专职党务工作者全部进入班子任副书记。双街镇第二模范小学获得区级“担当作为、创新竞进”先进集体；完成7个社区党群服务中心装修改造工作，全部投入使用。

（王　莹）

双口镇

【概况】 双口镇位于天津市北辰区西部。东与北仓镇相邻，南与青光镇为邻，西与武清区王庆坨镇相连，北与武清区陈嘴镇接壤。镇内地势平坦且温度适宜，道路纵横，交通便利，多条河流、水渠流经镇内。建有天津市爱国主义教育基地——安幸生故居。

2019年，双口镇镇域面积72.40平方千米，耕地面积2107.19万平方米，辖21个行政村。户籍人口1.47万户、3.82万人。实现规模以上工业总产值32.36亿元，本级财政收入8149万元，固定资产投入7.1亿元。

【经济发展】 2019年，双口镇加大招商引资力度，全年引进1000万元以上项目10个，其中1亿元以上项目1个，引进首都资源项目4个。加快推进光大兴辰、嘉思特机器人等重点项目。开展“双万双服促发展”活动，实地走访企业133家次，作，对甘肃省华池县、正宁县开展结对帮扶。

2019年，双口镇推进“奶业小镇”项目，初步完成规划设计方案启动600余万平方米土地流转程序，逐步开展高标准农田测绘和设计编制。实施绿化造林工程，新增绿化造林面积1000余公顷，林下套种粮食、果蔬、牧草等233.33公顷，引种安徽铜陵牡丹13.33公顷。发展特色农业产业，冬冠蔬菜良种创新基地成为全国最大黄瓜研发中心，庆祥伟业观赏鱼养殖基地通过国家A类指定隔离检疫场认证。助推乡村旅游发展，举办第二届“中国农民丰收节”、第五届“徐堡大枣采摘节”等乡村旅游主题活动4场。深入推进控制地面沉降工作，回填深层机井19眼、浅层机井67眼。完成农业水源转换工程建设方案编制，解决后续农业灌溉问题。

▲2019年1月11日，双口镇召开全域清洁化工程动员会（双口镇　供图）

【城镇建设】 2019年，双口镇完成北部还迁片区控制性详细规划修编工作，成立投融资平台公司。基本完成双口一村、二村、三村和安光4个村房屋测绘、户集采集、民意调查，“一户一档”基础数据库全部建立，“六步决策法”程序全部履行完毕。“小五堡”5个村的村庄规划基本编制完成，正在履行审批程序。推进国家电网“1001”工程，上河头100千伏出线工程全部完成交付使用；吴双二线路完成塔基施工；双青变电站220千伏出线工程完成踏勘核量，实现进场施工。光大国际垃圾协同处理项目顺利完成征地拆迁任务，医药园区历史遗留点位征地完成3户、0.87公顷。完善农村基础设施建设，修建后上河头路、平后路、高干渠路等乡村公路9条、24.63千米，安装路灯455盏。加大“双违”和“大棚房”整治力度，整改例行督察、年度新增和法院恢复执行等违法占地103宗、26.45公顷，完成3处“大棚房”问题点位治理任务。

【环境治理】 2019年，双口镇实施农村全域清洁化工程，开展“大干60天”农村环境清脏治乱集中攻坚行动，拆除104国道两侧违章建筑200余处1万余平方米、村庄内部欺街占道简屋棚亭203处6930平方米；综合治理黑臭水体9处，拆除河道“四乱”点位171处，完成企业雨污切改258家、规模化养殖场粪污治理9家；提升改造户厕1260处、公厕33处；集中平台收集问题184个，登录确认率和信息采集率均为100%。全年完成企业转型升级19家，认定国家级科小企业43家、市级高新技术企业10家、雏鹰企业12家、瞪羚企业1家。双口镇与河北工业大学、河工科技园和新华投资集团合作，推动“科创小镇”建设，科创园建成投用6.35万平方米，投资2000万元的维也纳酒店项目顺利签约。持续开展“地条钢”排查整治行动，共计排查设施900余处，巩固“地条钢”治理成果。实施“工业园区围城”治理，建立“一户一档”339户，完成河头工业园区规划编制和安光、河头、线河3个工业聚集区测绘。完成第四次经济普查工作，调查单位2079家，上报1758家。助力脱贫攻坚，推进东西部扶贫协

▲2019年6月3日，双口镇组织召开大干60天开展农村环境清脏治乱攻坚行动互比互看交流会（双口镇　供图）

清理村庄垃圾14.76万吨、物回点位24处；购置垃圾桶4200个、垃圾箱60个、垃圾清运车和保洁车97辆，制作全域清洁化宣传栏102个、党员包胡同责任公示牌566个；与1000户商户签订门前“三包”协议，镇内各村房前屋后“三包”制度实现“全覆盖”。全力实施8个示范村提升工程，完成后堡村、前堡村、郝堡村景观点位打造和绿化美化，提升改造前丁庄村。强化“散乱污”企业整治，对已清理的702家“散乱污”企业厂房重新开展排查登记，清理超范围生产经营问题点位60余个。完成4家单位7台燃气锅炉低氮改造任务，VOCs排放企业建档立卡64家，治理裸地8处12万平方米，聘请“环保管家”，对50家重点企业开展4轮次环保检查整改工作。实施“煤改电”工程，完成河头片区7232户提升改造工作，共计立杆2224基，安装变压器201台、取暖设备1.2万台，铺设线缆14.7千米。

【安全管理】 2019年，双口镇加大安全生产监管力度，排查企业1832家次，整改隐患3665处。加强工贸企业专项治理，重点整治涉爆粉尘、有限空间作业和仓储物流企业73家。开展危化品专项检查行动，检查加油站、危化品生产和化学品储存企业10家，整改隐患27处。开展“防风险、保平安、迎大庆”“电气火灾综合治理”等消防安全执法检查专项行动，累计检查重点场所1863家次，排查、整改消防隐患2368处。落实食品药品安全监管责任，共计检查食品药品生产经营单位258家次，取缔黑窝点9处，食品安全“创城”工作有序开展。完成前堡、后堡、徐堡等6个平安村庄建设任务。大力开展“双百行动”，受理群众各类案件87件，办结83件，办结率95%；化解积案4件，化解率100%。深入开展扫黑除恶专项斗争，创建“无黑”城区，设置常态化宣传点22个，发放各类宣传材料6万余份；加大涉黑涉恶线索排查处置力度，第一时间“有黑扫黑，有恶除恶”。提升公共法律服务水平，累计开展普法宣传活动23场，接待法律咨询167人次，办理人民调解案件76件，新接收社区矫正24人、安置帮教41人。

【文化建设】 2019年，河北工业大学附中等3所学校获得区综合办学水平考核三等奖；挖掘镇内文化资源，4项区级非遗项目申报成功。举办“舞进新时代”“第五届乡村文化节”等文化活动52场。参加北辰区北运河之夏第十四届和谐文化大舞台演出获“最佳组织奖”。为九州通达医药有限公司和部分村举办文艺进企业进乡村专场演出。完成9个村电影放映70场。镇内开展“迎祖国七十华诞 全民健步走”“前堡杯篮球邀请赛”等系列群众性体育活动。参加区运动会获台球比赛二等奖和三等奖、射箭比赛个人三等奖、游泳比赛个人三等奖。完成21个村生活用水检测，申报健康村2个、卫生村4个，以及7个卫生村复审复查。利用“微双口”平台和一封信、明白纸等多种宣传载体，推进“双创”工作。开展广场舞、手工编织等各类培训30余次。

【民生保障】 2019年，双口镇全面落实“业教保医”惠民措施，举办专场招聘会2场，接待求职人员3500余人，安置就业800余人；完成城乡居民养老保险申报404人、医保征缴2.43万人、社保扩面7071人；办理生育登记285人次，新增奖扶特扶274人。加强人民武装和退役军人服务管理工作，完成兵役登记、征兵入伍工作，帮扶上岗42人。强化民生兜底保障，完成解困入户调查1.3万户、危房改造39户，新批社会救助327户，累计发放帮扶救助资金2000余万元。

【基层党建】 2019年，双口镇推进全面从严治党各项工作，落实“一岗双责”，健全完善“包村包党建”等制度机制，层层签订《全面从严治党责任书》。牵头制定行政村考核评星办法、村干部年度考核测评办法、村“两委”班子成员坐班值班工作制度等5项制度。全年召开基层党建工作会议12次、全面从严治党专题会议4次、党务工作例会12次，确保各项任务落实落细。落实机构改革任务，完成机构改革各项工作及8名科级干部任免、6名干部职级晋升工作。全面开展党员发展违规违纪排查工作，设计“一信一纸一单一表一流程”5个排查工具，清仓兜底近5年发展的169名党员。深入开展“不忘初心、牢记使命”主题教育活动，拍摄《我的党龄》微视频8期，记录包括

▲2019年7月1日，“北运河之夏”北辰区第十四届“和谐文化大舞台”双口二村活动现场
（双口镇 供图）

▲2019年4月19日，双口镇在河北工业大学北辰校区举办“2019年春季大型招聘会”活动现场
（双口镇 供图）

宫开贵在内的8名双口镇老党员的奋斗历程。打造“双口好人”品牌，开展好“家训家风”选树活动，悬挂“家训家风牌”96块，制作党员包胡同展牌580余块。抓实“万名党员联万户”活动，完成困难户建档立卡95户。强化党群服务中心建设，率先在全区完成21个村党群服务中心提升改造，制定服务承诺、服务项目、服务流程3项标准。用活全媒体宣传方式，利用村级“大喇叭”广播，录制“空中小课堂”音频4期，以全覆盖式宣讲，打通党的声音直达党员群众的“最后一公里”。强化党员发展，年内新发展党员30名，转正32名，科学统筹、动态管理积极分子，每个村至少保持5名以上。强化“两新”（新经济组织、新社会组织）党建，成立双口镇“两新”组织党建联盟及5个功能性党支部，实行固定党日轮值制度，举办党建联盟活动4场。加强党建共建，与河北工业大学举办联合党日活动3次，对全体党支部书记、党员进行轮训，全年培训党员1200人次。强化舆论引导，“微双口”公众号坚持每日更新，全年推送2000余条，排名长期稳居全区前十、9个镇第一。在《天津日报》等市、区级媒体发表新闻报道70余条。开展村级统战工作，完成镇域内12家回民餐馆牌匾的集中治理工作。

（赵　洋）

青光镇

【概况】 青光镇位于北辰区西部，东邻天穆镇，西与双口镇接壤，南隔子牙河与西青区相望，北与北仓镇相连。曾为津西北果品生产基地及天津市菜篮子工程重要的副食品基地，“华北养鸡第一村”青光村名噪一时；建于清光绪三十二年（1906年）的韩家墅陆军第一讲武堂，开全国始建陆军讲武堂之先河。

2019年，青光镇域面积41.61平方千米，辖6个行政村和1个居民委员会。户籍人口9853户、26721人。实现本级财政收入1.21亿元，比上年增长6%；规模以上工业总产值13.8亿元，比上年增长2%；农村常住居民人均可支配收入2.87万元。

（祁永红）

【经济发展】 2019年，青光镇引进首都资源项目4个、1000万元以上项目12个，其中1亿元以上项目2个。发展总部经济、楼宇经济和注册经济，建设韩家墅载体资源，引入注册企业5家，实现税收500余万元。加大优质企业招商力度，与绿城签订合作框架协议，跟进对接红星美凯龙、杰众健康管理等重点项目。

【“双万双服”活动】 2019年，青光镇开展“一对一”帮扶企业117家，组织专场招聘会2场次、政策宣讲4次、问题协调会2次、政策对接会2次，实地走访企业211家，编印发放宣传册318份，收集企业融资、用工、环境等8类问题119个，问题收集率、解决率、满意率均100%。发现和培育一批创新型企业，完成认定国家高新技术企业7家、国科小企业42家、雏鹰企业10家。提速工业区围城治理，完成刘码头工业区地上物测绘核量，取缔拆除铁锅店工业区2.8万平方米、清理地块3.88公顷。

【城镇建设】 2019年，青光镇实现城中村拆迁任务全部“清零”；梳理光荣道、历史无证房屋等遗留问题，做好还迁入住准备；主动对接洽谈长远生计用房项目。完成李家房子工业区和复垦区、青光村公建、五七干校、原镇政府、地税所16.02万平方米的拆迁。韩家墅4号地封顶完成验收，李家房子二期进行室内外装修。加快示范镇8条配套道路立项申报和青光垃圾转运站前期手续办理，配合飞翔路放线和地下管网施工。协调电力部门做好“1001”工程和煤改电工程外网建设。完成碧水蓝湾小区燃气入户项目、4个片区5811户“煤改电”，做好全镇14个住宅小区供热保障。

【污染防治】 2019年，青光镇落实整改环保督察反馈问题，按期办结市级转办件13件。协商减排重点行业企业11家，一厂一策VOCs动态监管4家，苫盖裸露地面10万余平方米，梳理排查“散乱污”清单内的470余个点位，完成环保备案140家、环保体检40家。推进“河长制”管理，严格63条河道沟渠坑塘的日常巡查。开展河湖“清四乱”专项行动，清理点位25处，完成98家企业雨污分流改造。淘汰落后产能，严防“地条钢”死灰复燃，排查企业180余家次、变压器203台次。

【环境治理】 2019年，青光镇加强环卫精细化管理，安排5辆环卫车每日对主干道路两扫两洗，采购各类环卫车3辆，整改垃圾转运站3座，增设配备垃圾桶2000余个和垃圾转运箱10个。完善垃圾收运体系建设，垃圾无害化处理率达到100%。开展绿化美化，补种景观绿植4285株，提升改造绿化节点1.2万平方米。全力推进农村人居环境整治、全域清洁化，提升改造公厕16座，清整建筑立面155万平方米，清理垃圾4100吨，疏浚河道沟渠345千米，植树造林36.8公顷。治理农业面源污染，农药化肥使用量逐步下降，设立农业废弃物回收站点

▲2019年，青光镇城中村建设拆迁全部清零　（青光镇　供图）

▲2019年，青光镇依法拆除航空学校地块违法建筑及大棚房。左图：违建拆除中，右图：复原后的土地　（青光镇　供图）

1处、污水处理设施2处。完成青光村和韩家墅村农改任务，实现“四年任务三年完成”的目标，为全镇农改工作画上圆满句号。拆除市体育局航空运动学校违法建筑38万平方米、清理违法占地80万平方米。完成佩林4万平方米和青光大棚9万平方米的违法用地整改工作。清除武静路沿线和各村违法建设275处6.9万平方米。开展全国文明城区和国家卫生区创建活动，规范整治瑞顺市场、海吉星市场、津霸桥下、瑞鑫家园、辰达路等重点区域，清除布标幔帐63处、广告灯箱79个，清理占道经营、乱摆乱卖等违法行为1700余人次。丰富双创宣传载体，建成刘码头3D创文主题街区，设置互动公益宣讲台19个，制作公益广告500余幅和“文明随手拍”视频5期，为800家沿街商户配备文明用语提示门铃，开展主题宣传8场次。与河北工业大学建立志愿服务校地合作模式，组织志愿活动30余次。

【脱贫攻坚】 2019年，青光镇开展扶贫攻坚，与3个困难村的84户低保、低收入户结对，入户走访343次，解决问题137个，改造危房9所。支持东西部扶贫协作，落实“万企帮万村”和“处级领导结对认亲”活动，为甘肃华池、正宁捐款60.5万元，扶贫消费200余万元。

【安全管理】 2019年，青光镇开展“扫黑除恶”主题宣传30余场，收集侦办线索56条，办结26件。落实维稳责任制，完成信息系统交转办33件，参与维稳值守262人次。包案化解积案9件。持续开展安全生产隐患大排查、大整治，组织各类安全检查1789家次，发现整改隐患3181项。保障人民群众舌尖上的安全，查处黑窝点11处，销毁假酒1000余箱、空瓶3万个、伪劣原材料600余千克。排查各类机井71眼、填埋15眼，消除地面沉降隐患。

【文化建设】 2019年，青光镇完善增加特色校奖励机制，基础教育奖励金比上年增加10%。深化创建幸福家庭活动，挖掘幸福家庭典型7个。加强基层医疗机构服务能力建设，丰富村卫生室药品供给种类，家庭医生签约17147人，建成80平方米急救站点。举办文体活动16场，增加室内外体育器材114件，放映经典电影70场次。“传统中医”和“百年面食”申报区级非物质文化遗产。规范镇村退役军人服务站建设，核对退役军人各类信息1.2万项，发放补贴420万元。

【民生保障】 全年财政支出75%以上用于民生。提升就业服务质量，完成农村劳动力就业需求调查11797人、企业人才调查44家，组织大型招聘会2场，新增就业690人，提供就业服务274人。全面落实低保、五保、困难救助和补贴政策，发放低保、救助、优抚等资金540余万元。做好精准救助百日会战和筑基工程调查，全面摸底该镇户籍的低保、特困等重点帮扶群体6720户，解决各类问题和诉求152个。

【基层党建】 2019年，青光镇开展专题研究党建工作48次，集体决策“三重一大”事项300余项，牵头制定班子和班子成员主责清单270条，逐级签订主责任务书53份，谈话提醒班子成员和基层党组织书记36人次。针对巡察组反馈的3个方面10个问题，制定并落实整改措施42条。优化职能配置，完成机构改革任务。加强干部队伍建设，选拔任用科级干部9人，职级晋升10人。抓实主题教育，召开专题部署推动会12次，举办读书班3次、交流研讨10次，班子成员讲专题党课24场次，创新使用视频云服务轮训全

▲2019年7月3日，北辰区第十四届和谐文化大舞台青光镇专场演出（青光镇　供图）

镇党员，检视班子和班子成员问题185个，梳理整改“10+1”专项整治问题24个，建章立制23项，问责3人，解决群众操心事、烦心事和揪心事173件。全年新发展党员14人；排查梳理发展党员违规违纪问题线索196个，处理“带病入党”问题党员4人。开展形式主义官僚主义和不作为不担当问题专项整治，排查农村党员干部违纪违法线索14个，党纪处分10人，第一种形态警示12人。开展攻坚专项行动，新建“两新”党组织6个。落实“十有”标准，投入966万元，提升改造6个村和1个社区党群服务中心，建立健全管理机制。

（闫学立）

▲2019年3月18日，宜兴埠镇在天士力会议室召开“双万双服促发展”2019年政企对接动员部署暨惠企政策宣讲会 （李阳 摄影）

宜兴埠镇

【概况】 宜兴埠镇位于北辰区东南部，东靠小淀镇温家房子村，西与天穆镇相邻，南隔新开河与河北区、东丽区相望，北与小淀镇接壤，是国务院原总理温家宝的家乡。

2019年，镇域面积22.72平方千米，耕地面积578公顷。辖10个街（村）、9个社区居委会。户籍人口14652户、31425人。完成本级财政收入2.2亿元，固定资产投资完成15.06亿元，外贸进出口总额完成20.2亿元，实际利用内资完成14.83亿元，规模以上工业总产值61亿元，限额以上商品销售总额140亿元，社会消费品零售总额28.3亿元。

【经济发展】 2019年，宜兴埠镇开发投入1000万元以上新项目15个，其中工业4个、服务业11个（含2个亿元项目）；完成1000万元以上工业技改项目5个；引进首都资源项目6个。推进“双万双服促发展”活动，平台企业问题收集率、项目问题收集率、解决率均实现100%。认定国家科技型中小企业43家、国家高新技术企业8家、雏鹰企业11家、瞪羚企业2家，完成24家企业转型升级改造任务，协助高丘六和、英联模塑、东堡电子等企业申报天津市智能制造专项资金，推动天鑫旺达、福赛汽车等企业申报天津市智能化项目。完成园区260余家企业的占地面积、边界、地上物、厂房面积的测绘工作，形成园区基础信息库。

【城镇建设】 2019年，宜兴埠镇累计拆迁1207户，历经16年的宜兴埠镇旧村改造拆迁任务基本完成。同步推进地块建设，1A宜鹏园4栋还迁房建设完成总工程量的90%；9号地21栋还迁房主体建设平均完成75%以上，其中12栋封顶；1C和1B南还迁地块办理开工手续中。稳妥推进还迁选房，成立选房小组，有序组织新一轮选房安置工作，年底完成2014年前老旧村剩余1326户、3753套住房的选房工作。办理历史小区、公租房小区资格证1600余套，办理宜鹏园等小区产权证1340套。推进小区管理，完成宜淞园小区正式电切改，实现煤气入户，制定宜鹏园小区反碱整修方案。推进双违治理，按照“严守红线、突出重点、分类处置、集中打击”的原则，全年拆除各类违法建设、违法占地17.8万平方米。

【环境治理】 2019年，宜兴埠镇排查涉挥发性有机物排放企业，完成53家企业建档立卡。完成3台燃气锅炉低氮改造。做好企业排查工作，排查干洗服务行业2家、饮食服务业78家并纳入区镇花名册。组织开展低效治理设施提升改造，市重点名单内涉及镇6家企业均制定改造方案。聘请环保管家对210余家企业开展检查帮扶、指导整治。加快实施“美丽河湖”建设，开展河岸垃圾清理，清理垃圾点位300余处、垃圾杂物200余吨。完成河道“四乱”点位21处近3万平方米违法建

2019年7月25日，宜兴埠镇4C地块清零 （贺永旭 摄影）

设专项清理工作。全面推进全域清洁化工作，清理垃圾渣土2.5万余吨，苫盖面积36.7万平方米。提升改造宜鹏园、翠金园、宏园东里2号楼，对全镇社区背街后巷逐门逐户逐楼排查，完成清整楼道杂物2997处、私搭乱挂100余处、堆物堆料300余处、清理垃圾300余吨。开展市容环境清整，强化道路冲洗保洁，组织人工清除卫生死角，清洗垃圾桶2000余次、更换破损垃圾桶950余个、清理大小垃圾点位1.3万余个。进行“垃圾分类”宣传，居民知晓率达80%以上。拆除镇内原有旱厕16座，成为全区第一个实现旱厕清零的镇，投资40万元，新建两座高标准移动公厕，用以解决居民如厕难的问题。对拆迁片区进行围挡和苫盖，累计苫盖防尘网76处，面积77.2万平方米，搭建铁皮围挡53处，0.7万米。

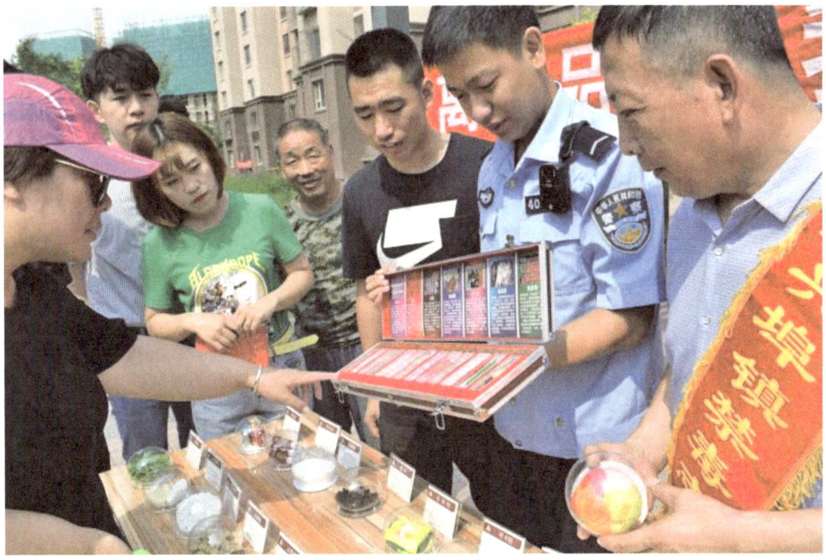

▲2019年，宜兴埠镇在宜淞园小区广场开展“远离毒品、从我做起”主题宣传活动

（宋睿 摄影）

【安全管理】 2019年，宜兴埠镇完成全国“两会”期间、“一带一路”高峰论坛、中非论坛、世界文明对话大会、中华人民共和国成立70周年大庆、十九届四中全会期间的维稳工作。开展扫黑除恶专项斗争，营造扫黑除恶专项斗争宣传氛围，开展宣传活动4次，安装扫黑除恶宣传栏60余个，在微信公众号和各层级邻里守望微信群推送扫黑除恶相关信息100余条，利用沿街电子屏滚动播放扫黑除恶举报电话和宣传口号近万条，悬挂宣传横幅450条，制作宣传展板200块，发放宣传彩页近4万份。开展“北辰百姓”平安志愿者招募工作，登记平安志愿者2300余人，常态化参与治安巡逻志愿者500余人，完成北辰百姓宜兴埠镇平安志愿服务队网上注册1200余人，网上发布志愿服务活动243次，累计服务时长约5.1万小时。推动平安建设工作，全镇共有市级平安示范村3个、市级平安示范单位1个、平安村7个、平安社区17个、平安单位67个。完成三级、四级网格划定工作。开展3次大排查大整治、15次不同行业领域专项整治，共检查企业场所1985家次，食品巡查1000余户次，发现治理隐患8304个。

【文化建设】 2019年，宜兴埠镇以国家考核和市级考核为标准，完成全民建档3.9万余份，完成各类公共卫生服务人次超过13万人次，推进家庭医生试点工作，签约人数1.3万人，公共卫生服务各项指标考核均在全区排名第一，并代表天津市和北辰区迎接全国十八项公共卫生服务的考核。发放各类计生扶助金超过200万元惠及900余人，开展妇女病筛查和宫颈癌乳腺癌筛查，为3340名已婚育龄妇女提供普查普治服务，成为全区唯一一个实现“两癌”筛查全覆盖的镇。举办区第二十六届“万民同乐”大联欢花会展演、区第十四届北运河之夏和谐文化大舞台宜兴埠镇专场演出，承接区文化下基层大型演出5场，举办大型演出6次、文体活动60次、培训40余次，完成电影放映70余场。宜兴埠镇文体中心接待团队30余次，年观看人数1000余人。是年，宜兴埠镇获2018—2019学年度教育系统综合办学水平“一等奖”、2019年北辰区“终身学习活动品牌”称号。

【民生保障】 2019年，宜兴埠镇为273户低保人员、低收入、特困供养人员发放补贴救助款70余万元，对全镇64名优抚对象及20名农村籍老年退役士兵发放补贴、慰问金20余万元，为低保户发放低保金443万元、特困人员供养金56万元，为患各类重大疾病、遭遇自然灾害等困难户发放临时救助款25万元。在优抚双拥工作、治理丧葬陋习、推进老龄工作和残疾人事业上，确保工作任务有序开

▲2019年2月18日，在第二十六届万民同乐花会大联欢上展演“诚音法鼓”

（董佳悦 摄影）

▲2019年8月9日，宜兴埠镇七街开展扶贫献爱心捐款活动　（韩牧天　摄影）

展。完成“筑基”工程，开展困难人员救助排查，推进社会救助精准扶贫。落实优抚政策，对各类优抚对象发放定补和抚恤金126万余元。充分利用公众平台，构建职业信息共享平台，帮助企业发布招聘信息60余条，帮助失业人员进行职业介绍240人次，安置新增劳动力1300余人。

【基层党建】 坚持把党的政治建设摆在首位，在“不忘初心，牢记使命”主题教育期间，开展集中学习研讨3次、专题研讨4次，处级领导干部下基层讲党课14人次，专题调研14人次。查摆问题13个、制定措施37条。巩固基层组织阵地根基，开展基层党组织活动场所提升改造，19个村居党群服务中心如期投入运行，“一站式”服务能力明显增强。规范基层党组织建设，2019年，全镇正常转接党员组织关系518人次，按期完成党支部换届63个，新成立非公企业党支部2个，调整撤销党支部3个。全年组织全镇1000余名党员开展集中轮训5期，党性教育实践活动5次。加强党风廉政建设，持之以恒落实中央“八项规定”精神，不定期组织对镇部门及部分街、居工作纪律、办公用房、公车等进行检查。整治违纪行为，全年镇纪委收到问题线索48件，其中启动33件，办结25件，正在办理8件；立案16件，14人受到党纪处分。

（孟宪东）

小淀镇

【概况】 小淀镇位于北辰区东部、环渤海经济圈高新技术产业带中心轴线上，天津市新外环线圈绕全镇，京津塘高速、津蓟高速、津围、津榆公路横跨纵贯镇域，淀南引河、丰产河、外环河流经境内。

2019年，小淀镇镇域面积43.12平方千米，辖5个行政村、2个社区居委会。户籍人口9259户、24406人。实现镇级公共财政收入2.84亿元，全社会固定资产投资42亿元，城镇常住居民人均可支配收入34634元。

【创建天津市知识产权特色小镇】 2019年，小淀镇引进1000万元项目11个、首都投资项目4个，完成1000万元以上技改项目1个，认定国家级科技型企业42家、雏鹰企业12家、瞪羚企业2家、国家级高新技术企业8家，成为北辰首个获批创建天津市知识产权特色小镇。

【服务企业】 2019年，小淀镇持续开展“双万双服促发展”活动，举办政策宣讲会，累计服务企业1044家次，解决问题190个，天津市政企互通服务信息化平台按时办理率、问题解决率、解决满意率均实现100%。开展工业区围城治理工作，制定3个工业区改造方案，与开发区签订委托管理协议，严控入驻企业，淘汰落后产能。推动温东工业区提升改造，完成22.8万平方米地上物测绘工作，制定城市定位及产业规划，编制完善总规、控规和规划环评。对接宝能科技城、中金国控科技城、中铁文旅和天房集团，规划好赵庄村工业用地和永金水库片区，做到开发项目优中选优。

【城镇建设】 2019年，小淀镇完成示范镇拆迁23.28万平方米，小贺庄村实现民宅清零，温家房子村正式启动拆迁；3村安置区项目建设正式启动；完成温家房子志成道重点工程拆迁民宅193户还迁安置，共涉及455套，总面积约3.66万平方米；示范镇A1、A2地块顺利挂牌出让，小淀村52公顷A地块基本具备挂牌出让条件。重点工程进展顺利，拆除建筑物19.41万平方米，清理树木15.97万棵，修建进场道路3条、围墙5000米，北辰东道综合管廊顺利进场施工，万发变电站

▲2019年12月22日，小淀镇温家房子村民宅拆迁启动　（徐伟翔　摄影）

成功输电。

【环境治理】 2019年，小淀镇排查散乱污企业550余家次，发现24个问题点位全部“两断三清”。51台燃煤锅炉逐个排查销号。完成刘安庄、赵庄村共3702户“煤改电”任务。苫盖裸地18万平方米，对辖区内16处建筑工地下达整改通知书20份，累计检查各类生产企业800余家次，发现问题400余个，发现问题基本整改到位。初步建立分类分级管控档案。农村人居环境专项整治5批324个反馈点位全部整改到位。5条一级、二级河道，31条农村沟渠和永金水库全部纳入“河长制”管理范畴。河湖清“四乱”拆除点位114处、23万平方米；专项治理刘安庄村环村沟，打捞垃圾4万吨，拆除建筑3.2万平方米、罩棚3万平方米，下埋1.2米口径涵管约4000米，彻底解决长期困扰的臭沟围村问题。推动“厕所革命”，新建7座、修缮8座公厕。新增绿化75公顷。开展市容环境、交通秩序、社区环境等专项治理，清理占路经营800余起。集中清理垃圾堆物、卫生死角375处，清理垃圾杂物900余吨，清理楼门小广告、布标2000余条，治理违法广告牌匾30余处。开展“学雷锋志愿服务”“创文创卫星期六志愿服务”等活动10余次，累计参与达2000余人次。

▲2019年5月19日，小淀镇机关干部在赵庄村开展“胡同革命” （徐伟翔 摄影）

【安全管理】 2019年，小淀镇检查商户5000余家次，督促整改1500余个问题，取缔食品药品黑窝点6处。排查企业2500余家次，帮助企业排除隐患6000余处，实施秀水馨苑高层消防隐患专项整治，维修更换消防设施，运用智能设备治理电动车进楼充电引发火灾问题。新建消防码头1座、村居微型消防站7座，安装智能烟感报警设备200套，全年未发生人员伤亡火灾事故。开展扫黑除恶专项斗争宣传15次，发放宣传资料2万余份，助力“无黑城区”创建。构建“邻里守望”四级微信群，新装监控摄像头74个，增配巡逻车2辆，治安环境持续好转。推进“双百行动”，排查矛盾隐患12次，调处矛盾纠纷161起，提供法律咨询153件。完成全国“两会”、中华人民共和国成立70周年大庆、中共十九届四中全会等重要节点和温家房子产改、志成道还迁等重点时期和重点工作的维稳安保任务，妥善处置“9·13”交通事故善后工作。小淀镇被评为2019年天津市全国“两会”维稳安保工作先进集体。

【文化建设】 2019年，小淀镇第一所国办温雅幼儿园正式开园，取缔关停7所无证园，对5所幼儿园、4个托幼点实施三级监控改造。开展“庆祝中华人民共和国成立70周年”系列活动、“小淀好声音”等文体活动。新装健身器材118件套，小淀村、赵庄村获评市级文化服务中心。投入700余万元，完成云鼎花园老旧小区改造，投入400万元改造小区自来水，5个村全部完成农村集体产权制度改革。开展健康宣传、创建幸福家庭活动9场，完成国家免费孕前优生健康检查151对，接受健康咨询120余人次。

【民生保障】 2019年，小淀镇推进东西部扶贫协作和对口帮扶，累计捐款63.31万元，开展消费扶贫94.75万元，组织6家企业与7个贫困村签定“万企帮万村”帮扶协议。登记6758户“筑基”工程城乡困难群众调查问卷，完成低保调标工作，累计发放救助金、慰问金375.26万元。完成社会保险扩面8419人。开展37家企业人才和13779名农村劳动力就业需求调查，举办技能培训5场，安置就业603人。成立村居退役军人服务站，帮扶2批28名退役军人就业上岗。

【基层党建】 开展“不忘初心，牢记使命”主题教育，履行全面从严治党主体责任和“一岗双责”，落实中央八项规定精神，坚持纠正“四风”，深入开展不作为不担

2019年6月28日，小淀镇举办“和谐文化大舞台”展演活动 （徐伟翔 摄影）

当问题专项治理和反对形式主义、官僚主义专项整治，加强党风廉政建设，确保廉洁从政。自觉接受人大监督，支持工会、共青团和妇联等人民团体更好地开展工作。全年主动公开政府信息101件，修订完善“三重一大”决策程序，持续深化“一制三化”改革，建成政务服务无人超市、7个村居党群服务中心，启动3家镇属国企改革。

（温　利）

大张庄镇

【概况】 大张庄镇位于北辰区东北部，东临西堤头镇，西接双街镇，北与武清梅厂镇接壤，南靠津榆公路。外环东北部调整线工程全线贯通，具备通车条件。九园公路东扩和杨北公路拓宽工程实现通车。产城融合示范区核心区5.9平方千米项目建设稳步推进。京滨高铁穿镇而过并在域内设站，区位和交通优势明显。

2019年，大张庄镇镇域面积98.15平方千米，耕地面积4790公顷。辖31个行政村，户籍人口3.4万人。全年实现地区生产总值增长5%；本级公共财政收入1.14亿元，增长5.8%；全社会固定资产投资6亿元。

【经济发展】 2019年，大张庄镇把项目建设作为高质量发展的着力点，发展后劲不断增强。投资5亿元的江铜华北22万吨精品铜项目顺利开工建设。投资2.5亿元的伟星新材二期华北地区总部项目达成投资意向。先知邦铁路桥梁配件项目选址工作顺利完成，深化与首都资源的合作。推进招商引资，全年引进落地项目10个，投资总额10亿元；1亿元以上项目3个，引进首都资源项目3个。新引进绿地、中梁、新城等一批实力地产商到镇投资兴业，10万平方米绿地缤纷城高端项目进展顺利，为经济发展注入新活力。推进产业优化，制造业支撑引领作用强劲，24家规模以上工业企业总产值实现170亿元。一批龙头企业带动作用凸显，华北集团、伟星新材、盾安华信等企业蝉联中国民营企业500强，金锚集团获“高质量发展先锋企业”称号。发展现代服务业，还迁区商务中心正式运营。依托乡村振兴战略规划，扶持农业特色项目。李辛庄千亩稻田成为农业发展新示范，鼎牛农业等龙头企业稳步发展，养殖场粪污治理工程通过市级验收。加强农田水利工程建设，修缮完成下殷庄东大渠泵站，启动北何庄节水工程建设。扎实开展非洲猪瘟防控，做到畜禽应免尽免。全面完成农村集体产权制度改革任务，31个村全部成立农村经济合作社。

【企业服务】 2019年，大张庄镇深入开展“双万双服促发展”活动，15个包联指导组累计服务企业300余家次，问题收集率、解决率、满意率分别为106.88%、99.42%、97.53%。完成第四次经济普查工作。搭建科技创新平台，推进科技成果转换，国家级科技型中小企业累计达43家，认定富昌迪、长龙宏业等10家企业为雏鹰企业，金锚科技、先知邦2家企业成功入选全市首批瞪羚企业名单，伟星新材被认定为天津市战略性新兴产业领军企业。全年推荐申报国家高新技术企业11家，完成中小企业转型升级20家。开展园区围城治理，清理取缔飞龙、大杨庄工业区，拆迁搬离企业27家，拆迁取缔面积近14万平方米。完成意达、万发工业区区域环评，优化提升镇级工业区承载能力。

【示范镇建设】 2019年，大张庄镇加快推进示范镇拆迁。完成大诸庄、大吕庄、小诸庄等村882宅拆迁任务，拆迁面积11.75万平方米，基本完成“北八村”拆迁，实现示范镇北区21个村拆迁闭合。推进示范镇南区拆迁安置，朱唐庄村拆迁工作接近尾声，集中攻坚南麻疙瘩、北麻疙瘩、大杨庄3个村拆迁扫尾，重点点位实现“清零”。大张庄、李辛庄、北何庄、小杨庄4个村完成民主程序，列入拆迁规划。

示范镇南北区还迁房建设进展顺利。北区38.9万平方米还迁房建设有序推进，南区2.4万平方米小镇中心开工建设，4个还迁地块内民宅拆迁“清零”，陆续办理还迁房建设手续。出让土地18.67公顷，实现挂牌出让21.87公顷，滨兰苑、梁雅苑、梁贤苑等商品房项目开工建设。完成喜凤花园一期老旧小区改造，为还迁房办理产权证3342件。

【基础设施建设】 2019年，大张庄镇对接京滨城际及北辰站工程，完成全线地上物测量，同步推进项目开工建设。京津塘高速出入口工程进场施工。外环东北部调整线工程全线施工，沿线电力切改工程全部完成。外环国道功能外迁项目九园公路东扩、杨北公路拓宽工程全线完成建设，基本具备通车条件。全力推进国家级产城融合示范区建设，5.9平方千米核心区地上物清理完毕，土地征转稳步推进，项目建设有序开展。完成112高速西段一期天然气改造工程。配合完成第三次国土调查工作，划定永久基本农田保护红线。

【环境治理】 2019年，大张庄镇落实网格化管理长效机制，投入910余万元，推进农村全域清洁化，农村环境面貌显著提升。开展“厕所革命”，投资200余万元，提升改造农村公共厕所10座。建成农村垃圾池污水处理试点2处。完成李辛庄、北何庄等村街巷路面硬化1.4千米，新建北何庄村休闲公园1座，粉刷墙体立面

▲2019年5月10日，大张庄镇举办2019年“心向党·我和我的祖国”演讲比赛

（刘建　摄影）

4.55万平方米，村庄变得更加美丽宜居。完成还迁区主干道路侧停车划线工作，新增停车位490个，清理取缔义安路占道经营露天市场。推进“双违”治理，全年拆除各类违建104处、4.8万平方米，治理违法占地71宗、14.13万平方米，拆除违建别墅3处、2942平方米。推进开展河道“清四乱”专项行动，拆除“四乱”点位84处，整改面积5万平方米。排查整治“大棚房”，拆除超标房屋55处，2家合作社顺利通过验收。强化环境监管巡查，推进“环保管家”服务，累计监管企业120家次，严防“地条钢”“散乱污”企业反弹回潮。严控各类污染源排放，推进完成4台燃气锅炉低氮改造任务，对镇域9处建筑工地实施“六个百分百”举措，对49家餐饮单位常态化开展油烟净化设施检查，处理“四烧”问题116起。全面落实“河长制”，镇级河长巡河210余次，域内10条河道干渠和55处坑塘纳入长效管护范围，治理黑臭水体1处。推进地面控沉工作，填埋机井80眼。完成意达、镇政府、金锚片区水源转换，做好引滦暗渠地上物补偿清退工作，治理引滦明渠保护区内问题点位15处，保障用水安全。配合启动北何庄、大张庄砖厂治理修复对接工作。开展农业面源污染防治，回收残膜5.5吨。

【“双创”攻坚】 2019年，大张庄镇投入340余万元，推进“双创”工作。市容环卫基础设施不断完善，改造提升垃圾转运站2座，清除非正规垃圾存放点9处，清运临时存放垃圾3.2万吨，2处临时建筑垃圾存放点“清零”。津围公路、九园公路等主干道实现机扫水洗，清理各村砖瓦杂物967吨，苫盖裸地71.6万平方米，完成津围公路穿村段两侧裸露地面硬化。集中清理取缔占路经营、店外经营摊点200余处，统一更换沿街广告牌匾130余处，制作安装各类“双创”公益广告500余处。

【脱贫攻坚】 2019年，大张庄镇推进8个困难村脱贫攻坚工作，村集体经营性房屋项目落地到位，实现集体性收入20万元目标。着力改善基层农村办公环境，投入200余万元，完成16个党群服务中心提升改造，3个市级困难村达到“六化”“六有”建设标准。与对口帮扶单位扶贫协作取得进展，参与“处级领导结对认亲”等活动，两赴华池考察对接，开展“万企帮万村”、消费扶贫等帮扶行动，累计捐赠消费金额160余万元。

【安全管理】 2019年，大张庄镇推进“七五”普法，开展各类法治宣传30余次，举办法治讲座6场，为300余人提供法律咨询。推进扫黑除恶专项斗争，强化宣传力度，做到宣传面100%全覆盖，群众知晓率100%。深入开展矛盾纠纷排查调处工作，化解各类矛盾纠纷137件，未发生因调处不力导致的“民转刑”案件。加大信访积案化解，推进平安建设，连续3年进京零“非访”。深入开展安全生产大检查大排查行动，累计检查商业企业2100家次，整改问题隐患3170余项。取缔黑作坊2家，打造明厨亮灶餐饮点位24个。为津围公路等道路更换、新增交通设施33处。

【文化建设】 2019年，大张庄镇完成1所中学，2所小学，2所幼儿园规划设计。农民大专班毕业人数170人，居全区首位。依托镇文体中心，推进公共文化服务体系建设，开展群众性文体活动400余场次，提升改造村级图书室3个。建成全镇首座法治文化主题公园。实施天津市20项民心工程群众性体育建设项目，投资510万元，启动栖凤体育文化公园建设。开展健康促进工作，受益人数2万余人次，组织健康查体7500余人次，家庭医生累计签约1.43万余人。

【新媒体建设】 2019年，镇政府微信公众平台定期推送工作动态和理论文章120余期，累计阅读量达10万余次，“学习强国”学习平台下载注册实现党员全覆盖。

【民生保障】 2019年，大张庄镇举办大型就业招聘会2场，开展农民技能培训班2期，打造“互联网+”就业平台，累计向全镇村民发布各类就业信息524条，实现农村劳动力就业770余人次。完成大张庄、李辛庄等4个村、16户困难户危房改造审核鉴定工作，为11户危房进行腾迁。开展全民参保计划，城职保险扩面提前两个月完成目标任务，养老保险新参保703人次，城乡基本医疗保险参保人数1.9万人，基本实现全覆盖。为困难群体发放救助资金1153万元。

【基层党建】 2019年，大张庄镇深入开展“不忘初心、牢记使命”主题教育，组织处级领导干部开展读书班3期，交流学习研讨10期，撰写交流发言心得体会100余篇，形成调研报告13篇。落实“六个一”标准，为全镇2000余名党员干部购买《习近平关于“不忘初心、牢记使命”论述摘编》《习近平新时代中国特色社会主义思想学习纲要》等书籍。开通“民意直通车”，广泛征求意见建议。通过解决新市镇拆迁、农村环境“脏乱差”、还迁房建设等一系列问题。全年召开党委（扩大）会议35次。与31个村级党组织签订落实全面从严治党工作任务责任书，召开基层党建部署会、党务例会11次。核查基层党员档案170余份，处理违规发展党员28人。新发展党员26人。开展基层党组织党日活动600余场次。开展党委中心组集体学习19次，镇机关干部学习50

▲2019年9月16日，大张庄镇举办就业招聘会 （刘建 摄影）

▲2019年7月8日，大张庄镇组织机关党员干部参观北辰区组织路线成就展

（刘建　摄影）

余次，各基层党支部开展理论学习500余场次。班子成员深入基层开展各类宣传宣讲60余场次。编印《大张庄镇理论学习导刊》12期，为全镇党员干部购买各类学习材料6000余册。邀请党校老师来镇授课3次。在还迁区、主干道、各村安装制作公益广告、宣传牌等400余处。组织党员干部到周邓纪念馆参观学习，集中观看《周恩来回延安》《我和我的祖国》《钱学森》等爱国主义题材影片。投入200余万元，提升改造16个基层党群服务中心。调整处级干部7名，调整提拔科级干部4名，新招录干部6名，干部结构更加合理。

（刘　建）

西堤头镇

【概况】西堤头镇东与宁河区接壤，南与东丽区毗邻，北与武清区连界。该镇始建于明代永乐年间，古时有“京师门户”“盛京（沈阳）古驿”“津榆古驿”之称，具有600多年悠久历史。

2019年，西堤头镇镇域面积89.65平方千米，其中耕地2820公顷，辖10个自然村，有户籍人口39301人。全年完成本级财政收入8200万元，完成规模以上工业总产值83.5亿元，全社会固定资产投资完成1.2亿元，实际利用内资完成2300万元，商品销售总额完成73亿元，进出口总额完成1.85亿元。

【经济发展】2019年，西堤头镇洽谈妙娅医疗器械、九为绿色产业园、曙光水镇、风电等重点项目30余个，签约落地1000万元以上项目10个，其中1亿元以上项目2个。全年引进注册型企业258家。第二届“进博会”实现进口采购额1400万美元，增幅312%。成立园区围城治理工作领导小组，制定园区围城治理工作方案、高质量发展方案、园区管理办法等。设立园区，组建管委会，完成基础数据收集，建立园区企业台账，完善工业区北区自来水、雨污管网、明渠和道路的管线基础资料。启动园区基础设施改造，完成华康北道及福康路西段2750米道路修缮，沟渠清淤4827米，雨污分流改造82家企业。

【曙光水镇项目实施】2019年，西堤头镇探索论证农业融合发展路径，启动实施“曙光水镇”项目，并承办2019年北辰区“中国农民丰收节”，推动镇域内旅游景点建设和旅游节庆活动的开展。“曙光水镇”被中国垂钓协会授予“中国西堤头镇休闲垂钓小镇”“中国西堤头镇北方垂钓名镇”（镇村垂钓荣誉）称号。成功组织赵庄村泉水湾第一届“美猴王杯”全国垂钓大圣争霸赛，提升景点知名度。

【企业服务】2019年，西堤头镇深入推进“双万双服促发展”工作开展，搜集问题167个，解决问题165个，解决率98.8%。组织区级领导和职能部门现场服务对接会5次，召开大型问题协调会4场，解决问题32个。举办双万双服、税收、科技、金融等政策宣讲会15场，培训人员1500人次。调研走访推动50家企业规范纳税，全年镇级税收新增1700余万元。

【城镇建设】2019年，西堤头镇做好地上物核量、拆迁补偿、场地清表、施工协调等各项工作，累计完成拆迁补偿1099户，组织监护施工10余次，重点解决杨北公路拓宽中的手续办理、施工民扰、管线切改等问题，保障镇域内项目顺利实施。津京第二输油管道航油管线项目、污水处理厂配套管网项目、112线高压西段一期天然气管道工程相继顺利完工，京滨城际铁路、津蓟跨线桥、新区污水处理厂项目拆迁补偿工作基本完成，按期交付施工单位进场施工。

【环境治理】2019年，西堤头镇推进全域清洁化工作，聚焦“村、街、户、田”四个层面，集中清理村庄垃圾、柴草、杂物等垃圾13773吨，清理坑塘、沟渠6.94万米，清理垃圾杂物、漂浮物1497.5吨。完成公厕11座、户厕改造1530座。完成畜禽粪污治理11家和2万吨有机肥项目提升改造。完成黑臭水体治理6条。加大基础设施投入力度，修建乡村公路6条，总长度7650米；修建桥梁2座，依托煤改电工程新出10千伏线路13条，升级改造10千伏线路25条，共计220余千米。顺利完成西堤头、姚庄子、霍庄子、赵庄子、季庄子5个村6822户散煤用户清洁取暖改造任务。全面落实“大棚房”问题整治，共计整治109座大棚。拆除占道违法建设725处，5.9万平方米。完成河道“清四乱”88处，6.6万平方米。坚持违法用地“零增长”，全面消减历史遗留问题，开展西堤头工业区、北辰区法院交办“双违”非诉执行案卷、2009年以来各类违法建设、违法占地及国土卫片、生态用地治理、全域清洁化涉及违章建设的大整治，累计完成点位整改122处，拆除各类违章建筑15.37万平方米，整理出土地53.82万平方米，对镇域内经济发展、村庄治理、生态文明等各项工作提供有效支撑，镇域内工业、农业和村庄用地秩序得到规范。

【四清一绿】2019年，西堤头镇开展“散乱污”回头看专项行动，清理新出现点位35处，依法取缔反弹点位9处。组织全镇重点企业、涉气企业开展4轮协商大气污染减排工作。指导80家涉气企业编制重污染天气应急预案，实施重污染天气期间精细化管理。迎接中共中央和天津市环保专项督查30余次，检查点位共计150余处，被通报点位25处，全部整改到位，累计依法处罚企业23家次、行政拘留3人。完成全镇养殖水域滩涂规划，确定禁养区、限养区、养殖区的划分工作，完成全镇农业污染源普查、饮用水源保护区违法问题专项排查、农药包装废弃物及残膜回收清理工作，回收农药包装废弃物1036千克，新建农药包装废弃物回收点一处。完成植树造林25.32公顷，栽植树木2.7万余株。做好春尺蠖等病虫害防治工作，全年未发生大面积病虫害。加强林业有害生物和护鸟巡查，在各村显著位置张贴禁猎通告、野生鸟类宣传页300余份。完成506.67公顷土地深松作业任务；秸秆粉碎还田2475.3公顷。严格落实控沉工作，封填各类违规井30眼。非洲猪瘟防控和春季重大疫病防控工作免疫率达到100%。

【文化建设】 2019年，西堤头镇完成7个村级综合文化服务中心标准化（区级）建设达标验收工作，举办活动18场，服务村民4000余人次；实现镇村图书阅览室与区图书馆优质文化资源共享。新建笼式足球场6座、多功能运动场4座、安装户外健身器材72套。举办文艺演出、传统节日庆祝演出22场；举办文化惠民下基层演出7场，公益电影放映70场；举办西堤头镇首届百姓文化艺术节、全民健身乒乓球比赛、全民健身象棋比赛、第二届全民健身广场舞蹈大赛；组织参加区第八届运动会9个竞赛项目，3个项目取得前三名的好成绩。组织参加“中国农民丰收节”京津冀乡村农耕趣味健身交流竞赛活动。成立西堤头镇书画协会并举办书画爱好者笔会活动。组织村文化管理员、文艺骨干业务培训会39场。组织22人参加高自考学历教育的报名管理等工作，累计140余人毕业并取得大专文凭；组织镇域内幼儿园、托幼点“互学互比互看”活动4次；推动优质资源共享，东赵庄幼儿园等4所幼儿园面向全镇开放招生。认定国家科技型中小企业42家、国家高新技术企业8家、天津市瞪羚企业2家，完成新一轮中小企业创新转型18家。持续推进危改工作，完成房屋危险等级鉴定47户，危房改造30户。

【安全管理】 组织召开11次安全工作推动会，加强安全宣传教育。聘请专业公司对337家企业及424家沿街门脸，开展

▲2019年8月，西堤头镇举办百姓文化艺术节系列演出活动 （西堤头镇 供图）

2轮次安全生产大排查大整治，检查隐患问题4551项，整改3732项，整改率达到82%。组织开展3轮次危化企业整治行动，排查危化品生产经营单位46家，发现问题53项，全部整改到位。国庆节前夕开展“防风险保平安迎大庆”消防安全执法检查专项行动，检查重点企业及场所36处，共发现隐患问题24项，全部整改完毕。总投入800万元，建成杨北应急消防站。组织开展食品科普交流进乡村、进市场、进校园“三进”活动，制作、发放宣传品4000余份。开展食品安全、“两节”期间食品安全的专项整治活动，按时开展“集中打击清理整顿保健品乱象”“春季幼儿园食品安全大检查”“秋季中小学、幼儿园食品安全大检查”等5项专项行动，整治食品黑窝点7处。开展交通安全检查145次，对13家物流企业进行专项检查。完成道路运输证审验868部、新办理道路运输证334部。发放货运汽车通行证1271个，从业资格证诚信考核854人次。强化运输安全源头治理，签订121份道路运输企业安全生产、消防安全、源头治超责任书。划分35个全科网格，实现网格员人手一张区域网格图，开展一体化社会综合治理。整合镇村治安巡逻队、协管员、平安志愿者等队伍，加强巡逻防控。发扬“枫桥经验”、推进访调对接，开展矛盾纠纷排查化解35次，办理群众来信来访135件，依法及时就地解决群众合理诉求，群众满意率95%。及时处理“8890”便民热线2268条。实现敏感时期未发生重大治安刑事案件，到区赴市进京“零”上访的目标。集中力量开展“扫黑除恶”专项斗争，发放宣传材料3.6万份，制作海报展牌等531个。调查核实举报线索16件，对查实的4个案件进行依法处置。紧盯社区戒毒和康复人员，全面开展“见面行动”，逐一排查，严控复吸。开展铁路护路联防、校园周边综合治理、打击非法集资等专项行动。集中开展“大手携小手，法治伴我行”系列活动30余场。开展“乡村振兴法治先行”送法活动40余场。

【民生保障】 2019年，西堤头镇举办2场大型招聘会，组织200多家优秀企业进场招聘，380多人达成就业意向。实现新增安置就业700余人。举办创业培训班，30名农村富余劳动力取得创业培训证。社会保险新增6996人，居民医疗保险参保缴费22140人，城乡养老保险参保累计8548人。化解欠薪问题20项，涉及人员135人，累计解决欠薪247万元。累计发放低保、特困供养、优抚金、春节慰问、临时救助、殡葬补贴、残疾人救助资金共计2283.22万元、2786人受益。完成镇、村退役军人服务站建设，新建120平方米镇退役军人服务站和关爱退役军人协会办公场所，配齐工作队伍，健全工作制度。帮扶安置退役士兵29人，成立镇退役军人志愿者服务队。开办编织、插花等培训讲座86场，在困难村举办创收培训12场。

【基层党建】 2019年，西堤头镇开展“不忘初心，牢记使命”主题教育，查处各类违法违规行为。落实中央八项规定，全年“三公经费”支出89375元，比上年减少14.6%。完善机关工作管理制度，对

▲2019年，北辰区春风行动招聘活动——西堤头镇专场在东堤头村商贸城举办

（西堤头镇　供图）

▲2019年7月，西堤头镇举办"学党史　颂党魂　立斗志　扬青春"庆祝中国共产党成立98周年党史知识竞赛活动

（西堤头镇　供图）

机关人员的出勤、请销假、值班带班等严格管理。推进依法治镇，推行"行政执法三项制度"、发挥镇村法律顾问作用，确保行政行为依法规范。全年召开镇长办公会议22次。加大政务公开力度，主动公开政府信息132件。贯彻落实"津八条""辰十条"和《优化营商环境条例》，持续深化"一制三化"改革，推进"互联网+政务服务"，提升审批效能。

（苑　超）

果园新村街道

【概况】 果园新村街道位于北辰区中部，京津路中部东侧。南起丰产河、北至北辰道、西接京津路、东傍京山铁路，是北辰区的政治、金融、文化、商贸及行政服务中心。

2019年，果园新村街道街域面积3.67平方千米，下辖12个社区居委会。户籍居民1.93万户、3.02万人。实现财政收入4033万元。

【环境建设】 2019年，果园新村街道全面打造宜居品质街区。确保城市双修改造工程顺利推进，"新村夜景"成为全区亮点。完成老旧小区及远年住房改造工程。完成天重宿舍118户平房拆迁清零任务。创文问题提示点位整改率100%，完成创文国家暗访组实地考评工作，申报2019年市级美丽社区1个。抓实道路和社区环境卫生日常考核，确保街域内主干道每日6次以上机扫水洗作业。定期对已整治"散乱污"企业开展巡查，全面排查街域内餐饮企业商户、机关学校食堂，全面落实安装油烟净化器要求，重点防控露天经营、车辆撒漏等夜间易发问题，专项治理违规宣传品6000余份，重点纠治苗圃宿舍灌溉水沟脏乱问题。落实垃圾分类工作，开展垃圾分类宣传活动。

【安全管理】 2019年，果园新村街道开展安全生产大检查大排查大整治和安全宣传教育活动，改造提升辖区内109户"明厨亮灶"餐饮单位，检查重点单位、重点区域3562家次，落实社区协管员每月巡查辖区经营单位制度。加强治安巡逻、技防内控社会面建设，开展各项安全宣传活动35次，组织演练活动7次。严密组织重点人群管理和扫黑除恶专项斗争工作，确保重要节点社会安全稳定，开展防范非法集资、禁毒、文明促进条例等法律宣传。

【民计民生】 2019年，果园新村街道健全社会保障体系。加速推进辰兴社区社会组织孵化中心筹建工作，完成3期社工增能培训，开展慰老助幼、关爱空巢老人、环境保护、社工增能等公益创投项目。依托新华里老年日间照料中心，探索智慧养老、居家养老融合式服务，发放居家养老补贴252人次、11.52万元。开展消费扶贫和对口捐助工作，购买扶贫产品50.35万元，捐助25.72万元，超额完成指标任务。帮助4名单亲困难家庭子女完成学业，圆梦大学帮扶4名大学生。开展低保救助和残疾人救助。组织对街域内415家新注册未参保企业和300余家企业实际经营地进行实地核查。组织治欠保支工作，举办"春季大型招聘会"，进场企业120余家，安置下岗失业人员477人；做好退役军人帮扶安置工作。

【文体活动】 2019年，果园新村街道组织第四次全国经济普查登记工作，共登记单位1026家，抽样调查135家，新建工会25家。开展健康教育宣传讲座70余场，组织1000名辖区育龄妇女体检建档，免费孕前检查41对，开展整治"两非"及净化药具市场专项行动。全面启动"家风示范街"项目，以庆祝中华人民共和国成立70周年为主基调，组织开展颂党爱国、家风传承、邻里守望等各类文化活动30余场，举办书画培训班15期、合唱培训班40期、模特形体培训班15期。启动2019年数字电影进社区工作，全年放映电影80场，街文体中心全天开放。参与北辰区第八届运动会，羽毛球、射箭等项目成绩优异。依托社区科普e站开展科普讲座、义诊等20余场。

【便民服务】 2019年，果园新村街道坚持将群众是否满意，作为党员干部思想作风建设的"试金石"和"风向标"，组织机关社区全员包片包楼包户搭建党群"连心桥"，在解决社区群众诉求上发扬"钢钎"精神，推广固化"四带四走"和民情调处会等便民服务制度，在"新航线"公众号开设"民意小巷"专栏，答复解决困扰社区群众的"挠头事"296件。依托党建网格搭建积分制志愿服务平台，组建"新村红"志愿者队伍67支。落实党建惠民要求，开展"兜底式"政府公益服务，打造"一米阳光""清晨问候""绿邻居"3个社工服务品牌，开展主题活动50余场、小组服务600余次，直接受益居民1.3万余人，打造"十五分钟"党群和便民服务"双生活圈"，满足群众日益多层次、多元化的生活需求。

【果园新村新航线】 2019年，果园新村街道微信公众号《果园新村新航线》发布新村街街域内各项工作动态、党务政务宣传、活动资讯、惠民政策、各类服务活动信息。年内共发布258篇，其中《幸福北辰 美丽新村》阅读量2029次。

【基层党建】 2019年，果园新村街道开展学习教育活动，全年编印宣讲材料12期，开展党课教育和"五进"活动134场次，组织党员干部手写心得体会1700余篇。开展各类社区主题文化活动200余场，新建电子屏、展板灯箱、宣传告示栏600余块，发放各类宣传品13万余件，转发"新航线"公众号廉政信息48条，以党风政风"红色营养"带动社风民风扬清抑浊。先后组织4个批次到杨连弟革命烈士纪念馆开展缅怀先烈活动，组织80余名优秀党员赴革命圣地延安和南梁干部学院参观见学。按照时间节点完成12个社区党群服务中心达标建设和提升改造任务。结合社区党群服务中心"三化"建设，围绕提升窗口单位和社区服务水平，制定办公秩序、着装礼仪、厉行节约等10个日常管理规范。定期组织学习准则、条例等党内法规，组织参观天津市全面从严治党主题教育展，精心组织第13届"清风伴我行，廉政进万家"正月正廉政文化活动。严格落实情况通报、明察暗访、跟踪问效等制度，激活12名党风政风监督员"探头"作用，着力解决基层党组织弱化、虚化、边缘化问题。坚持纪律挺在前、抓早抓小，精准运用监督执纪"四种形态"，针对辰庆家园社区矛盾问题集中，党组织作用发挥不到位等问题，及时组织专项教育整顿和人员调整，运用"第一种形态"对3名相关责任人进行谈话提醒。

深入开展"不忘初心、牢记使命"主题教育"四走进、四服务"大调研活动，鼓励商户企业和党员群众揭盖子上眼药，征集问题建议157条，本着"切口小、发力准、见效快"的原则立行立改121条。引入党建观察员列席评判机制。推进"战区制"改革工作，聚焦党建、治理、服务减负担增效能，深化一张网、一股劲、一站式"三个一"工程建设，以党建网格畅通社会治理"毛细血管"，主要做法在2019年第10期全国《社区党建》杂志被

▲2019年9月29日，果园新村街道举行"传承好家风 礼赞新时代"家风示范街项目启动仪式并给相关单位颁发荣誉证书

（果园新村街　供图）

▲2019年10月1日，果园新村街道举行庆祝中华人民共和国成立70周年活动

（王浩轩　摄影）

刊载。

（马建虹）

▲2019年6月27日，集贤里街道在办事处门前举行街道人大工作委员会揭牌仪式

（毛丹赤　摄影）

集贤里街道

【概况】 集贤里街道东至高峰路，南至北辰道，西至京津路，北至延吉道。

2019年，集贤里街道街域面积0.84平方千米。辖10个社区居委会。户籍人口9505户、17652人，常住人口26724人。完成进出口贸易额1846万元，本级税收838万元。完成全国第四次经济普查任务和人口抽样检查，普查法人单位344家，产业活动单位22家。开展基层党支部书记轮训和"领头雁"工程。打造由32家单位组成的党建联盟，开展义诊、普法、金融等特色活动100余场。组织开展"不忘初心、牢记使命"主题教育学习40场，检视问题138项，党员大轮训30场。

2019年，集贤里街道实施机构改革，设置党政综合办公室、党建办公室（挂网络安全和信息化办公室安全牌子）、公共安全办公室（挂食品药品安全监督管理科牌子、安全生产监督管理科牌子、信访科、法制科牌子）、区域发展办公室、公共管理办公室（挂社区物业管理办公室牌子）、公共服务办公室、人大工委办公室7个内设机构。设置党群服务中心、综合治理中心、退役军人服务站、综合执法大队（参照公务员法管理单位）4个事业单位。

【民计民生】 2019年，集贤里街道新批低保、低收入家庭46户，变更低保户37户，撤销84户，撤销特困1户。累计特困户5户、5人，低保、低收入321户、487人，发放保障金595万元。共为651户低保、特困供养、低收入人员进行低保调标，调标补发7万元。办理廉租住房租房补贴10户，经济租赁房租房补贴9户，限价商品房收入核查1户，公租房收入核查5户，廉租住房租房补贴年审3户，经济租赁房租房补贴年审2户，变更2户。办理残疾证明66个，为30户居民提供住房保障。推进健康集贤工程，落实区级"暖心之家"的落户启用。对接甘肃省正宁县和河北省兴隆县开展帮扶认亲活动。举办春、秋两场用工招聘会，200余家企业进场招聘，提供岗位1500个，650余人次与企业达成用工意向。

【安全管理】 2019年，集贤里街道开展食药品专项检查3次，完成食品药品安全电子监管系统巡查信息录入工作，对189户商户累计巡查检查6230户次，与10个社区签订"集贤里街食品药品安全工作"责任书，全年累计出动检查人员800人次，摸底排查各类生产经营单位场所620家，对192家商户建立管理台账。填写检查记录单、摸底排查表820份，留存影像资料1200多张。规范加强6处微型社区消防站，排除隐患160处。预防化解各类矛盾纠纷，全年受理到访群众52件，办结率100%；做好"两会"、建国70周年重要节点值守工作，稳控重点对象90余人次。

【文体科技活动】 2019年，集贤里街道在完善电子图书阅览室、书画室、剪纸工作室、体育健身室4个功能室基础之上，投资180万元新建文化活动中心和虎林里法治公园。全年组织居民和儿童开展阅读推广活动15次，新购置图书3000册。举办思想道德、文化生活、技术技能3类培训642期；举办文艺演出、社区艺术节、书画展览等活动30场。为退伍军人发放春节、"八一"慰问金10万元。编齐整改民兵队伍，为部队输送多名合格兵员。

【环境治理】 2019年，集贤里街道落实大气污染防治管理制度，治理燃煤散烧、

▲2019年2月28日，集贤里街道"携手文明 传承奉献"学雷锋志愿服务活动启动仪式暨2018年集贤里街优秀志愿者表彰大会在集贤公园举行　（毛丹赤　摄影）

▲2019年1月16日，集贤里街道召开2018年度社区书记抓基层党建工作述职评议会

（袁巍　摄影）

▲2019年4月3日，集贤里街道党工委在街道六楼会议室召开基层党组织“领头雁”培训工程启动仪式

（毛丹赤　摄影）

道路扬尘等空气污染行为，开展巡查900余人次，现场处理问题60余次。投资450万元，对工农新村三段、发电大院进行重点整治，硬化路面5800平方米，清理违章点位130余处，清理堆物垃圾240余车。出动湿扫作业车400余台次，洒水车400余台次，用水1200余吨。新增街域居民40余户纳入集中供暖范围，解决政民零距离21件，8890热线200件，现场处置热点问题20件。

【基层党建】 2019年，集贤里街道制定《集贤里街2019年理论学习安排意见》，开展“不忘初心、牢记使命”主题教育，压实从严治党主题责任，履行“一岗双责”，层层签订责任书。坚持“三会一课”制度，全年召开理论学习中心组学习12次，机关干部集体学习30余场，召开党工委（扩大）会议40余次。全街党员轮训30余场，开展基层党组织“领头雁”培训工程10余场。投入资金提升改造虎林里等8个党群服务中心。推行党建联盟工程，与32家单位签订联盟协议，开展普法宣传教育、清脏治乱、志愿服务、扶贫助困等活动40余场。实行党建项目申报审批制度，认领推广党建项目10个。完成区级上稿61条，市级纸媒上稿43条，中央级新华每日电讯上稿1条，北方网、微北辰、文明北辰等新媒体上稿50余条，利用“微集贤”公众号平台，刊发各类工作动态204条。

（宋　起）

普东街道

【概况】 普东街道位于北辰区东南部，东起汀江路，西邻天穆镇，南起宜白路、与河北区接壤，北至淮河道。

2019年，普东街道街域面积3.49平方千米。辖23个社区居委会。总户数3.2万户，户籍人口1.9万人，常住人口7.4万人。实现街级税收收入1811万元。

【经济发展服务】 2019年，普东街道开展“双万双服促发展”活动，收集并解决线上问题27个，线下线上问题收集率100%，按时办结率100%，问题回复率100%。开展专项问题见面会3场，线下走访企业40余家次。申报完成市级科技创新型企业2家，申报国家级科技创新型企业2家，申报北辰区科技创新项目1例。开展全国第四次经济普查阶段工作，共计调查企事业法人单位822家、个体工商户2049家，并做好数据查询修改工作。

【基础设施建设】 2019年，普东街道完善社区拆违控违长效机制，巩固21个无违建社区治理成果，启动万科圈占治理，完成万科新城东区老旧小区8个苑，105幢楼，392个门栋，18.33万平方米建筑面积的改造施工，1294户居民直接受益。对均胜路、均强路、国宜道、宜白路4条主次干道上的200处空树穴进行铺砖，对120余处裸露树穴进行铺设草皮，修复金宜里、淮祥园、普祥里、普康里围栏外两侧等6处破损路面，完成淮河南道、姚江路、汾河北道、汾河道等5处围墙封堵，确保周边环境干净整洁，绿化美化环境。打造街社区党群服务中心，23个社区党群服务中心全部达标，其中投资200余万元，在祥和园社区打造集教育、文化、体育、为民服务一体的综合性社区党群服务中心。继续加大技防投入，投资2.2万余元，为宝利新苑社区增设8个人脸识别摄像头，推进雪亮工程建设。

【环境治理】 2019年，普东街道治理占路经营行为3000余次，规范里空外卖商铺2000余次。继续保持对花鸟鱼虫市场周边道路秩序的高压管控态势，采取不

▲2019年1月21日，普东街道执法队拆除都市桃源社区鸽笼　　（孙月　摄影）

▲2019年5月6日至10日，普东街道在今日家园居委会举办为期5天的创业培训班　　（于锦　摄影）

间断巡查和专人盯守重点点位的长效管理措施，累计规范清退占路经营摊位300余处。加强大气污染防治，加强对辖区内现存的固定烧烤点位严密监控，累计治理烧烤点位200余次。规范治理辖区内渣土撒漏行为，白天查路面，夜晚查源头。加大对辖区内红旗农场、地铁站等施工工地、闲置地的巡查力度，要求做好裸露地块与渣土运输车辆的苫盖工作，查处纠正未苫盖渣土运输车辆10余辆。开展裸露地面治理，共种植草皮卷350平方米，人工栽植马兰3200株，铺设草皮200平方米，强化道路扬尘污染防治，重污染天气增加洒水次数，做到重点道路重点区域洒水除尘无死角，累计洒水约3000余吨。引导居民文明祭奠，开展劝阻马路烧纸工作，专人看管重点点位，加强巡查禁烧道路，确保禁烧道路“无烧纸现象，无纸灰痕迹”。组织社区违建专项治理，拆除都市桃源社区违建鸽舍11处，制止万科违建8处，启动万科圈占治理。针对老旧小区车辆返潮问题，出资12万元购买地笼574个。

【民生保障】 2019年，普东街道举办招聘会，提供工作岗位300个，求职者到场应聘1000余人，达成就业意向300余人。举办创业培训班1期，协助办理零就业家庭、“4050”人员做两次职业介绍400余人次。采取社区广泛宣传，街道定点宣传的方式，深入住户及企业开展宣传动员工作。完成城镇职工个人参保、城乡居民参保的征缴，动员街域内企业参保缴费共计3000余人。做好社会救助，提升居民幸福感。2019年，享受最低生活保障1225人，特困人员救助供养3人，低收入家庭救助24人，医疗救助5人，住房救助505户。享受特扶补贴105人，残疾人249人，重度精神残疾270人，帮扶计生困难家庭19次。完成“筑基工程”排查解困入户调查工作，入户率达95%以上，位列全区第一，调查过程中解决群众反映的问题和诉求8个，向区级部门反馈问题77个，征集群众意见建议2378个，为全市调查工作提供准确数据。

【安全管理】 2019年，普东街道创建人民满意信访窗口，成立“普东街信访接待中心”，全年处理信访件72件，办理72件，办结率100%。组织平安志愿者开展重点部位执勤1000余人次。加强“双百排查”，落实滚动整治的要求，针对街道流动人口、寄宿人口多的特点，着重加大对租赁房屋和人员聚集场所的检查力度，做到底数清、情况明、排查无死角，累计开展各种防范宣传60余场次。扫黑除恶专项斗争取得初步成效，在社区广场进行集中宣传活动，共开展扫黑除恶专项工作广场宣传活动50余场次，发放各种宣传品30000余份，街域内LED屏幕滚动播放宣传标语。全年制定各类专项检查实施方案8个，组织签订安全、消防责任书1181份，食品安全责任书528份，防汛责任书46份，检查各类生产经营单位1560余家次，排查整改隐患840余处、清理取缔单位2个。查处非法加油5起，总计涉案价值2.5万元左右。加大对中华花鸟鱼虫市场的安全监管力度，督促市场内400余家鱼馆商户安装合格压力表、更换承压管。联合市场所，对辖区内408部电梯进行一轮全覆盖检查，督促责任单位及时进行维保、确保电梯正常运行。按照食品、药品安全三级监管网络，对辖区内涉及食品、药品单位开展全覆盖监管，全年共计检查单位1424家次，联合市场所集中开展整治非法售药行动13次，查没非法药品678盒，涉案价值2万余元，清理违规食品制作点位4处；查处食品安全违法单位5个，罚款11.8万元。联合市场所督促街域内580余家餐饮商户全部加装新型灭蝇灯，工作人员配齐卫生帽和口罩，责令近290户商户进行

▲2019年6月27日，普东街道在田园市场开展消防应急演练　（党万新　摄影）

▲2019年4月24日，普东街道在万科新城社区活动室举办"追梦新时代 书香纵芬芳"诗诵会暨普东街"全民阅读 书香普东"系列活动　（杨紫晨　摄影）

整改，其中勒令停业整顿36户，进行店面整体装修。深入推广"明厨亮灶"工作，全年共计完成253家餐饮明厨亮灶，进一步强化餐饮后厨的监管力度。

【文体科技活动】 2019年，普东街道以"双创"工作为载体，组织各类文化活动，举办第26届万民同乐大联欢普东街专场演出、"文明普东全民共建 美丽家园你我共享"宣传活动。举办迎新春、庆祝新中国成立70周年文化作品展、学雷锋书画笔会等活动、"全民阅读书香普东"系列活动，举办普东街第四届"感悟抒怀 书香普东"诗歌散文大会、社区艺术节文艺会演、爱国歌曲大家唱、第八届广场舞展演等活动。全年举办文化管理员业务培训22期。开展文化团队需求调查，订单式服务，聘请专业老师对文化骨干进行培训和指导，举办文化惠民大讲堂290场次。加大文化市场监管力度。对街域内文化娱乐场所实行全面检查排查，深入开展"扫黄打非"活动，开展检查12次，整治黑网吧1家。组织社区开展跳绳踢毽、乒乓球等全民健身系列活动；参加区八运会游泳、羽毛球、射箭等比赛项目，获得奖项28个，其中冠军12个。安装电子科普长廊2处，开展科普普法节目征集22个，开展33届科技周系列活动，组织制作专题海报、文艺展演、集中宣传、科普参观、讲座展览等活动，举办"千名专家进社区"活动23期。

【基层党建】 2019年，普东街道增强基层组织活力，完成机构改革任务。举办"新时代新思想"政治理论学习班2期、基层党组织书记培训20期、社工业务能力培训2期。加强阵地建设，22个社区党组织开展创建活动48场次，组织社区党员参与创文创卫、拆违控违、环境治理、扫黑除恶等各项活动2万余人次，增强基层党组织凝聚力、战斗力。不断深化"片区书记之家"主题活动，开展集中研讨交流3次。组织党员干部"新时代、新思想"理论培训班6期，在机关干部中开展"阅享生活"读书演讲活动，办好"普东之窗"公众号，共印发各类工作通讯109期，发布文章426篇。深化中国特色社会主义和中国梦宣传教育，开展"庆祝新中国成立七十周年"系列活动，组织升旗、观影、参观、集中交流等活动68场，印制宣传展板80余块。组织开展"新时代新思想"理论知识竞赛2场次，开展争创"五好党支部"和"五好党员"活动10场次，各社区组织党员干部参与"双创"活动52场次，破解为民服务解难题112个。开展党风廉政警示教育30余次，印发《普东廉政教育》4期，签订廉政责任书230余份。

（刘　婷）

瑞景街道

【概况】 瑞景街道位于北辰区西南部，与天穆、北仓、青光3镇及佳荣里街相邻。东至辰兴路、西至外环辅道，南至龙泉道，北至北辰道。2005年至2019年，街道党工委、街道办事处获省部级荣誉16项，其中3次被评为天津市文明机关。居委会获省部级荣誉62个，个人获省部级荣誉79人次。瑞益园社区被评为第八届全国服务农村服务基层文化建设先进集体，宝翠花都社区"13579"工作法被评为民政部十佳社区工作法。

2019年，瑞景街道街域面积2.92平方千米。辖顺驰翡翠城社区、瑞康社区、奥林匹克花园社区、宝翠花都社区、熙景园社区、瞰景园社区、瑞盈园社区、瑞益园社区、紫瑞园社区、秋瑞家园社区、江南春色社区11个社区居委会，17个自然小区。有户数19921户、50285人，户籍人口4376人（少数民族人口324人）。

2019年，瑞景街道办事处下设1委6办3中心。街域内有小学2所、中学1所、幼儿园7所；市级医院2所：天津市第二儿童医院、天津医科大学附属代谢

▲2019年1月18日，普东街道召开2018年度社区书记抓基层党建工作述职评议会（王岩 摄影）

病医院。

【市容环境】 2019年，瑞景街道坚持“双周”志愿服务卫生大清整活动常态化，不间断地对重点点位、重点路段进行日常路面巡查治理。针对重点部位早餐点位延时摆摊和无证经营、里空外卖、悬挂广告等问题，采取观看视频回放、徒步巡查、分段值守、错时管理、死看死守、联合执法等方式进行综合治理。开展“楼道革命”，拆除瑞盈园和瞰景园38处历史遗留的违法建筑物，全年对瞰景园、宝翠花都、奥园、瑞康、瑞盈等社区清理违法建筑物、圈占338处，占地面积约5005平方米，清除地锁1231个。

【民计民生】 2019年，瑞景街道做好北辰区公益创投大赛项目运营、监管工作，共有4个项目入围。完成民政筑基工程入户调查2万户。春节前夕，组织开展“送温暖·献真情”走访慰问活动，慰问困难群众298户，发放慰问品280份。将应急救护的宣传和培训作为工作重点，加大应急救护宣传力度，共对50名志愿者进行培训。组织6名志愿者进行造血干细胞血样采集。

【文体科技活动】 2019年，举办瑞景街文化送福进社区活动。元宵节期间在文体中心举办瑞景街正月正文化惠民演出。在瑞益园民俗广场举办瑞景街第三届民俗文化节活动，举办第七届桃花艺术节文艺演出。组织社区诗歌爱好者举办“我和我的祖国”诗歌朗诵大赛。开展“壮丽70载，奋进新时代”红色电影进社区放映活动。举办“颂祖国 担使命 倡清廉”廉政书画展。举办“辉煌70载 筑梦新时代”瑞景街第八届群众歌咏大赛。8月8日“全民健身日”期间，举办瑞景街第四届“运动快乐全民健身”社区趣味运动会。以科技周为契机，发挥“幻景科技文化”、奥园、瞰景园全国科普示范社区阵地作用，举办“瑞景街科普画廊展示”。在“科普日”期间组织社区科普志愿者开展科普咨询、科普讲座、科普义诊、科普问卷等11项活动。

▲2019年6月11日，全国爱卫办调研组一行到瑞景街道宝翠花都社区，调研社区长效管理机制建设工作（瑞景街道 供图）

【安全管理】 2019年，瑞景街道推广“枫桥经验”，实现从预防矛盾、化解矛盾向基层社会治理转变，从群防群治向法治、德治、自治相融合的社会治理机制转变。推进平安建设“十百千”示范工程，达到“五能六有十无”（能统筹、能调度、能治理、能管理、能服务，有组织、有场地、有平台、有服务、有队伍、有保障，无黑恶、无暴恐、无邪教、无命案、无“民转刑”、无吸毒、无传销、无火灾、无非法集资、无越级访）的标准。开展街级集中培训5次、集中宣传9场，公共场所新建平安建设宣传栏18个，发放宣传单2.3万份，宣传品8种2000余份。与街道智慧指挥平台并网联接。在紫瑞园、瑞益园及民族幼儿园等重点场所及社区开展应急演练活动。组织定期、不定期安全生产、食品安全、交通安全等检查488次，出动执法检查人员990人次，检查经营单位1586家次。将鳏寡孤独家庭、智力障碍患者、残疾人员列为消防监督重点户，定期进行防灾宣传和检查，整改奥园浴池、秋瑞家园地下室等安全隐患。

【基层党建】 完成机关机构改革工作，6办3中心设置及人员调整全部到位并挂牌运行。组织全街党员干部开展“四能”（能谋事、能担事、能干事、能成事）问题大讨论大实践活动。结合“不忘初心 牢记使命”主题教育，全面启动11个社区“争先进、创特色”工作，其中打造宝翠花都楼栋微党校建设和瑞益园“九园两室一馆一广场”（牡丹园、法治园、听书园、党建

▲2019年2月15日，瑞景街道举行“正月正”文化惠民文艺演出 （瑞景街道 供图）

▲2019年6月11日，瑞景街道深入瑞景小学开展禁毒宣传 （瑞景街道 供图）

园、统战园、民俗园、健身园、桃花园、国防科技园，书画室、健身活动室，民俗馆，百姓议事广场）品牌。全年组织各层次党课宣讲82场，撰写交流体会400余份，组织各类教育活动40余场，组织志愿服务活动100余次。发挥街道“吹哨”功能，推动实施翡翠城等4个社区的党群服务中心建设和秋瑞家园、瑞盈园、瑞益园、瑞康、紫瑞园5个保障房社区的电梯修缮和消防设施改造工程、高尔夫球场接管提升以及紫瑞园的供热工程建设。以阵地建设为载体，搭建党建引领社区治理平台，共筹集资金近500万元，新建扩建瑞盈、瑞益、瞰景、翡翠城等社区党群服务中心，面积约1070平方米。收回翡翠城游泳馆、瞰景园刘老根大舞台、奥园浴池、瑞景体育文化公园等处房屋使用权约2400平方米，打造成辐射周边社区的品牌党群活动基地。

（翟浩毅）

佳荣里街道

【概况】 佳荣里街道位于北辰区西南部，东以千里堤为界，南至光荣道，西至外环线，北至龙泉道、辰昌路。

2019年，佳荣里街道街域面积2.26平方千米。辖12个社区居委会，新建星河时代社区，总户数16161户，户籍人口0.693万人，常住人口4.02万人。年内，引进企业101家，其中注册资金100万元以上的84家，完成本级税收1250万元。

【社区建设】 2019年，佳荣里街道拟定《改造后旧楼区物业管理服务协议》《旧楼区长效管理考核实施细则》及《旧楼区管理考核标准》等制度，把物业服务与其补贴收入挂钩。搭建党建、服务、智能、软实力支撑的四大平台，全面推行“四位一体”老旧社区服务管理模式加强版，即“一居一品”的“4+N”服务管理模式。完成佳荣里、人民家园、瑞贤园、佳园新里、顺通、燕宇艺术家园、佳安里等11个社区党群服务中心提升改造工作并投入使用。设计完成面积约1500平方米，包括12个功能室的佳荣里街文体活动中心。

【参加“社区基层治理”分享论坛】 12月27日至28日，2019年“社区基层治理”分享论坛在杭州举办，作为“友好街道”成员单位，佳荣里街道由书记带队参加该活动，与北京、大连、重庆、上海、青岛、内蒙古、杭州等地区的7个街道团队共同交流创新老旧小区治理工作。与会人员一同参观考察了采荷街道颐和乐龄惠老服务街区、芙蓉社区党群服务中心、采荷街道党群服务中心、中国服装第一街综合服务中心、杭州市党群服务中心等阵地。

【民计民生】 2019年，佳荣里街道办理就业困难群体认定帮扶286人；办理城乡居民和城镇职工养老保险参保1423人；办理天津市和异地退休人员养老待遇资格认证871人；办理社会保障卡476人，提供各项咨询服务863人次，社会保险保险扩面任务完成1508人。办理发放老年证和老年免费乘车证445个。为30户中低收入家庭办理享受保障性住房政策的相关手续。为15名老年人发放居民副食补贴。为16户困难家庭送去慈善慰问款及米面油等慰问品。办证残疾人申请16例，30名残疾人申请无障碍用品用具和康复器材。办理一孩生育登记126件、二孩生育登记62件。全年发放严重精神病患者监护补贴438人次，共计25.56万元。

【市容环境】 2019年，佳荣里街道自拆自清辰盛路沿街违建94处，完成3800平方米的拆违任务，实现“零上访、零问题、零事故”的“三零”拆违成果。拆除荣国路沿线未办理审批的50余处户外广告牌匾，清理商户外堆物30余处，基本杜绝道路两侧商户里空外卖、占道经营、乱摆乱卖等行为。向区政府申请专项资金，协调市路灯处，为燕宇艺术家园社区二至四期安装新路灯杆155支；多方协调，为佳荣里、佳欣里社区更换老化路灯杆66支，消除居民夜间出行的安全隐患。配合区城管委，对龙武道北侧约800米人行便道进行重新铺设，对佳宁道北侧空地、辰昌路佳欣里1号楼东侧空地、星河时代外环辅路东侧等处约2000平方米空地进行绿化补种补植，改善市容环境。为街道机关各楼层及各办公室配备垃圾分类桶60个，打造瑞达里和井田公寓2个垃圾分类试点小区，共安装垃圾分类岗亭71个，布置垃圾桶213个。开展垃圾分类大型活动2次，发放宣传垃圾分类资料500余份。

▲2019年12月26日，佳荣里街道代表到杭州参加跨省市友好街道年会

（杨淳　摄影）

【安全管理】 2019年，佳荣里街道共接待信访40件110人次，其中到访13件，信件27件，重复访5件，办结率100%，化解率100%，满意率90%。在全国“两会”、中华人民共和国成立70周年等重要时期，组织街道干部、社区干部、平安志愿者和第三方安保人员200余人值守巡逻。深入推进社区综治警务网格建设，指导社区配备综治网格员20人，全街共安装技防监控探头348个。制定《佳荣里街党政领导干部安全生产责任清单》，明确“党政同责、一岗双责”职责；逐级签订安全生产、消防安全和食品安全责任书332份。结合“防风险保安全迎大庆”“食品安全百日行动”等专项检查，联合派出所、市场监管所、社区居委会，对295家各类企事业单位和门脸商铺检查3420家（次），发现安全隐患161处，全部完成整改；对注水和瘦肉精检测70次，蔬菜水果农药残留检测1467次，全部合格。

【文化活动】 2019年，佳荣里街道举办“北运河之夏”和谐文化大舞台佳荣里街专场文艺演出、以“退役不退志，退伍不褪色”为主题的迎“八一”首届退役军人专场文艺演出、佳荣里街第三届全民健身运动会，完成90场数字电影进社区放映工作。组织策划以“我和我的祖国”为主题的佳荣里街第二届海棠节暨双创志愿者誓师大会，共征集区内各界文化爱好者创作的创文类题材作品300余个。佳荣里街道微信公众号“微佳荣”，2019年推送文章117篇，累计阅读量4.35万人。

▲2019年3月12日，佳荣里街道组织召开2018年“双创”工作总结表彰暨2019年工作部署大会

（齐林　摄影）

【基层党建】 2019年，佳荣里街道举办“筑牢红色堡垒、发挥核心作用”基层党组织书记、副书记专题培训班及各类社区党组织书记培训10期，整治软弱涣散党组织1个。以“党建引领下的街道治理”为主题召开党建联席会议4次；完善辖区“两新”党组织的全面覆盖，建立街道两新组织独立支部1个、联合党支部2个、功能型支部1个。举办党风廉政建设书画展，展出廉洁主题书画320幅；组织街道社区党员干部300余人次参观大沽口炮台遗址、“利剑高悬 警钟长鸣”廉政教育主题展。

（熊　新）

青源街道、广源街道

【概况】 2014年10月20日，青源街道办事处和广源街道办事处正式成立，两街道合署办公。两街道位于北辰区双青新家园居住区，紧邻外环线西侧，东至铁西路，西至嘉和路，南至北辰西道，北至腾泰道。

2019年，两个街道面积3.02平方千

▲2019年7月26日，佳荣里街道举办迎“八一”首届退役军人专场文艺演出

（李坤　摄影）

▲2019年12月3日，佳荣里街道举办第四届党风廉政书画展　（杨淳　摄影）

米。辖12个社区居委会，有荣康、荣居、荣溪、荣馨、荣雅、荣翔、盛康、盛安、盛泰、荣翠、荣乐、荣悦、荣业、荣欢、荣畅、盛青、盛泽、盛锦、盛逸19个社区办理居民入住。入住居民27133户53428人。

【社区建设】 2019年，青（广）源街道投入74万余元，完成社区装修改造面积833平方米。分两批次新入职社工42人，开展各种形式社工培训6次，户外拓展培训2次，举行社工专业知识测试3次。组织和审核国家及社会工作师考试29人，通过天津市社会工作员考试32人，完成市、区两级民政、残联、红十字会等学习培训和参观交流活动106人。办理和发放老年证22人，敬老卡补办10人。7月，开展城乡困难群众排查解困专项工作入户调查。开展筑基工程，累计排查居民1.9万余户，为困难居民3万余人次办理所需业务。荣居、荣馨、荣溪、荣康、荣雅5个社区通过天津市镇（街）村（社区）综合文化服务中心达标验收，荣翠园综合文化服务中心申报验收。盛康园社区筹备综合文化服务中心建设。投入10余万元，为社区增添休闲座椅和晾衣杆；协调燃气公司、天津市电力公司，在盛康园社区居委会大厅为居民办理购燃气和购电等事项，打通服务居民的“最后一公里”。

【社区接收】 2019年，青（广）源街道共接收荣乐园、荣悦园、盛泽园、盛青园、荣业园、盛锦园、盛逸园、荣欢园、荣畅园共9个社区，累计为15508户3万余人办理入住手续。

荣乐园于6月14日开园，社区范围东起嘉定东路，南到新致道，北至新畅道，西临欣永路，规划建筑面积约6.61万平方米，共14栋楼，总户数1411户。社区建有非经营性公建配套用房1315平方米，其中社区居委会办公用房162平方米，社区活动用房1153平方米。

荣悦园于6月28日开园，社区范围东起嘉康东路，西临铁西路，南到新雅道，北至新致道，规划建筑面积约16.13万平方米，共18栋楼，总户数1458户。社区建有非经营性公建配套用房896平方米，其中社区居委会办公用房177平方米，社区活动用房719平方米。

盛泽园于6月28日开园，社区范围东起嘉和路，西临嘉安南路，南到北辰西道，北至新景道，共13栋楼，总户数1362户。社区建有非经营性公建配套用房1860平方米，其中社区居委会办公用房200平方米，社区活动用房1660平方米。

盛青园于7月15日开园，社区范围东至嘉和路、南至新景道、北至新雅道、西至嘉安西路，共10栋楼，总户数1350户。社区建有非经营性公建配套用房8730平方米，其中社区居委会办公用房120平方米，社区活动用房510平方米。

荣业园于2019年8月23日开园，社区范围东至嘉定东路、南至新畅道、北至腾泰道、西至欣永路，规划建筑面积13.7万平方米，共16栋楼，总户数1458户。社区建有非经营性公建配套用房2133平方米，其中小学8100平方米，社区居委会办公用房158平方米，社区活动用房1800平方米。

盛锦园于8月26日开园，社区范围东至嘉安东路、南至新景道、北至新雅道、西至辰柳路，共18栋楼，总户数2472户。社区建有非经营性公建配套用房6127平方米，其中幼儿园3000平方米，菜市场1847平方米，社区居委会办公用房210平方米，社区活动用房1070平方米。

盛逸园于9月23日开园，社区范围东至嘉安东路、南至新景道、北至新雅道、西至辰柳路，共15栋楼，总户数2788户。社区建有非经营性公建配套用房2380平方米，其中公交站780平方米，

▲2019年2月14日，青（广）源街道及荣康园物业负责人召开停车管理座谈会
［青（广）源街　供图］

社区居委会办公用房240平方米，社区活动用房1360平方米。

荣欢园于10月8日开园，社区范围东至辰柳路、南至新致道、北至新畅道、西至嘉定西路，规划建筑面积13.52万平方米，共14栋楼，总户数1368户。社区建有非经营性公建配套用房1476.79平方米，其中社区居委会办公用房130.4平方米，社区活动用房1179.82平方米。

荣畅园于11月8日开园，社区范围东至辰柳路、南至新盈道、北至腾泰道、西至嘉定西路，规划建筑面积15.8万平方米，共16栋楼，总户数1639户。社区建有非经营性公建配套用房829.54平方米，其中社区居委会办公用房175平方米，社区活动用房532.32平方米。

【打造社区品牌】 2019年，按照“一街一品、一居一特色”打造街道和社区特色亮点。以荣翔园为主的青源街文体中心突出社区志愿服务，定期为社区居民进行义诊，并为行动不便老年人、残疾人进行上门服务。以盛康、盛安社区为主的广源街文体中心打造“红色文化”社区品牌，文体中心内建设有爱国主义教育基地，收录部分伟人的相关著作，定期组织参观并免费对居民开放，传播“红色基因”。荣雅园社区打造社区科技馆，开展各类科普工作。荣康园组织建立“康乃馨社区学校”，开展“三八”节插花活动、母亲节DIY复古扇活动、妇女编织技能培训活动等。荣溪园针对3岁~12岁的青少年儿童及家长开展青少年主题活动，创造“荣溪园快乐营地”“多彩荣溪，快乐成长”等多个公益项目品牌亮点，辐射200户家庭、。荣翠园创新学习形式，营造“终身学习、主动学习、全面学习”的“快乐学习型”社区，联合文化志愿者开展以“我的中国梦”为主题的儿童绘画系列活动。荣馨园社区发挥巧手文化暖社区特色，开展手工活动10场。盛泰园打造精准助老志愿服务圈，弘扬尊老敬老、爱老助老的优良传统。

【计生服务】 2019年，青（广）源街道共办理一孩、二孩生育登记279人次，年度出生婴儿256人，其中男婴134人、女婴122人。办理独生子女证6个、审核发放独生子女费1人。全年累计发放计生药具8000余只，开展妇女查体工作两次，受益人数500人。开展生育关怀行动，慰问计生困难家庭35户次，发放慰问品及慰问金总计6000余元。组织开展各类主题活动10余次，发放宣传折页5类、2000余份，宣传品2类、500余个。推选9名家庭参加区幸福家庭评比，其中获二等奖1名，三等奖2名。全年更换健康教育宣传橱窗展板150余块。在管重度智力障碍患者32例，对享受严重智力障碍患者看护补贴人员进行入户随访工作。

【创卫工作】 2019年，成立青（广）源街创卫工作领导小组，制定《青（广）源街国家卫生城市暗访考核迎检工作实施方案》，建立网格负责机制，确定网格负责人，各网格联络员对所包点位进行定期巡查。先后5次召开由机关全体干部、各社区负责人、驻街单位、各社区物业及在建工地负责人参加的创卫工作会议。制定创卫工作周例会制度，对创卫点位工作进行部署，投入10万余元，新增宣传广告牌40余处，张贴控烟标识1000余份，印发各种宣传折页2万余份；组织机关全体工作人员开展社区卫生清整、“楼道革命”等志愿活动10余次，累计清除室外及楼道内僵尸车辆500余辆，清除窗外广告400处，清理垃圾400车次。全年共计开展集中巡查活动30次，整改问题点位450余个。协调天津住宅、天津住保、天津市政等责任单位，对在建工地进行定期巡查，实现日均排查、日均清整，排查卫生点位300余处，清运垃圾50余吨；集中苫盖裸露地块共计10万余平方米；集中拆除废置建筑物逾2万余平方米；各主次干道围挡贴置创卫公益宣传板300余块；加大消杀工作力度，全年发放鼠药、灭蟑饵、灭蟑药共计30箱。

【环境整治】 2019年，街道坚持每日水洗不少于4次，洒水不少于6次，累计洒水1.5万吨。清理扫保道路上建筑、生活垃圾800余吨。街道投入20万元，苫盖裸地面积12余万平方米，并对大土堆、裸露地通过综合运用绿化、硬化、蓄水等手段进行治理。裸地种植草籽5万余平方米，蓄水灌溉2万余平方米。投入30万元，实施街域内道路标线及交通标志工程。管控工地“六个百分百”施工标准问题，向市住宅集团、市保障房公司、市政建设发展有限公司等部门发送整改函28件，督促整改落实裸地苫盖40余万平方米。全年各工地项目累计巡查2600

▲2019年8月21日，青（广）源街道开展工地生活区、食堂安全检查　［青（广）源街　供图］

▲2019年7月23日，青（广）源街道社区小朋友参加夏令营垃圾分类推广活动

［青（广）源街 供图］

余次，拍摄巡查记录照片6000余张，督促整改事项831条。召开大气污染防治工作会议5次，签订施工准入保证书15份，签订大气环境目标责任书18份，约谈工地负责人70人次。

【网格化建设】 2019年，成立青（广）源街网格化管理中心，辖区所有社区划分为19个大网格，103个网格，11个居委会书记任网格长，87名社区工作者担任专职网格员，实现一格一员，负责网格“全科”事务。通过网格化管理，采集住户信息16090条，处置问题7938件，建立楼栋微信群176个，实时发布信息，提供政策咨询和服务，并整合社区党员、志愿者、楼门栋长等社会面力量协助网格员开展工作。接群众“8890”来电事项1089件；其中承接事项595件，按时办结率100%，满意率93.95%；转办494件。

【安全管理】 2019年，签订安全目标责任书144份，召开安全专干周例会24次，季度安全工作会议4次，专题安全工作会议8次；签订承诺书100份；组织开展集中专项检查236组次、出动检查人员744人次；其中拆除违规护栏73个，清除私拉电线124处，清理共享单车1341辆，清理楼道堆物864处，清理管井堆物383处。对辖区128个商户开展隐患排查工作，共完成检查1234家次，其中与安全检查三方机构联合检查932家次，安全科检查302家次；组织居民观看安全警示片64场，组织居民参加消防演习，讲座60余次，建设社区微型消防站6个，培训消防站队员60人，悬挂安全宣传条幅90余条，张贴警示标语170余张，发放宣传品5.5万余份。搭建社区和街道两级邻里守望工作群12个。妥善处置荣诚园农民工讨薪信访事项。创新平安志愿者管理模式，平安志愿者团队发展壮大至700人。加大涉国家安全问题排查整治力度，共清缴反宣品2822份、光盘156张、期刊15册；开展平安建设、禁毒、扫黑除恶等宣传活动55余次，召开禁毒专题讲座2次，发放宣传品3000余份；共接收社区戒毒社区康复人员17人，常态化开展毒品检测及思想动态管理；开展黑恶势力排查工作，配合相关部门协调处理，做到行动知晓率100%。

【文体科普活动】 2019年，街道共有直属文体团队6支，各社区文体团队33支，文化志愿者人数达到300余人。全年共开展音乐、美术、书法、朗诵、足球、舞蹈、趣味运动等文化活动60余场，培训40余场，免费演出8场，读书推广活动7场。为庆祝中华人民共和国成立70周年及建街5周年，开展快闪拍摄、广场舞、摄影、演讲、合唱等6项文体活动。举办“邻里文化节”，街道和各社区组织多场精彩的文艺展演；参加北辰区第十四届“北运河之夏”和谐文化大舞台镇街展演。配合区文旅局对接完成下基层演出7场，免费电影放映90场。安装体育健身器材159件。参加北辰区第八届全民健身运动会，开展9场各类训练赛和6场趣味运动会。开展垃圾分类，音乐基础知识等多种类型培训。各社区在街道指导下开展各类文体、科普活动共计220场。

【优抚安置】 2019年1月28日，街道和10个社区退役军人服务管理站全部挂牌，街道退役军人服务站位于双青新家园荣康园公建三楼，10个社区退役军人服务站位于各社区党群服务中心内。完成31名帮扶人员岗前教育和培训工作，为符合政策的18名退役军人补缴社会保险金额122.82万元。“八一”期间，为29位退役军人发放慰问金6600元。

【民生保障】 5月，举办青源街专场“春风行动”专场招聘会；10月，举办青广源街金秋大型招聘会；举办7场招聘会进社

▲2019年1月17日，青（广）源街道与相关委局负责人召开渣土治理联席会

［青（广）源街 供图］

▲2019年7月16日，双青舞蹈队在2019年“北运河之夏”北辰区第十四届和谐文化大舞台表演舞蹈《张灯结彩》 [青(广)源街 供图]

▲2019年6月17日，青(广)源街道“绿橄榄志愿者服务队”到双青第一幼儿园，开展“扣好人生第一粒扣子 传承红色基因 争当闪闪红星”主题教育活动 [青(广)源街 供图]

区活动，累计提供岗位7903个，达成意向1256人次。宣传社保惠民政策，累计发放宣传资料1.8万余份，为居民提供政策解答3000余人次。按照根治欠薪专项行动方案要求，组织街域内8处在建工程项目签订“零欠薪”承诺书。年度调解农民工劳资纠纷案件12起，涉及100余人次，发放农民工工资800万余元。推动全民参保和企业保险扩面工作，确保入户调查率达到100%。开展信用等级评价工作，完成企业信息维护20家，新增书面审查2家次，注册录入新增纳税未参保企业105家，走访500余次，实现社会保险扩面全年任务半年完成，完成率居全区第一。年度共办理城乡居民医疗保险192人次；申报城乡医疗保险垫付报销35人次，报销医疗费23.8万元；办理社保卡即时制卡76人次；开具清户通知单7人次；办理城乡居民养老保险2人次；办理个人缴纳城职保险业务128人次；指导390位企业退休职工和15人异地退休人员待遇资格认证工作，发放失业保险金213人次，共计26.41万元。第一个由政府指导建设的荣翔园菜市场开业。推进充电桩建设，为3个小区安装35个慢充桩。落实消费扶贫7.92万元，慰问甘肃省正宁县宫河镇长口子村结对帮扶户，捐款5.44万元。

【基层党建】 2019年，街道党工委开展“不忘初心、牢记使命”主题教育；围绕城市基层治理，全面推行街道“大工委”和社区“大党委”制度。完善城市党建工作联席会议制度，探索建立驻区单位参与社区治理责任约束和评价考核办法。推进“一社区一策略”党建示范点建设，打造精品社区党建组团；建立城市党建联席会议制度，推进基层社区党建与驻地单位党建融合。建立楼道环境整治的长效管理机制，与市信访办等共建单位党组织开展楼道革命等党建共建活动共20余场次。签订《青源街、广源街廉政承诺书》24份，签订《无黑城区创建承诺书》76份。完成11个社区纪检监察工作联络站的建设，开展纪检监察工作站工作人员培训。制定《青(广)源街关于进一步加强纪律教育的实施方案》和《青(广)源街对社区明察暗访工作方案》。

（夏 民）

人物　荣誉

北辰年鉴
2020

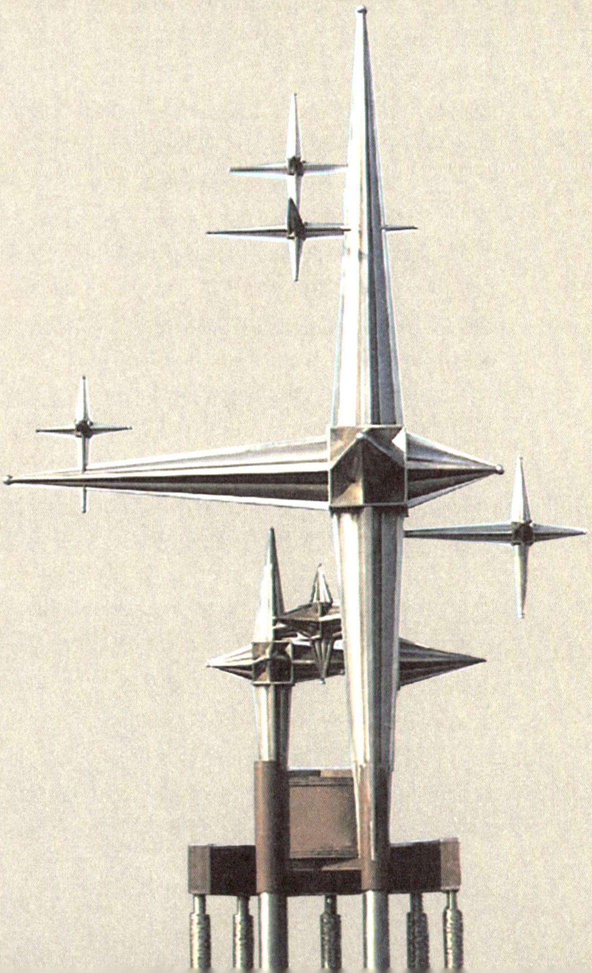

逝世人物

【因公牺牲的梁辰】 梁辰（1989—2019）男，汉族，天津武清人，中共党员，1989年1月出生，2010年8月参加公安工作，生前为北辰分局北仓派出所社区警务队四级警长，获个人嘉奖2次，4次被评为优秀公务员。2019年8月16日下午，梁辰在工作期间突发心脏病因公殉职。8月17日，公安部政治部、公安部治安管理局先后唁电，对梁辰的离世表示沉痛哀悼，向其家属表示慰问。2019年，梁辰被天津市公安局授予个人一等功称号。

梁辰在北仓派出所工作期间，侦破刑事案件14起，查处治安案件163起，刑拘13人、行政拘留42人。2019年1月28日，梁辰由于工作业务出色被抽调参加公安部督办的“1·23”鸣虫博弈网络赌博案专案组。2月13日，与专案组其他同志，辗转北京、河北多省市，奋战两天两夜，将3名嫌疑人成功抓获，涉赌资金千万元的网络赌博案件告破。他参与“2·26”专案侦破行动，与同事连续5天化装成购买汽油人员与贩油团伙成员接触，摸清该团伙活动轨迹。后分局组织警力一举摧毁这一非法储存、贩卖、运输汽油的窝点，涉案资金30余万元，他参与的“2·26”危害公共安全案件专案组立集体二等功。

2019年7月，他因业绩突出被抽调到公安北辰分局督察室“破网打伞”工作专班，参与办理民警涉嫌违纪违法案件。7月23日、24日，连续工作48小时，快速查结李某某提供虚假证言案，将3名涉案嫌疑人行政拘留，其间，带病坚持查办案件。8月12日，北辰区突降暴雨，他在紧张忙碌一天后，晚上又冒雨到天穆、果园新村、宜兴埠派出所等单位开展督察工作。8月16日上午9时许，梁辰在北辰公安分局接待举报投诉事宜后，随即投入另一起投诉案件的调查取证中。12时30分，取完笔录，匆匆吃了几个包子，又继续投入到工作中。14时40分许，他与同事电话沟通有关情况，正准备外出调查取证时，突感身体不适，同事及时拨打“120”急救，送至北辰医院，抢救无效，于16时41分殉职，年仅30岁。

荣　誉

【区妇联——2019年度全国维护妇女儿童权益先进集体】 2019年，北辰区妇联被全国妇联评为维护妇女儿童权益先进集体。

北辰区妇联从构建和谐社会的高度，通过构筑妇女维权网络新格局、实现妇女维权工作新突破、推进妇女维权宣传新发展等方面，着力推动妇女最关心、最直接、最现实的利益问题的解决。先后获全国妇联系统先进集体、全国家庭教育工作示范区、全国巾帼文明岗、实施中国妇女儿童发展纲要国家级示范区等国家级荣誉。

强化源头保障，构筑妇女维权网络新格局。积极探索维护妇女权益的长效机制，建立健全三级妇女信访维权服务网络。制定和完善了《区妇联领导干部信访接待工作制度》，建立区妇联智慧信访网，落实矛盾纠纷排查化解制度。加强社会化妇女维权网络建设，以妇女儿童维权站、妇女儿童权益纠纷调解委员会、妇女法律心理帮助中心、家庭暴力警民调处站为绿色通道，畅通维权诉求服务渠道。

发挥载体作用，实现妇女维权工作新突破。充分发挥“妇女之家”和“半边天家园”在推进社会管理创新中的重要作用，将法律知识、心理疏导、技能培训、子女教育等服务“打包”送到基层。广泛开展志愿服务活动，为妇女群众解疑释惑、疏导情绪、关怀服务。密切关注妇女劳动就业、社会保障等生存发展问题，深化生活救助、法律咨询、心理服务等，为妇女群众办好事、办实事。

加大宣传倡导，推进妇女维权宣传新发展。以各种宣传日为契机，通过发放宣传资料、悬挂宣传标语、设立咨询台等方式，大力宣传维护妇女儿童权益的法律法规。开设“女子学堂”，3年多来，举办法律法规、心理健康讲座150余场，受益妇女6000余人；开展“平安家庭”示范户宣讲40余场，受益家庭1500余户。增强了妇女法律心理平安意识，引导妇女理性合法表达利益诉求。

（区妇联）

【双街村妇联——2019年度全国巾帼建功先进集体】 2019年，双街村妇联被全国妇联评为巾帼建功先进集体。

双街村位于北辰区北部，属双街镇管辖，全村615户，人口1717人，其中农业人口1306人，全村总面积1.73平方千米。户籍妇女628人，户籍儿童94人；2018年9月，村妇联组织换届工作圆满完成。村妇联组织成员都是来自不同领域的妇女，且在各单位、各领域都担负着重要的岗位，发挥着重要作用。村妇联在农业上带动妇女学习网络销售技能，实现线上线下销售模式；组织妇女学习农业种植技术培训，提高农产品的产量，增加农民收入；为了满足0～3岁宝宝智能和体能的发育锻炼，建立早期教育指导站；为了儿童的健康发展，建立儿童活动室；利用村里的活动阵地为家长和孩子们开展不同类别的教育活动和手工制作活动，如母亲节插画活动、女子学堂心理将康讲座、轻松备考心理讲座、亲子采摘活动、书画比赛、体育竞赛、双街党建园追寻红色印迹爱国教育活动、我是小读者、双爱助学、学雷锋志愿服务等特色活动，得到儿童和家长的喜爱、取得了良好的效果，为双街村的发展注入巾帼力量。

（区妇联）

【区人民法院——全国法院“基本解决执行难”工作先进单位】 2019年12月，北辰区人民法院被最高人民法院和人力资源社会保障部评为全国法院“基本解决执行难”工作先进单位。

2016年3月以来，法院不断加大执行力度，成立执行警务室，挖老赖，促结案。大力推进执行指挥中心实体化运行，每周发布运行态势分析，发挥晴雨表作用。大力提高执行工作规范化水平，制定规范文件，规范办案流程。终结本次执行程序的案件，层层审查合格后报批，消除节点超期。大力开展涉民生案件专项执行活动，基本解决执行难阶段累计执结涉民生案件4941件，执行到位标的2.47亿元。妥善执结涉军停偿案件，共受理并妥善执结25件，荣获全国停止军队有偿服务工作先进集体。开展清理大棚房和违法建筑集中行动，先后组织了12次集中强拆行动，腾退土地2648.7亩，拆除违法建筑25.6万平方米。依法清整“河湖四乱”，强制拆除妨害行洪的违法建筑。大力探索执行工作常态化机制，优化执行程序，整合执行资源。定期召开会议，理难点，避拖延，提质量。大力加强执行宣传工作，邀请媒体跟踪采访报道，召开新闻发布会。张贴失信被执行人公告，对失信被执行人限制高消费、纳入失信名单，强化执行失信惩戒。加强立审执协调配合，充分发挥院庭长监督管理职责，如期打赢了“基本解决执行难”攻坚战。

（区人民法院）

【区法院——司法新闻宣传工作先进单位】 2019年8月，北辰区人民法院作为2019年度在司法新闻宣传工作中做出突出成绩的法院受到最高人民法院通报表彰，被评为司法新闻宣传工作先进单位。

区法院围绕审判执行、司法公开、司法改革、队伍建设等各项工作，创新宣传方式，采取集中宣传、走街入户、深入社区、企业、学校等形式，以主题教育、“基本解决执行难”、多元化纠纷解决机制、一站式诉讼服务中心建设、“文明城区创建”“扫黑除恶”等工作为依托，在已经开通官方网站、微信、微博的基础上，相继开通今日头条、企鹅号、澎湃问政、抖音号、快手号等。全年编发信息132篇，高院信息专刊采用19篇，其中《天津法院反映五方面问题制约生态环境司法保护效果》及《天津法院多项措施加强消费者权益保护》被市委办公厅《每日要情》采用。高院新闻处采用稿件195篇，其中10篇被市高院评为优秀新闻稿件。在《人民法院报》《天津日报．北辰之声》《天津政法报》《今晚报》等传统媒体发稿30余篇，向长安网、北方网、津云北辰、天津政法、天津卫等网络媒体推送反映法院审判执行工作亮点的文字稿件和图片250余篇，通过“津辰法声”微信公众号推送消息146条、官方微博发布动态128篇。全年有14篇调研文章获全国或天津市奖项，在公开刊物发表案例6篇，编辑出版《北辰法苑》院刊3期。

（区人民法院）

【区法院执行局——全面停止军队有偿服务工作先进集体】 2019年7月，北辰法院被最高人民法院评为全面停止军队有偿服务工作先进单位。

自2016年2月全面停止军队有偿服务工作开展以来，北辰法院执行局按照院党组的要求，坚决贯彻中共中央决策部署，落实习近平总书记关于军队和武警部队全面停止有偿服务活动的重要指示精神，有力保障辖区部队全面停止有偿服务工作，开展此项工作以来，北辰法院共受理涉军停偿执行案件25件，均在规定时间内妥善执结，执行过程中，先后组织12次集中强制拆除行动，出动干警千余人次，腾退土地176.58万平方米亩，拆除违章建筑25.6万平方米。

（区人民法院）

【区残联——2015-2018年全国残疾人体育先进单位】 2019年12月，北辰区残疾人联合会被中国残疾人联合会、中国体育总局评为2015—2018年全国残疾人体育先进单位。

北辰区残疾人竞技体育成绩突出，2015年，在全国第六届特殊奥林匹克运动会上，北辰区共获得7金8银2铜，王继祥等3名运动员获全国体育道德风尚奖。2017年，在全国特奥轮滑比赛中，北辰区共获得7枚金牌、12枚银牌、8枚铜牌。苏厚军、王仲达、张作源、朱晨迪被评为优秀运动员，李家军、刘涛获得体育道德风尚奖。2018年，在天津市残疾人智障人组陆地冰壶球比赛中，北辰区代表队获一等奖。2018年，在天津市残疾人体育健身项目擂台赛中，戴鑫霖成为迷你高尔夫的最终擂主，轮滑队获得体育道德风尚奖。在各类比赛中，北辰区多次获得体育道德风尚奖。

区残联干部勤下基层，与困难群众结成对子，以每年助残日、特奥日为契机，开展丰富的群众体育活动，抓实抓好康复体育进家庭项目，连续八年举办“残疾人健身周”活动，在每年健身周、特奥日前后，组织各镇街根据实际开展丰富多彩的体育活动，在全区形成残健共同参与体育活动的良好氛围。至2018年，北辰区举办四届残疾人健身运动会，共计1200余名残疾人参加。运动会项目包括迷你高尔夫、巧夹乒乓球、运球过障碍、托球跑、标靶投准、快乐吹球，受到广大残疾人的喜爱。通过举办运动会，更多残疾人走出家门，充分展示了他们自信、自立和自强的精神风貌。

（区残联）

【区残联——全国残疾预防综合试验区工作获国家级通报表扬】 2019年3月，北辰区残疾人联合会全国残疾预防试验区工作被全国残疾人康复工作办公室通报表扬。

区委、区政府高度重视残疾人事业发展，自2016年北辰区被确定为全国残疾预防综合试验区以来，大力推进《国家残疾预防行动计划（2016—2020）》的贯彻落实，投入资金60余万元，重点围绕“产前筛查诊断、儿童残疾筛查诊断、残疾评定、残疾预防宣传教育”等项目目标，统筹组织项目实施，将残疾评定与精准康复制度相结合，与精准康复服务无缝对接，初步形成由预防到康复服务的一体化工作流程。北辰区建立的政府主导、部门协作、社会参与的残疾预防工作格局，为全国残疾预防综合试验区创建试点工作的顺利开展提供保证。

【爱馨瑞景园老年公寓——全国巾帼文明岗】 爱馨公寓坐落于北辰区瑞景社区，主要服务于半失能、失能的长者，设有床位302张，2019年收住长者160余位，是一家综合性的养老服务机构，致力于打造成为高品质的养老服务品牌。该机构员工90人，女性员工占员工总数的80%，2017年9月，与区妇联、区人社局联合举办北辰区巾帼职业技能大赛，其中6名女职工在比赛中获得佳绩，是年2

名女职工在市级巾帼大赛中分获三等奖。2017年11月，召开爱馨瑞景园老年公寓妇女第一次代表大会，成立妇联组织。面对机构女性护理员团队整体文化水平较低的现象，机构坚持每月组织员工培训，加强业务技能水平，更好地为机构内长者服务；坚持建立新员工岗位培训制度，树立"尊老爱老，以人为本"的服务理念，全心全意为长者服务。在日常工作中，她们以爱心、耐心、奉献精神扎实为长者服务，用真情温暖着长者生活，不管大事小情都把长者的感受放在第一要位，从生活照料、医疗照护、营养膳食、文化娱乐等多个方面为长者进行服务，受到长者及其家属的赞扬。

（区妇联）

2019年北辰区全国性先进单位、集体一览表

表22

获奖单位	颁发时间	称号	授予部门	上报单位
区妇联	2019	全国维护妇女儿童权益先进集体	全国妇联	区妇联
爱馨瑞景园老年公寓	2019	全国巾帼文明岗	全国妇联	区妇联
双街村妇联	2019	全国巾帼建功先进集体"	全国妇联	区妇联
区科协	2019.12	2019年全国科普日活动优秀组织单位	中国科协办公厅	区科协
区法院	2019.08	2019年度全国法院司法宣传先进单位	最高人民法院政治部	区人民法院
区法院	2019 .12	全国法院"基本解决执行难"工作先进单位	最高人民法院	区人民法院
区法院执行局	2019.07	全面停止军队有偿服务工作先进集体	最高人民法院	区人民法院
区检察院	2019.04	全国"青少年维权岗"	中国共产主义青年团中央委员会、最高人民检察院	区人民检察院
区检察院第二检察部辰检心驿未检工作室	2019.11	全国维护妇女儿童权益先进集体	中华全国妇女联合会	区人民检察院
区司法局	2019.11	七五普法中期先进集体	全国普及法律常识办公室	区司法局
宝翠花都社区	2019.12	全国优秀儿童之家	中国关心下一代工作委员会	瑞景街道
佳荣里街党群服务中心劳动保障服务窗口	2019.12	全国人力资源社会保障系统2017—2019年度优质服务窗口	中华人民共和国人力资源社会保障部	佳荣里街道
统计局	2019	第四次全国经济普查先进集体	国务院第四次全国经济普查领导小组	区统计局
双街镇市场监督管理所	2019.12.22	全国市场监管系统先进集体	中华人民共和国人力资源社会保障部、国家市场监督管理总局	区市场监督管理局
区教育局德育艺体科	2019.07	全国校园足球夏令营最佳阵容	中华人民共和国教育部	区教育局
北辰医院	2019.12	改善医疗服务群众满意的医疗机构	国家卫生健康委员会	区卫健委
北辰区疾病预防控制中心	2019.12	全国农村饮用水卫生监测十年成绩突出集体	中国疾病预防控制中心农村改水技术指导中心	区卫健委
大张庄镇社区卫生服务中心	2019.12	2019年度"优质服务基层行"活动表现突出、推荐标准单位	国家卫生健康委员会	区卫健委
区残联	2019.12	2015-2018年全国残疾人体育先进单位	中国残疾人联合会、国家体育总局	区残联

续表

获奖单位	颁发时间	称号	授予部门	上报单位
青（广）源街道办事处	2019.04	全国气象科普教育基地——基层防灾减灾社区（乡镇）	中国气象局、中国气象协会	区气象局
区委网信办	2019	区委网信办《杨连弟的勋章》微视频入选“新中国70年，镇馆之宝70件”活动“网络人气十佳作品”	中央网信办网络评论工作局、国家档案局办公室、共青团中央宣传部	区委网信办
王振兰家庭	2019	全国最美家庭	中华全国妇女联合会	区妇联
格桑花志愿服务队	2019	2019年宣传推选学雷锋志愿服务四个100先进典型活动事迹展示	中国共产党中央委员会宣传部	国家税务总局天津市北辰区税务局

2019年北辰区各单位获天津市先进单位、集体一览表

表23

单位	颁发时间	称号	授予部门	上报单位
北辰区人民检察院扫黑除恶办案组	2019	2019年天津市三八红旗集体	天津市妇女联合会	北辰区妇联
北辰区爱馨瑞景园养老公寓	2019	2019年天津市三八红旗集体	天津市妇女联合会	北辰区妇联
区委政法委	2019	2018年天津市社会治安综合治理考核成绩位列全市第一	中共天津市委政法委	区委政法委
公安北辰分局	2019	110处警先进单位	天津市公安局	公安北辰分局
看守所	2019	天津市政法系统评为人民满意的政法集体	天津市委政法委	公安北辰分局
分局扫黑除恶工作组	2019	二等功	天津市公安局	公安北辰分局
特警支队“2·26”专案组	2019	二等功	天津市公安局	公安北辰分局
侦查支队“7·12”专案组	2019	二等功	天津市公安局	公安北辰分局
法制支队四大队	2019	二等功	天津市公安局	公安北辰分局
双口派出所	2019	二等功	天津市公安局	公安北辰分局
指挥室指挥调度科	2019	三等功	天津市公安局	公安北辰分局
督审支队	2019	三等功	天津市公安局	公安北辰分局
打击犯罪侦查支队七大队	2019	三等功	天津市公安局	公安北辰分局
天穆派出所治安巡控队	2019	三等功	天津市公安局	公安北辰分局
小淀派出所	2019	三等功	天津市公安局	公安北辰分局
区人民法院	2019.01	集体三等功	天津市高级人民法院	区人民法院
区人民法院	2019.01	天津法院2018年度司法标准化	天津市高级人民法院	区人民法院
区人民法院	2019.09	全市法院2018年度信息工作先进单位	天津市高级人民法院	区人民法院
区人民法院执行局	2019.01	集体三等功	天津市高级人民法院	区人民法院
区人民法院民三庭	2019.01	集体三等功	天津市高级人民法院	区人民法院
区人民法院执行局	2019.11	天津法院系统先进集体	天津市高级人民法院	区人民法院
区人民法院机关党委	2019.12	天津法院“不忘初心、牢记使命”主题教育优秀特色党日活动一等奖	天津市高级人民法院	区人民法院

续表

单位	颁发时间	称号	授予部门	上报单位
区人民检察院公诉部	2019.03	2017—2018 年度天津市青年文明号	共青团天津市委员会	区人民检察院
区人民检察院	2019.05	在 2018 年运用《法制日报》做好法治宣传工作中，成绩优异，被评为先进集体	法制日报社、天津市委政法委政治部	区人民检察院
区人民检察院	2019.01	集体三等功	天津市人民检察院	区人民检察院
天津昊哲（北辰）律师事务所党支部	2019.07	天津市律师行业先进基层党组织	中国共产党天津市律师行业委员会	区司法局
天穆镇	2009.12	2019 年度天津市中心城区提升改造后旧楼区长效管理示范镇街	美丽天津·一号工程清洁社区行动分指挥部	天穆镇
天穆镇	2019.12	天津市民族团结进步创建示范单位	天津市民族和宗教事务委员会	天穆镇
天穆镇	2019.04	天津市市级卫生镇	天津市爱国卫生运动委员会	天穆镇
北仓镇党委	2019	全国“两会”维稳安保工作先进集体	天津市委、市政府	北仓镇
北仓镇人民政府	2019	2019 年度旧楼区长效管理十佳街镇	美丽天津·一号工程清洁社区行动分指挥部	北仓镇
北仓镇社区戒毒社区康复工作站	2019	天津市优秀社区戒毒社区康复工作站	天津市禁毒委员会办公室	北仓镇
北仓镇	2019	信访工作百个示范镇街	天津市信访办公室	北仓镇
双街村妇联	2019	天津市三八红旗先进集体	天津市妇女联合会	双街镇
双街新家园舞蹈队	2019	天津市第 38 届“三八”健康杯妇女健身展示大赛一等奖	天津市妇女联合会	双街镇
双街镇财政办	2019	先进集体	天津市财政局	双街镇
小淀镇人民政府	2019.04	2019 年天津市全国“两会”维稳安保工作先进单位	天津市委、市政府	小淀镇
大张庄镇	2019.04	市级卫生镇	天津市爱国卫生运动委员会	大张庄镇
果园新村街道	2019.12	2019 天津市在中心城区提升改造后旧楼区长效管理十佳镇街	美丽天津·一号工程清洁社区行动分指挥部	果园新村街道
果园新村街道办事处	2019.12	2019 年度旧楼区长效管理十佳街镇	美丽天津·一号工程清洁社区行动分指挥部	果园新村街道
新华里社区	2019	2019 年度五星级社区	天津市委组织部	果园新村街道
泰来东里社区	2019	2017—2019 年度天津市文明社区	天津市精神文明建设委员会办公室	集贤里街道
公共管理办公室	2019.12	示范街镇	美丽天津·一号工程清洁社区行动分指挥部	普东街道
强宜里社区夕阳美舞蹈队	2019.03	新时代巾帼文明健身队	天津市妇女联合会	普东街道强宜里社区居委会
祥和园社区	2019	天津市绿色社区	天津市环境教育工作领导小组	普东街道祥和园社区
瑞益园社区	2019	天津市民族团结进步创建示范单位	天津市民族和宗教事务委员会	瑞景街道

续表 1

单位	颁发时间	称号	授予部门	上报单位
瑞益园社区	2019	天津市绿色社区	天津市环境教育工作领导小组	瑞景街道
瞰景园社区	2019	青年文明号	共青团天津市委员会	瑞景街道
瞰景园社区	2019	2009—2019 年天津市未成年人体育彩票快乐营地“优秀营地”	天津市精神文明建设委员会办公室、天津市体育局	瑞景街道
宝翠花都社区	2019	天津市精品美丽社区	天津市民政局	瑞景街道
荣馨园	2019	五星社区	天津市委组织部	青（广）源街
佳荣里街道办事处	2019.12	2019 年度旧楼区长效管理十佳街镇	美丽天津·一号工程清洁社区行动分指挥部	佳荣里街道
区城管委环境卫生管理科	2019.07	“人民满意的公务员集体”	中共天津市委组织部、中共天津市委宣传部	区城管委
综合科	2019.05	天津市财政地税系统 2018 年度先进集体	天津市财政局	区财政局
行财科	2019.05	天津市财政地税系统 2018 年度先进集体	天津市财政局	区财政局
北辰区市场监督管理局	2019.04.24	2018 年度天津市五一劳动奖状	天津市总工会	天津市北辰区市场监督管理局
教育局	2019.09	2019 年天津市中小学生“好书伴我成长”读书系列活动优秀组织奖	天津市教委、天津市关心下一代工作委员会、天津市精神文明建设委员会办公室	区教育局德育科
区气象局	2019.07	“不忘初心跟党走　牢记使命敢担当”主题辩论赛三等奖	天津市气象局	区气象局
北辰医院	2019.03	“优秀案例奖”和“会徽设计优胜奖”	天津市卫生信息学会	区卫健委
北辰医院	2019.05	2019 全国智慧医院优秀案例	人民网·人民健康	区卫健委
北辰医院	2019.05	天津市护理学会第十二届急救技术竞赛团队救援项目一等奖	天津市护理学会	区卫健委
北辰区中医医院	2019.06	天津市商业保险定点医院先进单位	天津市保险行业协会	区卫健委
	2019.09	2019 年度天津市医学高等专科学校先进集体	天津市医学高等专科学校	区卫健委
北辰区疾病预防控制中心	2019.11	2019 年度天津市健康家庭评选活动最佳协作奖	天津市健康教育中心	区卫健委
	2019.04	2019 年度《全国儿童预防接种日》视频制作大赛优胜奖	天津市疾病预防控制中心	区卫健委
天津京都贝思达生物技术有限公司	2019	庆祝新中国成立 70 周年“天津慈善奖”	天津市慈善协会	区红十字会
北辰区	2019.12	天津市 2019 年度旧楼区长效管理优秀区	美丽天津·一号工程清洁社区行动分指挥部	区民政局
区民政局社会救助科	2019.08	天津民政系统先进集体	天津市民政局、天津市人力资源和社会保障局	区民政局

续表 2

单位	颁发时间	称号	授予部门	上报单位
区人力社保局	2019.03	全国人力资源和社会保障法治知识竞赛天津选拔赛决赛优秀组织奖	天津市人力资源和社会保障局	区人力社保局
区委网信办	2019	2017—2018 年天津市网评工作先进集体	天津市委网络安全和信息化委员会办公室	区委网信办
区委网信办	2019	“网信北辰”微信公众号荣获天津网信系统新媒体指数 top10	天津市委网络安全和信息化委员会办公室	区委网信办
区委网信办	2019	“网信北辰”微信公众号在 2019 第四届全国蒲公英新媒体（团泊）峰会上荣获天津网信系统新媒体指数 top10	天津市委网络安全和信息化委员会办公室	区委网信办
王鑫家庭	2019.05	天津市最美家庭	天津市妇女联合会、天津市委宣传部、天津市总工会	天穆镇
方忠良家庭	2019.05	天津市最美家庭	天津市妇女联合会天津市委宣传部、天津市总工会	天穆镇
赵志华家庭	2019.05	天津市最美家庭	天津市妇女联合会、天津市委宣传部 天津市总工会	天穆镇
李小龙家庭	2019	天津市最美家庭	天津市妇女联合会	青（广）源街
韩喆家庭	2019	天津市最美家庭	天津市妇女联合会	青（广）源街
格桑花志愿服务队	2019	“感动天津税务”荣誉称号	天津市税务局	国家税务总局天津市北辰区税务局

2019 年北辰区获全国先进个人一览表

表 24

姓名	性别	颁发时间	称号	授予部门	上报单位
王智弘	男	2019	2018 年度“全国优秀共青团干部”	中国共产主义青年团中央委员会	集贤里街道
殷栋梁	男	2019	2019 年全国百姓学习之星	中国成人教育协会	集贤里街道
杨津娜	女	2019	全国巾帼建功标兵	中华全国妇女联合会	区妇联
林则银	女	2019	全国三八红旗手	中华全国妇女联合会	区妇联
李秀清	女	2019.12.30	2019 年国家级农村职成教育示范县展示交流平台优秀信息员	国家开放大学	区教育局成教科
杨津娜	女	2019.03	全国巾帼建功标兵	中华全国妇女联合会	区司法局
		2019.12	全国法律援助工作先进个人	中华人民共和国司法部	区司法局
宋庆柱	男	2019.06	全国人民满意的公务员	中国共产党中央委员会组织部、宣传部	区司法局
		2019.01	“坚持发展‘枫桥经验’实现矛盾不上交试点工作表现突出个人”荣誉称号	中华人民共和国司法部	北辰区司法局
宋庆柱	男	2019.01	全国模范司法所所长	中华人民共和国司法部	北辰区司法局

续表

姓名	性别	颁发时间	称号	授予部门	上报单位
刘秋红	女	2019.02	敬业奉献中国好人	中国文明网	区卫健委
燕朋波	男	2019.05	全国杰出护理工作者	中华护理学会	区卫健委
		2019.12	中华护理学会科技三等奖	中华护理学会	区卫健委
许建辉	女	2019.12	改善医疗服务群众满意的医务工作者	国家卫健委	区卫健委
雷　云	女	2019.10	中医护理技术创新能手	中华中医药学会师承继教部	区卫健委
李芙英	女	2019.11	2019 年康复服务行活动先进个人	中国康复医学会党委	区卫健委
经　正	女	2019.12	全国农村饮用水卫生监测十年成绩突出个人	中国疾病预防控制中心农村改水技术指导中心	区卫健委
张　荣	女	2019.12	2015—2018 年全国残疾人体育先进个人	中国残疾人联合会、国家体育总局	区残联
王维栋	男	2019.07	全国模范退役军人	中央退役军人事务工作领导小组办公室、中共中央组织部、人力资源社会保障部、退役军人事务部、中央军委政治工作部	区退役军人事务局
陈万刚	男	2019.12	“全国农业农村系统先进个人”称号	国家农业农村部	农业农村委
蔡　乐	男	2019.12	“全国农业农村系统先进个人”称号	国家农业农村部	农业农村委
张瑞超	男	2019	2018-2019 年全国优秀网评员荣誉称号	中共中央网络安全和信息化委员会办公室	区委网信办 市委网信办

2019 年北辰区获天津市（局）级先进个人一览表

表 25

姓名	单位（村居）	颁发时间	称号	授予部门	上报单位
胡振刚	青光镇	2019.09	2019 年天津市“百姓之星”	天津市教育委员会	青光镇
刘国睿	北仓镇	2019	天津市优秀共青团干部	中国共产主义共青团天津市委员会	北仓镇
马　艳	北仓镇	2019	民进天津市为民进组织建设做出突出贡献的会员	民进天津市委员会	北仓镇
闫蓓蓓	北仓镇	2019	天津市优秀禁毒专职工作人员	天津市禁毒委员会办公室	北仓镇
胡庆凤	双口镇妇联	2020.03	2019 年度天津市三八红旗手	天津市妇女联合会	双口镇
蔡　青	双口镇妇联	2020.03	2019 年度天津市三八红旗手	天津市妇女联合会	双口镇
刘宗安	双口镇公共服务办公室	2020.03	“筑基”工程城乡困难群众排查解困工作突出个人	天津市民政局	双口镇
张立君	双口镇公共服务办公室	2020.03	“筑基”工程城乡困难群众排查解困工作突出个人	天津市民政局	双口镇
安同顺	双口镇公共服务办公室	2020.03	“筑基”工程城乡困难群众排查解困工作突出个人	天津市民政局	双口镇
李　颖	集贤里街道	2020	市级三八红旗手	天津市妇女联合会	天津市北辰区妇女联合会

续表

姓名	单位（村居）	颁发时间	称号	授予部门	上报单位
黄海燕	集贤里街道	2020	市级三八红旗手	天津市妇女联合会	集贤里街道
宋　起	集贤里街道	2019	天津市第33届科技周优秀组织者	北辰区科学技术学会	天津市科学技术协会
张学荣	瀛台里居委会	2019	诚实守信道德模范	天津市委宣传部	北辰区委宣传部
林洁美	普东街	2019	天津市优秀气象信息员	天津市气象局	普东街道
韩　枫	强宜里社区居委会	2019.12	文明家庭	天津市北辰区精神文明建设委员会	普东街道
林则银	宝翠花都社区党组织书记	2019	天津市最美女性社会工作者	天津市精神文明建设委员会、天津市民政局	瑞景街道
		2019	我与祖国共成长演讲比赛中获第一名	天津市委宣传部	瑞景街道
杨菊香	天穆镇	2019.05	纪念建国70周年“给妈妈的一封信”主题征文活动优秀奖	天津市妇女联合会	天穆镇
徐玉芬	天穆镇	2019.05	纪念建国70周年“给妈妈的一封信”主题征文活动优秀奖	天津市妇女联合会	天穆镇
穆瑞芳	天穆村党委书记	2019.06	天津市十佳村党组织书记	天津市委组织部	天穆镇
赵国胜	教育科	2019.01.01	天津市高级中等学校招生考试工作先进工作者	天津市市招生委员会高级中等学校招生办公室	区教育局
胡庆凤	北辰区双口镇双河村村委会	2019	2019年天津市三八红旗手	天津市妇女联合会	北辰区妇联
蔡　青	天津河工科技园建设投资有限公司	2019	2019年天津市三八红旗手	天津市妇女联合会	北辰区妇联
李　颖	北辰区集贤里街办事处	2019	2019年天津市三八红旗手	天津市妇女联合会	北辰区妇联
白　艳	北辰区果园新村街办事处	2019	2019年天津市三八红旗手	天津市妇女联合会	北辰区妇联
梁辰（因公殉职）	北仓派出所	2019	个人一等功	天津市公安局	公安北辰分局
赵　祥	打击犯罪侦查支队	2019	第十九届“天津青年五四奖章”	天津团市委	公安北辰分局
李　征	打击犯罪侦查支队	2019	个人二等功	天津市公安局	公安北辰分局
崔雪松	治安管理支队	2019	个人二等功	天津市公安局	公安北辰分局
杨　超	情报支队	2019	个人二等功	天津市公安局	公安北辰分局
王　彤	打击犯罪侦查支队	2019	个人二等功	天津市公安局	公安北辰分局
崔建磊	打击犯罪侦查支队	2019	个人二等功	天津市公安局	公安北辰分局
			天津市政法系统人民满意的政法干警	天津市委政法委	公安北辰分局
夏　存	瑞景派出所	2019	个人二等功	天津市公安局	公安北辰分局
李　晨	交警支队	2019	天津市政法系统人民满意的政法干警	天津市委政法委	公安北辰分局
温建富	北仓派出所	2019	天津市政法系统人民满意的政法干警	天津市委政法委	公安北辰分局
张　祥	法制支队	2019	个人三等功	天津市公安局	公安北辰分局
刘　锋	国保支队	2019	个人三等功	天津市委政法委	公安北辰分局
温　锴	治安管理支队	2019	个人三等功	天津市委政法委	公安北辰分局

续表 1

姓名	单位（村居）	颁发时间	称号	授予部门	上报单位
闫大淳	特（巡）警支队	2019	个人三等功	天津市公安局	公安北辰分局
宋 强	打击犯罪侦查支队	2019	个人三等功	天津市公安局	公安北辰分局
姜占富	交警支队	2019	个人三等功	天津市公安局	公安北辰分局
田 磊	交警支队	2019	个人三等功	天津市公安局	公安北辰分局
崔文东	北仓派出所	2019	个人三等功	天津市公安局	公安北辰分局
杨 亮	宜兴埠派出所	2019	个人三等功	天津市公安局	公安北辰分局
林子禄	果园新村派出所	2019	个人三等功	天津市公安局	公安北辰分局
佫尔静	集贤里派出所	2019	个人三等功	天津市公安局	公安北辰分局
李 翔	瑞景派出所	2019	个人三等功	天津市公安局	公安北辰分局
孙朝军	双街派出所	2019	个人三等功	天津市公安局	公安北辰分局
胡春林	普东派出所	2019	个人三等功	天津市公安局	公安北辰分局
王 鑫	佳荣里派出所	2019	个人三等功	天津市公安局	公安北辰分局
姚 毅	小淀派出所	2019	个人三等功	天津市公安局	公安北辰分局
王晓亮	双口派出所	2019	个人三等功	天津市公安局	公安北辰分局
沈连杰	天穆派出所	2019	个人三等功	天津市公安局	公安北辰分局
黄 帅	区人民法院	2019.01	个人二等功	天津市高级人民法院	区人民法院
		2019.11	天津市优秀法官	天津市高级人民法院	区人民法院
宋爱峰	区人民法院	2019.01	个人三等功	天津市高级人民法院	区人民法院
郭 莹	区人民法院	2019.01	个人三等功	天津市高级人民法院	区人民法院
刘 昀	区人民法院	2019.01	个人三等功	天津市高级人民法院	区人民法院
周 扬	区人民法院	2019.03	全市法院 2018 年度调研工作先进个人	天津市高级人民法院	区人民法院
王 琳	区人民法院	2019.09	天津法院家事审判工作先进个人	天津市高级人民法院	区人民法院
邓 清	区人民法院	2019.09	天津法院家事审判工作先进个人	天津市高级人民法院	区人民法院
徐婷婷	区人民法院	2019.08	全市法院 2018 年度信息工作先进个人	天津市高级人民法院	区人民法院
周永军	区人民法院	2019.09	庆祝建国 70 周年“我与祖国共成长”摄影作品大赛一等奖及两个三等奖	天津市高级人民法院	区人民法院
戴红心	区人民检察院	2019.04	天津市五一劳动奖章先进个人	天津市总工会	区人民检察院
张占珍	区人民检察院	2019.07	二〇一八年度全国检察宣传先进个人劳动奖章	检察日报社	区人民检察院
张占珍	区人民检察院	2019.05	2018 年运用《法制日报》做好法治宣传工作中，成绩优异，被评为先进个人	法制日报社、天津市委政法委政治部	区人民检察院
周 君	区人民检察院	2019.11	第五批天津市基层人民检察院办案能手	天津市人民检察院	区人民检察院
徐秉怡	区人民检察院	2019.11	第五批天津市基层人民检察院办案能手	天津市人民检察院	区人民检察院
王丽芳	区人民检察院	2019.11	第五批天津市基层人民检察院办案能手	天津市人民检察院	区人民检察院
张坤叔	区人民检察院	2019.11	第五批天津市基层人民检察院办案能手	天津市人民检察院	区人民检察院
王 颖	区人民检察院	2019.11	第五批天津市基层人民检察院办案能手	天津市人民检察院	区人民检察院
杨 欣	区人民检察院	2018.12	天津市 2018 年“点赞最美女性”主题活动中被评为：“最美女检察官”	天津市妇联、天津市文明办、天津市总工会、天津市人民检察院	区人民检察院

续表 2

姓名	单位（村居）	颁发时间	称号	授予部门	上报单位
杨津娜	区司法局	2019.02	天津市司法行政系统“敢担当善作为”先进典型——个人典型	天津市司法局	区司法局
		2019.02	天津市”新时代司法为民好榜样“名单——法援为民好榜样	天津市司法局	区司法局
罗志海	区司法局	2019.02	天津市”新时代司法为民好榜样“名单——调解为民好榜样	天津市司法局	区司法局
郑　莉	区司法局	2019.12	天津市司法行政系统先进工作者	天津市司法局	区司法局
		2019.12	七五普法先进个人	天津市普及法律常识办公室	区司法局
韩志丹	区司法局	2019.12	天津市司法行政系统先进工作者	天津市司法局	区司法局
张宇阳	天津斌诺律师事务所	2019.12	天津市律师行业优秀共产党员律师	中国共产党天津市律师行业委员会	区司法局
艾　青	天津三冠律师事务所	2019.12	天津市律师行业优秀党务工作者	中国共产党天津市律师行业委员会	区司法局
宋庆柱	区司法局	2019.12	天津好人	天津市文明办	区司法局
刘秋红	北辰医院	2019.01	助人为乐天津好人	天津市文明办	区卫健委
孙　超	北辰医院	2019.05	天津市护理学会第十二届急救技术竞赛CPR项目一等奖	天津市护理学会	区卫健委
于　颖	北辰医院	2019.05	天津市护理学会第十二届急救技术竞赛包扎项目三等奖	天津市护理学会	区卫健委
王　萍	北辰医院	2019.08	2019年海河药学论坛首届药学科普抖音大赛三等奖	天津市药学会	区卫健委
		2019.10	天津市医学会2019年临床药学学术年会暨津卫临床药学论坛药学科普大赛优秀奖	天津市医学会	区卫健委
柴微波	北辰医院	2019.10	天津市医学会2019年临床药学学术年会暨津卫临床药学论坛药学科普大赛二等奖	天津市医学会	区卫健委
刘亚婷	北辰医院	2019.10	天津市医学会2019年临床药学学术年会暨津卫临床药学论坛药学科普大赛三等奖	天津市医学会	区卫健委
张宏丽	北辰医院	2019.10	天津市医学会2019年临床药学学术年会暨津卫临床药学论坛药历大赛优秀奖	天津市医学会	区卫健委
杨　洋	北辰医院	2019.11	天津市护理学会第七届临床护理教师讲课技能竞赛三等奖	天津市护理学会	区卫健委
王　璐	北辰医院	2019.11	天津市护理学会第七届临床护理教师讲课技能竞赛优秀奖	天津市护理学会	区卫健委
燕朋波	北辰医院	2019.12	天津市护理学会2019年度学会工作先进个人	天津市护理学会	区卫健委
李燕琳	北辰医院	2019.12	天津市护理学会2019年度学会工作先进个人	天津市护理学会	区卫健委

续表 3

姓名	单位（村居）	颁发时间	称号	授予部门	上报单位
王会杰	北辰区中医医院	2019.01	天津市护理学会 2018 年度学会工作先进个人	天津市护理学会	区卫健委
韩向春	北辰区中医医院	2019.02	天津市病历青年医师诊断技能比武大赛一等奖	天津市病理质控中心	区卫健委
周则妍	北辰区中医医院	2019.05	天津市护理学会第十二届急救竞赛心肺复苏三等奖	天津市护理学会	区卫健委
刘亚军	北辰区中医医院	2019.07	第八批优秀援藏干部	中共昌都市委员会、昌都市人民政府	区卫健委
雷　云	北辰区中医医院	2019.12	2019 年度天津市中医护理技术创新项目展示一等奖	天津市中医护理质控中心	区卫健委
徐　丹	北辰区中医医院	2019.12	2019 年度天津市中医护理技术创新项目展示三等奖	天津市中医护理质控中心	区卫健委
赵永胜	北辰区疾病预防控制中心	2019.10	2018—2019 年度天津市流感监测先进个人	天津市疾病预防控制中心	区卫健委
李雨纯	北辰区疾病预防控制中心	2019.10	2018—2019 年度天津市流感监测先进个人	天津市疾病预防控制中心	区卫健委
魏士和	瑞景街社区卫生服务中心	2019.10	2016-2018 年度天津市厂务公开民主管理工作优秀工作者	天津市厂务公开民主管理工作领导小组	区卫健委
贾丽丽	宜兴埠镇社区卫生服务中心	2019.12	天津市第三届康复治疗师技能大赛优秀奖	天津市康复医学质量控制中心	区卫健委
王维栋	退役军人	2019.08	天津最美退役军人	中共天津市委宣传部 天津市退役军人事务局 天津市关爱退役军人协会	区退役军人事务局
衡　飞	退役军人	2019.08	天津最美退役军人	中共天津市委宣传部 天津市退役军人事务局 天津市关爱退役军人协会	区退役军人事务局
胡晓蓉	区民政局	2019.08	天津民政系统先进个人	天津市民政局 天津市人力资源和社保障局	区民政局
张怡然	区发展和改革委员会	2019.12	入选“天津好人榜”	天津市文明办	区发展和改革委员会
何凤林	区城管委	2019.04	天津市担当作为先进典型市级五一劳动奖章	天津市总工会	区城管委
杨　朝	区城管委	2019.05	2018 年优秀网评员	中共天津市北辰区委网络安全和信息化委员会办公室	区城管委
李晨光	区大数据管理中心	2019	“践行使命、岗位建功”先进个人	天津市委网络安全和信息化委员会办公室	区委网信办
张　辉	荣翔园	2019.07	天津市助人为乐好人	天津市精神文明建设委员会办公室	青（广）源街

2019年北辰区各单位获区委先进单位（集体）情况表

表26

获奖单位	获奖时间	荣誉名称	授予单位
区纪委区监委乡镇纪检监察工作室	2019.7	“担当作为、创新竞进”先进集体	中共天津市北辰区委员会
区委宣传部精神文明建设科			
区委网信办网络宣传管理科			
华辰学校			
区法律援助中心			
区排水所			
瑞景街社区卫生服务中心			
区市场监督管理局双街镇市场监督管理所			
区审计局联网审计科			
区政务服务办便民专线服务中心			
北辰经济技术开发区总公司企业规划建设部			
天穆镇建设管理办公室（街镇机构改革前）			
青光镇公共安全管理办公室（街镇机构改革前）			
宜兴埠镇社会管理综合治理办公室（街镇机构改革前）			
小淀镇社会治安综合治理办公室（街镇机构改革前）			
大张庄镇李辛庄村			
集贤里街道泰来东里社区			
普东街道秋怡家园社区			
瑞景街道瑞益园社区			
佳荣里街道综合执法大队			
青（广）源街道盛康园社区			
区税务局第一税务所			

2019年北辰区获区委先进个人情况表

表27

获奖人姓名	所属单位及职务	获奖时间	荣誉名称	授予单位
胡志国	区市场监督管理局党委书记、局长	2019.7	“担当作为、创新竞进”先进个人	中共天津市北辰区委员会
岳先春	区财政局党组成员、副局长			
张振军	区城市管理委员会党委委员、副主任			
杨春余	市规划和自然资源局北辰分局副局长			
穆瑞芳（女）	天穆镇天穆村党委书记、村委会主任			
曹德胜	北仓镇桃花寺村党总支部书记、村委会主任			

续表

获奖人姓名	所属单位及职务	获奖时间	荣誉名称	授予单位
郑　龙	北仓镇丁赵村党总支部书记、村委会主任	2019.7	“担当作为、创新竞进”先进个人	中共天津市北辰区委员会
	区委督查室督促检查科科长			
郭　昊	双街镇汉沟村党总支部书记、村委会主任			
	双街镇团委书记			
衡　飞	双街镇西赵庄村党支部宣传委员			
林旭昇	双口镇双口三村党委书记、村委会主任			
张　谦	双口镇中河头村党总支部书记、村委会主任			
	区合作交流办办公室主任			
刘　戈	双口镇后堡村党支部书记、村委会主任			
	青源街道党建办主任			
胡震刚	青光镇韩家墅村党委书记、村委会主任			
李利明	宜兴埠镇党委委员			
霍立旺	西堤头镇综治办主任			
宋世强	公安北辰分局小淀派出所政委			
王智弘	集贤里街道团工委书记			
范会义（女）	普东街道办事处劳动保障服务中心主任			
胡晓蓉（女）	瑞景街道江南春色社区党支部书记、居委会主任			
	区民政局办公室主任			
闫学斌	瑞景街道党工委委员、城市建设与市容园林管理科科长			
张佩环（女）	引河里幼儿园党支部书记、园长			
亓　凯	天津市第四十七中学教师			
刘俊华（女）	宜兴埠镇社区卫生服务中心主任			
王瑞先（女）	北辰中医医院脑病科主任			
吴小燕（女）	区妇女儿童保健和计划生育服务中心党支部书记、主任			

续表 1

获奖人姓名	所属单位及职务	获奖时间	荣誉名称	授予单位
李俊凤（女）	区养殖业发展服务中心动物疫病防治科副科长、高级兽医师	2019.7	“担当作为、创新竞进”先进个人	中共天津市北辰区委员会
王　昂	区委办公室秘书一科副科长			
梁佰亮	区委政法委综治督导科科长			
姜　翔	区委督查室绩效考核科科长			
冯　暐	区融媒体中心广播电台采编室副主任			
韩雯雯（女）	区妇联组宣部部长			
张　萍（女）	区残联康复中心职员			
段晓宇（女）	区工业和信息化局投资运行科科员			
罗志海	区司法局经济技术开发区司法所所长			
郭　宁（女）	区人力资源和社会保障局劳动保障监察大队队长			
徐家庆	区生态环境局环境行政执法支队副支队长			
恽宝婷（女）	区住房和建设委员会房屋管理科副主任科员			
马　涛	区运输管理局安全监督科科长			
韩树军	区商务局市场运营建设科科长			
姚金彩（女）	区图书馆党支部书记			
赵晓伟	区应急管理局安全监督管理科科长			
侯　森	消防北辰支队西堤头中队指导员			
董博峰	区信访办综合科科长			
霍文涛	区合作交流办项目管理科科长			
齐　浩	区气象局气象台负责人			
郭　莹（女）	区人民法院刑事审判庭三级法官			
郭玉伟	区人民检察院第五检察部主任			
齐志刚	区公路养护中心党组成员、副主任			

统计资料

北辰年鉴
2020

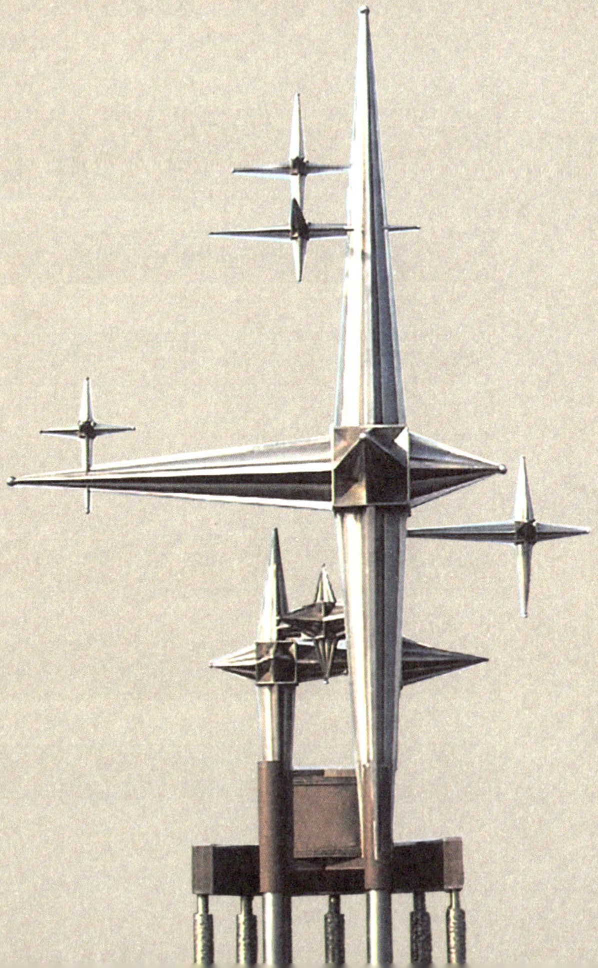

2019年北辰区国民经济和社会发展统计公报

天津市北辰区统计局

2019是新中国成立70周年，也是北辰发展进程中极不平凡的一年。一年来，全区上下以习近平新时代中国特色社会主义思想为指导，全面学习贯彻党的十九大和十九届二中、三中、四中全会精神，深入贯彻落实习近平总书记对天津工作“三个着力”重要要求和一系列重要指示批示精神，认真落实市委、市政府和区委的决策部署，坚持稳中求进工作总基调，笃定高质量发展不动摇，积极践行新发展理念，持续转方式、调结构、换动能，经济运行稳中向好，社会局面和谐稳定。

一、综合

经天津市统计局统一核算反馈，2019年全区生产总值（GDP）初步核算结果为618.5亿元，按可比价格计算，比上年增长3.0%。分三次产业看，第一产业增加值5.8亿元，增长1.3%；第二产业增加值281.6亿元，增长1.6%；第三产业增加值331.1亿元，增长4.4%。三次产业结构为0.9:45.5:53.6。

财政收入稳步增长。在大规模减税降费的背景下，全年一般公共预算收入59.2亿元，比上年增长3.5%。其中，税收收入46.0亿元，比上年下降1.3%，占一般公共预算收入的比重为77.8%，比全市水平高10个百分点。从主体税种看，增值税13.7亿元，下降7.9%；契税9.4亿元，增长7.0%；企业所得税6.3亿元，下降6.0%；房产税4.4亿元，增长7.1%；城市维护建设税类4.1亿元，下降4.6%。

财政支出保障民生。全年一般公共预算支出80.0亿元，较上年基本持平。全力实施民心工程，财政支出85%以上投向民生领域，比上年增长2.4%。其中教育支出15.5亿元，城乡社区支出13.9亿元，一般公共服务支出9.4亿元，社会保险和就业支出8.9亿元，医疗卫生与计划生育支出7.9亿元，公共安全支出5.8亿元，科学技术支出3.5亿元，节能环保3.5亿元。

在财政资金大力保障下，民生短板加快补齐。完成35个片区、79万平方米远年住房和老旧小区提升整治，完善提升朝阳楼、果园楼2个片区、12.65万平方米居住功能。推进“养老院+”嵌入式居家和社区养老，新建提升5个社区老年日间照料中心。社会救助能力不断提高，建立临时救助备用金制度，开展“社会救助百日攻坚”，累计为困难群众发放救助资金5439万元。

固定资产投资保持快速增长。全年全社会固定资产投资311.7亿元，比上年增长20.8%。分产业看，第一产业投资增长1.3倍；第二产业投资增长20.6%，第三产业投资增长20.6%。分领域看：实体经济投资增势稳健，同比增长10.3%，其中计划总投资超10亿元项目8个，完成投资占实体经济的47.9%。基础设施投资持续推进，本年新开工项目11个，计划总投资44.3亿元，其中，光大兴辰垃圾焚烧发电与餐厨协同处理项目作为新能源产业的战略性新兴产业项目，计划总投资19.5亿元。

全年房地产开发投资235.26亿元，比上年增长25.5%。其中，住宅投资188.43亿元，增长15.60%；办公楼投资0.94亿元，下降40.0%；商业营业用房投资6.25亿元，下降16.3%。

房地产商品房销售面积122.8万平方米，增长18.8%；商品房待售面积24.7万平方米，同比增长1.5%。

2019年房地产开发和销售主要指标及其增长速度情况表

表1

指标	单位	绝对数	比上年增长（%）
投资额	亿元	122.8	18.8
其中：住宅	亿元	188.4	15.6
房屋施工面积	万平方米	1165.7	11.7
其中：住宅	万平方米	859.5	12.2
房屋新开工面积	万平方米	311.4	64.3
其中：住宅	万平方米	243.5	95.1
房屋竣工面积	万平方米	277.8	19.5
其中：住宅	万平方米	203.2	15.9
商品房销售面积	万平方米	122.8	18.8
其中：住宅	万平方米	119.3	19.4

新动能持续发展壮大。2019年，光大兴辰垃圾焚烧发电与餐厨协同处理项目、精雕数控机床生产研发基地项目、苏宁智慧物流电商产业园（A地块）项目等一批符合新能源产业、高端装备制造业、现代仓储物流业发展方向的高端项目先后开工建设。新技术、新产品投资将有效引导企业提升改造传统产业，引领区产业结构进一步向现代化、智能化方向迈进。

高技术产业集聚初显成效。全区大力培育工业特色产业，狠抓产业集聚、科技含量和项目建设等关键环节，逐渐形成了先进装备制造、生物医药、新能源新材料等为主体的工业体系，高技术产业的迅猛发展，已成为引领工业经济创新发展的新引擎。2019年，全区高技术产业产值占规模工业的比重已达10.2%。

供给侧结构性改革持续深化。“去库存”步伐加快，规模以上工业产销率为101.5%，比2018年提高0.1个百分点。“去杠杆”步伐稳健，规模以上工业资产负债率为52.9%，比2018年下降2.8个百分点。“降成本”工作扎实推进，规模以上工业企业百元营业收入成本86.7元。

二、农业、农村

乡村振兴战略扎实推进。加快发展现代都市农业，以规模高效、休闲观光、安全生态和种源科技为重点，着力提升农业发展质量效益。建成鱼菜共生、蚯蚓养殖等5个农业高端项目，双街都市绿谷和小五堡林海果缘成功入选全市第二批田园综合体，大力扶持耕耘种业、冬冠蔬菜、益多利来水产等15家龙头企业发展，双街镇获评“2019年国家农业产业强镇”。扎实推进农田水利工程建设，完成霍庄子、姚庄子2处节水工程，新增节水面积2300亩。实施高标准农田改造2万亩，建成示范项目5250亩。绿化造林2.55万亩。全年粮食产量41945吨，蔬菜及食用菌产量65200吨；肉类产量6060吨；水产品产量3627吨；禽蛋产量8304吨；牛奶产量22626吨。

农村生活水平显著提升。全力推进农村全域清洁化和人居环境整治，启动7个示范村建设，前堡、后堡、郝堡3个村初具规模。“户集、村收、镇运、区处理”垃圾清运体系逐渐完善，配备垃圾收运设备1.6万套，村庄保洁人员达1321人。为23个困难村购置长远生计用房，增强村集体“造血”功能，实现村集体收入不低于20万元目标，15个市级困难村中11个达到“六化六有”建设标准。完成四类特困人群危陋平房改造102户。全年农村人均可支配收入28723元，同比增长7.4%。

三、工业和建筑业

全年工业增加值243.6亿元，比上年增长1.5%。规模以上工业企业493家，实现产值1028.2亿元，其中装备制造业、生物医药产业、新能源新材料业、电子信息产业等四大优势产业产值占比达7成以上；实现营业收入1218.9亿元，利润总额54.0亿元。全年规模以上工业企业每百元资产实现主营业务收入97.5元，主营业务收入利润率为4.7%。

战新产业引领工业转型升级。战略性新兴产业是引导未来社会经济发展的重要力量，2019年战略性新兴产业工业总产值同比增长9.8%，占规模工业的26.8%，占比高于上年1.4个百分点。从战新产业分类来看，高端装备制造业实现产值总量最高，占全部战新企业工业总产值的38.6%。

优势产业发挥支撑作用。全年优势行业（装备制造业、生物医药产业、新能源新材料业、电子信息产业）产值占规模以上工业的76.8%，其中：装备制造业、生物医药产业、新能源新材料业、电子信息产业产值占规模以上工业比重分别达到48.7%、6.6%、19.2%和2.2%。

企业盈利能力稳步提高。在28个工业行业大类中，23个行业保持盈利。其中，医药制造业、通用设备制造业、化学原料和化学制品制造业、电气机械和器材制造业等11个行业利润总额超亿元。规模以上工业企业资产负债率为52.9%，比2018年下降2.8个百分点，流动资产周转率为1.6次，比2018年加快0.1个点，企业资产利用效率进一步提高。

2019年规模以上工业企业效益情况

表2

分行业大类	每百元资产实现的主营业务收入（元）	主营业务收入利润率（%）	利润总额（万元）
农副食品加工业	86.6	0.4	239
食品制造业	138.5	1.9	2499
酒、饮料和精制茶制造业	30.3	-0.6	-263
纺织业	83.6	-0.6	-32
纺织服装、服饰业	110.2	5.3	433
木材加工和木、竹、藤、棕、草制品业	86.0	-1.1	-246
家具制造业	60.9	6.1	2275
造纸和纸制品业	92.3	4.3	5369

续表

分行业大类	每百元资产实现的主营业务收入（元）	主营业务收入利润率（%）	利润总额（万元）
印刷和记录媒介复制业	76.9	-0.3	-209
文教、工美、体育和娱乐用品制造业	128.0	11.5	850
石油、煤炭及其他燃料加工业	189.9	5.0	280
化学原料和化学制品制造业	43.6	26.0	72022
医药制造业	33.9	18.3	109311
橡胶和塑料制品业	122.5	6.1	42995
非金属矿物制品业	85.4	6.7	37716
黑色金属冶炼和压延加工业	146.0	0.5	4492
有色金属冶炼和压延加工业	494.5	0.2	3519
金属制品业	73.2	1.8	13945
通用设备制造业	99.1	7.3	94648
专用设备制造业	35.6	11.2	45706
汽车制造业	111.4	4.1	28504
铁路、船舶、航空航天和其他运输设备制造业	174.0	2.2	14438
电气机械和器材制造业	98.7	3.4	49326
计算机、通信和其他电子设备制造业	245.3	0.6	1057
仪器仪表制造业	95.4	13.3	19441
其他制造业	131.2	0.2	12
电力、热力生产和供应业	19.6	-18.1	-8572
水的生产和供应业	9.3	2.4	51

建筑业实现较快增长。全年建筑业增加值38.0亿元，比上年增长2.3%。全区现有总承包和专业承包资质的建筑业企业107家，比上年增加13家；完成总产值35.8亿元，比上年增长31.0%；竣工产值22.4亿元，比上年增长35.2%；其中，在外省市完成产值9.1亿元，比上年增长75.1%。

四、批发零售和住宿餐饮

全年批发和零售业增加值57.1亿元，比上年下降4.4%，限额以上批发和零售业单位636家，完成销售额1428.9亿元；住宿和餐饮业增加值7.7亿元，比上年增长4.4%，限额以上住宿和餐饮单位30家，完成营业额2.1亿元。

消费品市场稳步发展。全年社会消费品零售额205.3亿元。全区亿元以上批发市场实现交易额155.2亿元。随着消费升级的逐步推进，与民生相关的吃穿类商品继续平稳增长，以粮油、食品类，饮料类，服装、鞋帽、针纺织品类为例，全年实现零售额8.3亿元，同比增长19.3%；与改善生活品质相关的消费升级类商品增长明显，以金银珠宝类，文化办公用品类，通讯器材类为例，全年实现零售额5479.5万元，同比增长228.1%。

大众餐饮消费保持活跃。全年住宿和餐饮业营业额54.3亿元，增长10.0%。其中，限额以下住宿和餐饮业营业额52.2亿元，增长11.0%，占全区营业额的96.1%；限额以上住宿和餐饮业营业额2.1亿元。

五、交通和旅游

积极融入京津冀大交通体系，京滨高铁全面开工建设，加快实施基础设施建设，地铁4号线前期工作有序推进，京津塘高速与九园公路、津蓟高速与外环东北部调整线互通立交工程进场施工，外环东北部调整线全线贯通，九园公路西延东扩、杨北公路改建具备通车条件，对外交通更加通畅。北辰东道及综合管廊全面进场施工，姚江路、科峰路等8条道路具备施工条件，完成朝阳路、龙泉道等6条道路可施路段建设，淮东路、高峰路部分路段以及辰景路、天允道基本建成通车。更新清洁能源车辆140部，共涉及13条线路，新开通1条公交线路，优化8条线路，有效解决了群众出行的迫切需求。全年新增营运车辆1651部，新增运量32996吨，全区现有运力10352部，运量13.3万吨。全年累计货运量2354.8万吨，货物周转量411664.7万吨公里。客运量168.1万人次，旅客周转量5041.9万人公里。加快推动高速公路ETC的应用发展。全区已安装ETC车辆总数累计54377部。

截止到2019年底，全区共有旅游类企业19家，其中：A级旅游景区2家，星级饭店3家，旅行社14家。全年接待游客205.88万人次，增长8.3%；全区旅游收入达1.4亿元，增长6.0%。

六、金融、保险

截止2019年末，全区31家银行存款余额为1030.3亿元，比年初增加102.0亿元，其中：居民储蓄存款余额为573.1亿元，比年初增加97.2亿元；贷款余额为1047.2亿元，比年初增加146.3亿元，存贷比101.6%。外币存款余额42972万美元。

全年财产保险金额710.6亿元，保险费3.7亿元，理赔17742件，共计1.6亿元。

七、开发开放

京津冀协同发展持续深化。主动融入京津冀协同发展大格局，努力建设承接北京非首都功能疏解"微中心"，组建北京招商工作部，深化与首都央企国企、民营强企和中关村、亦庄等优质资源合作，引进迪信通5G智能制造、大族激光等首都项目95个，协议投资额485亿元。全力推进国家级产城融合示范区建设，重点打造5.9平方公里核心区，绿地全球贸易港、北科建产业园等一批优质项目加速集聚，总投资597亿元。

招商引人成效显著。围绕区主导产业和战略性新兴产业，采取规划招商、产业招商、基金招商、以商招商等多种方式，全力打好招商引资组合拳，引进碧桂园北方总部、瑞康医药等优质项目969个，协议投资额846亿元。"三个一批"重大项目达到221个，总投资2191.5亿元。加快推进落地项目建设，爱旭科技、朝亚大数据等一批大项目好项目竣工投产。坚持引资引智引才一体推进，全面落实"海河英才"计划，引进各类人才3467人，成功举办"海河英才"学子津门行北辰专场招聘会，进入"千企万人"支持计划企业达到133家。

全年新批外商投资企业12家，合同外资额1.30亿美元，实际直接利用外资1.86亿美元。其中，服务业实际直接利用外资5173万美元，占比27.8%。

外贸结构进一步合理。全年外贸进出口总额223.6亿元，下降3.1%。其中，进口48.76亿元，下降22.8%；出口174.5亿元，增长4.4%。从出口方式看，一般贸易出口97.7亿元，占全区出口的56%，比上年增加3.1个百分点；加工贸易出口61.9亿元，占全区出口的35.5%。"一带一路"贸易进出口总额65.8亿元，增长16.8%。其中，进口6.1亿元，增长9.3%；出口59.7亿元，增长17.6%。

八、生态环境保护

生态环境面貌明显改善。落实中央和全市环保督察反馈问题整改，坚决打赢蓝天、碧水、净土保卫战。建立"散乱污"企业监督管理长效机制，防止"散乱污"企业反弹回潮。持续推进大气污染防治，完成51台燃气锅炉低氮改造，对459家VOCs企业实施动态管理。严格建筑工地"六个百分百"管控措施，完成166块裸露地块治理。完成2.4万户清洁取暖工作。全面落实河（湖）长制管理，开展河湖"清四乱"专项行动，治理"四乱"点位477个，实施宜兴埠镇、西堤头镇工业区污水管网补建和191家企业废水直排改造，治理黑臭水体50条，完成大双污水处理厂扩建和大双再生水厂建设，加快推进双青污水处理厂扩建和新区污水处理厂建设。启动27个规划保留村饮水提质增效工程，完成8个村管网建设。新建3座市级地表水水质自动监测站，完成5家企业自动在线监控设备联网和75个加油站地下双层储油罐改造。稳步推进土壤污染治理修复，天津农药厂污染地块土壤修复进场施工，年内修复土壤10.9万方。

九、文化教育卫生

文化体育事业协调推进。扎实开展群众性文体活动，成功举办庆祝新中国成立70周年系列活动、北辰区第十四届"北运河之夏"和谐文化大舞台、第六届"天穆杯"小品展演和第八届运动会，圆满完成第十届全国残运会火炬传递任务。全面加强文化遗产传承保护，完成大运河保护区文物影响评估、考古送审和区级第四批非遗传承人、第五批非遗代表性项目评审工作。截至年末，全区共有文化类经营场所70家，其中：娱乐场所10家，互联网上网服务场所48家，演出场所1家，艺术品经营单位2家，文化表演团体9家。区级公共图书馆和文化馆各1个，全年新购图书27741册，藏书达到343千册，藏书价值5431千元，发放借书证12000个，全年举办各种读者服务、文艺展览讲座等活动251次。新建室外全民健身公园、广场72个，全年举办全民健身活动166次，合计12万余人次参加。

教育教学水平稳步提升。高考本科上线率74.5%，蝉联全市中小学运动会团体总分"十三连冠"，南仓中学被评为天津市第二批"特色鲜明学校"。截至年末，全区共有中等职业教育学校3所，全年招生1433人，毕业生1915人，在校生4186人。共有幼儿园84所，小学41所，普通中学20所，特殊教育学校1所。其中：学前教育阶段全年新招5527人，毕业生5344人，在校生16447人；义务教育阶段全年招生9671人，毕业生7708人，在校生43238人；高中阶段全年招生1844人，毕业生1950人，在校生5704人；特殊教育学校新招30人，现有在校生252人。

医疗卫生体系不断完善。持续深化医药卫生体制综合改革，全面加强区域医联体建设，形成镇村卫生服务一体化管理模式，被国家卫健委确定为城市医联体建设试点区。基层卫生服务能力不断提升，6家社区卫生服务中心达到国家标准，家庭医生签约21.6万人。截至年末，全区共有各类卫生机构65个；其中，医院20个，社区卫生服务中心14个，门诊部27个。村卫生医疗点51个。卫生机构床位2207张；其中，医院1992张，社区卫生服务中心215张。

十、人口和人民生活

人口规模保持稳定。截止年末，全区常住人口86.8万人，比上年末增加0.3万人。其中：城镇人口79.7万人，城镇化率为91.8%。

全区户籍人口438068人，比上年同期增加8678人，其中：城镇人口161450人，乡村人口276618人。全区共有43个民族，其中，汉族、回族、满族人数居前三位。

全区人口出生率为5.83‰，比上年减少0.84个千分点；人口自然增长率为1.38‰，比上年提高1.18个千分点。

居民收入消费稳步提高。全年总体

居民人均可支配收入39698元，同比增长7.4%，其中：城镇居民人均可支配收入40944元，同比增长7.3%。全年总体居民人均消费性支出31022元，同比增长7.0%，其中：城镇居民人均消费性支出32358元，同比增长7.2%。

社会保障能力不断提升。实施全民参保计划，医疗、生育、失业、养老、工伤保险基本实现全覆盖。截至年末，养老保险缴费人数16.2万人，比上年末增加9513人；医疗保险缴费人数17.5万人，增加10824人；工伤保险缴费人数15.2万人，增加7165人；生育保险缴费人数15.5万人，增加7124人；失业保险缴费人数15.1万人，增加7481人。

（注：本文地区生产总值是全市在地口径初步核算数。地区生产总值和各产业增加值按当年价格计算，其增长速度按可比价格计算。）

经济类别

国民经济主要指标

指标	单位	2019年	2019年比2018年（±%）
北辰区生产总值（在地口径）	万元	9448820	-0.4
财政收入	〃	1485037	-3.1
其中：区级财政收入	〃	778715	-7.4
其中：区级一般预算收入	〃	572225	-28.7
区级一般预算支出	〃	802101	-24.9
区级基金预算支出	〃	505205	85.7
常住居民人均可支配收入	元	36980	6.1
全区外贸出口额	万元	1674945	2.3
实际利用外资额（新口径）	万美元	18157	
实际利用内资	亿元	205.3	
全社会固定资产投资完成额	万元		23.5
规模以上工业总产值	〃		0.0
批发、零售业商品销售额	〃	28284690.3	-10.3
社会消费品零售额	〃	2145298	-6.7
人口出生率	‰	6.67	-1.45
人口自然增长率	〃	0.20	-1.77

说明：1. 地区生产总值为快报数据，增长速度按可比价格计算。
2. 批发、零售业商品销售额，社会消费品零售额为快报数据。
3. 财政收入、支出相关数据，由财政局提供。
4. 常住居民人均可支配收入，由调查队提供。
5. 实际利用外资额，由商务局提供。
6. 实际利用内资，由合交办提供。
7. 人口出生率、自然增长率由卫健委提供

农作物播种面积和产量

项目	播种面积（亩）	构成（%）	构成（%）	比上年同期增、减（%）	播种亩产（千克）	总产量（吨）	比上年同期增、减	
							数量（吨）	（%）
农作物总播种面积	129339	100.0		-9.5				
一、粮食作物	106241	82.1	100.0	-10.7	395	41945	-3933	-8.6
（一）谷物	90993	70.4	85.6	-16.3	428	38986	-4797	-11.0
1. 稻谷	9205	7.1	10.1	-11.8	668	6147	-410	-6.3
其中：中稻和一季晚稻	9205	7.1	10.1	-11.8	668	6147	-410	-6.3
2. 小麦	23608	18.3	25.9	-7.9	432	10194	-204	-2.0
其中：冬小麦	19706	15.2	21.7	-3.1	434	8543	455	5.6
春小麦	3902	3.0	4.3	-26.4	423	1651	-659	-28.5
3. 玉米	55935	43.2	61.5	-22.8	389	21783	-4947	-18.5
4. 其它谷物	2245	1.7	2.5	701.8	384	862	764	779.8
1. 谷　子	806	0.6	0.9		500	403	403	
2. 高　粱	1439	1.1	1.6	413.9	319	459	361	368.6
（二）豆类	11855	9.2	11.2	62.1	113	1341	592	79.1
1. 大　豆	11612	9.0	10.9	58.8	113	1309	560	74.8
2. 绿　豆	98	0.1	0.1		118	12	12	
3. 红小豆	146	0.1	0.1		139	20	20	
（三）薯类（折粮）	3393	2.6	3.2	18.5	477	1618	272	20.2
1. 马铃薯	47	0.0	0.0		250	12	12	
2. 甘　薯	3346	2.6	3.1	16.9	480	1606	260	19.3
二、油　料	325	0.3	100.0	-44.5	438	132	-80	-37.7
其中：花生	300	0.2	92.3	-41.4	5160	129	-74	-36.5
芝麻	25	0.0	7.7	-60.9	1	3	-5	-64.3
三、棉　花	2231	1.7	100.0	74.5	476	143	80	126.0
四、中草药材	301	0.2	100.0	-24.8				

续表

项目	播种面积(亩)	构成（%）	构成（%）	比上年同期增、减（%）	播种亩产（千克）	总产量(吨)	比上年同期增、减	
							数量（吨）	（%）
五、蔬　　菜	15375	11.9	100.0	-14.8	3459	53183	-7153	-11.9
六、食用菌						12017	-3462	-22.4
其中：蘑菇						12017	-3462	-22.4
七、瓜果类	3317	2.6	100.0	62.9	2358	7821	3999	104.6
其中：西　瓜	2698	2.1	81.4	81.0	2536	6843	3992	140.0
香　瓜（甜瓜）	510	0.4	15.4	35.7	1870	954	152	19.0
草　莓	105	0.1	3.2	-35.4	124	13	-69	-84.1
八、其他农作物	1500	1.2	100.0	0.0				
其中：青饲料	1500	1.2	100.0	0.0				
九、花卉	49	0.0	100.0	-55.9				
绿化苗木种植面积	224	0.2						

注：食用菌只统计产量，其他农作物、花卉只统计播种面积

主要农业机械化水平

单位：百亩

乡镇名称	机耕面积	机播面积	其中：小麦机播	机收面积	其中：小麦机收
合　计	1049	1049	202	1049	202
天穆镇					
北仓镇	1	1		1	
双街镇	91	91		91	
双口镇	252	252	16	252	16
青光镇	56	56	11	56	11
宜兴埠镇					
小淀镇	55	55	17	55	17
大张庄镇	241	241	52	241	52
西堤头镇	353	353	106	353	106

说明：此表数据由农机局提供

规模以上工业经济效益情况

	资产负债率（%）	总资产贡献率（%）	流动资产周转率（次）	每百元资产实现的主营业务收入（元）	主营业务收入利润率（%）
总　计	52.9	7.3	1.6	97.5	4.7
一、分区域					
（一）各镇合计	64.4	5.9	1.9	136.5	2.2
天穆镇	75.5	-2.5	0.7	42.4	-9.2
北仓镇	42.0	9.1	1.4	105.1	3.0
双街镇	79.1	0.6	0.7	51.5	-2.5
双口镇	50.1	8.2	1.7	131.2	3.4
青光镇	71.1	3.3	1.4	98.2	0.4
宜兴埠镇	47.2	7.5	2.1	140.3	3.0
小淀镇	57.0	7.6	1.0	75.5	6.7
大张庄镇	52.7	12.6	5.1	371.6	3.1
西堤头镇	75.4	12.9	3.2	221.6	2.2
（二）开发区	45.9	8.2	1.4	73.4	7.5
二、分登记注册类型	-	-	-	-	-
内资企业	54.4	6.5	1.5	92.1	4.1
集体企业	63.4	2.0	1.5	77.7	-2.4
股份合作企业	63.7	2.7	1.4	123.1	0.5
有限责任公司	65.6	4.9	1.5	107.0	1.9
股份有限公司	30.2	8.9	0.7	35.7	16.3
私营企业	63.5	6.6	2.1	130.1	3.4
其他企业	91.2	17.0	-	512.5	2.3
港、澳、台商投资企业	43.5	10.4	1.5	93.7	7.2
与港澳台商合资经营企业	50.3	10.2	2.1	96.0	5.7
港澳台商独资经营企业	36.8	10.6	1.2	91.4	8.8
外商投资企业	49.5	9.6	2.2	116.4	5.8
中外合资经营企业	52.5	7.1	3.0	118.2	3.6
外资企业	47.4	11.2	1.8	116.4	7.4
其他外商投资企业	50.3	12.4	2.2	86.3	8.3

规模以上工业分行业大类主要经济指标表（一）

单位：万元

按工业行业大类分组	期末用工人数（人）	总产值（现价）	流动资产合计	本年折旧	固定资产净额	资产总额	负债合计	所有者权益合计
农副食品加工业	280	60520	48309	980	10082	73785	54931	18853
食品制造业	1651	128872	42936	4255	41592	95834	95253	581
酒、饮料和精制茶制造业	278	44921	124324	3295	14848	153412	78227	75184
纺织业	207	4254	4427	3323	1370	5998	1460	4538
纺织服装、服饰业	66	7613	7274	224	198	7472	2193	5278
木材加工和木、竹、藤、棕、草制品业	284	23981	15799	466	5001	26715	16000	10715
家具制造业	763	35287	38268	1595	13551	60838	50742	10096
造纸和纸制品业	1190	110756	79151	3118	42248	136459	49475	86984
印刷和记录媒介复制业	1112	63351	35979	4529	36270	82094	50597	31497
文教、工美、体育和娱乐用品制造业	296	7363	4106	38	1381	5753	128	5624
石油、煤炭及其他燃料加工业	17	5539	2810		134	2944	2409	535
化学原料和化学制品制造业	2184	285396	441431	3711	36945	636343	203938	432405
医药制造业	9443	657785	773093	24456	296846	1766609	606711	1159898
橡胶和塑料制品业	5723	629237	252515	36933	272951	574153	228203	345951
非金属矿物制品业	3451	572767	414064	17204	175287	656825	403446	253379
黑色金属冶炼和压延加工业	2038	808354	418385	18531	138673	635310	622256	13055
有色金属冶炼和压延加工业	838	1390329	350120	3203	34531	467897	302286	165611
金属制品业	5508	629839	845862	9842	107469	1039807	640963	398843
通用设备制造业	8806	1249272	877248	40441	330560	1311679	723942	587737
专用设备制造业	3971	418532	639194	9357	99324	1145181	389072	756109
汽车制造业	6080	659133	339779	31959	233952	625714	276030	349684
铁路、船舶、航空航天和其他运输设备制造业	4128	653872	293913	5994	58389	381103	233289	147814
电气机械和器材制造业	11006	1453942	898213	47270	446118	1474005	915626	558379
计算机、通信和其他电子设备制造业	1298	177438	62941	1307	6347	73871	27414	46457
仪器仪表制造业	836	149887	138358	766	4727	152779	60872	91907
其他制造业	110	5971	4191	74	200	4478	3159	1319
电力、热力生产和供应业	291	45349	76456	6081	145594	242099	235712	6387
水的生产和供应业	30	2132	2759	1130	18520	22817	5845	16972

规模以上工业分行业大类主要经济指标表（二）

单位：万元

按工业行业大类分组	实收资本	营业收入	营业成本	税金及附加	管理费用	研发费用	销售费用	财务费用	利息收入
农副食品加工业	26203	63875	59041	184	2224	133	2171	216	29
食品制造业	51971	136392	114443	740	6857		12048	1296	38
酒、饮料和精制茶制造业	49570	52696	42882	4441	11294	1520	1346	2061	129
纺织业	4488	5083	4787	48	324		337	-27	
纺织服装、服饰业	127	8233	7246	5	514		28	-1	2
木材加工和木、竹、藤、棕、草制品业	10164	23755	21375	95	1143		1041	369	
家具制造业	4650	37237	28684	298	2779		1849	1371	7
造纸和纸制品业	56608	127315	107291	637	6351	2104	5720	440	541
印刷和记录媒介复制业	40821	63896	52704	492	3553	3038	3393	1258	32
文教、工美、体育和娱乐用品制造业	402	7363	6412	46	463			2	4
石油、煤炭及其他燃料加工业	500	5590	4911	14	104		213	68	
化学原料和化学制品制造业	91632	281441	207812	1474	21895	5040	18746	-358	160
医药制造业	296614	660770	262883	9531	43811	41272	201988	21898	1356
橡胶和塑料制品业	173565	713119	611311	3720	30750	8603	10888	3262	74
非金属矿物制品业	263155	587830	484589	3753	22804	9861	28969	4701	70
黑色金属冶炼和压延加工业	155839	941556	910707	2519	20296	1076	3806	23245	563
有色金属冶炼和压延加工业	122485	2315973	2303491	717	6931	415	1711	4926	1623
金属制品业	270576	767812	682049	3048	33359	13940	18646	5054	511
通用设备制造业	397830	1309397	1057162	8155	78423	35978	35562	5525	1746
专用设备制造业	141969	411939	288562	2911	33697	19304	25953	5447	719
汽车制造业	164241	728885	643674	2429	47803	4256	6483	1258	119
铁路、船舶、航空航天和其他运输设备制造业	73400	669120	611874	1974	21535	13837	7141	954	-115
电气机械和器材制造业	442774	1869957	1693343	5772	63227	17053	41554	8824	259
计算机、通信和其他电子设备制造业	15097	183281	169689	458	7246	1817	1885	607	71
仪器仪表制造业	21865	146373	112066	503	8456	2566	4096	-215	-304
其他制造业	1100	5876	4658	42	469		581	120	
电力、热力生产和供应业	28145	60474	73406	377	848			2756	97
水的生产和供应业	18525	3596	2888	316	189		39	166	4

规模以上工业分行业大类主要经济指标表（三）

单位：万元

按工业行业大类分组	利息费用	投资收益	营业利润	营业外收入	营业外支出	利润总额	所得税费用	应付职工薪酬	应交增值税
农副食品加工业	239		-162	524	122	239	56	2677	613
食品制造业	1246		1412	1232	146	2499	1038	16034	2754
酒、饮料和精制茶制造业	1722		-366	137	34	-263	243	4669	2708
纺织业			-386	354		-32		824	59
纺织服装、服饰业		11	453		20	433	5	398	38
木材加工和木、竹、藤、棕、草制品业			-268	23	1	-246	50	1931	539
家具制造业	1354		2256	54	36	2275	646	4002	973
造纸和纸制品业	673	156	4949	516	96	5369	1077	10955	3377
印刷和记录媒介复制业	1123		-1100	942	51	-209	686	10682	2141
文教、工美、体育和娱乐用品制造业			439	421	10	850	16	1382	376
石油、煤炭及其他燃料加工业			280			280	23	114	120
化学原料和化学制品制造业	2032	161	27375	44976	329	72022	4999	24944	6717
医药制造业	20986	35510	121522	5593	17804	109311	13637	128220	53661
橡胶和塑料制品业	2446	-647	43497	1796	2298	42995	7755	67804	19272
非金属矿物制品业	4769		34596	3874	754	37716	3807	42275	16427
黑色金属冶炼和压延加工业	22741	14	-20241	25567	835	4492	1052	19706	9589
有色金属冶炼和压延加工业	6141	2823	3277	690	447	3519	1897	8422	-6706
金属制品业	5363	94	12585	2187	827	13945	2888	48474	10287
通用设备制造业	6582	-78	92374	4425	2150	94648	16604	120329	28629
专用设备制造业	6498	19370	44163	4401	2859	45706	3271	54347	11695
汽车制造业	1314	393	23394	5754	644	28504	7241	72674	8253
铁路、船舶、航空航天和其他运输设备制造业	495	465	12341	2191	94	14438	2498	37911	10048
电气机械和器材制造业	6222	372	43505	7527	1707	49326	12379	103482	3294
计算机、通信和其他电子设备制造业	422		1926	330	1199	1057	322	13185	2324
仪器仪表制造业	34	22	19111	506	177	19441	2298	10750	1439
其他制造业	119		6	9	2	12	8	874	305
电力、热力生产和供应业	2613		-16512	8450	510	-8572	-78	4202	1154
水的生产和供应业	145		50	2		51		258	110

批发、零售业销售额和住宿、餐饮业营业额

单位：万元

项　目	2019 年
批发、零售业销售额	**27248650**
限额以上单位	14289172
限额以下单位	**12959478**
住宿、餐饮业营业额	543263
限额以上单位	21081
限额以下单位	522182

注：限额以上单位包含大个体

社会消费品零售额

单位：万元

项　目	2019 年
总　　计	**2053314**
限额以上单位	877726
限额以下单位	1175588

注：本页中数据为快报数据。

固定资产投资完成情况

单位：万元

单位及项目名称	计量单位	总计	增速（%）	单位及项目名称	增　速	总计	增速
固定资产投资完成额	万元	3117297	20.8	3. 本年新增固定资产	万元	77878	-33.8
一、按产业分	—			4. 房屋施工面积	平方米	859461	26.4
第一产业	万元	10926	131.8	5. 房屋竣工面积	〃	55093	-38.6
第二产业	〃	509487	20.6	6. 房屋竣工价值	万元	9153	-68.8
第三产业	〃	2596884	20.6	7. 本年资金来源合计	〃	513536	14.8
二、按构成分	—			⑴上年末结余资金	〃	91309	11.6
（一）房地产完成投资	万元	2352630	25.5	⑵本年资金来源小计	〃	422227	15.5
（二）项目投资完成投资	〃	764667	12.1	①国家预算资金	〃	11730	-48.9
1. 计划总投资	〃	4537019	39.5	②国内贷款	〃	103182	123.8
2. 本年完成投资	〃	764667	8.2	③债券	〃	3863	
建筑安装工程	〃	422475	22.4	④利用外资	〃	3254	-80.7
设备工器具购置	〃	216573	-0.1	⑤自筹资金	〃	275227	24.4

续表

单位及项目名称	计量单位	总计	增速（%）	单位及项目名称	增 速	总计	增速
其他费用	〃	102150	-26.4	⑥其他资金来源	〃	24971	-57.1
土地使用权	〃	75709	-6.1	8. 各项应付款合计	〃	191796	-23.0

说明：此表为在地口径数据

房地产开发项目经营情况

指 标	计量单位	总计	同期	同比	指 标	计量单位	总计	同期	同比
一、项目投资完成情况	—				其他	万元	396356	164878	140.4
计划总投资	万元	17335990	13914681	24.6	本年新增固定资产	〃	1191101	731637	62.8
自开始建设累计完成投资	〃	9619198	8145866	18.1	二、项目房屋面积施工、销售及待售情况	—			
本年完成投资	〃	2352630	1874466	25.5	房屋施工面积	平方米	13020162	11657119	11.7
按构成分：	—				其中：本年新开工面积	〃	3113764	1895034	64.3
建筑工程	万元	814637	719368	13.2	本年房屋竣工面积	〃	2778477	2324607	19.5
安装工程	〃	17399	17062	2.0	其中：不可销售面积	〃	502877	79752	530.6
设备工器具购置	〃	487	4451	-89.1	本年住宅竣工套数	套	32503	24286	33.8
其他费用	〃	1520107	1133585	34.1	本年房屋竣工价值	万元	807875	691404	16.8
其中：旧建筑物购置	〃		41994	-100.0	房屋出租面积	平方米			
土地购置费	〃	983252	785827	25.1	本年商品房销售面积	〃	1227930	1033493	18.8
按工程用途分：	—				本年商品房销售额	万元	2066464	1748577	18.2
住宅	万元	1884336	1630072	15.6	本年商品住宅销售套数	套	11458	10131	13.1
办公楼	〃	9431	4854	94.3	待售面积	平方米	247182	243514	1.5
商业营业用房	〃	62507	74662	-16.3					

说明：此表数据为在地口径

保 险

保险业务情况

项 目	单 位	数 量	保险金额（千元）	保 险 费（千元）	赔 款（千元）	赔款件数（件）
合 计	—	—	71064912	372830	161474.8157	17742
一、企财险	笔	507	14372532	5047	796	61
二、机动车险	辆	124640	19468793	347864	142437	15982
三、货运险	笔	534	1193982	565	5238	19
四、家财险	户	3928	5640745	836	480	243

续表

项　目	单 位	数 量	保险金额（千元）	保 险 费（千元）	赔 款（千元）	赔款件数（件）
五、责任险	笔	1020	3882724	5323	1279	274
六、工程险	〃	133	323837	311	2	3
七、保证险	〃					
八、农业险	〃	161	154796	6096	6506	731
九、人身意外伤害险	〃	24144	23215647	5778	4422	226
十、其它险	〃	776	2811857	1009	315	203

说明：本表是财险情况，由平安财险和北辰人民财险提供

社会保险情况

项　目	缴费人数（人）	征收基金（千元）	支付人数（人次）	支付基金（千元）
养老保险	162316	2273375	1423165	3106322
医疗保险	175483	1223591		859459
城乡医疗保险	267022	290495		177938
工伤保险	151714	56304	8037	68246
生育保险	155359	47189		61256
失业保险	150918	90371		

人　口

户籍人口年龄构成

单位：人

年龄分组	人 口 数		男	女	性别比（女＝100）
	合 计	比 重			
总　计	442628	100.00	218482	224146	97.5
0—4 岁	22325	5.04	11371	10954	103.8
5—9 岁	22175	5.01	11408	10767	106.0
10—14 岁	18293	4.13	9513	8780	108.3
15—19 岁	20269	4.58	10513	9756	107.8

续表

年龄分组	人口数		男	女	性别比（女＝100）
	合计	比重			
20—24岁	24163	5.46	12257	11906	102.9
25—29岁	28547	6.45	14051	14496	96.9
30—34岁	41017	9.27	19818	21199	93.5
35—39岁	38410	8.68	19288	19122	100.9
40—44岁	31494	7.12	15712	15782	99.6
45—49岁	33453	7.56	16639	16814	99.0
50—54岁	32895	7.43	16355	16540	98.9
55—59岁	35164	7.94	17425	17739	98.2
60—64岁	30330	6.85	14744	15586	94.6
65—69岁	26593	6.01	12643	13950	90.6
70—74岁	17155	3.88	7836	9319	84.1
75—79岁	10238	2.31	4247	5991	70.9
80—84岁	6207	1.40	2889	3318	87.1
85—89岁	2736	0.62	1280	1456	87.9
90—94岁	900	0.20	397	503	78.9
95岁以上	264	0.06	96	168	57.1

说明：此表数据由公安北辰分局提供，数据时点为2020年1月6日。

人口民族构成

单位：人

民族	合计	男	女
合计	442628	218482	224146
其中：汉族	417355	205995	211360
回族	18460	9268	9192
满族	3893	1841	2052
蒙古族	1334	591	743
朝鲜族	606	313	293
壮族	191	85	106
土家族	175	91	84
维吾尔族	197	101	96
苗族	88	47	41

民　族	合　计	男	女
彝　族	29	16	13
侗　族	26	11	15
锡伯族	37	16	21
布依族	17	4	13
达斡尔族	43	17	26
瑶　族	29	16	13
藏　族	23	15	8
哈萨克族	13	12	1
黎　族	14	5	9
白　族	16	6	10
土　族	9	4	5
畲　族	7	3	4
水　族	7	4	3
鄂温克族	6	4	2
穿青人	6	3	3

其他民族：傣族 5 人，哈尼族、东乡族、俄罗斯族各 4 人，拉祜族、柯尔克孜族、仡佬族、鄂伦春族各 3 人，高山族、仫佬族、毛南族、乌孜别克族、裕固族、京族、赫哲族各 2 人，傈僳族、佤族、羌族、其它民族各 1 人。

说明：此表数据由公安北辰分局提供，数据时点为 2020 年 1 月 6 日。

文教　卫生　体育

公共图书馆情况

项　目	单位	数量
一、图书馆	个	1
二、工作人员	人	29
三、藏　书	千册	343
其中：新书	〃	60
四、书架单层总长度	米	22995
五、发放借书证	个	12000
六、图书流通人次	千人次	202
七、图书流通册次	千册次	246

续表

项　　目	单位	数量
八、为读者服务举办各种活动	次	90
其中：参加人次	人次	205000
九、本年新购图书	册	27741
十、公共房屋建筑面积	平方米	14000
其中：书　　库	〃	1000
阅 览 室	〃	7800
十一、阅览室座席	个	1081
十二、藏书价值	千元	5431

说明：此表数据由图书馆提供

档案馆情况

项　　目	单位	数量
一、馆藏档案		
全　　宗	个	125
以卷为保管单位档案	卷	319013
以卷为保管单位档案长度	米	3918
以件为保管单位档案	件	240560
以件为保管单位档案长度	米	633
录音、录像、影片档案	GB	1300
照片档案	张	11881
二、档案资料利用情况		
利用档案合计	卷、件、次	248481
	人次	2212
其中：编史修志	卷、件、次	206749
工作查考	〃	37622
其　　它	〃	4110
三、本年接收档案		
案　　卷	卷	2528
以件为保管单位档案	件	22934
四、馆藏资料	种	71
馆藏册数	册	7740
五、档案馆总面积	平方米	7017
其中：库　　房	〃	2308

说明：此表数据由图书馆提供

文化馆情况

项　　目	单位	数量
一、文化馆数	个	1
二、工作人员	人	21
三、举办展览数	次	35
四、举办讲座、报告会	〃	66
五、组织文艺活动	〃	161
其中：省市级以上的	〃	
六、举办培训班	班次	932
其中：结　　业	人次	32620
七、出版文学书籍	部	
八、出版文学刊物	种	
九、供应演唱宣传材料	〃	
十、公共房屋建筑面积	平方米	9620
其中：演出排练用房	〃	3120
十一、集体经营文化站机构	个	13
职　　工	人	
其中：农村集镇文化中心	个	13
十二、业余文化社团	〃	150
社　　员	人	10000

说明：此表数据由文化馆提供

职业中学基本情况

项　　目	单 位	合 计
国家级重点中职校	所	3
占地面积	平方米	78391
其中：绿化用地面积	平方米	13485
运动场地面积	平方米	19000
在校学生	人	4186
其中：住宿生	〃	1412
预计毕业生	〃	1490
招生数	〃	1433
毕业生	〃	1915
其中：获得职业资格证书	〃	1115
其中：　加工制造类	〃	107
信息技术类	〃	27

续表

项　目	单位	合计
医药卫生类	〃	449
财经商贸类	〃	379
教育类	〃	153
应届毕业生就业人数	〃	495
应届毕业生升学人数	〃	1406
教职工总数（人）	〃	287
其中：女教职工	〃	200
教职工中行政人员	〃	19
教辅人员	〃	16
工勤人员	〃	7
专任教师	〃	245
其中：硕士生毕业	〃	54
本科毕业	〃	189
专科毕业	〃	2

说明：1、此表数据由教育局提供。
2、独立设置学校分别为民族职专、北辰区中等职业技术学校、天津市药科中等专业学校

农村村级卫生组织情况

乡镇名称	村数	村设置医疗点（个）	乡村医生（人）	在岗乡村医生（人）
合　计	126	51	327	126
天穆镇	15	6	43	19
北仓镇	13	1	24	1
双街镇	15	4	30	6
双口镇	21	14	51	31
青光镇	6	6	49	16
宜兴埠镇	10		13	
小淀镇	5	4	19	5
大张庄镇	31	6	51	19
西堤头镇	10	10	47	29

说明：1. 此表数据由卫健委提供。
2. 村设置医疗点情况，由于近期部分村拆迁，数据较去年有所变化。
3. 乡村医生包括有乡医证的人员和实际从事乡医工作的人员

附录

北辰年鉴
2020

重要文献选录

天津市北辰区人民政府关于印发北辰区大力发展学前教育两年行动方案（2019—2020年）的通知

北辰政规〔2019〕2号

各镇人民政府、街道办事处，各委、办、局，区直各单位：

《北辰区大力发展学前教育两年行动方案（2019—2020年）》已经区人民政府同意，现印发给你们，请遵照执行。

2019年8月6日

北辰区大力发展学前教育两年行动方案（2019—2020年）

为进一步促进学前教育公益普惠安全优质发展，按照市政府《关于学前教育深化改革规范发展的实施意见》和市政府办公厅《大力发展学前教育两年行动方案（2019-2020年）》的要求，结合我区实际，制定本行动方案。

一、工作目标

按照新建一批、改造一批、规范一批幼儿园的要求，到2020年，确保新增5340个学位。学前教育毛入园率超过85%，普惠率超过80%，公办幼儿园在园幼儿占比不低于50%；学前教育经费占教育专项经费总支出比例不低于8%，各镇（街）学前教育经费不低于本级财政收入的2.5%，每个镇（街）至少建一所公办园。建成市、区、园三级视频监控系统，实现幼儿园安全监管全覆盖；补足配齐幼儿园保教人员，实现全员持证上岗；学前教育管理体制、办园体制和政策保障体系基本完善，学前教育保障水平明显提高。

二、主要任务

（一）加大学前教育资源建设

按照预测学位缺口，2019年，完成学前教育资源建设项目7个，新增学位2010个。2020年，完成学前教育资源建设项目10个，新增学位3330个。

开展小区配套幼儿园专项治理，对全区所有小区配套幼儿园进行排查，建立配套幼儿园台账。对于规划、建设、移交、使用等不到位情况，于2019年年底前全部治理完成。

扩大幼儿园增量，充分利用盘活的闲置楼宇、腾退的党政机关办公用房、搬迁的空置厂房、公共服务设施、中小学闲置校舍等资源，采用买、租、建等多种方式扩大学前教育增量，支持街道、国有企事业单位举办公办园，通过多种途径大力吸纳社会资本开办普惠性民办幼儿园。

推进村办园建设，结合实施乡村振兴战略和示范镇建设，1500人以上的自然村至少设立1所幼儿园或农村小学附属幼儿园，规模较小的自然村可采取联合办园的方式，满足适龄幼儿入园需求。

（二）规范发展民办幼儿园

1. 加强民办托幼点管理。各镇街要落实属地责任，加强民办托幼点的备案和日常管理工作，确保民办托幼点安全运行。鼓励和支持民办托幼点提升为普惠性民办幼儿园并落实奖补政策，逐步减少民办托幼点数量。2020年年底前完成。

2. 开展无证办园专项治理。按照“属地管理”原则，由各镇（街）负责无证幼儿园清理整顿工作，建立工作台账，实施分类治理，引导和督促无证幼儿园举办者改善办园条件，合法规范办园，对经过整改达到基本标准的颁发办园许可证或进行民办托幼点备案；对整改仍达不到基本标准的，要坚决依法予以取缔，2019年年底前全部整改到位。

3. 规范民办幼儿园办园行为。加强对民办幼儿园办园条件、师资队伍、安全管理、依法办学等工作的管理。参照公办园等级评定办法，建立区财政对普惠性民办园分等级补助机制，民办园收费项目和标准根据办园成本、市场需求等因素合理确定，向社会公示，接受有关部门的监督，遏制民办幼儿园过度逐利行为。

（三）加强学前教育师资队伍建设

1. 健全教职工补充机制。严格执行国家和全市幼儿园教职工配置标准，核定公办园教职工编制，在全区统筹调剂幼儿园教师编制的基础上，全区在现有事业编制总量内，优先为公办园调剂编制。每年优先公开招聘幼儿园教师，招聘数量不低于当年招聘教师总数的10%。根据需要，每年增加编外合同制教师数量。按照政府购买服务范围的规定，将公办园保育员、安保人员、厨师等服务纳入政府购买服务范围，2020年年底前完成。

2. 提高幼儿园教师队伍管理和师资水平。加大对各级各类人员的培训力度，实施幼儿园教师和保育员能力提升计划，2019年实现幼儿园教师和保育员全部达到上岗条件。参加“追求卓越”幼儿园教师培训项目，对幼儿园园长、骨干教师进行专项培训，全面提升幼儿教师的能力水平。

（四）强化安全防控

1. 落实市、区、园三级视频监控体系建设。落实《国务院办公厅关于加强中小学和幼儿园安全风险防控体系建设的意见》，将幼儿园（含托幼点）校园视频监控系统、紧急一键报警装置接入公安机关、教育部门的监控或报警平台，并与公共安全视频监控联网共享平台对接，逐步建立校园安全网上巡查系统，及时掌握、快速处理幼儿园安全相关问题，2019年年底前完成。

2. 完善幼儿园安全监管体系。加强对幼儿园安全保卫和监管，推动幼儿园周边综合治理，落实幼儿园安全区域制度，提升人防、物防、技防能力，建立全覆盖的幼儿园安全风险防控体系。强化属地政府和相关部门的监管责任，完善教育、综治、公安、行政审批、市场监管等部门分工负责的监管机制和联动机制。落实园长安全主体责任，到2019年每所幼儿园至少配备1名专职安全保卫人员或受过专门培训的安全管理人员、2名由保安公司派遣的安保人员，每10所幼儿园配备1名兼职督学。健全对园内发生的侵害幼儿人身权利行为的监督机制和举报渠道，形成规范的调查处理程序。

三、保障措施

财政教育经费使用向扩大普惠性学前教育资源倾斜，严格执行农村公办园生均公用经费拨款标准，民办园享受国家规定的税收优惠政策，用电、用水、用气、用热执行与公办园相同的价格政策；对利用闲置资源改建成的民办园，并达到国家和市幼儿园建设标准，可以暂不改变房产性质直接依法申请举办民办园；支持民办园教师进行全员持证上岗培训；非营利性民办园租用住宅小区配套公共设施办园，实行免租金政策，租用非公建房屋举办非营利性民办园由区政府给予房租补贴；新建、扩建非营利性民办园，由区政府以划拨等方式给予用地优惠。扩建营利性民办园，由区政府按照国家规定优先供给土地。非营利性民办园享受与公办园同等的税收优惠政策；建立普惠性民办幼儿园分等级补助机制，参照公办园等级评定办法，对普惠性民办幼儿园进行等级评定，按照示范园4400元、一级园4000元、二级园3600元、三级园3200元、四级园2800元的生均年补助标准，由市区两级财政给予补助各50%；对普惠性民办园进行等级评定后，其收费标准可在同等级教育部门办幼儿园收费标准基础上上浮不超过50%；对改造闲置资源办成普惠性民办园的，落实市财政每个学位5600元的标准予以一次性补助。

四、监管措施

（一）设立普惠性民办园财政补助资金专用账户。财政补助资金直接拨付到财政补助专户，该账户仅用于核算财政补助收入和支出，其他性质收入和支出不得通过该账户核算。

（二）明确普惠性民办园财政补助资金用途。财政补助资金可用于补助幼儿园运行支出，不得用于经营性支出、捐赠、偿还债务、付息、回报举办者、投资、大型基本建设等非基本办园支出。参照公办园教师工资收入水平合理确定相应教师工资收入。各类幼儿园必须按规定为教职工缴纳社会保险和公积金，教职工待遇和缴存基数随入职年限逐年上调。

五、组织领导

（一）加强党的领导。全面加强党对学前教育事业的领导，按照管党建与管业务相结合的原则，区教育部门党组织领导和指导幼儿园党建工作。认真落实全面从严治党要求，实现幼儿园党的组织和党的工作全覆盖。充分发挥幼儿园党组织作用，保障正确办园方向，认真做好教职工思想政治工作，厚植立德树人基础。

（二）完善组织协调机制。区学前教育资源建设与规范监管攻坚指挥部要统筹协调推进学前教育各项目标任务的落实。定期召开学前教育联席会，加大统筹协调力度，通力协作，确保资金按时足额拨付到位，确保托幼点、无证幼儿园规范提升到位，确保小区配套幼儿园专项治理取得实效，确保幼儿园安全监管等工作任务落实到位。

（三）进一步明确工作职责。教育部门要完善政策，制定标准，充实行政管理、教研科研力量，牵头协调相关部门加强对学前教育的监督管理和科学指导。编制部门要结合实际合理核定公办园教职工编制。发展改革部门把学前教育纳入经济社会发展规划，支持幼儿园建设发展。财政部门要完善财政支持政策，支持扩大普惠性学前教育资源。规划和自然资源、住房城乡建设部门要将城镇小区和新农村配套幼儿园必要建设用地及时纳入相关规划，会同教育部门加强对小区配套幼儿园的建设、验收、移交等环节的监管落实，督促完成小区配套幼儿园清查、收回、补建等工作。人力资源和社会保障部门要研究完善和落实幼儿园教职工的工资待遇、社会保障政策，指导职称专业主管部门完善幼儿园教师职称评聘政策。价格、财政、教育部门要根据职责分工，加强幼儿园收费管理。卫生健康部门要监督指导幼儿园卫生保健工作。审批、市场监管部门要分别对取得办园许可证的非营利性幼儿园和营利性幼儿园依法办理法人登记手续。金融监管部门要对民办园并购、融资上市等行为进行规范监管。政法委组织协调公安、司法等政法机关和有关部门进一步加强对幼儿园安全保卫工作的指导，依法严厉打击侵害幼儿人身安全的违法犯罪行为，推动幼儿园及周边社会治安综合治理。

（四）加强宣传工作，营造良好氛围。大力宣传学前教育政策法规，普及学前教育基本知识和科学规律，努力营造全社会关心学前教育的良好氛围。全面推进我区学前教育的改革和发展，确保学前教育两年行动方案顺利实施。

天津市北辰区人民政府关于印发北辰区残疾儿童康复救助制度实施办法的通知

北辰政发〔2019〕3号

各镇人民政府、街道办事处，各委、办、局，区直各单位：

《北辰区残疾儿童康复救助制度实施办法》已经区人民政府

同意，现印发给你们，请遵照执行。

2019年2月11日

北辰区残疾儿童康复救助制度实施办法

为改善残疾儿童康复状况，促进残疾儿童全面发展，减轻残疾儿童家庭负担，完善社会保障体系，依据《残疾预防和残疾人康复条例》、《国务院关于建立残疾儿童康复救助制度的意见》和《天津市残疾儿童康复救助制度实施办法》，结合本区实际，制定本办法。

一、总体要求

（一）建立残疾儿童康复救助制度，要以习近平新时代中国特色社会主义思想为指导，以总书记对天津工作提出的“三个着力”重要要求为元为纲，围绕扎实推进“五位一体”总体布局、“四个全面”战略布局在北辰的实施，坚持以人民为中心的发展思想，牢固树立新发展理念，按照兜底线、织密网、建机制的要求，着力保障残疾儿童基本康复服务需求，努力实现残疾儿童“人人享有康复服务”，使残疾儿童家庭获得感、幸福感、安全感更加充实、更有保障、更可持续。

（二）坚持政府主导，提供基本保障，健全政府主导的多渠道筹资、服务机制；社会参与，市场满足多层次康复服务需求，支持和鼓励社会力量开展捐赠、提供服务。

（三）区残联会同卫健委、教育局、民政局、财政局、人社局、市场监管局等部门，按照市残联、市卫健委、市教委等部门提出的第一批指导性定点康复服务机构目录公开择优原则确定北辰区定点机构（附件），包括定点诊断机构、评估机构、康复服务机构（医疗手术和康复训练机构）和辅助器具供应服务机构。

1. 康复服务机构按照属地管理原则，在北辰区注册的机构向北辰区残联提出定点申请，提供相关证明材料，填写《天津市残疾儿童康复救助制度定点康复机构申请审批表》一式三份，区残联、定点机构各存一份，报市残联备案一份，签订《定点康复机构承诺书》一式两份，区残联、定点机构各存一份。经区残联审核后，作为北辰区定点机构。

2. 在其它区注册的机构向所在区残联提出定点申请，经所在区残联审核后，持《天津市残疾儿童康复救助制度定点康复机构申请审批表》，到北辰区残联申请定点机构，北辰区残联对该机构免审核，同时填写《天津市残疾儿童康复救助制度定点康复机构申请审批表》，签订《定点康复机构承诺书》。

3. 定点康复服务机构设立分支机构的，其分支机构需单独申请方可作为《残疾儿童救助制度》定点服务机构。

4. 定点康复服务机构准入标准、服务规范、考核标准参照中国残联《政府购买残疾人服务技术标准与规范（试行）》及相关医疗服务规范执行，定点康复服务机构准出标准按照市残联要求执行。

5. 康复服务机构申请定点，应提供以下材料：

（1）机构法人（医疗机构、事业单位、民非、企业登记）登记证书原件复印件；

（2）经营场地房屋产权证明原件复印件：房屋租赁合同原件复印件（一年以上有效期）；服务场所平面图；

（3）法人代表（主要负责人）的身份证复印件、联系方式；

（4）已开展的康复服务项目清单；

（5）消防安全合格证明。食品经营许可证原件复印件（有厨房的康复机构）；

（6）管理人员、业务人员（科室内医师、教师、治疗师、保育员、管理人员、其他人员等）清单及联系方式，学历证书、上岗资格证、培训证书原件复印件；

（7）主要仪器设备清单；

（8）申报脑瘫儿童定点康复机构应具备医疗资质，且有具备康复资质的执业医师。

二、救助对象条件

（一）年龄一般应为0—7岁，部分项目的救助对象年龄可延长至17岁。

（二）具有本区户籍，或者其父亲（母亲）有本区居住证并连续3年在本市纳税或缴纳社会保险。

（三）持有残疾人证或定点康复机构出具的诊断证明。

（四）接受本办法所列康复救助项目服务。

三、救助项目和补助标准

补贴原则：在基本医疗保险、居民大病保险与医疗救助实行“一站式”即时结算的基础上，对个人自费剩余部分提供限额补助。剩余部分低于限额的，按照实际发生额补助。超出限额部分自费。

（一）医疗手术类：

1. 对0—7岁儿童角膜移植手术费用补助1万元/眼。（多次手术费用累计不超过1万元）

2. 对0—17岁儿童先天性白内障复明手术费用补助1万元/眼。

3. 对0—7岁（言语能力评估达到三级及以上者放宽至14岁）儿童植入人工耳蜗提供补助。购买人工耳蜗产品费用，对低保家庭的儿童补助15万元，对非低保家庭的儿童补助11.2万元。人工耳蜗手术及术后调机费用补助1.2万元。（以上为一次性补贴，不能重复申请）

4. 对0—7岁儿童唇腭裂手术费用补助1万元。（多次手术费用补贴累计不超过1万元）

5. 对0—7岁儿童髋关节发育不良干预费用补助累计不超过0.15万元/人。

6. 对0—17岁儿童肢体残疾矫治手术费用补助1.7万元/次。

（二）康复训练类：

7. 对0—7岁听力、肢体、智力、多重残疾儿童和孤独症（谱系障碍）儿童康复训练费用补助每月不超过0.2万元，每年度不超过2万元。

8. 对0—7岁唇腭裂儿童手术后接受言语矫治训练费用补助1万元。（累计费用补贴不超过1万元）

9. 对0—17岁视力残疾儿童接受视觉康复训练费用补助0.24万元。（累计费用补贴不超过0.24万元）

10. 对0—17岁肢体残疾儿童每次矫治手术后康复训练费用补助0.6万元。

（三）辅助器具类：

11. 对0—17岁肢体残疾儿童装配假肢每例补助1万元，1年内不重复补助。

12. 对0—17岁肢体残疾儿童装配矫形器每例补助0.4万元，1年内不重复补助。

13. 对0—17岁肢体残疾儿童适配其他肢体类辅助器具补助0.15万元，2年内不重复补助。

14. 对0—17岁视力残疾儿童适配视力类辅助器具补助0.1万元，2年内不重复补助。

15. 对4—17岁听力残疾儿童适配助听器补助0.6万元，5年内不重复补助。

四、工作流程

（一）申请

残疾儿童监护人向残疾儿童户籍所在地（居住证发放地）区残联提出申请。监护人也可委托他人、社会组织、社会救助经办机构等代为申请。

申请时应如实提供下述材料的原件及复印件：

1. 残疾儿童户口本、残疾儿童监护人（代理人）的身份证、户口本；外地户籍残疾儿童还需提供其父母在本区的居住证、近三年连续纳税（缴纳）社保证明。8岁及以上儿童申请人工耳蜗补贴的，应提供《听觉言语能力评估报告》，证明其言语能力达到三级及以上水平；低保家庭儿童申请人工耳蜗补贴的，需提供低保证原件及复印件。

2. 残疾人证或定点康复机构出具的诊断证明及其他相关证明材料。

3. 三张2寸近期同版免冠照片；

4. 申请医疗手术类救助，需首先取得定点医疗机构同意，并取得诊断证明及住院证。

（二）审核

1. 区残联对相关申请材料进行审核，经审核符合条件的，指导残疾儿童监护人（代理人）填写《天津市残疾儿童康复救助项目申请表》，核定康复救助项目和限额。对不符合救助条件的及时告知申请人，并说明理由。

2. 区残联认为必要时，可以要求残疾儿童到定点机构做进一步诊断和康复需求评估，并据此核定康复救助项目和限额。

3. 申请医疗手术类服务的，申请受理人需对残疾儿童监护人（代理人）进行知情告知书，并签署《知情同意书》。

4.《天津市残疾儿童康复救助项目申请表》一式三份。区残联存档一份，受助对象一份，由受助对象转交定点康复服务机构一份作为提供康复服务依据。

（三）救助

经审核符合条件的，由残疾儿童监护人（代理人）在区残联确定的定点康复机构范围内自主选择机构并接受康复服务。

定点康复机构接收残疾儿童时应核实《天津市残疾儿童康复救助项目申请表》和残疾儿童身份信息，填写《天津市残疾儿童康复救助项目接收表》，并在3个工作日内反馈区残联备案。

定点康复机构根据《天津市残疾儿童康复救助项目申请表》，按照残疾儿童实际康复需求和康复服务技术标准与规范，为残疾儿童提供个性化康复服务。并为残疾儿童建立完整康复档案，如实填写《天津市残疾儿童康复救助项目记录表》，做好医疗、康复训练、辅助器具适配等服务记录，留取影像资料，存档备查。

（四）结算

1. 定点康复机构在服务结束后将《天津市残疾儿童康复救助项目费用结算表》及费用明细原件经残疾儿童监护人（代理人）签字认可后，报区残联。

2.《天津市残疾儿童康复救助项目费用结算表》一式两份，由定点康复机构与区残联各留存一份，作为经费结算依据，费用结算单据及服务明细交由区残联留存。

3. 残疾儿童在定点康复机构接受康复救助项目服务发生的费用，经区残联审核汇总后，由区残联向区财政局履行资金拨付程序，由财政部门与定点康复机构直接结算，结算周期三个月。（如遇特殊情况，区残联与有关部门积极协商解决）。

（五）机构转换

1. 接受医疗手术类救助的残疾儿童，如遇情况复杂，北辰区定点医院不能开展手术治疗，需要转院的，残疾儿童监护人（代理人）应持定点手术医院转诊证明，到区残联备案后方可接受治疗，否则不予补贴。

2. 治疗结束后，残疾儿童监护人（代理人）应持手术医院盖章的《天津市残疾儿童康复救助项目记录表》《天津市残疾儿童康复救助项目费用结算表》费用结算单据及服务明细原件交由区残联审核，审核无误后方可申请救助。

3. 残疾儿童接受康复训练，原则上在一个月的训练周期内不能转换康复训练机构。每月训练周期结束后，残疾儿童监护人（代理人）在办理完经费结算手续后，可到区残联重新提出申请。在上一康复训练机构产生的康复费用，从年度康复训练救助经费额度内减除。

五、经费保障

（一）北辰区人民政府将残疾儿童康复救助经费纳入财政预算。残疾儿童康复救助经费由区级负担，市财政以转移支付方式给予适当补助。2019—2020年残疾儿童康复救助经费由市财政给予100%补助，以后年度市财政给予40%补助。区财政给与60%补助。

（二）涉及以往残疾儿童康复救助项目的按原工作流程、结算方式执行至2018年12月31日。

六、相关要求

（一）成立组织，加强领导。成立以区政府牵头，区分管区长为组长，卫健委、残联主要领导为副组长，教育、民政、财政、人社、市场监管、医保等部门分管领导为组员的残疾人儿童救助领导小组，全面领导残疾儿童救助工作，明确分工，责任到人。

（二）落实部门责任。各有关部门要明确职责、落实责任，充分发挥互联网大数据优势“让数据多跑路，让百姓少跑路”。残联要切实发挥组织协调作用，筛查掌握残疾儿童康复需求，做好救助对象审核以及定点康复机构综合监管等工作。财政局要建立稳定的残疾儿童康复救助经费投入机制，落实康复救助资金及工作经费，做好康复救助资金的结算与监管工作。教育局要加强对教育部门举办和审批的特殊教育学校等机构的管理，加大特殊教育人才的培养和招录，完善随班就读支持保障体系，为康复后的残疾儿童进入普通小学或幼儿园提供支持保障。民政局要筛查掌握相关经济困难家庭残疾儿童及福利院残疾孤儿信息，组织好福利机构内残疾儿童康 复救助工作，做好残疾儿童的医疗救助和生活救助。医保局要将符合规定的残疾儿童医疗康复项目纳入基本医疗保险报销范围。卫健委要发挥好残疾人家庭医生签约服务作用，做好残疾儿童康复需求评估与转介，加强对定点医疗康复机构的管理和指导，加强医疗卫生专业技术人员的康复技术培训。发改委要将残疾儿童康复救助纳入基本公共服务体系，牵头协调物价部门探索建立合理的康复服务定价机制，加强价格监管。市场监管局要加强对康复机构的安全监管和诚信评价。

（三）加强督导，严肃问责。区残联协调卫健、教育、民政、市场监管等有关部门完善残疾儿童康复机构管理相关政策，共同做好康复机构监督管理，共同加强定点康复机构准入、退出等监管，建立定期检查、综合评估机制，指导定点康复机构规范内部管理、改善服务质量、加强风险防控，及时查处违法违规行为和安全责任事故，确保残疾儿童人身安全。建立覆盖康复机构、从业人员和救助对象家庭的诚信评价和失信行为联合惩戒机制，建立黑名单制度，做好公共信用信息记录和归集，加强与全国信用信息共享平台、国家企业信用信息公示系统的信息交换共享。要将残疾儿童康复救助实施和资金筹集使用情况定期向社会公开，接受社会监督。财政、审计部门要加强对残疾儿童康复救助资金管理使用情况的监督检查，对挤占挪用、贪污套取、虚报冒领等违法违规行为依照有关法律法规严肃处理。

（四）加强政策宣传。要充分运用传统媒体、新媒体等多种手段大力开展残疾儿童康复救助制度政策解读和宣传，使社会各界广泛了解党和政府的爱民之心、惠民之举，帮助残疾儿童监护人准确知晓残疾儿童康复救助制度相关内容，了解基本申请程序和要求。积极引导全社会强化残疾预防和康复意识，关心、支持残疾儿童康复工作，营造良好社会环境。

本实施办法自2018年10月1日起施行，有效期5年。

附件：北辰区残疾儿童康复救助制度定点康复服务机构和学校名单（略）

天津市北辰区人民政府关于印发北辰区促进就业工作实施方案的通知

北辰政发〔2019〕12号

各镇人民政府、街道办事处，各委、办、局，区直各单位：

《北辰区促进就业工作实施方案》已经区人民政府同意，现印发给你们，请遵照执行。

2019年8月26日

北辰区促进就业工作实施方案

为深入贯彻落实党中央、国务院和市委、市政府关于稳就业工作的决策部署，大力促进就业创业，确保就业局势持续稳定，根据《天津市人民政府印发关于做好当前和今后一个时期促进就业工作实施办法的通知》（津政发〔2018〕32号）、《天津市人民政府办公厅关于印发天津市职业技能提升行动实施方案（2019—2021年）的通知》（津政办发〔2019〕33号）以及市人力社保局、市财政局促进就业创业系列文件精神，结合我区实际，现制定以下实施方案。

一、指导思想

以习近平新时代中国特色社会主义思想为指导，全面贯彻落实党的十九大和十九届二中、三中全会精神，以习近平总书记对天津工作提出的“三个着力”重要要求为元为纲，深入学习贯彻习近平总书记视察天津重要指示和在京津冀协同发展座谈会上重要讲话精神，把稳就业摆在突出位置，坚持就业是最大的民生，实施更加积极的就业政策。深化人力资源供给侧结构性改革，大规模开展职业技能培训，切实缓解结构性就业矛盾，建设知识型、技能型、创新型劳动者大军，为加快推进我区经济转型升级，实现经济高质量发展提供重要支撑保障。

二、工作措施

（一）支持帮助企业平稳发展

1. 扎实推进援企稳岗工作。在本市依法缴纳失业保险费满2年，对不裁员或少裁员（低于本市城镇登记失业率）的参保企业，返还上年度实际缴纳失业保险费的50%。2019年1月1日至12月31日，对生产经营符合国家和本市产业结构调整政策，面临暂时性生产经营困难且恢复有望、坚持不裁员或少裁员的参保企业，返还标准按6个月的企业及其职工应缴纳社会保险费的50%确定。（区人社局、区财政局负责）

2. 支持促进小微企业发展。设立北辰区融资担保发展基金，完善融资担保体系，鼓励和支持金融机构加强与融资担保机构合作，在风险可控、商业可持续的原则下主动对接、简化手续、科学准入，有效降低小微企业融资门槛，提高小微企业贷款可获得性。政府性融资担保机构为符合条件的小微企业提供低费率的担保支持，引导更多金融资源支持创业就业。（区财政局、区国资委、区金融局、区工业和信息化局、区发展改革委、区农业农村委、区科技局、区商务局、区担保中心按职责分工负责）

（二）加大就业创业扶持力度

3. 提高就业创业支持精准程度。围绕企业岗位需求、就业重点群体就业创业需求，积极组织开展专项调查研究，摸清底数，认真分析，有效对接，增强人岗匹配精准度，努力推动就业重点群体满意就业，提高人民群众就业获得感、幸福感、安全感。探索建立就业创业需求动态管理分析机制，科学决策，准确施策，及时供给，为实现就业创业扶持全覆盖、无遗漏、高质量提供基础保障。（区人社局负责）

4. 加大创业担保贷款贴息及奖补政策支持力度。凡是在法定劳动年龄内的创业人员、具有创业意愿、具备一定创业条件和可行项目的，可申请最高30万元的创业担保贷款。小微企业当年新招用符合国家规定创业担保贷款申请条件的人员数量达到企业现有在职职工人数25%（超过100人的企业达到15%）并与其签订1年以上劳动合同的，可申请最高300万元的创业担保贷款。（区财政局、区人社局、区担保中心、合作银行按职责分工负责）

5. 加大创业载体支持力度。统筹规划、合理布局，支持建设重点群体创业孵化载体，对评估为优秀的给予支持。放宽住所（经营场所）登记条件，允许“一址多照”，众创空间内的企业可凭众创空间主办方提供的工位注册登记；允许“一照多址”，企业住所与经营场所在同一登记机关辖区内的，可申请办理分支机构登记，也可申请办理经营场所备案登记。大力发展大学生创业孵化基地，根据吸纳大学生创业企业户数和带动就业人数给予补贴，每个大学生创业孵化基地在自然年度内最高补贴500万元。对国家级大学生创业孵化示范基地，给予最高100万元的奖励；对市级大学生创业孵化示范基地，给予最高50万元的奖励。对失业人员首次创办企业的，每招用1人给予3000元的一次性创业补贴，总额最高3万元。（区人社局、区科技局、区财政局、区住建委、区市场监管委、各镇街、开发区按职责分工负责）

6. 扩大就业见习补贴范围。从2019年1月1日起，落实“三年百万青年见习计划”，提升青年就业能力；享受就业见习补贴的人员为毕业学年在校生、离校2年内未就业高校毕业生以及16至24岁的失业青年，鼓励其参加3至12个月的就业见习，按照本市最低工资75%的标准给予生活费补贴。（区人社局等有关部门和单位负责）

（三）积极组织实施就业培训

7. 组织开展企业职工技能培训。按照职业市场需求程度目录，引导企业发挥主体作用，制定职工培训计划，大力开展紧缺职业技能培训。全面推行企业新型学徒制培训，鼓励企业和院校通过“企校双师、工学交替”的方式培养企业后备技能人才。实施“师带徒”计划，遴选技能名师，实行师徒结对、一人一策培养。利用津工智慧平台在线学习功能，通过微视频、讲座等方式，开展职工在线教育培训。加强全员安全生产培训，严格落实特种作业人员持证上岗要求。（区人社局、区国资委、区总工会、区应急局按职责分工负责）

8. 切实加强就业重点群体职业技能培训。面向农村劳动力、城乡未继续升学初高中毕业生等青年、登记失业人员、转岗职工、退役军人和就业困难人员（含残疾人），持续开展就业技能、职业技能提升等培训。全面开展农民培训，围绕农村产业特色和市场需求，不断优化培训内容和组织形式，切实提高培训针对性，使每个劳动力掌握1–2门实用技术或就业技能，力争实现农村劳动力培训全覆盖，推动实现农村产业振兴和人才振兴。积极开展退役军人职业技能培训，促进退役军人实现就业。对有创业意愿的高校毕业生、农村富余劳动力开展创业培训，提供创业指导等服务。以高质量完成高职院校百万扩招任务为目标，在优质高职院校、成人学校选取区域经济建设急需、社会民生领域紧缺和就业率高的专业，招收退役军人、在岗职工、下岗失业人员、农民工、新型职业农民，提升职业技能和就业创业能力。（区人社局、区教育局、区农业农村委、区退役军人局、各镇街、开发区按职责分工负责）

9. 积极做好技能扶贫工作。加强贫困劳动力就业技能培训，通过政府购买服务方式为贫困劳动力提供免费技能培训。对参加培训的就业困难人员和零就业家庭人员，培训期间给予一定生活费补贴。实施技能脱贫千校行动，对在本市接受中等职业教育的农村学生、城市涉农专业学生、贫困家庭学生和建档立卡贫困户学生，按规定落实免学费政策；贫困家庭学生，还可按规定享受助学金政策。（区人社局、区教育局、各镇街按职责分工负责）

10. 组织推动培训载体建设。面向设备先进、设施完善、技术领先的产业领军企业，遴选一批企业培训中心，通过补贴激励等方式，鼓励其开展培训。扩大职业院校培训规模，在职业院校启动“学历证书 + 若干职业技能等级证书”制度试点，鼓励获得学历证书同时，积极取得多类职业技能等级证书。支持“鲁班工坊”建设，打造国际知名品牌。鼓励优质社会培训机构承担补贴培训，规范社会培训机构和评价鉴定机构发展，对参与补贴培训的社会培训机构实施目录清单管理。强化对社会培训机构监管，严格实行遴选评价，定期评估和动态调整工作机制。（区人社局、区教育局、区财政局、区应急局按职责分工负责）

11. 放宽技术技能提升补贴申领条件。2019年1月1日至2020年12月31日，对在本区参保企业就业期间取得职业资格证书或职业技能等级证书，且申请补贴时累计缴纳失业保险费满12个月的在职职工，对应证书的初级、中级和高级，分别给予1000元、1500元和2000的补贴。（区人社局、区财政局按职责分工负责）

（四）及时开展下岗失业人员帮扶

12. 提供就业创业服务。在法定劳动年内、有劳动能力和就业需求、处于无业状态的人员，可就近到常住地或户籍地的公共就业服务机构进行失业登记，公共就业服务机构提供政策咨询、职业指导、职业介绍等公共就业服务，享受就业创业服务扶持政策、重点群体创业就业税收优惠政策，符合条件的失业人员可认定为就业困难人员，享受就业援助。（区人社局、区财政局、区税务局、各镇街按职责分工负责）

13. 落实失业保险待遇。对符合条件的失业人员，及时足额发放失业保险金。失业人员在领取失业保险金期间，由失业保险基金为其缴纳基本医疗保险费。（区人社局、区医保局按职责分工负责）

14. 保障困难群众基本生活。对符合条件的生活困难下岗失业人员，给予临时生活补助，补助标准根据家庭困难程度、本市消费水平等综合确定。对符合最低生活保障条件的家庭，及时纳入最低生活保障范围。对符合临时救助条件的，给予临时救助。对领取失业保险金人员，按照城镇低收入居民基本生活费用价格指数涨幅情况，适时发放物价补贴。（区财政局、区

人社局、区民政局等有关部门和单位按职责分工负责）

15. 搭建供需对接平台。做好岗位开发利用，利用招聘会聚合平台系统的“互联网＋”特性，打通“线上＋线下”渠道，推动线上线下招聘深度融合，形成上下贯通的就业管理服务体系。促进区域下岗失业人员快速就业。（区人社局负责）

三、工作要求

16. 健全工作机制。成立北辰区就业工作领导小组，分管副区长任组长，区人社局局长任副组长，相关职能部门为成员单位。区就业工作领导小组要加强协调，形成工作合力。区人社局按职责统筹推进促进就业政策开展落实、统计监测等工作；区财政局要加大资金统筹力度，确保促进就业工作资金需求；其他相关部门和各镇街、开发区要高度重视，立足职责，主动配合，密切协作，共同做好稳定就业岗位、促进就业创业工作。（各有关部门和单位、各镇街、开发区按职责分工负责）

17. 搞好政策服务。各部门要积极开展政策宣传，增强政策普惠性。要按照“一制三化”的要求，向社会公布政策清单、申办流程、补贴标准、服务机构及联系方式、监督投诉电话等，进一步优化经办程序，精简材料要件，加快推进信息共享，加大监管力度，确保各项政策资金规范便捷地惠及享受对象。对申请享受就业创业扶持政策和就业创业服务的困难企业、下岗失业人员要建立实名制管理服务信息系统，提供动态化和精准化的就业创业服务。（各有关部门和单位、各镇街、开发区按职责分工负责）

18. 构建和谐关系。要引导困难企业注重运用市场机制、经济手段，通过转型转产、培训转岗、支持创新创业等，多措并举妥善分流安置职工，依法处理劳动关系。要引导企业与职工结合实际经营状况开展集体协商，通过协商调整劳动报酬、工作时间、工作岗位等方式，保留就业岗位，稳定劳动关系。要引导劳动者树立正确就业观，主动提升就业创业能力，通过自身努力实现就业创业。（各有关部门和单位、各镇街、开发区按职责分工负责）

19. 确保落实到位。各部门要结合工作实际，创造性地开展工作，简化办事流程，提高服务效率，在保持政策连续性、稳定性的基础上，对补贴项目、补贴方式进行归并简化，加强资金使用管理和监督，提高资金使用效益，为保持就业局势稳定加快推进经济转型升级提供有力保障。（各有关部门和单位、各镇街、开发区按职责分工负责）

20. 加强预警分析。要认真做好统计监测和形势研判，健全完善就业风险应对预案、劳动关系突发事件预防和应急处置机制。密切关注重点行业、重点企业，加强对企业用工工资支付、社会保险缴纳和裁员等情况的监控，分析排查风险点，积极防范并妥善应对规模性失业、欠薪逃匿、重大劳动争议等事件，分级预警，分层响应，分类施策。对工作中遇到的重大问题，要及时报告区人民政府。（各有关部门和单位、各镇街、开发区按职责分工负责）

附件：北辰区就业工作领导小组成员名单

北辰区就业工作领导小组成员名单

为贯彻落实党中央、国务院和市委、市政府关于就业工作的重大决策部署，推动我区就业工作的顺利开展，现成立北辰区就业工作领导小组，具体情况如下：

一、组成人员

组　长：刘金刚　副区长

副组长：董学琛　区人力资源和社会保障局局长

成员单位：区政府办，区发展和改革委员会，区教育局，区财政局，区退役军人事务局，区科学技术局，区工业和信息化局，公安北辰分局，区民政局，住房和建设委员会，区农业农村委员会，区商务局，区金融工作局，区国有资产监督管理委员会，区税务局，区市场监督管理局，区统计局，区人民政府合作交流办公室，区信贷担保服务中心，区医疗保障局，区应急管理局，区总工会，团区委，区妇联，区残联，区工商联。

二、主要职责

统筹协调我区就业工作，研究解决就业工作重大问题；研究审议拟出台的就业工作宏观规划和重大政策，部署实施就业工作改革创新重大事项；统筹协调职业技能提升行动；督促检查就业工作有关法律法规和政策措施的落实情况、各部门任务完成情况，交流推广经验；完成市委、市政府交办的其他事项。

三、其他事项

（一）领导小组办公室设在区人力资源和社会保障局，承担领导小组日常工作。办公室主任由区人力资源和社会保障局局长董学琛兼任，办公室副主任由区人力资源和社会保障局副调研员卢希元担任，办公室成员由领导小组成员单位有关科室负责同志担任。领导小组成员因工作变动需要调整的，由所在单位向领导小组办公室提出，按程序报领导小组组长批准。

（二）领导小组实行工作会议制度，工作会议由组长或其委托的副组长召集，根据工作需要定期或不定期召开，必要时邀请其他有关部门人员参加。

天津市北辰区人民政府办公室
关于印发北辰区重大项目管理办法的通知

北辰政办发〔2019〕14号

各镇人民政府、街道办事处，各委、办、局，区直各单位：

《北辰区重大项目管理办法》已经区人民政府同意，现印发给你们，请遵照执行。

2019年4月10日

北辰区重大项目管理办法

第一章　总则

第一条　为提升我区营商环境，促进北辰区重大项目高质量发展，规范重大项目建设全过程管理与服务，提高投资效益，特制定本办法。

第二条　本办法所称重大项目是指符合市、区产业政策和发展规划，能够有效带动区域经济和行业发展，促进产业结构优化升级，切实改善民生，增强城市综合实力和发展后劲，对全区国民经济和社会发展有重要作用的重大骨干项目。具体包括以下六个维度：

（一）工业项目：包括智能制造、新能源新材料等制造业项目。

（二）基础设施项目：包括交通设施、能源设施、环保设施、生态设施、城市基础设施、公用设施和产业园区基础设施等项目。

（三）农林水利项目：包括农业、林业、水利设施等项目。

（四）社会民生保障项目：包括科技、教育、卫生、文化、体育、民政等项目。

（五）现代服务业项目：包括现代物流、现代金融等服务业项目。

（六）房地产项目：包括商品房、保障房等项目。

第三条　重大项目认定条件。符合以下条件的投资项目，应由各项目主管部门上报确定为北辰区重大项目：

（一）符合国家产业、土地、环保、安全生产、节能减排等政策。符合市、区国民经济和社会发展规划、城市总体规划、土地利用总体规划、产业发展规划等。

（二）对区域经济社会发展影响较大的项目。制造业、服务业、交通和城市基础设施、环境保护和资源综合利用、农林水利、社会事业等领域项目单项投资规模原则上在5000万元（含外币折合）以上。其中，新业态项目不受投资规模限制，应全部纳入全区重大项目管理。

（三）区内在建待建的国家、市重点建设项目，以及列入全市项目带动战略名单的项目，均纳入重大项目管理。

第四条　重大项目管理工作遵循的原则是：围绕重点建设、重点前期、重点储备“三个一批”工作机制，落实责任，强化管理，推动项目早日投产见效。

第二章　组织机构及职责

第五条　组织机构。设立北辰区重大项目领导小组，由区长任组长，分管经济工作的副区长任副组长，成员单位由区发改委、督查室、网信办、统计局、政务服务办、金融局、农业农村委、工信局、合作交流办、商务局、住建委、城管委、科技局、卫健委、公安北辰分局、财政局、税务局、水务局、教育局、文旅局、市场监管局、民政局、土地整理中心、规划和自然资源分局、生态环境局、人防办、公路建设养护中心、各镇、街及开发区共同组成，领导小组办公室设在发改委，发改委主任担任办公室主任。

第六条　北辰区重大项目领导小组的主要职责：

（一）贯彻实施国家、市、区关于重大项目建设发展的方针、政策及决定，研究确定全区重大项目管理制度和措施；

（二）负责全区重大项目的组织领导，确定年度重大项目名单，审定重大项目实施计划；

（三）负责协调监督管理重大项目推进工作，督导领导小组成员单位落实推进重大项目的各项政策、措施，协调解决重大问题。

第七条　北辰区重大项目领导小组办公室的主要职责：

（一）与各成员单位共同研究提出重大项目管理的政策、制度和建议，按照“三个一批”工作机制，建立项目台账，做好分类管理；

（二）跟踪监测和检查重大项目工作进度，定期更新项目台账，分析重大项目运行动态，检查项目计划执行情况；

（三）负责督促落实重大项目建设实施，协调解决重大项目实施过程中遇到的问题，对难以解决的重大问题，向重大项目管理领导小组上报，请求协调解决，并提出意见和建议；

（四）会同区有关部门组织重大项目年度考核并提出奖惩意见；

（五）承办领导小组交办的其它工作。

第三章　工作机制

第八条　项目管理机制。领导小组办公室每年初汇拢项目年度建设及投资计划。三个产业主管部门农业农村委、工信局、商务局及各项目主管部门，应于每月3日前，对各自职能范围内的项目台账信息进行调整更新，对全区重大项目进展情况和固定资产投资完成情况做好现状及预期分析，做好协调调度，并按要求以表格的形式报领导小组办公室。领导小组办公室将相关数据汇总，反馈至区统计局进行核对后，报区领导小组，并不定期公布上报。

第九条　招商管理机制。建立按时报送招商引资情况制度。区合交办、区商务局于每月24日前，按照内资、外资口径，将各项目主管部门当月招商引资情况报送至领导小组办公室，领导小组办公室汇总后，报区领导小组，并将相关情况反馈至区合交办、区商务局正式组织上报。

第十条　协调推动机制。建立领导小组办公室“经济工作月例会”制度和“重大项目季推动”制度。领导小组办公室各成员单位原则上每月集中召开一次专题碰头会，分析进度、查找问题，研究提出加快推进和服务保障重大项目建设发展的意见建议。领导小组办公室原则上每季度至少要组织一次项目专题推动会，采取走下去直面企业和召开联席会议等方式，针对项目建设中存在的突出问题，研究破解方案，明确责任要求，推动项目加快实施。

第十一条　问题解决机制。各相关单位，必须明确项目管理工作的分管领导、责任科室及联系人，要制定完善项目管理工作制度，落实项目管理责任。领导小组办公室坚持问题为导向，对收集到的问题，责成相关单位予以解决，并做好跟踪推动，定期公布问题落实进度。

第四章　保障措施

第十二条　纳入考核体系。领导小组办公室年底按照各单位项目上报的及时性、准确性，统一组织对项目的主管部门和所在地进行年度考核，对先进单位和个人进行表彰，考核结果纳入区政府绩效考核。

第十三条　加强问责督办。定期对落实不力的项目责任部门和所在地主要领导在全区范围内进行通报，对工作懈怠、延误重大项目建设进程，影响全区考核任务完成的单位领导和项目责任人进行问责。

天津市北辰区人民政府办公室关于印发北辰区加快推进夜间经济发展的实施意见的通知

北辰政办发〔2019〕20号

各镇人民政府、街道办事处，各委、办、局，区直各单位：

《北辰区关于加快推进夜间经济发展的实施意见》已经区人民政府同意，现印发给你们，请遵照执行。

2019年6月12日

北辰区关于加快推进夜间经济发展的实施意见

为加快推进我区夜间经济发展，促进夜间市场繁荣，推进消费升级，提升城区经济活力，根据《天津市人民政府办公厅关于加快推进夜间经济发展的实施意见》精神，结合我区实际，现制定以下实施意见：

一、总体要求

（一）指导思想

以习近平新时代中国特色社会主义思想为指导，以习近平总书记视察天津和在京津冀协同发展座谈会上的讲话精神、对天津工作提出的“三个着力”重要要求为元为纲，全面贯彻落实市委、市政府的决策部署，聚焦“五个现代化天津”建设，加快中心城区和产城融合示范区建设为目标，集中力量提升载体，规范管理，聚焦产业，活跃经济，确定重要点位，着力建设一批夜间经济载体，组织各种要素共同发挥作用，突出夜间经济的经营特点，努力营造高品质夜间营商消费环境。

（二）工作原则

1. 政府引导、企业运作。加强科学规划，积极招商引资，以政策支持引导夜间经济发展，充分发挥企业主体作用，引进专业团队参与夜间经济管理运营。

2. 品质引领，突出特色。坚持品质优先，注重创新模式，形成统筹推进、业态多元、错位发展的良好夜间消费服务氛围。

3. 统筹协调，加强监管。坚持属地管理、行业监管，统筹本地夜间经济街区的规划建设和日常管理，形成属地和有关职能部门各司其职、协同实施、促进发展、管理规范的夜间经济发展格局。

（三）主要目标

按照提升改造夜间街区、策划形成亮点活动、创新推广新型业态的思路，计划以双街古街、御龙湾广场两个商业体为基础，打造形成我区各具特色的夜间经济示范街区，形成市场繁荣、功能完善、主题突出、管理规范的夜间经济发展格局。

二、重点任务

（一）建设区级夜间经济示范街区

依托双街古街餐饮美食集聚、建筑特色突出的特点，建设餐饮集聚型夜间经济示范街区；依托御龙湾广场商户众多、地域开阔、交通便利的特点，建设文体消费型夜间经济集聚区。各街道办事处通过综合整治、规范管理，可以选择有条件的地区，引入具有管理经验的团队打造特色鲜明的夜间经济集聚区。

（二）打造一批特色型夜市

鼓励现有商场超市、商业街区、文化演出场所、体育健身场地进一步完善设施，调整业态、提升品质、延长营业时间，融入“老字号”品牌，打造丰富多元、特色错位的商业零售和文体消费等特色夜市。

（三）精心组织夜间特色活动

按照全市统一部署，搞好“夜赏津曲”、“夜品津味”、“夜购津货”特色体验活动；围绕元旦、春节、中秋、国庆等重大假日，组织丰富多彩的节庆活动，培育多元化夜间消费模式。举办旅游嘉年华、夏日啤酒节、葡萄采摘节、“购北辰”等特色商贸、文旅活动，形成一批常态化、亲民化、特色化品牌。

三、具体工作

（一）集中力量打造特色夜间经济特色示范区，按照本方案中对双街古街、御龙湾广场的定位，分三个阶段实施改造提升工作。

2019年4月，为方案准备阶段，利用1个月时间组织考察学习，形成方案，落实资金和合作运营方等工作，完成改造提升前的各项准备工作；2019年5月至6月，为实施改造阶段，利用2个月左右的时间，实施并完成两个商业街区的夜间经济改造工程，具备试运营条件；21019年7月至10月，为夜间经济特色商业示范区运营时间，用丰富多彩的夜间经济活动，带动区域经济活跃，丰富群众的业余生活，培育和打造我区夜间经济的新亮点。

（二）将重点建设的夜间经济街区纳入环境整治和亮化、绿化工程的年度重点，提高净化、亮化、绿化、美化水平。本着适度放宽的原则，对夜间经济街区商户注册设立和牌匾、灯箱等设置依标准规范等纳入绿色审批通道，在法律法规允许的范围内简化审批程序。

（三）晚20至24时放宽相关摆卖管制，在符合环境保护、安全生产、消防安全、市政环卫等相关规定，不扰民、不影响交通秩序等前提下，对部分路段的夜间经济街区配套进行规范，经审批允许沿街商户利用街面开展形象展示推广活动。

（四）鼓励商场、超市、餐饮、休闲、娱乐、演出、健身等业态延长经营时间，推出夜间特色产品和服务。大力引进知名夜市的特色品牌商户，支持24小时便利店、无人售卖等新业态发展。

（五）组织夜间经济街区属地梳理本区范围内及周边停车场情况，提出优化街面停车位管理、夜间临时停车等具体措施。进一步优化夜间经济街区附近公共交通线路设置，加密夜间运行班次，延长夜间运营时间。

四、相关保障

（一）强化组织领导。成立北辰区发展夜间经济领导小组，由分管副区长任组长，区商务局、城市管理委员会、综合执法局、文化和旅游局、财政局、环保局、运管局、市场监督管理局、公安北辰分局、政府督查室等部门和相关镇街为成员单位，统筹推进全区夜间经济发展。领导小组定期召开会议，制定工作计划，总结工作进展，研究决定需要协调解决的问题。各成员单位要坚持目标导向和问题导向，按照职责分工，落实工作责任，形成工作合力。领导小组办公室设在区商务局，负责牵头协调推进，配合市有关部门开展夜间经济示范街区认定和授牌，落实督导和考核等日常工作。

（二）强化政策支持。夜间经济街区运行管理原则上实行“以市养市”，区财政可根据需求适当给予补助；为美化街景设置的公共照明和装饰照明设施等非经营性用电可接入公共配电网，相关费用由区财政承担。

（三）完善配套设施。充分考虑夜间经济特点，完善水电气供给、污水收集排放、餐饮油烟处理、垃圾分类处理等配套设施。完善食品安全、治安、消防等配套管理措施和服务功能，切实提升服务夜间经济发展的管理保障水平。

（四）强化宣传引导。通过报刊、广播、电视、网络、微信公众号等媒体和平台，围绕夜间经济示范街区开展夜间经济系列宣传推广，向广大消费者提供形式多样、内容丰富的夜间消费资讯服务，为加快夜间经济繁荣与发展营造良好氛围。

天津市北辰区人民政府办公室关于印发天津市北辰区老年人助餐服务工作实施方案的通知

北辰政办发〔2019〕26号

各镇人民政府、街道办事处，各委、办、局，区直各单位：

《天津市北辰区老年人助餐服务工作实施方案》已经区人民政府同意，现印发给你们，请遵照执行。

2019年12月24日

北辰区老年人助餐服务工作实施方案

根据市政府办公厅《关于推进老年人助餐服务工作试行办法的通知》（津政办发〔2019〕30号）文件精神，结合我区实际，制定我区老年人助餐服务工作实施方案如下。

一、目标任务

老年人助餐服务工作以解决老年人“吃饭难”问题为目标，为老年人提供安全、方便、实惠的助餐服务，重点保证三类特殊人群的就餐需求，确保至2019年底，各街道、天穆镇、北仓镇、双街镇、宜兴埠镇完成开设一级老人家食堂，到2020年实现全覆盖。

二、基本原则

（一）市区指导、街镇主办。老年人助餐服务工作纳入民心工程，街镇和居（村）具体组织实施老人家食堂的开设、运营、管理等。

（二）政府扶持、社会化运营。通过市、区两级助餐补贴，鼓励引入社会力量参与助餐项目，支持社会力量建设和运营老人家食堂。鼓励老人家食堂规模化、连锁化、标准化运营。

（三）平台管理、信息化支撑。运用“互联网+”和大数据技术，开发老年人助餐服务信息平台，提升助餐服务智能化、信息化和便捷化水平，打造线上、线下融合发展的助餐服务网络。

三、助餐服务流程

（一）开设老人家食堂

各街镇至少开设1家一级老人家食堂，采取社会化运营的方式，委托日间照料中心食堂、养老机构食堂、社区食堂、区级配餐中心、社会餐饮企业等为助餐机构，为街镇域内有需求的老年人提供助餐服务。各居（村）委会根据需要，可以设置集中就餐点（二级老人家食堂）。

（二）配餐方式

采用自取餐、集中就餐、送餐（指定助餐点）3种配餐方式。

（三）经营单位监管

承接老人家食堂的助餐机构必须具备独立法人资格、食品经营许可、消防安全等资质。鼓励养老机构食堂、社区食堂、区级配餐中心参与经营。

助餐机构由街镇择优委托开设，并报区民政局进行备案，统一悬挂老人家食堂标识。

四、补贴政策

（一）补贴对象

本市户籍80周岁以上的老年人；本市户籍60周岁以上低保、低收入且照料等级为重度的老年人；享受本市困难残疾人生活补贴中60周岁以上且残疾等级为一、二级的重度残疾人。入住养老机构的老年人暂不享受助餐补贴。具有本市非本区户籍且满足上述条件的老年人可在我区申请助餐服务，享受助餐补贴。

（二）补贴申请

符合补贴条件的老年人（监护人），按居住地凭个人身份证和户口本通过网上平台自行申请助餐服务，也可到现居住地居（村）委会请工作人员协助办理。经审核通过后，享受助餐补贴。

（三）补贴标准

老年人助餐补贴：符合补贴条件的老年人给予每餐3元（每天午餐1次，每周5天）的助餐补贴。助餐补贴不发放现金，通过助餐价格优惠的方式体现。

老人家食堂运营补贴：为老年人每发放1次助餐补贴，给予老人家食堂2元的运营补贴。

五、供餐标准

老人家食堂面向公众开放，重点服务老年人，优先满足对三类特殊人群助餐。为享受补贴老年人提供助餐，要提供价格为13元的标准套餐（各街镇可视情调整餐费标准，但上下浮动不应超过30%）不少于2种，供老年人选择。

六、订餐方式

（一）网上订餐

通过市级老年人助餐服务信息平台——天津老人助餐APP订餐。

（二）电话订餐

根据老人家食堂服务电话进行订餐。

七、工作要求

（一）加强组织领导。建立分管副区长牵头的老年人助餐服务工作领导机制，统筹推进老年人助餐服务工作。区民政局要加强对助餐服务工作的指导和补贴资金管理，逐步应用信息化管理手段。区财政局要严格落实补贴资金，加强资金管理。区市场监管局要加强老人家食堂的食品安全监管。区商务局要积极引导有条件的餐饮企业参与老年人助餐服务。区公安交管部门要对老年专用送餐车的通行给予支持。街镇和居（村）要对补贴对象开展资格审核及信息录入，组织老人家食堂的开设、运营和管理等。

（二）加大资金支持。市、区两级财政给予运营补贴和助餐补贴，并安排一定资金推动本区老年人助餐服务发展。按要求先行先试的街镇，补贴从实际开展助餐服务工作日起算。

（三）加强评估监管。要建立准入、退出和评估机制，采取委托第三方等多种方式对助餐服务工作、食品安全、食堂管理等进行评估，并依据结果进一步规范老年人助餐服务。

（四）加大宣传力度。利用报刊、网络、微信等各种媒体公开老人家食堂的分布地点和“助餐地图”，确保政策宣传覆盖每个居（村）、每户家庭、每个老年人。积极争取社会各界特别是老年人的理解和支持，不断提高知晓率，让更多老年人享受更加便捷高效优质的助餐服务。

各部门、各街镇要按照文件精神，认真落实方案，充分认识开展老年人助餐服务的重要性，明确分工，落实责任，加强协调，形成合力。各街镇要抓好本域内一级老人家食堂助餐单位的咨询、选择、认定工作，将民心工程落到实处，提升老年人的获得感、幸福感。

2019年中共北辰区委印发公开文件一览表

日期	文号	文件名称
1月6日	津辰党发〔2019〕1号	中共天津市北辰区委2019年工作要点（2019年1月6日中国共产党天津市北辰区第十一届委员会第八次全体会议通过）
1月10日	津辰党发〔2019〕3号	中共天津市北辰区委 天津市北辰区人民政府印发天津市第七环境保护督察组《北辰区环境保护督察反馈意见》和冯卫华同志在北辰区情况反馈会上的表态发言的通知
1月31日	津辰党发〔2019〕4号	关于印发《北辰区贯彻落实天津市第七环境保护督察组督察反馈意见整改方案》的通知
2月26日	津辰党发〔2019〕6号	中共天津市北辰区委 天津市北辰区人民政府关于印发《北辰区2019年20项民心工程》的通知
3月12日	津辰党发〔2019〕7号	中共天津市北辰区委关于印发《2019年北辰区政党协商计划》的通知
3月21日	津辰党发〔2019〕10号	中国共产党天津市北辰区第十一届委员会第九次全体会议决议（2019年3月21日中国共产党天津市北辰区第十一届委员会第九次全体会议通过）
3月29日	津辰党发〔2019〕13号	中共天津市北辰区委 天津市北辰区人民政府关于支持检察机关提起公益诉讼的意见
4月4日	津辰党发〔2019〕14号	关于中共天津市北辰区委书记、副书记、常委分工的通知
4月4日	津辰党发〔2019〕16号	中共天津市北辰区委 天津市北辰区人民政府关于加快推进质量立区战略开展质量提升行动的实施意见
4月15日	津辰党发〔2019〕15号	中共天津市北辰区委关于印发《北辰区2018—2022年干部教育培训工作实施方案》的通知

续表

日期	文号	文件名称
4月18日	津辰党发〔2019〕17号	中共天津市北辰区委　天津市北辰区人民政府印发《北辰区关于实行“战区制、主官上、权下放”推进党建引领基层治理体制机制创新的实施方案》的通知
6月6日	津辰党发〔2019〕19号	中共天津市北辰区委关于设立中共天津市规划和自然资源局北辰分局党组的通知
12月14日	津辰党发〔2019〕22号	中共北辰区委关于深入贯彻落实《中共中央关于坚持和完善中国特色社会主义制度、推进国家治理体系和治理能力现代化若干重大问题的决定》的实施方案（2019年12月14日中国共产党天津市北辰区第十一届委员会第十次全体会议通过）

2019年北辰区委办公室印发公开文件一览表

日期	文号	文件名称
1月16日	津辰党办发〔2019〕1号	关于公布天津市北辰区党政机构设置方案的通知
1月19日	津辰党办发〔2019〕5号	关于印发区委巡察一组《关于对区委办党组织常规巡察情况的反馈意见》和孙华红同志在区委办公室巡察反馈会上的讲话、刘春斌同志表态发言的通知
2月2日	津辰党办发〔2019〕6号	中共天津市北辰区委办公室印发《北辰区关于市第11检查组2018年度全面从严治党主体责任检查考核反馈问题整改方案》的通知
2月18日	津辰党办发〔2019〕7号	中共天津市北辰区委办公室　天津市北辰区人民政府办公室关于印发《天津市北辰区生态环境损害赔偿制度改革实施方案》的通知
2月21日	津辰党办发〔2019〕8号	中共天津市北辰区委办公室　天津市北辰区人民政府办公室关于印发《北辰区2019年“双万双服促发展”活动工作方案》的通知
2月26日	津辰党办发〔2019〕9号	关于印发《北辰区2019年区级重点工作任务清单和责任清单》的通知
4月30日	津辰党办发〔2019〕11号	中共天津市北辰区委办公室　天津市北辰区人民政府办公室关于印发《天津市北辰区深化街镇机构改革实施方案》的通知
5月20日	津辰党办发〔2019〕13号	中共天津市北辰区委办公室印发《北辰区关于解决形式主义突出问题为基层减负的工作措施》的通知
6月17日	津辰党办发〔2019〕15号	中共天津市北辰区委办公室关于印发《天津市北辰区公务员职务与职级并行制度实施方案》的通知
7月30日	津辰党办发〔2019〕18号	中共天津市北辰区委办公室关于印发《北辰区街道纪检监察工委书记、副书记提名考察办法（试行）》的通知
10月14日	津辰党办发〔2019〕21号	中共天津市北辰区委办公室　天津市北辰区人民政府办公室关于印发《加快推进北辰教育现代化实施方案（2018—2022年）》的通知
12月6日	津辰党办发〔2019〕23号	中共天津市北辰区委办公室　天津市北辰区人民政府办公室关于印发《天津市北辰区深化综合行政执法改革实施方案》的通知

2019年北辰区政府规定性文件一览表

时间	文号	标题
6月20日	北辰政规〔2019〕1号	天津市北辰区人民政府关于印发北辰区残疾儿童康复救助制度实施办法的通知
8月6日	北辰政规〔2019〕2号	天津市北辰区人民政府办公室关于印发北辰区大力发展学前教育两年行动方案（2019—2020年）的通知

续表

时间	文号	标题
8月12日	北辰政规〔2019〕3号	天津市北辰区人民政府办公室关于印发天津市北辰区区属企业国有资产评估管理暂行办法的通知

2019年北辰区政府公开文件一览表

时间	文号	标题
1月29日	北辰政发〔2019〕1号	天津市北辰区人民政府关于调整北辰区人民政府领导班子分工的通知
2月12日	北辰政发〔2019〕2号	天津市北辰区人民政府房屋征收通告
2月11日	北辰政发〔2019〕3号	天津市北辰区人民政府关于印发北辰区残疾儿童康复救助制度实施办法的通知
2月20日	北辰政发〔2019〕4号	天津市北辰区人民政府关于调整北辰区人民政府领导班子分工的通知
4月23日	北辰政发〔2019〕6号	天津市北辰区人民政府关于印发北辰区2019年打好污染防治攻坚战七个作战计划的通知
6月4日	北辰政发〔2019〕7号	天津市北辰区人民政府关于调整北辰区人民政府领导班子分工的通知
7月24日	北辰政发〔2019〕8号	天津市北辰区人民政府关于印发轧钢二厂宿舍房屋征收决定的通知
7月24日	北辰政发〔2019〕9号	天津市北辰区人民政府关于印发天津市北辰区人民政府房屋征收通告的通知
7月24日	北辰政发〔2019〕10号	天津市北辰区人民政府关于调整北辰区人民政府领导班子分工的通知
8月26日	北辰政发〔2019〕11号	天津市北辰区人民政府关于调整北辰区人民政府领导班子分工的通知
8月30日	北辰政发〔2019〕12号	天津市北辰区人民政府关于印发北辰区促进就业工作实施方案的通知
9月30日	北辰政发〔2019〕13号	天津市北辰区人民政府关于北辰区人民政府政府区长常务副区长、副区长分工的通知
9月30日	北辰政发〔2019〕14号	天津市北辰区人民政府关于设立天津陆路港物流装备产业园西堤头南区分园、调整天津市北辰区双口镇工业区屈店分园名称和管理权限的决定
10月29日	北辰政发〔2019〕15号	天津市北辰区人民政府关于印发北辰区加快推进社会信用体系建设 构建以信用为基础的新型监管机制的实施方案的通知
11月19日	北辰政发〔2019〕16号	天津市北辰区人民政府关于公布第五批区级非物质文化遗产代表性项目名录的通知

2019年北辰区政府办文件一览表

时间	文号	标题
1月9日	北辰政办发〔2019〕1号	天津市北辰区人民政府办公室关于印发北辰区“双违”治理工作补贴资金管理办法的通知
1月17日	北辰政办发〔2019〕2号	天津市北辰区人民政府办公室关于启用天津市北辰区住房和建设委员会等印章的通知
2月20日	北辰政办发〔2019〕3号	天津市北辰区人民政府办公室关于印发天津市北辰区重污染天气应急预案的通知
3月4日	北辰政办发〔2019〕4号	天津市北辰区人民政府办公室关于印发北辰区项目引进联审工作暂行办法的通知
3月6日	北辰政办发〔2019〕5号	天津市北辰区人民政府办公室关于印发北辰区示范小城镇安置房维修资金管理办法的通知
3月6日	北辰政办发〔2019〕6号	天津市北辰区人民政府办公室关于规范示范小城镇还迁安置房和配套公建建设工程评审及履行公开招标程序的通知

续表

时间	文号	标题
3月6日	北辰政办发〔2019〕7号	天津市北辰区人民政府办公室关于印发关于建立镇政府对示范小城镇平台公司重大事项管理工作机制的实施意见的通知
3月6日	北辰政办发〔2019〕8号	天津市北辰区人民政府办公室关于健全完善示范镇建设整体资金成本审核工作的通知
3月8日	北辰政办发〔2019〕9号	天津市北辰区人民政府办公室关于印发天津市北辰区钢铁产能退出方案的通知
3月14日	北辰政办发〔2019〕10号	天津市北辰区人民政府办公室关于调整北辰区人民政府办公室主任和副主任工作分工的通知
3月25日	北辰政办发〔2019〕11号	天津市北辰区人民政府办公室关于印发天津市北辰2019年对口支援西藏丁青县等四个实施方案的通知
4月11日	北辰政办发〔2019〕12号	天津市北辰区人民政府办公室关于印发北辰区落实天津市进一步推进供给侧结构性改革降低实体经济企业成本第二批政策措施意见的通知
4月2日	北辰政办发〔2019〕13号	天津市北辰区人民政府办公室关于印发天津市北辰区定向安置经济适用住房价格管理办法实施细则的通知
4月10日	北辰政办发〔2019〕14号	天津市北辰区人民政府办公室关于印发北辰区重大项目管理办法的通知
4月24日	北辰政办发〔2019〕15号	天津市北辰区人民政府办公室关于印发北辰区节水型社会达标建设实施方案的通知
3月21日	北辰政办发〔2019〕16号	天津市北辰区人民政府办公室关于成立天津市北辰区城镇低效用地调查建库工作领导小组的通知
4月29日	北辰政办发〔2019〕17号	天津市北辰区人民政府办公室印发关于全面推行行政执法公示制度执法全过程记录制度重大执法决定法制审核制度实施方案的通知
5月23日	北辰政办发〔2019〕18号	天津市北辰区人民政府办公室关于印发 2019年天津市东西部扶贫协作新增资金实施方案的通知
5月24日	北辰政办发〔2019〕19号	天津市北辰区人民政府办公室关于示范镇项目城市基础设施配套建设的工作意见
6月12日	北辰政办发〔2019〕20号	天津市北辰区人民政府办公室关于印发北辰区加快推进夜间经济发展的实施意见的通知
9月5日	北辰政办发〔2019〕21号	天津市北辰区人民政府办公室关于印发解决部分退役士兵社会保险接续问题有关工作的实施方案的通知
9月30日	北辰政办发〔2019〕22号	天津市北辰区人民政府办公室关于印发北辰区整合类工业园区管理办法（试行）的通知
10月17日	北辰政办发〔2019〕23号	天津市北辰区人民政府办公室关于改革完善医疗卫生行业综合监管制度实施方案的通知
11月5日	北辰政办发〔2019〕24号	天津市北辰区人民政府办公室关于全面推行行政规范性文件合法性审核机制的实施意见
12月19日	北辰政办发〔2019〕25号	天津市北辰区人民政府办公室关于印发天津市北辰区重污染天气应急预案的通知
12月19日	北辰政办发〔2019〕26号	天津市北辰区人民政府办公室关于印发天津市北辰区老年人助餐服务工作实施方案的通知
12月20日	北辰政办发〔2019〕27号	天津市北辰区人民政府办公室关于印发天津市北辰区地震应急预案的通知
12月20日	北辰政办发〔2019〕28号	天津市北辰区人民政府办公室关于转发区生态环境局拟定的北辰区畜禽养殖禁养区划定方案（2019年修订）的通知

媒体看北辰

一所乡村学校的“幸福教育”

——走进北辰区双口镇上河头村河头学校

再过几天，将迎来期末考试。传统观念里，此时的老师应该忙碌地帮学生们查缺补漏，而学生们则忙碌复习。当走进北辰区双口镇上河头村河头学校，聆听了林茂老师的一节中学班会课后才感到，原来，备考除了埋头学习，还可以很有趣。

“今天的班会课，我们做个游戏，比赛吃巧克力。”林老师的开场白调动了学生们的积极性。“比赛分两个回合，一是比赛看谁吃得快；二是看谁吃得慢。”在欢快的氛围中，比赛分出了胜负。

紧接着，林老师的提问耐人寻味，“请参赛同学谈谈，巧克力当吃得比较快时，是什么味道？慢慢吃，又是什么味道？”“吃得快，没觉得有什么味道，慢慢吃，先是苦的，后来越吃越甜……”在大家你一言、我一语后，林老师道出比赛的意义，“其实，学习和吃巧克力一样，若是囫囵吞枣，它就会涩而无味，要是用心面对，你会觉得苦中带甜，因为工夫不负有心人。”

小小的游戏，既让学生们放松了身心，也感悟到学习的真谛。

其实，眼前师生融洽的景象，放在11年前林老师刚到学校时，根本不敢想。从安徽师范大学毕业的林老师，带着理想选择了一所乡村学校，但第一堂课，一腔激情就被浇个透心凉。“看我是新老师，又年轻，就有同学以各种‘调皮捣蛋’的方式向我挑战，根本没有上课的样。”林老师说，被“欺负”心里不好受，就赌气说，觉得我不配当老师，那敢不敢和我比一比谁厉害。没想到，真有同学“应战”，问我比什么。我说比意志力，看谁每天起得早，到学校坚持跑步。从此，我们一起跑步，越跑越近，学生们也把我当成“自己人”。如今，林老师所带班级的同学把晨跑当成一种习惯，林老师也把晨跑当做培养孩子们意志力的一种方式。

和学生们打成一片后，林老师发现，相比城市里的孩子，乡村孩子普遍存在缺乏自信的问题。对此，他创造条件，和学生们一起“雪地读诗”、一起“中午吃饭”谈理想、一起看励志电视剧……渐渐地，孩子们找到了属于自己的自信，曾经见人就躲、不敢开口的男孩可以代表班级在全校学生面前演讲。

“听林老师讲课，总感觉时间过得特别快，都是故事，小故事里还蕴含着大道理，寓教于乐的讲课方式，对于考试特别受益，每次测验我们班的成绩都是年级第一。”四届初三毕业班，连续四届会考成绩名列北辰区第一名，令人“刮目相看”。

日前，林茂在团市委组织开展的首届青年创新创业创优能手评选活动中，获得“天津青年创优能手”称号。他说，教育是生命与生命的对话，教育不仅是学习成绩，更是心灵关怀。林茂用真诚的爱感染着每一个孩子的心灵，孩子们的成绩在不断攀升，更重要的是学会了自信、友善。

（该文选自2019年1月8日《天津日报》，作者：韩雯）

昔日“赤字村”今日“亿元村”

高标准的快餐包装，在韩家墅工业区内企业的一个个车间中被生产打包；黄澄澄的新鲜香蕉，在韩家墅海吉星农产品批发市场被装上一辆辆货车，陆续送往目的地；市场急需的上百种板材，在韩家墅集成板材集散中心的一笔笔订单中，销往全国各地；郁郁葱葱的苗木，在韩家墅苗木种植基地中，焕发勃勃生机……韩家墅村，这个坐落在天津市北辰区青光镇的小村庄，如今正在用自己的方式影响全国。

抚今追昔，韩家墅村的发展并不是一帆风顺。上世纪90年代初，汽车制造业带动了韩家墅村配套加工业的兴起，也让这个6.3平方公里的村庄成了北辰区第一个产值“亿元村”。但随着汽车配套产业的衰落，到2003年底，这里成了负债千万元的“赤字村”。今年5月，记者来到这里看到，经过16年大刀阔斧改革，韩家墅村再次成为远近闻名的“亿元村”，感受到村强民富、欣欣向荣、融合发展的光明前景。

曾经栽过跟头

说起“韩家墅”这个名字，不少上了岁数的村民会向年轻人娓娓道来：康熙年间，有韩姓的人为了猎野鸭，选择在这里搭铺，被称为“韩鸭铺”。后来，这里迁入了马、王、田、杨等姓，因为垂柳茂盛，于是改称“韩柳村”。到了雍正八年，又被大家叫成了“韩家树”。光绪二十年，村绅马利山把“树”改成了“墅”。

在韩家墅村党委副书记刘振刚的眼中，韩家墅村是幸运的，“我们发展的第一步踩在了点儿上。上个世纪90年代初，汽车制造业起步，我们村办起了不少厂子，全是给汽车做配件的，村集体经济一度攀升，产值过了亿元。”刘振刚笑着说，“那时候，我们赚到过第一桶金。”

可好景不长，随着汽车配套产业的衰落，依靠汽车制造业的大大小小村办企业相继停产，韩家墅村的经济一落千丈。到了2003年底，韩家墅村从红火的“亿元村”变成了村集体经济负债达到1000余万元的“赤字村”。

面对产业失误造成的困境，2004年，新一届村“两委”班子临危受命，“我们下定决心要大刀阔斧地改革，不改革没有出路。当时谋定后动，制定了‘收回村办企业集体承包权，再将厂房设备对外租赁’的企业改制方案。”说起村子的拼搏史，刘振刚的眼神中透着激动，“我们建成的工业园区，吸引了不少企业，当年收缴改制企业资金6000万元，实现租赁收入400万元，我们成功地迈出了第一步，这也是我们村壮大发展的基础。”

走出融合发展的新路

“单一发展”栽跟头，让韩家墅人开始明白，多产业协同才是长久发展的硬道理。“我们现在坚持一二三产业协同、农业做精、工业做强、服务业做大，形成了‘一区四场一街一基地一家园’的发展新格局，走出了融合发展的新路子。到了2008年，村集体经济收入4200万元，村民人均收入达到了13000多元。”不用查资料，新格局的“大数据”刘振刚向来都是张口就来：总投资1.91亿元建设了占地400余亩的工业园；投资6亿元建设了占地950亩的农产品批发市场；投资4045万元建设了占地4万平方米的集成板材集散中心；投资1693万元建设了占地400亩的钢材市场；投资5825万元建设了占地120亩循环物资市场以及津霸商业街。

如今，韩家墅工业区为众多企业带来了腾飞发展，“我们现在有100多家企业在这里经营，以生产型的企业为主。”韩家墅工业区主任田义水告诉记者。

在四个市场中，最贴近普通百姓生活的莫过于在外环西路与北辰西道交汇处附近，布局在北辰西道两侧的韩家墅海吉星农产品批发市场。如今的韩家墅海吉星农产品批发市场，已经形成了露天、封闭、仓储、物流“四大交易格局”，拥有固定商户2000多家，年交易量130万吨，交易额近60亿元。尤其是香蕉交易，这里是华北最大的香蕉交易区，日交易量1000吨左右。先后与全国30个重点物流集团建立业务往来，吸引国内40多家知名品牌入驻。

伴随着各项产业的蓬勃发展，2012年，韩家墅村集体经济收入达到1.02亿元，成为了含金量更高的“亿元村”。到2018年，村集体经济收入达1.92亿元，实现了更大飞跃。

5000亩“绿色银行”四面环绕

经济上去了，环境更不能输。2013年至今，村集体通过集中流转村内闲散地、弃荒地，大力培育苗木产业，已建成5000亩、津西北最大的苗木种植基地。

分管苗木种植基地的村党委委员张振忠因常年在基地管理巡视，脸晒得更加黝黑。张振忠介绍，“苗木种植基地不仅让我们这儿的空气变好了，现在经过三年的精心培育，部分苗木已经陆续出圃销售，也成为村集体经济增收的‘绿色银行’。”

在苗木种植基地旁的一个带状公园入口处，有一块韩家墅村环境治理的展示板，上面有韩家墅村环境治理前后的对比照片，从臭水横流、垃圾遍地、街道脏乱到绿树成荫、水波荡漾、屋舍整洁。刘振刚说：“这是我们三年行动的成果。要让我们的村民看到环境的变化，让他们能够珍惜。”

“生活在这儿真的太幸福了”

幼有所育、学有所教、劳有所得、病有所医、老有所养、弱有所扶、住有所居，在韩家墅村都已成为现实。刘振刚介绍说，村里投资4000万元建成的韩家墅小学，拥有现代化、高标准的设施，保证了教育质量。根据村民就医需求，与北辰中医院共建北辰中医院韩家墅分院，定期邀请专家到村中坐诊，使村民的健康有了更加可靠的保障。秧歌队、健身队、京剧班、高跷队、合唱团等文娱活动，丰富了村民的业余文化生活……

“现在的日子，以前哪敢想呢。我还没退休那会儿，就期盼着我退休以后能拿500块钱的福利，那就了不得了。”但让62岁的村民杨学梅没想到的是，“我们村老人现在每个月能领1800块钱的福利，孩子上高中和大学，都能拿到2000块到6000块钱的奖励，像我儿子大学毕业后上班，每个月还有1000块钱的福利。”杨学梅给记者算了一笔账，每个月一家三口除了村里给的福利，他和老伴儿还有各自的新农村社保，再加上儿子参加工作的工资，每个月家里就能有1万多元的收入。

2019年，韩家墅村集体经济收入预计将达到2亿元，村里的新动作让村民又有了新的期盼，“现在农村集体产权制度改革，我们很快就由村民转为股民了，这是一件天大的好事，以后村集体经济越壮大，我们分得的红利就越多。生活在这儿我们真的太幸福了。”说起未来，村民刘文富信心满满。

（该文选自2019年5月18日《天津日报》，作者：鲍燕）

天津北辰打造全景式审批服务

本报天津讯（记者郭海涛）天津市北辰区政务服务办近年来转变审批服务理念，责成相关科室搞调研、定事项、理要件、优流程，将涉及的审批事项的申请场景进行集成优化，实现一窗进出，接办分离，后台流转，同步办理，最终探索出了9个模块的贴心式审批场景，最大程度方便企业和办事群众。

采取承诺制以及邮件和电话形式进行审批材料补正，大力精简审批时限环节，让企业少跑路，为企业争分夺秒争取最高效率，最终实现了办学许可证和工商营业执照同日出“四证”，为企业提供VIP的“保驾护航”服务，让企业切实感受到北辰营商环境的温度。

企业是否方便、群众是否满意，是北辰区政务服务办工作的出发点和落脚点。通过推出全景式审批服务，实现了证照办理一次搞定。

如果放在从前，办事人需要先交办学许可的材料，然后经过专家评审通过后才能获得审批，全程承诺时限需要10个工作日，而且专家评审日期不计算在行政许可日期内。取得办学许可证后，办事人再向工商部门递交办理营业执照的材料，办理企业注册。现在，推出场景式审批，老百姓进入大厅，不用担心开办幼儿园要办哪些证，只需要告诉窗口人员想办个什么性质的幼儿园就能知道证照的种类，随后便会享受到政务超市式的采购服务。例如，办理营利性幼儿园需要取得哪些证？具体要什么要件？需要哪些流程？审批时限是多少个工作日……都会一次性告知，并帮助选取出可以组合办理的证照。通过提交一次材料，相关证照全部办完，一次搞定，而且可以享受证照EMS邮寄服务。

下一步，北辰区政务服务办将继续升级便民服务模式，立足企业和群众实际需求，对审批业务进行多维度重组，满足企业和群众多样化、个性化需求，深化承诺制、场景式审批，打造全景式服务，全力推动北辰行政审批制度改革再上新台阶。

（该文选自2019年8月26日《中国经济时报》，作者：郭海涛）

正义，不仅要实现，还要更及时

——天津北辰区法院“清零”长期未结案工作纪实

诉讼效率是民事诉讼不可忽视的价值，长期未结案件不仅直接影响当事人合法权益的及时实现，还影响当事人对 法院公信力的评价。清理长期未结案工作一直是法院工作任务的重中之重。天津市北辰区人民法院持续一年半及三年 以上未结案“双清零”状态已经达一年。亮眼的成绩单背后，北辰区法院付出了哪些努力？

抓实责任，院庭长当好“领头雁”

长期未结案，形成的原因有哪些？北辰区法院的审委会、专业法官会议多次进行研究，在明确严格管控常量、重点消化存量、常态控制增量策略的同时，着重强调了院庭长的职责。北辰区法院审委会专职委员于翔明显感觉到压力变大了：“院长是案件审限管理的总负责人，案件承办人和审判组织人员为具体责任人，案件处于超审限阶段的，承办人、部分负责人、审判管理部分负责人和分管院领导是共同责任主体，几乎每个长期未结的案子都有我们的责任，而且清理长期未结案已经成为落实审判管理职责的硬指标。”北辰区法院明确，分管院领导直接督办指导分管部门案件清理，通过组织专题会议，逐案讨论分析，亲力亲为抓办。对确有困难的案件，分管院领导、部门负责人主动参与合议庭审理，集中精力寻找突破点，确保妥善处理，对未按期清结的案件，由院长对承办人进行督促谈话。此外，院庭长还充分发挥审判职责和示范引领作用，积极负责重大、疑难、复杂、新类型案件，2019年上半年，院庭长办案数量达2717件，占结案总数的34.81%。

明权析责，法官打响“攻坚战”

“员额制改革后，所有的裁判文书都由承办法官负责审核和签发，院庭长不再签发非其参与审理案件的任何裁判文书。”北辰区法院的员额法官王广阳说，“案子终身负责，而且长期未结案件也被纳入了绩效考核，作为评优晋级的重要 依据，不审慎是不可能的，不着急更不可能。”王广阳手里曾有一起长达一年半之久的未结案件。2016年10月底立案，被告非本地人，购买房屋后，房价飞涨，原告反悔起诉解除合同，致使房屋无法完成过户手续。双方的态度都非常坚决，均不愿接受调解，而相关部门由于职能交接未能留下充足的证据，期间房屋因另案被查封，因案件未到执行阶段，无法提出执行异议，案子陷入停滞。2018年6月至8月，北辰区法院针对一年半以上未结案件屡鉴不定、久审不决、久执不结的情况，实行“定档排期、限时清理”，集中开展了长期未结案件专项清理活动。王广阳手里的这块“硬骨头”也在此次专项活动中被“啃”了下来。他来到房管局仓库，将堆砌的十来个麻袋挨个打开，翻阅一个个档案，终于查实出售人系恶意违约。面对铁证，出售人终于承认并同意调解，最终双方当事人达成协议，出售人赔偿房屋差价40万元。王广阳收获了当事人的锦旗和鲜花。北辰区法院实现了全院一年半以上未结案全部“清零”。

建章立制，筑牢清积“防火墙”

为提高审判工作效率，进一步推进案件审限管理规范化，预防和清理长期未结案件，确保公正、高效审理案件，实现收结案件良性循环，北辰区法院出台了《关于进一步加强审限管理预防、清理长期未结案件的规定》，明确了各类 案件的审理、执行期限，立案及审理期限的计算，审限变更程序和要求，案件审限管理的主体责任，以“管控依靠机制、重点消化存量、常态控制增量”为原则，建立起一整套审限管控流程标准。通过加强日常管理、专项清理，形成了“事先预警、事中预防、定期通报、督办台账、限期清理”等长效机制，加强源头防控，每月动态跟踪、通报长期未结案件情况，预警提示临近一年半及一年的案件，要求承办人及时提交结案计划方案，分析长期未结案产生原因，并定期向分管院领导汇报结案进度，司法辅助办公室配合跟踪、反馈、督促鉴定评估事项，实现限期清理。2019 年上半年，该院实现半年以上长期未结案同比下降82.7%。

（该文选自2019年10月1日《人民法院报》，记者：吴玉萍）

索引

北辰年鉴
2020

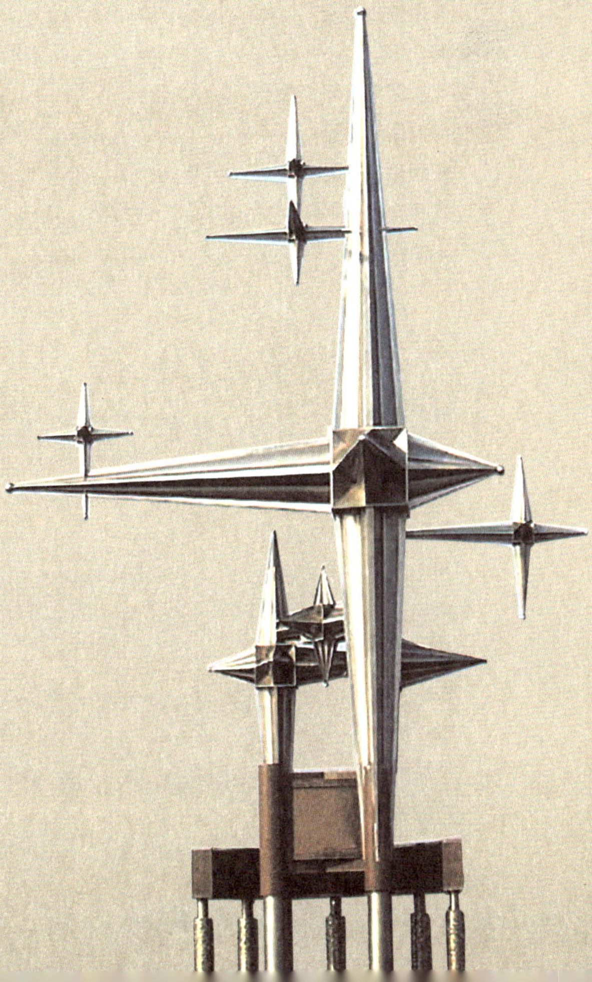

一、条目

H

J

K

L

M

N

P

Q

R

S

X

Y

二、附

三、表

四、文献

五、媒体看北辰

《天津市北辰年鉴（2020）》供稿人名单

丁　静	马　娜	马　艳	马　越	马　毅	马建虹	王　莹
王　莹（双口）		王　晗	王　斌	王　静	王　璐	王玉娟
王光剑	王美图	王翠英	王海川	王　鑫	从　瑞	孔维广
叶炳恒	田　晖	史　悦	付树珍	邢秋阳	吕志其	庄倩倩
刘　刚	刘　玥	刘　建	刘　爽	刘　婷	刘　静	刘　蕾
刘凡靖	刘风雷	刘文刚	刘亚文	刘国东	刘泽江	刘宝泉
刘玲珊	刘秋香	刘振龙	刘晓文	刘雅婷	刘鹏飞	齐群生
闫学立	关膺红	许　腾	孙　艳	杜飞腾	杜双鸿	杜海霞
李　龙	李　丽	李　拓	李　英	李　娜	李云娜	李凤芬
李文娟	李瑞华	杨　静	杨艺云	杨立赏	杨立鹏	吴　芃
吴雪婷	宋　起	宋学婷	张　悦	张　铮	张志星	张春明
张铁楠	张冠羽	陈　晨	邵静雅	武　敏	苑　超	周永军
周仲秀	郑　洋	单秀丽	孟宪东	赵　妞	赵　洋	赵　菁
赵万成	赵全宇	赵美琦	郝　杰	郝英杰	胡曰钢	耿　钧
夏　民	高　奇	高　威	高　原	郭晓蕾	郭爱景	韩　超
程英美	曾倩倩	温　利	温　鹏	翟浩毅	熊　新	潘　冬
霍　然	魏　然					